D1028370

RECHERCHE SOCIALE

De la problématique
à la collecte des données

PRESSES DE L'UNIVERSITÉ DU QUÉBEC
Le Delta I, 2875, boulevard Laurier, bureau 450
Sainte-Foy (Québec) G1V 2M2
Téléphone : (418) 657-4399 • Télécopieur : (418) 657-2096
Courriel : puq@puq.uquebec.ca • Internet : www.puq.uquebec.ca

Distribution :

CANADA et autres pays

DISTRIBUTION DE LIVRES UNIVERS S.E.N.C.
845, rue Marie-Victorin, Saint-Nicolas (Québec) G7A 3S8
Téléphone : (418) 831-7474 / 1-800-859-7474 • Télécopieur : (418) 831-4021

FRANCE

DIFFUSION DE L'ÉDITION QUÉBÉCOISE
30, rue Gay-Lussac, 75005 Paris, France
Téléphone : 33 1 43 54 49 02
Télécopieur : 33 1 43 54 39 15

SUISSE

SERVIDIS SA
5, rue des Chaudronniers, CH-1211 Genève 3, Suisse
Téléphone : 022 960 95 25
Télécopieur : 022 776 35 27

RECHERCHE SOCIALE
De la problématique à la collecte des données

Sous la direction de
Benoît Gauthier

2003

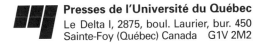

Presses de l'Université du Québec
Le Delta I, 2875, boul. Laurier, bur. 450
Sainte-Foy (Québec) Canada   G1V 2M2

Catalogage avant publication de la Bibliothèque nationale du Canada

Vedette principale au titre :

Recherche sociale : de la problématique à la collecte des données

4ᵉ éd.
Comprend des réf. bibliogr.

ISBN 2-7605-1243-6

1. Sciences sociales – Recherche. 2. Sciences sociales – Méthodologie.
I. Gauthier, Benoît, 1956- .

H62.R39 2003   300'.7'2   C2003-941355-1

Nous reconnaissons l'aide financière du gouvernement du Canada
par l'entremise du Programme d'aide au développement
de l'industrie de l'édition (PADIÉ) pour nos activités d'édition.

Mise en pages : Info 100 mots
Couverture : Richard Hodgson

1 2 3 4 5 6 7 8 9 PUQ 2003 9 8 7 6 5 4 3 2 1

Dépôt légal – 3ᵉ trimestre 2003
Bibliothèque nationale du Québec / Bibliothèque nationale du Canada
Imprimé au Canada

Avant-propos

La première aventure de *Recherche sociale* a commencé en 1982. Après deux années de labeur, notre équipe de rédaction remettait un manuscrit complet du manuel à l'éditeur. Nous avons repris nos travaux en 1991 et publié une seconde édition en 1992, puis à nouveau en 1996 pour publication en 1997, modifiant plusieurs textes et en ajoutant deux nouveaux.

En 2002, à la suite d'une consultation entre les collaborateurs, nous avons encore une fois remis les mains à la pâte. Très peu de chapitres sont ressortis inchangés de cette nouvelle remise en question. Non pas que nous ayons été profondément insatisfaits de notre troisième édition, mais plutôt parce que tout évolue : les auteurs de *Recherche sociale*, la pensée en recherche sociale, l'utilisation des outils de la connaissance, comme la société globale.

Notre approche générale à la recherche sociale n'a pas changé. Nous partageons toujours la même philosophie de base face à l'acquisition de connaissances, celle qui est exposée en introduction. L'utilisation d'une approche procédurale pour la présentation du processus de recherche est toujours valable dans un cadre didactique comme celui-ci, croyons-nous. De plus, nos lecteurs étaient en général d'avis que l'approche, maintenant bien connue, de *Recherche sociale* répondait à leurs besoins.

Mais tout est perfectible. Nous avons modifié la présentation ici et là. Nous avons changé profondément certains textes pour améliorer la compréhension du thème ou nous mettre à jour face à une connaissance changeante, comme dans le chapitre sur l'analyse de contenu ou celui sur les données secondaires. Nous avons adapté des chapitres aux nouveautés du domaine comme dans le chapitre sur l'enquête par sondage. Nous avons ajouté des chapitres complets là où des sujets nous semblaient insuffisamment développés ; c'est le cas du chapitre portant sur l'étude de cas et de celui sur l'évaluation de la recherche par sondage.

Je voudrais saluer la venue de nouveaux collaborateurs à cette édition de *Recherche sociale* et remercier personnellement les auteurs de chacun des chapitres de ce manuel. Leur engagement personnel à l'égard de cette entreprise a permis de produire un autre ouvrage utile et intéressant. Merci aussi à notre éditeur pour sa patience et son aide au cours de l'année écoulée depuis le début des travaux de révision. Merci, enfin, à ma compagne et à mes enfants de me suivre dans cette aventure depuis presque vingt ans.

Benoît Gauthier
17 juin 2003

Table des matières

Avant-propos vii

CHAPITRE 1   Introduction   1
Benoît Gauthier

CHAPITRE 2   La sociologie de la connaissance   19
François-Pierre Gingras

Partie 1
L'établissement de l'objet de recherche   49

CHAPITRE 3   La spécification
de la problématique   51
Jacques Chevrier

CHAPITRE 4   La recherche documentaire
et l'accès à l'information   85
Danielle Boisvert

CHAPITRE 5   La théorie et le sens de la recherche 103
François-Pierre Gingras

Partie 2
La structure de la recherche 127

CHAPITRE 6   La structure de la preuve 129
               Benoît Gauthier

CHAPITRE 7   L'étude de cas 159
               Simon N. Roy

CHAPITRE 8   La mesure 185
               Claire Durand et André Blais

CHAPITRE 9   L'échantillonnage 211
               Jean-Pierre Beaud

CHAPITRE 10   L'éthique en recherche sociale 243
               Jean Crête

Partie 3
La formation de l'information 267

CHAPITRE 11   L'observation directe 269
               Anne Laperrière

CHAPITRE 12   L'entrevue semi-dirigée 293
               Lorraine Savoie-Zajc

CHAPITRE 13   L'histoire de vie ou le récit de pratique 317
               Gilles Houle

CHAPITRE 14   Le groupe de discussion 333
               Paul Geoffrion

CHAPITRE 15   L'analyse de contenu 357
               Paul Sabourin

CHAPITRE 16 Le sondage 387
André Blais et Claire Durand

CHAPITRE 17 Les données secondaires 431
Jean Turgeon et Jean Bernatchez

CHAPITRE 18 La simulation sur ordinateur 469
Réjean Landry

Partie 4
La critique de la méthodologie 503

CHAPITRE 19 La recherche-action 505
André Dolbec

CHAPITRE 20 Une science objective? 541
Koula Mellos

CHAPITRE 21 L'évaluation de la recherche par sondage .. 561
Benoît Gauthier

Collaborateurs et collaboratrices 603

Table des matières détaillée 609

Introduction

Benoît GAUTHIER

Garder un esprit ouvert est une vertu,
mais pas ouvert au point que le cerveau en tombe.

James OBERG

Cet ouvrage est à la fois une histoire, une philosophie et une référence. Il est lié à une *histoire* parce qu'il a été écrit à un certain moment du développement du monde ; il représente cette époque, la reflète et en est le fruit ; il ne peut pas être compris hors de son contexte historique ; il n'aurait pas pu être écrit à un autre moment historique. Il est donc valable aujourd'hui. Demain, ses idées seront désuètes (mais quand sera demain ?). « La science, et toute théorie scientifique, sont des produits historiques. Telle interprétation qui surgit à tel moment et non à tel autre, n'est possible que parce que sont réunies les conditions diverses de son élaboration[1]. »

Cet ouvrage tient aussi d'une philosophie, celle du *doute* et de la *tolérance*. Chaque auteur participant à ce collectif doute, à la fois de ce qu'il a écrit et de ce que les autres auteurs ont écrit. Aucune affirmation (pour ne pas dire vérité) n'est tenue pour acquise. Aucun énoncé n'est

---

1. Jean ROSMORDUC, *De Thalès à Einstein*, Paris, Études Vivantes, 1979, p. 10.

accepté inconditionnellement. Mais ce doute est soutenu par l'ouverture
d'esprit. Tous ces auteurs acceptent que d'autres pensent autrement et reconnaissent le bien-fondé d'autres axiomes que les leurs. Le doute isolé conduit à l'anarchie; l'ouverture isolée produit l'incertitude. Nous pensons
que la philosophie du doute ouvert est plus fructueuse, socialement et
scientifiquement.

> Au cœur de la science, on retrouve un équilibre entre deux attitudes
> apparemment contradictoires : une ouverture aux nouvelles idées aussi
> bizarres ou contraires aux idées reçues qu'elles soient, et un examen
> impitoyable de toutes les idées, vieilles comme nouvelles. [...] Cette créa-
> tivité et ce scepticisme, ensemble, constituent le garde-fou de la connais-
> sance. Il existe évidemment des tensions entre ces deux attitudes. [...] Si
> vous n'êtes que sceptique, vous serez imperméable aux nouvelles idées ;
> vous n'apprendrez jamais rien. [...] En même temps, la science requiert
> un scepticisme sans compromis parce que la vaste majorité des idées
> sont simplement fausses et que le seul moyen de séparer le bon grain de
> l'ivraie est l'expérimentation critique et l'analyse[2].

Ce texte se veut enfin une *référence*. Dans la plupart des livres d'introduction, l'auteur veut faire croire qu'il a tout dit sur la question. Ce qui est
différent, ici, c'est que *des* auteurs se sont assis pour tenter d'établir ce qu'ils
croient être les *bases* de la réflexion scientifique en sciences sociales. Ils ont
cherché à cerner les débats en cours autour de chacune des questions abordées, en même temps qu'ils présentaient les éléments semblant faire l'unanimité de la communauté des chercheurs. Nous sommes très conscients
que des pans entiers de l'univers de la recherche sociale n'ont pas été abordés dans cet ouvrage. Les contraintes d'espace et les limites de ce que l'on
peut exiger d'un lecteur dans un seul livre ne sont que des explications
partielles de ce que d'aucuns considéreront comme des lacunes. Nous avons
effectivement fait des choix éditoriaux comme la sélection d'une approche
structurée à la recherche sociale et un découpage du processus de recherche
que certains pourraient qualifier de simplificateur. *Recherche sociale* est une
simplification : c'est une vulgarisation de cette matière complexe dont les
traités accaparent plusieurs étagères de nos bibliothèques de « spécialistes ».

---

2. Carl SAGAN, *The Demon-Haunted World, Science as a Candle in the Dark*, New York, Random
    House, 1995, p. 304-305.

Qu'est-ce que la recherche sociale ?

On sait que ce livre porte sur la « recherche sociale ». On ne sait cependant pas ce qu'elle est. Le plus facile est encore de compartimenter et de se demander ce qu'est chacun des termes de l'expression.

■ 1.1. Qu'est-ce que le social ?

Il n'y a pas d'unanimité quant à la délimitation qu'on doit faire du social (et il en est bien ainsi). Madeleine Grawitz ne peut qu'en donner la définition suivante : « qui concerne les hommes en société[3] », mais comme il n'y a pas d'homme sans société, ni de société sans homme, la précision est redondante[4].

Jean-William Lapierre s'aventure un peu plus loin en affirmant que « les éléments d'un système social sont des personnes ou des groupes et les relations sociales sont des interactions entre ces personnes ou ces groupes[5] ». Il précise que le social comprend le sociogénétique, l'écologie, l'économique, le culturel et le politique.

Et nous pourrions allonger indéfiniment cette liste de propositions. Tout ce qu'on peut en ressortir, c'est que *le social traite de l'homme dans ses relations avec les autres hommes*. C'est maigre, mais il y a beaucoup de positif dans la faiblesse de cette précision. La pensée sociale tend aujourd'hui à se décompartimenter, à se multidisciplinariser, à s'ouvrir aux tendances parallèles ; la sociologie, la criminologie, la science politique, l'anthropologie, les relations industrielles, le travail social, etc., étudient tour à tour l'individu, le groupe et la masse, la paix et la violence, la statique et la dynamique... La bonne fortune de la science sociale naît aujourd'hui d'un attribut qui a pour nom la *collaboration* ; une délimitation trop rigide de son champ général et de ses disciplines particulières inhiberait les efforts de renouveau et de régénération provenant soit des sciences de la nature,

---

3. Madeleine GRAWITZ, *Lexique des sciences sociales*, Paris, Dalloz, 1981, p. 333.
4. Il est à noter que le terme « homme » utilisé dans cette introduction ne réfère pas au groupe sexuel, mais à l'ensemble des éléments de l'espèce humaine. Par ailleurs, chacun des auteurs ayant participé à ce livre a résolu lui-même (et pour lui-même) le dilemme souvent mentionné du genre (masculin ou féminin) à utiliser dans les textes. En l'absence d'une norme fixe, l'originalité individuelle domine.
5. Jean-William LAPIERRE, *L'analyse des systèmes politiques*, Paris, Presses universitaires de France, 1973, p. 27.

soit d'autres sciences sociales et humaines. Grawitz a même pu écrire : « La recherche de distinctions et de classifications paraît une assez vaine tentative de justification après coup des découpages arbitraires des enseignements universitaires [...] Il n'y a pas d'inconvénients à utiliser indifféremment les deux termes de sciences humaines et de sciences sociales[6]. »

1.2. Qu'est-ce que la recherche ?

Le concept de recherche recouvre lui aussi un large éventail de significations. Notre acception est cependant plus restrictive.

D'abord, nous définissons la recherche comme un processus, une activité : quand on recherche, on fait quelque chose. Cette activité se précise par certaines caractéristiques qui définissent le concept d'objectivité : la recherche est une activité qui vise l'objectivité. L'*objectivité* n'est pas ici comprise comme cette abstraction inhumaine et hors du temps qu'est l'absence de parti pris ; elle est définie comme une *attitude d'appréhension du réel basée sur une acceptation intégrale des faits* (ou l'absence de filtrage des observations autre que celui de la pertinence), *sur le refus de l'absolu préalable* (ou l'obligation du doute quant à toute conception préexistante) *et sur la conscience de ses propres limites*. En fait, ce que l'on nomme traditionnellement objectivité devrait peut-être plutôt être étiqueté « impartialité ». Nous laissons ce débat ouvert.

La fonction de la recherche est une autre dimension qui contribue à sa définition : la recherche est une activité de quête objective de *connaissances*. Le concept de recherche que nous voulons circonscrire ici vise, en effet, l'acquisition de nouvelles connaissances. La raison d'être de cette connaissance ne fait pas partie de cette définition : indifféremment, la recherche peut servir la connaissance théorique ou « pure », la connaissance immédiatement axée sur l'action, la connaissance nécessaire à la prise de décision ou à la gestion sociale, etc. Ces buts ultimes de l'acquisition de connaissances sont tous également bien servis par une approche recherche telle que proposée dans ce manuel. Cette caractéristique que nous ajoutons à notre définition de la recherche élimine cependant les activités qui visent à convaincre plutôt qu'à apprendre : la recherche n'est pas une opération de propagande et ne peut pas servir simplement comme justification d'un état de fait. La fonction de justification est une antinomie de la fonction

---

6. Madeleine GRAWITZ, *op. cit.*, p. 326.

d'acquisition objective de connaissances : on ne peut pas produire de nouvelles connaissances dans un *modus operandi* d'ouverture et de transparence tout en visant à soutenir une position prise *a priori*.

Enfin, l'objet de la recherche complète cette description : *la recherche est une activité de quête objective de connaissances sur des questions factuelles*. La recherche sociale ne s'arrête pas aux problématiques du bien et du mal, des préceptes et des règles : elle laisse ce champ normatif aux philosophes et s'en tient aux faits. Nous ne voulons pas nous enliser dans des débats philosophiques sur l'existence d'une réalité unique et sur les limites de la distinction entre faits et valeurs[7]. Nous participons à ce courant de la recherche sociale qui postule qu'il existe une réalité objective ; nous visons à construire des modèles de cette réalité qui rendent le mieux compte de son état et de sa dynamique de changement.

Ce concept de recherche est à la fois flou et évident. D'en proposer une définition semble superflu mais, une fois celle-ci précisée, il semble évident qu'il sera impossible de faire le consensus autour d'elle. Nous aimons à penser qu'il s'agit là d'un dilemme caractéristique de l'homme et de son esprit tortueux.

 ## QUI FAIT DE LA RECHERCHE SOCIALE ?

Ces définitions du social et de la recherche sont assez abstraites pour les rendre générales, mais aussi pour distinguer la « recherche sociale » de l'expérience individuelle et la reconnaître comme étant du ressort des spécialistes. Donc, il est bon de se demander qui fait de la recherche sociale, pour remettre la question en perspective. À cette question, nous pourrions répondre : tous. Tout le monde, en effet, à des intervalles plus ou moins réguliers et plus ou moins larges mène une activité d'observation systématique sur les humains qui l'entourent. Mais, plus courante encore est l'activité de recherche non systématique : celle qui fait conclure à l'utilité de l'eau de source recueillie le soir de pleine lune pour le traitement des cors. Il faut donc différencier la recherche sociale de cette observation sélective quotidienne qui nous fait tirer des conclusions sur les événements dont nous sommes témoins, mais sans utiliser le regard objectif dont nous parlions plus tôt et sans s'en tenir à l'utilisation d'outils de mesure calibrables et réutilisables.

---

7. Le chapitre 20 de cet ouvrage s'attarde à ces questions importantes.

Si tous sont des candidats potentiels à la recherche, il reste que certains segments de la population sont plus spécialisés dans sa pratique. Le groupe le plus évident est celui des chercheurs universitaires qui consacrent tous leurs efforts à cette activité. Les fonctions publiques emploient beaucoup de chercheurs, entre autres, pour vérifier l'efficacité des programmes publics. Le secteur privé absorbe aussi de tels experts : les « pages jaunes » contiennent même une rubrique « conseillers en recherche sociale ». De façon générale, le monde du travail engage des personnes démontrant des capacités de réflexion et de recherche systématiques. C'est pourquoi on s'attend à ce que des étudiants obtenant un diplôme universitaire ou, de plus en plus, collégial, en sciences sociales aient eu, et aient assimilé, une introduction à la recherche sociale.

De plus, en parallèle avec la sophistication des technologies du travail et avec l'augmentation de la part du travail intellectuel dans l'ensemble de l'« effort de travail national », on s'attend de plus en plus à ce que les gestionnaires et les travailleurs soient en mesure d'appliquer une pensée critique et systématique à leur environnement de travail. On condamnera aujourd'hui un employé qui ne fait que répéter une opération sans chercher à en améliorer la performance ; on jugera peu créateur un gestionnaire qui ne remettra pas en question ses procédés de travail et même la raison d'être des activités de son groupe. Or, ce type de réflexion constructive est ni plus ni moins qu'une application particulière de l'approche de recherche prônée dans ce livre. Donc, si certains spécialistes peuvent se targuer de dépenser toute leur énergie à la recherche sociale, il est de moins en moins vrai qu'ils en monopolisent la pratique. La clientèle de la recherche sociale croît de jour en jour en raison des changements dans l'environnement du travail.

Bref, la recherche sociale peut (devrait ?) être une activité courante et « populaire », et certains spécialistes s'y arrêtent plus que tout un chacun en fonction des exigences de leur travail.

 ## POURQUOI FAIRE DE LA RECHERCHE SOCIALE ?

Nous en sommes maintenant à un point critique de notre réflexion. On sait ce qu'est la recherche sociale, qui en fait et qui peut en faire ; on ne sait pas encore pourquoi en faire. Il y a deux argumentations à avancer ici.

D'abord, pourquoi faire de la recherche sociale alors que ce qu'on appelle le sens commun ou le bon sens fournit réponse à presque toutes les questions ? En effet, le sens commun peut fournir une réponse, mais est-ce la bonne ? Le bon sens est souvent mis en brèche par des prémisses fausses, normatives ou idéologiquement tiraillées. Il se soucie rarement de logique, de rationalité, de doute et de tolérance. Par exemple, le bon sens veut que la peine capitale soit une façon de réduire la criminalité violente et que les crimes augmentent en période de difficultés économiques nationales ; les criminologues ont pourtant démontré le contraire. On peut aussi se rappeler que le bon sens nous dicte que la Terre est plate : on n'a qu'à regarder, on le voit... On connaît la suite. Le sens commun n'est donc pas une base assez solide pour élaborer un échafaudage social à la mesure de la complexité de nos sociétés actuelles.

> They [scientists] do not trust what is intuitively obvious. That the Earth is flat was once obvious. That heavy bodies fall faster than light ones was once obvious. That bloodsucking leeches cure most diseases was once obvious. That some people are naturally and by divine decree slaves was once obvious. That there is such a place as the center of the Universe, and that the Earth sits in that exalted spot was once obvious. That there is an absolute standard of rest was once obvious[8].

Par rapport au sens commun, la recherche sociale a l'avantage de systématiser l'observation. Elle se permet aussi de remettre en question ses prémisses, ce que le bon sens ne sait faire. Elle étend beaucoup le champ des connaissances alors que cette évolution est très lente avec le sens commun. Elle permet de généraliser et d'appliquer le savoir parcellaire du sens commun alors que celui-ci ne peut s'en tenir qu'au cas par cas. Par une utilisation planifiée et contrôlée d'outils de mesure réutilisables dans d'autres contextes sociaux et par d'autres chercheurs, la recherche sociale acquiert une caractéristique d'intersubjectivité que le sens commun ne connaît pas. Cette même mesure consciente, planifiée, systématique et réfléchie permet l'atteinte, sinon assurée du moins évaluable, de degrés satisfaisants de validité et de fiabilité dans l'opération d'extraction d'un sens, d'une signification, au corpus social. Voilà donc de bonnes raisons de faire de la recherche sociale plutôt que de se fier au sens commun.

La deuxième argumentation est plus englobante : mais, après tout, pourquoi faire quelque recherche que ce soit ? Le fondement de toute recherche, quelle qu'elle soit, est la soif de connaissances, de compréhension. Le prochain chapitre s'étendra là-dessus. Ce besoin de connaître peut prendre deux formes qui s'avèrent recouvrir deux types de recherche. On peut d'abord chercher à savoir pour le simple plaisir de comprendre les fondements d'un phénomène : c'est la *recherche fondamentale*. On peut aussi chercher à savoir en ayant en tête une application de ces nouvelles

---

8. Carl SAGAN, *op. cit.*, p. 36.

connaissances : c'est la *recherche appliquée*. Dans les deux cas, cependant, la recherche vise à *réduire l'incertitude*. Depuis les temps préhistoriques, l'homme a agi sur son environnement pour assurer sa survie et pour rendre sa vie plus confortable. Cette finalité de l'action humaine passe par une meilleure compréhension des conséquences des phénomènes naturels et, aujourd'hui plus que jamais, par une meilleure modélisation de la dynamique des comportements sociaux. En *connaissant* mieux notre environnement, nous réduisons les risques que renferment les nouvelles situations ; nous réduisons l'incertitude[9]. Il y a là, cependant, deux inconnues :

- on sait que de mauvaises utilisations peuvent être faites de conclusions scientifiques ; quand cela sera-t-il le cas ?

- les conceptions de l'amélioration du sort de l'homme peuvent varier ; y en a-t-il une plus « vraie » que les autres ?

La recherche appliquée, ou à tout le moins la recherche utilisable à court terme, est louée par la plupart des programmes gouvernementaux de financement de la recherche, par les avocats de la rationalisation de l'utilisation des ressources sociales rares, par les partisans d'une conception du monde à court terme. Il ne faut, cependant, pas dénigrer la recherche fondamentale qui doit tenir une place importante : la recherche appliquée trouve réponse aux problèmes d'aujourd'hui, la recherche fondamentale permet de formuler les problèmes de demain (des esprits malicieux diraient que la recherche fondamentale *cause* les problèmes de demain). Cela n'empêche pas que la recherche n'existe que dans un environnement social (et non pas dans le vide) et, qu'en l'absence d'autres critères satisfaisants, la pertinence sociale d'une recherche devient une règle à considérer.

4 QU'EST-CE QUE LA MÉTHODOLOGIE ?

Jusqu'ici, nous avons cerné le concept de recherche sociale. Place maintenant au sujet de ce livre, la *méthodologie* de la recherche sociale. Nous avons sciemment évité d'utiliser les termes « méthode » ou « méthodes » qui portent à confusion. La méthodologie de la recherche englobe à la fois *la structure de l'esprit et de la forme de la recherche et les techniques utilisées pour mettre en pratique cet esprit et cette forme* (méthode et méthodes).

---

9. La valeur des recherches en sciences sociales, comme en sciences naturelles, peut être mesurée en termes de réduction de l'incertitude. Dans ce sens, on peut juger de la pertinence d'un investissement en recherche en évaluant son potentiel de réduction de l'incertitude et en posant un jugement sur la valeur de la disparition de cette incertitude.

Nous concevons que le cœur de la méthodologie contemporaine de la recherche sociale est l'acte d'*observation* qui est lié à un cycle de *théorisation*. C'est la confrontation des idées, issues à la fois de l'expérience et de l'imagination, aux données concrètes, dérivées de l'observation, en vue de confirmer, de nuancer ou de rejeter ces idées de départ. La théorie et son processus seront abordés en détail plus loin. L'observation systématique ne tombe pas de nulle part : elle doit être préparée, effectuée et analysée (voir le tableau 1).

Préalablement à la préparation de l'observation, le chercheur s'interroge sur l'origine de sa connaissance et sur la validité de ses modes d'acquisition de nouvelles connaissances. Cette étape fondamentale sépare le penseur, qui est en mesure de contribuer à faire avancer le savoir, du producteur, qui participe à une connaissance immédiate (chapitre 2 : la sociologie de la connaissance).

TABLEAU 1
Étapes de la recherche sociale

Observation-théorisation (Sociologie de la connaissance)			
Préparation de la recherche		**Formation de l'information**	**Analyse de l'observation**
Établissement de l'objet d'étude	**Structuration de la recherche**		
Spécification de la problématique Recherche documentaire Théorie et le sens de la recherche	Structure de la preuve Mesure Échantillonnage Éthique	Observation directe Entretien non directif Histoire de vie Groupe de discussion Analyse de contenu Sondage Données secondaires Simulation sur ordinateur	Traitement des données Analyse des données

La toute première phase de la recherche sociale est la préparation de l'observation. Cette phase préparatoire comprend deux étapes particulières : l'établissement de l'objet d'étude et la structuration de la recherche ; les deux premières parties de ce livre correspondent à ces deux étapes.

L'établissement de l'objet d'étude regroupe plusieurs idées et actions à entreprendre. D'abord, le chercheur se demande ce qu'il veut savoir, sur quel sujet il veut se poser des questions. Il doit d'abord apprendre à restreindre ses élans et à limiter son champ d'intérêt ; cette détermination du champ d'enquête aura un impact profond sur tout le reste du déroulement de la recherche (chapitre 3 : la spécification de la problématique). Comme personne n'est intéressé à réinventer la roue à chaque utilisation de sa bicyclette, une autre phase importante de l'établissement de l'objet de recherche est l'analyse de sources bibliographiques relatives à la problématique retenue. Nous avons tous l'impression de savoir utiliser une bibliothèque, mais, en fait, rares sont ceux qui y sont vraiment efficaces ; de plus, les nouvelles technologies de l'information ouvrent des portes dont nous ne connaissions même pas l'existence il y a quelques années (chapitre 4 : la recherche documentaire et l'accès à l'information). Ces prémisses permettent d'arriver au cœur de l'établissement de l'objet de recherche : la théorisation. La théorie est l'ensemble des énoncés qui permet l'interprétation des données, la généralisation des résultats et l'encadrement de la recherche. L'incorporation d'une théorie à la problématique est un moment crucial de la recherche sociale. De toute cette préparation ressort l'objet de recherche lui-même : l'hypothèse. L'hypothèse est le résumé des intentions, des présupposés et des attentes. C'est le matériel de base de la suite de la recherche (chapitre 5 : la théorie et le sens de la recherche).

La structuration de la recherche s'éloigne du raisonnement épistémologique et problématique de l'établissement de l'objet de recherche pour entrer dans des considérations plus terre à terre. La structure de preuve adoptée est le premier point. Il faut se demander quel type de recherche on doit faire, quelle structure on doit donner à la comparaison effectuée ; autrement dit, on doit déterminer quelle est la logique qui permettra de confirmer ou d'infirmer les hypothèses (chapitres 6 et 7 : la structure de la preuve et l'étude de cas). On se demande, ensuite, comment faire le passage entre l'énoncé verbal de la théorie et de la problématique et l'énoncé factuel, observable et mesurable de la phase de la collecte des données (chapitre 8 : la mesure). La question suivante est de savoir si l'on veut étudier tous les cas disponibles ou seulement une sélection de ceux-ci. Dans le deuxième cas, il faut prévoir une façon de choisir ces sujets (chapitre 9 : l'échantillonnage). Les questions éthiques retiennent enfin l'attention. On s'assure que la recherche n'enfreint pas la déontologie professionnelle, on se questionne sur la position du chercheur rémunéré, on s'intéresse à la place de la diffusion des résultats, etc. (chapitre 10 : l'éthique en recherche sociale).

Une fois établi l'objet de recherche et la structuration de la recherche, cela constituant la phase préparatoire à l'observation, la seconde phase de la recherche sociale est la formation de l'information ou la collecte des données. Cette étape correspond à la troisième partie de ce livre. Cette étape peut être réalisée de diverses manières, mais dans chaque cas le principe reste le même : effectuer une observation *systématique* sur le terrain qui, comme le genre d'observation, varie d'une forme de collecte à l'autre.

La méthode la plus ancienne, mais aussi celle qui reçoit de plus en plus d'attention, est l'observation directe des sujets de recherche (chapitre 11 : l'observation directe). Une des sources les plus utilisées dans la collecte d'informations – si l'on inclut les activités quotidiennes, les actes journalistiques, etc. –, soit l'entretien non directif, est quelque peu boudée par les méthodologues des sciences sociales. C'est pourtant un moyen comme nul autre d'approfondir la compréhension d'un individu (chapitre 12 : l'entrevue semi-dirigée). En réaction aux techniques englobantes et globalisantes, certains veulent revenir à plus de compréhension de l'homme et à une acceptation de la complexité de la relation entre l'homme et son environnement. Les histoires de vie s'arrêtent à peu de cas, mais approfondissent au maximum leur compréhension (chapitre 13 : l'histoire de vie). L'observation peut être plus structurée, même organisée, et elle peut s'appliquer à des contextes artificiellement créés par le chercheur. La convocation de groupes de discussion est l'une des techniques disponibles à cet égard (chapitre 14 : le groupe de discussion). Appliquée aux sources non réactives (celles qui ne peuvent pas changer à cause de la présence du chercheur), l'observation devient l'analyse de contenu : on ne parle pas d'observation directe de documents, comme on ne parle pas d'analyse de contenu du comportement d'un groupe, mais la même philosophie sous-tend les deux méthodes de collecte ; malgré tout, les auteurs des deux chapitres présentent des approches totalement différentes à l'observation : c'est une des choses qui rendent fascinante la comparaison de ces deux chapitres (chapitre 15 : l'analyse de contenu). Mais il reste que nombre de concepts ne peuvent être mesurés par simple observation ; il faut provoquer souvent l'expression d'opinions, d'attitudes et de comportements. Le sondage est alors utile (chapitre 16 : le sondage). Toutes les méthodes présentées dans la section sur la formation de l'information ont recours à des données mises en forme spécifiquement pour les fins de l'étude en cours. Pourtant, bon nombre de recherches ne requièrent pas ce type d'exercice de collecte ou ne peuvent pas compter sur des ressources suffisantes. Les données déjà existantes viennent alors à la rescousse (chapitre 17 : les données secondaires). Enfin, il est courant d'entendre dire qu'on ne peut pas faire d'expérimentation en sciences sociales. Pourtant, elles ont développé au cours des ans des méthodes et une approche qui sont très proches de cette préoccupation et qui répondent aux critiques des scientifiques de la nature : la simulation, la révolution humaniste de demain (chapitre 18 : la simulation sur ordinateur).

La troisième phase de la recherche sociale concerne l'analyse des observations ainsi colligées. Cette phase comprend le traitement et l'analyse de ces données et la diffusion des résultats. Mais, comme la somme de matériel contenue dans cette troisième phase nécessiterait la rédaction d'un ouvrage entier, comme les cours découpent généralement cet apprentissage en deux parties et comme l'esprit de la troisième phase est sensiblement différent de celui des deux premières, nous avons préféré ne pas aborder ces questions ici.

Par contre, même si la philosophie du doute est appliquée par chacun des auteurs, il a paru approprié de conclure ce livre par un retour sur une critique systématique de la recherche sociale. La quatrième partie s'y attarde. Elle le fait d'abord en présentant un concept de recherche qui s'inscrit en faux par rapport à la tradition objectiviste : la recherche-action (chapitre 19 : la recherche-action). Elle le fait aussi en articulant une critique plus fondamentale sur la recherche sociale, à partir de ses axiomes (chapitre 20 : une science objective ?). Elle le fait enfin en offrant un ensemble de critères d'évaluation de l'enquête par sondage (chapitre 21 : l'évaluation de la recherche par sondage).

 MODÈLE NON LINÉAIRE DE LA RECHERCHE SOCIALE

Simple, la linéarité du modèle présenté au tableau 1 a l'avantage de clarifier une séquence logique des étapes de la recherche sociale, tout en collant à l'aspect séquentiel nécessaire d'un livre comme celui-ci. Cependant, cette linéarité ne correspond pas à la réalité du développement d'une recherche sur le social. Le tableau 2 est une représentation plus fidèle des réelles interrelations entre les « moments » de la recherche sociale. Le lecteur trouvera cette présentation complexe à cette étape-ci de la lecture de *Recherche sociale*, mais il devrait y revenir régulièrement pour situer chaque pièce du casse-tête dans le tout que ce modèle représente. Ce modèle permettra aussi de compléter l'intégration de l'ensemble de la démarche du manuel, une fois complétée la lecture de ses vingt et un chapitres.

TABLEAU 2
Cheminement de la recherche sociale

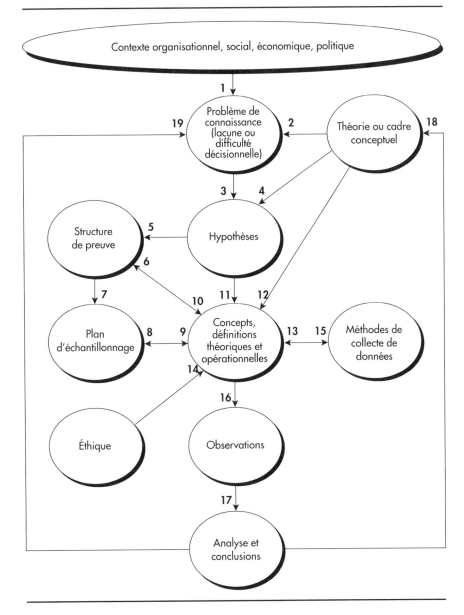

Tout le cheminement de la recherche sociale baigne dans un *contexte* social, économique, politique, culturel et organisationnel particulier. C'est ce contexte qui produit un questionnement sur l'état de la connaissance, qui identifie une lacune problématique, qui pose une difficulté organisationnelle (lien 1).

Le *problème de connaissance* est aussi modelé par la *vision théorique* que le chercheur a de l'objet (lien 2) : le décrochage scolaire sera abordé comme une question intergénérationnelle par l'anthropologue, comme une conséquence du contexte social par le sociologue, comme une relation de pouvoir par le politicologue, comme un enjeu nutritionnel par le biologiste, comme une décision rationnelle par l'économiste, etc. Le problème de connaissance sera donc différent selon l'angle théorique ou conceptuel que l'on adopte.

Le cheminement de recherche oblige à l'expression des préjugés du chercheur sous forme d'*hypothèses* qui sont les affirmations que le chercheur tentera de confirmer ou d'infirmer. Ces hypothèses sont influencées à la fois par la nature du problème de connaissance (lien 3) et par la perspective théorique du chercheur (lien 4).

L'étape suivante du cheminement de recherche est absolument centrale, comme l'indique le nombre de flèches qui influencent la *définition conceptuelle et opérationnelle* des concepts centraux des hypothèses. En fait, toute la planification de la recherche se retrouve encapsulée dans la définition des mesures qui seront prises pour représenter les éléments qui constituent les hypothèses. Bien sûr, le contenu des hypothèses déterminera les concepts qui devront être mesurés (lien 11). Les hypothèses participeront aussi à la détermination de la *structure de preuve* qui sera privilégiée dans une recherche donnée (lien 5) ; la structure de preuve est l'arrangement de la démonstration que le chercheur devra faire pour confirmer ses hypothèses. Entre la structure de preuve et l'opérationnalisation des concepts à mesurer, on trouve une relation à double sens : les mesures qui formeront le corps de l'observation sont contraintes par le type de structure de preuve choisi (lien 10) alors que le type de mesure requis pour opérationnaliser les concepts influence la nature de la structure de preuve à mettre en place (lien 6). De la même façon, opérationnalisation des concepts et *échantillonnage* sont en relation d'influence mutuelle, le type de mesure à prendre influençant le type d'échantillon requis (lien 8) et le type d'échantillon disponible réduisant l'univers des mesures possibles (lien 9). La structure de preuve impose aussi ses limites et ses besoins au plan d'échantillonnage (lien 8). Il va de soi que les indicateurs praticables sont limités par la ou les *méthodes de collecte* d'information qui sont retenues par le chercheur (lien 13) – impossible de soumettre les participants à une enquête téléphonique au pèse-personne. Inversement, les indicateurs retenus pour représenter les concepts d'enquête exercent une influence certaine sur le choix des méthodes de collecte de données (lien 15). Finalement, les *considérations éthiques* limitent le type d'indicateur auquel le chercheur peut recourir (lien 14) : pas question d'opération à estomac ouvert pour mesurer la qualité de l'alimentation des enfants et pour déterminer l'importance de ce facteur dans le décrochage scolaire.

La définition des concepts d'étude et leur opérationnalisation sous formes observables constituent le cœur de la démarche de recherche sociale. Ces définitions conceptuelles et opérationnelles permettent ensuite de faire des *observations* (lien 16) qui serviront aux *analyses* et permettront de tirer des *conclusions* sur la valeur des hypothèses initiales (lien 17). Comme toute recherche participe à un cycle d'apprentissage, les conclusions d'une étude donnée serviront à la fois à adopter la théorie utilisée pour appréhender la réalité (lien 18), dans le cadre d'une recherche universitaire, et à modifier la définition même du problème de connaissance (lien 19), dans le cadre d'une recherche appliquée ou organisationnelle.

Conclusion

Voilà notre vision du processus méthodologique de recherche appliqué aux sciences sociales. Elle est fondée sur la philosophie du doute ouvert, une attitude qui n'est pas innée : on naît au contraire avec une tendance au fétichisme, à l'égocentrisme, à l'absolu et à la croyance. La logique, la rationalité instrumentale, le systématisme et l'esprit critique s'apprennent, et il ne faudrait pas faire l'erreur de les croire inhérents à l'espèce humaine. Dans le même esprit, on oublie souvent d'insister sur le fait qu'il n'y a pas qu'une seule vérité et que plusieurs ont droit de cité. Cette ouverture est la marque de commerce de notre ouvrage.

Nous avons cherché à mettre en relief le fait que la recherche sociale est fondamentalement multidisciplinaire. Plutôt que d'adopter une vision disciplinaire, nous croyons que les étudiants doivent apprendre à communiquer de science à science et que les barrières disciplinaires sont en quelque sorte le transfert de l'esprit corporatiste moyenâgeux dans les sciences sociales, sans ses connotations péjoratives. Que l'on doive se spécialiser pour des fins d'approfondissement, soit. Mais il faut se rappeler que l'originalité de l'espèce humaine est son aptitude au mélange et à la synthèse[10].

---

10. La lecture des deux ouvrages d'Albert Jacquard est indispensable : *Éloge de la différence*, Paris, Seuil, 1978 et *Au péril de la science ?*, Paris, Seuil, 1982.

Par ailleurs, nous croyons fermement que, de nos jours, nul ne peut maîtriser entièrement, seul, l'appareillage de la recherche en sciences sociales. La réunion de spécialistes de chaque question sous le chapeau du doute ouvert produit un traité plus vaste quant à l'éventail des sujets traités, et aussi plus honnête dans sa représentation de l'état actuel de la méthodologie en sciences sociales : il fait ressortir la variété des approches que le terme singulier de « méthodologie » ne peut suggérer et qu'une équipe restreinte de rédacteurs ne pouvait rendre.

Bibliographie annotée

Quelques références sur les fondements de la pensée scientifique et sur l'activité scientifique

ARON, Raymond, *Les étapes de la pensée sociologique*, Paris, Gallimard, 1967.

> Livre obligatoire pour comprendre l'évolution de la pensée sociologique moderne. L'auteur aborde les écrits de Montesquieu, Comte, Marx, Tocqueville, Durkheim, Pareto et Weber. Même s'il ne s'agit pas là d'un traité de méthodologie, les sujets qui y sont abordés sont fondamentaux dans une réflexion méthodologique.

CHAUVIN, Rémy, *Des savants : pour quoi faire ?*, Paris, Payot, 1981.

> Plein de courage, l'auteur amorce la remise en question de l'organisation scientifique moderne en la qualifiant d'inefficace. Tout passe à l'analyse : des modes de sélection des textes dans les revues aux motivations profondes des scientifiques.

JACQUARD, Albert, *Au péril de la science ? Interrogations d'un généticien*, Paris, Seuil, 1982.

> Dans ce livre important, Jacquard présente un plaidoyer en faveur d'une révision de l'image publique de la science. Alors qu'on la présente comme le roc composé de certitudes démontrées, elle est plutôt construite sur des doutes et sur une remise en question constante des acquis. Continuer à présenter la science comme on le fait actuellement ne pourra mener qu'à l'incompréhension et au rejet.

MILLS, C. Wright, *L'imagination sociologique*, Paris, Maspero, 1967.

> Mills fut probablement le savant le plus pris de doute durant son époque. Alors que les États-Unis ne respiraient que de science exacte et que les sciences sociales tentaient de s'artificialiser, Mills invoquait

un retour au contact entre la science et l'homme, et à une compréhension plus profonde de la relation entre la science et la réalité humaine.

NOÉ, Pierre, *Socialisme et recherche*, Paris, Club du livre socialiste, 1981.

Si les penseurs marxistes rejettent généralement la recherche « néopositiviste » traditionnelle, les activistes français du socialisme ne semblent pas de cet avis. Cet énoncé de politique se prononce en faveur d'un rôle accru de la recherche et des chercheurs dans une société française socialiste.

SAGAN, Carl, *The Demon-Haunted World, Science as a Candle in the Dark*, New York, Random House, 1995.

Carl Sagan est un grand vulgarisateur scientifique qui a su allier une extraordinaire capacité à s'émerveiller et à chercher avec une habileté, également remarquable, à questionner et à douter. Le titre du chapitre 12 indique clairement la nature de ce traité très accessible : « The Fine Art of Baloney Detection ».

Quelques références à d'autres manuels d'introduction générale

AKTOUF, Omar, *Méthodologie des sciences sociales et approche qualitative des organisations*, Québec, Presses de l'Université du Québec, 1990, 213 pages.

Sous-titré « Une introduction à la démarche classique et une critique », ce livre passe en revue les éléments fondamentaux du modèle classique de recherche (dont *Recherche sociale* s'inspire largement) et en propose une critique constructive. Dans sa deuxième partie, Aktouf décrit un modèle de recherche plus qualitatif et « clinique ». Il s'agit d'une lecture intéressante qui jette un éclairage différent sur le processus d'acquisition de connaissances.

CONTANDRIOPOULOS, André-Pierre, François CHAMPAGNE, Louise POTVIN, Jean-Louis DENIS et Pierre BOYLE, *Savoir préparer une recherche, la définir, la structurer, la financer*, Montréal, Presses de l'Université de Montréal, 1990, 196 pages.

Voici un court traité sur les aspects pratiques du déroulement d'une recherche sociale. L'aspect formation de l'information y est presque complètement escamoté, mais d'autres sujets sont analysés en assez grande profondeur. La facture du manuel est très pratique et plaira à l'étudiant en manque de conseils immédiatement applicables.

LESCARBEAU, Robert, Maurice PAYETTE et Yves ST-ARNAUD, *Profession : consultant*, Montréal, Presses de l'Université de Montréal, 1990, 341 pages.

Le chercheur situe souvent son action au sein d'une organisation. Il doit alors se voir comme un agent de changement placé dans une dynamique et comme un détenteur de pouvoir à l'intérieur d'une structure de pouvoir. Le livre de Lescarbeau, Payette et St-Arnaud aide à comprendre la place du consultant dans le processus de changement. Ce n'est pas un livre sur la recherche sociale, mais c'est une lecture importante pour le chercheur qui vise à participer au changement.

LÉTOURNEAU, Jocelyn, *Le coffre à outils du chercheur débutant : guide d'initiation au travail intellectuel*, Toronto, Oxford University Press, 1989, 227 pages.

Beaucoup plus axé sur le savoir-faire ou la technologie de la recherche que sur la compréhension des enjeux méthodologiques, ce livre regroupe des textes de plusieurs auteurs sur la recherche documentaire, l'analyse d'objets physiques, la lecture de tableaux, etc. Plus encore que dans le livre de Contandriopoulos *et alii*, les auteurs visent à donner des points de repère pratiques et à proposer aux lecteurs des outils. Par contre, la discussion critique de l'outillage manque.

MUCCHIELLI, Alex, *Dictionnaire des méthodes qualitatives en sciences humaines et sociales*, Paris, Armand Colin, 1996, 275 pages.

Sur le modèle du dictionnaire alphabétique, Mucchielli et ses collaborateurs transportent le lecteur de l'« acceptation interne » et de l'« analyse actancielle » à la « vérification des implications théoriques » et à la « vision du monde ». Un peu ésotérique parfois, cet ouvrage constitue cependant une source importante de références aux concepts fondamentaux de la recherche qualitative. Il identifie aussi nombre d'auteurs importants dans la discipline.

CHAPITRE

La sociologie
de la connaissance

François-Pierre GINGRAS

*Il ne faut point juger des hommes par ce qu'ils ignorent,
mais par ce qu'ils savent et par la manière dont ils le savent.*

VAUVENARGUES

Tout le monde fait de la recherche, souvent sans le savoir : l'enfant qui scrute les placards pour découvrir où sont cachés les cadeaux de Noël, l'adolescente qui demande à ses amies des conseils pour réaménager sa chambre, la sociologue qui se penche sur l'acculturation des immigrants, le vieillard qui consulte l'horaire de télévision pour meubler ses journées.

La recherche vise à mieux connaître la réalité, à mieux comprendre cet univers dont nous faisons partie. Nous faisons de la recherche par curiosité ou par intérêt, pour être plus heureux aujourd'hui ou pour prédire nos lendemains, afin de nous adapter à un milieu humain stressant et à un environnement menacé ou plutôt en vue de les transformer en profondeur. Le savoir n'est pas inné : *toute connaissance s'acquiert*. La première section de ce chapitre constitue un examen des modes d'acquisition des connaissances.

Tous et toutes, nous possédons un bagage plus ou moins vaste, plus ou moins spécialisé, plus ou moins juste de « connaissances ». Depuis le XVIIᵉ siècle, l'Occident distingue cependant les connaissances « scientifiques » des autres connaissances. Une deuxième section tente de cerner ce qu'on entend par « science », par opposition au savoir « ordinaire », tout en évitant la confusion entre la science et ses applications technologiques. Cela fournit l'occasion de considérer certains écueils de la recherche scientifique.

En traitant des principes méthodologiques de la recherche sociale, cet ouvrage postule le caractère scientifique d'une telle démarche. Il n'est donc pas superflu d'examiner, dans une troisième section, la prétention des sciences sociales au titre de « vraies sciences ». C'est d'ailleurs l'occasion de poser les fameuses questions de la place de la subjectivité dans la connaissance des phénomènes sociaux et de l'existence de lois du comportement humain.

La recherche sociale, pour avoir valeur scientifique, doit s'inspirer d'une pensée cohérente, d'une façon de voir le réel qui préside à l'ensemble de la démarche entreprise. Nous concluons donc ce chapitre en insistant sur quelques défis dans la recherche de la connaissance.

1 LES SOURCES DE CONNAISSANCE

Nos connaissances ne sont le plus souvent que des *représentations* (ou images) imparfaites de la réalité. Nous nous fabriquons ces représentations à partir de ce que les psychologues appellent des *stimuli* sociaux, c'est-à-dire toute information disponible dans notre entourage : médias, conversations, expériences personnelles, etc. Comme le nombre de ces stimuli dépasse largement notre capacité de discernement, nous construisons un écran perceptuel qui filtre les informations et exerce inconsciemment pour nous un choix parmi tous les renseignements intelligibles. Cet écran élimine non seulement les données qui ne présentent guère d'intérêt, mais il peut aussi refouler les informations qui contredisent nos convictions. Qui n'a déjà assisté à un « dialogue de sourds » entre deux interlocuteurs qui, l'un comme l'autre, ne semblent entendre ni comprendre ce qu'ils se disent[1] ?

---

1. Les débats constitutionnels au Canada offrent depuis des années de multiples exemples de dialogues de sourds entre souverainistes québécois et fédéralistes. On s'en rend compte aisément en consultant les journaux pendant les périodes électorales et référendaires.

Nos façons d'« apprendre » dépendent donc de notre personnalité et correspondent aux types de rapports que nous entretenons avec la réalité. À l'échelle sociale, l'espace occupé par chacune des sources de connaissance permet de caractériser des personnes et des collectivités : on appelle « traditionnelles » certaines sociétés précisément parce qu'elles s'appuient sur les traditions et on dit, à tort ou à raison, des poètes qu'ils sont plutôt intuitifs, des financiers qu'ils sont plutôt rationnels, des personnalités politiques de premier plan qu'elles doivent leur succès à leur expérience. Postulons dès le départ qu'aucune de ces sources n'est « meilleure » qu'une autre puisque chacune permet de connaître une partie de la réalité, ne serait-ce qu'imparfaitement.

▓ 1.1. La pratique, l'expérience et l'observation

La connaissance acquise par la pratique est sûrement la plus ancienne façon d'apprendre. Elle demeure pour l'être humain, dès sa naissance, la première à laquelle il a recours. Bon nombre de nos connaissances proviennent des sensations que nous éprouvons, de nos expériences vécues et des observations que nous effectuons, par hasard ou de façon systématique.

> Les journalistes qui couvrent une campagne électorale cherchent à prendre le pouls de la population en interrogeant des électeurs, en assistant aux assemblées politiques, en accompagnant des chefs de partis dans leurs tournées électorales : ils en dégagent des connaissances qu'ils transmettent au public par leurs reportages. Certains journalistes ayant vécu de près des événements dramatiques ont même constitué des dossiers qui méritent d'être consultés pendant longtemps[2]. On ne compte plus les personnalités politiques dont les mémoires constituent de précieux témoignages – si subjectifs soient-ils – sur leur époque, comme ceux de René Lévesque et Pierre Elliott Trudeau[3]. L'engagement personnel n'est pas nécessairement un obstacle à une analyse rigoureuse, comme en témoigne l'analyse qu'André d'Allemagne fait du rôle joué par le Rassemblement pour l'indépendance nationale (RIN) dans les débuts du mouvement indépendantiste au Québec, en puisant abondamment dans son expérience comme président fondateur, candidat aux élections provinciales de 1966 et membre du comité exécutif du RIN jusqu'à sa dissolution en 1968[4]. Dans certaines sciences sociales, en particulier

---

2. Voir, par exemple, Jean-Claude Trait, *FLQ 70 : offensive d'automne*, Montréal, Éditions de l'Homme, 1970.
3. René Lévesque, *Attendez que je me rappelle…*, Montréal, Québec/Amérique, 1986 ; Pierre Elliott Trudeau, *Mémoires politiques*, Montréal, Le Jour, 1993.
4. André d'Allemagne, *Le R.I.N. de 1960 à 1963 : étude d'un groupe de pression au Québec*, Montréal, L'Étincelle, 1974.

l'ethnologie, le travail social et la sociologie, on a parfois recours à l'observation participante pour percevoir du point de vue des sujets de l'action sociale ce qui ne pourrait l'être autrement[5].

Le recours à la pratique, à l'expérience et à l'observation comme mode d'appréhension du réel se situe dans un grand courant que l'on nomme *empirisme* et que l'on peut faire remonter aux sophistes de la Grèce antique. Ces derniers cherchaient à rassembler le plus de connaissances possible sur l'évolution de la civilisation, notamment du langage, et sur l'insertion harmonieuse des gens dans la société : à leurs yeux, le savoir, fondé sur l'expérience et l'observation, devait naturellement déboucher sur l'action ; ainsi, l'éducation avait nécessairement une fonction utilitaire.

L'empirisme repose sur la perception que l'on a de la réalité. Comme l'a bien montré Platon dans son allégorie de la caverne, où des hommes enchaînés ne peuvent voir que leurs ombres et s'imaginent que c'est là tout ce qui existe[6], il importe de distinguer l'objet réel (celui dont on recherche la connaissance) de l'objet perçu par nos sens, qui semble bien réel mais qui n'est pas toute la réalité.

L'intellectuel révolutionnaire Pierre Vallières a cité ses expériences dans une communauté religieuse à l'appui de sa dénonciation de l'obscurantisme et de l'exploitation incessante des masses québécoises par l'Église catholique pendant trois siècles[7]. De son côté, l'abbé Gérard Dion a plutôt fait ressortir le caractère progressiste de nombreuses interventions de l'Église, dont une à laquelle il a lui-même participé, lors d'un conflit syndical qui ébranla le Québec tout entier[8]. Les expériences de chacun conditionnent son interprétation de la réalité.

Au-delà de l'expérience immédiate d'un phénomène, l'engagement intellectuel pour une cause stimule et limite à la fois la connaissance qu'on peut acquérir de la réalité. S'appuyant sur l'expérience et l'observation, l'empirisme souligne de façon particulièrement aiguë la nécessité de prendre du recul face à ce que nous cherchons à comprendre et face à notre perception de la réalité. C'est ce qu'on appelle aussi la *rupture épistémologique*. Le sophiste Protagoras a été le premier à voir l'importance du fait que la connaissance dépend à la fois de l'objet connu et du sujet connaissant, en

---

5. Voir, par exemple, Marie LETELLIER, *On n'est pas des trous-de-cul*, Montréal, Parti-Pris, 1971 et Patrick DECLERCK, *Les naufragés : avec les clochards de Paris*, Paris, Plon (collection Terre Humaine), 2001.
6. Voir le début du livre VII de *La République*.
7. Pierre VALLIÈRES, *Nègres blancs d'Amérique*, éd. revue et corrigée, Montréal, Parti-Pris, 1969, chap. 4 (réédité en 1979 par Québec/Amérique).
8. Gérard DION, « L'Église et le conflit de l'amiante », p. 258 dans Pierre Elliot TRUDEAU, *La grève de l'amiante*, Montréal, Jour, 1970 (réédition de l'ouvrage de 1956).

d'autres mots, que la perception peut amener une personne à « connaître » une chose d'une « certaine manière » et une autre personne à « connaître » la même chose d'une « manière différente », possiblement contradictoire mais tout aussi vraie. D'où, selon Protagoras et Pyrrhon, la nécessité de toujours faire preuve d'un certain scepticisme face à la réalité perçue, qu'il s'agisse de personnes, de choses ou d'événements. C'est l'attitude adoptée dans ce manuel, comme l'introduction l'expose clairement.

▓ 1.2. L'intuition

Bon nombre de découvertes seraient, dit-on, le fruit du hasard, de l'imagination, de l'intuition. Les exemples les plus souvent cités proviennent de la physique : à la fin du XVIIe siècle, Denis Papin, voyant bouger le couvercle d'une marmite chauffant dans l'âtre domestique, en aurait tiré sa loi sur l'expansion des gaz ; de son côté, Isaac Newton, voyant tomber une pomme d'un pommier, en aurait conçu la loi de l'attraction universelle, l'appliquant même à la gravitation de la Lune autour de la Terre. Dans notre quotidien, il nous arrive aussi de faire de petites découvertes sous le coup d'une intuition.

En sciences sociales, on parle d'intuition comme source non systématique de connaissance de nous-mêmes, d'autrui, des choses, des processus, des vérités fondamentales. L'intuition porte nécessairement sur certaines perceptions qu'on a de la réalité et ne saurait totalement exclure l'exercice d'un certain jugement combiné à une bonne dose d'imagination. Sans prendre la forme d'une analyse fondée sur un raisonnement rigoureux, l'intuition dépasse la simple connaissance acquise par les sens.

> Dans un texte rédigé au moment où la Révolution tranquille commençait à s'essouffler, Claude Ryan, alors directeur du quotidien montréalais *Le Devoir*, cherchait à faire le point sur le pouvoir religieux et la sécularisation au Québec[9]. Sans suivre de « démarche sociologique rigoureuse », il constatait le glissement du pouvoir de l'Église vers l'État. Opinant à contre-courant des universitaires, Ryan considérait que ces changements structurels du pouvoir s'effectuaient de « manière plutôt paisible » et il rejetait intuitivement l'hypothèse que les changements résultaient d'une lutte de pouvoir entre l'Église et l'État. Selon Ryan, la médiation de l'opinion publique jouait un rôle déterminant (encore que non vérifiable) dans un tel transfert possible du pouvoir. Par ailleurs,

---

9. Claude RYAN, « Pouvoir religieux et sécularisation », *Recherches sociographiques*, vol. VIII, nos 1-2, janvier-août 1966, p. 101-109.

sentant que le pouvoir de l'idée religieuse demeurait considérable parmi
la population malgré la perte du pouvoir temporel de l'Église, Ryan avait
l'intuition que les idées et la mentalité de la société québécoise allaient
encore longtemps porter la marque d'un certain conservatisme.

Si l'intuition et l'imagination permettent une meilleure compréhension de la réalité, c'est en général parce qu'elles s'accompagnent d'un intérêt
pour un objet de connaissance. Des millions de personnes ont vu s'agiter
des couvercles de marmites et tomber des pommes. Bien peu, comme Papin
et Newton, en ont tiré des lois physiques ! Insensibles aux intuitions de
Ryan, plusieurs auteurs québécois ont regardé la Révolution tranquille
s'achever en posant le verdict d'une complète mise au rancart des valeurs
religieuses : souvent anticléricaux, ils prenaient leurs vœux pour la réalité.

Toutes les intuitions ne sont pas corroborées par les faits observables.
Au contraire, c'est là un mode de connaissance fort fragile. Il faut particulièrement se méfier des intuitions populaires[10] au sujet de questions
complexes. En vérité, devant des problèmes sociaux comme le viol, la délinquance ou la pauvreté, face à des crises ou des événements dramatiques
comme des attentats terroristes, identifier les causes sur la base d'intuitions
impose nécessairement des limites sérieuses à la compréhension globale
de ces phénomènes. En effet, « que nous ayons l'intuition de causes communes ne nous met pas nécessairement en mesure d'identifier les liens
entre [les crises humanitaires qu'ont vécues] la Bosnie, le Rwanda, l'Algérie,
le Guatemala, le Chiapas, le Kosovo, la Tchétchénie[11] ». Pour rendre l'intuition féconde, il faut l'accompagner d'un raisonnement rigoureux tout en
chassant les préjugés.

1.3. Le raisonnement

Le raisonnement est une source de connaissance fondée sur la faculté proprement humaine de saisir les rapports entre les choses et notamment les
causes et les conséquences des phénomènes observables. C'est une source
de connaissance indirecte, contrairement à la pratique, à l'expérience ou à
l'observation. C'est une source de connaissance systématique, contrairement à l'intuition. Enfin, c'est une source de connaissance qui n'implique

---

10. Un véritable champion d'intuitions erronées et de clichés s'incarne dans le coloré per-
sonnage d'Elvis Gratton du cinéaste Pierre FALARDEAU (*Elvis Gratton : le King des Kings*,
Canada, 1985).
11. Monique CHEMILLIER-GENDREAU, « L'humanitaire en débat : une loi commune à tous »,
Le Monde diplomatique, juin 2000, p. 31.

pas la révélation surnaturelle de connaissances invérifiables. En sciences sociales, deux types de raisonnement doivent particulièrement retenir notre attention : le raisonnement inductif et le raisonnement déductif.

S'il nous est possible d'accroître nos connaissances sur nous-mêmes et notre environnement grâce à des sources directes comme l'expérience et l'observation ou grâce à une source non systématique comme l'intuition, il faut néanmoins reconnaître le caractère limité d'acquisitions nouvelles qu'on peut faire par ces moyens. Il est intéressant et économique de tirer des conclusions au-delà des observations, pour les appliquer à des ensembles de phénomènes analogues. Le principe de l'*induction* repose précisément sur le raisonnement que si deux choses, faits ou caractéristiques se trouvent sans cesse associés lorsqu'on les observe, ils sont probablement toujours associés (qu'on les observe ou non) si les mêmes conditions prévalent. Et plus grand est le nombre de cas observés où les deux choses, faits ou caractéristiques se trouvent associés, plus grande est la probabilité de leur association en d'autres occasions où l'on sait que l'un des deux se présente. À la limite, un nombre considérable d'associations entraîne une probabilité très élevée (une quasi-certitude) de la généralisation qu'on effectue. On appelle couramment cette conclusion une *généralisation empirique* : en principe, elle ne doit pas souffrir d'exception mais, paradoxalement, il est impossible de la prouver définitivement en faisant appel à l'expérience. En effet, le raisonnement inductif repose sur des probabilités et, au mieux, propose des quasi-certitudes. Dans la mesure où il n'y a pas, à strictement parler, de certitude absolue dans une généralisation empirique, on qualifiera d'« opinion vraisemblable » notre croyance en cette généralisation empirique si aucun fait porté à notre connaissance ne parvient à en montrer la fausseté. Notre opinion est évidemment d'autant plus vraisemblable que la généralisation empirique fait l'objet de tests nombreux et variés qui tendent tous à la confirmer. La constance des rapports entre religion et politique au Québec au cours de la Révolution tranquille et dans les années qui ont suivi en constitue un exemple frappant : les électeurs qui ont remis en question leurs valeurs et leur pratique religieuses ont eu davantage tendance à appuyer « le parti du changement » et la souveraineté du Québec[12].

---

12. Voir François-Pierre GINGRAS et Neil NEVITTE, « La Révolution en plan et le paradigme en cause », *Revue canadienne de science politique*, vol. XVI, n° 4, décembre 1983, p. 691-716, ainsi que deux textes recueillis par Jean CRÊTE, *Comportement électoral au Québec*, Chicoutimi, Gaëtan Morin éditeur, 1984 : André BLAIS et Richard NADEAU, « L'appui au Parti québécois : évolution de la clientèle de 1970 à 1981 » (p. 279-318) et Maurice PINARD et Richard HAMILTON, « Les Québécois votent NON : le sens et la portée du vote » (p. 335-385).

Si le raisonnement inductif prend racine dans les cas particuliers et aboutit à des généralisations dont on peut évaluer la vraisemblance (mais non la certitude) par la confrontation à d'autres cas particuliers, le *raisonnement déductif* trouve sa source dans des formulations générales abstraites et universelles (parfois appelées «lois générales») dont on tire des hypothèses pour des cas particuliers. Tout raisonnement déductif part d'une expression ou loi générale établissant un rapport entre des concepts universels. Le raisonnement déductif, comme Emmanuel Kant l'a montré clairement, permet de partir de principes généraux (ou *axiomes*) et d'en tirer des connaissances tout à fait nouvelles (les *conclusions*). La recherche sociale entre en jeu pour vérifier les implications particulières de nouvelles connaissances, en établissant d'abord une *hypothèse* générale dont il s'agit ensuite d'opérationnaliser chacun des *concepts*. D'autres sections de ce manuel éclairciront cette démarche. Il importe à ce moment-ci de réaliser que le raisonnement déductif ne fait pas nécessairement appel au principe de la causalité. Le raisonnement permet en effet de trouver des explications causales ou non causales (mais associatives), selon qu'on fait l'hypothèse qu'un phénomène en entraîne un autre ou l'hypothèse que plusieurs phénomènes sont associés, sans que l'un ne soit la cause ni l'autre, l'effet.

> On peut parfois tirer aussi bien une hypothèse causale qu'une hypothèse non causale de généralisations empiriques construites à partir de l'observation de parallèles historiques. À plusieurs reprises depuis la Seconde Guerre mondiale, les gouvernements occidentaux, accaparés par des conflits internationaux mettant en jeu leurs intérêts économiques, ont laissé les Soviétiques intervenir avec force dans leur «sphère d'influence». Ainsi, en 1956, les autorités soviétiques ont violemment réprimé les manifestations nationalistes en Hongrie pendant que l'attention de l'Occident se portait sur une crise internationale au sujet de l'assujettissement du canal de Suez par le gouvernement égyptien. Il en fut de même des interventions en Tchécoslovaquie, en Afghanistan, etc. En janvier 1991, on a assisté à un déploiement sans ménagement de l'armée soviétique dans les républiques baltes manifestant des velléités indépendantistes, la même semaine où une large coalition d'États occidentaux attaquait l'Irak pour forcer ce pays à se retirer du Koweït ; il n'y a pas de relation causale évidente entre les deux événements, mais il est tentant de croire qu'au Kremlin, on pouvait prédire la passivité relative de l'Occident par la priorité que ses gouvernements semblent accorder au commerce international, à l'approvisionnement en pétrole et à l'équilibre des zones d'influence, plutôt qu'aux libertés démocratiques.

Dans la mesure où le raisonnement qui porte sur les phénomènes humains et sociaux implique un niveau d'analyse plus abstrait que le simple recours à la perception de nos sensations, il ne faut pas se surprendre de voir certains scientifiques élaborer des modèles très abstraits de la réalité en vue d'enrichir sans cesse les connaissances. Les chapitres sur la théorie et sur la simulation démontreront le comment et le pourquoi de l'utilisation des modèles abstraits.

Les diverses approches rationalistes possèdent comme constante un double objectif d'explication et d'orientation vers l'action : d'une part, les rationalistes cherchent à expliquer un univers cohérent en termes de concepts et de rapports logiques entre ceux-ci ; d'autre part, ils aspirent à ordonner la vie individuelle et sociale sur la base de principes universels et purement rationnels. Les comités éditoriaux des revues savantes tentent d'éliminer le plus possible les jugements de valeur qui biaisent les analyses de certains auteurs. Mais les implications concrètes de la logique des rationalistes apparaissent parfois incontournables[13]. Emmanuel Kant va jusqu'à soutenir qu'il est irrationnel d'imaginer des objets (et donc des causes) situés en dehors du temps et de l'espace. Il limite par conséquent le pouvoir de la raison (donc de la science) à connaître le monde matériel (ce qui rejoint les préoccupations des empiristes) et à guider nos actions. L'avant-dernier chapitre de ce manuel revient d'ailleurs sur toute la question de la rationalité et de l'objectivité scientifiques.

Quant aux choses qui échappent à l'expérience humaine, Kant affirme qu'il faut toujours les aborder d'un œil critique et se méfier de la prétendue connaissance que d'aucuns croient en avoir, car pour chaque proposition (ou « thèse ») qu'on puisse faire au sujet de leur nature, la raison pure permet d'affirmer avec autant d'assurance une proposition contradictoire (ou « antithèse »). On retrouve donc chez Kant une charnière dans l'évolution de la *méthode dialectique*.

Dans la même veine et sans doute paradoxalement aux yeux de certains, on discerne aussi chez Kant une charnière dans l'évolution de la *méthode positiviste*. Le positivisme du père de la sociologie, Auguste Comte, n'admet en effet comme valables que les affirmations fondées sur l'expérience des sens, soit directe, soit résultant d'un test empirique des conséquences déduites logiquement des faits d'expérience. Dans leur recherche de connaissances nouvelles, les positivistes s'appuient sur le postulat que les données de la science sont les expériences des organismes (individus, groupes, structures sociales) ou les réactions (ou « réponses ») de ces organismes aux stimulations ou expériences de leur environnement. Pour les

---

13. Voir comment Daniel LEDUC en arrive à prescrire une ligne de conduite au gouvernement canadien dans une matière controversée : « Le libre-échange canado-américain : défi à la souveraineté et au progrès », *Revue canadienne de science politique*, vol. XIX, n° 2, juin 1986, p. 305-324.

connaître de façon objective, la mesure systématique et la quantification se sont donc imposées assez tôt comme offrant un gage de validité. À l'instar de Kant, un George A. Lundberg, par exemple, rejette toute définition *a priori* de l'essence des choses, préférant les définir de façon opératoire d'après ce que l'expérience peut en révéler. Cette approche favorise les *définitions opératoires* (comme celles qu'utilise Statistique Canada dans le choix de ses indicateurs[14]) au détriment des *définitions conceptuelles*. C'est pourquoi, par exemple, on définit souvent l'« intelligence » par la mesure qu'on en fait dans un test de quotient intellectuel ou la « pauvreté » par un seuil de revenu familial : les positivistes considèrent inconnaissable l'« intelligence en soi » et affirment que la « pauvreté » est nécessairement quelque chose de relatif. Ce genre de raisonnement, très pratique, peut facilement dégénérer en un découpage excessif d'un phénomène en d'innombrables composantes puis sa reconstitution artificielle par la somme des diverses observations qu'on en a faites : dans ce processus, on peut facilement oublier la signification essentielle des phénomènes.

1.4. La tradition, l'autorité et la mode

Nous faisons tous et toutes partie d'une société, d'une culture. Nous sommes naturellement exposés dès notre tendre enfance à des explications concernant l'origine de la vie, le fonctionnement de l'univers, le comportement des humains entre eux, la crédibilité des personnages politiques. Nous avons de bonnes raisons de croire ces interprétations : d'une part, nous ne sommes généralement pas en mesure de prouver qu'elles sont fausses et, d'autre part, nous avons de toute façon confiance en ceux et celles qui nous les transmettent : parents, professeurs, curés, journalistes et experts de tout acabit – en somme, tous ceux et celles qui « savent » ou prétendent savoir. Et puis, il y a ces traditions immémoriales qui font que personne (ou presque) ne songe même à remettre en question un certain « savoir » relayé par chaque nouvelle génération. Ainsi, quel étudiant en histoire du Canada douterait des friponneries de l'intendant Bigot ou des intérêts économiques et politiques ayant entraîné la déportation des Acadiens ? Quelle étudiante en sociologie remettrait en question le rôle de la famille ou de la paroisse dans la société canadienne-française traditionnelle ?

---

14. Voir, par exemple, le site Internet de Statistique Canada à l'adresse suivante : <http ://www.statcan.ca/>.

L'avantage de la tradition comme source de connaissances est évidemment son caractère cumulatif : il n'est pas nécessaire de toujours recommencer les recherches à zéro ; il suffit d'élargir le savoir. Mais le grand désavantage de la tradition est son caractère conservateur qui, en réalité, freine la remise en question du savoir acquis.

> Par exemple, lorsque Gilles Bourque, Jules Duchastel et Jacques Beauchemin se penchent sur le discours politique dominant au Québec de 1944 à 1960, ils se heurtent à l'interprétation dominante qui présente le Québec d'alors comme une société traditionnelle ; leur projet de recherche ne peut « être pleinement réalisé sans que l'on questionne les fondements de cette interprétation »[15]. De son côté, Maurice Pinard a irrité bien des sensibilités en soutenant la thèse que ce fut longtemps une élite, non la masse des Québécois, qui souscrivait au nationalisme[16], contrairement à l'interprétation dominante voulant que le nationalisme, sous l'une ou l'autre de ses formes, a toujours été l'un des principaux courants idéologiques à mobiliser les Canadiens français en général et les Québécois en particulier.

Malgré la force de la tradition, tout au long de notre vie, nous profitons de nouvelles connaissances souvent appelées « découvertes ». Comme presque chaque jour quelqu'un, quelque part, allègue qu'il vient d'effectuer une nouvelle « découverte », il ne faut pas s'étonner si l'acceptation ou le rejet de cette « découverte » par la société dépende souvent du statut du « découvreur ».

> Ainsi, au cours des années 1950, on pouvait compter des milliers de catholiques québécois et québécoises, les oreilles quotidiennement collées à leur poste de radio pour écouter *La Clinique du cœur* ; le père dominicain Marcel-Marie Desmarais leur apprenait comment ordonner leur vie quotidienne selon les préceptes de l'Église : citant des « autorités » médicales et religieuses, il enseignait entre autres et avec force exemples comment le recours à des moyens, autres que la continence, « d'empêcher la famille » lésait « dans leur âme et dans leur corps » tous « les malheureux » qui s'y adonnaient[17]. Les premiers à ridiculiser aujourd'hui

---

15. Gilles BOURQUE, Jules DUCHASTEL et Jacques BEAUCHEMIN, *La société libérale duplessiste, 1944-1960*, Montréal, Presses de l'Université de Montréal, 1994, p. 7.

16. Voir en particulier Maurice PINARD, « La rationalité de l'électorat : le cas de 1962 », dans le recueil de Vincent LEMIEUX, *Quatre élections provinciales au Québec, 1956-1966*, Québec, Presses de l'Université Laval, 1969, p. 179-196, ainsi que Maurice PINARD, Robert BERNIER et Vincent LEMIEUX, *Un combat inachevé*, Sainte-Foy, Presses de l'Université du Québec, 1997. Pour une réfutation, voir en particulier Pierre DROUILLY, *Indépendance et démocratie. Sondages, élections et référendums au Québec, 1992-1997*, Harmattan, Montréal, 1997.

17. Cette expression est tirée de Marcel-Marie DESMARAIS, *L'amour à l'âge atomique*, Montréal, Le Lévrier, 1950, p. 67. On retrouve les mêmes idées dans les multiples volumes de la série *La clinique du cœur*, Montréal, Le Lévrier, 1957-1958.

> une telle béate soumission à des renseignements dépassés sont parfois les plus naïfs gobeurs des propos de nouveaux maîtres à penser qui, pendant un temps, éblouissent leurs adeptes.

Si la tradition et l'autorité, comme moyens d'acquisition de connaissances, ont leurs avantages et leurs inconvénients, on peut dire la même chose de l'engouement pour certaines « nouvelles » façons d'aborder le réel. Le béhaviorisme, les sondages, la biosociologie, la prospective, le néomarxisme, la cybernétique, le postmodernisme en sont des exemples anciens ou actuels. Si ce n'est déjà fait, on découvrira leurs limites et leurs partisans devront nuancer un enthousiasme au début sans borne. Une telle ardeur initiale, par ailleurs, contribue à favoriser l'exploration de pistes de recherche inédites ou sous-exploitées et donc à l'avancement des connaissances, comme le suggère Nicos Poulantzas dans sa préface au livre d'Anne Legaré, *Les classes sociales au Québec*[18]. La mode intellectuelle prend le contre-pied de la tradition en prévenant la sclérose du savoir. Mais elle risque aussi de chercher à imposer ses nouveaux dogmes.

En somme, à l'instar des modes vestimentaires, les modes intellectuelles font parfois perdre le sens de la mesure. Cela ne signifie pas, au contraire, qu'il faille rejeter d'avance les propositions d'ouvrir de nouvelles portes sur la vérité. Est-il nécessaire de conclure que la connaissance est avant tout affaire de jugement et que le savoir s'abreuve à de multiples sources ? La sagesse consiste sans doute à discerner les sources les plus fécondes, quitte à passer de l'une à l'autre au besoin.

2 LA CONNAISSANCE SCIENTIFIQUE

C'est un besoin naturel des humains que de savoir le pourquoi et le comment des choses, de vouloir prédire certaines caractéristiques de l'avenir. On connaît la panique qui s'empare des populations civiles lors de l'imminence de bombardements. On se rappelle la crainte répandue de prendre l'avion après les attentats terroristes du 11 septembre 2001. Faute de comprendre notre milieu (facteur d'ordre humain) et notre environnement (facteur d'ordre écologique), faute d'un minimum d'assurance face à ce que nous réserve le futur, faute enfin de pouvoir exercer quelque action éclairée sur nous-mêmes et sur ce qui nous entoure, nous deviendrions vite des étrangers, des aliénés.

---

18. Anne LEGARÉ, *Les classes sociales au Québec*, Montréal, Presses de l'Université du Québec, 1977, p. VII.

▓ 2.1. Qu'est-ce que la science?

Dans toutes les sociétés, le savoir procure à ses détenteurs un avantage sur les « ignorants ». Qu'on pense au chasseur qui a découvert la cache de son gibier, au médecin qui a appris à soigner les malades, à la mécanicienne qui sait remettre les voitures en état de marche, au sondeur qui prédit correctement un résultat électoral. La communication des connaissances parmi les membres d'une société représente naturellement un progrès de la civilisation. Nous avons déjà mentionné comment le statut de la personne qui dit posséder une connaissance influence l'accueil fait par la société à la connaissance en question. Dans une société simple, il est beaucoup plus facile que dans une société complexe d'obtenir un consensus sur le statut des « personnes connaissantes » et donc aussi sur la valeur des connaissances qu'elles transmettent : on apprend vite qui est bon chasseur et il est facile de vérifier ses dires. Dans les sociétés simples, la population est généralement restreinte et de culture homogène : on partage une mentalité, une langue, des croyances, des conventions[19].

Dans les sociétés complexes, les consensus sont plus difficiles à obtenir. Non seulement chacun ne peut-il connaître tout le monde, mais la culture tend à se fragmenter : les mythes eux-mêmes ne font plus consensus, ils se font concurrence ! À qui, par exemple, doit revenir le pouvoir de gouverner ? Au plus fort ou au plus riche ? Au fils aîné du roi ou à l'élu du peuple ? Au choix de l'oracle ou de la junte militaire ? Qui croire... et que croire ? Certaines interrogations (notamment sur le rôle de l'État dans nos sociétés) se font si pressantes qu'André Vachet n'hésite pas à parler du « désarroi [...] de l'ensemble de la pensée sociale et politique de notre temps[20] ».

Si l'on estime désirables, d'une part, la connaissance qui permet de minimiser certaines incertitudes et, d'autre part, la diffusion de cette connaissance, alors un terrain d'entente s'établit. En d'autres termes, une démarche universellement acceptable et universellement reconnue comme valide constitue un préalable à la communication universelle des connaissances : *ce qu'on appelle la science est un savoir qui repose sur des conventions*. L'avant-dernier chapitre de ce manuel en témoigne.

---

19. Il en va de même chez certains groupes très homogènes où le contrôle social s'exerce avec intransigeance, comme la communauté juive hassidim montréalaise ou des groupes de motards comme les Hell's Angels.
20. *L'idéologie libérale : l'individu et sa propriété*, 2e éd., Ottawa, Presses de l'Université d'Ottawa, 1988, p. 13.

La convention première qui confère à une connaissance son caractère scientifique, c'est qu'on puisse répéter, en quelque sorte, la découverte : refaire l'observation, reprendre le raisonnement, confronter de nouveau l'hypothèse aux faits. C'est ce qu'on appelle la *reproductibilité*. Le phénomène unique observé par une unique personne ne peut donc être l'objet d'une connaissance scientifique : les expériences mystiques individuelles en sont un exemple. Les phénomènes présentant un caractère répétitif ou au moins une certaine durée, observables par plusieurs, offrent à la recherche scientifique un menu de choix, mais se prêtent aussi davantage au savoir « ordinaire » que les phénomènes rares, obscurs, complexes.

Principalement à cause de leur intérêt pour des phénomènes moins facilement compréhensibles par un grand public, les personnes ayant une formation poussée dans l'une ou l'autre branche du savoir ont, au cours des siècles, fixé des conventions et établi des critères d'acceptation ou de rejet des nouvelles connaissances. Dans la mesure où ces conventions et ces critères font l'objet d'un consensus parmi les « savants », *la science n'est que ce que les savants s'entendent pour croire qu'ils savent,* c'est-à-dire l'ensemble systématisé des connaissances partagées à une époque par les scientifiques dans leurs disciplines respectives.

L'histoire des progrès de la science et de l'accumulation du savoir est si abondamment chargée de rejets d'interprétations autrefois tenues pour vérités que les gens de science en sont venus assez tôt à faire preuve de scepticisme face à leur propre savoir. C'est pourquoi, sans nécessairement se réclamer de Pyrrhon, le premier des grands sceptiques grecs, qui niait qu'une personne pût atteindre à la vérité, les gens de science pratiquent le « doute méthodique » cher à Descartes : douter de ce qui paraît douteux et s'interroger sur les prétendues certitudes.

> Certaines « vérités » rejetées ont cependant la vie dure : bien des gens croient encore aujourd'hui que la vitesse de chute des corps est directement proportionnelle à leur masse, comme l'avait affirmé Aristote ; ainsi, ce manuel, échappé par mégarde, tomberait environ quatre fois plus vite que le *Guide d'élaboration d'un projet de recherche* de Gordon Mace et François Pétry (Québec, Presses de l'Université Laval, 2000) ! On peut facilement vérifier qu'il n'en est rien. On doit à Galilée d'avoir remis en cause bien des « connaissances acquises », même si cela lui valut l'excommunication par l'autorité papale.

La satisfaction des scientifiques dépend souvent de leur capacité à prédire des phénomènes d'après l'observation de la régularité d'autres phénomènes, tout en s'accordant une marge de manœuvre pour tenir compte des impondérables : selon qu'on est optimiste ou pessimiste, on parle alors de « degré de confiance » ou de « marge d'erreur ». La science est à la fois probabiliste et déterministe.

Le déterminisme de la science implique que tout phénomène est susceptible d'être expliqué de façon rationnelle, mais il ne prétend jamais que toutes les explications sont actuellement connues : le déterminisme amène donc à prédire des comportements probables, mais il n'exclut pas la possibilité que des personnes ne se comportent pas comme on a prédit. La *prédiction* consiste à faire l'hypothèse d'un événement futur en se fiant aux données observables du passé ou du présent, tandis que la *prédestination* constitue une doctrine fataliste qui pose que certains événements se produiront inévitablement parce qu'une volonté surnaturelle en a décidé ainsi. Les scientifiques n'admettront jamais que l'avenir politique du Québec ou de la Palestine dépende de la volonté divine !

Quant à l'utilisation pratique et concrète des connaissances scientifiques, elle relève de la technologie et non de la recherche scientifique. Il faut dissiper une équivoque fréquente entre *science* et *technologie*. C'est la technologie ou la maîtrise des applications des résultats de recherches qui préside aux lancements fructueux de navettes spatiales ou au déroulement idoine des sondages d'opinion. Les « réalisations de la science » les plus remarquées du grand public sont en général des produits de la technologie. Une équipe scientifique devrait idéalement être en mesure d'utiliser toute la technologie à sa disposition en vue de poursuivre des recherches plus poussées. Mais la technologie progresse si rapidement qu'il est bien difficile de se mettre à son pas : bien des universitaires en sciences sociales, par exemple, ne réalisent pas encore les ressources inouïes mises à leur portée par les simulations informatisées. Quant aux technologues, il faut parfois déplorer leur manque de formation en recherche fondamentale : le sondage le mieux orchestré peut passer à côté de l'essentiel d'un phénomène social et un usage inconsidéré des « tests d'intelligence » peut mener à des méprises sur les capacités mentales des personnes. Nous reviendrons plus loin sur la nécessaire pertinence de la science.

▒ 2.2. Les contraintes de la recherche scientifique

Quiconque aspire à s'adonner à la recherche scientifique doit réaliser qu'il s'agit d'une pratique sociale sujette à une gamme étendue de contraintes, comme toute activité humaine. La science n'existe pas indépendamment de la société où elle s'élabore ; la recherche scientifique est une production humaine inscrite dans un environnement social qui, à la fois, détermine l'éventail des options disponibles et impose des contraintes quant aux choix entre ces diverses options. On peut regrouper sous quatre types ces sources d'influence manifeste[21].

L'*état présent des connaissances* constitue évidemment la première contrainte de la recherche scientifique, dans la mesure où l'on accepte que la science procède en grande partie d'un raffinement, d'une amélioration du savoir organisé, d'une accumulation de connaissances allant à tour de rôle au-delà des précédentes.

> À propos des mérites et limites des instruments de recherche en sciences sociales, les manuels (comme celui-ci) ont en principe la mission de mettre en garde contre une confiance aveugle. On trouve parfois des rapports de recherche qui consacrent quelques lignes aux contraintes liées aux outils utilisés. On peut citer comme modèle de réflexion critique les notes méthodologiques des politologues Caroline Andrew, André Blais et Rachel Desrosiers sur leur usage de diverses techniques dans une recherche sur les politiques de logement s'adressant aux bas-salariés : tout en soulignant « le rôle de l'imprévu » dans l'expérience de recherche, les auteurs évaluent longuement la pertinence du sondage, des entrevues d'élites, de l'analyse documentaire et de l'observation directe. Ils en concluent que, précisément à cause des limites de chaque instrument, « on devrait toujours viser à utiliser la plus grande variété de techniques possible[22] ».

Au-delà des limites imposées par l'état du savoir systématisé, qu'on appelle la science, il faut encore rompre avec les prétendues « évidences » ou « *certitudes* » *du sens commun* et de la vie quotidienne. Les jugements qu'on porte sur les causes des phénomènes reposent fréquemment sur des suppositions *a priori* dont on n'a même pas conscience et il n'est pas toujours facile de s'en dégager.

S'il importe de se méfier du sens commun, il faut tout autant réaliser combien les valeurs conditionnent la recherche scientifique. Les valeurs dont il est question ici sont autant *les valeurs personnelles de la personne qui fait la recherche* que *les valeurs collectives de la société*. De telles valeurs, collectives ou personnelles, ne constituent pas nécessairement des entraves à la recherche, mais elles conditionnent le choix des thèmes abordés, des problématiques, des orientations, des instruments, des données et donc

---

21. Voir aussi Paul DE BRUYNE, Jacques HERMAN et Marc DE SCHOUTHEETE, *Dynamique de la recherche en sciences sociales*, Paris, Presses universitaires de France (collection SUP), 1974, p. 29-33.
22. Caroline ANDREW, André BLAIS et Rachel DESROSIERS, *Les élites politiques, les bas-salariés et la politique du logement à Hull*, Ottawa, Éd. de l'Université d'Ottawa, 1976. Voir p. 177-200, *passim*.

des conclusions, c'est-à-dire des nouvelles connaissances qu'on en tirera. Une des premières marques d'intégrité à exiger d'un chercheur ou d'une chercheure est de faire état de son subjectivisme, de son idéologie, de ses intérêts. Certaines recherches féministes sont des modèles à cet égard[23].

Cette confession étant faite, la recherche doit encore affronter une gamme de contraintes que De Bruyne, Herman et De Schoutheete nomment la *demande sociale*, c'est-à-dire ces façons qu'a chaque société particulière de créer des conditions plus ou moins favorables à l'exploration de diverses pistes de recherche scientifique : on distingue arbitrairement la recherche théorique de la recherche sur le terrain « alors que leurs démarches sont inséparables[24] » ; on découpe tout aussi arbitrairement les champs de compétence des économistes, des politologues ou des criminologues ; on subventionne certaines recherches, on en commande d'autres par contrat, on refuse des fonds à d'autres encore ; on coopte des chercheurs sur des jurys de sélection de projets, mais certaines chercheures n'y participeront jamais ; on doit utiliser des données tronquées ou suspectes, faute de mieux[25] ; on ignore ou on dénigre les résultats qui ne cadrent pas avec les théories à la mode ou les intérêts dominants, etc. Il faut une bonne dose de courage, de confiance et de persévérance à ceux et celles qui, incompris ou marginaux au départ, décident de faire valoir leurs idées malgré tout[26].

Ainsi, la recherche scientifique est une activité de production du savoir exposée à des contrariétés comme toute activité sociale. Dans une société où les ressources sont limitées se dresse aussi inévitablement l'exigence de plus en plus forte de la pertinence de la recherche.

▥ 2.3. La pertinence de la recherche scientifique

Il est facile de voir comment les connaissances acquises par la recherche scientifique peuvent être utiles : une meilleure compréhension du fonctionnement, des sources d'échec ou de succès des organismes populaires

---

23. Voir par exemple le numéro thématique « Femmes et pouvoir » de la revue *Politique*, n° 5, hiver 1984 ainsi que Manon TREMBLAY et Nathalie BÉLANGER, « Femmes chefs de partis politiques et caricatures éditoriales : l'élection fédérale canadienne de 1993 », *Recherches féministes*, vol. 10, n° 1, 1997, p. 35-75.

24. DE BRUYNE, HERMAN et DE SCHOUTHEETE, *op. cit.*, p. 30.

25. Sur cet aspect particulier, voir le commentaire de Nicos POULANTZAS au sujet des sources officielles utilisées par Anne LEGARÉ dans son étude des classes sociales, *op. cit.*, p. VII.

26. « J'ai eu de grandes difficultés du fait que je n'étais pas dans la ligne », a confié le célèbre biologiste et homme de lettres Jean Rostand dans *Le sel de la semaine : Fernand Seguin rencontre Jean Rostand*, Montréal, Éditions de l'Homme et Radio-Canada, 1969, p. 39. L'entretien fait aussi ressortir l'importance de l'« émotion scientifique » ressentie par le chercheur comme facteur de motivation.

peut mener à des ajustements susceptibles de favoriser la poursuite de leurs
objectifs (amélioration du milieu de vie des secteurs défavorisés, défense
des assistés sociaux et des locataires, mise sur pied de garderies populaires,
etc.) ; un juste diagnostic de l'impact des politiques gouvernementales sur
les taux de chômage dans chaque région peut entraîner des changements
de stratégie favorables à la création d'emplois tout particulièrement dans
les régions les plus touchées ; une meilleure compréhension des sources
des tensions internationales peut éviter des guerres. L'utilité de certaines
recherches dites scientifiques ne saute toutefois pas aux yeux.

> Pourquoi se pencher sur les lettres d'un patriote condamné à mort en
> 1839[27] ? Quel intérêt actuel y a-t-il, à comparer des brochures de pro-
> pagande publiées par le gouvernement provincial et l'Église catholique
> du Québec avec celles diffusées tout au long du XIXe siècle dans l'Empire
> britannique pour inciter l'immigrant à venir s'établir dans les colonies[28] ?
> À quoi peut bien servir une analyse des idéologies véhiculées par
> quelques publications et quelques groupements de 1934 à 1936, a for-
> tiori quand l'auteur prévient qu'« aucun rapprochement avec les temps
> actuels ne se chargera de joindre le passé au présent[29] » ? Les auteurs
> ont, bien sûr, des réponses à de telles questions.

Les universitaires manifestent, en général, beaucoup d'ouverture aux
recherches qui font avancer les connaissances même si elles n'ont pas
d'application immédiate. Cependant, comme la production du savoir en
sciences sociales se trouve en majeure partie financée directement (par des
subventions aux chercheurs et aux chercheures, individuellement ou en
équipe) ou indirectement (par des subventions aux établissements) à même
les fonds publics et comme la demande de fonds s'accroît à un rythme
auquel les gouvernements ne peuvent (ni ne veulent ?) s'accorder, des
priorités surgissent, des orientations se dégagent, des critères s'imposent.
La recherche dite fondamentale (c'est-à-dire détachée des préoccupations
quotidiennes) cède souvent le pas à la recherche qui s'applique à résoudre
des problèmes bien précis[30]. Le Conseil de recherches en sciences humaines

---

27. Voir dans le *Bulletin d'histoire politique*, vol. 5, n° 2 (hiver 1997), p. 144-146, la recen-
    sion que Lucille BEAUDRY fait de Chevalier DE LORIMIER, *Lettres d'un patriote condamné à
    mort*, Montréal, Comeau et Nadeau, 1996 et de Pierre FALARDEAU, *15 février 1839*,
    Montréal, Stanké, 1996.
28. Serge COURVILLE, *Rêves d'Empire. Le Québec et le rêve colonial*, Conférences Charles R.
    Bronfman en études canadiennes, Ottawa, Institut d'études canadiennes, Les Presses de
    l'Université d'Ottawa, 2000, 68 p.
29. André-J. BÉLANGER, *L'apolitisme des idéologies québécoises. Le grand tournant de 1934-1936*,
    Québec, Presses de l'Université Laval, 1974, p. IX.
30. Dans *Une orientation de la recherche politique dans le contexte canadien* (Montréal, Institut
    de recherches politiques, 1977), Raymond BRETON fournissait déjà une excellente illus-
    tration des exigences de pertinence que l'on adressait alors de plus en plus à la recherche

du Canada (CRSH), par exemple, a retenu en 2002 quatre domaines prioritaires de recherche « stratégique » : les peuples autochtones ; l'environnement et le développement durable ; la culture, la citoyenneté et l'identité ; les textes, les documents visuels, le son et la technologie. Le CRSH s'attend à ce que les résultats influencent les décideurs des divers secteurs de la société canadienne[31]. Cette attitude n'est pas sans rappeler celle des précurseurs et des fondateurs des sciences sociales, fussent-ils des réformistes comme Henri de Saint-Simon ou des conservateurs comme Auguste Comte, pour qui les connaissances scientifiques devaient déboucher sur la solution de problèmes de leur temps et l'avènement d'une société plus conforme à leurs idéaux.

 ## LES OBJETS DES SCIENCES SOCIALES

La recherche scientifique repose sur la prémisse qu'il existe une explication rationnelle à tout phénomène. Les phénomènes humains et les phénomènes sociaux n'échappent pas à la règle : comme l'écrivait un historien, « tout est cause et tout est causé[32] ». La recherche scientifique devrait, du moins en principe, permettre de révéler causes et effets. Peut-on cependant utiliser pour les analyser les mêmes méthodes que celles qui ont été mises au point en chimie ou en physique ? On reconnaît généralement que l'analyse des phénomènes sociaux a acquis un caractère scientifique bien plus tard que l'analyse des phénomènes de la nature ; la question se pose de savoir où en sont actuellement rendues les sciences sociales dans le développement de leur scientificité. Cela nous amènera à souligner la vigilance qui s'impose à toute personne engagée dans la recherche sociale.

---

sociale. L'auteur y identifiait les principaux objectifs de gestion sociale à l'époque, les principaux phénomènes caractérisant alors la condition canadienne, les cibles que la recherche sociale devait (selon lui) privilégier et les stratégies de recherche qui y correspondaient. Cette vision est maintenant largement partagée par les organismes subventionnaires.

31. Pour des renseignements sur les programmes du CRSH, consulter le site Internet <http://www.sshrc.ca>.

32. Lionel GROULX, *Histoire du Canada français depuis la découverte. Tome I : Le régime français*, 4e éd., Montréal, Fides, 1962, p. 14.

▓ 3.1. Phénomènes sociaux, phénomènes humains

Une représentation typique de la recherche scientifique en trace un schéma cyclique : l'examen de certains faits mène à la construction d'une théorie dont on tire des hypothèses susceptibles d'être confrontées à d'autres faits en vue de juger de la vraisemblance de la théorie[33]. Admettons que l'examen de n'importe quel ensemble de faits sociaux (ayant au moins quelque caractère commun) puisse amener une personne ordinaire, possédant un minimum d'imagination et douée de la faculté de raisonner, à réfléchir sur ce que ces faits ont en commun et accoucher d'une généralisation empirique. On peut sans aucun doute en tirer des hypothèses concernant des faits particuliers autres que ceux qui ont déjà été observés ; mais tous les faits sociaux se prêtent-ils au test de telles hypothèses ? Qui plus est, le test d'hypothèse permet-il seulement de saisir pleinement l'essentiel des phénomènes sociaux humains ?

Ces questions se posent avec pertinence puisqu'on admet habituellement que les phénomènes humains impliquent des valeurs, des buts, des motivations, des choix que ne peuvent faire les planètes du système solaire, les plantes ou les atomes de carbone. On peut concevoir l'intelligence, mais peut-on opérationnaliser ce concept sans le trahir ? On peut soupçonner que les conseils municipaux exercent une influence prépondérante sur leurs services de police, mais comment le vérifier ? Si les équipes de recherche d'Hydro-Québec peuvent faire des expériences dans leurs laboratoires pour vérifier de nouvelles théories, on ne peut dénombrer les « unités d'influence » d'un conseil municipal sur son service de police, encore moins les recréer en laboratoire ! Et comme les sciences sociales s'intéressent souvent au déroulement historique des phénomènes sociaux, on ne peut pas retourner demander aux curés de campagne de 1837 s'ils appuyaient ou non l'insurrection des Patriotes ! On pourrait penser, en somme, que certains phénomènes sociaux ne se prêtent pas, en principe, à la recherche scientifique, surtout quand ils ne peuvent se mesurer exactement (telle une influence des conseils municipaux) ni être observés directement ou en laboratoire (tels les curés de 1837).

Pourtant, les sciences de la nature[34] possèdent aussi des objets difficilement mesurables ou observables. La lumière ou la chaleur, par exemple,

---

33. Cette représentation idéalisée ne se traduit pas toujours dans les faits par un cheminement simple : « *Science seldom proceeds in the straightforward logical manner imagined by outsiders* », affirme l'un des auteurs de l'une des plus grandes découvertes du XXᵉ siècle (la structure de l'ADN), le généticien James D. WATSON, *The Double Helix*, New York, New American Library (collection Signet), 1968, p. IX.

34. L'expression « sciences de la nature » est consacrée par l'usage, mais ne doit pas faire oublier que nous faisons partie de la nature et n'existons pas en marge d'elle.

sont des concepts aussi abstraits et relatifs que l'intelligence et l'influence : ils ne peuvent non plus être mesurés directement. Et s'il y a une discipline où la vérification empirique pose d'immenses problèmes parce que toute expérimentation est impossible, c'est bien l'astronomie, une science de la nature, dont certaines recherches portent sur des parties de l'univers si éloignées de la Terre qu'on sait seulement qu'elles *existaient* il y a des millions d'années. Il n'y a donc pas que les phénomènes humains qui lancent des défis à la recherche scientifique !

Il ne faut pas non plus exagérer les difficultés que posent les faits sociaux. Un grand nombre de ceux-ci offrent la caractéristique de quantification et d'exactitude dont on rêve en mathématiques : les résultats électoraux ou référendaires, les recensements et une foule de statistiques diverses rendent compte d'autant de facettes de la réalité sociale et permettent la vérification empirique d'une multitude d'hypothèses. De nombreuses techniques utilisant des groupes témoins, des sondages, des jeux de rôles permettent de saisir des aspects changeants et dynamiques de cette même réalité sociale où les acteurs exercent leur liberté. Quant au retour en arrière, l'imagination (et l'application) des chercheurs a souvent fait preuve de fécondité pour explorer le passé grâce aux souvenirs ou à la documentation existante[35].

Cela dit, l'action humaine ne peut se réduire à des principes mécaniques et le sens de cette action va au-delà des effets observables. L'objet des sciences sociales est aussi le sujet des phénomènes humains. La distinction entre *objet* et *sujet* mérite d'ailleurs une clarification. Quand on étudie un phénomène humain, par exemple un conflit international, les populations civiles peuvent constituer l'objet de notre recherche parce qu'elles subissent la guerre. Être objet de recherche ou sujet aux bombardements, c'est une question de perspective qui fait toute une différence ! Nous devons donc considérer les faits sociaux comme des faits humains et réciproquement, partageant ainsi l'opinion de Jean Piaget que « l'on ne saurait retenir aucune distinction de nature entre les sciences sociales et les sciences humaines, car il est évident que les phénomènes sociaux dépendent de tous les caractères de l'homme y compris les processus psychophysiologiques et que réciproquement les sciences humaines sont toutes sociales

---

35. Ainsi, Manon TREMBLAY a procédé à l'analyse du contenu d'environ 19 300 pages du Journal des débats pour faire ressortir les attitudes des députées à l'Assemblée nationale de 1976 à 1981 ; voir « Les élues du 31e Parlement du Québec et les mouvements féministes : quelques affinités idéologiques », *Politique*, n° 16, automne 1989, p. 87-109. Pour leur part, Stephen CLARKSON et Christina MCCALL se sont appuyés sur une impressionnante documentation et plus de 800 entrevues pour leur analyse des relations entre Pierre Elliot Trudeau, la politique et les électeurs ; voir *Trudeau : l'homme, l'utopie, l'histoire*, Montréal, Boréal, 1990.

par l'un ou l'autre de leurs aspects[36] ». À ce titre, il faut aux sciences sociales une méthodologie qui va au-delà de la méthodologie objective des sciences physiques, sans nécessairement la renier.

▓ 3.2. Deux grandes méthodologies

Un renommé médecin et biologiste a écrit : « Je crois que la science d'aujourd'hui [...] ne ressemble en rien à ce que, durant des siècles, on appela la Science[37] ». Cette sentence dramatise l'évolution de l'entreprise scientifique, dont les critères (ou normes) et les contenus (ou savoirs) n'ont cessé de cheminer, de s'élaborer avec des reculs et des bonds en avant, prenant tantôt des tangentes, portant tantôt des œillères, au point que l'idée même que les savants se font de la science s'écarte considérablement de la conception qu'on s'en faisait dans l'Antiquité.

Ce qu'il faut remarquer, comme le souligne Jean Ladrière[38], c'est que la science et les normes de scientificité ne peuvent « s'élaborer que grâce à une interaction constante entre des méthodes et des objets » : la nature des objets de recherche impose certains types de cheminement, et donc des méthodes, tandis que l'adoption de certaines méthodes conditionne le choix des objets de recherche et la nature des connaissances que l'on en tire. De ce processus émergent progressivement des idées différentes de scientificité : « l'idée de scientificité comporte à la fois un pôle d'unité et un pôle de diversité ». On peut ainsi distinguer dans la recherche sociale deux grandes méthodologies pertinentes.

D'une part, la méthodologie *objectiviste* envisage les faits humains comme des faits de la nature et accepte, à l'instar d'Émile Durkheim, que « la première règle et la plus fondamentale est de considérer les faits sociaux comme des choses ». Cette règle implique trois corollaires, à savoir qu'il faut

- écarter tout jugement préconçu des faits, toute *prénotion* et rejeter « le sentiment [comme] critère de la vérité scientifique » ;

- ne prendre pour objet de recherche « qu'un groupe de phénomènes préalablement définis par certains caractères extérieurs qui leur sont communs et comprendre dans la même recherche tous ceux qui répondent à cette définition » ;

---

36. Jean PIAGET, *Épistémologie des sciences de l'homme*, Paris, Gallimard (collection Idées), 1972, p. 15-16.
37. Jean HAMBURGER, *L'homme et les hommes*, Paris, Flammarion, 1976, p. 8.
38. Jean LADRIÈRE, « Préface » à l'ouvrage déjà cité de DE BRUYNE *et al.*, p. 10-11.

– considérer les faits « par un côté où ils se présentent isolés de leurs manifestations individuelles »[39].

Ces fondements étant posés, l'explication des phénomènes sociaux repose avant tout sur la recherche séparée des causes efficientes qui les produisent (faits sociaux antécédents) et des fonctions qu'ils remplissent (fins sociales), laissant de côté les états de la conscience individuelle des acteurs ou agents. La preuve qu'une explication est vraisemblable s'effectue en comparant les cas où deux types de phénomènes sont simultanément présents ou absents et en cherchant si les variations présentées dans ces différentes combinaisons de circonstances témoignent de leur interdépendance. Advenant qu'on observe une association entre les deux types de phénomènes sans parvenir à établir entre eux un lien de causalité unidirectionnelle, on parle alors de corrélation, ce qui caractérise bien des systèmes sociaux où les liens complexes de solidarité qui unissent les phénomènes ont un caractère tantôt de réciprocité, tantôt d'interconnexion.

La méthodologie objectiviste s'intéresse particulièrement aux relations contrôlées ou définies de façon institutionnelle et aux phénomènes qui peuvent être décrits, conceptualisés, définis par des propriétés opératoires et enfin mesurés. Par exemple, elle inspire souvent les études électorales, qu'il s'agisse d'associer la façon dont les gens votent à leurs attributs sociodémographiques (tels l'âge, le revenu, l'instruction, la langue) ou encore d'interpréter les résultats électoraux comme conséquences de conditions socio-économiques (comme les fluctuations des taux de chômage ou des dépenses gouvernementales).

D'autre part, la méthodologie *subjectiviste* recherche le sens de la réalité sociale dans l'action même où elle se produit, au-delà des causes et des effets observables, mais sans toutefois oublier ceux-ci. Dans cette perspective, l'action humaine n'est pas un phénomène que l'on peut isoler, figer et encadrer sans tenir compte du sens qui l'anime, de son dynamisme proprement humain, de l'intention (même inconsciente) des acteurs, de la société. L'intérêt de la recherche doit donc porter sur la personne ou la collectivité comme sujet de l'action, « sujet historique », écrit Alain Touraine[40], puisqu'il s'inscrit dans le temps et l'espace.

---

39. Émile Durkheim, *Les règles de la méthode sociologique*, 15ᵉ éd., Paris, Presses universitaires de France, 1963, ch. 2, *passim*. Dans sa préface à la seconde édition, il précise : « Nous ne disons pas que les faits sociaux sont des choses matérielles, mais sont des choses au même titre que les choses matérielles. » (p. XII)

40. Alain Touraine, *Sociologie de l'action*, Paris, Seuil, 1965, p. 38-40.

La méthode subjectiviste en sciences sociales insiste sur le caractère unique de chaque action, de chaque conjoncture où se produisent les phénomènes sociaux. À l'instar de Max Weber, elle « sélectionne, dans l'infini des événements humains, ce qui se rapporte aux valeurs [...] et élabore soit l'histoire, si le savant fixe son attention sur la suite unique des faits ou des sociétés, soit les diverses sciences sociales qui considèrent les consécutions régulières ou les ensembles relativement stables[41] ».

Pour parvenir à saisir le sens d'une action sociale, il faut ou bien la vivre soi-même avec d'autres sujets, ou bien la reconstituer à partir d'entrevues ou de documents. Même les contradictions apparentes permettent de rendre compte des enjeux qui secouent l'action sociale.

> Le criminologue Guy Tardif, chargé d'un bagage de douze ans dans la chose policière, a trouvé dans son expérience personnelle un moyen de se rapprocher des 64 chefs de police qu'il a rencontrés pour sa recherche, en évitant de les « objectiver » mais en les traitant plutôt comme des acteurs et des témoins privilégiés des rapports avec le pouvoir politique[42].

On comprend que les deux méthodologies dont les grandes lignes viennent d'être tracées ne s'excluent pas mutuellement : elles représentent des façons différentes de concevoir les sciences sociales et donc d'aborder la réalité. Les objets d'étude eux-mêmes contribuent grandement au choix de l'une ou l'autre méthode. Il en va de même des instruments disponibles, des ressources matérielles et de la personnalité des gens impliqués dans la recherche. À ce dernier égard, le travail en équipe offre des perspectives intéressantes parce qu'il permet à chaque membre de contribuer par ses talents, ses intuitions et ses connaissances propres à l'effort commun. Le progrès des sciences sociales repose en grande partie sur l'ingéniosité, l'ouverture d'esprit, la persévérance et la collaboration des gens qui s'adonnent à la recherche scientifique.

▓ 3.3. Quelques pièges de la recherche sociale

Quelle que soit la méthodologie adoptée, la recherche sociale exige vigilance et modestie. En effet, de nombreuses embûches se dressent sur la route qui mène à la connaissance : il faut sans cesse prendre garde d'y trébucher. Qui plus est, il faut reconnaître les limites inévitables de toute recherche susceptible d'être entreprise. On pourrait en dresser un répertoire

---

41. Raymond Aron, « Introduction » à Max Weber, *Le savant et le politique*, Paris, Plon, 1963, p. 9.
42. Voir Guy Tardif, *Police et politique au Québec*, Montréal, L'Aurore, 1974, p. 18, 24 et *passim*.

détaillé et, somme toute, assez déprimant. Il suffit, pour les fins de ce chapitre, d'identifier quelques pièges typiques dans lesquels chacun et chacune tombent un jour.

Le premier type de piège se caractérise par *l'excès de confiance* en soi et en son appareillage théorique ou technique. Les meilleurs instruments de recherche demeurent imparfaits et la plus superbe théorie n'est qu'une approximation acceptable pour un temps. Il est déraisonnable d'affirmer qu'on puisse effectuer une rupture épistémologique si totale qu'on devienne complètement « objectif » face à tout objet de recherche. Il n'est pas toujours facile d'éviter au moins un soupçon de subjectivité dans les décisions à prendre à différentes étapes de la recherche (choix de documents, choix de questions, modes de classification des données, façon de les résumer, etc.), y compris dans ses aspects les plus mécaniques (par exemple, la codification des réponses à un sondage d'opinion). Il n'est guère réaliste d'envisager de se mettre parfaitement dans la peau de quelqu'un d'autre pour comprendre le sens de son action, *a fortiori* si les expériences vécues antérieurement par le chercheur et le sujet offrent des divergences considérables.

À la modestie doit se joindre la vigilance, car un second piège guette la démarche de recherche : celui de rester *en deçà de la totalité du phénomène* ou de l'action qui nous intéresse. Comme la réalité humaine n'est pas un système fermé, il est toujours nécessaire de procéder à un découpage quelconque de cette réalité. Aucune équation causale ni aucune compréhension ne peut rendre compte de toute la réalité dès qu'on la découpe. Tout découpage est nécessairement sélectif[43]. Au cours d'une recherche, il est bon de noter que la sélection de ce qui est et de ce qui n'est pas pertinent reflète parfois de façon plus ou moins consciente ce qu'on désire « savoir » ou, au contraire, « ignorer », en d'autres mots le genre d'informations ou de sensations qui correspondent à ses prédispositions, voire à ses préjugés. On conçoit donc comme absolument essentiel d'établir clairement les critères qui président aux choix, quitte à s'exposer à la critique : ce n'est qu'honnêteté intellectuelle. Toutes les revues ont leurs critères pour juger des articles qu'on leur propose, ce qui dispense souvent les auteurs d'afficher explicitement leurs couleurs. Les revues militantes font ouvertement état de leurs orientations : *Cité libre*, *Parti pris* et l'*Action nationale*

---

43. Même si « les malheureux absents », admet BÉLANGER (*op. cit.*, p. 22) en faisant allusion aux publications et aux auteurs qu'il laisse de côté dans son analyse des idéologies des années 1930, « ne manquent pourtant pas de mérite », il faut en général se résoudre à des observations forcément partielles.

en constituent des exemples québécois classiques. Quant aux revues scientifiques, les spécialistes connaissent bien leurs créneaux disciplinaires et leurs orientations méthodologiques propres.

Si les matériaux dont on dispose restent souvent, tant sur le plan de la qualité que de la quantité, en deçà de ce qu'on souhaiterait, il y a aussi un risque de tomber dans un troisième piège : celui d'aller *au-delà de ce que les données permettent d'affirmer*. Il faut d'abord distinguer les prévisions scientifiques des extrapolations fantaisistes. Malgré tout, il arrive même aux mieux intentionnés de succomber à la généralisation excessive, à l'apport de faits non vérifiés, aux conclusions prématurées, etc.[44]. La démarche scientifique suppose l'existence d'une explication rationnelle de tous les phénomènes, qu'ils soient « humains » ou de la « nature ». Or, nous parvenons rarement à tout expliquer rationnellement : certains éléments d'explication nous échappent habituellement. La tentation est alors forte pour certains d'attribuer l'inconnu, l'inexpliqué à des causes mystiques ou surnaturelles ou encore à tenir pour évident ce qui ne l'est pas.

Somme toute, la recherche scientifique exige le recours à une logique explicite gouvernée par des lois reconnues, à défaut de quoi la vérité n'y trouve pas son compte. Ainsi, lorsque des cas particuliers ne concordent pas avec des hypothèses généralement admises, il est tentant mais absolument *illogique* de traiter de tels cas (si rares soient-ils) comme des « exceptions qui confirment la règle » : ce serait postuler qu'il *faut* des exceptions pour qu'une règle existe, ce qui est absurde ! Mieux vaut admettre que la science n'est que probabiliste. La recherche scientifique est non seulement exigeante, elle tend même des pièges ! Heureusement, ce ne sont pas les sources d'inspiration qui manquent. Encore faut-il savoir traduire l'inspiration par une organisation appropriée de sa pensée. C'est la question à laquelle nous allons maintenant nous adresser.

Les deux grandes méthodologies dont on vient de discuter inspirent divers modes d'organisation et d'exposition d'une pensée qui se veut scientifique et susceptible de guider la recherche sociale. Pas plus que les deux grandes méthodologies, l'une par rapport à l'autre, les modes d'organisation qui en découlent ne sont-ils incompatibles. En principe, ils ne font qu'accorder une priorité de recherche à des façons différentes de saisir la réalité. Ces approches sont autant de processus dynamiques qui condi-

---

44. Pierre BERTHIAUME rappelle avec le sourire ce récit de voyage d'un marin qui écrivit dans son journal « qu'il avoit passé à quatre lieues de Ténériffe, dont les habitans lui parurent fort affables » (*sic*) ; voir *L'aventure américaine au XVIIIe siècle : du voyage à l'écriture*, Ottawa, Presses de l'Université d'Ottawa (Cahiers du Centre de recherches en civilisation canadienne-française), 1990, p. 1.

tionnent les résultats auxquels on peut s'attendre au terme de la recherche. Elles s'adressent à un même défi : rester fidèle à la vérité. La nature de ce défi, c'est en même temps d'assurer aux sciences sociales un fondement en leur donnant pour objet ultime la liberté humaine, comme l'écrit Karl Jaspers :

> Les faits ne nous fournissent pas de normes obligatoires. Aucune science empirique ne nous apprendra ce que nous devons faire ; elle nous apprend ce que nous pouvons obtenir par tel ou tel moyen, si nous nous proposons tel ou tel but. La science ne me montrera pas le sens de la vie, mais elle peut développer pour moi la signification de ce que je veux, et peut-être m'amener ainsi à changer d'intention. Elle peut me rendre conscient de ce que toute action (y compris l'inaction) a des conséquences, et me montrer lesquelles. Elle peut me montrer que, si je veux vivre, je ne peux éviter de prendre réellement parti dans l'affrontement des forces, si je ne veux pas être entraîné au néant et au désordre[45].

La liberté humaine passe par la connaissance, et la connaissance exige la recherche de la vérité. C'est un programme ambitieux pour une aventure exaltante dont chacun des chapitres de ce livre se veut un modeste point de repère.

Bibliographie annotée

Quelques ouvrages classiques pour réfléchir sur les voies de la connaissance

DESCARTES, René, *Discours de la méthode*, Paris, Vrin, 1964, 146 pages. (Il existe de nombreuses autres éditions.)

> Le rôle historique joué par cet ouvrage justifie une relecture. C'est le berceau de la pensée moderne où l'auteur expose dans une langue claire la place de la raison et du doute méthodique dans la recherche de la sagesse. L'introduction et les notes d'Étienne Gilson situent admirablement les réflexions de Descartes dans leur contexte historique.

DURKHEIM, Émile, *Les règles de la méthode sociologique*, précédé de « L'instauration du raisonnement expérimental en sociologie », par Jean-Michel Berthelot, Flammarion, 1988, 254 pages.

---

45. Karl JASPERS, *Initiation à la méthode philosophique*, Paris, Payot, 1966, p. 76.

C'est le premier ouvrage qui porte de façon systématique sur la méthodologie des sciences sociales. Durkheim y expose clairement pourquoi et comment on peut traiter les faits sociaux comme des choses si l'on veut faire œuvre scientifique. Lire les préfaces : elles évoquent la polémique à laquelle le point de vue de l'auteur a donné naissance. L'article de Berthelot constitue un heureux complément.

JASPERS, Karl, *Initiation à la méthode philosophique*, Paris, Payot, 1968, 158 pages.

L'auteur s'intéresse à la poursuite des connaissances, à la recherche de la vérité qui doit permettre aux humains d'exercer leur liberté en effectuant des choix éclairés. Jaspers s'appuie sur des réalités de la vie et contraste les rôles de la science et du jugement.

PIAGET, Jean, *Épistémologie des sciences de l'homme*, Paris, Gallimard (collection Idées), 1972.

Psychologue et généticien, Piaget réunit dans cet ouvrage ses réflexions sur les contributions, les stratégies et les limites des sciences humaines en général et des sciences sociales en particulier. D'une lecture parfois ardue, ce livre propose un approfondissement de quelques thèmes majeurs abordés dans ce chapitre.

RUSSELL, Bertrand, *Problèmes de philosophie*, Paris, Payot, 1965, 189 pages.

Mathématicien et philosophe, Russell commence cet ouvrage en se demandant s'il existe au monde une connaissance dont la certitude soit telle qu'aucune personne raisonnable ne puisse la mettre en doute. Les chapitres qui suivent entraînent le lecteur à explorer avec une implacable logique les nombreuses facettes de cette question.

WATSON, James D., *La double hélice : compte rendu personnel de la découverte de la structure de l'ADN*, Paris, Hachette (collection Pluriel), 1984, 320 pages.

Ce livre raconte le point de vue d'un chercheur sur les voies tortueuses de la connaissance, dans le cas précis de la découverte de la structure de l'ADN, pour laquelle l'auteur a reçu un prix Nobel (l'acide désoxyribonucléique joue en génétique un rôle primordial). L'ouvrage, plein de suspense, se lit comme un roman. Il contribue à démystifier les conditions de la pratique scientifique.

WEBER, Max, *Le savant et le politique*, Paris, Union générale d'éditions (Plon, 10/18), 1963, 186 pages.

Cet ouvrage dramatise les divergences qui caractérisent les personnes à la recherche de nouvelles connaissances et les personnes engagées dans l'action. L'introduction par Raymond Aron est un magistral essai sur la pensée de Weber en général et, surtout, sur le rôle des valeurs dans la poursuite du savoir.

Deux séries de réflexions contemporaines pour faire le point

ACTION LOCALE BELLEVUE, *Sens et place des connaissances dans la société*, 3 vol. Paris, CNRS (Centre régional de publication de Meudon-Bellevue), 1986-1987.

Il s'agit des actes de trois « confrontations » sur un même thème : une société qui veut survivre et se développer et qui, de surcroît, veut prendre conscience d'elle-même et maîtriser ses propres fonctionnements, ne peut éviter de poser la question du rapport qu'elle entretient avec 1) la connaissance à l'égard de laquelle elle se justifie elle-même, 2) les savoirs qu'elle produit, 3) les sciences auxquelles elle voudrait accéder. Parmi les 21 intervenants, on retrouve plusieurs penseurs aussi connus que Cornélius Castoriadis, Albert Jacquard, Edgar Morin et Alain Touraine.

DE BRUYNE, Paul, Jacques HERMAN et Marc DE SCHOUTHEETE, *Dynamique de la recherche en sciences sociales*, Paris, Presses universitaires de France (collection Sup), 1974, 240 pages.

Cet ouvrage, d'une écriture parfois difficile, sera surtout utile à ceux qui ont une certaine expérience de recherche sociale : il leur permettra de remettre en question les méthodologies exposées dans ce chapitre et dont De Bruyne et ses collègues font ressortir les fondements épistémologiques de façon un peu plus approfondie. La préface de Jean Ladrière traite de l'opportunité d'une méthodologie spécifique des sciences sociales. Les deux derniers chapitres sur les techniques de recherche sont cependant faibles.

Des articles de chez nous qui donnent à penser

COMEAU, Robert et Gordon LEFEBVRE, « Mémoire et histoire », *Bulletin d'histoire politique*, vol. 5, n° 3, été 1997, p. 5-8.

Ce court éditorial pose le problème de l'interprétation et de la réinterprétation du passé à la lumière des débats et querelles entourant l'identité québécoise et le nationalisme québécois. Un éloge du dialogue et de la critique civilisée qui « permettent de rendre manifestes les conflits latents qui traversent notre culture ». À lire par toute personne à la recherche de la vérité.

FALARDEAU, Guy, « La sociologie des générations depuis les années soixante : synthèse, bilan et perspective », *Politique, revue québécoise de science politique*, 17, hiver 1990, p. 59-89.

Une synthèse bibliographique qui fait ressortir comment l'importance numérique d'une génération (celle de l'après-Seconde Guerre mondiale) explique probablement la grande influence qu'elle a exercée sur la recherche dans un domaine du savoir qui la concernait directement : la sociologie des générations. Intéressant exemple des motivations inconscientes de toute une génération de chercheurs.

LANDRY, Réjean, « La nouvelle analyse institutionnelle », *Politique*, 6, automne 1984, p. 5-32.

L'auteur y étudie le contexte épistémologique de l'évolution récente de la science politique en fonction de deux traditions, l'une « postulant que les choix individuels dépendent des caractéristiques des institutions », l'autre affirmant que « les goûts et les valeurs individuelles déterminent les choix des individus ».

SALÉE, Daniel, « Reposer la question du Québec ? Notes critiques sur l'imagination sociologique », *Politique, revue québécoise de science politique*, 18, automne 1990, p. 83-106.

Cet article examine comment un objet d'étude (ici, le Québec) peut stimuler l'intérêt des chercheurs. L'auteur se demande comment l'imagination sociologique répond aux questions actuelles.

FALARDEAU, Jean-Charles *et al.*, « La sociologie au Québec », *Recherches sociographiques*, vol. XV, n°s 2-3, mai-août 1974, 243 pages.

Un numéro-jalon où des bâtisseurs des sciences sociales québécoises parlent d'eux-mêmes et des conditions de la production scientifique. Il faut lire l'aperçu historique de Jean-Charles Falardeau et le bilan dressé par Marcel Fournier, ainsi que les témoignages de 17 pionniers de la recherche sociale. La note critique de Nicole Gagnon à propos d'une recherche collective fait le procès d'un système dominant de production intellectuelle qui perdure.

L'ÉTABLISSEMENT
DE L'OBJET DE RECHERCHE

3

La spécification
de la problématique

Jacques CHEVRIER

*Les chercheurs débutants pensent que le but de la recension
des écrits est de trouver des réponses relativement au sujet
de recherche ; au contraire, les chercheurs expérimentés étudient
les recherches antérieures pour développer des questions
plus intelligentes et plus pénétrantes à propos du sujet.*

YIN, 1994

Toute recherche se construit à partir d'une question intrigante. Mais pour obtenir la réponse désirée, il faut savoir poser la bonne question, à partir d'un problème bien articulé. Pour les étudiants en formation à la recherche, cette étape d'élaboration de la problématique s'avère l'une des plus difficiles à saisir et à maîtriser. Et pourtant, il s'agit d'une étape très importante puisque c'est elle qui donne à la recherche ses assises, son sens et sa portée. Dans ce chapitre, nous présenterons ce qu'est un problème de recherche et ce qui lui confère sa pertinence. Nous approfondirons ensuite les étapes d'élaboration de la problématique, appelée ***problématisation***, et la manière de présenter la problématique dans des écrits scientifiques.

Présenter la problématique de recherche dans un projet, un rapport ou un article de recherche, c'est fondamentalement répondre à la question suivante : « Pourquoi avons-nous besoin de réaliser cette recherche et de connaître les résultats qu'elle propose ? » En définissant le problème auquel on s'attaque et en montrant pourquoi il faut le faire, la problématique fournit au lecteur les éléments nécessaires pour justifier sa recherche. En cela, elle constitue essentiellement un texte argumentatif présentant le thème de recherche, un problème spécifique se rattachant à une question générale et les informations nécessaires pour soutenir l'argumentation servant à justifier la recherche elle-même.

1 QU'EST-CE QU'UN PROBLÈME DE RECHERCHE ?

Comme l'indique si justement De Landsheere[1], « entre la résolution de problèmes dans la vie courante et la recherche, il n'y a pas d'opposition absolue : seuls diffèrent réellement le niveau de prise de conscience, l'effort de systématisation et la rigueur des généralisations ». Chaque recherche renouvelle, pour le chercheur, le défi de faire avancer les connaissances. Chaque nouveau projet de recherche, loin d'être l'occasion d'une application aveugle de techniques spécifiques, exige du chercheur une démarche réfléchie où chaque décision doit être justifiée en vue de produire les connaissances les plus valides et les plus utiles possible. Dans cette optique, la démarche de recherche peut être considérée comme un cas particulier du processus, plus fondamental, de résolution de problème où l'identification du problème de recherche en constitue tout naturellement la première étape.

Il y a problème lorsqu'on ressent la nécessité de combler l'écart existant entre une situation de départ insatisfaisante et une situation d'arrivée désirable (la situation satisfaisante étant considérée comme le but). Résoudre un problème, c'est trouver les moyens pour annuler cet écart[2]. Dans ce contexte, un *problème de recherche se conçoit comme un écart conscient que l'on veut combler entre ce que nous savons, jugé insatisfaisant, et ce que nous devrions savoir, jugé désirable* (la situation satisfaisante correspondant au but avoué de la recherche et à sa finalité selon le point de vue adopté).

Ainsi, les chercheurs en éducation s'interrogent sur la nature de l'apprentissage scolaire, l'efficacité des méthodes pédagogiques, la construction d'une identité professionnelle chez les enseignants, la formation des

1. G. DE LANDSHEERE, *Introduction à la recherche en éducation*, Paris, Colin-Bourrelier, 1976, p. 18.
2. Voir à cet effet P. GOGUELIN, *Le penser efficace. Tome II, La problémation*, Paris, Société d'édition d'enseignement supérieur, 1967 ainsi que P. LEMAÎTRE, *Des méthodes efficaces pour étudier les problèmes*, Paris, Chotard, 1987.

enseignants, les causes du décrochage scolaire, l'impact des politiques adoptées dans le système éducatif, autant de sujets pour lesquels nous jugeons nos connaissances insatisfaisantes, soit parce qu'elles ne nous permettent pas de comprendre la réalité, soit parce qu'elles ne nous fournissent pas les informations nécessaires pour prendre des décisions adaptées et agir efficacement. Pour tous ces sujets, nous désirons des connaissances qui soient à la fois les plus complètes, les plus valides et les plus utiles possible.

FIGURE 1
Problème de recherche

Savoir actuel, insatisfaisant	◄ ►	Savoir recherché, désirable

Un problème de recherche est un écart conscient entre ce que nous savons et ce que nous devrions savoir

2   LA PERTINENCE D'UN PROBLÈME DE RECHERCHE

Cette définition du problème de recherche soulève la question du *savoir désirable*. Après tout, pourquoi étudier une question plutôt qu'une autre ? De manière générale, un thème de recherche trouve sa pertinence lorsqu'il s'inscrit dans les valeurs de la société. Le choix d'un thème de recherche ne peut, en effet, échapper à l'influence des valeurs personnelles du chercheur ni à celles de la société dans laquelle il vit (plus grand bien-être personnel, meilleures relations humaines, meilleure vie de groupe, travail plus efficace, niveau socio-économique plus élevé, etc.). Le fait de choisir « l'intégration des handicapés en classe régulière » comme thème de recherche peut répondre non seulement à des préoccupations personnelles du chercheur (celui-ci veut améliorer la qualité de vie d'un handicapé qu'il connaît bien), mais aussi à celles de la société nord-américaine (comme ce fut le cas vers la fin des années 1970 et du début des années 1980, au moment fort du début de la valorisation de l'individu et de la qualité de vie au sein de la société).

Plus précisément, la *pertinence sociale* d'une recherche s'établit en montrant comment elle apporte réponse à certains problèmes des praticiens et des décideurs sociaux. Ainsi, en éducation, le thème d'une recherche est d'autant plus pertinent qu'il s'insère dans les préoccupations des praticiens (parents, enseignants, etc.) et des décideurs (directeurs d'écoles, politiciens, etc.) concernés par l'éducation.

> Par exemple, depuis que des statistiques ont sonné l'alarme à propos de la qualité du français des élèves, tous les intervenants du monde de l'éducation ont clairement signifié l'urgence de mieux comprendre le phénomène et de trouver des moyens de changer cet état de fait indésirable. Du côté politique, le gouvernement du Canada fait connaître les thèmes de recherche auxquels il accordera priorité dans le cadre de son programme de subventions « Initiative de la nouvelle économie (INÉ) » : les questions générales liées à l'INÉ, la gestion et l'entrepreneuriat, l'éducation et l'éducation permanente. Des questions importantes couvertes par le thème « éducation » sont : 1) évaluer comment nous apprenons, 2) connaissances, compétences et attitudes d'apprentissage, 3) comprendre et évaluer les résultats de l'apprentissage et 4) accès et équité. En 2003, quatre domaines de recherche sont privilégiés par le gouvernement canadien à travers sa Division des programmes stratégiques et des initiatives conjointes du CRSH (Conseil de recherche en sciences humaines), à savoir 1) les peuples autochtones, 2) l'environnement et le développement durable, 3) la culture, la citoyenneté et l'identité et 4) les textes, les documents visuels, le son et la technologie.

La pertinence sociale sera donc établie en montrant comment la recherche peut répondre aux préoccupations des praticiens ou des décideurs concernés par le sujet de recherche. Cela pourra être fait en référant à des textes citant des témoignages de praticiens ou à des écrits par des groupes de pression, des associations professionnelles ou des organismes politiques, en montrant comment l'étude de ce sujet a aidé les praticiens ou les décideurs jusqu'à ce jour et comment la présente recherche pourrait leur apporter des informations pertinentes.

La *pertinence scientifique* d'une recherche s'établit en montrant comment elle s'inscrit dans les préoccupations des chercheurs. Cela peut être fait en soulignant l'intérêt des chercheurs pour le sujet (nombre de recherches, livres, conférences), en montrant comment l'étude de ce sujet a contribué à l'avancement des connaissances jusqu'ici et en insistant sur l'apport nouveau de la recherche aux connaissances (par rapport à un courant théorique ou à un modèle conceptuel). Une recherche sera jugée pertinente dans la mesure où l'on réussira à « établir un rapport solide entre le déjà connu et ce qui était jusqu'alors inconnu[3] », que ce soit pour le prolonger

---

3. H. SELYE, *Du rêve à la découverte*, Montréal, Les Éditions La Presse, 1973, p. 106. Le Dr Selye affirme même qu'« une chose vue mais non reconnue en ce qui concerne son importance et ses rapports avec d'autres choses n'est pas une chose connue » (p. 107).

ou pour s'y opposer. Il est important de positionner la recherche par rapport au savoir collectif. En général, par l'expression « ce qui est connu », les chercheurs désignent uniquement l'ensemble des informations relativement organisées (théories, modèles, concepts, etc.) résultant des recherches où ont été utilisées des méthodes reconnues. Il est important que la question spécifique étudiée s'insère dans un contexte plus global. Pour cela, le chercheur doit pouvoir faire référence aux écrits spécifiques à son objet de recherche.

Pour trouver un problème de recherche, on peut,

- à partir des écrits des chercheurs dans un domaine, relever des lacunes très précises dans l'organisation conceptuelle et essayer de les combler grâce à une méthodologie planifiée d'avance qui fournira des observations particulières ou,

- à partir de notre observation et de l'analyse d'une situation typique, mieux la comprendre, en tirer les concepts constitutifs et formuler une théorie enracinée.

La première démarche, qui part de connaissances théoriques déjà établies pour les valider auprès de données empiriques, est *déductive et vérificatoire*, la seconde, qui part de données empiriques pour construire des catégories conceptuelles et des relations, est *inductive et générative*. Dans la première, la théorie est en quête de données concrètes, dans la seconde, la réalité est en quête d'une théorie[4].

Dans l'activité de recherche, ces deux démarches viennent souvent se compléter l'une l'autre. De fait, il semble impossible de faire de la recherche en faisant totalement abstraction de l'approche inductive ou déductive. Toutefois, poussées à l'extrême, ces deux démarches (trouver un problème à partir soit de l'organisation conceptuelle, soit d'une situation réelle) comportent des logiques qui commandent une problématisation très différente. C'est donc pour faciliter la distinction entre ces deux démarches que nous présenterons la problématisation selon chacune d'elles, tout en étant conscient que dans la réalité du chercheur, les questions issues des « penseurs » et celles provenant des « acteurs » s'interpellent constamment[5], se nourrissant l'une l'autre.

---

4. M.D. LECOMPTE et J. PREISSLE, *Ethnography and Qualitative Design in Educational Research* (2ᵉ éd.), San Diego, Academic Press, 1993.
5. La distinction entre approche quantitative et approche qualitative est souvent proposée pour caractériser ces deux démarches en deux paradigmes de recherche opposés. Y.S. LINCOLN et E.G. GUBA, *Naturalistic Inquiry*, Beverly Hills, Sage, 1985, ont proposé

3 LA PROBLÉMATISATION SELON UNE LOGIQUE DÉDUCTIVE

Dans une perspective déductive et confirmatoire, la problématique s'élabore à partir de concepts issus de la littérature scientifique pour se concrétiser dans une question spécifique de recherche permettant de confronter cette construction théorique à une réalité particulière. Ce sera le premier objet de cette section. Ensuite, nous verrons comment structurer une problématique dans un écrit de recherche en en donnant un exemple détaillé.

▓ 3.1. Les étapes de la problématisation

Dans le cadre d'une approche déductive, les grandes étapes de la spécification de la problématique de recherche sont

1) le choix d'un thème de recherche,

2) la formulation d'une question générale,

3) la collecte, la structuration et l'analyse critique des informations pertinentes et

4) la détermination d'un problème et d'une question spécifiques de recherche.

En résumé, il s'agit d'abord de choisir un thème de recherche ; ensuite il faut, par une lecture attentive des ouvrages généraux sur ce thème, retenir une question générale de recherche (question encore trop vaste pour être la matière d'une recherche) ; enfin, il faut, cette fois par une lecture critique des écrits plus spécifiques reliés à la question générale, relever un problème particulier et en tirer une question spécifique de recherche (voir la figure 2). Nous verrons maintenant plus en détail chacune de ces étapes.

Le choix d'un thème de recherche

À partir de ses expériences personnelles (vie courante et vie professionnelle) et de la lecture des écrits à l'intérieur de son domaine d'étude, l'étudiant trouve un thème susceptible de l'intéresser suffisamment pour

---

respectivement les termes « *rationalistic* » et « *naturalistic* ». L'inconvénient de cette nomenclature est de dichotomiser ce qui, pour plusieurs, s'inscrit fonctionnellement sur un continuum, les deux démarches étant en partie présentes dans beaucoup de recherches ou se complétant mutuellement dans un cycle plus large de recherche.

entretenir sa motivation tout au long de sa recherche. Pour cela, il doit d'abord se donner une vue d'ensemble des différents thèmes parmi lesquels il pourra choisir. Un premier moyen d'obtenir cette vue d'ensemble est la consultation des livres d'introduction générale, relatifs à ce domaine. Un second moyen pour obtenir une vue d'ensemble est de trouver des classifications qui présentent les grands thèmes étudiés par les chercheurs du domaine. En se familiarisant avec les divers thèmes, l'étudiant sera mis en contact avec les sujets plus spécifiques qui composent ces thèmes.

FIGURE 2
Problématisation selon une logique déductive

Ainsi, la Société canadienne pour l'étude de l'éducation utilise une classification en onze secteurs des thèmes de recherche courants dans le domaine de l'éducation. Mentionnons, à titre d'exemples, quelques thèmes regroupés dans le secteur « Enseignants » : Attitude des enseignants, Comportement des enseignants, Formation des maîtres, Évaluation des enseignants.

La formulation d'une question générale de recherche

Lorsque le thème de recherche est choisi, il faut retenir une question générale qui pourra orienter la suite de la démarche de recherche. La lecture d'ouvrages généraux (recensions d'écrits, articles d'encyclopédies spécialisées ou de « handbook[6] ») sur le thème de recherche permet alors d'inventorier les problèmes généraux contemporains dans un domaine donné et d'identifier les questions générales qui s'y rattachent. Prenons le cas, par exemple, de deux étudiantes qui choisissent le thème de l'abandon scolaire. Pour celle que la compréhension du phénomène intéresse, la question retenue pourrait être : « Qui abandonne l'école et quand ? » ou bien « Pourquoi ces étudiants ont-ils abandonné ? » Pour l'autre que l'intervention motive davantage, la question choisie pourrait être : « Y a-t-il des moyens (instruments, procédures) pour repérer ceux ou celles qui sont susceptibles d'abandonner ? » ou « Quel est le meilleur moyen de diminuer le nombre de décrocheurs ? » Selon la nature théorique ou pratique du problème, il y a les questions qui, en relation avec les difficultés à comprendre un phénomène, traduisent un besoin de décrire la réalité ou un besoin de l'expliquer, et il y a les questions qui, en relation avec les difficultés d'action sur le réel ou de prise de décision concernant une action, expriment des besoins relatifs à la création d'un moyen nouveau (outil, méthode, etc.), à la modification d'un moyen existant ou à la sélection, parmi un ensemble, de moyens adaptés à ses objectifs[7]. Ces questions seront utiles pour orienter les lectures subséquentes.

La sélection, la structuration et l'analyse critique des informations pertinentes

Pour l'étudiant (et le chercheur) qui aborde un nouveau sujet de recherche, la formulation d'une question générale ne peut se faire sans la collecte et l'examen des connaissances générales sur le sujet choisi. Déjà, à ce stade,

---

6. Voir, par exemple, les *Handbook of Research on Teaching*.
7. Le chapitre 6 portant sur les stratégies de preuve présente trois grands types de questions de recherche ; il complétera la présentation faite dans ce paragraphe.

il faut pouvoir identifier les concepts généraux, les principes importants, les modèles théoriques ainsi que les grandes approches théoriques, et parfois même méthodologiques, privilégiées pour aborder les problèmes relatifs au thème choisi. Le chercheur qui travaille sur la même question générale depuis plusieurs années n'a pas à reprendre cette étape pour chaque nouveau projet, car il possède déjà un bagage de connaissances structurées ainsi qu'une vision d'ensemble de son sujet de recherche.

Ensuite, l'étudiant doit acquérir une connaissance approfondie des informations reliées à la question générale et des méthodes utilisées pour y répondre.

Cette démarche a pour axe central la question générale et les questions spécifiques qui en découlent. Il ne s'agit donc pas d'un glanage d'informations mais bien d'une quête orientée, dirigée par ces questions spécifiques. Il peut s'avérer avantageux d'écrire, avant même d'avoir lu plus à fond, les questions précises qui semblent reliées à la question principale.

> Par exemple, dans le cas de la question portant sur la description du phénomène de l'abandon scolaire : « Qui sont les décrocheurs ? », on pourrait penser, entre autres, aux questions suivantes : Quel âge ont-ils ? Y a-t-il autant de garçons que de filles ? Quelle est leur origine sociale ? Quel est leur rendement scolaire ? Comment devient-on décrocheur ?

Dans une approche déductive, le chercheur spécifie la problématique grâce à une *analyse critique* en profondeur des écrits de recherche plus spécifiques (articles de recherche, rapports de recherche, conférences scientifiques, etc.) reliés à la question générale ainsi que d'autres écrits pratiques qui s'y rattachent tels que des rapports d'organismes, des programmes, des politiques. Pour découvrir un problème de recherche, il est essentiel d'adopter une attitude active et critique à l'égard des idées rencontrées au cours de ses lectures. Cette attitude consiste à garder constamment à l'esprit des questions aussi fondamentales que les suivantes : « Qu'affirme-t-on exactement ici ? » « Ces affirmations sont-elles vraies ? » « Quelles sont les preuves concrètes à l'appui de ces affirmations ? » « Ces preuves sont-elles valables ? » « Ces affirmations sont-elles compatibles entre elles ? » Plus l'étudiant adoptera, à l'égard des informations qu'il recueille, une attitude active de remise en question, plus il favorisera la prise de conscience de problèmes spécifiques. L'étudiant trouvera probablement des réponses, complètes ou partielles, à plusieurs de ses questions. Cela lui permettra d'éliminer certains secteurs où les connaissances sont assez avancées ou, au contraire, de s'inspirer de recherches antérieures pour élaborer la sienne. Ce questionnement continu s'avère donc important, car il sert à construire la structure mentale organisatrice des informations recueillies, à juger de la pertinence des informations et à faciliter la découverte d'un problème spécifique de recherche.

Cette attitude critique requiert du chercheur un certain nombre d'*habiletés de base* telles que classer et juger des recherches selon certains critères, analyser une argumentation, analyser, comparer, faire la synthèse et structurer des informations (faits, concepts et idées)[8]. Pour être capable de juger une recherche, il faut pouvoir évaluer les composantes d'une recherche en fonction des intentions des chercheurs et de leur cohérence. Et pour cela, il faut d'abord être capable de classer les recherches, c'est-à-dire être capable de reconnaître les parties d'un article présentant une recherche, de reconnaître les types de recherche en fonction de leurs caractéristiques telles que le but (fondamentale, appliquée, recherche-action, évaluative, de développement, recherche-formation, etc.), la stratégie de preuve (recherche exploratoire, descriptive ou comparative[9]) et la méthodologie. Il faut aussi être capable d'identifier les concepts importants, les idées, les théories et les postulats ontologiques, épistémologiques, axiologiques et méthodologiques. Il faut aussi être capable d'analyser et d'évaluer l'argumentation présentée dans une recherche pour justifier l'objet de la recherche, les décisions méthodologiques et les conclusions tirées des résultats obtenus.

Cette attitude critique repose également sur les habiletés à comparer et à structurer les informations recueillies. Les *tableaux et les figures synoptiques* (tableau à double entrée, tableau historique, schéma, réseau de concepts, réseau sémantique, diagramme causal[10], organigramme, algorithme, etc.) fournissent d'excellents outils d'organisation des informations pour mettre en lumière les relations entre les informations. Par exemple, l'utilisation du réseau conceptuel[11], pour préciser les variables propres à un objet de recherche et les organiser en une structure cohérente, constitue un outil puissant d'analyse et de compréhension. Les modèles et les théories ont justement cette fonction de proposer un ensemble intégré de concepts

---

8. Pour une présentation détaillée de ces habiletés, voir le livre de Chris HART, *Doing a literature review*, Thousand Oaks, Ca., Sage, 1998.

9. Voir le chapitre 6 *La structure de la preuve* pour une présentation de ces différentes stratégies et des exemples de questions correspondant à ces stratégies.

10. On trouvera au chapitre 18 *La simulation sur ordinateur* un exemple de diagramme causal et la démarche à suivre pour le construire.

11. On trouvera des indications détaillées sur la façon de faire de telles représentations dans les textes suivants : D.F. DANSEREAU, « The Development of a Learning Strategies Curriculum », dans H.F. O'NEIL (dir.), *Learning Strategies*, New York, Academic Press, 1978, p. 1-29 ; J.N. NOVAK et D. GOWIN, *Learning How to Learn*, New York, Cambridge University Press, 1984 et le chapitre 6 dans Chris HART, *Doing a literature review*, Thousand Oaks, Ca., Sage, 1998. Il existe maintenant des logiciels très performants qui facilitent la construction de tels réseaux tels que Inspiration, MindMap et MOT ; voir à ce sujet le chapitre 8 dans E.A. WEITZMAN et M.B. MILES, *Computer Programs for Qualitative Data Analysis*, Thousand Oaks, Ca., Sage, 1995.

et de relations. Dans certains articles de revue ou certains livres, on pourra trouver de tels réseaux conceptuels qui illustrent les relations dont on suppose l'existence[12].

> Par exemple, Jean Roy propose, dans un article sur l'enseignement des sciences au primaire, un modèle hiérarchique causal reliant, directement ou indirectement, la prestation d'enseignement des sciences au primaire à neuf variables indépendantes. La séquence présentée ici est extraite de ce modèle :

Silverman[13] présente d'autres stratégies qui, au cours de la recension des écrits, aident à développer une attitude critique, facilitent l'émergence d'un problème de recherche et aide à construire une problématique. Il propose, entre autres, d'adopter une perspective particulière (historique, culturelle, politique, contextuelle) par rapport au sujet retenu, de trouver des limites à des énoncés généraux en les appliquant à de nouveaux contextes, d'introduire une troisième variable dans les relations étudiées, de changer la distance focale de notre lentille conceptuelle.

En conclusion, la sélection, la structuration et l'analyse critique des informations pertinentes requièrent l'acquisition d'habiletés de base particulières et de stratégies de traitement d'informations spécifiques. Pouvoir classer et juger les recherches, évaluer une argumentation, comparer et structurer les informations sont des habiletés de base essentielles du chercheur. Dans ce contexte, nous ne pouvons qu'encourager l'étudiant qui aborde les écrits sur un sujet donné à faire ses propres résumés sous forme de tableaux ou de figures. D'une part, cela facilite dans bien des cas la compréhension des idées et, d'autre part, cela permet d'établir rapidement des relations peu documentées ou même ignorées par les chercheurs. La représentation synoptique des informations constitue une stratégie efficace pour trouver des problèmes spécifiques de recherche.

---

12. Déjà à cette étape, le chercheur commence à choisir ou, le cas échéant, à élaborer le cadre conceptuel ou le cadre théorique de sa recherche. Le chapitre 5 du présent ouvrage est consacré au rôle de la théorie dans la démarche de recherche.

13. David SILVERMAN, *Doing qualitative research*, London, Sage, 2000

La délimitation d'un problème spécifique de recherche

C'est à l'occasion de l'élaboration d'un cadre de référence propositionnel pertinent à la question générale de recherche que des problèmes spécifiques surgissent. Par exemple, des *lacunes* ou des *difficultés* très particulières peuvent être relevées *dans l'organisation ou la cohérence de nos connaissances scientifiques*. Dans les paragraphes qui suivent, nous donnerons quelques exemples, tirés de la littérature francophone, de problèmes spécifiques de recherche.

Un premier type de problème spécifique de recherche réside dans *l'absence totale ou partielle de connaissances* concernant un élément de réponse à la question générale.

> Par exemple, Masciotra et Garnier[14], dans le cadre de la question générale de la construction de l'altérité ethnoculturelle, réalisent que l'on ne possède pratiquement pas de données sur l'apprentissage de la notion de « pays » chez les élèves du primaire alors que la compréhension de celle-ci « se révèle indispensable pour saisir l'origine territoriale de l'Autre ». Leur question spécifique de recherche devint alors : comment l'élève du primaire élabore-t-il la notion de pays en tant que territoire emboîtant d'autres territoires ? De même, Karsenti, Larose et Garnier[15], relativement aux questions générales de l'intégration pédagogique des TIC à l'école et des facteurs favorisant la collaboration famille-école, constatent l'absence d'études sur l'impact de l'utilisation du courriel sur les relations entre parents et enseignants en dépit d'un besoin important de trouver des moyens de favoriser la participation de la famille au cheminement scolaire de l'enfant au primaire. La question spécifique de recherche devint donc : quel impact a l'utilisation du courriel sur la communication famille-école et sur la communication parent-enfant ?

Un deuxième type de problème spécifique de recherche apparaît lorsque le chercheur a des raisons de croire qu'*on ne peut généraliser des conclusions de recherches antérieures à une situation particulière.*

> Ainsi Pirot et De Ketele[16] considèrent que, sur la question générale des déterminants de la performance académique dans l'enseignement supérieur, l'on ne peut généraliser les conclusions des recherches faites sur

---

14. D. MASCIOTRA et C. GARNIER, « La construction de la notion de pays chez les élèves d'une école primaire multiculturelle », *Revue des sciences de l'éducation,* vol. XXV, n° 2, 1999, p. 339-358.

15. T. KARSENTI, F. LAROSE et Y.D. GARNIER, « Optimiser la communication famille-école par l'utilisation du courriel », *Revue des sciences de l'éducation,* vol. XXVIII, n° 2, 2002, p. 367-390.

16. L. PIROT et J.-M. DE KETELE, « L'engagement académique de l'étudiant comme facteur de réussite à l'université - Étude exploratoire menée dans deux facultés contrastées », *Revue des sciences de l'éducation,* vol. XXVI, n° 2, 2000, p. 367-394.

l'engagement académique des étudiants dans le cadre de l'enseignement secondaire à celui de l'enseignement universitaire « dont les exigences et le contexte sont très différents ». Ce constat justifie de poser la
question : comment l'engagement académique, dans ses aspects quantitatifs et qualitatifs, prédit-il la réussite académique d'étudiants inscrits
dans deux facultés différentes (psychologie et polytechnique) ? Dans le
cadre général d'un problème d'intervention, Bowen, Rondeau, Rajotte et
Bélanger[17] veulent compléter nos connaissances concernant l'implantation et l'impact d'un programme particulier de prévention de la violence
chez des élèves du primaire alors que l'on connaît déjà les résultats
positifs obtenus à la maternelle et que l'insertion des activités de ce
programme au sein du curriculum scolaire constitue « un défi beaucoup
plus important » au primaire. On souligne aussi que « très peu de programmes de prévention de ce type ont été évalués systématiquement
dans les écoles québécoises ».

Un troisième type de problème spécifique de recherche surgit lorsque
certaines variables n'ont pas été prises en compte dans les recherches alors
qu'il y a des raisons de croire en leur influence.

Par exemple, Normandeau et Nadon[18], sur la question générale des
facteurs influençant le rendement scolaire, constatent que « peu d'études
ont traité conjointement l'impact des diverses composantes de la participation parentale sur le rendement scolaire des enfants au début de la
scolarisation », « que peu d'entre elles ont évalué le rôle de la participation des parents au-delà de l'influence des caractéristiques démographiques des familles » et que « le rôle du père n'est habituellement pas
pris en considération » alors que plusieurs résultats de recherches
semblent indiquer un rôle éventuel. Leur question spécifique devint : quelle
relation existe-t-il entre chacune des variables de la participation parentale et le rendement scolaire des enfants ? Dans le cadre d'un problème
d'intervention, Lefebvre et Deaudelin[19] concluent que, « considérant l'état
de la recherche sur l'apprentissage coopératif et celui de l'écrit soutenu
par les TIC » pris séparément, il apparaît pertinent de s'intéresser à
l'influence de l'interaction de ces deux variables sur leur performance à
l'écrit. La question spécifique de recherche s'énonce ainsi : « Comment
évoluent les interactions d'élèves de 5e année du primaire et leur performance à l'écrit en situation d'apprentissage coopératif soutenu par
les TIC ? »

17. F. BOWEN, N. RONDEAU, N. RAJOTTE et J. BÉLANGER, « Évaluation d'un programme de
    prévention de la violence au premier cycle du primaire », *Revue des sciences de l'éducation*,
    vol. XXVI, n° 1, 2000, p. 173-196.
18. S. NORMANDEAU et I. NADON, « La participation des parents à la vie scolaire d'enfants de
    deuxième année », *Revue des sciences de l'éducation*, vol. XXVI, n° 1, 2000, p. 151-172.
19. S. LEFEBVRE et C. DEAUDELIN, « Les interactions et la performance à l'écrit d'élèves du
    primaire dans une situation d'apprentissage avec les pairs, soutenu par ordinateur »,
    Revue des sciences de l'éducation, vol. XXVII, n° 3, 2001, p. 621-648.

Un quatrième type de problème spécifique rencontré au cours d'une recension des recherches antérieures apparaît lorsque le chercheur ressent une *incertitude face aux conclusions d'une recherche à cause de problèmes méthodologiques*. Le chercheur considère qu'il serait prématuré de conclure avant d'apporter à cette recherche certains changements de nature méthodologique.

> Ainsi Sage et Kindermann[20], dans le cadre de la question générale des facteurs influant sur la motivation scolaire, questionnent la manière dont l'influence des pairs sur la motivation scolaire a été mesurée dans les recherches passées et en proposent une nouvelle ; de même ils critiquent l'approche non longitudinale qui empêche de connaître précisément le rôle réel des facteurs sociaux. La question spécifique de recherche devient alors : quels sont les processus d'influence du contexte social sur la motivation scolaire durant l'année scolaire ? Dans le cadre d'un problème d'intervention, Bonnet et Strayer[21] examine l'apport de l'observation participante au dépistage des enfants à risque en milieu préscolaire en réponse à l'approche psychométrique habituellement utilisée et dont la puissance prédictive s'avère peu valide. La question spécifique de recherche interrogent donc l'efficacité des « méthodes inductives d'analyse configurationnelle et typologique » qu'ils proposent pour dépister les enfants à risque.

Un cinquième type de problème spécifique de recherche apparaît lorsque le chercheur constate l'existence de *contradictions entre les conclusions de recherches portant sur un même sujet*.

> Par exemple, Mongeau et Hill[22], étudiant la question générale de la métacognition des apprenants, élaborent leur problème de recherche en mettant en évidence la contradiction entre ceux qui préconisent que les experts explicitent mieux leurs connaissances métacognitives et ceux qui affirment que les experts ne les explicitent pas mieux que les sujets moins performants. Ils proposent l'hypothèse (qu'ils vont tenter de vérifier) d'une évolution différente de l'explicitation et de l'autorégulation métacognitives. Leur question spécifique de recherche devient alors : quelle est l'évolution de l'explicitation et de l'autorégulation métacognitives en fonction de la performance des apprenants ? Dans un contexte d'intervention,

20. N.A. SAGE et T.A. KINDERMANN, « Influences sociostructurellles du groupe de pairs sur la motivation scolaire des jeunes enfants », *Revue des sciences de l'éducation*, vol. XXVI, n° 1, 2000, p. 133-150.
21. J. BONNET et F.F. STRAYER, « Concordance dans le dépistage des enfants à risque pour les difficultés d'adaptation en milieu préscolaire », *Revue des sciences de l'éducation*, vol. XXVI, n° 1, 2000, p. 55-74.
22. P. MONGEAU et J. HILL, « Relations entre l'explication, l'anticipation et la performance », *Revue des sciences de l'éducation*, vol. XXIV, n° 2, 1998, p. 323-334.

Deschamps et Larivée[23] tentent de jeter un éclairage nouveau sur les résultats contradictoires issus des recherches sur les effets de la dérogation à l'âge d'admission au primaire (certains trouvant des effets positifs ou neutres et d'autres des effets négatifs) en mesurant simultanément plusieurs variables. Deux des questions de recherches se posent alors ainsi : les enfants admis précocement rencontrent-ils plus de difficultés socioaffectives que les enfants âgés-réguliers et moins que les enfants jeunes-réguliers ? présentent-ils sur le plan de la dextérité fine et des habiletés intellectuelles des résultats comparables ou supérieurs aux enfants jeunes-réguliers et âgés-réguliers ?

Un sixième type de problème spécifique de recherche peut se trouver dans *l'absence de vérification d'une interprétation, d'un modèle ou d'une théorie*.

Par exemple, Chevrier et Charbonneau[24] justifient leur recherche à partir du constat qu'aucune recherche n'a tenté explicitement de valider le modèle récursif en quatre étapes proposé par Kolb pour décrire l'apprentissage expérientiel.

On peut penser à d'autres types de difficultés rencontrées au cours de l'analyse critique des écrits. Ainsi, on peut réaliser que deux théories prédisent dans les faits des observations différentes ou contraires et qu'il serait alors opportun de clarifier cette opposition par une recherche[25]. On peut aussi faire le constat d'une impasse dans le progrès des connaissances sur un sujet donné, plusieurs faits et observations étant impossible à expliquer ou à interpréter au moyen des théories existantes[26]. C'est l'ingéniosité d'un chercheur qui permettra de progresser à nouveau. Le processus de recherche lui-même peut faire l'objet de recherches spécifiques lorsque, pour pallier l'absence d'outils de recherche adaptés, la réflexion du chercheur se porte sur l'activité même d'élaboration d'un questionnaire ou sur la conception de nouvelles méthodes d'analyses quantitatives (statistiques ou autres) de données[27].

---

23. I. DESCHAMPS et S. LARIVÉE, « L'impact développemental de la dérogation à l'âge d'admission au primaire », *Revue des sciences de l'éducation*, vol. XXVII, n° 3, 2001, p. 671-686.

24. J. CHEVRIER et B. CHARBONNEAU, « Le savoir-apprendre expérientiel dans le contexte du modèle de David Kolb », *Revue des sciences de l'éducation*, vol. XXVI, n° 2, 2000, p. 287-323.

25. Voir par exemple l'article suivant : P. CAZENAVE-TAPIE et F.F. STRAYER, « Racines socioculturelles des statuts sociométriques chez les enfants en milieu scolaire », *Revue des sciences de l'éducation*, vol. XXVI, n° 1, 2000, p. 113-132.

26. Pour plus d'exemples, voir le chapitre « Formuler le problème » dans G. MACE, et F. PÉTRY, *Guide d'élaboration d'un projet de recherche*, 2e éd., Québec, Presses de l'Université Laval, 2000.

27. Voir par exemple l'article suivant : M. CYR, J. TOUPIN, A.D. LESAGE et C.A.M. VALIQUETTE, « Méthode de formation d'interviewers et évolution temporelle de l'accord interjuges », *Revue canadienne de psycho-éducation*, vol. 21, n° 1, 1992, p. 21-28.

La formulation d'une question spécifique de recherche

L'établissement d'un problème particulier engendre des besoins particuliers de connaissances qui se traduisent par des questions précises, plus spécifiques qui servent de point de départ à la mise en œuvre d'une stratégie pour y répondre. Si le chercheur n'est pas toujours en mesure d'émettre une ou des hypothèses précises, c'est-à-dire de donner une réponse provisoire à la question spécifique de recherche, il doit, par ailleurs, utiliser des méthodes qui assureront aux conclusions de sa recherche le maximum de validité. Les conclusions, qui sont les réponses à la question de la recherche, devraient résoudre, en tout ou en partie, le problème.

> Ainsi, Pronovost et Leblanc[28] constatent qu'on n'a jamais vérifié l'une des théories de base concernant la délinquance, à savoir que le fait de travailler prévient la délinquance chez ceux qui abandonnent leurs études. Les chercheurs se demandent alors si l'accès au travail fait régresser le taux de délinquance chez les décrocheurs. La question spécifique de recherche découle donc directement de la prise de conscience du problème et tente d'y apporter des éléments de solution.

On doit apporter beaucoup de soin à la formulation de cette *question spécifique* puisqu'elle servira de guide tout au long de la recherche. Elle doit être formulée de façon précise et chaque terme doit être clairement défini, particulièrement de façon opérationnelle. Chaque élément de la question doit pouvoir être observable ou mesurable. Le fait qu'une question soit spécifique n'en fait pas pour autant une question de recherche. Le chercheur ne doit pas croire qu'il peut faire l'économie de la recension des écrits parce qu'il a déjà en sa possession une question spécifique à laquelle il voudrait répondre par une recherche. La question spécifique de recherche doit s'inscrire logiquement dans une problématique spécifique. Une recherche rapporte d'autant plus qu'elle répond à une question précise dont les implications et les limites sont clairement perçues par le chercheur.

Le choix d'un problème et d'une question spécifique de recherche implique la prise en compte des critères de faisabilité, c'est-à-dire l'ampleur de la question, le temps disponible pour faire la recherche, l'argent disponible, la collaboration d'autres personnes comme assistants ou comme sujets, la possibilité de faire la recherche dans le milieu désiré, l'accessibilité aux instruments de mesure. Nonobstant l'importance de la

---

28. L. PRONOVOST et M. LEBLANC, « Le passage de l'école au travail et la délinquance », *Apprentissage et socialisation*, vol. 11, n° 2, 1979, p. 69-73.

faisabilité, la pertinence de la question spécifique de recherche par rapport à l'ensemble de la problématique demeure un critère central de l'intérêt du problème choisi.

▓ 3.2. La présentation de la problématique

Éléments d'une problématique

Dans les écrits s'inspirant d'une démarche déductive, la problématique doit démontrer, par une argumentation serrée, qu'il est utile et nécessaire pour l'avancement des connaissances sur un phénomène particulier (la pertinence scientifique) d'explorer empiriquement une question spécifique ou de vérifier une idée spécifique (hypothèse) découlant d'un raisonnement basé sur des informations issues des écrits scientifiques. Il s'agira donc de construire, dans une démarche de spécification allant d'un problème général à une question spécifique, une argumentation cohérente, complète et parcimonieuse.

Que ce soit dans un projet ou dans un article de recherche, la problématique doit comporter un ensemble d'éléments correspondant généralement aux suivants. Autrement dit, dans la section problématique, on s'attend à ce que

a) le thème de recherche soit précisé ;

b) la pertinence de la recherche soit soulignée, c'est-à-dire que le thème et la question générale constituent (ou doivent constituer) une préoccupation actuelle de chercheurs, de praticiens ou de décideurs ;

c) dans le cadre de la question générale, des informations pertinentes soient présentées (résultats de recherches empiriques et théoriques : faits, concepts, relations, modèles, théories), soit pour démontrer l'existence du problème spécifique de recherche, soit pour fournir des éléments de solution au traitement du problème spécifique de recherche. Ces informations procurent un cadre conceptuel ou un cadre théorique à la recherche ;

d) un problème spécifique soit mis en évidence ;

e) une question spécifique de recherche soit formulée pour orienter la collecte des données et dont la réponse devrait permettre de résoudre le problème spécifique.

Exemple de problématique

Pour illustrer, dans une démarche déductive, une problématique liée à la compréhension, nous avons choisi de présenter la problématique de la recherche de Marcotte, Fortin, Royer, Potvin et Leclerc (2001)[29] ayant pour thème « le risque d'abandon scolaire ». Les auteurs cherchent à comprendre les causes de l'abandon scolaire chez les adolescents et plus particulièrement à comprendre le rôle que jouent le style parental, la dépression, les troubles de comportement et le sexe en lien avec le risque d'abandon scolaire. D'emblée les auteurs établissent la pertinence sociale de la recherche en montrant, chiffres à l'appui, que « l'abandon scolaire au secondaire est un problème social de première importance au Québec » (p. 688).

Les auteurs introduisent graduellement l'objet de la recherche en affirmant que l'abandon scolaire est influencé par plusieurs facteurs et que les études réalisées jusqu'ici (pertinence scientifique) en identifient deux grandes catégories : ceux liés aux « caractéristiques personnelles de l'élève » et ceux liés aux « variables sociales et environnementales » (p. 688). Relativement à la première catégorie de facteurs, les auteurs mentionnent que les résultats des recherches « suggèrent que les troubles concomitants à l'abandon scolaire, surtout ceux reliés à la santé mentale, méritent d'être considérés plus explicitement » (p. 688). Relativement à la seconde catégorie de facteurs, ils concluent que, en dépit de nombreuses recherches, « très peu d'études ont évalué [d'une part] l'effet du style parental sur le risque d'abandon scolaire, de même que [d'autre part] l'interaction entre le style parental, la présence de troubles concomitants et le risque d'abandon » (p. 689). Cette dernière partie souligne le manque de connaissances à propos de l'interaction elle-même entre ces deux facteurs.

---

29. D. MARCOTTE, L. FORTIN, É. ROYER, P. POTVIN et D. LECLERC, « L'influence du style parental, de la dépression et des troubles du comportement sur le risque d'abandon scolaire », *Revue des sciences de l'éducation*, vol. XXVII, n° 3, 2001, p. 687-712.

Problématique de la recherche de Marcotte, Fortin, Royer et Leclerc

THÈME DE RECHERCHE	L'abandon scolaire
QUESTION GÉNÉRALE DE RECHERCHE	Quels sont les causes (facteurs) de l'abandon scolaire ?
PROBLÈME SPÉCIFIQUE DE RECHERCHE	Alors que les résultats de recherches pointent dans la direction d'un effet de l'interaction entre le style parental et la présence de troubles concomitants tels que la dépression et les troubles du comportement sur le risque d'abandon scolaire, et ce de manière différenciée selon le sexe, trop peu d'études ont étudié ces facteurs (particulièrement les trois dimensions du style démocratique) et leurs relations en fonction du sexe des adolescents pour qu'il se dégage une image claire de l'influence de ces facteurs. De même, certaines faiblesses méthodologiques quant à la mesure du style parental et à la nature représentative des échantillons selon le sexe diminuent la confiance que l'on peut accorder aux conclusions des quelques recherches en lien avec ce sujet.
QUESTION SPÉCIFIQUE DE RECHERCHE	Quelle est l'importance, en fonction du sexe de l'adolescent, des trois dimensions du style parental démocratique pour prédire les symptômes de dépression et les troubles du comportement et leurs impacts sur le risque d'abandon scolaire ?

Suit la présentation des résultats de recherches sur les trois facteurs étudiés, à savoir la dépression à l'adolescence en général et à l'école en particulier, les troubles du comportement à l'adolescence en général et à l'école en particulier et le style parental. On y apprend que la dépression est un problème important de manière générale à l'adolescence dans les pays industrialisés et qu'à l'école, bien que la relation entre symptômes dépressifs et rendement scolaire faible soit confirmée par les études, peu de recherches ont exploré le lien entre la dépression et le risque d'abandon scolaire. On y apprend aussi que les troubles du comportement ou comportements antisociaux sont très présents à l'adolescence, particulièrement chez les garçons et l'association entre ces troubles et l'abandon scolaire est bien documentée. De même, on apprend que la famille a un rôle déterminant à jouer dans le risque d'abandon scolaire et que les styles parentaux ont des effets très spécifiques. Toutefois, le style démocratique, connu pour son effet bénéfique sur le développement de l'adolescent, a été peu étudié dans son lien entre ses trois composantes (engagement parental, encadrement parental et encouragement à l'autonomie) et les « problématiques adolescentes ». Des problèmes d'ordre méthodologique semblent aussi présents dans la manière de mesurer la dépression dans certaines études.

Tous les éléments sont maintenant en place pour formuler le problème spécifique de recherche : il existe plusieurs données qui indiquent que « les agents de socialisation que sont les facteurs familiaux [et particulièrement le style parental], reconnus comme étant associés à ces problématiques [dépression et troubles du comportement], pourraient avoir une influence différente selon le sexe de l'adolescent » (p.696) sur le risque d'abandon scolaire mais aucune recherche ne nous permet actuellement d'avancer de telles affirmations. La question spécifique de la recherche devient donc celle-ci : quelle importance ont « les trois dimensions du style parental démocratique, en fonction du sexe de l'adolescent, dans la prédiction des symptômes de la dépression et des troubles du comportement, et leurs impacts sur le risque d'abandon scolaire » (p. 696) ?

4. LA PROBLÉMATISATION SELON UNE LOGIQUE INDUCTIVE

Comme dans la section précédente, nous aborderons les étapes de la problématisation et la présentation de la problématique dans un texte scientifique. *Dans le contexte d'une démarche inductive, l'élaboration de la problématique* ne s'effectue pas à partir de la structuration de concepts et de propositions générales mais *se réalise dans la formulation itérative de questions à partir du sens donné à une situation concrète.*

4.1. Les étapes de la problématisation

Dans le cadre d'une démarche inductive, les grandes étapes de la spécification de la problématique sont

1) la formulation d'un problème de recherche provisoire à partir d'une situation comportant un phénomène particulier intéressant,

2) la formulation d'une question de recherche permettant le choix d'une méthodologie adaptée,

3) l'élaboration d'interprétations basées sur la collecte de données et l'analyse inductive de ces dernières,

4) la reformulation itérative du problème et/ou de la question de recherche en fonction des prises de conscience effectuées au cours de la collecte et de l'analyse préliminaire des données[30] (voir la figure 3).

Nous verrons maintenant plus en détail chacune de ces étapes que nous illustrerons à l'aide d'un exemple tiré d'un article de recherche[31] sur le thème de « l'enseignement de la langue maternelle selon une approche globale ». Dans cet article les chercheures Edelsky, Draper et Smith rapportent les faits saillants de leur démarche de questionnement et de reformulation du problème.

La formulation d'un problème de recherche provisoire

Dans le cadre d'une démarche inductive de recherche, les problèmes spécifiques de recherche émanent du vécu personnel du chercheur et plus particulièrement de son expérience personnelle de situations comportant un phénomène particulier, curieux ou étonnant relié à ses intérêts de recherche. Une situation concrète est sélectionnée par le chercheur parce qu'elle comporte « un phénomène qui peut être décrit et compris à partir des significations que les participants donnent aux événements[32] ». Elle offre donc des caractéristiques assez riches pour définir un contexte particulier, comporter un phénomène intéressant (qui fait déjà l'objet de recherches ou non) et fournir l'espoir de faire avancer les connaissances. Le chercheur partira de cette situation particulière pour formuler, provisoirement, un problème de recherche, articuler au moins une question générale de recherche et sélectionner une méthodologie appropriée. Nous présentons ici quelques exemples de situations singulières qui peuvent servir à définir un problème de recherche.

---

30. L'accent porte ici sur les opérations relatives à la spécification de la problématique. Les autres opérations ne sont mentionnées que pour situer le lecteur. Nous le référons aux autres chapitres du livre pour compléter les informations.
31. C. EDELSKY, K. DRAPER et K. SMITH, « Hookin' 'Em in at the Start of the School in a "Whole Language" Classroom », *Anthropology & Education Quarterly*, vol. 14, n° 4, p. 257-281. Un extrait du texte est présenté dans le chapitre 3 de MCMILLAN et SCHUMACHER (1989).
32. J.H. MCMILLAN et S. SCHUMACHER, *Research in Education, a Conceptual Introduction*, Glenview, Illinois, Scott, Foresman, 1989, p. 93.

Figure 3
Problématisation selon une logique inductive

Figure 3
Problématisation selon une logique inductive

Un type de situation qui peut donner naissance à un phénomène intéressant est celui de *changements qui sont introduits dans le fonctionnement habituel* d'un groupe de personnes, modifications susceptibles d'entraîner des réactions significativement différentes chez les personnes. Des modifications légales, un changement de programme scolaire, l'intégration de nouvelles technologies, le remplacement d'une institutrice, l'implantation d'une innovation pédagogique, en sont des exemples.

Ainsi, Dagenais[33], considérant la récence du phénomène de la collaboration interinstitutionnelle en éducation au Québec, étudia la construction des représentations du changement chez les éducateurs provenant
de divers milieux (université, ministère de l'Éducation du Québec, commission scolaire urbaine) participant à une recherche-action ayant pour
but de développer, au secondaire, des pistes d'intervention pour faciliter
le rattrapage des adolescents immigrants en retard scolaire. L'occasion
était d'autant plus idéale que le cadre conceptuel de l'innovation posait
les partenaires comme égaux dans cette collaboration.

Un type de situation particulièrement singulier est celui de *pratiques
originales établies*. Une enseignante qui utilise une méthode spéciale, une
école qui se distingue par son approche pédagogique alternative constituent des situations sociales qui s'écartent suffisamment de la « norme »
pour éveiller la curiosité et chercher à comprendre les processus en jeu à
travers les significations données aux événements vécus par les acteurs.

Par exemple, Wittorski et Serre[34], considérant l'originalité d'une intervention en « relation formation-travail » d'une durée de deux ans dans
une entreprise québécoise de plus de 400 employés, décidèrent d'en
analyser les processus de formation et les effets produits tant au plan des
compétences professionnelles, personnelles et collectives des employés
que dans leur façon de concevoir leur travail et leur allégeance à
l'entreprise.

Un type de situation où un phénomène particulier peut s'avérer
curieux est celui que créent des *événements problématiques récurrents ou
des pratiques qui échouent ou qui s'établissent difficilement*. L'analyse de
ces situations peut donner lieu à une meilleure compréhension du vécu
des acteurs dans ces situations et, de là, contribuer à l'amélioration des
situations ou des interventions.

Ainsi, Piron[35] décida d'opter pour « un regard anthropologique » sur le
problème récurrent du décrochage scolaire. Elle étudia le décrochage
scolaire de l'intérieur, à travers le récit d'un jeune décrocheur, mettant
en évidence les croyances qui l'amenèrent à cette ultime décision d'abandonner l'école.

---

33. D. DAGENAIS, « La représentation des rôles dans une étude de collaboration inter-
    institutionnelle », *Revue des sciences de l'éducation*, vol. XXVI, n° 2, 2000, p. 415-438.
34. R. WITTORSKI et F. SERRE, « L'articulation travail-formation dans un dispositif de forma-
    tion intégré au travail », *Revue des sciences de l'éducation*, vol. XXI, n° 4, 1995, p. 859-884.
35. F. PIRON, « La tolérance culturelle et éthique du décrochage scolaire. Un regard anthro-
    pologique », *Revue des sciences de l'éducation*, vol. XXVIII, n° 1, 2002, p. 191-214.

En contrepartie, il y a aussi la situation des *événements heureux et des pratiques qui réussissent*. Ainsi, les enseignantes et les écoles particulièrement efficaces, qui ont des histoires à succès, sont des sources de questionnement. On cherche à comprendre comment les situations sont vécues, à connaître la perception collective des principaux acteurs.

> Ainsi, Boudreau[36] décide d'analyser, à partir du point de vue des acteurs, un stage qualifié de réussi. Dans le contexte d'un programme de formation initiale à l'enseignement au secondaire, son étude vise à « décrire les apprentissages d'un futur enseignant dans un stage réussi à l'école secondaire, les interventions des enseignants associés auprès de ce futur enseignant de même que les liens entre ces interventions et les apprentissages du futur enseignant ».

Un autre type de situation qui peut présenter un phénomène intéressant est celui créé par des *événements qui ont des composantes inattendues ou des interventions qui ont des conséquences imprévues*. Sans nécessairement comporter de connotation heureuse ou malheureuse, ni même être en soi originaux, certains événements, qui dans l'ensemble paraissent être habituels, peuvent présenter certaines caractéristiques inattendues qui remettent en question notre vision du monde.

> Par exemple, la facilité des enfants à s'approprier certains logiciels peut surprendre, compte tenu de la difficulté qu'éprouvent plusieurs adultes dans la même situation. Comprendre pourquoi une telle situation se produit peut être très pertinent.

Il n'est pas toujours nécessaire que la situation ait un caractère singulier. L'intérêt peut être suscité par des *événements habituels ou des pratiques courantes non documentées*. Il y a encore beaucoup de pratiques courantes, tenues pour acquises, pour lesquelles on n'a pas vraiment d'informations systématiques du point de vue des personnes qui les vivent.

> Ainsi, Gervais[37], considérant que « malgré une longue tradition de stages nécessairement vécus dans le cadre d'un certain partenariat, les attentes non explicitées entraînent régulièrement des incompréhensions et des pratiques autres que celles souhaitées », pose comme questions de recherche : quelles sont les composantes de la représentation d'un stage d'enseignement chez les acteurs qui sont appelés à le définir et quelles sont les conceptions de l'enseignant et de la formation à l'enseignement auxquelles elles renvoient ?

---

36. P. Boudreau, « Que se passe-t-il dans un stage réussi ? », *Revue des sciences de l'éducation*, vol. XXVII, n° 1, 2001, p. 65-84.
37. C. Gervais, « Éléments conceptuels présents dans les représentations des acteurs d'un stage d'enseignement », *Revue des sciences de l'éducation*, vol. XXV, n° 2, 1999, p. 271-291.

Cette liste n'est certes pas exhaustive et se veut seulement indicative de situations à surveiller pour leur potentiel à produire des résultats de recherche intéressants.

La définition du problème est déjà commencée avec la découverte d'une situation contenant un phénomène curieux ou étonnant. Le problème, pressenti par le chercheur, devra être formulé clairement. Cette formulation, qui demeure assez générale, consiste à expliciter l'aspect curieux du phénomène. La formulation du problème, dans une démarche inductive et générative, est considérée *provisoire* compte tenu de la connaissance limitée que le chercheur a de la situation. En d'autres mots, le problème central pourra être reformulé pendant la recherche s'il ne correspond plus à la réalité observée.

La formulation du problème doit se faire avant tout à partir des connaissances du chercheur. Généralement, le chercheur débute avec un cadre descriptif et interprétatif très partiel, basé sur ce que Glaser et Strauss appellent des « concepts locaux[38] », concepts référant à des éléments évidents de la structure et des processus propres à la situation (l'enseignante, les élèves, la relation maître–élève, les programmes, les consignes, l'horaire, etc.). Pour formuler le problème de recherche, le chercheur peut aussi faire appel à ses connaissances personnelles ainsi qu'à des connaissances tirées des écrits scientifiques, généralement ceux de tradition « qualitative » ayant rapport avec le phénomène. Même si le chercheur peut utiliser des concepts reconnus de la littérature scientifique, il est clair toutefois que le problème ne se définit pas par la découverte d'une difficulté spécifique dans les écrits scientifiques mais bien par l'impossibilité de donner du sens à la situation.

Dans la recherche sur « l'enseignement de la langue maternelle selon une approche globale », les chercheures choisissent comme situation de départ, le cas d'une enseignante de 6e année au primaire qui utilise une approche globale pour l'enseignement de l'anglais (langue maternelle) écrit et parlé. Il s'agit d'une enseignante qui utilise une pratique originale et qui, par surcroît, réussit très bien. Les auteurs savent qu'il y a plusieurs approches pour enseigner la langue maternelle mais sont intéressés plus particulièrement par l'approche globale de l'enseignement du langage qui diffère des autres approches plus courantes qui sont linéaires et très graduées. Lors de plusieurs visites préalables dans la classe de cette enseignante, les chercheures purent observer cette approche de l'enseignement de la langue appliquée avec beaucoup de succès. Phénomène étonnant, cette enseignante réussissait, sans l'aide de manuels ni de livres d'exercices, à développer chez les élèves un

---

38. B.G. GLASER et A.L. STRAUSS, *The Discovery of Grounded Theory: Strategies for Qualitative Research*, New York, Aldine, 1967, p. 45.

niveau d'habileté à lire et à écrire plus élevé que celui auquel on aurait
pu s'attendre dans ce type d'école. Comme ce succès ne semblait pas se
prêter à une interprétation facile, les chercheures décidèrent de
l'investiguer plus à fond en privilégiant une démarche inductive de
recherche.

La formulation d'une question générale provisoire

Dans le prolongement du problème de recherche, la question est un outil
important du chercheur. La question de départ, elle aussi considérée provisoire, doit être à la fois assez générale pour permettre de générer des
questions plus spécifiques et faciliter la découverte des aspects importants
du phénomène et assez spécifique pour focaliser la recherche. Le foyer
(*focus*) de la recherche a deux fonctions[39] : *a*) établir les limites et le territoire de la recherche et *b*) déterminer la pertinence des informations
recueillies en fournissant des balises pour décider d'inclure ou d'exclure
une information de la collecte ou de l'analyse des données.

La question générale s'accompagne habituellement de questions spécifiques qui visent à explorer les éléments structuraux, les interactions et
les processus (socioculturels et organisationnels) afin de déterminer et de
décrire les dimensions importantes du phénomène. Le défi pour le chercheur est justement de découvrir les questions les plus pénétrantes et les
plus perspicaces pour comprendre le phénomène. Pour formuler ces premières questions, le chercheur se base sur ses connaissances et ses interprétations personnelles[40]. Ensuite, le chercheur choisit la ou les méthodes
qu'il compte utiliser (observation, entrevues, documents) et détermine, par
échantillonnage théorique, les personnes à contacter ou les documents à
consulter. Le plan de la recherche sera lui aussi émergent puisqu'il dépend
des questions subséquentes. Contrairement à la démarche confirmatoire
où la question spécifique demeure inchangée lors de la collecte de données,
dans une démarche génératrice, le foyer peut changer en cours de route.

Dans la recherche sur « l'enseignement de la langue maternelle selon
une approche globale de l'écriture et de la lecture », les chercheures
posèrent comme question générale de départ : « Comment cette enseignante, avec sa théorie de l'enseignement global de l'écriture et de la
lecture, parvient-elle à faire en sorte que les élèves répondent à ses
attentes peu habituelles ? » Subsidiairement à la question générale, elles

---

39. Y.S. LINCOLN et E.G. GUBA, *Naturalistic Inquiry*, Beverly Hills, Sage, 1985, p. 227-228.
40. LINCOLN et GUBA (1985) parlent de connaissances tacites et MARSHALL et ROSSMAN (1989)
    de théories personnelles.

posèrent les questions spécifiques suivantes : « Quelles sont, dans cette classe, les normes pour la lecture et l'écriture ? » « Comment l'enseignante réussit-elle à faire en sorte que les élèves s'attendent à écrire ? » « Comment certaines procédures sont-elles établies (p. ex. : écriture d'un journal ou d'un livre) ? » « Quelles sont les relations maître–élève les plus évidentes ? » Compte tenu des questions, les méthodes principales de collecte de données prévues furent l'observation participante avec prise de notes et l'observation différée à l'aide d'enregistrement vidéo. Des entrevues avec les élèves étaient prévues après la première semaine d'école et avec l'enseignante, avant le début des classes et au cours de la quatrième semaine d'école. Il est clair que la formulation de ces questions se fonde sur la connaissance des chercheures du fonctionnement de l'enseignante et sur deux postulats : a) le changement prend un certain temps à s'opérer et b) le temps d'adaptation et la manière de le faire varient selon les élèves (acceptation rapide, hésitation, ajustement lent).

L'analyse inductive et l'interprétation des données

Après une première collecte de données, le chercheur les analyse et en tire une description riche et détaillée des événements tels qu'ils ont été vécus et perçus par les personnes impliquées dans la situation. À partir de cette description, le chercheur élabore des hypothèses (au sens large d'énoncés hypothétiques et non d'hypothèses avec variables opérationnalisées) visant à comprendre, en tout ou en partie, le phénomène. Il s'agit ici de donner un sens à des événements et non pas d'établir un lien causal linéaire à sens unique.

Cette élaboration d'hypothèses, comme par ailleurs la collecte et l'analyse inductive des données, ne peuvent se réaliser en demandant au chercheur de faire totalement abstraction de ce qu'il connaît. Pour élaborer sa théorie enracinée du phénomène, le chercheur utilise principalement des concepts et des hypothèses qui ont émergé des données recueillies. Cela n'empêche pas le chercheur de faire appel à des écrits scientifiques pertinents, particulièrement à ceux utilisant une démarche inductive de la recherche, pour lui fournir des concepts utiles et l'assister dans sa compréhension du phénomène. Comme le soulignent Glaser et Strauss[41], il s'agit surtout d'éviter de s'emprisonner dans une théorie. Le chercheur doit posséder les habiletés (avoir des *insights* théoriques) et les attitudes (l'ouverture

---

41. B.G. GLASER et A.L. STRAUSS, *op. cit.*, p. 46.

théorique) nécessaires pour lui permettre de conceptualiser et d'élaborer une théorie à partir des données plutôt que de forcer une théorie sur les données.

> Dans la recherche sur « l'enseignement de la langue maternelle selon une approche globale de l'écriture et de la lecture », l'observation montra que, dès la première journée d'école, tous les élèves répondaient déjà aux attentes de l'enseignante. Déjà, au cours de l'après-midi, les élèves nettoyaient la classe sans qu'on leur demande, s'entraidaient et prenaient des décisions eux-mêmes. La surprise fut grande pour les chercheures qui s'attendaient à étudier le processus sur au moins deux semaines. Voilà, qu'en quelques heures seulement, les élèves agissaient de manière « naturelle » dans un environnement relativement nouveau. Les postulats des chercheures s'avéraient non fondés. Pour recueillir les données, il fallait devancer les entrevues avec les élèves à la deuxième journée d'école. Les entrevues montrèrent que les élèves avaient vite réalisé que cette classe était différente. Cependant, bien qu'ils eussent remarqué l'absence des exercices pratiques traditionnels et des livres d'épellation, ils demeuraient incapables de verbaliser les attentes de l'enseignante et comment ils avaient su quoi faire. Ils affirmaient qu'ils « avaient su dès le début » que cette nouvelle année serait difficile mais remplie de projets intéressants (p. ex : monter des pièces pour l'école). Ils n'avaient pas l'impression d'avoir travaillé bien qu'ils eussent fait déjà quelques expériences scientifiques, participé à des discussions, etc. Les chercheures conclurent que les élèves savaient distinguer entre les moments où ils devaient agir exactement comme l'enseignante le demandait et ceux où ils pouvaient suivre l'idée générale de ses affirmations. Pour expliquer ces comportements, les chercheures émirent l'hypothèse de la présence « d'ententes tacites ».

Reformulation itérative du problème ou de la question

Cet effort de donner un sens aux données permet au chercheur de prendre conscience de certains problèmes particuliers (lacunes, incohérences, etc.) dans sa connaissance du phénomène, problèmes qui l'empêchent de comprendre le phénomène dans sa « totalité » ou dans sa « globalité ». Ces problèmes spécifiques donnent naissance à des questions spécifiques qui servent à orienter la collecte des informations pertinentes et permettent d'étudier plus en profondeur certains aspects particuliers du phénomène et d'élaborer une théorie enracinée (concept émergent[42], relations émergentes, modèle émergent) la plus complète et la plus valide (crédible) possible.

---

42. Pour un exemple de concept émergent, voir M. CHOMIENNE et J. VÁSQUEZ-ABAD, « L'émergence du concept d'enracinement des applications pédagogiques de l'ordinateur », *Revue des sciences de l'éducation*, vol. XVI, n° 1, 1990.

Le problème général de recherche peut lui-même être reformulé au cours de la recherche. Il peut arriver, surtout au début de la recherche, que la formulation initiale du problème s'avère incomplète ou tout à fait inadéquate à la lumière des constatations issues des premières analyses inductives des données. La formulation elle-même du problème de recherche peut donc évoluer au cours de la recherche. La formulation synthétisée et définitive du problème, qu'il y ait eu ou non changements, sera accomplie vers la fin de la recherche. Il faut donc s'attendre à ce que la formulation du problème telle que présentée dans les écrits de recherche ne corresponde pas nécessairement à la formulation initiale du problème, en début de recherche.

Les questions spécifiques, elles aussi, changent (pour s'adapter aux changements observés), s'ajoutent (quand il manque des informations), disparaissent (quand on leur a répondu) au fur et à mesure qu'avance l'analyse inductive des données et que le portrait se compose et commence à prendre un sens. Il en est de même pour la question générale. Contrairement à la démarche déductive, où la question générale de recherche demeure inchangée au cours de la collecte des données, la question de recherche, dans une démarche inductive, étant intimement liée au problème, peut elle-même être appelée à changer en cours de route.

> Dans la recherche sur « l'enseignement de la langue maternelle selon une approche globale de l'écriture et de la lecture », les chercheures ont été amenées à reformuler leur problème initial. Le phénomène devient encore plus curieux, plus incompréhensible et, par le fait même, plus problématique. D'une part, on a une enseignante qui réussit à obtenir très rapidement ce qu'elle veut des élèves, et, d'autre part, elle a des attentes peu habituelles à l'égard des élèves et une pratique qui ne correspond pas à celle que l'on présente pour une enseignante efficace en début d'année. Il manque des connaissances pour expliquer cette situation. Pour résoudre le problème, les chercheures ajoutèrent à leur question initiale la question suivante : « Que se passe-t-il ? » en référant aux « règles non formulées » à surveiller dans l'observation des bandes vidéo. La nouvelle hypothèse a donc forcé les chercheures à reformuler en partie le problème initial et à ajouter une nouvelle question de recherche. De manière succincte, la question définitive de la recherche fut : « Comment, dès le début de l'année, une enseignante efficace, avec une approche globale de l'enseignement de la langue parlée et écrite, "contraint-elle" les élèves de manière à obtenir la vie de classe qu'elle désire ? »

▓ 4.2. La présentation de la problématique

Éléments d'une problématique

Dans les écrits s'inspirant d'une démarche inductive, la problématique doit démontrer qu'il est utile et nécessaire d'analyser empiriquement une situation spécifique (événement, organisation, etc.) pour faire avancer nos connaissances sur un phénomène donné. Encore ici, l'argumentation devra être cohérente, complète et parcimonieuse.

Dans un projet ou un article de recherche, la problématique doit comporter un ensemble d'éléments correspondant généralement aux suivants. Autrement dit, dans la section problématique, on s'attend généralement à ce que

a) une situation concrète (sociale), comportant un phénomène particulier, soit relevée ;

b) un problème de recherche soit posé relativement à cette situation intrigante ;

c) une question de recherche soit formulée ;

d) la pertinence de la recherche soit démontrée, c'est-à-dire que ce problème (ou cette question) constitue (ou devrait constituer) une préoccupation actuelle de praticiens, de décideurs ou de chercheurs ;

e) ce problème de recherche s'inscrive dans des préoccupations théoriques (construits, approches, etc.) et que des informations connues sur ce problème soient présentées (recherches, modèles ou théories) ;

f) le cas échéant, la théorie, le modèle, le concept qui ont été empruntés ou qui ont émergé, soient mentionnés ;

g) l'on montre en quoi la recherche permet de faire avancer les connaissances relativement au problème de recherche.

Exemple de problématique

Pour illustrer la présentation d'une problématique dans le cadre d'une démarche inductive, nous avons choisi d'examiner la problématique présentée dans la recherche de Martine Chomienne et Jesús Vázquez-Abad[43] sur le phénomène particulier de l'«implantation de la micro-informatique scolaire au Québec». Le problème de recherche est déterminé : l'implantation de la micro-informatique scolaire est située dans le cadre des innovations technologiques ; l'idée d'applications pédagogiques de l'ordinateur date du début des années 1960 et pourtant les technologies qui y correspondent ont souvent été implantées (imposées) sans être adaptées ; les applications pédagogiques de l'ordinateur sont d'actualité, elles font l'objet de publicité et d'investissements considérables et pourtant, « l'informatique à l'école demeure un phénomène encore mal connu».

Problématique de la recherche de Chomienne et Vázquez-Abad

PHÉNOMÈNE PARTICULIER	L'implantation d'une innovation en éducation
SITUATION CONCRÈTE	L'implantation de la micro-informatique scolaire au Québec
PROBLÈME DE RECHERCHE	Il est nécessaire de mieux comprendre ce phénomène. L'implantation de la micro-informatique scolaire au Québec ne s'est pas faite sans difficultés, elle est d'actualité, elle fait l'objet de publicité et d'investissements considérables et pourtant « l'informatique à l'école demeure un phénomène encore mal connu».
QUESTION DE RECHERCHE	Comment se déroule le processus d'implantation de la micro-informatique scolaire au Québec et quels en sont les facteurs d'évolution?

Pour résoudre en partie ce problème et focaliser la recherche (définir le foyer de la recherche), les auteurs se proposent d'« analyser en profondeur le processus d'implantation en tant que tel » et se demandent quelles sont les étapes de son déroulement et les facteurs d'évolution propres à chacune d'elles. Cette interrogation constitue essentiellement leur question de recherche.

---

43. M. CHOMIENNE et J. VÁZQUEZ-ABAD, *op. cit.*, p. 91-104.

La pertinence sociale de la recherche est démontrée en soulignant comment le problème s'inscrit dans les préoccupations des décideurs et des praticiens. L'historique du début montre que l'implantation informatique scolaire, qui a commencé dans les années 1960, n'est pas prête de s'arrêter, qu'elle a fait l'objet de décisions discutables et que les enseignants n'ont pas toujours la tâche facile quand ils doivent adapter des technologies la plupart du temps conçues à d'autres fins. Mention est aussi faite des préoccupations des chercheurs sur la question, en référant aux « nombreuses recherches qui se sont intéressées à l'étude de l'implantation de l'ordinateur dans le milieu scolaire ». Ce faisant, les auteurs situent leur recherche dans un contexte scientifique plus global.

Dans cette problématique, les auteurs ont tenté de rattacher leur problème de recherche à des préoccupations théoriques. On y présente différents modèles de diffusion des innovations. Tous ces modèles ont en commun d'être prescriptifs, aucun n'est descriptif. C'est ici que les auteurs montrent comment leur recherche fera avancer les connaissances sur l'implantation informatique scolaire en tentant « d'établir un modèle descriptif de l'implantation d'une innovation en éducation ». En ce qui concerne le cadre théorique, dans cette recherche, aucun modèle théorique n'avait été retenu au départ pour analyser les données. Pour comprendre le processus d'implantation informatique scolaire au Québec et donner un sens aux données, le concept émergent d'« enracinement des applications pédagogiques de l'ordinateur » a semblé le plus approprié.

Bibliographie annotée

ACKERMAN, Winona B. et Paul R. LOHNES, *Research Methods for Nurses*, New York, McGraw-Hill, 1981.

Dans le chapitre 1, on trouve la relation entre recherche et résolution de problème. Les auteurs présentent une bonne description des problèmes liés à la connaissance et des problèmes liés à l'intervention, d'une façon générale, dans le chapitre 2 et d'une façon spécifique, dans le chapitre 3.

BOUCHARD, Yvon, « De la problématique au problème de recherche », dans Thierry KARSENTI et Lorraine SAVOIE-ZAJC (dir.), *Introduction à la recherche en éducation* (p. 79-98), Sherbrooke, Éditions du CRP, 2000.

L'auteur discute de la notion même de problématique et introduit clairement la distinction entre problématique et problème de recherche (l'effet d'entonnoir). Ce chapitre présente un exemple de problématique mal posée et des exemples d'objectifs de recherche bien et mal formulés.

DESHAIES, Bruno, *Méthodologie de la recherche en sciences humaines*, Chomedey, Laval, Beauchemin, 1992.

> Le chapitre 5 présente l'étape de formulation du problème. La réflexion sur les racines psychologiques montre l'importance de l'affectif dans l'activité de recherche.

DESLAURIERS, Jean-Pierre et Michèle KÉRISIT, « Le devis de recherche qualitative », dans Jean POUPART, Jean-Pierre DESLAURIERS, Lionel-Henri GROULX, Anne LAPERRIÈRE, Robert MAYER et Alvaro P. PIRES (dir.), *La recherche qualitative : Enjeux épistémologiques et méthodologiques* (p. 85-111), Montréal, Gaëtan Morin, 1997.

> D'allégeance qualitative, les auteurs de ce chapitre abordent la spécification de la problématique sous l'angle des sujets privilégiés en recherche sociale et de la construction de l'objet de recherche.

ENGELHART, Max D., *Methods of Educational Research*, Chicago, Rand McNally, 1972.

> Le chapitre 3 analyse les deux opérations de sélection et de définition d'un problème de recherche du point de vue de l'étudiant qui en est à ses premières armes en recherche.

FORTIN, Marie-Fabienne, *Le processus de la recherche*, Ville Mont-Royal, Décarie, 1996.

> Les chapitres 4, 5 et 8 portent respectivement sur le choix d'un problème de recherche, la formulation d'un problème de recherche et les questions de recherche.

HART, Chris, *Doing a literature review*, London, Sage, 1998.

> Ce livre présente de manière très détaillée les compétences nécessaires pour réaliser une recension des écrits. On y trouvera un chapitre sur chacune des compétences suivantes : lire et classer les recherches, analyser une argumentation, organiser et exprimer des idées et analyser et mettre en réseau des idées.

KERLINGER, Fred, *Foundations of Behavioral Research*, 4e éd., Fort Worth, Tex., Harcourt College Publishers, 2001.

> Dans les chapitres 2, 3, 4 et 5, Kerlinger analyse en profondeur divers thèmes liés à la spécification de la problématique dont les valeurs, les variables et les relations entre les variables, la définition des concepts.

LECOMPTE, Margaret et Judith PREISSLE, *Ethnography and Qualitative Design in Educational Research*, 2e éd., San Diego, Academic Press, 1993.

Excellente discussion dans le chapitre 2 sur la relation entre le but de la recherche et la manière de formuler les questions de recherche.

Lincoln, Yvonne S. et Egon S. Guba, *Naturalistic Inquiry*, Beverly Hills, Sage, 1985.

Présente la démarche inductive, dans ses phases de planification, réalisation et publication. La notion de focus de recherche y est développée.

Mace, Gordon et François Pétry, *Guide d'élaboration d'un projet de recherche*, 2ᵉ éd., Québec, Presses de l'Université Laval, 2000.

Ce petit livre constitue un excellent guide pour les étudiants dans le contexte de la logique déductive. La section sur la problématique est très bien illustrée.

Marshall, Catherine et Gretchen B. Rossman, *Designing Qualitative Research*, 3ᵉ éd., Thousand Oaks, Ca., Sage, 1999.

Dans la perspective de la logique inductive, le chapitre 2 porte sur le contenu et l'organisation de la problématique dans le cadre de la rédaction d'un projet de recherche.

McMillan, James H. et Sally Schumacher, *Research in Education : A Conceptual Introduction*, 5ᵉ éd., Glenview, Illinois, Scott, Foresman, 2001.

Excellente introduction générale à la recherche en éducation. Le chapitre 3 porte spécifiquement sur la problématique, en distinguant les points essentiels du point de vue des paradigmes qualitatif et quantitatif.

Turcotte, Daniel, «Le processus de la recherche sociale», dans Robert Mayer, Francine Ouellet, Marie-Christine Saint-Jacques, Daniel Turcotte et collaborateurs, *Méthodes de recherche en intervention sociale* (p. 39-68), Montréal, Gaëtan Morin, 2000.

Dans la section sur la définition de la situation problème, l'auteur présente plusieurs exemples de questions liées à la compréhension et à l'intervention et propose des critères pour évaluer des questions de recherche.

La recherche documentaire et l'accès à l'information

Danielle BOISVERT

L'essence de la recherche est de faire avancer une discipline en ébauchant des théories, des pratiques et en les évaluant ou les modifiant au besoin. Pour ce faire, il est essentiel que le chercheur prenne connaissance de ce qui a fait l'objet d'une attention particulière et a mené à des conclusions bien établies. C'est pourquoi une des étapes primordiales de l'exploration d'un sujet implique de dresser un éventail de tout ce qui est disponible sur une thématique. Les moyens électroniques actuels font que le passé et le présent se confondent quelque peu et que le chercheur peut être mis en contact quasi instantanément avec tout le savoir humain existant et en création.

Les nouvelles technologies de l'information accroissent l'importance de l'acquisition d'une méthode de travail intellectuel efficace. On ne peut plus parler seulement de recherche documentaire classique (dans des livres ou articles de périodiques imprimés) ; il existe maintenant des sources d'information très valables sous diverses formes – imprimés, électroniques, CD-ROM, Internet, groupes de discussion, FTP –, et il importe de les consulter à diverses étapes de la recherche pour répondre à certains besoins bien identifiés.

Face à une multitude de données informationnelles, documentaires, factuelles et numériques, le chercheur est mis devant le dilemme de trouver les meilleurs outils d'information, de faire sa recherche sous différents modes qui évoluent constamment et d'en faire le tri en évaluant les informations ainsi que leur pertinence par rapport à sa discipline.

Dans les pages qui suivent, nous mettrons l'accent sur les outils de recherche documentaire comme sources d'information laissant quelque peu dans l'ombre leur support technique qui, lui, évolue constamment. Il est vrai que l'imprimé existe toujours et reste une source classique de consultation. Le bon vieux dictionnaire a encore sa place pour la vérification rapide d'une information. Toutefois, il est de plus en plus remplacé par des versions électroniques qui exigent un apprentissage souvent simple et parfois compliqué pour accéder à une information précise et pouvant répondre exactement au besoin.

Dictionnaires et encyclopédies restent des bonnes sources d'information, peu importe leur support (papier ou électronique) pour aborder un sujet de recherche avec lequel nous sommes peu familiers. On y trouvera des pistes initiales, des auteurs importants dans le domaine et les thématiques privilégiées par la discipline. Une source d'information récente et spécialisée dressera un portrait des tendances au niveau de la recherche dans ce domaine et orientera la sélection d'une thématique d'actualité. La consultation du *catalogue* d'une bibliothèque permet aussi de trouver les outils particuliers dans un domaine de recherche. De plus, la section de la *référence* (imprimée ou sur le site Web) de cette même bibliothèque permet d'identifier différents outils (dictionnaires, encyclopédies, guides documentaires, bibliographies, annuaires et répertoires) qui pourraient fournir une information pertinente.

Grâce à ces sources d'information préparatoires, le chercheur s'est familiarisé avec son domaine et commence à comprendre comment il veut orienter sa recherche. Au cours de ses lectures, il a acquis du vocabulaire qui sera très précieux dans les étapes ultérieures de sa recherche. Au départ, il doit aussi s'interroger sur ses besoins. Il y a une grande différence entre la recherche reliée à une thèse de doctorat et celle que l'on effectue pour répondre aux exigences d'un cours de premier cycle. La première doit être exhaustive tandis que la seconde, très restreinte dans le temps, doit être limitée aux sources d'information les plus accessibles. Cela n'exclut cependant pas l'innovation et la créativité par rapport au thème abordé.

À cette étape aussi, le chercheur doit s'interroger sur *l'envergure de sa recherche* en termes de période à couvrir, de langue, d'aire géographique (p. ex., limité au Québec ou non), de types de sources d'information à consulter (monographies, périodiques, journaux, pages Web), extraites des sources primaires ou secondaires. La nature de l'information est aussi à considérer. Est-elle théorique, empirique, historique, statistique ? L'information recherchée sera-t-elle scientifique ou vulgarisée, ou un dosage des deux ? Après avoir tenu compte de tous ces éléments, le chercheur devra structurer sa pensée pour extraire l'information requise ; c'est ici qu'intervient la stratégie de recherche.

STRATÉGIE DE RECHERCHE

La stratégie de recherche est l'élément clé pour accroître le degré de pertinence et d'efficacité dans le repérage de l'information dont on a besoin. Une stratégie de recherche escamotée ou incomplète entraînera éventuellement des retours en arrière et des pertes de temps – du temps qui pourrait être consacré à la lecture de l'information recueillie. De plus, la stratégie de recherche exige un effort de réflexion et d'analyse pour établir ce que l'on cherche vraiment et la capacité de se réajuster si le résultat n'est pas concluant.

Pour l'illustrer, nous utiliserons une analogie avec la vie de tous les jours qui démontrera que cette démarche, bien que rigoureuse, est déjà bien maîtrisée de façon intuitive par le chercheur au quotidien. Il s'agit donc de transférer cette habileté dans le processus de résolution de problèmes que représente la stratégie de recherche.

Ainsi, par exemple, un étudiant recherche un emploi. Il établit, d'abord, dans quel domaine il aimerait travailler. Les critères retenus sont les suivants : travailler avec le public, en milieu universitaire, avec ses amis. L'emploi convoité pourrait se limiter à travailler à la bibliothèque, à la coopérative étudiante ou au café étudiant. Toutefois, après avoir fait ces choix, il constate qu'il n'y a pas de possibilité d'emploi actuellement dans ces secteurs. L'étudiant devra donc revoir ses critères, en abandonnant quelques-uns pour élargir son éventail de possibilités et trouver, enfin, un emploi.

Une situation différente peut aussi se produire. Par exemple, pour choisir le domaine dans lequel il voulait étudier, l'étudiant a dû faire un choix parmi toutes les possibilités qui s'offraient à lui. Il a dû s'interroger sur ses goûts et aptitudes en arrimant ceux-ci avec un champ d'étude particulier. Il a donc centré davantage son choix pour arriver à prendre une décision ferme de s'inscrire à tel ou tel programme.

Lorsqu'on parle de stratégie de recherche, on parle de cette habileté intellectuelle qui permet de mieux saisir un thème et de décider si, d'après le résultat obtenu, il est nécessaire d'élargir ou de préciser davantage la recherche. Les bases de données et Internet en particulier (avec sa masse d'information) sont particulièrement exigeants en ce sens.

Il est essentiel de maîtriser une méthode d'analyse d'un sujet qui évitera les aller-retour. Ainsi, on peut aborder le thème du pouvoir en relation avec la santé, l'ingénierie, la gestion, les relations familiales, etc. Il importe, dans un premier temps, d'identifier sous *quel angle* on veut traiter le thème, de préciser le *vocabulaire* relié à son sujet (mots clés, descripteurs) et de définir les *avenues* que l'on peut prendre pour trouver un maximum d'information. Le chercheur est-il capable de résumer sa problématique de recherche en une seule phrase qui comportera tous les éléments qu'il désire couvrir ? À partir des différents aspects de cette phrase clé, peut-il associer le vocabulaire pertinent (français, anglais, synonymes, éléments à exclure) ?

Certains outils de recherche plus perfectionnés mettent à la disposition du chercheur, sous forme d'un *thésaurus*, l'éventail des mots clés qu'ils utilisent. Cela permet de traduire une problématique de recherche en langage documentaire. Le thésaurus peut être sur support papier ou être consulté directement dans une base de données (ce qui assure une mise à jour plus régulière). Il présente souvent une définition du contexte dans lequel le mot s'applique, des synonymes, des termes recommandés ainsi que des termes associés.

Le chercheur devra maîtriser la *logique de la recherche booléenne*. La plupart des bases de données spécialisées, tout comme les outils de recherche disponibles sur Internet privilégient cette structure de recherche. Certes, chaque outil a ses particularités, ce qui complique les choses, mais l'utilisation des « et » (*and*), « ou » (*or*), « sauf » (*not*), est possible dans presque toutes les sources d'information électroniques. Bien comprendre cette syntaxe permet d'éliminer des données non pertinentes et de réduire le nombre de sources à consulter. Le chercheur dispose alors de plus de temps pour se concentrer sur l'analyse du contenu des sources les plus intéressantes.

 ## MONOGRAPHIES ET THÈSES

Spontanément, le chercheur pensera aux monographies (volumes ou livres) pour débuter sa recherche. Ces sources d'information sont les plus accessibles dans sa bibliothèque. De plus, elles font rapidement la synthèse d'un sujet. Le catalogue de bibliothèque reste le meilleur outil pour les identifier. La maîtrise de la recherche par sujet de ce catalogue permettra plus d'efficacité et de pertinence par rapport aux données recueillies. Déjà, à cette étape, le chercheur pourra tester sa stratégie de recherche pour la modifier ou la préciser au besoin.

Stratégie de recherche

Phrase claire et concise résumant complètement le sujet de la recherche :

Les causes et conséquences du stress sur la santé de l'étudiant(e) au niveau universitaire

CD-ROM ou Banque de données :

Plan des ensembles   Prévoir autres limitations soit : par date, par langue, par sources.

→ ET Ensemble A	→ ET Ensemble B	→ ET Ensemble C	→ ET Ensemble D
Vocabulaire libre (singulier ou pluriel)			
Stress	Santé	Étudiants	Universitaires
Stressant	Maladie	Apprenant	Université
Stressé	Fatigue		Gradué
Tension	Conditions de vie		
Descripteurs ou mots clés du thésaurus ou de l'index spécialisé (respectez l'orthographe)			
Stress	Health	Student Behavior	Universities
	Diseases	Student Attitudes	Higher Education
	Illnesses	Student Problems	College Students
	Santé	Student Characteristics	Études supérieures
	Maladies	Étudiants	
		Étudiants universitaires	

(OU ↓ ↓ appears at left of both vocabulary blocks)

De plus en plus, le chercheur pourra rechercher électroniquement (y compris de chez lui via Internet) des monographies pertinentes dans des catalogues de bibliothèques similaires à la sienne. Les modes de recherche sont diversifiés et un apprentissage spécifique est souvent essentiel. Par exemple, on peut identifier une monographie très pertinente qui se trouve dans une bibliothèque à Chicoutimi alors qu'on réside à Montréal. L'utilisation du service de prêt entre bibliothèques est essentielle et exige du chercheur une *gestion du temps* assez stricte, s'il veut pouvoir consulter l'ouvrage dans des délais raisonnables. Toutefois, avec l'introduction de moyens technologiques raffinés (p. ex., ARIEL) et la présence de plus en plus fréquente du texte complet des monographies dans les bases de données (p. ex., Érudit, Safari), l'accès au document est grandement facilité.

Les thèses représentent aussi une information précieuse, car elles touchent des thématiques très pointues et visent à les explorer de façon exhaustive. Constatant la qualité des données qui y sont consignées, le monde scientifique vise de plus en plus à les rendre accessibles rapidement, soit par une politique de numérisation des documents et l'insertion de leur contenu dans des bases de données accessibles aux chercheurs (p. ex., Érudit et Dissertation Abstracts).

 ## PÉRIODIQUES

Les périodiques qui paraissent régulièrement (un ou plusieurs numéros par année) représentent une source d'information de première main, car leur contenu se renouvelle à chaque numéro. Ils sont souvent plus à jour que les monographies et traitent d'un sujet pointu selon des règles d'analyse et de présentation très strictes, en fonction du public auquel ils s'adressent (chercheurs ou grand public).

Les périodiques dits scientifiques sont associés la plupart du temps à une université, à une association spécialisée, à une organisation, à une corporation ou à un groupe de recherche. Certains périodiques paraissant une fois l'an présentent des comptes rendus de congrès ou de conférence, ou abordent une thématique particulière en regroupant les meilleurs chercheurs du domaine.

Dans ces différents périodiques on retrouve une grande variété d'articles. Premièrement, il y a les *articles de recherche* dans lesquels un ou plusieurs chercheurs présentent les résultats de leurs propres travaux à l'aide de tableaux statistiques ou de graphiques. On y décrit de façon détaillée la démarche (problématique, cadre théorique, hypothèses ou questions, méthodologie, résultats, conclusions et bibliographie). Les résultats d'une recherche descriptive appliquée ou d'une intervention y sont présentés. L'étude peut porter sur des milliers de sujets ou un petit échantillon. Le détail du contenu de ces articles est assez explicite pour permettre de refaire le même type de démarche. Toutefois, la lecture de tels articles présuppose souvent des connaissances approfondies du domaine.

Si on veut être sensibilisé et informé sur une thématique, un autre type d'articles, que l'on peut qualifier de *recension d'écrits* ou d'analyse critique, peut être très utile lors d'une recherche. Ces articles analysent, synthétisent ou critiquent différents travaux réalisés dans le cadre de recherches, d'interventions, de programmes, de politiques. Ces textes sont souvent accompagnés d'une longue bibliographie et ils visent à décrire l'état des connaissances à un moment donné sur une problématique de recherche; ils se terminent souvent sur des recommandations visant des travaux à effectuer pour faire avancer la connaissance. L'analyse critique, quant à elle, met l'accent sur les qualités et les limites de certains travaux.

Les périodiques présentent aussi quelquefois des textes qui contribuent à susciter une réflexion personnelle. Dans des articles que l'on peut qualifier de *textes d'opinions*, des auteurs présentent leurs réflexions et opinions sur diverses thématiques en s'appuyant sur leur expérience personnelle ou sur un nombre limité de références. Pour utiliser ce type d'articles, il est important de vérifier la crédibilité et l'expertise des auteurs. D'autres articles font état des réactions de chercheurs à des articles publiés. Leur contenu permet de suivre le débat et de connaître un autre point de vue.

Certains articles font état de *projets*, programmes ou interventions *en cours* de réalisation, d'implantation ou d'évaluation. Ils apparaissent souvent dans des périodiques issus des corporations professionnelles. Toutefois, ils manquent souvent de données qui permettent d'évaluer la qualité, la pertinence et l'utilité de ces activités.

Les périodiques présentent aussi des *éditoriaux* où l'auteur prend position et introduit le lecteur au contenu du numéro publié. Les *critiques de livres* prennent aussi une certaine place dans le contenu de ces périodiques.

Dans le milieu scientifique actuellement, on voit naître, dans ce que l'on peut appeler le collège invisible (groupe de chercheurs qui travaillent sur une même thématique et qui s'échangent de l'information), des lieux virtuels où les chercheurs peuvent avant de publier dans les revues savantes échanger avec leurs collègues sur une théorie ou une hypothèse qui par la suite fera l'objet d'un article dans une revue savante. Ce lieu d'échange permet donc la production d'articles liés à un thème très pointu et assez innovateur. Évidemment cet accès alternatif (p. ex., SPARC) n'est pas accessible à tous, mais il tend à se démocratiser pour les initiés, car il comporte moins de coûts et exploite au maximum les possibilités technologiques.

 ## 4 BASES DE DONNÉES ET INDEX DE PÉRIODIQUES

Face à toutes ces particularités, le chercheur doit faire un choix quant au type d'information que requiert tel ou tel aspect qu'il désire aborder dans sa recherche. Pour repérer toute l'information issue de ces périodiques, la technologie vient de plus en plus au secours du chercheur en lui fournissant une diversité de bases de données plus ou moins spécialisées qui dépouillent ces périodiques en en extrayant le contenu présenté la plupart du temps sous forme de résumé.

Pour choisir les bons outils à utiliser pour faire ce repérage, le chercheur doit connaître les différentes bases mises à sa disposition, leurs spécialités de même que le type d'information qu'elles analysent. C'est donc encore les variables issues de sa stratégie de recherche qui orienteront son choix. Par exemple, s'il s'en tient à une recherche de données d'envergure québécoise, il aura tendance à s'en tenir aux outils québécois tout en étant conscient des limites qu'il s'impose. Si sa recherche exige un repérage constant de ce qui se publie dans son domaine, il utilisera un outil comme *Current Contents* ou *Web of Science* qui lui permettront (après avoir structuré sa recherche) de construire et de faire exécuter régulièrement un profil de recherche et ainsi de mettre à jour ses données.

Aujourd'hui, les outils de recherche se présentent sous plusieurs supports. On retrouve encore des index imprimés (la plupart du temps sur des thématiques très pointues), des bases de données en ligne via Internet ou un serveur commercial et sur CD-ROM. Le support et la présentation peuvent aussi varier d'une institution à l'autre, mais le contenu reste le même. Toutefois, *ce qui reste constant dans l'éventail de ces produits, c'est l'utilisation de la stratégie de recherche et la logique qu'elle sous-tend.* Elle représente donc la base à maîtriser et à utiliser pour avoir des résultats pertinents. Un guide d'utilisation (souvent en ligne), un guide d'autoformation, des brochures et des formations dispensées par les institutions restent des ressources importantes que le chercheur doit connaître et utiliser s'il veut être efficace et acquérir une méthode de travail rigoureuse.

Un autre élément à considérer est l'accessibilité plus ou moins immédiate au contenu de l'article. Est-ce que la bibliothèque est abonnée au périodique ? Sinon, certains outils donnent accès au texte complet de l'article lors de la recherche. D'autres outils permettent de commander une reproduction de l'article qui sera acheminé rapidement moyennant certains frais. On ne peut penser actuellement que toute l'information recherchée (dont la quantité augmente à un rythme exponentiel) peut se trouver en un même lieu, à un même moment. Par exemple Source OECD donne accès aux publications de l'organisme, à des données statistiques et à des articles de périodiques. La technologie rapproche le chercheur du savoir qui se crée, mais il reste encore des contraintes physiques – qui diminuent cependant graduellement. Une bonne gestion du temps reste un atout important, en particulier, si l'article que l'on veut à tout prix doit être acquis par prêt entre bibliothèques dans une autre institution éloignée qui n'a pas encore les technologies de pointe.

INTERNET ET LA RECHERCHE D'INFORMATION

Internet est issu originalement des années 1960 et de la guerre froide où le gouvernement américain a ressenti le besoin de mettre au point un réseau d'ordinateurs qui pourraient communiquer entre eux. Ensuite, un groupe de chercheurs, qui voulaient se créer un réseau pour échanger les résultats de leurs recherches, s'est intéressé à ce projet.

Internet est devenu une gigantesque toile où se multiplient les inter-connexions entre les gens et l'information qu'ils désirent échanger. L'arrivée d'Internet dans le monde de la recherche a provoqué un véritable raz de marée. Les anciennes pratiques sont remises en question de même que les critères pour évaluer l'information, l'échanger et la diffuser. Aujourd'hui, une quantité phénoménale d'information est accessible à beaucoup de gens sans qu'ils aient à quitter leur résidence. Le monopole du savoir semble ne plus être entre les mains d'une minorité. Tout un chacun peut créer des pages d'information, les mettre à jour et les diffuser quasi instantanément à l'échelle mondiale. Cela pose un sérieux problème au regard de la qualité et de l'utilité de cette information pour le chercheur.

Le chercheur s'illusionnerait s'il pensait que tout se trouve sur Internet et que l'on n'a pas besoin de chercher ailleurs. Internet jouit actuellement d'une campagne de promotion très soutenue et beaucoup de gens croient y trouver facilement ce qu'ils cherchent. C'est une erreur. La réalité est que cet outil est en développement et que c'est souvent l'anarchie qui règne dans les sites repérés. Les paragraphes qui suivent visent à donner quelques pistes pour apprivoiser cet outil et obtenir un maximum de résultats lorsqu'on y cherche de l'information.

L'introduction du *World Wide Web* (WWW) et sa présentation plus visuelle, sonore et animée, associée à des navigateurs (Netscape, Explorer) qui rendent les pages d'information plus conviviales grâce à l'hypertexte, ont simplifié l'accès à ce nouvel outil. L'introduction de moteurs de recherche qui naviguent et glanent pour nous l'information a aussi con-tribué à rendre Internet plus intéressant sur le plan du repérage.

Dans un premier temps, pour aborder ce nouvel outil, nous suggérons de naviguer sur des sites universitaires ou gouvernementaux. Habituelle-ment, l'information consignée est de qualité et ces sites donnent souvent accès à d'autres sites qui ont, eux-mêmes, été choisis par des spécialistes pour leur pertinence et leur rigueur.

Toutefois, avant de vous lancer dans tous les azimuts auxquels donne accès ce réseau, il importe de vous sensibiliser à l'importance d'évaluer la qualité de l'information que vous trouverez et de développer un esprit critique par rapport à celle-ci. Les quelques notions qui suivent vous donneront donc des balises pour faire des choix éclairés.

▓ 5.1. Critères d'évaluation de la qualité de l'information sur un site Web

Création et gestion du site

- Date de création du site et mise à jour régulière ?

- Les liens vers d'autres sites font-ils l'objet d'une vérification constante ?

- De quelle expertise jouissent les personnes ou organismes (associations, gouvernement, institutions d'enseignement, firme privée) qui l'ont créé ? Sont-ils bien identifiés ?

- De quel pays provient-il ? L'adresse URL nous donne souvent cette information (p. ex., « ca » pour Canada).

- A-t-on accès gratuitement à tout le site ou non ? Faut-il un abonnement ?

- Ce site exige-t-il l'utilisation de logiciels pour consulter les données (pour décompresser un fichier, pour consulter des informations de type multimédia, etc.) ?

- Peut-on communiquer (adresse électronique) avec l'auteur pour émettre certains commentaires ou questions ?

Contenu du site

- Le but du site est-il éducatif, informationnel, commercial ou promotionnel ? Quelle est la clientèle visée ?

- L'information qu'il contient est-elle d'ordre général, spécialisé ou technique ? Est-elle exacte et vérifiable dans d'autres sources ? Le vocabulaire est-il scientifique ou de vulgarisation ?

- Avons-nous accès au texte complet de certains documents cités ?

- Quel est le degré d'exhaustivité et la profondeur de l'analyse ? Les auteurs commentent-ils les sources ciblées ?

- Le discours fait-il état de faits, d'opinions ou y a-t-il une touche de propagande ?
- Le texte est-il clair et soutenu par une argumentation bien construite et structurée ?
- Est-ce un site original ou est-il dérivé d'autres sources existantes (CD-ROM, papier, électronique) ?
- Ce site fait-il consensus et est-il une référence que plusieurs chercheurs citent souvent ? Est-il souvent visité ?
- Est-il évalué dans les outils de référence et considéré comme un modèle dans le domaine ?

Organisation du site

- Possède-t-il une logique de navigation facile à saisir ?
- Les icônes et les liens sont-ils pertinents (supplément d'information, exemples) ?
- Situe-t-il bien le lecteur dans le temps et dans l'espace (carte du site) ?
- Y a-t-il un équilibre entre l'information sur le site et les accès extérieurs ?
- Un aiguilleur interne permet-il de trouver rapidement l'information ?
- Donne-t-il accès à une base de données ?

Le fait de développer un esprit critique face à ce nouvel outil représente un défi pour le chercheur qui veut y recueillir des données pour appuyer sa recherche. L'autre défi de taille consiste à repérer vraiment l'information la plus pertinente. Il ne faut pas penser qu'Internet est une panacée. Certes, cet outil qui regorge d'information doit être apprivoisé pour avoir un aperçu de toutes les possibilités qu'il offre. Nous vous présentons ici les différentes possibilités d'Internet et leur utilité pour le chercheur.

5.2. Carnet d'adresses

Il est aussi possible au chercheur de recueillir au cours de ses recherches sur Internet des sites intéressants, d'organiser cette information selon ses besoins et de pouvoir y revenir régulièrement pour consulter une information mise à jour régulièrement. De plus, il peut consulter les carnets d'adresses de spécialistes ou d'institutions (p. ex., des bibliothèques) qui ont pris le temps d'évaluer certains sites, de les décrire et de les organiser pour les mettre à sa disposition.

■ 5.3. Courrier électronique et groupes de discussion

L'application la plus populaire après les pages Web est le courrier électronique. Il permet aux chercheurs de communiquer facilement les résultats de leurs recherches et d'échanger sur ce qui les préoccupe au moment présent et ainsi de favoriser la circulation des connaissances (p. ex., par les autres outils de communication électronique). Internet a aboli les frontières en facilitant les échanges. Le courrier électronique connaît une grande popularité auprès de nombreuses clientèles qui gravitent autour de la recherche. Un étudiant peut communiquer avec son professeur ou ses pairs, leur transmettre des fichiers, obtenir de l'aide quasi instantanément, même si une grande distance les sépare.

De plus, il est possible pour la personne qui s'intéresse à un domaine très pointu de prendre connaissance d'échanges entre chercheurs et d'y contribuer en s'abonnant à un groupe de discussion et en participant à une communauté d'apprentissage où chacun contribue par son expertise et sa créativité. Certains de ces groupes sont dits fermés et seules les personnes répondant à certains critères peuvent y participer, tandis que d'autres sont ouverts à toutes les interventions de la communauté scientifique.

■ 5.4. Catalogues de bibliothèques

De plus en plus de catalogues de bibliothèques sont accessibles au chercheur. Leur consultation permet de connaître les ressources qu'elles contiennent. Le chercheur peut donc consulter un fonds de collection multidisciplinaire ou une documentation réunie par un organisme très spécialisé. La multiplication de ces accès permet de mettre en commun les ressources et de les échanger plus facilement.

■ 5.5. Périodiques électroniques

De plus en plus, il est possible de consulter les périodiques sous forme électronique, et certains d'entre eux n'existent que sous cette forme. C'est un accès en pleine croissance. Les bibliothèques qui ont actuellement des problèmes d'espace voient dans cet accès la possibilité de rendre la documentation accessible rapidement sans avoir des collections énormes à gérer.

▓ 5.6. Bases de données

Internet donne accès à des bases de données qui auparavant n'étaient accessibles qu'à l'intérieur des murs d'une bibliothèque. Le chercheur n'a plus à se déplacer; de chez lui ou du bureau, il peut interroger une variété grandissante de bases de données qui lui fournissent des références bibliographiques, des données numériques, le texte de certains documents, la visualisation d'objets, de documents vidéo ou audio, etc. Toutefois, ces accès sont souvent limités aux chercheurs et aux utilisateurs associés à une institution particulière; ils sont contrôlés par mot de passe et font l'objet d'abonnements assez coûteux.

En outre, la diffusion des données numériques est en pleine expansion. Avant, l'exploitation et l'utilisation de ces données étaient réservées à des initiés. Avec l'avènement d'Internet, des consortiums (p. ex., Statistique Canada) se sont créés pour mettre en commun ces données et faciliter l'accès en rendant plus convivial l'interface qui les supporte. Ainsi, le chercheur peut retrouver en un même lieu des données du recensement, des enquêtes spécifiques, des données économiques et autres. Il peut s'en servir pour faire les croisements dont il a besoin pour sa propre recherche et recréer ainsi une base de données utilisable par un autre chercheur dans le même domaine.

▓ 5.7. Robots et répertoires

Pour trouver de l'information sur Internet, le chercheur doit d'abord se familiariser avec le logiciel de navigation et les différents outils qu'il supporte. Il doit aussi investir du temps à naviguer sans savoir si l'information qu'il cherche est présente ni même sans savoir s'il pourra la dénicher. Nous vous présentons ici les différentes pistes pour trouver cette information.

Les robots et moteurs de recherche

Les robots repèrent l'information en se servant au maximum des possibilités de la technologie en termes de puissance de recherche et de présence de mots ou expressions. Ils scrutent régulièrement les pages produites et rapportent au chercheur selon son besoin ce qui semble le plus pertinent. Pour se servir de ces outils, l'utilisateur doit connaître son sujet, savoir exactement ce qu'il cherche et être capable de l'exprimer sous forme de stratégie de recherche selon la logique booléenne.

Chacun des moteurs publics (p. ex., Google, Alta Vista) de recherche reliés aux robots fonctionne de façon différente et il est assez difficile de connaître les critères appliqués pour glaner l'information. Toutefois, il est possible de faire une recherche par le titre du site et selon les mots clés attribués au site (fonctions méta). Il importe de prendre connaissance de l'aide offerte (accompagnée d'exemples) par chacun d'eux pour identifier les méthodes efficaces d'interrogation. Ces moteurs fournissent souvent des formulaires qui permettent d'inscrire les termes de recherche dans les cases appropriées.

Ces outils très performants génèrent souvent du bruit (sites qui n'ont aucun lien avec notre recherche) ou du silence (site très pertinent non repéré). Il revient donc au chercheur de lui-même structurer, classer et organiser sa recherche pour augmenter le degré de pertinence. Nous pourrions dire qu'il s'agit d'un mode logique de recherche d'information.

Catalogues sujets

L'autre type d'outil utilise un mode de recherche qui relève davantage de l'intuition. Il s'agit ici de catalogues qui, avec intervention humaine, analysent les sites et les classent selon de grandes catégories. L'utilisateur doit au départ avoir une certaine connaissance de sa discipline pour être capable, selon ces thèmes prédéterminés, de s'orienter vers le bon chemin et de trouver l'information qu'il recherche. L'impression de naviguer sur une toile d'araignée à travers une multitude de données est donc plus nette car, de catégories en catégories, les sites se multiplient et la structure se diversifie. Le chercheur peut partir d'un point et arriver à un endroit totalement imprévu. Par analogie, on peut utiliser l'image d'un voyageur qui, prenant l'autoroute, décide de bifurquer sur des petites routes transversales au hasard. Avec ce mode de navigation, il est difficile de trouver une information très précise, étant donné l'éventail qui s'offre à nous. Certains des répertoires se divisent par régions géographiques, ce qui permet de mieux délimiter la recherche. La Toile du Québec et Yahoo représentent de bons exemples de ce type d'outils.

▓ 5.8. Méta-index et sites de compilation

Les paragraphes précédents ont mis en lumière la nouvelle diversité d'intermédiaires que l'on retrouve entre le chercheur et l'information. Ce bouillonnement rend difficile la maîtrise du fonctionnement de chacun des outils et de ses particularités.

En réponse à cette difficulté, certains outils spécialisés ont été développés pour donner accès à différents index à partir d'une porte unique. Il s'agit de méta-index (p. ex., MetaCrawler, Copernic) qui permettent au chercheur d'inscrire sa recherche une seule fois ; le méta-index part à la recherche de l'information dans les différents outils et rapporte les résultats les plus pertinents. Ces méta-index n'offrent, bien sûr, aucune garantie quant à l'exhaustivité de l'information colligée, mais la tâche est du moins simplifiée.

D'autres sites regroupent les outils les plus performants ; un formulaire simplifié permet d'interroger chacun d'eux depuis un même lieu (p. ex., Net Search, UQAM-outils de recherche sur Internet).

 ## 6 ORGANISATION DE L'INFORMATION REPÉRÉE

La technologie offre des accès multiples à l'information. La variété des sources et des médiums pourrait compliquer la vie du chercheur débutant. Cependant, la technologie offre aussi la possibilité d'aider le chercheur à constituer sa propre base d'information personnelle, à partir de la multitude de documents qui auront été recueillis en cours de recherche. La constitution d'une base d'information permettra au chercheur d'accumuler des données, de les organiser et de les classer pour les rendre aussi facilement repérables que dans une base de données traditionnelles. Le chercheur devra donc, comme naguère avec les fiches de lecture, adopter une méthode pour consigner ses trouvailles à même son ordinateur. Divers logiciels (p. ex., ProCite, End Note) permettent de créer un outil adapté aux besoins personnels. La création de cette base d'information exige de la rigueur dans l'entrée de données et la description de chacun des enregistrements doit adopter un format standard pour permettre un repérage rapide de l'information. Le chercheur fait face à une plus petite échelle, aux exigences de la création d'un outil de repérage.

Les avantages d'un tel outil personnalisé résident dans le fait que, une fois la structure d'entrée des données bien comprise et bien appliquée, il est aisé lors de la rédaction du document de recherche de l'utiliser, soit pour y puiser des références à citer, de faire une recherche de contenu, produire une bibliographie selon des normes très strictes de présentation (p. ex., APA, MLA, Chicago) ou localiser un document, peu importe où il se trouve dans notre environnement de recherche (ordinateur, classeur, bureau, bibliothèque, etc.). De plus, il existe des passerelles donnant accès à certains outils commerciaux qui permettent de transférer automatiquement les données repérées dans la base de données personnelle et de la mettre à jour constamment.

Conclusion

Le monde de la documentation explose depuis quelques années. On y observe une immense diversification des outils de communication de la pensée scientifique. On passe du livre imprimé à un réseau électronique diversifié. Les supports varient, mais la recherche de contenu reste la priorité du chercheur.

Les milieux de l'éducation s'orientent de plus en plus vers la construction d'une communauté d'apprentissage plutôt que strictement un milieu d'enseignement. Chacun des membres de cette communauté en émergence doit se prendre en main et cheminer vers une autonomie plus grande dans sa recherche d'information. La bibliothèque représente néanmoins un lieu stratégique pour le chercheur, en cela qu'elle donne souvent l'accès à plusieurs types de données et organise l'environnement pour s'assurer d'une diffusion appropriée. Elle a aussi comme mandat de former les chercheurs et de leur apprendre à trouver, localiser et utiliser cette masse d'information.

Pour sa part, le chercheur doit développer sa flexibilité et acquérir des habiletés, si ce n'est des réflexes, qu'il peut transposer dans des environnements multiples qui changent constamment. L'analyse et la capacité de faire des choix éclairés restent les éléments de base dont il a besoin. Il ne doit pas se laisser impressionner par toute la « quincaillerie » qui lui est proposée, mais s'attarder à la démarche de nature intellectuelle de sa recherche. Il aura toujours la possibilité de demander de l'aide pour son apprentissage ou collaborer avec ses collègues pour le réaliser.

En fait, la réflexion qui entoure sa thématique est de son ressort et lui seul peu décider de l'ampleur et de l'orientation qu'il veut lui donner. En développant une autonomie au plan de la recherche d'information, il pourra s'adapter et arriver au but qu'il s'est fixé peu importe la diversité des outils.

Bibliographie annotée

CHIRURGIEN, Estelle et Claude MARCIL, *Comment trouver : la recherche d'information plaNETaire*, Sainte-Foy, MultiMondes, 2001, 309 pages.

DENEKER, Claire, *Les compétences documentaires des processus mentaux à l'utilisation de l'information*, Villeurbanne, Presses de l'ENSSIB (École nationale supérieure des sciences de l'information et des bibliothèques), 2002, 208 pages.

Cette monographie dresse un inventaire des compétences que le chercheur doit acquérir au plan de sa recherche d'information et explique sa démarche cognitive.

DOWLER, Lawrence, *Gateways to Knowledge : The Role of Academic Libraries in Teaching, Learning and Research*, Cambridge, Mass., The MIT Press, 1997, 240 pages.

Ouvrage qui situe les bibliothèques universitaires dans le nouveau contexte de l'introduction des technologies dans l'enseignement et la recherche.

DUHAMEL, Martine et Claire PANIJEL (dir.), CERISE, Conseils aux étudiants pour faire une recherche d'information spécialisée efficace, <http ://www.ccr.jussieu.fr/urfist/cerise/p7.htm> (Page consultée le 23 novembre 2002).

Cet outil de formation français s'adresse aux étudiants de premier cycle en lettres et sciences humaines.

EISENBERG, Michael B. et Robert E. BERKOWITZ, *Information Problem-solving : The Big Six Skills Approach to Library and Information Skills Instruction*, Norwood, Ablex Publishing, 1990, 156 pages.

Cette monographie fait état des habiletés requises par le chercheur pour trouver de l'information ainsi que de la formation dispensée par les spécialistes de l'information.

FORTIN, Marie-Fabienne, *Le processus de recherche de la conception à la réalisation*, Montréal, Décarie éditeur, 1996, 379 pages.

GROUPE DE TRAVAIL SUR L'ACCÈS AUX RESSOURCES DOCUMENTAIRES, CREPUQ, *Guide de la recherche sur Internet*, <http ://www.bibl.ulaval.ca/vitrine/ giri/giri1> (Page consultée le 23 novembre 2002).

Site francophone qui constitue une introduction de qualité à l'univers d'Internet.

GROUPE DE TRAVAIL SUR L'ACCÈS AUX RESSOURCES DOCUMENTAIRES, CREPUQ, *Guide des indispensables de la recherche sur Internet*, <http ://www.bibl. ulaval.ca/vitrine/giri/giri2> (Page consultée le 23 novembre 2002).

Le groupe de recherche issu de la Conférence des recteurs et principaux des universités sélectionne et commente des sites généraux qui contiennent des informations variées répondant aux besoins des chercheurs universitaires.

HAHN, Harley, *The Internet Complete Reference*, Berkeley, 1996, McGraw-Hill, 802 pages.

Ouvrage très complet qui fait un survol détaillé d'Internet et de toutes ses applications.

Jacobson, Trudi E. et Beth L. Mark, «Teaching in the Information Age: Active Learning Techniques to Empower Students», *The Reference Librarian*, n°s 51-52, 1995, p. 105-119.

Lalonde, Louis-Gilles et André Vuillet, *Internet comment trouver tout ce que vous voulez*, Montréal, Les éditions Logiques, 1997, 334 pages.

Survol des diverses approches qui permettent de trouver de l'information sur Internet. Il suggère des stratégies et itinéraires de recherche, présente des fiches techniques des meilleurs outils et des recommandations sur l'exploitation des outils francophones.

Létourneau, Jocelyn, *Le coffre à outils du chercheur débutant*, Toronto, Oxford University Press, 1989, 227 pages.

Manuel très pratique qui aborde la stratégie de recherche en détail et qui explique avec des tableaux la façon de structurer une recherche d'information.

Provost, Marc-André, *Normes de présentation d'un travail de recherche*, Trois-Rivières, Québec, SMG, 2002, 188 pages.

Guide illustré d'exemples indiquant les normes de présentation de façon très détaillée en appliquant les normes de l'American Psychological Association.

Service des bibliothèques de l'UQAM, *Infosphère*, <http://www.biblio theques.uqam.ca/InfoSphere/index.html> (Page consultée le 23 novembre 2002).

Outil didactique de qualité qui vise à rendre l'étudiant universitaire autonome dans sa recherche d'information. Il est divisé en trois sections: Études féministes, Sciences humaines et sciences de la gestion, Sciences et technologie.

Sohier, Danny J., *Le guide de l'internaute*, Montréal, Les éditions Logiques, 2001.

Ouvrage mis à jour annuellement, introduit le chercheur à l'ensemble de l'univers Internet. Il tient compte des nouvelles tendances (VRML, CU-SeeMe, la téléphonie Internet) et relève ce qui peut être primordial pour un chercheur qui veut mieux comprendre toutes les possibilités de ce nouvel outil.

5

La théorie et le sens de la recherche

François-Pierre GINGRAS

Apprendre sans penser est inutile,
mais penser sans apprendre est dangereux.

CONFUCIUS

La théorie n'est ni une chimère, ni une panacée. Ce n'est surtout pas quelque chose de transcendant qui s'oppose au réel, au concret, à l'empirique. *La théorie guide le chercheur ou la chercheure comme le chien guide l'aveugle.* Les résultats de la recherche confirment ou non la validité de la théorie, comme l'arrivée à destination de l'aveugle témoigne de la valeur de son fidèle compagnon.

Ce chapitre tente essentiellement de montrer comment la théorie englobe deux cheminements complémentaires du processus de recherche : le cheminement de la *découverte* et le cheminement de la *preuve*. Il faut donc d'abord dissiper certaines idées fausses au sujet de la théorie et lui réserver une place centrale dans le processus de recherche. Pour bien en saisir les caractères, on se penche ensuite sur la manière dont on construit une théorie et sur les différents niveaux de généralité sous lesquels elle peut se manifester. Cela mène tout naturellement à traiter de la validité des théories et de la vérification des hypothèses qui en découlent. Le chapitre se termine en montrant que l'adhésion à un cadre théorique peut facilement mener à un engagement orienté vers l'action sociale.

 QU'EST-CE QUE LA THÉORIE ?

Un dictionnaire[1] donne par recoupements 64 synonymes au mot « théorie ». Il faut s'en méfier : dans la Grèce antique, on appelait « théorie » la députation des villes aux fêtes solennelles, telles les Panathénées en l'honneur de Minerve, déesse de la sagesse et des sciences. Aujourd'hui, on appelle « théorie » ce qui guide habituellement les interprétations des spécialistes des sciences sociales se réunissant dans les congrès scientifiques comme ceux de l'Association francophone pour le savoir (Acfas) ou de la Fédération canadienne des sciences humaines[2]. Dans un sens, ces congrès sont des fêtes solennelles du savoir et des milliers de chercheurs et chercheures y procèdent à de nombreux va-et-vient entre le concret et l'abstrait dans leurs disciplines respectives. Mais il faut clarifier davantage ce que les sciences sociales entendent par théorie.

1.1. Ce qu'elle n'est pas

Le langage courant nomme parfois « théorie » diverses constructions de la pensée qui ne correspondent pas à l'acception retenue par les sciences sociales[3]. Par conséquent, établissons tout de suite que la théorie *n'est pas…*

SPÉCULATION	Une spéculation ou une recherche abstraite, une intuition détachée du réel, une illumination quelquefois mystique et parfois créatrice : au contraire, la théorie adopte une démarche systématique reliant entre eux, de façon logique, plusieurs phénomènes sociaux observables.

1. Henri BERTAUD DU CHAZAUD, *Dictionnaire des synonymes*, Paris, Robert (collection Les usuels), 1983, p. 312 et 478 (renvoi au vocable « méthode »).
2. Voir leurs sites Internet respectifs pour connaître des renseignements sur les activités et les congrès annuels de ces organismes qui regroupent des dizaines de disciplines : http://www.acfas.ca et http://www.fedcan.ca.
3. Pour une discussion classique de la notion de théorie et une dénonciation de sa polysémie à l'intérieur même des sciences sociales, voir Robert K. MERTON, *Éléments de théorie et de méthode sociologique*, 2e éd., Paris, Plon, 1965, p. 27-44.

PHILOSOPHIE	Une philosophie sociopolitique où la réflexion porte sur l'origine, la nature, la raison et le sens de la vie humaine, la légitimité des institutions, la morale sociopolitique : la théorie ne porte pas de jugement et ne distingue pas dans les comportements humains le bon, le mauvais et l'indifférent.
IDÉOLOGIE	Une idéologie, c'est-à-dire un modèle d'action dominant, un système cohérent de valeurs qui justifie l'ordre établi, comme le firent le libéralisme en Amérique du Nord ou le communisme en Union soviétique : la théorie cherche à expliquer sans avoir l'intention de justifier.
UTOPIE	Une utopie, c'est-à-dire une vision du monde en changement, un projet de société établi autour d'un système de valeurs qui n'est pas partagé par les détenteurs du pouvoir, tels le socialisme au Québec ou l'anarchisme en Allemagne : la théorie n'est pas un programme révolutionnaire.
CONSTRUCTION ÉSOTÉRIQUE	Une construction ésotérique qui complique à l'extrême tout, jusqu'aux banalités, dans un jargon accessible à une minorité d'initiés : les sociologues et les économistes, comme les ébénistes et les physiothérapeutes, possèdent leur vocabulaire professionnel spécialisé, qui n'oblige ni les uns ni les autres à tenir des discours hermétiques*.
FORMALISATION	Une formalisation excessive qui schématise à outrance les rapports des phénomènes sociaux entre eux et donne lieu à des modèles très éloignés du réel : en sciences sociales, aucune théorie ne loge en entier dans une équation différentielle ou dans un diagramme de Venn.
MÉTHODE	Une méthode est un type de cheminement intellectuel, un mode d'organisation et d'exposition de la pensée qui conditionne le choix des objets de recherche et la nature des connaissances que l'on en tire. Les différentes méthodes se distinguent en accordant une priorité de recherche à des façons différentes de saisir la réalité et constituent des processus dynamiques qui conditionnent les résultats sur lesquels la recherche peut déboucher. Contrairement à une théorie, une méthode ne prétend pas fournir d'explication de phénomènes sociaux.
ACCUMULATION	Une accumulation monumentale de descriptions et de données dont on peut faire ressortir des constantes, des tendances et des corrélations, mais non des explications : un recueil de statistiques ne constitue pas une théorie.
CONNAISSANCE UNIVERSELLE	La connaissance universelle, une somme qui résume tous les savoirs des sciences sociales, qui prétend tout expliquer et ne rien laisser de côté : une théorie n'est pas une encyclopédie rendant compte de toute la complexité de la vie en société.

---

* On notera avec intérêt que l'adjectif « hermétique » désignait à l'origine les livres qui auraient renfermé les secrets de l'alchimie et d'autres connaissances prétendument dangereuses à mettre entre les mains de personnes non averties.

La théorie a des visées bien différentes.

🦿 1.2. Ce qu'elle est

La théorie est avant tout un moyen de donner un sens à nos connaissances. On peut la définir comme *un ensemble de propositions logiquement reliées, encadrant un plus ou moins grand nombre de faits observés et formant un réseau de généralisations dont on peut dériver des explications pour un certain nombre de phénomènes sociaux.*

En sciences sociales, toute théorie part d'un intérêt pour certains phénomènes sociaux et de l'identification de « problèmes » qui demandent une explication. Aspirant à devenir cette explication, la théorie considère les informations disponibles qu'elle *filtre et organise* dans une problématique[4]. À partir des problèmes, elle élabore un corps d'hypothèses qui forme la base de toute théorisation.

Partie prenante du cheminement de la découverte, la théorie *crée la capacité d'imaginer des explications* pour tout phénomène social, au-delà des prénotions du sens commun : la théorie ne tient pas pour acquises nos explications courantes. Au contraire, la théorie implique une certaine confrontation avec les objets perçus : c'est à partir d'une théorie que l'on formule des hypothèses, définit des concepts et choisit des indicateurs.

La théorie n'est pas seulement une formulation en des termes plus exacts du savoir déjà acquis, mais encore une *stimulation à poser de nouvelles questions* pour améliorer notre savoir. Ces questions peuvent se poser en des termes plus généraux ou inciter à de nouvelles orientations de recherche. La théorie devient alors un *cadre de référence* ou un *paradigme*, c'est-à-dire un ensemble de règles implicites ou explicites orientant la recherche scientifique, pour un certain temps, en fournissant, sur la base de connaissances généralement reconnues, des façons de poser des problèmes, d'effectuer des recherches et de trouver des solutions.

> Ayant longtemps joui d'une place de choix parmi les cadres de référence, le **fonctionnalisme** cherche à expliquer les phénomènes sociaux par les « fonctions » que remplissent les institutions sociales, les structures

---

4. Voir aussi le chapitre 3 sur la spécification de la problématique ainsi que Pierre BOURDIEU, J.-C. CHAMBOREDON et J.-C. PASSERON, *Le métier de sociologue : préalables épistémologiques*, 2ᵉ édition, Paris, Mouton, 1973, p. 11-106 ; Paul DE BRUYNE, Jacques HERMAN et Marc DE SCHOUTHEETE, *Dynamique de la recherche en sciences sociales*, Paris, Presses universitaires de France (collection Sup), 1974, chapitre 3 ; Arthur STINCHCOMBE, *Constructing Social Theories*, New York, Harcourt, Brace & World, 1968, chapitre 1.

des organisations et les comportements individuels ou collectifs. On parle du caractère « fonctionnel » ou « dysfonctionnel » d'une institution, d'une structure ou d'un comportement selon qu'ils favorisent ou non l'atteinte d'un « objectif » habituellement caractérisé par l'ordre, la stabilité, l'équilibre. Ce cadre de référence permet, par exemple, d'étudier l'adaptation de la politique étrangère d'un État face à l'émergence de nouvelles menaces à l'équilibre international ou encore de montrer que, malgré ses côtés dysfonctionnels en regard des valeurs démocratiques, le patronage politique peut néanmoins exercer une fonction redistributive de biens et services au bénéfice de certains groupes défavorisés[5].

On utilise le mot « paradigme » dans un sens plus étroit. On a ainsi déjà parlé du « paradigme de la Révolution tranquille » pour désigner une façon répandue en sciences sociales (mais aujourd'hui contestée) d'interpréter les changements sociaux survenus au Québec pendant les années 1960 à 1970 : « De l'avis de maints théoriciens de la Révolution tranquille, les changements institutionnels et structurels des années soixante ne seraient que des symptômes de transformations plus fondamentales bien que moins immédiatement observables » : transformations des mentalités, des attitudes et des valeurs[6].

2 LA CONSTRUCTION DES THÉORIES

Le grand défi de la théorie, c'est la *pertinence*, à savoir sa *capacité de refléter la réalité*. On peut en effet construire des théories inconséquentes mais parfaitement logiques. L'aspect conceptuel de la théorie prend toute son importance au moment de sa formulation : la clarification des mots clés répond au besoin de compréhension qui donne aux théories leur pertinence. La conceptualisation aide à organiser la pensée dans un système de termes significatifs auquel on peut se référer de façon rigoureuse et non équivoque.

---

5. Voir Philippe LE PRESTRE, « Les États-Unis : vers un nouvel isolationnisme ? », *Politique*, n° 16, automne 1989, p. 5-33 ; Vincent LEMIEUX et Raymond HUDON, *Patronage et politique au Québec : 1944-1972*, Sillery, Boréal-Express, 1975. Voir aussi, à propos des fonctions des partis politiques, l'important ouvrage de Vincent LEMIEUX, *Systèmes partisans et partis politiques*, Montréal, Presses de l'Université du Québec, 1985.
6. Voir la critique de François-Pierre GINGRAS et Neil NEVITTE, « La révolution en plan et le paradigme en cause », *Revue canadienne de science politique*, vol. XVI, n° 4, 1983, p. 671-716.

▓ 2.1. La conceptualisation et les liens avec la problématique

La théorie est un outil de recherche. Elle utilise son langage propre, donnant une signification précise et particulière à plusieurs mots également utilisés dans le langage courant. Ainsi, pour la plupart des gens, le « hasard » fait référence à un ensemble de circonstances imprévues, favorables (la « chance ») ou défavorables (la « malchance ») ; en revanche, les sociologues et tous ceux qui utilisent les statistiques définissent le hasard d'après un calcul des probabilités mathématiques qu'un événement se produise. D'autres termes font l'objet de plusieurs définitions plus ou moins contradictoires, même chez les spécialistes : la « nation » en est un remarquable exemple, car on la définit tantôt par des critères objectifs (la langue, le territoire, etc.), tantôt par des critères subjectifs (le vouloir-vivre collectif), quand on ne l'utilise pas pour désigner la population d'un État[7].

Pour éviter les malentendus, toute théorie doit donc définir avec précision ses *concepts*. Cette définition peut s'effectuer sur le plan plutôt abstrait des *concepts universels* (comme les traits culturels fondamentaux d'une nation) ou, si l'on s'engage dans l'opérationnalisation, sur le plan plutôt empirique des *concepts particuliers* (par exemple, les réponses d'un échantillon représentatif de la population adulte canadienne à une série de sondages portant sur les opinions politiques).

> Le *béhaviorisme* tente de mesurer avec exactitude les facteurs sociopsychologiques et les effets des « attitudes ». Ainsi que l'indique un prochain chapitre, on définit celles-ci comme des réalités latentes faisant partie de la personnalité des individus et s'exprimant dans des opinions (par exemple, à l'occasion d'un sondage) et des comportements (comme lors d'élections ou de référendums) : derrière les réponses à des questions (les variables manifestes) existent des attitudes (les variables latentes) pas directement observables. On suppose qu'il y a un « univers » de l'attitude, c'est-à-dire des références par rapport auxquelles les individus précisent leur idéologie et leur système de valeur. L'opérationnalisation consiste à trouver les meilleurs concepts particuliers manifestant ces attitudes et à les traduire en groupes de questions formant des « échelles

---

7. Les critères culturels objectifs permettent de parler du « tournoi des cinq nations » au football européen (soccer) auquel participent l'Angleterre, l'Écosse, la France, l'Irlande et le Pays de Galles. Il faut s'en remettre à des critères culturels principalement subjectifs pour parler de « nation juive » englobant les Juifs d'Israël et de la diaspora (en se rappelant que des millions de « Juifs » ne pratiquent pas la foi judaïque). La troisième acception, fréquente en droit international (pensons aux « Nations Unies »), correspond au sens qu'on lui donne couramment en anglais comme synonyme de *nation-state* (État-nation).

d'attitudes ». Diverses techniques permettent de définir la position de chaque individu sur un « continuum » en fonction des opinions exprimées[8].

En soumettant la problématique à une théorie, on se retrouve inévitablement à réduire le thème de la recherche à un processus de spécification de la problématique, dont il est question au chapitre 3. Il ne faut alors pas perdre de vue les limites de la théorie pour évaluer le plus exactement possible ce qu'elle prétend vraiment expliquer.

La formulation de la théorie permet la manipulation des concepts et leur agencement en vue de l'explication. Les *propositions synthétiques* sont des constructions rigoureuses d'un ensemble d'idées qui tentent d'expliquer un aspect de la réalité sociale : elles se situent au niveau de la *problématique d'ensemble*. Les *propositions analytiques* découlent des précédentes et remplissent une fonction opératoire : elles représentent la force démonstrative des théories et se situent au niveau de la *question spécifique de la recherche* et des hypothèses qui en découlent.

La plupart des hypothèses des sciences sociales considèrent deux principaux types de concepts : des causes ou *facteurs* qui ont des conséquences ou *effets*. Dans les propositions analytiques, les facteurs se nomment aussi *variables indépendantes* (habituellement représentées par la lettre X) tandis que les effets prennent le nom de *variables dépendantes* (représentées par Y). Un même facteur X peut produire plusieurs effets différents (Y_1, Y_2,... Y_n). Un même phénomène social Y peut également avoir plusieurs causes distinctes (X_1, X_2,... X_n). Enfin, des *variables intermédiaires* peuvent modifier l'action de X sur Y selon le contexte ou la conjoncture (voir la figure 1).

---

8. Plusieurs chapitres de l'ouvrage collectif sous la direction de Jean CRÊTE, *Comportement électoral au Québec* (Chicoutimi, Gaëtan Morin éditeur, 1984) s'inspirent du béhaviorisme : Carole J. UHLANER, « La participation politique des femmes au Québec : 1965-1977 » (p. 201-242) ; André BLAIS et Richard NADEAU, « L'appui au Parti québécois : évolution de la clientèle de 1970 à 1981 » (p. 279-320) et « La clientèle du OUI » (p. 321-334) ; Maurice PINARD et Richard HAMILTON, « Les Québécois votent NON : le sens et la portée du vote » (p. 335-385) ; Jon H. PAMMETT, Jane JENSON, Harold D. CLARKE et Lawrence LEDUC, « Soutien politique et comportement électoral lors du référendum québécois » (p. 387-419).

FIGURE 1
Facteurs, effets et variables

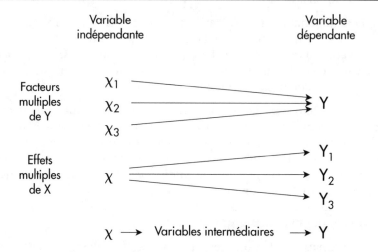

🟦 2.2. La formalisation

Deux sortes d'hypothèses servent de piliers à la construction d'une théorie :

- les *axiomes* : des propositions de portée universelle que l'on renonce à démontrer (souvent parce qu'on les estime évidentes) et qui servent de fondement à la réflexion théorique ;

- les *hypothèses générales* : des propositions synthétiques visant à accorder les axiomes aux données disponibles dans des contextes empiriques particuliers.

Cette démarche, appelée *axiomatisation*, exige un ensemble de règles de transformation (règles syntaxiques) qui permettent de construire la théorie, un peu comme les règles de grammaire permettent d'assembler des mots pour en faire des phrases compréhensibles. Le but ultime de l'axiomatisation est de structurer une explication d'un phénomène social complexe de la manière la plus claire et la plus valide possible.

Pour visualiser en quelque sorte l'essentiel d'une théorie, on a souvent recours à la *formalisation*, c'est-à-dire à l'élaboration de représentations abstraites, idéales, symboliques et souvent mathématiques de la réalité[9]. Ces représentations fournissent une vision simplifiée mais caractéristique des phénomènes sociaux ; elles prennent parfois la forme de *modèles*, c'est-à-dire des images épurées du système social qui cherchent d'abord à expliciter les conséquences des comportements des individus et des groupes, puis à comprendre les causes des conflits et, enfin, à étudier les procédures de prise de décision collective[10]. On peut aussi, par exemple, identifier les déterminants économiques et politiques de la popularité d'un gouvernement ou encore les rapports de force entre l'État et le secteur privé en matière d'intervention gouvernementale dans l'économie[11].

Parfois, la démarche théorique se concentre sur la construction de formes réunissant les traits essentiels d'une certaine catégorie de personnes ou de choses. On parle alors de types « idéaux » parce qu'il s'agit de points de repère abstraits et « parfaits » dont on ne retrouve habituellement, dans la réalité, que des approximations[12]. Les exemples les plus classiques de typologies viennent de Max Weber (l'éthique protestante et l'esprit du capitalisme, la bureaucratie) et on utilise encore aujourd'hui les distinctions qu'ont faites Maurice Duverger entre partis de cadres et partis de masse[13] ou V.O. Key entre différents types d'élections[14].

Un modèle ou un type idéal n'est jamais à lui seul une théorie complète, mais peut constituer le point de départ, l'outil principal ou encore l'aboutissement d'une démarche théorique.

---

9. En particulier, la simulation sur ordinateur a recours à des algorithmes (suites de raisonnements et d'opérations mathématiques) pour trouver la solution à certains problèmes complexes.

10. Voir par exemple Julien BAUER, « Résolution des conflits et crise de décision », *Politique*, n° 13, printemps 1988, p. 5-36 ; Réjean LANDRY et Paule DUCHESNEAU, « L'offre d'interventions gouvernementales aux groupes : une théorie et une application », *Revue canadienne de science politique*, vol. XX, n° 3, septembre 1987, p. 525-552.

11. Voir par exemple Richard NADEAU et Guy LACHAPELLE, « Facteurs explicatifs des fluctuations de la popularité du président Reagan », *Politique*, n° 16, automne 1989, p. 35-58 ; André BLAIS, Philippe FAUCHER et Robert YOUNG, « La dynamique de l'aide financière directe du gouvernement fédéral à l'industrie manufacturière au Canada », *Revue canadienne de science politique*, vol. XIX, n° 1, mars 1986, p. 29-52.

12. Pour un exemple de correspondance empirique d'un type idéal, voir l'étude de Jean MERCIER, « "Le phénomène bureaucratique" et le Canada français : quelques données empiriques et leur interprétation », *Revue canadienne de science politique*, vol. XVIII, n° 1, mars 1985, p. 31-55.

13. Voir le résumé et la critique de cette typologie par Denis MONIÈRE et Jean H. GUAY, *Introduction aux théories politiques*, Montréal, Québec/Amérique, 1987, chapitre 4.

14. On retrouve une application de cette typologie des élections dans Vincent LEMIEUX, Marcel GILBERT et André BLAIS, *Une élection de réalignement : l'élection du 29 avril 1970*, Montréal, Jour, 1970 et dans Réjean PELLETIER et Jean CRÊTE, « Réalignements électoraux et transformations du personnel politique », *Revue canadienne de science politique*, vol. XXI, n° 1, mars 1988, p. 3-33.

▓ 2.3. Les divers niveaux de généralité des théories

Toutes les théories sociales constituent des essais d'explication des phénomènes sociaux. Comme la théorie comprend aussi bien des axiomes fondamentaux que des propositions analytiques, le discours théorique peut
se situer à l'un ou l'autre de ces deux pôles ou à n'importe quel degré
intermédiaire. Bien des controverses stériles proviennent d'interlocuteurs
s'exprimant à des niveaux différents, comme des radioamateurs qui tente-
raient de communiquer en utilisant des longueurs d'ondes différentes.

Voici un exemple de différents niveaux de généralité d'une même
théorie[15] :

- Le monde matériel existe vraiment et tous les phénomènes observables
  ont des causes matérielles *(axiome)*.

- Les rapports sociaux sont des phénomènes observables ; ils ont donc
  des causes matérielles *(proposition synthétique)*.

- L'organisation de la production des biens et services crée des rapports
  sociaux dans le domaine économique *(axiome)*.

- Les rapports sociaux entretenus dans le cadre des activités de production des biens et services créent des intérêts et motivations que les
  gens transposent dans les autres domaines de l'activité humaine
  (axiome).

- Chaque niveau de développement de l'économie d'une société détermine un type de rapports sociaux prédominants dans le domaine
  économique *(axiome)* et donc aussi dans les autres domaines de
  l'activité humaine : politique, éducation, santé, etc. *(proposition
  synthétique)*.

- Lorsqu'une économie atteint un niveau de développement où les
  rapports sociaux prédominants reposent sur la propriété des moyens
  de production (et l'exercice de l'autorité qui en découle), alors les
  rapports sociaux prédominants reposent aussi sur des relations de
  propriété et d'autorité *(proposition synthétique)*.

- Différents types prédominants de propriété de moyens de production
  et d'exercice de l'autorité dans le domaine économique déterminent
  différents types dominants de relations de propriété et d'autorité dans
  les autres domaines : politique, éducation, santé, etc. *(proposition
  synthétique)*.

---

15. L'idée originale de cette section vient de STINCHCOMBE, *op. cit.*, chapitre 2.

- Le passage de la société québécoise d'une phase de développement économique à une autre a entraîné un changement dans les types de rapports sociaux prédominants, tant dans la politique et le gouvernement que dans l'éducation et les services de santé *(proposition analytique constituant l'hypothèse générale de la recherche)*.

- Le passage de la société québécoise de la domination d'un mode de production petit-bourgeois (avec une prédominance des petites entreprises agricoles, commerciales et industrielles qui ne favorisent pas le développement de la conscience de classe) à un mode de production capitaliste axé sur les grandes entreprises (où le pouvoir réside souvent davantage chez les gestionnaires que chez les propriétaires) a entraîné le passage d'un paternalisme politique populiste « à la Duplessis » vers une technocratie accompagnée d'une dépersonnalisation des rapports entre le gouvernement et le public *(proposition analytique constituant une hypothèse spécifique de recherche)*.

L'étape suivante implique le choix d'indicateurs et ne sera donc pas traitée ici, mais plutôt au chapitre 8 portant sur les indicateurs.

3. L'ACCEPTATION OU LE REJET DES THÉORIES

Une théorie qui ne peut pas être soumise à une vérification empirique ressemble à un prototype de l'avenir lors d'un salon de l'automobile : elle peut impressionner, mais elle ne mène nulle part pour l'instant. Le meilleur test pour une voiture, c'est d'abord l'essai routier dans des conditions défavorables, puis l'épreuve du temps qui déterminera sa fiabilité. Il n'en va pas autrement des théories, dont il faut pouvoir évaluer la *vraisemblance*. Une théorie est dite *falsifiable* si on peut en évaluer empiriquement la vraisemblance.

3.1. La confirmation et l'infirmation d'une théorie

On accepte ou rejette rarement une théorie tout en un bloc. Les visées ambitieuses des propositions synthétiques et des hypothèses générales rendent habituellement impossible de prouver hors de tout doute l'exactitude de leurs prétentions. Il est vrai que la confrontation avec les données observables peut infirmer une théorie, c'est-à-dire *affirmer sa fausseté*. Dans le cas contraire, elle ne peut, au mieux, que *confirmer sa vraisemblance* (non pas son exactitude), à savoir témoigner qu'on n'a pas réussi à faire la preuve de son manque de fondement. En somme, *une théorie garde son*

statut scientifique tant et aussi longtemps qu'on n'a pas démontré l'inexac-
titude des hypothèses de recherche qui en découlent. Mais on ne peut jamais
dire qu'elle est « vraie ».

Quant aux hypothèses de recherche, formulées en propositions
analytiques, on les contrôle de quatre façons :

1) par un examen de la logique qui les fait dériver de la théorie ;

2) par un test de consistance interne, en comparant la cohérence de
   plusieurs hypothèses différentes dérivées d'une même théorie ;

3) par comparaison avec d'autres hypothèses semblables qui pourraient être dérivées de théories différentes ;

4) par test d'hypothèse, c'est-à-dire par la vérification empirique des
   conclusions.

3.2. Le test d'hypothèse et la vraisemblance de la théorie

Parmi les conventions du test d'hypothèse figure l'entente de ne pas tout
remettre en question à chaque nouveau test : même s'il faut pratiquer le
doute méthodique, la science doit quand même conserver un certain caractère cumulatif, comme on l'a vu au chapitre sur la sociologie de la
connaissance.

À la base, le test d'hypothèse comprend cinq étapes, décrites ci-dessous
et schématisées dans la figure 2.

ÉNONCÉ	Un énoncé clair et concis des propositions synthétiques de la théorie.
DÉRIVATION LOGIQUE	La dérivation logique d'une ou plusieurs propositions ana-lytiques qui constituent les hypothèses de recherche à véri-fier (cette étape comprend le passage des concepts aux indicateurs).
VÉRIFICATION EMPIRIQUE	La vérification empirique où l'on confronte les prédictions de chaque hypothèse avec les données disponibles.
TEST D'HYPOTHÈSE	Le rejet ou la confirmation de l'hypothèse de recherche.
TEST DE VRAISEMBLANCE	Le rejet ou la confirmation de la vraisemblance de la théorie.

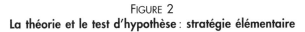

FIGURE 2
La théorie et le test d'hypothèse : stratégie élémentaire

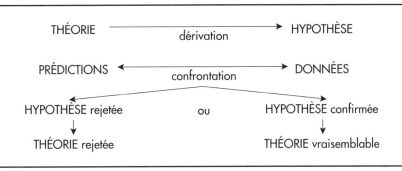

La confirmation de l'hypothèse accroît la vraisemblance de la théorie, mais ne la prouve pas. En effet, bien des éléments sans lien avec la théorie peuvent faire en sorte que l'hypothèse soit juste. Pour savoir combien vraisemblable est une théorie qui a déjà quelque crédibilité, il faut raffiner la stratégie de vérification d'hypothèse. Une première façon consiste à dériver plusieurs hypothèses (H_1, H_2, H_3) de la théorie, comme à la figure 3. La théorie qui passe avec succès un test d'hypothèses multiples est plus vraisemblable, plus valide qu'une théorie peu testée. La vraisemblance est encore plus grande si les hypothèses vérifiées l'ont été dans des conditions différentes, dans des milieux différents, avec des stratégies de vérification différentes.

FIGURE 3
La théorie et le test d'hypothèses multiples

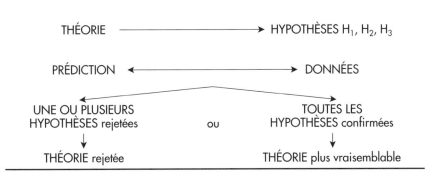

Il arrive souvent que plusieurs théories distinctes prétendent expliquer un même type de phénomènes sociaux. On parle alors de théories concurrentes (T_1, T_2,... T_n). Il y a un intérêt à trouver quelques hypothèses (H_1, H_2,... H_n) qui soient compatibles avec certaines théories (par exemple,

T_1 et T_2), mais incompatibles avec d'autres (par exemple, T_3 et T_4). Un tel test permet d'éliminer plusieurs théories et donne encore plus de vraisemblance à celles qui subsistent (voir figure 4).

Le processus d'élimination des théories concurrentes peut durer longtemps. Il prend (temporairement) fin lors d'un *test critique* mettant aux prises deux théories qui, chacune de son côté, ont déjà résisté à plusieurs vérifications empiriques.

FIGURE 4
Le test de théories concurrentes

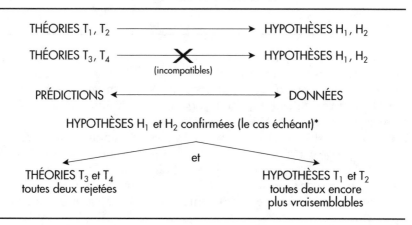

* NOTE : Il va de soi que, si les hypothèses H_1 et H_2 sont rejetées, les théories T_1 et T_2 le sont aussi, sans que le statut des théories T_3 et T_4 ne soit affecté.

L'analyse des causes du suicide par Émile Durkheim fournit un exemple classique de test critique. À la fin du XIXe siècle, on estimait couramment que le suicide était dû à des maladies mentales ou aux mêmes facteurs qui causaient les maladies mentales. Durkheim prédit que, si tel était le cas, les mêmes populations manifesteraient des taux élevés de suicide et de maladies mentales. Or, les recherches antérieures de Durkheim avaient déjà fait ressortir comme causes probables du suicide des facteurs bien différents, comme l'individualisme des membres d'une collectivité (par opposition à leur solidarité). Il adopta donc comme stratégie de comparer les taux de suicide et de maladies mentales de plusieurs populations différentes ; selon lui, au terme de l'épreuve, une corrélation élevée appuierait le lien entre suicide et maladies mentales tandis qu'une corrélation minime appuierait plutôt sa propre théorie des facteurs sociaux du suicide. Les observations qu'il fit lui donnèrent raison[16].

16. Voir Émile DURKHEIM, *Le suicide*, Paris, Presses universitaires de France (collection Quadrige), 1981. On notera qu'à l'époque, on entendait par « maladie mentale » surtout ce qu'on nomme aujourd'hui schizophrénie.

Une version particulièrement intéressante du test critique consiste à opposer la théorie « statistique » à une théorie « substantielle » (comme celles dont ce chapitre traite). En effet, il y a toujours au moins deux explications « inattendues » qui pourraient contredire une théorie prétendant rendre compte des phénomènes sociaux ; ce sont les suivantes :

– c'est peut-être par « hasard » que les données empiriques confirment les hypothèses dérivées de la théorie, car les observations effectuées ne reflètent peut-être pas la réalité : ces observations pourraient différer de façon importante de la totalité des observations qu'on aurait pu faire ;

– les phénomènes sociaux analysés sont peut-être le résultat d'un grand nombre de « petites causes » dont l'impact respectif ne peut pas être isolé ; par conséquent, les facteurs identifiés par la théorie et confirmés par la vérification empirique ne sont peut-être pas réellement « significatifs ».

La théorie statistique des distributions aléatoires (qu'on symbolisera par S) est très raffinée sur le plan mathématique ; on en dérive une *hypothèse nulle* (H_0), c'est-à-dire une hypothèse selon laquelle ou bien il n'y a pas de lien significatif entre les phénomènes identifiés par une théorie substantielle (T) ou bien les données recueillies ne sont pas représentatives de

FIGURE 5
Le test critique d'une théorie avec une hypothèse nulle

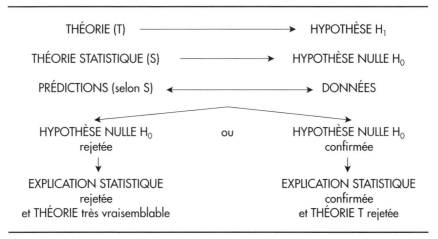

l'ensemble des données pertinentes. Un test critique peut donc opposer
l'hypothèse nulle à l'hypothèse de recherche (H_1) et se solder soit par le
rejet de l'explication statistique, soit par le rejet de la théorie[17].

> Revenons à la théorie des causes du suicide chez Durkheim. Il montra
> sans difficulté que l'urbanisation, l'instruction et les activités commer-
> ciales favorisaient le développement de valeurs individualistes et s'accom-
> pagnaient de taux de suicide plus élevés que la vie rurale, le peu de
> scolarité et l'activité économique dans les secteurs primaire (mines,
> agriculture, pêche, forêt) ou secondaire (industries de transformation).
> Durkheim admit qu'il pouvait théoriquement y avoir bien d'autres fac-
> teurs que l'individualisme (mais encore inconnus) pour expliquer les liens
> entre le suicide et l'urbanisation, l'instruction et le commerce. Si tel était
> le cas, estima-t-il, de tels liens devraient se manifester peu importe le
> niveau de solidarité interne des groupes ; par ailleurs, si tel n'était pas
> le cas et que l'urbanisation, l'instruction et le commerce n'étaient que
> des indicateurs de l'individualisme (par opposition à la solidarité), les
> groupes urbains, instruits et commerçants mais très solidaires devraient
> avoir un faible taux de suicide. Les Juifs de France constituaient, à la fin
> du XIXᵉ siècle, une communauté commerçante, instruite et très urbanisée
> qui se caractérisait aussi par le respect de nombreuses normes strictes
> dont plusieurs exigeaient la participation solidaire des individus à des
> activités collectives. Quand Durkheim prouva que les Juifs de France
> avaient un très faible taux de suicide, sa théorie en sortit encore plus
> vraisemblable. Non seulement avait-il éliminé dans un premier temps
> toutes les théories concurrentes, mais encore avait-il rejeté l'explication
> par des causes encore inconnues (en écartant l'hypothèse nulle voulant
> que la solidarité des groupes n'affecte pas les liens entre suicide, d'une
> part, et urbanisation, instruction et commerce, d'autre part).

■ 3.3. L'interprétation des résultats et la diffusion des théories

L'acceptation ou le rejet des théories se situent dans le cheminement de la
preuve. S'il y a plusieurs conventions qui régissent le test d'hypothèse, le
choix des stratégies de vérification et des données qui servent à vérifier
empiriquement les théories est lui-même subordonné à l'appréciation des
chercheurs et des chercheures, donc à leur maîtrise des techniques de
recherche, à leur connaissance des données, à leur compréhension des
données, à leur jugement pas toujours neutre.

---

17. Il faut se rappeler qu'on ne soumet à un test critique que des hypothèses dérivées de
théories qui ont déjà subi l'épreuve de plusieurs vérifications empiriques.

Certaines approches méthodologiques privilégient l'expérience vécue et la compréhension du point de vue des sujets de l'action sociale (les acteurs et actrices, par opposition aux spécialistes qui les observent) : elles accordent donc priorité à l'interprétation que les sujets donnent des événements qu'ils vivent. Pour comprendre ce qui se passe du point de vue des sujets, il faut idéalement « aller vivre » soi-même les phénomènes sociaux qui nous intéressent. C'est ce que font régulièrement plusieurs spécialistes des sciences sociales, en particulier les anthropologues. À défaut de pouvoir vivre personnellement ces phénomènes, on peut « laisser la parole » aux acteurs et actrices et intérioriser par *empathie* leur vécu, qu'il s'agisse de paysannes mexicaines, d'intellectuels, de pauvres ou de chefs de police québécois[18]. On nomme *Verstehen* la réalité ainsi interprétée par une personne empathique ; on la retrouve notamment dans les histoires de vie, les comptes rendus d'entretiens semi-dirigés et d'observation directe. On lira avec profit les chapitres de ce manuel qui se rapportent à ces techniques.

À l'opposé, d'autres approches favorisent l'accumulation et l'organisation des connaissances en un ensemble cohérent coiffé par une théorie générale : on dit qu'elles se fondent sur la *méthode hypothético-déductive* et reposent sur la recherche d'une cohérence logique dans l'interprétation de coïncidences constantes. Par exemple, la *théorie des jeux* est une approche mathématique utilisée pour étudier les situations où plusieurs acteurs ont à prendre une décision dont dépend un résultat qui les concerne tous. On peut avoir recours à la théorie des jeux quand on se pose des questions reliées à la concurrence économique et aux conflits politiques, militaires, sociaux ; les négociations constitutionnelles en sont un excellent exemple. Un « jeu » comprend des « joueurs » (chacun cherchant à prendre des avantages dans un débat où les règles sont établies), une « procédure » (les règles du jeu), un « environnement » (dont le caractère est soit « certain », « risqué » ou « incertain », le risque s'exprimant sous forme de probabilités), des « tactiques » (les décisions des joueurs), des « gains » et « pertes » (les résultats quantifiables pour chaque joueur). La théorie des jeux considère toujours les procédures de recherche d'équilibre lorsqu'il y a conflit, c'est-à-dire une situation finale qui serait

---

18. Pour une illustration dans un contexte international, voir Marie-France LABRECQUE, « Femmes et développement : la double domination masculine », p. 44-52 dans l'ouvrage collectif sous la direction de Victor M.P. DA ROSA et Joseph Yvon THÉRIAULT, *Développement, coopération et intervention sociale : discours et pratiques*, Ottawa, Presses de l'Université d'Ottawa (collection Développement international), 1988 ; pour des témoignages personnels de « sujets » d'un phénomène social, voir les Actes du colloque « *Liberté*, l'écriture et le politique », sous la direction de Sylvain SIMARD, dans *Cultures du Canada français*, n° 7 (1990) ; pour deux exemples exceptionnels de *Verstehen*, voir les ouvrages de Marie LETELLIER, *On n'est pas des trous-de-cul*, Montréal, Parti-Pris, 1971 et Guy TARDIF, *Police et politique au Québec*, Montréal, L'Aurore, 1974.

> acceptable à tous les joueurs, y compris les perdants, qu'il s'agisse de participants à un conflit international ou de partis se livrant une lutte électorale[19].

L'interprétation des résultats s'effectue souvent en fonction des attentes des scientifiques et de leur milieu : on perçoit parfois comme un échec la conclusion qu'une hypothèse doit être rejetée. On passe rarement à la postérité pour un échec et il n'est pas rare que des théories soient choisies ou rejetées « pour des raisons étrangères à toute logique de la preuve[20] ». Même avec la meilleure volonté, cette logique est rarement à toute épreuve et les revues spécialisées font régulièrement état de querelles d'interprétation.

> Certaines questions particulièrement « chaudes », comme l'interprétation du comportement référendaire au Québec, donnent lieu à des controverses qui ont la vie dure. Ainsi, des universitaires réputés comme Maurice Pinard et Pierre Drouilly, analysant pourtant les mêmes données, n'ont cessé de se quereller, chacun soutenant avec vigueur qu'elles appuyaient sa propre théorie et non celle de l'autre[21] !

Les réunions savantes et les publications spécialisées constituent les principaux véhicules de communication des résultats de recherches en sciences sociales. Comme il se tient annuellement des dizaines de colloques et conférences et qu'on publie chaque année des centaines de revues qui rendent compte de milliers de recherches, il est difficile à quiconque de se tenir au courant de tous les progrès pertinents dans un même domaine du savoir. Bien souvent, les résultats des travaux semblent contradictoires et dans tout congrès de sciences sociales qui se respecte, chaque communication est suivie d'au moins une critique par un « cher collègue ». Comment s'étonner alors que la persuasion soit le principal mode de diffusion des théories[22] ? Les organismes qui subventionnent la recherche et les comités qui se penchent sur le statut des universitaires accordent plus de crédibilité aux personnes déjà reconnues qui publient dans les plus prestigieuses revues. Mais la science n'est pas immunisée contre l'erreur ou l'accroc à l'éthique.

---

19. Voir par exemple Réjean LACHAPELLE, *L'avenir démographique du Canada et les groupes linguistiques*, Montréal et Ottawa, Institut de recherches politiques, 1987 ; Richard NADEAU, « L'effet lune de miel dans un contexte parlementaire : le cas canadien », *Revue canadienne de science politique*, vol. XXIII, n° 3, septembre 1990, p. 483-497.
20. DE BRUYNE *et al.*, *op. cit.*, p. 104.
21. Voir Maurice PINARD, Robert BERNIER et Vincent LEMIEUX, *Un combat inachevé*, Sainte-Foy, Presses de l'Université du Québec, 1997 et Pierre DROUILLY, *Indépendance et démocratie. Sondages, élections et référendums au Québec, 1992-1997*, Montréal, Harmattan, 1997.
22. Thomas S. KUHN, *La structure des révolutions scientifiques*, Paris, Flammarion, 1972, p. 234.

> On a vu le département de sociologie d'une université québécoise soumettre ses étudiants de deuxième et troisième cycles à un examen de synthèse en méthodologie qui exigeait notamment l'interprétation de données recueillies par un sociologue très en vue ; les candidats ignoraient que, pour répondre convenablement, il leur fallait en réalité conclure *le contraire* de ce que l'auteur avait prétendu « démontrer » dans une revue de tout premier ordre : l'erreur était devenue un classique du genre. Quant aux impostures, c'est-à-dire l'altération consciente de données et la dissimulation de détails gênants par des chercheurs qui veulent être publiés à tout prix, elles sont malheureusement suffisamment fréquentes pour que plusieurs aient sonné l'alarme[23].

4 INSPIRÉE PAR LA THÉORIE, LA RECHERCHE PEUT-ELLE ÊTRE « NEUTRE » ?

Le coffre à outils d'un ouvrier ou d'une ouvrière renferme une variété d'instruments parmi lesquels son propriétaire choisit selon la tâche à accomplir. Les scientifiques disposent, de leur côté, d'un éventail de cadres de référence (aussi appelés cadres d'analyse) pour analyser les phénomènes sociaux. Les cadres de référence étant des guides logiques et pratiques pour éviter les hypothèses *ad hoc*, ils s'inscrivent dans l'une des deux grandes méthodologies (objectiviste ou subjectiviste) discutées au chapitre 2. Il y a ainsi de nombreuses modalités d'organisation de la pensée scientifique, qui constituent des approches différentes, mais non incompatibles, à la compréhension des phénomènes sociaux. Nous ne discuterons pas ici de tous les cadres de référence utilisés à notre époque dans les sciences sociales. Qu'il suffise de mentionner quelques-uns des plus courants : le fonctionnalisme, le structuralisme, l'analyse systémique, le béhaviorisme, la théorie des choix rationnels et la théorie des jeux font partie des méthodes objectivistes, tandis que les méthodes subjectivistes incluent, entre autres, la phénoménologie, l'herméneutique et la sémiologie, l'historicisme, les types idéaux, la dialectique, l'actionnalisme, l'analyse archéologique et la déconstruction postmoderne. L'épreuve du temps élimine les cadres de référence moins utiles et les vagues intellectuelles en font valoir périodiquement de nouveaux.

---

23. Voir par exemple Serge LARIVÉE et Marie BARUFFALDI, « La science et son péché : la fraude », *Interface* (revue de l'Acfas), vol. 13, n° 2 (mars-avril 1992), p. 20-28.

En recherchant des explications aux phénomènes sociaux, en essayant de comprendre le monde dans lequel nous vivons, nous remarquons inévitablement des oppositions, des contradictions sociales (comme les rapports de production, la division sexuelle du travail, les écarts de salaires, la distribution de l'espace dans les grandes villes) qui peuvent agir comme révélateurs de la polarisation et de la complémentarité des humains, sujets de l'action sociale et divisés par des frontières, des niveaux de revenus ou d'éducation, des allégeances politiques. L'exploration des aspects structurels de ces oppositions permet d'exposer l'ambiguïté et la complexité d'éléments pourtant habituellement perçus comme homogènes (comme les tensions au sein d'une nation, d'une classe sociale, d'un parti politique, d'une famille). L'existence d'une variété de cadres de référence constitue un encouragement à analyser les rapports sociaux sous leurs multiples angles et à démêler ces angles les uns des autres sous l'éclairage de leurs contradictions[24].

Dans le cadre de la recherche en sciences sociales, on découvre aussi que pouvoir et connaissance (ou information) sont parfois indissociables[25] et qu'il convient de remettre en question les prétendues vérités dans des domaines aussi divers que la santé, l'économie, la justice, la sexualité, le langage, etc. On en vient parfois à interroger les systèmes de connaissance et à scruter les formes employées par le pouvoir pour produire de telles prétendues vérités. Cette attitude permet, par exemple, de retracer les étapes de la pensée politique occidentale à l'endroit de l'Orient ou encore d'analyser les conditions d'apparition de la prison et de percevoir celle-ci comme produit de l'ordre social mais aussi comme le produisant[26]. Il est alors

---

24. Voir par exemple Hélène DAVID et Louis MAHEU, « D'Asbestos à Montréal », p. 107-115 dans l'ouvrage collectif sous la direction de Claude RYAN, *Le Québec qui se fait*, Montréal, Hurtubise HMH, 1971 ; Anne LEGARÉ, *Les classes sociales au Québec*, Montréal, Presses de l'Université du Québec, 1977 ; Pierrette BOUCHARD, « Féminisme et marxisme : un dilemme pour la Ligue communiste canadienne », *Revue canadienne de science politique*, vol. XX, n° 1, mars 1987, p. 57-77.
25. Les personnes ou organismes qui détiennent plus d'informations que d'autres possèdent naturellement un avantage. Pour des exemples d'étude formelle des communications et des informations à l'intérieur des systèmes sociaux, voir Simon LAFLAMME, *Contribution à la critique de la persuasion politique*, Québec, Presses de l'Université du Québec et Sudbury, Université Laurentienne, 1987 ; Janine KRIEBER, « La démocratie du secret : le contrôle des activités de renseignement au Canada », *Politique*, n° 13, printemps 1988, p. 37-62. Sur la contrainte entre les informations dont dispose le gouvernement et celles qui sont accessibles au public, voir par exemple le vol. XVI, n° 3, septembre-décembre 1975 de *Recherches sociographiques* consacré à « La communication administration/ publics » et particulièrement l'article de Caroline ANDREW, André BLAIS et Rachel DESROSIERS, « L'information sur le logement public à Hull », p. 375-383.
26. Voir Thierry HENTSCH, *L'Orient imaginaire : la vision politique occidentale de l'Est méditerranéen*, Paris, Minuit, 1988 ; Jacques LAPLANTE, *Prison et ordre social au Québec*, Ottawa, Presses de l'Université d'Ottawa (collection Sciences sociales), 1989.

tentant (nécessaire, pour certaines consciences) de dénoncer des situations, voire de s'engager dans l'action sociale. Vue sous cet angle, l'*analyse engagée* se caractérise par un parti pris conscient de la part de la personne effectuant la recherche. La théorie elle-même cherche à expliquer sans justifier ni incriminer, mais libre aux chercheurs et aux chercheures d'utiliser la théorie dans leur poursuite de leurs idéaux de justice et de liberté.

Lorsqu'elle porte sur une « totalité », la recherche-action (qui fait l'objet du chapitre 19) vise à transformer la société en mobilisant acteurs et actrices grâce à la « conscientisation » permise par la diffusion de nouvelles informations sur la situation vécue et ressentie[27]. La recherche peut alors agir comme « détonateur » susceptible de faire « exploser » une situation caractérisée par des oppositions profondes mais dont les manifestations ont parfois été longtemps réprimées[28]. La recherche engagée apparaît donc souvent comme « subversive », surtout si elle est financée, directement ou indirectement, par les deniers publics, comme c'est le cas pour plusieurs programmes d'aide au développement communautaire ou international.

Lénine disait qu'il ne saurait y avoir de pratique révolutionnaire sans théorie révolutionnaire. En réalité, l'importance des faits et celle des théories dépendent l'une de l'autre : *la théorie est un lien entre les faits et leur donne un sens*, comme un fil qui retient les perles d'un collier.

D'une certaine façon, toutes les théories, toutes les méthodes se prêtent à une utilisation idéologique ou utopique. La dialectique postule que le changement est inévitable, tandis que l'analyse systémique adopte souvent les valeurs dominantes en élaborant une explication des conditions nécessaires pour maintenir le système en place[29]. On a même soutenu avec passablement de force persuasive qu'en analysant le vote comme moyen pour la population d'exercer sa souveraineté, les spécialistes des sciences sociales jouent depuis longtemps un important rôle de soutien de l'idéologie politique du néolibéralisme[30].

---

27. Gisèle AMPLEMAN, Gérald DORÉ, Lorraine GAUDREAU, Claude LAROSE, Louise LEBŒUF et Denise VENTELOU, *Pratiques de conscientisation ; expériences d'éducation populaire au Québec*, Montréal, Nouvelle Optique, 1983.

28. Voir par exemple le n° 5 de *Politique* consacré au thème « Femmes et pouvoir », en particulier l'article de Claire DUGUAY et Micheline DE SÈVE, « Tant d'amarres à larguer : une analyse des pratiques du mouvement des femmes », p. 51-73.

29. Denis MONIÈRE, *Critique épistémologique de l'analyse systémique de David Easton : essai sur le rapport entre théorie et idéologie*, Ottawa, Éditions de l'Université d'Ottawa (collection Sciences sociales), 1976.

30. Voir Koula MELLOS, « Les élections, les études électorales et la théorie politique », p. 421-442 dans l'ouvrage collectif sous la direction de Jean CRÊTE, *op. cit.*

Non, les théories sociales ne demeurent jamais totalement « neutres ». Mais cela n'enlève rien à leur nécessité pour donner un sens à la recherche.

Bibliographie annotée

BOUDON, Raymond, *La crise de la sociologie : questions d'épistémologie sociologique*, Genève, Droz, 1971.

> Dans plusieurs des onze essais qui composent cet ouvrage, les réflexions sur la nature et le rôle de la théorie occupent une place de choix. Boudon voit les sciences sociales écartelées entre deux extrêmes : le prophétisme et l'expertise. Il critique l'un et l'autre et propose le recours à la « raison sociologique » pour éliminer de l'enquête les éléments de subjectivité et pour vérifier les théories. La lecture de cet ouvrage est parfois ardue.

BOURDIEU, Pierre, J.-C. CHAMBOREDON et J.-C. PASSERON, *Le métier de sociologue : préalables épistémologiques*, 2ᵉ édition, Paris, Mouton, 1973.

> Deux livres en un. D'abord, dans une centaine de pages, un exposé des rapports entre épistémologie et méthodologie ; on y met l'accent sur la rupture épistémologique, le rôle des hypothèses, le caractère systématique de la théorie. Ensuite, 45 extraits d'ouvrages illustrent les propos de la première partie, avec au programme des auteurs classiques comme Bachelard, Durkheim, Kaplan, Katz, Lévi-Strauss, Malinowski, Marx, Mauss, Mills, Polanyi, Weber, Wittgenstein.

DE BRUYNE, Paul, Jacques HERMAN et Marc DE SCHOUTHEETE, *Dynamique de la recherche en sciences sociales*, Paris, Presses universitaires de France (collection Sup), 1974.

> Les auteurs discutent d'un « espace méthodologique quadripolaire » : à côté du pôle théorique se trouvent les pôles épistémologique, morphologique et technique. Cet ouvrage, d'une lecture parfois difficile, sera surtout utile aux personnes qui ont une certaine expérience de recherche sociale : il leur permettra de réfléchir sur les fondements épistémologiques de la théorie. La préface de Jean Ladrière traite de l'opportunité d'une méthodologie spécifique des sciences sociales. Les deux derniers chapitres sur les techniques de recherche sont cependant faibles.

DURKHEIM, Émile, *Les règles de la méthode sociologique*, précédé de « L'instauration du raisonnement expérimental en sociologie », par Jean-Michel Berthelot, Flammarion, 1988.

C'est le premier ouvrage qui porte de façon systématique sur la méthodologie des sciences sociales. Durkheim y expose clairement pourquoi et comment on peut traiter les faits sociaux comme des choses si l'on veut faire œuvre scientifique. Lire les préfaces : elles évoquent la polémique à laquelle le point de vue de l'auteur a donné naissance. L'article de Berthelot constitue un heureux complément.

KUHN, Thomas S., *La structure des révolutions scientifiques*, Paris, Flammarion, 1972.

Avec des illustrations tirées de diverses disciplines, l'auteur étudie les moments de crise que traverse la science au cours de son évolution : selon Kuhn, il y a révolution scientifique lorsqu'une théorie scientifique consacrée par le temps est rejetée au profit d'une nouvelle théorie. Cette substitution amène généralement un déplacement des problèmes offerts à la recherche et des critères selon lesquels les spécialistes décident de ce qui doit compter comme problème ou solution. Toute révolution scientifique est facteur de progrès.

MONIÈRE, Denis, *Critique épistémologique de l'analyse systémique de David Easton : essai sur le rapport entre théorie et idéologie*, Ottawa, Éditions de l'Université d'Ottawa (collection Sciences sociales), 1976.

L'auteur cherche à montrer que, dans les sciences sociales, on ne peut tracer de ligne de démarcation entre la science et l'idéologie : il y a un lien entre l'idéologie et la théorie qui fournit les concepts de la pratique scientifique. Pour illustrer sa thèse, Monière critique le paradigme de l'analyse systémique.

MONIÈRE, Denis et Jean H. GUAY, *Introduction aux théories politiques*, Montréal, Québec/Amérique, 1987.

D'une lecture facile évitant tout jargon inutile, il s'agit véritablement d'une introduction s'adressant « aux esprits curieux qui en sont à leurs premiers pas dans la compréhension du phénomène politique», comme l'écrivent les auteurs. Moins de 200 pages à lire absolument en complément à ce chapitre.

PRÉVOST, Jean-Guy, *De l'étude des idées politiques*, Sainte-Foy, Presses de l'Université du Québec, 1995.

Un ouvrage de lecture facile qui présente succinctement les principales écoles de pensée en études des idées politiques, montrant leurs recoupements et leurs divergences. Sur le plan méthodologique, l'auteur soulève des questions de fond et touche aux grands débats contemporains. Machiavel, Locke, Montesquieu et les autres deviennent des interlocuteurs privilégiés de quiconque parcourt ce petit livre de 110 pages.

STINCHCOMBE, Arthur, *Constructing Social Theories*, New York, Harcourt, Brace & World, 1968.

Cet auteur attribue aux théories la tâche de créer la capacité d'imaginer des explications des phénomènes sociaux. L'ouvrage propose diverses façons de construire des théories favorisant la compréhension de notre milieu et de notre environnement. On y retrouve beaucoup d'exemples tirés d'ouvrages classiques en sciences sociales (en particulier Durkheim, Freud, Marx et Weber).

LA STRUCTURE
DE LA RECHERCHE

CHAPITRE 6

La structure de la preuve

Benoît GAUTHIER

*L'analyse ne peut réparer ce qui a été gâché
par une mauvaise conception.*

R.J. LIGHT, J. SIGNER et J. WILLET

Vous avez eu beaucoup à faire depuis le moment où vous vous êtes intéressé à un sujet de recherche. Vous avez d'abord eu à en spécifier la nature, à en préciser la problématique et à en délimiter les thèmes importants. Vous vous êtes ensuite penché sur ce que *d'autres* chercheurs avaient dit du même sujet, sur les conclusions qu'ils avaient tirées et sur les leçons que vous deviez en retenir. Puis est venue l'incorporation à une *théorie* qui vous a permis de replacer cette problématique spécifique dans un cadre plus général, de suggérer des raisons aux attentes que vous aviez forgées et d'envisager de généraliser la portée de vos conclusions empiriques. Enfin, vous avez marié ces divers ingrédients préalables pour cuisiner des *hypothèses* qui font la synthèse de vos efforts de recherche, traduisent les énoncés théoriques en affirmations vérifiables et dirigeront le reste de votre recherche.

On ne saurait mettre suffisamment d'accent sur le fait que sans un contenu solide (une bonne problématique, une bonne théorie et de bonnes hypothèses), tout effort de vérification, quel qu'il soit, sera vain. De la même façon, le meilleur contenu préalable ne mènera à aucune conclusion solide s'il n'est pas couplé à une approche adaptée de démonstration, de preuve.

DISCUSSION GÉNÉRALE

Une fois les hypothèses posées, le chercheur doit déterminer comment il entend confirmer ou infirmer ces hypothèses. Le chercheur devra *monter un dossier* qui permette de conclure à la validité de ses hypothèses ou alors qui permette de les réfuter. Ce dossier comprendra des observations empiriques qui seront reliées aux hypothèses et à la question de recherche. Voici un exemple.

> Imaginons qu'un chercheur veuille déterminer si un programme québécois d'accession à la propriété, par exemple, la réduction du taux d'emprunt hypothécaire, a un impact sur la construction résidentielle. Il pourrait émettre l'hypothèse suivante : la réduction du taux d'emprunt hypothécaire a permis à 50 % des clients du programme d'accession à la propriété d'acquérir une maison. Une fois cette hypothèse émise, le chercheur doit décrire quelle approche il utilisera pour confirmer l'hypothèse ou la rejeter. Il pourrait tester son hypothèse d'au moins deux façons. D'abord, il pourrait demander aux participants si leur décision d'achat de maison a été influencée par la baisse du taux hypothécaire, et donc se fier au jugement des participants au programme. Le chercheur pourrait aussi comparer les taux d'achat de maisons pour des ménages de revenus équivalents au cours des années antérieures au taux d'achat depuis l'entrée en vigueur du programme ; le critère du chercheur (son élément de preuve) serait alors que les taux d'achat sont supérieurs depuis que le programme a été mis en place. Il s'agit de deux structures de preuve légitimes qui ont chacune leurs forces et leurs faiblesses.

Le chercheur doit donc proposer une logique de démonstration ou de preuve, c'est-à-dire une approche de recherche qui permettra de monter un dossier en faveur de ses hypothèses ou à leur charge. La description de cette structure de preuve est une des caractéristiques principales de la recherche dite scientifique : le scientifique doit décrire précisément le protocole qu'il utilisera pour tester ses hypothèses et, par ailleurs, il ne bornera pas son observation aux seuls faits qui confirment ses idées préconçues ; il prendra en compte toutes les observations disponibles, qu'elles soutiennent ses hypothèses ou non.

Plus spécifiquement, la structure de la preuve dans une recherche sociale est *l'arrangement des modes de comparaison adopté pour vérifier des hypothèses, assurer les liens entre les variables retenues et éliminer les influences d'autres variables.*

QUESTIONS DE RECHERCHE ET STRUCTURES DE PREUVE

Il existe trois types de questions de recherche et à chaque type de question de recherche est associée une stratégie de preuve privilégiée. Nous disons bien « privilégiée » et non pas exclusive puisque les liens que nous établissons ici ne sont pas nécessaires ; ils sont plutôt les plus courants.

TABLEAU 1
Questions de recherche et stratégies de preuve

	Questions exploratoires	Questions descriptives	Questions relationnelles
Définition	Question de recherche ouverte portant sur un thème peu connu, en exploration.	Question portant sur la description d'un état.	Question portant sur la relation entre deux états.
Exemple	Quelle est la nature du lien entre les jeunes et la société contemporaine ?	Quelle est la satisfaction des clients d'une entreprise ?	Existe-t-il un lien entre les ressources financières et la probabilité de compléter les exigences d'un diplôme universitaire ?
Stratégie de preuve privilégiée	Approche exploratoire : étude de cas	Approche descriptive : description de cas multiples	Approches comparatives : structures corrélation- nelles, structure expérimentale.
Justification	L'étude de cas permet la description en profondeur et l'enclen- chement d'un processus inductif.	La description de cas multiples permet de documenter l'état d'un nombre suffisant d'individus pour enclencher un processus déductif.	La comparaison de cas permet d'établir des liens de concomitance qui, associés à une théorie, permettent d'inférer des liens de causalité.

Les *questions de recherche exploratoires* visent des thèmes qui ont été peu analysés et dont le chercheur n'est pas en mesure d'établir un portrait à partir des connaissances existantes. Quelques exemples : Quelle est la nature du lien entre les jeunes et la société contemporaine ? Quelle est la signification de la citoyenneté canadienne pour les immigrants récents ? Quelles sont les causes de l'insatisfaction des clients de l'entreprise A ?

L'objectif de recherche, dans le cas des questions exploratoires, est de nature inductive : Qu'est-ce que la situation existante peut nous apprendre qu'il est possible de formuler ensuite sous forme de modèle temporaire de représentation de la réalité ? Pour aborder les questions exploratoires, on privilégie une approche qui permet de s'imprégner de l'essence d'une situation, d'en capter la complexité et d'en interpréter le sens. L'approche exploratoire par excellence est l'étude de cas. Elle fera l'objet de la prochaine section.

Les *questions de recherche descriptives* s'intéressent à la description pure et simple d'états : Quelle proportion des clients de l'entreprise A sont satisfaits ? Combien de Québécois ont l'intention de voter de telle ou telle façon lors de la prochaine consultation publique ? Quelles sont les préoccupations des immigrants en ce qui a trait au marché du travail ? Quel est le rang du Canada selon l'indice de développement humain ? Les questions descriptives accaparent une grande part de la littérature en sciences sociales, comme du débat public. Ces questions sont généralement abordées à partir d'une structure de preuve basée sur une description de multiples cas dont nous traiterons à la section 4.

Les *questions de recherche relationnelles* mettent en relation deux ou plusieurs états de faits : Les ressources financières disponibles aux étudiants influencent-elles la probabilité de compléter les exigences d'un diplôme universitaire ? Pourquoi la part de marché de l'entreprise A diminue-t-elle ? Comment pourrait-on réduire le décrochage scolaire ? Ces deux dernières questions sont de nature relationnelle puisqu'elles exigent de s'interroger sur les causes sous-jacentes à un phénomène : avant de chercher des moyens de réduire le décrochage scolaire, il faut déterminer les facteurs qui le provoquent. À la question relationnelle correspond la nécessité de comparer des situations : la démonstration de la relation entre deux variables (p. ex., les ressources financières et l'obtention d'un diplôme) passe par la comparaison d'au moins deux groupes : on comparera le taux d'obtention d'un diplôme des étudiants ayant beaucoup et peu de ressources financières. Les approches comparatives forment une famille bigarrée le long du continuum allant de la description pure et simple de deux groupes à l'expérience hautement contrôlée. Elles feront l'objet de la section 5.

En résumé, la structure de la preuve poursuit essentiellement trois buts :

- fournir une réponse de recherche aussi valide, objective, précise et économique que possible en établissant clairement les potentialités et limites de la méthode de recherche choisie ;

- produire un cadre où l'on sera en mesure de rejeter les explications alternatives, après avoir démontré la justesse des hypothèses de recherche ; savoir que le niveau technologique et l'urbanisation sont reliés ne permet pas de conclure que l'un cause l'autre, il faut aussi éliminer les influences des autres variables (l'industrialisation, par exemple) et leurs influences réciproques ;

– préciser les observations à faire ; la structure de preuve dicte, par exemple, s'il faut étudier un seul sujet ou plusieurs, quelles variables semblent pertinentes, quelles comparaisons effectuer, etc.

 L'ÉTUDE DE CAS

Quand on analyse seulement une situation, un seul individu, un seul groupe, une seule campagne électorale, un seul pays, etc., et à un seul moment dans le temps, on dit qu'on effectue une étude de cas. On peut étendre cette définition pour inclure les circonstances où l'on étudiera quelques situations en profondeur ou une situation évoluant dans le temps. Somme toute, cette approche de recherche se caractérise à la fois par le *nombre restreint* de situations analysées, la *profondeur de l'analyse* et l'importance accordée à une *démarche inductive*, qui alimentera une phase de développement de théories ou de modèles (tout en reconnaissant que certaines études de cas peuvent aussi servir dans une perspective déductive et confirmatoire).

Cette structure est à la fois forte et faible, justement en raison de cette attention à très peu de situations. Le fait qu'elle n'utilise qu'un cas lui permet de l'approfondir beaucoup plus que ne peut le faire l'analyse comparative : pas ici de contrainte de ressource et d'équivalence des concepts à comparer comme ce sera le cas dans l'approche comparative. Cet approfondissement permet d'effectuer des spécifications, de préciser des détails, d'expliquer des particularités comme la structure comparative ne peut le faire.

La démarche de l'étude de cas est suffisamment particulière pour que nous ayons jugé nécessaire de lui accorder son propre chapitre. Le lecteur trouvera donc davantage d'information sur ce sujet dans le chapitre 7.

 LA STRUCTURE DESCRIPTIVE

La structure descriptive à cas multiples a pour but essentiel de décrire un état pour documenter, de façon fiable, une situation. Elle diffère de l'approche exploratoire par l'utilisation non plus d'un seul cas (ou d'un petit nombre) mais de plusieurs.

Plusieurs auteurs se réunirent, en 1979, pour élaborer une enquête sur les besoins des personnes âgées vivant à domicile dans l'Est du Québec[1]. Cette étude cherchait à vérifier les besoins réels de la population âgée de l'Est du Québec. Elle fut essentiellement constituée d'un questionnaire administré à 672 personnes de plus de 64 ans. Ce questionnaire s'arrêtait aux caractéristiques sociodémographiques, à l'autonomie physique, sociale, émotionnelle et économique, à la situation du logement, de l'alimentation, du travail, de la santé, de la famille, des loisirs, etc. Les analystes décrivirent en détail la situation de ces personnes âgées, leurs besoins ressentis et les solutions qu'elles envisageaient. Ils en tirèrent des recommandations sur ce qui devrait être entrepris pour améliorer le sort de ces personnes âgées.

La plupart des sondages d'opinion tombent dans cette catégorie. Ils décrivent les réponses d'un grand nombre de personnes. On verra à la prochaine section que les sondages peuvent aussi être utilisés dans le cadre d'une approche comparative.

Il est très important de remarquer que toute stratégie de démonstration qui est basée sur la description simple de données colligées sur de nombreux cas relève de l'approche descriptive. En particulier, toutes les stratégies de preuve qui se basent sur l'opinion qu'ont des individus sur le changement qui a pu survenir (« Lisez-vous plus ou moins de livres aujourd'hui qu'autrefois ? », « Est-ce que la réduction du taux hypothécaire vous a amené à devancer l'achat de votre résidence ? ») relèvent de l'approche descriptive. En effet, dans ces cas, la preuve avancée est la **description** d'un état, soit l'état de la comparaison que l'on demande à une personne de faire entre deux situations, et non pas la comparaison de deux états.

Une étude menée par la Fédération étudiante universitaire du Québec[2] conclut que les problèmes financiers constituent la principale cause d'abandon des étudiants à la maîtrise et au doctorat. Pour preuve, selon un sondage auprès de 1 000 étudiants aux cycles supérieurs, plus de la moitié travaillent une moyenne de 25 heures, le travail constitue la première source de revenus pour 43 % des étudiants et le tiers d'entre eux jugent que leur condition financière précaire est la première cause d'abandon des études. Reprise sous une forme plus claire, la question de recherche se lit ainsi : Existe-t-il un lien entre l'abandon des études aux cycles supérieurs et les ressources financières ? C'est clairement une question de recherche de nature relationnelle, liant ressources financières

---

1.   Maurice ARSENAULT *et al.*, *Étude sur les besoins des personnes âgées vivant à domicile et résidant dans l'Est du Québec*, Rimouski, CRSSS-01, mai 1979, 254 pages.
2.   Isabelle PARÉ, « L'argent, principale cause d'abandon », *Le Devoir*, 15 septembre 1993.

> à réussite scolaire. Aussi imposante que semble la preuve, à l'analyse, elle s'avère faible. Plutôt que de comparer le taux de réussite pour deux groupes d'étudiants qui auraient des ressources financières différentes, la preuve est fondée sur le jugement des intéressés sur la question. L'analyse **décrit** donc les positions des étudiants, ce qui ne constitue pas une preuve de la relation entre les deux variables, mais une démonstration des positions subjectives des étudiants.

On peut voir immédiatement les faiblesses de la structure descriptive comme approche à la démonstration d'une relation de cause à effet entre un facteur déclenchant et un changement d'état : comme on ne fait que décrire la situation après que le facteur déclenchant ait fait son œuvre, on ne peut inférer la relation de cause à effet qu'à partir du jugement des acteurs. On ne peut pas apporter de démonstration factuelle de l'effet du facteur déclenchant par la description pure et simple d'un seul groupe.

> Par exemple, il n'est pas possible de déterminer directement si un programme de diète alimentaire affecte le poids des participants en mesurant simplement le poids collectif d'un groupe de personnes ayant suivi une diète. En effet, tout ce que l'on saurait alors, c'est que le groupe pèse X livres, sans pouvoir dire si cela correspond à une perte de poids. Bien sûr, on pourrait, au cours d'une mesure unique et postérieure à la participation à cette diète collective, demander aux participants s'ils ont perdu du poids. Cependant, d'une part, il ne s'agirait pas d'une démonstration directe de l'effet et, d'autre part, cette procédure impliquerait une comparaison implicite de la part des participants. La structure descriptive n'est pas appropriée dans ce cas parce que l'hypothèse inclut l'idée de changement.

La structure de preuve descriptive a l'*avantage*, par rapport à l'étude de cas, de ne pas se fier à un seul sujet (ou très peu de sujets) qui peut être non représentatif. Elle s'arrête plutôt à de nombreuses situations pour s'assurer de bien dépeindre l'ensemble de l'objet de recherche, mais ne va pas au-delà de la description de l'agrégation des données recueillies. Par contre, elle comporte aussi des *inconvénients*. Comme elle requiert plus d'efforts distribués sur plusieurs individus, la structure descriptive à cas multiples ne peut décrire en profondeur chaque situation ; la figure 1 fait ressortir le lien entre le nombre de cas utilisés dans la preuve et la profondeur de l'analyse.

Comme toute autre structure de preuve, la structure descriptive doit respecter deux critères fondamentaux pour être considérée comme scientifique :

1) elle doit être systématique, dans le sens où la description doit être exhaustive et retenir tous les éléments pertinents du sujet d'observation ;

FIGURE 1
Relation entre le nombre de sujets et la profondeur de l'analyse

2) la description doit aussi être basée sur une théorie. Nombreux sont les apprentis chercheurs qui considèrent que le recours à la théorie est superflu dans le cas de structures purement descriptives.

Pourquoi s'encombrer de théories compliquées quand la question de recherche est simplement de décrire une situation ? En fait, la théorie est aussi importante dans la structure de preuve descriptive que dans la structure comparative puisque c'est grâce à la théorie que le chercheur saura *quelles observations* faire et comment *interpréter* ses observations. Encore une fois : les données ne parlent pas d'elles-mêmes ; il faut leur *donner un sens* grâce à la théorie.

 5 LES STRUCTURES COMPARATIVES

Aux questions relationnelles correspondent les structures de preuve comparatives. Pourquoi ? Simplement, une question relationnelle suggère l'existence d'un lien (de concomitance ou de cause à effet) entre deux variables, l'une (la variable dite *indépendante*) entraînant souvent l'autre (la variable dite *dépendante*), au moins au niveau des hypothèses. Quoi de plus naturel que de démontrer l'existence de cette relation en *comparant* l'état de la variable dépendante selon l'état de la variable indépendante. Le tableau 2 donne quelques exemples éclairants.

TABLEAU 2
Exemples de questions relationnelles

Question de recherche	Variable indépendante	Variable dépendante	Proposition de stratégie de preuve (d'autres seraient valables)
Les gens âgés résistent-ils davantage au changement que les jeunes?	Âge	Résistance au changement	**Comparer** une mesure de résistance au changement entre un groupe de jeunes et un groupe de personnes âgées.
Les réactions aux politiques sociales sont-elles les mêmes pour les hommes et les femmes?	Sexe	Réactions aux politiques sociales	**Comparer** les résultats d'une mesure de réaction aux politiques sociales entre un groupe d'hommes et un groupe de femmes.
La publicité X augmente-t-elle les ventes du produit A?	Publicité	Ventes de produits	**Comparer** les ventes du produit A dans un groupe ayant vu la publicité X et dans un groupe qui n'y a pas été exposé.
Les programmes de partis influencent-ils les choix des électeurs?	Programmes de partis	Choix électoraux	**Comparer** les choix électoraux d'un groupe exposé aux programmes et d'un groupe qui ne l'est pas.
L'exposition aux radiations électromagnétiques accroît-elle les probabilités de leucémie infantile?	Radiations électromagnétiques	Leucémie infantile	**Comparer** l'incidence de leucémie infantile chez les enfants d'un groupe de mères ayant été exposées à d'intenses radiations et chez des enfants d'un groupe non exposé.
La qualité de l'alimentation des enfants affecte-t-elle leur réussite scolaire?	Alimentation	Réussite scolaire	**Comparer** le taux de réussite scolaire entre un groupe d'enfants bien alimentés et un groupe mal alimenté.
Est-ce que la réduction du prix des cigarettes conséquente à la réduction des taxes a affecté la santé publique?	Baisse des taxes sur le tabac	Santé publique	**Comparer** l'évolution dans le temps de la proportion de fumeurs, avant et après la réduction des taxes.

TABLEAU 2 (suite)

Question de recherche	Variable indépendante	Variable dépendante	Proposition de stratégie de preuve (d'autres seraient valables)
Est-ce que l'usage de drogues dures accroît l'incidence de criminalité chez les jeunes ?	Drogue	Criminalité	**Comparer** le comportement criminel avant et après la mise en place du comportement d'utilisation de drogues dures.
Est-ce que le financement du démarrage d'entreprises permet de créer des emplois ?	Financement de démarrage d'entreprises	Création d'emplois	**Comparer** le taux de création de nouvelles entreprises et le taux de création d'emplois chez les nouvelles entreprises dans une province touchée par le programme et par une province qui ne l'est pas.
Est-ce que le financement des bibliothèques publiques a permis d'accroître le comportement de lecture ?	Financement des bibliothèques publiques	Comportement de lecture	**Comparer** le nombre de livres lus par les résidents de municipalités possédant une bibliothèque publique et par ceux qui ne peuvent compter sur cette infrastructure.
Est-ce que la réfection des routes permet de réduire le nombre d'accidents mortels ?	Pavage des routes	Accidents mortels	**Comparer** l'incidence d'accidents mortels avant et après le pavage de segments de routes, et avec d'autres routes n'ayant pas fait l'objet de réfection.

Dans tous les cas offerts au tableau 2 (dont la grande majorité a effectivement fait l'objet de recherches empiriques publiées), la question de recherche relie deux variables ; elle est donc relationnelle. Dans tous les cas, la preuve à apporter à l'appui de l'hypothèse est la comparaison de différents états : entre deux groupes de personnes, entre deux juridictions, entre deux périodes, etc. Retenons ce message essentiel : *question relationnelle, preuve comparative*.

La structure de preuve comparative se caractérise par *l'observation de plusieurs cas* dont elle relève à la fois les ressemblances et les différences. Le but ultime est de mettre au jour les constances qu'on peut retrouver d'un cas à l'autre tout en observant les similitudes et les dissemblances. La comparaison de plusieurs cas permet d'établir des liens de covariation sur la base de différences entre des groupes constitués analytiquement ; par l'utilisation de la théorie, on peut passer de ces observations de concomitances à des conclusions sur les relations de cause à effet.

Pour montrer qu'une situation A entraîne une situation B, l'analyse comparative observe plusieurs contextes où elle cherche à découvrir que 1) A et B sont présents simultanément, 2) A et B sont absents simultanément, etc. Sans entrer dans le détail des problèmes de causalité[3], disons que la comparaison de plusieurs cas permet de faire ressortir des situations présentant certaines différences et certaines ressemblances, et que le travail du chercheur est d'en tirer des constances.

La logique de la structure de preuve comparative veut que des observations concernant la variable dépendante soient accumulées et regroupées dans des groupes définis selon la variable indépendante (voir le tableau 2 pour plusieurs exemples). On pourra construire ces groupes essentiellement de trois façons (on notera que ces critères peuvent être conjugués à l'intérieur d'une même stratégie de preuve pour combiner leurs forces et atténuer leurs faiblesses) :

- en catégorisant les sujets de l'étude selon une *caractéristique qui leur est propre*. Par exemple, dans le cadre d'une analyse de contenu des programmes des partis politiques, on pourra comparer les énoncés selon qu'ils proviennent d'un parti ou d'un autre. Une variante de ce critère est la comparaison effectuée en regroupant les sujets sur une base géographique. Par exemple, on pourra comparer le comportement des fumeurs de l'Ouest canadien avec celui des Québécois, non à cause des aspects territoriaux, mais parce que la réduction des taxes sur le tabac a été beaucoup moindre dans le premier cas que dans le second[4] ;

- en comparant *à travers le temps* une situation antérieure avec une situation présente. Par exemple, on pourrait observer l'évolution annuelle du nombre de naissances par femme en âge de procréer pour y déceler les effets d'une politique familiale ;

---

3. Voir les références additionnelles suivantes : Hubert M. BLALOCK Jr., *Causal Inferences in Nonexperimental Research*, Chapel Hill, University of North Carolina Press, 1964, pages 3 à 26 ; Morris ROSENBERG, *The Logic of Survey Analysis*, New York, Basic Books, 1968, chapitres 1 à 7 ; Travis HIRSCHI et Hanan C. SELVIN, *Recherches en délinquance, principes de l'analyse quantitative*, Paris, Mouton, 1975, chapitres 3 à 8.

4. Isabelle PARÉ, « La baisse des taxes a été néfaste au plan de la santé », *Le Devoir*, 4 février 1997.

– en comparant les résultats atteints par deux groupes créés artificiellement par le chercheur, *sur la base du hasard*. Par exemple, on pourrait demander à des professeurs soit d'appliquer une nouvelle pédagogie d'enseignement des mathématiques, soit de conserver une pédagogie existante, après avoir assigné chacun des professeurs à l'un des deux groupes, au hasard. On pourrait ensuite comparer les résultats obtenus par les élèves des professeurs des deux groupes et tirer des enseignements sur le rendement comparatif des deux pédagogies.

Pour être utile et scientifique, la structure comparative doit obéir aux deux mêmes exigences que la structure descriptive :

1) elle doit être systématique et utiliser toutes les observations pertinentes ; des dérogations à cette règle ont été à la source des critiques suscitées par *Les partis politiques* de Maurice Duverger[5] : l'auteur analyse et catégorise une vingtaine de pays, mais sans systématisation (il ne reprend pas *tous* les éléments d'analyse pour *tous* les cas retenus) ;

2) elle doit s'appuyer sur une théorie qui encadre l'observation et propose des explications aux constances observées ; en effet, l'observation ne peut révéler que des covariations, les relations de cause à effet doivent être inférées théoriquement à partir de ces constatations : ainsi, on peut constater que le rougissement des feuilles à l'automne suit le refroidissement de la température, mais cela ne veut pas dire que ceci entraîne cela (ce qui n'est d'ailleurs pas le cas) ; on peut aussi constater que la majorité des Britanniques sortent leur parapluie *avant* qu'il ne pleuve, mais on ne peut conclure à la causalité du premier sur le second que si l'on dispose d'une théorie pour l'expliquer.

La comparaison est la seule façon de démontrer une relation, soit. Mais elle n'est pas sans écueil. La première difficulté vient du problème du *niveau de conceptualisation*. On ne peut percevoir les faits et les choses qu'en leur donnant une forme, une vie, une explication à travers le langage et la théorie ; c'est ce qui explique que deux observateurs peuvent décrire différemment la même situation et que les conceptions scientifiques du monde ont évolué dans l'histoire[6]. Les faits ne sont donc pas comparables par eux-mêmes, ils doivent d'abord être conceptualisés (ajustés

5. Maurice DUVERGER, *Les partis politiques*, Paris, Colin, 1976, 476 pages.
6. On lira à profit Jean ROSMORDUC, *De Thalès à Einstein*, Paris, Études Vivantes, 1980, 205 pages.

à des catégories conceptuelles connues) avant de pouvoir être intégrés à une théorie qui permette de les comparer. L'écueil de la comparaison vient de ce que, à la limite, on pourrait faire des catégories tellement lâches et ouvertes que toutes les observations montreraient que les faits se ressemblent (toutes les tables seraient des meubles) ; ou, alors, on pourrait créer des catégories tellement précises et spécifiques que chaque fait semblerait unique (votre table serait de style Louis XVI avec une égratignure au coin gauche). Où se situe donc le niveau de précision des concepts qui permette à la fois de distinguer les situations différentes et de faire ressortir les constances (ressemblances) pertinentes ? C'est là la grande difficulté de la comparaison[7]. La structure comparative comporte aussi d'autres interrogations qui requièrent au préalable d'approfondir le détail de son application.

Reprenons maintenant, pour décrire leurs forces et leurs faiblesses, les grands critères de constitution des groupes qui servent à la comparaison. Nous présenterons ensuite quelques stratégies de preuves classiques qui combinent ces critères.

Mais avant d'aller plus loin, il faut clarifier le concept d'*événement déclencheur*. Toute structure de preuve comparative correspond à une hypothèse portant sur un changement d'état : on fait l'hypothèse qu'un état est modifié par une situation particulière ou par un événement spécifique. Cet événement ou cette situation sont ici appelés « facteurs déclenchants » puisqu'ils sont supposés responsables du changement dans l'état de l'objet d'observation ; ce concept correspond à ce que d'autres auteurs appellent « la variable indépendante ».

5.1. Comparaison selon une caractéristique propre

En 1986, Communications Canada, Tourisme Canada et le Secrétariat d'État s'intéressaient à la possibilité d'augmenter la fréquentation touristique en utilisant différents « ingrédients » culturels comme attraits. Ces partenaires commanditèrent des groupes locaux dans quatre villes canadiennes pour mettre sur pied et gérer des projets pilotes analysant cette question. À Toronto, les groupes culturels constituèrent un organisme *ad hoc* pour organiser des forfaits mettant l'accent sur la culture classique. Opéra, ballet, théâtre et musique symphonique étaient à l'honneur. Ces forfaits étaient vendus par un organisme unique, ce qui rendait la tâche plus facile au visiteur. La promotion de ces produits était faite par les

---

7. L'article de Jane JENSON, « The Filling of Wine Bottles is Not Easy », *Canadian Journal of Political Science*, vol. 11, n° 2, juin 1978, p. 437-446, est très intéressant à cet égard.

journaux et la radio ainsi que par une campagne de promotion postale. L'effet de la campagne postale a été mesuré en comparant la proportion des individus ayant visité Toronto et participé à des activités culturelles classiques au cours d'une période donnée parmi ceux qui avaient reçu la promotion postale et dans un échantillon aléatoire de la population visée. La différence entre ces deux proportions était considérée comme attribuable aux impacts de la campagne de promotion.

Dans le cadre de ses activités de formation de la main-d'œuvre, Emploi et Immigration Canada subventionne la formation offerte aux individus dont les emplois sont menacés par des changements technologiques ou concurrentiels. Il s'agit du Programme d'acquisition de compétences. Ce programme a été soumis à une évaluation en 1991. Cette étude devait déterminer si le programme contribuait à la réduction des pertes d'emploi et à l'amélioration de la performance des entreprises. La firme d'évaluation chargée de mener l'étude évaluative basa sa preuve sur la comparaison de nombreux critères d'impacts possibles du programme (amélioration des compétences, incidence du chômage, longueur de la période sans emploi, type d'emploi acquis, utilisation de technologie informatique, salaire, etc.) pour un échantillon de participants et un échantillon de la population générale active sur le marché du travail. Les évaluateurs tirèrent un échantillon de participants et les interviewèrent par téléphone ; ils firent de même pour un échantillon de la population canadienne en s'assurant d'abord qu'il s'agissait de personnes actives sur le marché du travail. Les indicateurs de performance ne furent mesurés qu'après la participation au programme puisque aucune mesure n'avait été prise par le ministère avant l'accès au programme et parce qu'il n'était pas possible d'attendre les quelques années nécessaires à la mise en place d'une mesure antérieure suivie d'une mesure ultérieure distante de deux à trois ans de la période de formation. Une seule mesure a aussi été prise auprès de la population en général qui constituait le groupe témoin.

Dans la structure comparative où les groupes sont constitués sur la base d'une caractéristique propre (aussi appelée *stratégie avec groupe témoin non aléatoire*), la démonstration de l'impact d'un facteur déclenchant prend sa source dans la mesure de la différence entre les états des deux groupes. On fait l'hypothèse que les deux groupes sont équivalents avant l'intervention du facteur déclenchant (de la variable dépendante) et que les différences mesurées *ex post facto* sont dues à ce facteur.

La *force* de la structure comparative fondée sur les caractéristiques propres aux groupes tient à ce que l'on utilise le groupe témoin comme critère d'effet plutôt que le groupe expérimental[8] lui-même, comme dans

---

8. On nomme « groupe expérimental » le groupe d'individus soumis au facteur déclenchant et « groupe témoin » le groupe qui est libre de l'intervention du facteur déclenchant.

le cas d'une stratégie proprement descriptive. En conséquence, on peut conclure que le facteur déclenchant semble créer un écart entre les deux groupes.

Le *problème* que la structure comparative fondée sur la comparaison de groupes sur la base de caractéristiques propres ne règle pas, c'est la question de l'équivalence des groupes et, donc, de la capacité du chercheur à attribuer les changements dans la variable dépendante aux changements dans le facteur déclenchant. En effet, il est possible que les deux groupes comparés ne soient pas réellement comparables avant l'intervention du facteur déclenchant. Par exemple, les participants à un programme de formation pourraient être systématiquement plus motivés à l'acquisition de connaissance ou être systématiquement dans une situation d'emploi plus précaire.

Pour régler cette question, on aura recours à l'une des deux stratégies suivantes :

1. On ajoutera le critère du temps au critère de la caractéristique : on utilisera une stratégie qui inclura une comparaison des groupes à la fois sur la base du temps (avant et après une intervention, par exemple) et de caractéristiques propres (la participation à un programme de formation, par exemple).

2. On pourra aussi mettre en œuvre différentes stratégies pour accroître la probabilité que les groupes comparés soient équivalents sous les aspects autres que la caractéristique qui intéresse l'analyste. Ces stratégies incluent la sélection des cas à comparer sur la base du pairage (choisissant, pour le groupe témoin, des cas qui soient aussi rapprochés que possibles des cas soumis au facteur déclenchant) et l'analyse statistique multivariée où l'analyste tente, *a posteriori*, de contrôler les impacts des autres facteurs différenciant les deux groupes sur lesquels est basée sa stratégie de preuve.

▓ 5.2. Comparaison dans le temps

Une seconde stratégie fondamentale de la preuve en sciences sociales est l'utilisation du temps. Le postulat utilisé ici est que l'on est à même d'identifier l'impact d'un changement (variable indépendante ou facteur déclenchant) en observant comment une situation a évolué après sa mise en place, ou en comparant l'état de la situation avant et après ce changement. On reconnaît trois situations de structures de preuves fondées sur le temps

selon l'agencement des comparaisons dans le temps : plusieurs comparaisons après le facteur déclenchant, une comparaison entre la situation
avant et après, et des comparaisons multiples avant et après.

Plusieurs comparaisons après le facteur déclenchant

Une première structure très simple de comparaison fondée sur le passage
du temps est caractérisée par la prise de plusieurs mesures uniquement
après le facteur déclenchant.

> Imaginons, par exemple, qu'une entreprise met en place un programme
> de satisfaction au travail. Les gestionnaires de la compagnie décident
> d'instituer un programme d'évaluation du rendement, de former les chefs
> de service à la communication interpersonnelle, de fournir des occa-
> sions aux employés de faire connaître leurs doléances, etc. La prési-
> dente de la firme voudrait connaître les effets réels de ces efforts de
> gestion. Cependant, nul n'a jugé bon de mesurer empiriquement la
> satisfaction des employés avant la mise en place du programme. Les
> responsables sont donc réduits à mesurer régulièrement la satisfaction
> après la mise en place des mesures correctrices. Il s'agit 1) d'une struc-
> ture de preuve comparative puisqu'elle est basée sur la comparaison de
> mesures, 2) mais à un seul groupe puisque seuls les employés seront
> questionnés et 3) avec plusieurs mesures postérieures au programme.

L'*avantage* premier de cette structure de preuve est la simplicité. On
peut implanter une telle structure à tout moment, même après le facteur
déclenchant. Ainsi, on peut mesurer la faveur de l'opinion publique face
au gouvernement à tout moment après son élection. Les *faiblesses* de cette
structure sont aussi évidentes. L'attribution, au facteur déclenchant, de la
paternité des changements dans l'état de l'objet mesuré doit être fondée
sur le postulat que cet état n'évoluait pas déjà dans la direction observée
avant le facteur déclenchant. C'est là un postulat très faible. Pourtant,
beaucoup d'évaluations de programmes gouvernementaux doivent se contenter de ce type de structure de preuve à défaut de mesures de l'état de la
cible de l'intervention antérieures à la mise en place du programme public.

> Si la satisfaction des employés évoluait déjà à la hausse avant la mise
> en place des nouveaux programmes, l'observation que la satisfaction
> augmente après le facteur déclenchant pourrait amener l'analyste à
> conclure, faussement, que les nouvelles mesures ont eu un effet positif.
> Dans les faits, la tendance à la hausse pourrait être causée par d'autres
> sources ou être le résultat d'une évolution naturelle. Cette structure de
> preuve ne permet pas de décortiquer ces effets.

L'utilisation de ce type de structure requiert un encadrement théorique particulièrement solide. En effet, l'analyste ne peut pas compter que le hasard éliminera les différences entre les groupes comparés puisqu'un seul groupe est analysé. Les autres raisons qui pourraient expliquer les changements de l'état de l'objet d'étude doivent être déterminées, incluses dans le modèle de mesure et contrôlées statistiquement pour en éliminer les influences parasitaires. Cette procédure est un pis-aller, cependant. D'autres structures de preuve permettent mieux d'éliminer ces explications alternatives.

Comparaison unique avant et après le facteur déclenchant

> En 1988, le gouvernement du Québec annonçait que, pour augmenter le taux de fertilité des femmes québécoises en vue de limiter le problème prévisible du déclin de la population, il offrait des montants forfaitaires aux mères lors de l'accouchement. Le « bébé-boni », comme on vint à l'appeler, augmentait selon le rang de l'enfant nouveau-né et était versé mensuellement sur une période de quelques années. En 1989, ces bébés-bonis ont coûté 110 millions de dollars aux Québécois. Dès 1989, le ministre des Finances annonçait fièrement que le programme portait ses fruits. Il basait sa conclusion sur une comparaison du taux de fertilité des femmes en âge de procréer pour 1988 et 1989. On pouvait observer une augmentation significative du taux de fertilité au cours de ces deux années.

Dans l'exemple ci-dessus, un seul groupe fait l'objet d'observation : les femmes québécoises. Cette observation se fait en deux temps et le critère décisif de l'analyse est la comparaison d'une valeur donnée (le taux de fertilité) entre deux moments séparés par le facteur déclenchant (le programme Bébés-bonis). Cette structure comporte un *avantage* certain par rapport à la comparaison uniquement ultérieure : l'analyste peut au moins documenter un changement.

Cette structure soulève, cependant, plusieurs *problèmes* : L'évolution entre les deux mesures était-elle déjà en cours avant la mesure antérieure ? L'évolution entre les deux mesures persistera-t-elle après la mesure ultérieure ? La différence entre les deux mesures est-elle réellement due aux effets du facteur déclenchant ou est-il possible que les changements observés soient reliés à d'autres modifications dans l'environnement ou à des effets de vieillissement ou de maturation ? Toutes ces questions sont valables. Le principal outil de l'analyste utilisant une structure de preuve à comparaison unique avant et après le facteur déclenchant ou voulant réduire les possibilités que ces problèmes ne hantent ses conclusions est la théorie. Encore une fois, c'est le support théorique qui fournira au chercheur les munitions logiques permettant d'établir le lien de causalité entre les différents changements et qui lui permettra de prévoir les autres modifications de l'environnement qui pourraient expliquer les changements dans l'état de l'objet d'observation.

> Dans l'exemple des bébés-bonis, l'analyste devra tenir compte de l'évolution des attitudes sociales à l'égard de la famille, des changements dans le climat économique, de l'évolution du chômage et du revenu disponible, de la disponibilité des infrastructures nécessaires à la famille, de la structure d'âge de la population en âge de procréer et de tout autre facteur qui pourrait affecter le taux de fertilité. Sans cette prise en compte, l'analyste s'en tiendra à la réaction du ministre qui attribue l'ensemble de l'évolution du taux de fertilité au programme gouvernemental alors que d'autres facteurs ont sans doute contribué à la situation.

Comparaisons multiples avant et après le facteur déclenchant

> En 1982-1983, en vertu du Programme canadien d'encouragement à l'accession à la propriété, la Société canadienne d'hypothèques et de logement (SCHL) fournissait des subventions de 3 000 $ aux acheteurs de maisons neuves. On se souviendra que ces années correspondaient au creux de la récession du début de la décennie 1980. Les taux d'intérêts sur prêts hypothécaires avaient grimpé au-delà de 20 % et l'industrie de la construction était au ralenti. Pour stimuler l'activité économique, le gouvernement du Canada avait mis ce programme sur pied. L'objectif était d'augmenter le nombre de mises en chantier. Effectivement, au cours des onze mois d'activités du programme les mises en chantier ont augmenté, mais il n'est pas clair que ce changement ait été dû au programme puisque, durant la même période, les taux d'intérêts ont chuté de moitié. Face à la tâche de déterminer la contribution du programme à la reprise de la construction domiciliaire, les évaluateurs de la SCHL mirent en parallèle l'évolution mensuelle des mises en chantier depuis quelques décennies, le niveau moyen des taux d'intérêts hypothécaires sur la même période, l'activité du programme et d'autres variables significatives. Ils considérèrent aussi les dix-huit mois qui suivirent la fin du programme.

Dans cet exemple, les chercheurs n'ont observé l'évolution que d'un seul groupe, soit l'ensemble du parc domiciliaire canadien. Par contre, ils ont utilisé plusieurs dizaines de mesures antérieures au facteur déclenchant (le programme) et dix-huit mesures qui lui sont postérieures. Nous nous trouvons donc devant le troisième type de structure comparative fondée sur le temps : la structure à mesures multiples antérieures et postérieures au facteur déclenchant. On appelle aussi cette structure *série chronologique*.

Cette structure a l'*avantage* certain de répondre aux préoccupations relevées plus tôt à l'égard de la continuité de l'effet après une première mesure postérieure et à l'égard de l'existence possible d'une tendance antérieure au facteur déclenchant et, donc, indépendante de celui-ci. La série chronologique constitue donc une preuve plus solide que la structure à mesure antérieure et postérieure unique.

Cependant, elle n'écarte pas les **problèmes** d'attribution du changement observé au facteur déclenchant. Il n'est pas possible de démontrer irréfutablement que le changement dans l'objet d'observation (le nombre de mises en chantier dans l'exemple ci-haut) est dû au facteur déclenchant puisque d'autres changements ont pu se produire concomitamment. Bien que des outils économétriques existent pour permettre de réduire l'incertitude face à cette situation possible, ils ne sont pas sans faille et la preuve est rarement parfaite.

> Deux ans après la première annonce de l'efficacité inattendue du programme de bébés-bonis, les ministres québécois concernés devaient modifier leur discours : on avait documenté que la hausse du taux de fertilité avait précédé l'instauration du programme et que la hausse mesurée à la suite du programme avait fléchi en 1990. L'allongement de la période d'observation permettait donc de remettre en question l'efficacité de ce programme.

◼ 5.3. Comparaison de groupes créés au hasard

> En 1966, Jean Laponce[9] mit au point une structure de preuve très originale pour analyser l'incidence de la publication des résultats de sondages sur les intentions électorales des voteurs. Il voulait démontrer que plus l'écart en pourcentage est grand entre deux candidats, au premier tour de scrutin, plus est grande la tendance des voteurs à aller à la rescousse de celui que l'on donne perdant (*the underdog*) au scrutin suivant. Pour ce faire, il demanda à des sujets réunis en plusieurs groupes disparates de choisir individuellement entre deux candidats identifiés uniquement par leur nom. On annonça ensuite des résultats truqués à chacun des groupes : dans un groupe choisi aléatoirement, on annonça la répartition 51 % – 49 %, dans un autre, 61 % – 39 %, et ainsi de suite jusqu'à 91 % – 9 %. On demanda ensuite à chacun des sujets de revoter en considération de ce premier résultat. Les décisions individuelles furent ensuite analysées. Il ressortit clairement que les étudiants universitaires

---

9. Jean LAPONCE, « An Experimental Method to Measure the Tendency to Equibalance in a Political System », *American Political Science Review*, 1966, p. 982-993.

choisirent d'aller à la rescousse du perdant (*underdog effect*) alors que les étudiants de niveau primaire furent influencés par le désir de l'emporter (*bandwagon effect*). L'auteur conclut que si l'élection est prise comme un jeu, l'inclinaison à soutenir le perdant est plus forte, alors que si l'élection est prise comme un combat, la volonté de gagner prime.

Dans la stratégie de preuve décrite ci-haut, le chercheur assigne au hasard les différents groupes qu'il observe à des valeurs différentes du facteur déclenchant (la distribution des votes présentée avant le deuxième scrutin). Ce faisant, le chercheur peut ramener les différences entre les groupes de comparaison à des niveaux analysables grâce aux techniques de la statistique inférentielle. Autrement dit, si suffisamment d'individus et de groupes sont analysés et soumis à une attribution aléatoire des valeurs du facteur déclenchant, les autres différences reliées aux autres caractéristiques des groupes analysés devraient s'annuler respectivement de sorte que les différences observées dans l'état de l'objet mesuré seront attribuables directement au facteur déclenchant. C'est en cela que l'on dit que le hasard fait bien les choses : si suffisamment de cas sont observés après avoir été attribués au hasard à un groupe ou à l'autre (groupes définis selon différentes valeurs du facteur déclenchant), le hasard fera en sorte que tous les autres facteurs qui différencient les individus (ou les cas) seront distribués également entre les groupes et s'annuleront mutuellement, laissant au facteur déclenchant différenciant les groupes la paternité des différences observées entre les groupes.

Dans l'exemple des bébés-bonis, si l'analyste avait pu désigner aléatoirement quelles femmes recevraient le bénéfice et quelles femmes en seraient dépourvues, il aurait pu éliminer les autres différences caractérisant les groupes expérimental et de contrôle. Par exemple, les conditions socio-économiques, les attitudes des femmes à l'égard de la maternité, etc., auraient été similaires d'un groupe à l'autre (puisque les femmes auraient été distribuées entre les deux groupes suivant le hasard pur) et ces variables n'auraient pas pu contribuer à expliquer les différences observées ultérieurement entre les groupes stratégiques. Évidemment, comme nous le discuterons plus loin, une telle stratégie soulève d'importantes questions éthiques.

La détermination aléatoire de l'appartenance des objets d'observation aux groupes expérimental ou témoin présente donc des *avantages* certains au regard de la preuve : le chercheur n'a pas à s'inquiéter autant de l'équivalence antérieure des deux groupes stratégiques ; les autres explications de l'état ultérieur des objets d'observation sont mises en échec puisque, en théorie, seule l'exposition au facteur déclenchant diffère d'un groupe à l'autre ; l'impact du processus de sélection lui-même est contrôlé puisque les deux groupes l'ont subi ; etc.

Par contre, la sélection aléatoire des cas dans l'un ou l'autre groupe stratégique comporte des *faiblesses* certaines. D'abord, il s'agit généralement d'une procédure artificielle qui ne trouvera pas d'équivalent dans la vraie vie. Par exemple, personne ne sera obligé de visiter les attraits culturels de Toronto ; en conséquence, celui qui serait sélectionné pour les visiter comme membre du groupe expérimental alors que ses attitudes sont extrêmement défavorables à la métropole du Canada pourrait certes avoir des réactions beaucoup plus négatives que tout individu qui s'y rendrait de son propre chef. Dans un tel cas, l'analyste conclurait que la visite des sites culturels torontois a un impact négatif (sur le membre du groupe expérimental) alors qu'il n'aurait pas un tel impact sur un participant normal ou typique.

Cet exemple nous amène à la seconde faiblesse de la sélection aléatoire des cas, soit la difficulté de généraliser les résultats obtenus dans un contexte aussi lointain de la réalité. C'est entre autres à cause de ces difficultés que nombre de grandes (et coûteuses) évaluations américaines de programmes de soutien du revenu n'ont donné aucun résultat tangible au regard des politiques publiques puisque leurs conclusions n'étaient pas crédibles dans le monde réel[10].

Finalement, l'attribution aléatoire des individus aux groupes expérimental et de contrôle soulève souvent de sérieux problèmes d'éthique. Certains d'entre eux seront soulevés à l'intérieur du chapitre traitant spécifiquement de cette question. Mentionnons dès maintenant qu'il est pratiquement impossible de refuser une intervention gouvernementale sous prétexte de constitution de groupes de traitement ; par exemple, quelle serait la réaction du public si un administrateur décidait de n'offrir ses subventions qu'à la moitié des municipalités sous prétexte que l'autre moitié servira de groupe témoin dans le cadre d'une recherche sur la performance d'un programme ! Il est possible de constituer les groupes stratégiques sur une base aléatoire lorsque la recherche est menée sur une petite échelle et qu'elle n'implique pas de décision gouvernementale. La recherche universitaire tombe souvent dans cette catégorie. C'est plus rarement (mais non pas jamais) le cas de la recherche appliquée effectuée hors de l'université. Au regard de la qualité de la preuve, cependant, c'est une structure plus rigoureuse que les autres, car l'analyste est en mesure de réduire les risques inhérents à la détermination aléatoire de l'appartenance des objets d'observation aux groupes stratégiques.

---

10. Frank L. GRAVES, « The Changing Role of Non-randomized Research Designs in the Assessment of Program Effectiveness », dans Joe HUDSON, John MAYNE et Ray THOMLISON, *Action-Oriented Evaluation in Organizations, Canadian Practices*, Toronto, Wall & Emerson, 1992, p. 230-254.

Une dernière note. Face aux difficultés rencontrées dans la mise en place de structures de preuve comparatives avec constitution aléatoire des groupes stratégiques, certains chercheurs ont développé une nouvelle méthode de recherche : la *simulation*. Sans empiéter sur le chapitre qui en traite directement, disons simplement que la simulation est l'élaboration d'un modèle mathématique représentant une simplification de la réalité et qui permet d'analyser la dynamique d'un système. Comme les relations sont formelles et quantifiées, le chercheur a un parfait contrôle sur toutes les conditions de sa simulation et peut modifier certains paramètres expérimentaux pour analyser leurs impacts.

> Par exemple, en utilisant une simulation mathématique du comportement d'un parc de logement soumis à diverses politiques gouvernementales, Gauthier[11] a démontré que la construction, la démolition et la rénovation de logements aussi bien que la création d'emplois ou qu'une politique d'information ne réussissaient ni l'une ni l'autre isolément à améliorer le bien-être d'une municipalité. Il conclut que c'est la conjonction de l'aide à l'entreprise, de l'augmentation des services publics et d'une meilleure information qui est la meilleure garantie d'une ville en santé.

■ 5.4. Combinaisons de critères

Comme on l'a laissé entendre plus tôt, il est possible de combiner différents critères pour solidifier la preuve proposée. D'autres sources (dont certaines sont mentionnées dans la bibliographie de fin de chapitre) fournissent un traitement plus approfondi de cette question. Mentionnons les cas les plus classiques.

La stratégie *avant-après avec groupe témoin* a la faveur. On y compare une caractéristique donnée (dépendante) mesurée chez deux groupes à la fois avant et après un facteur déclenchant. Le chercheur est donc en mesure, en théorie, de distinguer les changements qui sont attribuables au facteur déclenchant de ceux qui relèvent de la simple mesure et de ceux qui sont provoqués par le passage du temps.

> Chaque année, Saint-Boniface (Manitoba) est le lieu d'un festival d'envergure qui met en vedette la culture canadienne-française. C'est le Festival des Voyageurs, ainsi nommé en l'honneur des grands découvreurs français qui ont repoussé les limites de l'Ouest. Le gouvernement du Canada

11. Benoît Gauthier, *Logement et politiques gouvernementales : le cas de Donnacona*, Québec, Université Laval, Laboratoire d'études politiques et administratives, Notes et travaux de recherche n° 2, mars 1982, 265 pages.

subventionne annuellement le Festival des Voyageurs et justifie son geste par la contribution que le Festival est supposé offrir à une meilleure compréhension de la situation des francophones au Manitoba et à une plus grande tolérance face au fait français dans cette province. Pour vérifier ce postulat du financement fédéral, une firme d'experts-conseils a mis au point la structure de recherche suivante. Quelques semaines avant la tenue du Festival, un échantillon de 1 000 Manitobains a été interviewé par téléphone. Au cours de cette entrevue, on mesurait les connaissances, opinions et attitudes des sujets envers les francophones et le fait français. Deux semaines après le Festival, les mêmes individus ont été contactés à nouveau et resoumis au même questionnaire. Les chercheurs comptaient démontrer que les attitudes des sujets de l'enquête qui s'étaient rendus au Festival s'étaient plus améliorées que celles des sujets qui ne s'y étaient pas rendus.

La stratégie de Salomon combinent quatre groupes distincts : deux sont soumis au facteur déclenchant, deux ne le sont pas ; concurremment, deux groupes subissent une mesure avant l'intervention ainsi qu'après alors que l'état des deux autres n'est mesuré qu'après. L'avantage de cette approche est de clarifier l'impact de la mesure elle-même sur les changements qui surviennent dans les différents groupes.

Et l'on peut imaginer encore bien d'autres scénarios. L'important, cependant, est d'être en mesure de bien jauger la qualité de la preuve qui est fournie par une stratégie donnée, dans une situation donnée. La prochaine section fournit des pistes à cet égard.

6 VALIDITÉ INTERNE ET VALIDITÉ EXTERNE

Tout au cours des sections précédentes, nous avons jugé de la valeur des différentes structures de preuve à partir des forces et faiblesses principales de chacune. Il est maintenant temps de cataloguer ces différents critères plus systématiquement. Dans la littérature sur le sujet, on regroupe généralement les menaces à la solidité des conclusions de recherche sous deux en-têtes : les menaces à la validité interne et celles à la validité externe. *La validité interne est la caractéristique d'une structure de preuve qui fait que les conclusions sur la relation de cause à effet reliant le facteur déclenchant au changement d'état de la cible sont solides et qui assure que les changements ne sont pas causés par la modification d'autres variables*. En comparaison, *la validité externe est la caractéristique d'une structure de preuve qui fait que les résultats obtenus sont généralisables au-delà des cas observés pour les fins de l'étude*. Une recherche peut donc présenter une bonne validité interne sans que sa validité externe ne soit très forte : c'est le cas d'une expérience très réduite et extrêmement contrôlée où quelques sujets sont assignés aléatoirement à des traitements différents et où les conditions dans lesquelles se déroule l'étude sont strictement équivalentes pour tous les groupes. À l'inverse, une étude peut avoir une bonne validité externe sans être très recommandable au plan de la validité interne : les sondages ponctuels prennent une mesure large chez un grand nombre d'individus et sont facilement généralisables, mais ils sont faibles quant à l'assurance que les changements observés sont reliés uniquement au facteur déclenchant.

On reconnaît un nombre restreint de menaces aux validités interne et externe[12]. Les figures 2 et 3 les schématisent. La validité interne est surtout menacée par :

- *l'état de la cible avant le facteur déclenchant* : l'équivalence des groupes stratégiques est en cause ici. S'ils ne sont pas comparables, quant à l'état de la cible avant l'intervention du facteur déclenchant, les conclusions sur l'effet du facteur déclenchant peuvent être faussées ;

- *les autres caractéristiques de la cible* : ce facteur est lui aussi relié à l'équivalence des groupes, mais au regard des caractéristiques autres que l'état de l'objet d'observation. Des groupes non équivalents dans d'autres aspects de leur nature peuvent rendre difficile l'établissement du lien de causalité ;

- *les changements dans l'environnement* : des modifications peuvent intervenir au cours de la période d'observation et affecter l'état de la cible. Ces changements pourraient être faussement attribués au facteur déclenchant ;

- *le passage du temps* : aussi appelée effet de maturation, cette menace est reliée à la maturation des groupes stratégiques, à l'évolution de leurs expériences et de leurs connaissances par rapport à des sujets reliés à l'objet d'observation ;

- *les méthodes de mesure* : au cours de la recherche, les instruments de mesure peuvent changer ou encore la façon de les utiliser peut dévier. Ces modifications pourraient affecter la mesure de l'état de la cible et être confondues avec des changements réels dans la cible elle-même.

---

12. Voir par exemple André Ouellet, *Processus de recherche, Une approche systémique*, Sainte-Foy, Presses de l'Université du Québec, 1981, p. 147 à 152 ou André-Pierre Contandriopoulos *et alii*, *Savoir préparer une recherche*, Montréal, Presses de l'Université de Montréal, 1990, p. 40 à 47.

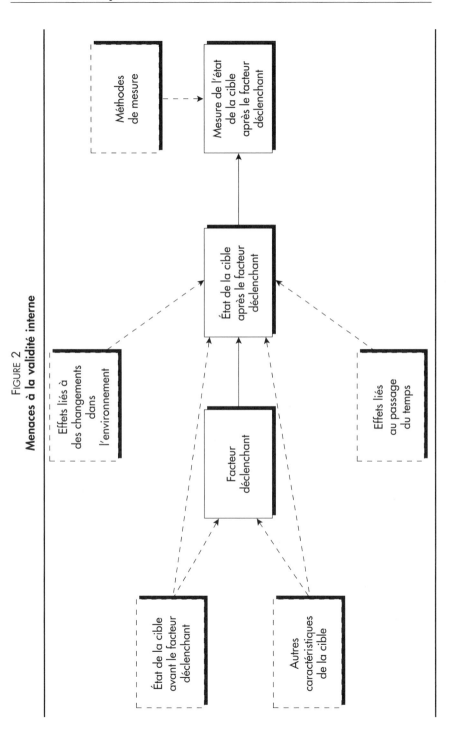

FIGURE 2
Menaces à la validité interne

La validité externe est soumise aux conditions problématiques suivantes (voir figure 3) :

- *l'autosélection* : lorsque la sélection des individus à l'intérieur des groupes stratégiques est non aléatoire, les caractéristiques des individus sélectionnés peuvent être la cause de l'état ultérieur de la cible plutôt que le facteur déclenchant. Parfois, la sélection aléatoire peut induire des effets artificiels non représentatifs ;

- *l'effet de contagion* : il arrive que les groupes stratégiques ne sont pas étanches les uns par rapport aux autres. On assiste alors à des phénomènes de contagion des effets d'un groupe à l'autre, ce qui rend difficile la généralisation des résultats ;

- *le contexte* : lorsque plusieurs traitements sont appliqués simultanément aux mêmes sujets d'observation, il est difficile de déterminer quelles généralisations tirer ;

- *les conditions expérimentales* : la situation expérimentale est souvent très différente des conditions que rencontreront les sujets dans les situations réelles ;

- *les relations causales ambiguës* : il est courant que les résultats d'une recherche ne soient pas représentatifs de la situation réelle parce que le modèle théorique a omis de reconnaître l'importance de certains facteurs explicatifs. Les conclusions de l'analyse ne sont pas alors facilement généralisables.

- *la réactivité aux prétests* : la mesure antérieure caractéristique de la structure comparative à mesures antérieures et postérieures peut modifier le comportement des sujets de recherche et limiter la représentativité des résultats à une population qui ne serait pas soumise à une telle mesure ;

- *le désir de plaire* : lorsqu'ils se savent observés, les sujets de recherche tendent naturellement à adopter le comportement recherché par l'analyste. Cet état des cibles d'observation n'est cependant pas généralisable aux circonstances non expérimentales ;

- *le biais de l'analyste* : l'analyste s'attend à tel ou tel résultat. Il est possible que les résultats obtenus soient davantage représentatifs des attentes du chercheur que de la réalité objective, sans qu'il ne cherche consciemment à biaiser les conclusions.

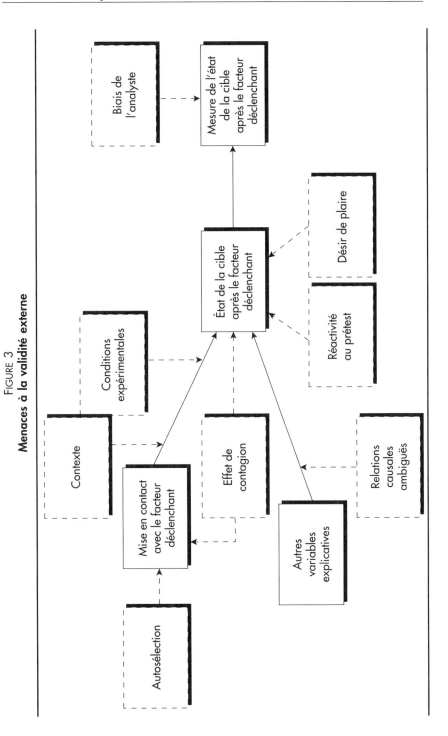

FIGURE 3
Menaces à la validité externe

Le choix de la structure de preuve optimale cherche à mettre ces menaces en échec. Bien sûr, la sélection de la structure de preuve doit tenir compte des menaces potentielles, mais aussi des problèmes éthiques reliés au contexte de recherche, des ressources du chercheur, du temps disponible, de la flexibilité de la situation de recherche, etc.

Conclusion

Dans ce chapitre, nous n'avons présenté que les structures de preuve les plus simples, pour faciliter la compréhension. De nombreuses structures plus complexes ont été mises au point pour faire face à des défis particuliers et pour limiter les menaces à la validité interne et à la validité externe, et on peut en trouver des discussions dans les ouvrages plus avancés.

Les messages principaux de ce chapitre restent cependant valides :

– La confirmation ou l'information d'une hypothèse requiert une *preuve* qui se construit à partir d'une stratégie réfléchie.

– Il existe trois grands types de *questions de recherche* : les questions exploratoires, descriptives et relationnelles.

– À chaque type de question correspond une *stratégie de preuve privilégiée* : exploration – étude de cas, description – approche descriptive, relation – approche comparative.

– L'approche comparative requiert la *comparaison de situations* qui se distinguent selon une caractéristique propre, selon le temps ou selon une décision active du chercheur d'impliquer le hasard dans l'attribution des situations de recherche aux cas analysés.

– Toute stratégie de preuve peut être évaluée en fonction de critères regroupés sous les étiquettes de *validité externe* (généralisabilité) et de *validité interne* (démonstration de lien). Le chercheur cherche à maximiser l'une comme l'autre quoique l'accroissement de l'une entraîne souvent la diminution de l'autre.

– En dernier lieu, on doit faire ressortir encore une fois le rôle central de la théorisation dans le processus de recherche sociale. On a vu que certaines structures sont plus aptes à vérifier des théories, d'autres à les contester ou à les modifier. On a cependant conclu dans tous les cas que la théorie a une place de choix dans la sélection des observations et dans leur arrangement analytique. Nous espérons qu'il est révolu le temps où l'on trouvait plus important de faire une bonne mesure que de bien comprendre ce qu'on mesurait. *L'explication est cent fois plus importante que l'observation.*

Bibliographie annotée

BORDELEAU, Yvan *et alii*, *Comprendre l'organisation : approches de recherche*, Montréal, Éditions Agence d'Arc, 1982, 198 pages.

BORDELEAU, Yvan, *Comprendre et développer les organisations*, Montréal, Éditions Agence d'Arc, 1987, 297 pages.

Le premier de ces livres s'intéresse à la recherche exploratoire, descriptive ou explicative ainsi qu'à la recherche évaluative et à la recherche-action. Son originalité tient au traitement des terrains : le laboratoire ou l'organisation. Il intéressera particulièrement le chercheur qui se place dans le contexte de l'action. Le second livre est une extension en même temps qu'une systématisation du premier.

BROWN, Steven R., *Experimental Design and Analysis*, Newbury Park, Sage Publications, 1990, 86 pages.

Ce petit livre approfondit les aspects plus techniques des structures de preuve comparatives avec groupe témoin et constitution aléatoire des groupes stratégiques. Parfois indûment ésotérique, souvent assez peu critique des limites de cette structure de preuve, ce texte est quand même important pour l'analyste engagé dans ce type de recherche.

LADOUCEUR, Robert et Guy BÉGIN, *Protocoles de recherche en sciences appliquées et fondamentales*, Saint-Hyacinthe, Edisem, 1980, 135 pages.

Écrit par deux psychologues, ce livre reflète leurs préoccupations particulières. En conséquence, il présente extensivement les protocoles expérimentaux et porte une attention particulière aux protocoles à cas uniques qui sont de plus en plus utilisés en psychologie.

LAPONCE, Jean A. et Paul SMOKER (dir.), *Experimentation and Simulation in Political Science*, Toronto, University of Toronto Press, 1972, 465 pages.

Il s'agit ici d'une collection d'articles assez avancés présentant les possibilités d'expérimentation et de simulation dans une discipline traditionnellement non expérimentale : la science politique. Définitivement hors des sentiers battus, cette collection de textes stimule l'imagination en proposant des avenues souvent laissées inexplorées et des approches novatrices.

ROBERT, Michèle (dir.), *Fondements et étapes de la recherche scientifique en psychologie*, Montréal, Chenelière et Stanké, 1982, chap. 5, 6 et 7.

Autre introduction générale mettant l'accent sur les mêmes thèmes que Ladouceur et Bégin, mais plus brièvement. Le chapitre 6 sur les structures quasi expérimentales est particulièrement intéressant.

SPECTOR, Paul E., *Research Designs*, Newbury Park, Sage Publications, 1981, 80 pages.

Dans ce livre, l'auteur traite plus en profondeur des thèmes qui ont fait l'objet de ce chapitre. Même si la typologie des structures de preuve diffère de celle privilégiée ici, le lecteur y trouvera une compilation très intéressante des enjeux entourant l'utilisation des différentes approches. Fortement recommandé.

YIN, Robert K., *Case Study Research : Design and Methods*, Newbury Park, Sage Publications, 1989, 166 pages.

Il est rare de trouver des discussions traitant directement et exhaustivement de l'approche par étude de cas. Yin a écrit un livre d'une rare richesse à cet égard. Le texte s'arrête aux questions concernant la planification des études de cas uniques et multiples, la préparation de la collecte des données, la collecte elle-même, l'analyse des informations et la rédaction du rapport d'étude de cas. L'introduction compare l'étude descriptive aux autres structures de preuve.

L'étude de cas

Simon N. ROY

*Tout ce qui compte ne peut être compté,
et tout ce qui peut être compté ne compte pas forcément.*

Albert EINSTEIN

Il est pour ainsi dire naturel pour l'être humain de tenter de comprendre les réalités qui l'entourent en observant des « cas » – qu'ils soient des personnes, des choses ou des événements. Cette tendance naturelle explique un peu pourquoi l'étude de cas se retrouve parmi les approches de recherche empirique les plus anciennes. Les premiers médecins-chercheurs[1], par exemple, procédaient à l'étude de cas particuliers pour comprendre des maladies et expérimenter des médicaments. De façon intuitive, l'être humain a tendance à étudier des cas particuliers pour comprendre la réalité et la prévoir. Ce caractère primaire et limité de l'étude de cas est d'ailleurs la raison pour laquelle elle soulève autant de controverses en science. Le développement de méthodes faisant appel à de grands échantillons aléatoires et de statistiques complexes a quelque peu porté atteinte à la réputation de l'étude de cas comme approche de recherche scientifique. Certains

---

1. Dans ce chapitre, le générique masculin sera utilisé uniquement pour alléger le texte. Il fait référence autant aux femmes qu'aux hommes.

accordent à l'étude de cas un statut à peine plus élevé que les études journalistiques. Pourtant, il est étonnant de voir comment la méthode s'est
répandue en sciences sociales et comment elle est mainte fois utilisée encore
aujourd'hui.

Bien entendu, comme toutes les autres méthodes et approches méthodologiques, l'étude de cas peut faire l'objet d'un usage abusif. Son caractère « primitif » la rend peut-être plus vulnérable à cet égard. Il demeure
néanmoins que cette approche conserve une place privilégiée dans l'échi-
quier des méthodologies. Comme toute chose, l'étude de cas a évolué au
sein des disciplines en sciences sociales ; on a développé des approches
plus rigoureuses, et on y a trouvé des niches que les autres approches
méthodologiques ont délaissées ou ne peuvent occuper en raison de leurs
propres faiblesses. Utilisée à bon escient, l'étude de cas devient une
approche puissante dont les résultats peuvent être très convaincants.

Dans ce chapitre, on tâchera de définir l'étude de cas et de montrer
comment elle complète d'autres approches de recherche. On discutera aussi
de quelques techniques pouvant lui assurer une certaine rigueur.

 # Qu'est-ce que l'étude de cas ?

▉ 1.1. Une définition provisoire

L'étude de cas n'est pas simple à définir. Un parcours rapide de la littérature montre qu'il en existe plusieurs types. En s'inspirant de Stoecker[2], on
peut définir de façon provisoire l'étude de cas comme étant une approche
méthodologique qui consiste à étudier une personne, une communauté,
une organisation ou une société individuelle. Comme le suggère son nom,
l'étude de cas se penche sur une unité particulière quelconque. Considérons
ces trois exemples :

> Deux chercheurs ont étudié le cas de la Rive-Sud en face de Montréal
> pour comprendre son développement et son rapport avec le centre de la
> métropole. En retraçant à grands traits l'histoire de cette zone, les auteurs
> démontrent comment les banlieues disposent d'une autonomie propre,
> qui s'exprime sur le plan démographique, économique, politique et ins-
> titutionnel. En particulier, ils montrent comment une ville centre et la

2. Randy Stoecker, « Evaluating and rethinking the case study », *Sociological Review*, vol. 39,
   n° 1, 1991, p. 88.

banlieue peuvent se développer de pair – et non seulement par la mobilité des urbains vers la banlieue dortoir. Les chercheurs concluent qu'il ne faut pas faire l'étude de la banlieue à partir de la ville centre, mais plutôt l'étude de la banlieue pour elle-même[3].

D'autres chercheurs se sont intéressés à la construction de l'identité francophone canadienne hors Québec. Ils ont choisi d'analyser cette construction à travers différents discours officiels dans le cadre d'un événement précis, celui des Jeux francophones de l'Alberta. Ils se sont penchés sur différents discours, dont ceux des organisateurs de l'événement et celui d'un commentateur sportif anglophone particulièrement critique à l'égard des jeux. L'analyse de leurs propos démontre les écarts de discours au sujet du statut des francophones au Canada. On montre aussi la tension qui existe entre les conceptions linguistiques et culturelles de l'identité francophone hors Québec. Les chercheurs concluent que l'étude des minorités francophones offre un terrain propice au développement de la théorie du discours[4].

À partir du cas des avocats de la ville de Chicago, deux chercheurs se sont intéressés aux inégalités hommes-femmes en milieux professionnels. Ils ont cherché à mesurer les écarts entre avocats et avocates dans une perspective à long terme. Selon leur analyse des promotions internes, les écarts hommes-femmes se manifestent tôt dans la carrière et s'accentuent au fur et à mesure que les carrières progressent[5].

L'étude de cas fait le plus souvent appel à des méthodes qualitatives, dont l'entrevue semi-dirigée. Cependant, il n'est pas rare que les informations soient recueillies par différents types d'instruments, y compris par des outils quantitatifs. L'étude des avocats citée ci-dessus a fait appel à des données statistiques pour analyser les trajectoires professionnelles. Le cas d'une organisation ou d'une école pourrait aussi s'appuyer sur une revue de statistiques d'effectifs. Comme le cas étudié est typiquement de nature assez limitée, on n'hésitera pas à examiner différentes sources d'information, y compris des personnes, des journaux ou des registres. L'examen de ces sources exigera des instruments de recherche adaptés et donc, probablement, plusieurs méthodologies. Pour cette raison, on s'entend

---

3. Jean-Pierre COLLIN et Claire POITRAS, « La fabrication d'un espace suburbain : la rive-sud de Montréal », *Recherches sociographiques*, vol. 43, n° 2, 2002, p. 275-310.

4. Christine DALLAIRE et Claude DENIS, « If You Don't Speak French, You're Out : Don Cherry, The Alberta Francophone Games, and the Discursive Construction of Canada's Francophones », *Cahiers canadiens de sociologie*, vol. 25, n° 4, 2000, p. 415-440.

5. K. HULL et R. NELSON, « Assimilation, Choice or Constraint ? Testing theories of Gender Differences in the Careers of Lawyers », *Social Forces*, septembre 2000, vol. 79, n° 1, p. 229-264.

généralement pour dire que l'étude de cas n'est pas une méthode en soi. On dira plutôt que c'est une approche ou une stratégie méthodologique faisant appel à plusieurs méthodes.

Les méthodologues s'entendent également pour dire que l'étude de cas ne se limite pas nécessairement à l'étude d'un seul cas. Certaines études se pencheront sur deux ou trois entités plutôt qu'une. Ces cas peuvent être analysés comme trois entités différentes, ou encore être comparés entre eux pour mieux distinguer les particularités de chaque cas, ou mieux, défendre une thèse quelconque.

Comme le souligne Hamel[6], le cas ne se limite pas à des lieux physiques. En science politique, par exemple, on peut s'intéresser à une crise internationale particulière, à un processus de décisions simples ou multiples. L'étude de la prise de décision replace les décisions dans leur contexte institutionnel, et analyse le jeu des acteurs apparents et non apparents. L'étude du jeu des groupes de pression est un bon exemple à cet égard et montre bien qu'un cas n'est pas nécessairement ancré à un lieu bien délimité.

Bien entendu, il existe des zones grises. Plusieurs études, par exemple, se penchent sur un secteur économique ou administratif entier et *particulier*. Une étude portant sur les relations du travail au sein des caisses populaires, ou sur l'absentéisme dans le secteur manufacturier automobile sont de bons exemples de recherche à la limite de l'étude de cas. En principe, les sujets de ces études ne seraient pas représentatifs de l'ensemble des secteurs économiques ; mais leur poids relatif fait qu'ils peuvent constituer une population d'intérêt en soi. Une étude se penchant sur le ministère de la Santé, par exemple, peut soulever un intérêt particulier et constituer une population représentative de ce qui intéresse la communauté, c'est-à-dire le ministère de la Santé en soi. Ce n'est donc plus un cas particulier (parmi tous les ministères du gouvernement), mais bien un tout, une population en elle-même. Par contre, une étude de l'évolution d'un village quelconque constituera plutôt un cas parmi l'ensemble des villages de la même taille – qui constitue le véritable point d'intérêt. Il y a donc une certaine subjectivité dans la définition des ensembles et des populations, rendant parfois difficile de distinguer une étude de cas d'une étude d'un échantillon ou d'une population entière. Tout dépend du point d'intérêt.

---

6. Jacques HAMEL, *Études de cas et sciences sociales*, Paris, L'Harmattan, 1997, p. 93.

■ 1.2. Un peu d'histoire

Dans l'histoire des sciences sociales, on note quelques études et écoles clés qui sont à l'origine de l'étude de cas telle qu'on la connaît aujourd'hui. Plusieurs auteurs (dont Hamel et Del Bayle[7]) citent Leplay comme étant l'un des premiers chercheurs en sciences sociales à en faire usage de façon systématique.

> Dans les années 1830, Leplay entreprit une vaste étude des populations ouvrières de plusieurs pays européens. En 1839, il mena plus de trois cents « monographies de familles ». La grille d'analyse dont se servit Leplay comprenait quatre rubriques : la définition du lieu ; l'organisation industrielle et de la famille ; les moyens d'existence de la famille ; et le mode d'existence et l'histoire de la famille. À l'époque, Leplay se distingua par le caractère systématique de ces études et par l'emploi de données chiffrées pour décrire certaines dimensions de ces monographies. Comme le rappelle Hamel, Léon Guérin s'inspira de Leplay pour mener des travaux semblables au Québec[8].

Premier sociologue de langue française en Amérique, Guérin entreprit des monographies de familles canadiennes-françaises au début du XXᵉ siècle. Comme Leplay, il a pour prémisse que l'on peut étudier une société globale à partir d'une unité sociale sélectionnée à cette fin.

Les États-Unis ont donné naissance à une véritable « école » qui a considérablement influencé plusieurs branches des sciences sociales. D'après Stoecker[9], l'étude de cas était fort populaire en psychologie, en médecine et en management au début du XXᵉ siècle aux États-Unis. L'absence de méthodes alternatives explique peut-être cette popularité. En sciences sociales, elle connaît son « âge d'or » dans le premier tiers du XXᵉ siècle grâce à l'École de Chicago. La tradition de Chicago, comme on l'appelait à l'époque, a dominé la sociologie américaine jusqu'en 1935. Elle s'appuyait surtout sur des méthodes qualitatives, dont l'observation participante et les histoires de vie de famille. Park, Burgess et plus tard Blumer et Hughes, pour n'en nommer que quelques-uns, ont mené de nombreuses études de cas dans le domaine de l'urbanisation, la socialisation, l'écologie urbaine, la déviance et la délinquance. À travers des monographies très minutieuses, on rendit compte de la condition et de l'acculturation des immigrants, des minorités, des Afro-Américains et des sans-abris. On mena également des études sur le banditisme, le gangstérisme de quartier et les racines sociales profondes de ces phénomènes sociaux.

---

7. J.-L. DEL BAYLE, *Initiation aux méthodes en sciences sociales*, Paris, L'Harmattan, 2000, p. 143-144.
8. Jacques HAMEL, *op. cit.*, p. 7-26.
9. Randy STOECKER, *op. cit.*, p. 88-90.

À partir des années 1950, l'étude de cas chez les Américains est plutôt perçue comme une méthode inductive que déductive, c'est-à-dire davantage pour explorer des phénomènes que pour vérifier des hypothèses par déduction. Selon Stoecker[10], elle en vient à occuper une place secondaire en sociologie aux États-Unis, au profit des méthodes quantitatives et par échantillon. Dans certaines disciplines et dans certaines écoles, la méthode maintient une position importante. L'anthropologie y fait régulièrement appel. Dans cette discipline, on ne peut passer sous silence la contribution de chercheurs clés tels que Mead et Malinowski. Ce dernier procéda à des relevés détaillés de la culture de sociétés restreintes par la méthode dite d'observation participante. L'approche de Malinowski consistait à s'intégrer progressivement à la population, en se mêlant à leur vie quotidienne.

Aujourd'hui, peu de sciences sociales se privent totalement d'études de cas. On retrouve de nombreuses études du genre dans les revues de sociologie, des sciences de l'éducation, de la science politique, de criminologie, des relations industrielles et du travail social. L'étude de cas sert aussi en recherche appliquée, notamment en évaluation de programmes gouvernementaux.

> Il existe au Canada plusieurs organismes à caractère public qui apportent un soutien financier aux petites entreprises. Afin d'évaluer l'efficacité de ces organismes, un chercheur s'est penché sur le cas particulier de la Société d'aide au développement des communautés (SADC) de la région de La Baie/Bas-Saguenay. Le chercheur a mesuré les retombées économiques de cette société en faisant un recensement des impacts directs, indirects et induits de chaque entreprise ayant reçu un prêt de l'organisme dans cette région[11].

Pour les évaluations de programmes telles que celle citée ici, l'étude de cas permet d'illustrer à l'aide d'un exemple l'efficacité – ou les limites – d'un programme. La méthode facilite aussi l'identification de pratiques administratives exemplaires qui peuvent servir de leçons d'avenir pour l'ensemble du programme évalué. On multiplie souvent aussi le nombre de cas pour évaluer un programme afin d'obtenir des résultats plus riches et un peu plus représentatifs de l'ensemble du programme ou de la politique en question.

---

10. *Ibid.*
11. É. GUILLEMETTE et C. THIBOUTOT, « Les retombées économiques des SADC : étude de cas », *Canadian Journal of Regional Science/Revue canadienne des sciences régionales*, vol. 22, n° 3, automne 1999, p. 263-276.

▓ 1.3. Les types d'études de cas

On peut aussi expliquer ce qu'est une étude de cas en disant ce qu'elle n'est pas. Tremblay[12] et plusieurs autres auteurs expliquent que l'étude de cas s'oppose en quelque sorte aux études sur *échantillon*. Il existe bien d'autres types de recherche (comparatives, notamment), mais le plus souvent, on compare l'étude de cas aux études par échantillon. Contrairement à ces dernières, l'étude de cas se penche sur un nombre limité de sujets et ne prétend pas à la représentativité statistique. Comme l'explique Tremblay, les études portant sur des échantillons comportent un grand nombre de sujets, mais généralement sur un nombre limité d'informations par sujet. À l'inverse, les études de cas sont intensives dans le sens où elles se limitent à moins de sujets, tout en recueillant un grand nombre d'informations et d'observations sur chacun d'eux et leur contexte.

> La transition des jeunes vers l'âge adulte se fait de plus en plus longue. Pour comprendre les conséquences sociales de l'étalement de cette transition, un auteur a suivi un groupe de jeunes adultes d'un quartier populaire de Marseille. Au cours d'une longue période, il a accompagné ce groupe de jeunes adultes pour comprendre la complexité de leurs valeurs et leurs comportements déviants. Il observe une certaine apathie chez les jeunes, un immobilisme et une démobilisation générale. Il attribue ces problèmes au déclin des institutions et à la discontinuité de la croissance économique locale[13].

Tremblay[14] suggère trois types d'études de cas : l'approche monographique, l'étude de cas suggestifs, et l'étude de sujet individuel. Ce découpage aide à mieux les comprendre ainsi qu'à saisir l'usage dont peuvent en faire les différents champs disciplinaires.

L'approche monographique. Il s'agit d'une description exhaustive d'une situation, d'un problème, d'une unité géographique, etc. Il existe par exemple des monographies de villages, d'hôpitaux ou d'organisations. Ces études s'inscrivent souvent dans un ensemble de travaux qui peuvent confirmer ou enrichir une théorie plus générale. Ce qui importe, c'est de recueillir des informations sur tous les aspects de la question, et de la traiter comme une totalité opérante. Par exemple, l'étude d'une ville ou d'une région se penchera sur le milieu physique, l'histoire sociale du lieu, la démographie, l'organisation économique et sociale, les mentalités et les croyances.

---

12. Marc-Adélard Tremblay, *Initiation à la recherche en sciences humaines*, Montréal, McGraw-Hill, 1968.
13. C. Andréo, « La transition vers l'âge adulte de jeunes marseillais issus de milieux populaires dans les années 90 », *Déviance et société*, vol. 25, n° 3, 2001, p. 347-365.
14. Marc-Adélard Tremblay, *op. cit.*, p. 185.

L'étude de cas suggestifs. Ces études sont similaires à l'étude monographique mais ressortent par le caractère atypique ou suggestif du cas
étudié. Ce type est sans doute le plus répandu dans la littérature actuelle.
Selon cette approche, des cas exemplaires ou même exagérés sont sélectionnés pour étudier ou illustrer un phénomène qui ailleurs demeure dif-
fus ou à l'état embryonnaire. Par exemple, ce peut être une nouvelle
approche de gestion peu répandue mais qui risque de devenir une pratique généralisée. L'étude de cas suggestifs peut aussi alimenter des théories
générales en s'appuyant sur des exemples particulièrement révélateurs qui
expriment une réalité plus diffuse ou difficilement mesurable ailleurs.

L'étude de sujets individuels. Ce genre de recherche s'appuie sur
l'étude d'un seul sujet, qui fait l'objet d'un cas. Certains courants en psychologie s'appuient sur l'étude de sujets particuliers en documentant l'analyse
et le traitement d'un seul individu. Les histoires de vie appartiennent aussi
à ce type d'étude de cas.

Les études de cas peuvent aussi se différencier selon leur mode de
contribution aux connaissances de la discipline. Elles peuvent être descriptives, exploratoires, explicatives ou évaluatives. De façon générale, cependant, on la reconnaît surtout pour sa capacité à décrire des phénomènes ou
à les explorer lorsque le sujet est unique ou jusque-là négligé par la science.

On peut maintenant présenter, à partir de ces types et des exemples
cités plus haut, une définition plus précise de l'étude de cas. Ainsi, on peut
dire que l'étude de cas est *une approche de recherche empirique qui consiste
à enquêter sur un phénomène, un événement, un groupe ou un ensemble
d'individus, sélectionné de façon non aléatoire, afin d'en tirer une description précise et une interprétation qui dépasse ses bornes.* Le cas étudié est
donc bien délimité, mais forme un *sous-système* dont l'analyse permet de
mieux comprendre un système plus large. Ainsi, on s'intéressera aux
composantes qui forment le cas, y compris son contexte immédiat, son
histoire, et ses différentes dimensions.

▓ 1.4. Les critiques à l'égard des études de cas

L'étude de cas est encore largement utilisée en sciences sociales et pourtant, elle fait l'objet de nombreuses critiques qui portent essentiellement
sur la *validité interne* et la *validité externe* des résultats.

D'une part, d'aucuns diront que les études de cas s'appuient sur des
informations partielles *qui ne représentent pas toute la réalité du cas réel.*
Cela fait référence au problème de validité interne. Pour ces détracteurs,
les chercheurs qui s'adonnent aux études de cas prennent trop de liberté et

introduisent des biais dans les résultats. Par exemple, ces chercheurs peuvent négliger certains témoignages et mettre l'accent sur des propos ou des groupes de répondants qui les intéressent, qui défendent leur thèse. On associe la méthode au journalisme et on reproche aux chercheurs de ne pas être systématiques dans leur collecte de données. Bref, les études de cas rapportent des images qui déforment la réalité, qui la représentent mal, soit parce que la méthode permet aux chercheurs de biaiser les résultats, soit parce que leurs données ne sont pas uniformes.

D'autre part – et c'est peut-être la critique la plus sérieuse –, on reproche à la méthode de se pencher sur des cas qui ne sont pas « représentatifs » de l'ensemble. Autrement dit, les résultats des études de cas seraient déficients sur le plan de la *validité externe*. Contrairement aux études s'appuyant sur des *échantillons* d'individus, sélectionnés au hasard et dont le nombre est suffisamment grand, les cas sélectionnés et étudiés ne représentent pas la société globale, selon cette critique. On ne peut pas généraliser à partir d'un seul cas, surtout s'il n'est pas sélectionné au hasard, dira-t-on. L'étude d'un seul cas fait que l'on ne peut vraiment l'utiliser pour vérifier des hypothèses sur un ensemble plus large. Le reproche est donc de nature *statistique* dans le sens où l'on critique l'unicité des cas. Le cas n'est pas un échantillon représentatif qui permettrait de tirer des conclusions globales.

Cette opposition entre l'étude de cas et l'étude par échantillonnage a fait couler beaucoup d'encre. Plusieurs auteurs dont Stoecker[15] résument bien le débat, lequel est beaucoup plus complexe qu'une simple mésentente sur la qualité statistique d'un cas. La forme même d'un rapport d'étude de cas en rebute plus d'un : présentée sous la forme de mots et de récits, plutôt que de chiffres et de tests mathématiques, l'étude de cas paraît moins « scientifique » aux yeux de plusieurs. Fort heureusement, les tenants de l'étude de cas ont réagi à ces critiques en perfectionnant la méthode et en répondant directement à leurs détracteurs. Ces réponses montrent en fait toute la force de cette approche.

▓ 1.5. Les forces de l'étude de cas

Il faut admettre que l'étude de cas peut comporter des limites, notamment sur le plan de la représentativité. Par contre, elle présente aussi des forces indéniables.

---

15. Randy STOECKER, *op. cit.*, p. 90-94.

Pour explorer des phénomènes nouveaux ou négligés

De façon presque unanime, on reconnaît la valeur de l'étude de cas pour les recherches de type exploratoire. L'apparition de phénomènes nouveaux ne cesse de bouleverser notre société et notre corpus de théories et de connaissances à son égard. La science est souvent mal armée pour comprendre des phénomènes nouveaux : le sida, la bureautique et l'arme nucléaire, par exemple, ont constitué (et constituent toujours) des forces de transformations sociales majeures largement incomprises au départ. Bien entendu, plusieurs chercheurs ont réussi à mieux comprendre leur impact sur la famille, les rapports sociaux du travail et les relations internationales à l'aide de théories traditionnelles. Mais comme ces phénomènes sont survenus très rapidement, ils constituaient de véritables *terra incognita* dont on connaissait peu de choses. Avant de vérifier des hypothèses, il fallait d'abord mieux les comprendre. À cet égard, les méthodes qualitatives et l'étude de cas présentent des qualités indéniables : en effectuant des entrevues semi-dirigées sur des cas particuliers, on peut « découvrir » et mieux approfondir des phénomènes insoupçonnés ou difficiles à mesurer.

Certains phénomènes moins nouveaux attirent parfois l'attention de nouvelles générations de chercheurs qui les font découvrir. Les théories existantes sont souvent mal adaptées à ces sujets ignorés auparavant. Par exemple, comme l'indique Bradshaw[16], l'étude de cas a été très utile pour comprendre certaines problématiques liées aux pays en voie de développement. Les théories occidentales traditionnelles se sont avérées plus ou moins efficaces pour expliquer certains phénomènes, dont le développement (ou le retard) économique et social de ces sociétés.

Grâce à son approche inductive, l'étude de cas devient très efficace pour analyser des réalités négligées par la science et que les théories existantes expliquent mal ou seulement en partie.

Pour comprendre le contexte et l'histoire entourant le cas

L'étude de cas peut aussi devenir une approche privilégiée pour rendre compte de facteurs qui sont difficilement mesurables dans le cadre d'études quantitatives par échantillon. En se penchant sur un seul cas, au cadre clairement délimité, il est possible d'inscrire le phénomène qui nous

---

16. York BRADSHAW et Michael WALLACE, « Informing generality and explaining uniqueness : The place of case studies in comparative research », *International Journal of Comparative Sociology*, vol. 32, n°s 1-2, 1991, p. 154-171.

intéresse dans son contexte géographique et historique. La capacité d'un groupe d'immigrants à s'intégrer dans une société, par exemple, se comprend mieux lorsqu'on insère le phénomène dans un contexte sociopolitique plus large :

> L'intégration sociale des immigrants peut s'analyser par la place qu'ils occupent dans les jeux de pouvoir de la société d'accueil. Pour mieux comprendre cette dynamique, un chercheur s'est penché sur le cas des Irlandais d'une paroisse québécoise du XIXe siècle. Ses analyses des archives d'époque montrent comment l'intégration de ce groupe s'est faite dans une communauté qui comptait des Irlandais protestants et des francophones catholiques. Les Irlandais catholiques ne réussirent ni à s'assimiler ni à se trouver une niche sociale ou politique dans cette communauté rurale. Selon les travaux, l'intégration d'un groupe d'immigrants varie selon la place qu'il occupe dans les institutions politiques et religieuses[17].

Pour combler les lacunes des études à échantillon

L'étude de cas n'est pas la seule approche à connaître des limites méthodologiques. En ce sens, elle peut servir à combler les lacunes des autres stratégies de recherche – et vice-versa. Les méthodes quantitatives offrent aux chercheurs toute une panoplie d'outils statistiques qui leur permettent notamment de cerner l'influence de plusieurs variables. À l'aide de tests statistiques sur des échantillons représentatifs, il est possible d'identifier des relations de cause à effet en contrôlant l'effet de plusieurs autres variables, et ce de façon systématique et plus ou moins objective.

Toutefois, comme le soulignent plusieurs auteurs dont Stoecker[18], les études quantitatives par échantillon ont aussi des limites. L'auteur relève deux critiques à leur égard. D'une part, *les études par échantillon peuvent également souffrir de problèmes de validité*. Afin de recueillir des informations auprès d'un grand nombre de personnes ou de répondants difficiles à joindre, les études par échantillons feront appel à des instruments standardisés qui comprennent une grande proportion de questions fermées. Or, comme le rapporte Stoecker, il n'est pas rare que les catégories de réponses suggérées soient incomplètes ou mal comprises par les répondants. Par exemple, on peut demander à des répondants par l'entremise d'un questionnaire si oui ou non ils ont été victimes de harcèlement au travail. Or, si les chercheurs omettent de définir clairement le type de harcèlement

---

17. Aidan D. MCQUILLAN, « Pouvoir et perception : une communauté irlandaise au Québec du dix-neuvième siècle », *Recherches sociographiques*, vol. 40, 1999, p. 263-283.
18. Randy STOECKER, *op. cit.*, p. 90-94.

(sexuel, psychologique, etc.), il en résultera des erreurs de mesure ou des interprétations fautives. En l'absence d'étude de cas ou de travaux qualitatifs, les recherches de nature quantitative s'appuieront sur les seules intuitions de ceux qui concevront les questionnaires. Et là est justement l'erreur si ces chercheurs n'ont pas de connaissances préalables dans le domaine. Ils devront prévoir toutes les causes et toutes les catégories de réponses possibles sans vraiment connaître toutes les possibilités.

L'inexpérience ou l'inattention des assistants de recherche – qui font souvent le pont entre le chercheur principal et les sujets de l'échantillon – peuvent aussi mener à des classements fautifs. Contrairement aux études quantitatives, les études de cas permettent souvent une plus grande proximité entre les chercheurs principaux et les répondants, un avantage considérable qui limite le risque d'erreur de mesure due à la forme du questionnaire.

D'autre part, on peut aussi reprocher à certaines études par échantillon *d'établir des liens de causalité en s'appuyant uniquement sur des corrélations statistiques*. Si les statistiques peuvent suggérer une association entre phénomènes, elles ne remplacent pas l'explication logique. Dans certains cas, on peut se demander si les causes et les effets ne sont pas en fait des relations inversées. Par exemple, on peut démontrer une association entre le bénévolat et le sentiment de bien-être chez l'individu et défendre l'idée que le premier mène vers le deuxième. Mais on peut tout aussi bien faire l'hypothèse que ce sont les gens « bien dans leur peau » qui font davantage de bénévolat que la moyenne. Bref, les statistiques ne peuvent pas toujours permettre de distinguer l'œuf de la poule.

La corrélation statistique peut aussi être trompeuse si elle ne mesure pas tous les facteurs susceptibles d'expliquer le phénomène qui intéresse. Par exemple, une étude par échantillon peut très bien montrer une corrélation entre l'enseignement privé et le succès de l'étudiant, et faire l'hypothèse que l'enseignement du secteur privé est supérieur à celui du secteur public. En réalité, le succès du secteur privé est attribuable à de nombreux facteurs, dont le « filtrage » des candidats et le capital culturel des étudiants acquis par la voie de la famille. Pour découvrir et comprendre de tels facteurs, il faut souvent aller sur le terrain, visiter des familles et voir ce qui se cache vraiment derrière le phénomène (ou la variable dépendante) à l'étude.

À cet égard, la profondeur des études de cas permet de mieux comprendre les relations de cause à effet. Comme l'explique Tremblay[19], l'étude de cas permet d'observer une multitude de variables d'un nombre réduit d'individus. Cela permet au chercheur de prendre en compte plusieurs

---

19. Marc-Adélard TREMBLAY, *op. cit.*, p. 184.

facteurs de causalité et souvent, de les observer *in situ*, tandis que les études par échantillon ne mesurent souvent qu'un nombre limité de variables. Certaines variables clés risquent donc de passer inaperçues, surtout lorsque le chercheur est très éloigné des sujets.

Pour apporter des connaissances préthéoriques

Comme on l'explique au chapitre 2, la science cherche à réduire l'incertitude et à prévoir par l'accumulation de connaissances observées et vérifiées. C'est donc pour leur valeur *prédictive* que les théories et les recherches démontrant des relations de causes à effets jouissent d'une certaine notoriété dans la communauté scientifique. Une théorie causale démontrée par une preuve – statistique notamment – aura souvent moins de mal à s'affirmer qu'un compte rendu descriptif d'un cas isolé. Une preuve qu'un certain comportement parental a un impact sur le bien-être d'un enfant, par exemple, est plus susceptible d'attirer l'attention des médias d'une étude descriptive des garderies familiales en milieux défavorisés.

Pourtant, de nombreux auteurs nous rappellent que les connaissances d'une science se forment rarement à partir de travaux isolés de cause à effet. De nombreuses études descriptives apportent une valeur inestimable au corpus de connaissances d'une science. Des études de cas de type monographique, par exemple, peuvent faire découvrir des phénomènes et montrer un vide théorique à combler. Des classifications et des typologies résultant d'études de cas, comme l'indique Hamel[20], constituent déjà une connaissance abstraite et un outil pour comprendre la réalité. Les descriptions, organisées en classifications ou non, peuvent contribuer à former des hypothèses à être vérifiées par d'autres travaux à l'avenir. En ce sens, l'étude de cas peut montrer l'influence de facteurs inattendus. Ces connaissances sont donc préthéoriques car elles précèdent et aident à former des théories.

La complémentarité entre études de cas et études par échantillon

Comme la discussion précédente le suggère, les études de cas devraient donc être présentées comme des compléments essentiels aux études par échantillon. Les travaux de grande envergure cherchant à vérifier une relation de cause à effet bénéficieront souvent des hypothèses ou des

---

20. Jacques HAMEL, *op. cit.*, p. 114-115.

descriptions développées par des études de cas antérieures. L'étude de cas donne en quelque sorte une valeur ajoutée au corpus scientifique en comblant les points faibles typiques des études par échantillon. Mais les descriptions elles-mêmes des études de cas peuvent avoir une grande valeur : une classification de faits, même si elle n'est pas causale, fournit déjà un cadre pour mieux comprendre la réalité.

Ainsi, l'étude de cas aide à la compréhension des phénomènes sociaux qui nous entourent, soit en apportant des repères pour comprendre la réalité, soit en préparant le terrain des études causales menées auprès d'échantillons représentatifs.

Enfin, on peut résumer les caractéristiques des études de cas par rapport aux études par échantillon à l'aide du tableau suivant.

	Étude de cas	Étude par échantillon
Nombre de sujets	Limité	Étendu
Nombre de variables	Étendu	Limité
Approche	Plutôt inductive et interprétative	Plutôt hypothético-déductive
Forces méthodologiques	Exploratoire	Résultats statistiquement représentatifs
	Proximité du chercheur aux sujets	Mesure et analyse systématique de données
	Méthodes plurielles	Démonstration de théories causales par tests statistiques multivariés
	Intégration de facteurs difficiles à mesurer (histoire, contexte, etc.)	

 2 PISTES DE DÉMARCHE

Puisqu'un cas peut être observé de différentes façons, l'étude de cas ne constitue pas vraiment une méthode de recherche en soi. On dira plutôt que l'étude de cas est une approche ou une stratégie de recherche qui peut faire appel à plusieurs méthodes, dont l'observation participante, l'entrevue semi-dirigée et le questionnaire écrit. D'autres chapitres du présent ouvrage se consacrent à ces méthodes. Cependant, une discussion sur quelques techniques associées à l'étude de cas n'est pas inutile, compte tenu des nombreuses critiques d'ordre méthodologique adressées aux auteurs d'études de cas. On leur reproche souvent :

- de ne pas prendre conscience de leurs biais ;

- de ne pas choisir de bons « cas » ;

- de ne pas étudier le cas suffisamment en profondeur ;

- de ne pas vérifier la validité et la fidélité des résultats ;

- de ne pas interpréter et/ou généraliser les résultats correctement.

Les critiques ont déclenché une véritable réflexion collective sur ces lacunes et les autres problèmes méthodologiques associés à la démarche. Il en a résulté un effort considérable pour améliorer l'approche. Dans cette deuxième section du chapitre, il sera question de quelques pistes pouvant aider le chercheur novice. Elles auront pour objectif d'aider le chercheur à éviter quelques-unes des erreurs typiques des études de cas.

Bien entendu, il n'y a pas de recettes magiques pour éviter ces pièges. Il y a plutôt des stratégies pour rendre d'une part, la collecte d'information plus systématique et d'autre part, les résultats et les conclusions plus fructueuses et pertinentes aux yeux de la collectivité scientifique.

▦ 2.1. La préparation du cadre théorique

Une étude de cas sera critiquée – le plus souvent ignorée – lorsque son sujet ou ses conclusions seront peu pertinents pour la communauté. Une bonne préparation du cadre théorique mènera à une question de recherche et à des résultats qui soulèveront un intérêt parmi les pairs. Cela vaut pour tous les types de recherche, mais il n'est pas inutile de le rappeler ici car le novice est souvent tenté de choisir un « cas » un peu à la hâte, sans vraiment considérer la pertinence théorique du sujet.

Le cadre théorique – qui contient essentiellement les questions de recherche, les théories apparentées, les hypothèses et les indicateurs – se basera d'abord sur une revue de littérature. Idéalement, le chercheur sélectionnera le cas après avoir mené une revue de littérature sur le sujet qui le préoccupe. Cette démarche identifiera les résultats des travaux antérieurs, et les différentes théories qui touchent de près ou de loin son sujet. L'importance du cadre théorique peut sembler contradictoire avec ce qui a été écrit plus tôt. En effet, l'étude de cas est généralement reconnue pour ses qualités exploratoires. On l'a dit, son approche inductive est particulièrement utile pour découvrir toutes les dimensions insoupçonnées d'un phénomène nouveau. Une revue des théories et des travaux antérieurs aide cependant le chercheur à poser des questions pertinentes, des questions *du jour*, c'est-à-dire qui soulèvent un intérêt et pour lequel il n'y a pas ou peu de réponses.

Mais plus important encore, cette revue des théories préexistantes offre des clés précieuses pour comprendre le phénomène qui sera étudié. Une théorie, c'est à la fois une explication et un outil de prédiction. De façon plus concrète, la théorie aidera le chercheur à comprendre et à interpréter rapidement ce qu'il rencontre sur le terrain. Elle peut aider à reconnaître des relations de cause à effet. Par exemple, les enjeux et les causes de conflits interpersonnels au sein d'une organisation seront peut-être compris plus rapidement à l'aide des différentes théories sur le pouvoir. Stoecker nous rappelle d'ailleurs comment il est important de considérer plusieurs types de travaux et plusieurs théories, y compris celles qui se contredisent. Lorsque le sujet est particulièrement nouveau, il vaut mieux ratisser large pour être mieux armé lorsqu'on « débarquera » sur le terrain.

La théorie peut aussi servir de soutien lorsqu'il s'agira d'évaluer dans quelle mesure on peut généraliser nos conclusions. Un des défis majeurs pour l'utilisateur de l'étude de cas, c'est de faire valoir la pertinence de ses travaux. Le plus souvent, cette pertinence se mesure par la capacité de l'étude à dégager des conclusions qui dépassent le cas, qui sont, dans une certaine mesure, généralisable à une réalité plus large. En intégrant des éléments de théories reconnues et acceptées dans un nouveau cadre d'interprétation, le chercheur pourra plus facilement convaincre ses lecteurs des implications plus larges de ses conclusions.

Bien entendu, le chercheur pourra aussi vérifier si les théories antérieures sont valables – ou suggérer des variances ou des améliorations. Plus souvent, il dira pourquoi les théories s'appliquent mal au cas étudié et il proposera des voies théoriques alternatives. Mais cela se fait difficilement sans avoir une connaissance des théories au préalable. Sinon, le chercheur risque de ne pas poser les bonnes questions pour vérifier ces théories.

La revue de littérature ne sera pas, cependant, l'unique déterminant du cadre théorique de l'étude de cas. Stoecker[21] nous rappelle aussi comment les caractéristiques du cas détermineront aussi le choix du cadre théorique. Comme c'est souvent le cas en recherche, il n'est pas toujours possible, ni souhaitable, de suivre un processus linéaire. Les meilleurs chercheurs feront plutôt des va-et-vient entre le processus de sélection du cas et la construction du cadre théorique. Il y a donc un processus itératif, du moins au début, qui mènera vers la construction d'un cadre théorique solide.

---

21. Randy Stoecker, *op. cit.*, p. 101.

Enfin, il faudrait mentionner aussi qu'une préparation minutieuse de la recherche avant la collecte de données est aussi importante pour l'étude de cas que pour n'importe quelle autre stratégie de recherche. Comme l'explique Yin[22], il faut établir un plan de recherche qui devrait inclure les questions de recherche, les données pertinentes à collecter, et un plan d'analyse de données. Pour ce faire, on puisera dans la littérature et on consultera des collègues au besoin (on y reviendra). Surtout, il faudra aussi faire une préenquête sur le terrain. Mais auparavant, il faudra bien choisir le cas sur lequel on se penchera.

▓ 2.2. La sélection du ou des cas

On vient de le dire, le choix du cas ne devrait pas se faire avant, ni tout à fait après la construction du cadre théorique. Il constitue une étape cruciale qui aura un impact direct sur la pertinence des résultats des travaux.

Si l'on revient à notre définition, un cas peut faire référence à un phénomène, un événement, un groupe ou un ensemble d'individus. Le cas ne se limite donc pas nécessairement à un lieu physique. Selon Hamel[23], un cas correspond à un observatoire qui présente certaines qualités. Pour reprendre ce qui a été mentionné plus tôt, il faudra choisir un cas qui est exemplaire ou qui illustre bien un problème qui intéresse la communauté scientifique. Il peut aussi être choisi pour sa façon particulière d'accentuer un phénomène particulier. Le cas peut être sélectionné pour son caractère révélateur, ou par l'opportunité qu'il présente d'étudier un phénomène en temps réel. L'étude d'un conflit de travail – dont l'événement est limité dans le temps – est un exemple typique. Certes, on l'a dit, le cas ne sera pas représentatif sur le plan statistique, mais plutôt sur le plan théorique.

Pour Yin[24], la littérature influencera parfois le choix du cas. Selon le sujet et l'état de la recherche, il sera parfois utile de choisir un cas en fonction des travaux antérieurs sur le sujet. Par exemple, il est parfois avantageux de choisir des cas dont les caractéristiques permettront des comparaisons avec des cas étudiés précédemment. On pourrait considérer le contexte géographique, la taille de l'ensemble ou du groupe qui nous intéresse, le secteur économique, etc. L'étude d'un cas dans un contexte semi-urbain pourrait suivre une étude précédente menée dans un contexte fortement urbanisé, par exemple, pour contrôler ou vérifier l'effet du contexte.

---

22. Robert K. Yɪɴ, *Case Study Research*, Thousand Oaks, Sage, 1994, p. 18-20.
23. Jacques Hᴀᴍᴇʟ, *op. cit.*, p. 93.
24. Robert Yɪɴ, *op. cit.*, p. 24.

Plusieurs auteurs dont Yin[25] mentionnent aussi l'importance de bien délimiter le cas ou du moins, de vérifier si des frontières existent. S'il n'y a pas de limites, ce n'est pas vraiment un cas. Il doit avoir une limite théorique au cas et il faut que celui-ci soit complet. Parfois, cela sera vérifié en faisant un relevé des personnes à questionner. Si ce nombre est pour ainsi dire illimité, on doit se poser des questions sur les frontières réelles du cas. Une délimitation claire facilitera l'interprétation des résultats – dont le rôle du contexte social et historique.

▓ 2.3. La préparation du terrain et la préenquête

Tout dépendant de la complexité du cas, notamment de la taille de la population qu'il représente, il faudra mettre en place des mesures préparatoires pour assurer le bon déroulement des travaux et de l'étude en général.

Dans certaines situations, il faudra négocier son entrée sur le terrain. C'est notamment le cas lorsqu'il s'agit d'étudier un ensemble hiérarchisé, comme un ministère ou une entreprise. Il s'agira de repérer les personnes clés pour leur présenter l'étude, ses objectifs et ses commanditaires, le cas échéant. Bien que ce ne soit pas toujours facile, le chercheur tâchera de repérer les centres de pouvoir clés et de présenter l'étude à chacun. L'étude d'un hôpital, par exemple, sera présentée aux différents comités, conseils et syndicats. Avec ces représentants, il faudra aussi discuter des questions de confidentialité. Des lettres d'ententes sont utiles à cet égard.

Une préenquête n'est pas un luxe. Il s'agit d'une première visite sur le terrain pour interviewer quelques personnes clés. Ces individus sauront brosser un tableau global de la situation et indiquer des sources d'information, y compris les personnes et les ressources écrites ou matérielles. La préenquête servira à prendre connaissance de la nature et l'envergure du matériel à traiter, et à anticiper les obstacles susceptibles de nuire aux travaux. La préenquête offre parfois l'occasion de jeter un coup d'œil sur des documents et des statistiques qui pourront éventuellement être dépouillés de façon plus systématique. Elle devra se faire assez tôt dans le processus pour alimenter le cadre théorique. Elle sera également la source principale d'information pour le processus de planification de recherche. Ainsi, les questions pointues de recherche, les variables à analyser, le plan d'analyse et les ressources nécessaires pour mener à bien les travaux pourront être finalisés après une première démarche sur le terrain. Le choix même du cas pourra être remis en question après la préenquête.

---

25. *Ibid.*, p. 24.

Idéalement, la mise à jour du plan de recherche comprendra notamment l'établissement d'un véritable inventaire de personnes à interviewer, sonder ou observer, ainsi que des documents qu'il faudra analyser. Bien entendu, on pourra ajouter des noms à la liste au fil des travaux de terrain ; un plan de recherche détaillé assurera toutefois au chercheur une revue maximale des sources d'information dans les échéanciers prévus.

Une fois le plan finalisé, on pourra procéder aux dernières préparations de terrain, dont la préparation des instruments de collecte d'information, la rédaction de lettres d'introduction et la formation des assistants. Sur ce point, on peut faire un cas ou quelques entrevues pilotes pour former les assistants et prétester les instruments de collecte.

▓ 2.4. La collecte de données

Pour plusieurs chercheurs, la collecte de données constitue le moment fort de leurs travaux. Pour l'étude de cas, cela est peut-être encore plus vrai, compte tenu du rôle actif que jouera probablement le chercheur principal sur le terrain. Celui-ci devra procéder de façon systématique s'il veut éviter les critiques citées en début de section.

Deux stratégies clés aideront le chercheur à réduire l'influence de ses biais personnels et à approfondir davantage son analyse du cas étudié.

La première stratégie consiste à multiplier ses méthodes ou ses sources de mesure. En faisant appel à plusieurs méthodes et sources de données, on limite les biais causés par des erreurs de mesure. Par exemple, si dans un cas donné on apprend par entrevues qu'une décision politique a été influencée par un groupe quelconque, on pourra tenter de vérifier cette influence en effectuant une revue des contributions aux caisses du parti au pouvoir (une contribution importante suggérera une influence importante sur les décisions). Cette *triangulation des données* permettra au chercheur de combler les lacunes ou biais de chacune des méthodes ou des sources d'information dont il fera usage. Comme l'explique Hamel[26], la triangulation des données place l'objet d'étude sous « le feu d'éclairages différents dans l'espoir de lui donner tout son relief ».

La multiplication des méthodes (entrevues, études de statistiques, revue de presse, etc.) permet au chercheur « d'asseoir » ses observations sur des bases plus solides. Mais la triangulation peut aussi se faire à l'intérieur

---

26. Jacques HAMEL, *op. cit.*, p. 104.

du cadre d'une même méthode. La méthode d'entrevue, notamment, peut s'appliquer sur des populations très différentes sur le plan du positionnement face au problème qui nous intéresse. Par exemple, l'étude d'une catastrophe écologique pourra s'appuyer sur des documents, mais aussi des entrevues auprès de plusieurs personnes, y compris des observateurs neutres qui n'ont pas d'intérêts particuliers dans les enjeux en cause.

La deuxième stratégie consiste à tenir un journal de bord détaillé. On ne mettra jamais assez d'accent sur l'importance de cet outil. Le journal du chercheur contiendra les notes générales, les difficultés rencontrées sur le terrain, les réflexions personnelles, les ébauches d'explication, les descriptions globales et les questions que le chercheur notera au fur et à mesure des travaux. Le caractère libre et privé du journal de bord lui permettra de tout noter, sans gêne ou discrimination. Cette méthode est très bien présentée dans le chapitre sur l'observation directe dans le présent ouvrage. Comme on le mentionne dans ce chapitre, il permet au chercheur de prendre conscience de ses biais et surtout, de prendre des mesures spéciales pour vérifier ses observations lorsque celles-ci concordent avec ses idées de départ.

Mais peut-être plus important encore, le journal de bord aide le chercheur à tisser des liens entre différentes observations ou différentes sources de mesures. Le chercheur saura tout noter et surtout, se relire plusieurs fois pour atteindre une meilleure compréhension de la situation. Un cas est souvent composé d'éléments très variés, y compris des témoignages contradictoires et des facteurs de contexte très étendus, dont l'interprétation demandera plusieurs jours de réflexion. Le novice ébauchera peut-être des dizaines d'hypothèses et d'explications avant d'élever son interprétation au-dessus du sens commun.

Bref, en notant tout dans son journal, le chercheur finira par prendre conscience de ses biais et objectiver sa pensée et ses interprétations. Ainsi, le journal l'aidera à accroître à la fois la validité de ses observations et la profondeur de ses interprétations.

▓ 2.5. L'analyse

Il a souvent été écrit que la recherche n'est pas un processus linéaire. Cela est vrai pour toutes les étapes de la recherche, y compris l'analyse. Le chercheur d'expérience analyse ses résultats au fur et à mesure que ceux-ci sont recueillis. Ce processus d'analyse continue lui permettra d'identifier des facteurs d'influence insoupçonnés ou de nouvelles sous-questions. Il pourra alors affiner ses instruments de recherche ou même tenter de recueillir des données de sources différentes. Par exemple, il ajoutera quelques questions supplémentaires à un questionnaire d'entrevue, ou il obtiendra des données additionnelles pour éclaircir un point particulier.

Il demeure néanmoins que le cœur du travail d'analyse se fera une fois que toutes les données seront recueillies. À ce moment, on cherchera essentiellement à répondre aux questions de recherche initiales – et à celles qui ont fait surface au cours des travaux de terrain. On tâchera aussi de vérifier ou d'infirmer les hypothèses de départ, le cas échéant. Pour ce faire, le chercheur devra faire un examen systématique et méticuleux de l'ensemble de ses données.

On ne reviendra pas ici sur ce qui a déjà été écrit sur les méthodes d'analyses qualitatives et quantitatives dans les autres chapitres de cet ouvrage. Cependant, comme nous le rappelle Yin[27], il faut garder en tête le fait qu'un cas n'est pas perçu comme étant un échantillon représentatif de la société plus large, ce qui a des implications importantes au moment de l'analyse. Sur le plan quantitatif par exemple, ce serait commettre une erreur de faire des calculs statistiques pour évaluer la représentativité des résultats. Par contre, il est possible et souhaitable de tirer des généralisations sur le plan analytique ou conceptuel.

Cependant, une telle interprétation est plus délicate et sujette à la critique. Pour obtenir des résultats pertinents et convaincants, le chercheur menant une étude de cas devra redoubler d'effort pour analyser ses résultats de terrain de façon systématique. Cela sera d'autant plus difficile lorsque de multiples sources de données et d'information sont utilisées pour analyser le cas.

Pour s'assurer une analyse systématique des résultats, il est fortement recommandé de transférer toutes les informations recueillies dans un support ou une structure unique qui facilitera leur manipulation. *Il s'agit en quelque sorte de construire une base de données qualitatives qui renfermera les résultats de toutes les sources.* Des fiches de papier, par exemple, peuvent servir comme support pour réunir les informations recueillies, que ce soit des notes d'entrevues, des citations, des extraits de revue de littérature, des résumés d'analyses statistiques, etc. Numérotées et titrées de quelques mots clés, les fiches peuvent être organisées et triées pour différentes analyses. Les informations résumées et transformées en format uniforme peuvent alors être facilement croisées et comparées pour dégager des tendances et des contradictions. Avec l'ordinateur, on peut aussi

---

27. Robert YIN, *op. cit.*, p. 31.

constituer une véritable base de données que l'on peut manipuler avec beaucoup de facilité. À l'aide d'un logiciel approprié, on peut établir des champs ou des segments (par question de recherche par exemple) pour trier les résultats. Le chercheur pourra toujours retourner à ses notes ou ses imprimés de données statistiques pour revoir des résultats détaillés ; les fiches ou la base de données fourniront cependant au chercheur des résumés globaux d'information de toutes sources aux fins de croisement et d'analyse.

Avec le journal de recherche, une base de données permettra au chercheur de mieux prendre conscience de son matériel et d'identifier des pièces manquantes dans le corpus de résultats. On l'a mentionné plus tôt, on reproche parfois aux études de cas de ne pas faire suffisamment le tour de toutes les sources de données. Des résultats bien organisés et intégrés dans une structure unique permettront au chercheur de juger de la quantité d'information collectée au fur et à mesure que les travaux progressent. Toute lacune sera facilement comblée dans la mesure où elle est repérée rapidement. D'où l'importance d'intégrer l'information dans la base de données le plus rapidement possible.

Avec une base de données bien organisée, le chercheur sera en mesure d'obtenir des réponses globales à ses questions de recherche de départ. La base de donnée structurée facilitera aussi la tâche au chercheur si celui-ci doit faire un retour à ses résultats après un certain laps de temps : des résultats organisés et indexés deviennent plus accessibles et comblent facilement les trous de mémoire du chercheur plusieurs mois après les enquêtes de terrain.

▓ 2.6. La rédaction

La présentation de toute étude aura un impact direct sur la perception de sa pertinence. Des travaux bien présentés seront plus convaincants et donc pertinents pour la communauté. Yin[28] conseille aux auteurs d'études de cas de bien identifier leur auditoire avant de rédiger. Cet auditoire peut comprendre la communauté scientifique, mais aussi les praticiens, les bailleurs de fonds et la communauté à l'étude. Chacun aura ses besoins propres ; les praticiens, par exemple, chercheront des enseignements pratiques pour les actions futures, alors que les bailleurs de fonds seront probablement aussi sensibles aux résultats qu'à la rigueur de la description de la méthode. Si nécessaire, le chercheur pourra produire plusieurs textes de formats différents et adaptés à des auditoires précis.

---

28. *Ibid.*, p. 128-129.

Yin suggère aussi de réfléchir à la forme de la présentation du cas dès la phase de conception de recherche. Il distingue les approches suivantes[29] :

1) *L'approche linéaire-analytique.* Il s'agit de la présentation « classique » des études empiriques, on l'on présente successivement la revue de la littérature, les questions de recherche, la méthode, les résultats et les conclusions.

2) *L'approche comparative.* Cette approche consiste à présenter la même étude de cas plusieurs fois et de façon consécutive dans un même texte, mais en utilisant des descriptions ou des explications différentes. Par exemple, le même cas peut être présenté de façon différente selon plusieurs cadres conceptuels.

3) *L'approche chronologique.* Comme son nom l'indique, cette approche présente les différents éléments d'un cas selon leur évolution dans le temps. Une telle présentation linéaire peut être utile pour rendre une explication qui se déroule dans le temps. Yin note cependant que les adeptes de cette approche ont tendance à mettre trop d'accent sur certains éléments de contexte en début de chronologie. Pour éviter ce piège, il suggère de commencer la rédaction par les événements de la fin.

4) *La construction théorique continue.* Selon cette approche, les arguments associés à une théorie sont présentés un par un, ou pièce par pièce, en s'appuyant sur le cas. Ainsi, la théorie est graduellement dévoilée au fil des sections et démontrée en s'appuyant sur les résultats du cas.

5) *L'approche « suspense ».* Il s'agit de révéler l'interprétation ou les conclusions de l'étude de cas en début de texte, pour ensuite présenter le contexte et les résultats qui mènent à ces premières. Cette approche est peut-être plus susceptible de capter l'attention du lecteur assez tôt dans le texte, mais elle présuppose une analyse qui dépasse la simple description.

Dans tous les cas, l'auteur saura démontrer qu'il a recueilli suffisamment d'information pour appuyer ses dires. Plusieurs auteurs donneront une place importante à la description et à l'analyse du contexte du cas à l'étude. On l'a dit plus tôt, c'est une des forces de cette approche : comme le cas est par définition limité, le chercheur a la possibilité d'approfondir l'influence des différents éléments contextuels autour du cas. Cela peut comprendre le contexte historique, géographique, économique, etc. Le

---

29. *Ibid.*, p. 135-143.

caractère restreint du cas et l'emploi de méthodes multiples permettent une analyse en profondeur de ces éléments de contexte, ce qui est souvent impossible dans les études par échantillon.

Par contre, comme le souligne Hamel[30], si on attend une certaine description du cas et de son contexte, on ne doit pas se contenter d'une présentation simple des informations de terrain, du moins lorsqu'il s'agit d'une étude à caractère scientifique. On s'attend généralement à une explication ou une interprétation qui s'exprime dans un langage scientifique. L'explication elle-même doit transcender la description et s'exprimer avec des mots propres à la science. Si le cas n'est pas statistiquement représentatif, on s'attend tout de même à une interprétation qui dépasse ses bornes. Idéalement, on cherchera à formuler des clés d'explication, lesquelles, potentiellement, pourront s'appliquer à des cas différents ou dans des circonstances différentes.

Enfin, l'auteur de l'étude de cas sera parfois confronté à la question de l'anonymat. Idéalement, il faudrait identifier le cas dans le texte. Pour Yin[31], cela aide le lecteur à comprendre le cas et à juger de la valeur des interprétations proposées par l'auteur. L'identification du cas peut aussi être utile aux fins de sélection de cas futurs. Cependant, si le sujet est controversé ou délicat, ou si la publication des résultats est susceptible d'avoir un impact sur l'avenir des sujets, il vaudra peut-être mieux conserver l'anonymat. L'emploi de noms fictifs rendra la lecture plus agréable. Le chapitre de cet ouvrage portant sur l'éthique en recherche sociale approfondit ces questions.

▧ 2.7. La participation d'acteurs externes aux travaux

On l'a dit plus tôt, l'étude de cas est dans une certaine mesure plus exigeante que l'étude par échantillon. Nombreux sont ceux qui auront des préjugés sur ce genre d'étude uniquement pour des raisons méthodologiques. Le choix d'un cas approprié, une approche systématique, des interprétations pertinentes et une présentation claire des résultats forment les ingrédients d'une étude de cas réussie. Outre les techniques mentionnées plus haut, on peut ajouter l'importance de faire participer des acteurs externes tout au long du processus.

---

30. Jacques Hamel, *op. cit.*, p. 109-110.
31. Robert Yin, *op. cit.*, p. 143.

Le chercheur saura notamment faire appel à des collègues à différents stades de ses travaux pour bénéficier de leur expertise et de leur objectivité. Leurs conseils seront souvent précieux pour évaluer la pertinence d'un cas ou d'une méthodologie. Un deuxième regard permettra aussi au chercheur de mieux prendre conscience de ses biais et de confirmer ses interprétations.

La participation des sujets eux-mêmes peut aussi être considérée. Retourner aux sujets ou faire participer les sujets aux travaux peut être un moyen de valider les résultats. Cette validation peut se faire à la fin des travaux de terrain, ou au fur et à mesure que les travaux progressent. Par exemple, le chercheur peut très bien « tester » ses interprétations à la fin des entrevues avec les derniers répondants à l'étude. Bien souvent, les répondants seront eux-mêmes étonnés de la justesse des interprétations. On peut aussi s'attendre à ce que certains sujets soient en désaccord avec les interprétations si des intérêts particuliers sont en jeu : on peut anticiper, par exemple, des divergences d'opinions entre employeurs et syndicats sur certaines questions entourant leurs rapports. Dans ces cas, le chercheur saura faire preuve de jugement dans l'interprétation des commentaires des parties.

Conclusion

Ce chapitre a cherché à présenter essentiellement deux choses : une définition de l'étude de cas comme stratégie de recherche, et quelques techniques connues pour rendre l'approche plus systématique et ses résultats plus pertinents. Pour accomplir la première tâche, nous avons entre autres discuté les forces et faiblesses de l'approche. Cela a ouvert la voie à la deuxième partie, qui consistait essentiellement à suggérer quelques pistes pour éviter les biais et limites souvent attribués à la méthode.

À certains moments, le lecteur a peut-être eu l'impression que l'auteur a profité de sa position privilégiée pour promouvoir cette approche de recherche. Nous plaidons coupable. Cependant, il ne faudrait pas interpréter nos propos dans le sens d'un dénigrement des autres stratégies de recherche, dont l'étude par échantillon. C'est plutôt la complémentarité qui a été défendue ici. En dépit de toutes les critiques contre les différentes approches, il existe une symbiose entre chacune, du moins dans plusieurs disciplines des sciences sociales. Cette complémentarité est bien réelle, mais peu fréquente à l'intérieur d'un seul projet de recherche. Des études qui comportent à la fois une dimension quantitative par échantillon et un nombre limité de cas étudiés en profondeur, demeurent encore très rares.

L'avenir nous réserve peut-être un plus grand nombre de telles études d'envergure. Il en résulterait des études plus riches – et sans doute aussi des chercheurs un peu moins confinés.

Bibliographie annotée

ECKSTEIN, Elliot W., « Case study and theory in political science », dans Fred I. GREENSTEIN et Nelson W. POLSBY (dir.), *Handbook of Political Science*, vol. 7, Adison-Wesley, 1975, p. 79-137.

Un texte qui date mais qui demeure une référence en sciences politiques. L'auteur discute entre autres du rôle de l'étude de cas dans le développement de théories, en comparant l'approche notamment avec l'étude comparative.

HAMEL, Jacques, *Études de cas et sciences sociales*, Paris, L'Harmattan, 1997.

Ce texte à caractère plutôt épistémologique constitue une excellente introduction à l'étude de cas pour ceux qui s'intéressent à son histoire, ses différentes variantes et à ses conditions d'application.

STOECKER, Randy, « Evaluating and rethinking the case study », *Sociological Review*, vol. 39, n° 1, 1991, p. 88-112.

Paru il y a quelques années, cet article est toujours d'actualité et fait le point sur les critiques à l'égard de l'étude de cas et quelques techniques pour augmenter la qualité de ses résultats.

YIN, Robert K., *Case Study Research*, Thousand Oaks, Sage, 1994.

Parmi les ouvrages récents, ce livre est sans doute l'un des plus poussés sur le sujet. L'auteur se démarque par les approches et techniques systématiques qu'il propose pour augmenter la validité interne et externe des résultats. Un excellent texte de référence pour tous ceux qui font des études de cas.

La mesure

Claire DURAND et André BLAIS

*We seem to have two distinct languages, one of which is in
some sense more complete than the other. The first is a
theoretical language in which we do our thinking. The second is
an operational language involving explicit instruction for
classifying or measuring. The two languages cannot be linked by
any strictly logical argument. Instead, a correspondence between
two concepts, one in each language, must be established by
common agreement or a priori assumption.*

Hubert M. BLALOCK

L'action de mesure se situe à la jonction des deux grandes étapes de la
recherche, la *formulation des hypothèses*, d'une part, et leur *vérification*,
d'autre part. Ces deux étapes possèdent leur langage propre. Le langage
utilisé à l'étape de la formulation des hypothèses est essentiellement
abstrait. Un certain nombre de propositions sont avancées, qui établissent
des relations entre des concepts : on affirme, par exemple, que « c'est
lorsqu'il y a domination d'un parti qu'un tiers parti est plus susceptible
d'émerger[1] ». Le langage de la vérification est *concret* et se fonde sur l'observation empirique des phénomènes : on examine, par exemple, les résultats

---

1. Maurice PINARD, *The Rise of a Third Party : A Study in Crisis Politics*, Englewood Cliffs,
Prentice-Hall, 1971.

des différentes élections provinciales tenues au Canada depuis 1900 pour déterminer si les tiers partis obtiennent plus de votes lorsque le principal parti d'opposition avait obtenu moins de votes dans les élections précédentes. Les deux langages sont indispensables à l'ensemble de l'opération. La recherche n'est possible que si l'on peut formuler des hypothèses sur la réalité, hypothèses que l'on confronte avec l'information recueillie. Ce processus permet, en interprétant les résultats de la confrontation, d'en arriver à des conclusions sur la réalité.

Le problème de départ est celui du passage du langage de l'abstraction, qui prévaut dans la formulation d'hypothèses de recherche, à celui de l'observation ou de la mesure, qui s'impose au niveau de la vérification. Le problème est analogue à celui que l'on rencontre lorsqu'on veut exprimer une idée, un sentiment. On cherche à utiliser les mots, les formulations qui seront le plus conformes à ce que l'on pense ou ressent. Cette opération est d'autant plus difficile lorsqu'on tente de s'exprimer dans une autre langue que sa langue maternelle. C'est un peu la situation que l'on rencontre lorsqu'on passe du langage de l'abstraction au langage empirique. D'une part, plus ce que l'on pense ou ressent est clair, plus il est facile de le traduire en mots. D'autre part, plus notre connaissance de la langue seconde, la langue empirique, est bonne, plus il nous est facile de nous exprimer ; toutefois, la langue empirique demeurera toujours une langue seconde. Ainsi en est-il dans le domaine de la recherche. Il s'agit, tout en sachant qu'il n'existe pas de solution parfaite, d'identifier pour chacun des concepts retenus, un ou plusieurs équivalents empiriques, qui constituent en quelque sorte la traduction, dans le langage de l'observation, des constructions abstraites de l'esprit.

> Prenons, par exemple, le concept de participation politique. Un chercheur peut s'intéresser aux facteurs qui influencent (positivement ou négativement) la participation et énoncer un certain nombre d'hypothèses à cet égard. La participation (ou la non-participation) est une construction de l'esprit, à laquelle on fait appel pour comprendre le réel. Elle est une abstraction : elle ne se voit pas, ne s'entend pas, ne se sent pas, ne se touche pas. Le chercheur a, par contre, accès à des phénomènes qu'il peut interpréter comme étant des signes, des équivalents empiriques de la participation, telle qu'il la conçoit et la définit. Un tel individu vote (ou ne vote pas), assiste (ou non) à une assemblée publique, prend part (ou non) à une manifestation. Ce seront là autant d'*indicateurs* possibles du concept de participation. On peut également regarder comment Statistique Canada traduit un concept comme le chômage. Trois indicateurs sont utilisés : le fait d'être sans emploi, le fait d'être disponible pour travailler et le fait de se chercher un emploi. Ainsi, un chômeur est défini non pas simplement comme une personne sans emploi, mais aussi comme une personne qui peut et qui veut travailler.

Le passage de la théorie à la vérification exige que l'on mesure des *concepts* au moyen d'*indicateurs*, ce qui demande d'établir un pont entre l'univers de l'abstraction et l'univers de l'observation et de la mesure. Les conclusions d'une recherche dépendent étroitement des décisions qui ont été prises à l'étape du choix des indicateurs. Ces conclusions ne tiennent qu'en autant que ces données empiriques (les indicateurs) reflètent adéquatement les constructions théoriques avancées (les concepts). La sélection des indicateurs est donc une opération lourde de conséquences.

FIGURE 1
Les deux mouvements de traduction associés à l'opération de mesure

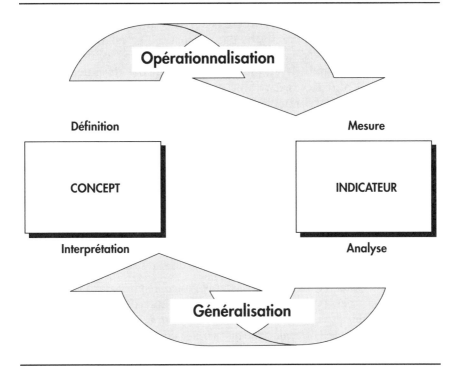

Un exemple peut illustrer ce point. Lorsqu'il a voulu vérifier l'hypothèse selon laquelle c'est lorsqu'il y a domination d'un parti qu'un tiers parti est plus susceptible d'émerger, Maurice Pinard a retenu comme indicateur de domination le fait que (d'après les rapports du directeur général des élections) le principal parti d'opposition avait obtenu moins du tiers des votes au cours des élections précédentes. Son rapport présente des données qui appuient son hypothèse[2]. Par la suite, André Blais[3] a montré qu'en ayant recours à d'autres indicateurs de domination (p. ex., la proportion de sièges détenus par le principal parti d'opposition, l'écart entre les pourcentages de votes obtenus par les deux premiers partis), les résultats étaient fort différents et tendaient plutôt à infirmer l'hypothèse. Dans ce cas, la conclusion de la recherche dépendait de l'indicateur choisi.

DU CONCEPT À L'INDICATEUR

L'indicateur ne peut être envisagé par lui-même, de façon isolée. Il se définit par rapport à un concept. L'hypothèse peut être centrée sur un seul concept que l'on examine dans le temps ou dans l'espace. Il en est ainsi des études qui tentent de vérifier si la criminalité, la participation politique, la consommation des médias, le chômage, augmentent ou diminuent dans le temps ou sont plus élevés dans une société que dans une autre. L'hypothèse peut aussi porter sur des liens pouvant exister entre un certain nombre de concepts, de dimensions. La recherche se veut alors explicative. On tentera de démontrer, par exemple, que l'augmentation du chômage entraîne une diminution de la popularité du gouvernement, que la concentration industrielle est associée à une augmentation des profits des entreprises, que la syndicalisation entraîne une rémunération plus élevée des employés. Dans chacun de ces exemples, on retrouve deux concepts centraux. Certaines hypothèses peuvent être plus complexes. Ce qu'il importe de retenir, c'est que l'hypothèse renvoie à un ou plusieurs concepts, que ces concepts sont abstraits et qu'on a besoin de signes concrets de ces concepts pour être en mesure de confirmer ou d'invalider l'hypothèse.

Le processus par lequel on passe de concepts abstraits à des indicateurs concrets, c'est la *mesure*. La mesure est définie comme l'*ensemble des opérations empiriques, effectuées à l'aide d'un ou de plusieurs instruments de mise en forme de l'information, qui permet de classer un objet dans une catégorie pour une caractéristique donnée.*

On utilise aussi le terme de mesure pour signifier le résultat de l'opération. On dira que l'exercice du droit de vote ou la présence à une assemblée publique d'un parti politique sont des mesures (ou des indicateurs) de la participation politique.

---

2. *Ibid.*, chap. 3.

3. André BLAIS, « Third Parties in Canadian Provincial Politics », *Revue canadienne de science politique*, vol. 7, septembre 1973, p. 422-439.

Nous avons parlé jusqu'ici exclusivement de concept et d'indicateur. Un autre terme connexe est couramment utilisé en recherche, celui de *variable*. Le terme s'emploie par opposition au terme « constante » pour indiquer *toute caractéristique susceptible de varier entre les unités*. Certains[4] situent la variable à mi-chemin entre le concept et l'indicateur, le concept étant plutôt associé à une théorie et la variable à une hypothèse. Cette dernière perspective paraît heureuse[5]. On parlera donc d'hypothèses portant sur les relations entre des variables. C'est ici qu'interviennent les concepts de *variables indépendante(s) et dépendante(s)*. Prenons l'hypothèse selon laquelle la concentration industrielle entraîne une augmentation des profits des entreprises. Dans cette hypothèse, le degré de concentration est la variable indépendante parce qu'on suppose qu'elle est la *cause* et le taux de profit est la variable dépendante parce qu'on suppose qu'elle est la *conséquence* qui découle de la cause. Dans cet exemple, les variables sont constituées à partir d'un seul indicateur. Une variable peut également être construite en combinant des indicateurs au moyen de diverses opérations logiques ou mathématiques.

▓ 1.1. L'objectif : la classification

L'objectif poursuivi dans le processus de mesure est de classifier les unités par rapport à un concept donné – degré de participation politique, occupation, origine ethnique, opinion sur l'avortement, satisfaction au travail. Comme le concept est le point de référence, il est essentiel qu'il ait été préalablement défini de façon précise. Il ne sert à rien de tenter de mesurer la participation politique si l'on n'a pas déjà une conception précise de ce qu'elle comprend et ne comprend pas. La mesure n'intervient qu'une fois le concept clairement circonscrit.

L'indicateur ne mesure qu'une dimension d'un concept. L'inverse n'est pas vrai. À un concept donné ne correspond pas nécessairement un seul indicateur. La traduction de l'abstrait au concret demande souvent le recours à plusieurs signes différents qui constituent autant d'approximations du concept de départ. La notion de profit, par exemple, peut être mesurée de plusieurs façons : on peut considérer les bénéfices avant ou après impôt, on peut les diviser par l'équité, le total des actifs, le capital investi, les

---

4. Dickinson McGAW et George WATSON, *Political and Social Inquiry*, New York, Wiley, 1976, chap. 10 ; Jarol B. MANHEIM et Richard C. RICH, *Empirical Political Analysis : Research Methods in Political Science*, Englewood Cliffs, Prentice-Hall, 1981, chap. 4.

5. « *Les sociologues théoriciens utilisent souvent des concepts qui sont formulés à un assez haut niveau d'abstraction. Ce sont des concepts relativement différents des variables utilisées qui sont le lot des sociologues empiriques.* » (BLALOCK, 1968)

ventes[6], chaque mesure comportant certains avantages et désavantages. On peut sélectionner un indicateur particulier ou en combiner plusieurs selon le cas. Par ailleurs, il est habituel d'élaborer des échelles à partir d'une série d'énoncées pour mesurer les attitudes. Chaque question vise alors à capter une « manifestation » particulière de cette attitude.

L'indicateur ou les indicateurs visent à permettre de placer les objets d'étude dans des catégories. Les catégories correspondent aux différentes situations où peuvent se retrouver les objets par rapport à la caractéristique retenue. Si l'on s'intéresse à la pratique religieuse, par exemple, on pourra distinguer des niveaux de pratique : pratique intense, pratique modérée, pratique faible. La classification impose la construction de catégories. L'objectif est d'entrer chaque individu dans l'une des « boîtes » ainsi constituées, de déterminer que tel individu, par rapport à tel critère (la pratique religieuse), doit être placé dans la catégorie « forte ». La logique est la même lorsque l'unité d'analyse n'est pas individuelle.

On peut donner, à titre d'exemple, la définition et la mesure du concept d'origine ethnique utilisée dans l'enquête *Comportements, besoins et préoccupations des élèves de 3e et 5e secondaire de l'île de Montréal selon leur origine ethnique*[7]. Les auteurs justifient d'abord l'utilisation du terme groupe ethnique plutôt que communauté culturelle par le fait que le premier terme s'applique à tous, y compris les francophones et les anglophones. Ils définissent ensuite le groupe ethnique comme « un ensemble d'individus qui ont en commun quelques caractéristiques se rapportant à leur langue, au lieu où ils sont nés ou au lieu où sont nés leurs parents » (p. 3). Le texte précise qu'il aurait été plus approprié de parler de groupements d'ethnies puisque certains groupes – les Asiatiques, par exemple – comprennent plusieurs ethnies. Ensuite, tous les critères de classification sont précisés. Ils sont basés sur un certain nombre d'indicateurs tels le lieu de naissance de l'élève, de même que celui de son père et de sa mère, la langue maternelle de l'élève (définie comme la première langue parlée et encore comprise) et sa langue d'usage (définie comme la langue parlée à la maison). Enfin, les cas particuliers, ceux pour lesquels les lieux de naissance de l'élève et de chaque parent sont tous trois différents, sont classifiés en fonction de critères relatifs à la langue d'usage. Ainsi, seront classifiés dans le groupe asiatique les élèves nés en Asie dont au moins un des parents est né en Asie et les élèves nés au Québec dont les deux parents sont nés en Asie ainsi que les élèves nés au Québec qui déclarent comme langue maternelle ou comme langue d'usage une langue asiatique et ce, quel que soit le lieu de naissance des parents. Cette classification exclut du groupe asiatique l'enfant asiatique adopté par des parents québécois.

---

6. Curtis W. SYMONDS, *Profit Dollars and Earnings Sense*, New York, Amacom, 1975.
7. GOUVERNEMENT DU QUÉBEC, ministère de l'Éducation du Québec, 1991.

Cet exemple montre bien que plusieurs indicateurs peuvent être nécessaires pour classifier les personnes relativement à un concept qui doit lui aussi être défini précisément. On parle de ce processus comme de l'opérationnalisation du concept. La tâche de l'indicateur ou des indicateurs est de permettre de traduire le plus fidèlement possible, dans l'univers empirique, le concept que l'on désire mesurer et seulement ce concept.

On distingue généralement trois types de catégorisation :

- Le premier est la *catégorisation nominale*, où les catégories sont simplement juxtaposées les unes aux autres. Cette catégorisation permet de différencier les individus en fonction de critères « qualitatifs », sans qu'il y ait ordonnancement d'une catégorie à l'autre. Le sexe, la religion, le lieu de naissance, la langue maternelle en sont des exemples. La langue maternelle, par exemple, peut être le français, l'anglais, l'italien, le portugais, le grec ou une autre langue. Un bon nombre de concepts utilisés en sciences sociales font appel à ce type de classification.

- Le deuxième type de catégorisation est *la catégorisation ordinale*, où les catégories possèdent également la propriété d'être hiérarchisées les unes par rapport aux autres, ce qui permet de ranger les objets étudiés selon un continuum allant du plus grand au plus petit (ou vice versa). Le niveau de pratique religieuse appartient à ce type. L'information est ici plus riche. Non seulement peut-on distinguer les individus (ou les groupes) les uns par rapport aux autres, mais on peut aussi les ranger, des plus pratiquants aux moins pratiquants. La mesure des attitudes utilise fréquemment des échelles de ce type. On mesurera, par exemple, le degré de satisfaction par une échelle de réponse du type « très satisfait, assez satisfait, peu satisfait, pas du tout satisfait » appliquée à un certain nombre d'éléments. Un grand nombre de recherches sociales ont recours à ce type de classification pour lequel l'ordre entre les catégories est connu mais non la distance d'une catégorie à l'autre.

- Le troisième type de catégorisation, la *catégorisation numérique* (à l'intérieur de laquelle on pourrait distinguer les niveaux *intervalle* et *proportionnel*), est encore plus précis. Comme le nom l'indique, les catégories correspondent alors à des nombres. L'âge, mesuré en années, le revenu, exprimé en dollars, et le taux de chômage, exprimé en proportion « nombre de chômeurs sur population active », en sont des exemples. Dans ces cas, non seulement peut-on ranger les objets d'étude les uns par rapport aux autres, mais on peut également apprécier avec exactitude les distances qui les séparent les uns des autres. On pourra dire d'un individu que son revenu est deux fois plus élevé que celui d'un autre, ou d'un pays que son taux de chômage est de deux points de pourcentage inférieur à celui d'un autre pays. Ce type de catégorisation requiert une unité standardisée de mesure (le dollar, par exemple), qui constitue le principe même de la classification. C'est le niveau de mesure le plus riche, celui qui donne les informations les plus détaillées. Un certain nombre de disciplines (la science économique en particulier) en font un grand usage.

Le chercheur a intérêt à faire appel à la catégorisation la plus riche, qui se prête à des traitements statistiques plus raffinés, à un plus grand éventail possible de traitements. C'est ainsi que lorsqu'on veut connaître l'âge des individus dans une enquête donnée, il est préférable de poser une question sur l'année de naissance (de façon à ce que l'âge soit établi en nombre d'années), plutôt que de se fier à des catégories ordonnées prédéterminées (18 à 24 ans, 25 à 34 ans, etc.), beaucoup moins précises. Il est d'autant plus important de procéder ainsi lorsque l'on veut faire des analyses de tendance et que l'on doit être en mesure de modifier les catégories d'âge pour tenir compte de l'évolution du temps. C'est toutefois la nature même des concepts retenus qui dicte le plus souvent le niveau de classification. Certains concepts sont nécessairement qualitatifs et ne se prêtent pas à la catégorisation numérique ou même ordinale. Ce type de contrainte doit être admis dès le départ. Il s'agit en somme de choisir le type de catégorisation qui convient au concept que l'on veut mesurer.

> Cette catégorisation peut revêtir des aspects théoriques importants. L'hyperactivité chez l'enfant, par exemple, peut être mesurée par certains indicateurs physiques relatifs à la fréquence des mouvements pendant une période de temps déterminée, ce qui donnera une mesure continue, numérique. On peut alors se demander, à partir de la définition de l'hyperactivité, si l'on ne doit pas plutôt dichotomiser la mesure continue selon un critère où un certain niveau d'activité serait considéré « normal », l'hyperactivité étant définie à partir d'un niveau exceptionnel de mouvement. Il n'y aurait donc pas des degrés d'hyperactivité, mais des individus qui peuvent être classifiés ou non comme hyperactifs en fonction de certains critères. Ce type de mesure critériée est courante, entre autres, en sciences du comportement et en éducation (notes de passage définissant le succès et l'échec).

Toutes les classifications ont en commun que les catégories qui les constituent doivent être collectivement *exhaustives* et mutuellement *exclusives*. Cela signifie d'abord que tout objet d'étude doit pouvoir être placé dans une catégorie et donc que la liste des possibilités est complète. Si l'on s'intéresse au comportement électoral, par exemple, les catégories doivent référer aux différents partis (ou candidats) en liste, mais aussi aux autres possibilités qui sont l'abstention et l'annulation. Il faut de plus que tout objet ne puisse être assigné qu'à *une seule* catégorie et qu'il n'y ait donc aucun recoupement possible entre les catégories. Ce principe n'est pas respecté lorsqu'on tente de mesurer deux dimensions en même temps. Prenons l'occupation, par exemple. Un certain nombre d'individus peuvent occuper un emploi tout en étant aux études, de sorte qu'ils pourraient théoriquement être classés dans plus d'une catégorie. Pour contourner cette difficulté, on utilisera plutôt le concept d'occupation principale, ce qui permet de classer chaque individu dans une seule catégorie, ou alors on utilisera une question supplémentaire sur l'occupation secondaire dans le cas où cette information serait centrale dans la recherche – portant sur les revenus des étudiants, par exemple.

▨ 1.2. Le moyen : les instruments et les opérations

L'objectif de la mesure étant de placer chaque objet étudié dans une caté-gorie, s'impose dès lors la nécessité de règles précises d'assignation aux catégories. Par exemple, à partir de quel critère désignera-t-on un syndicat donné comme étant d'un militantisme « fort » et tel autre d'un militan-tisme « faible » ? En fonction de quelle information dira-t-on que le taux d'inflation a été de 3,4 % au cours des 12 derniers mois ? La classification procède à partir de règles qui sont actualisées dans un ensemble d'opéra-tions empiriques concrètes.

> Revenons à l'exemple bien connu du chômage, un concept fort utilisé, tant en recherche que dans les médias. Statistique Canada cherche depuis plusieurs années à le mesurer le plus correctement possible. À quoi peut-on reconnaître qu'un individu est (ou n'est pas) chômeur ? À partir de la définition qu'elle s'est donnée, Statistique Canada suit la procédure suivante. Est considéré comme chômeur un individu qui, dans le cadre de l'enquête mensuelle, répond qu'il était sans travail au cours de la dernière semaine et affirme (en réponse à d'autres questions), qu'il n'y a aucune raison qui l'aurait empêché de prendre un emploi et qu'il a cherché du travail au cours des quatre dernières semaines[8]. En somme, Statistique Canada mesure le chômage à partir d'un ensemble de réponses données à un questionnaire administré à un échantillon de Canadiens. Il y a là toute une série d'opérations concrètes qui se finalisent dans un ensemble de questions et de réponses. Chaque individu est classé dans une catégorie (chômeur, ayant un emploi, inactif) selon les réponses qu'il a fournies. Ces opérations sont empiriques, puisqu'elles sont fondées sur l'observation. Un interviewer écoute les réponses données à ses

---

8. Pour une description plus précise de la procédure voir Statistique Canada, *La population active*, act. 71-001.

questions et les inscrit sur un formulaire. On voit ici l'écart qui peut exister entre la notion de chômage, telle qu'on peut se la représenter dans l'abstrait, et sa mesure empirique, qui, elle, se fonde sur des opérations bien concrètes. Il faut toutefois rappeler que l'ensemble de ces opérations découle directement de la conception que l'on se fait du chômage. Il ne suffit pas de savoir si une personne travaille ou non. On veut aussi déterminer si elle « veut » travailler ou non, ce qui amène à identifier des signes de « bonne volonté ». C'est à l'aide de telles opérations qu'on classifie chacun des objets d'étude dans l'une ou l'autre des catégories. C'est pourquoi on parle généralement d'opérationnalisation ou encore de mesure du concept pour faire référence au processus qui permet de traduire un concept en variable empirique.

La construction des indicateurs fait appel à des instruments de mise en forme de l'information. Ces instruments, ce sont essentiellement l'observation directe, l'analyse de contenu – discours, données institutionnelles chiffrées ou textuelles, entrevues – et le questionnaire. Ces trois instruments sont fondés sur l'observation, soit de comportements, soit de documents, soit de réponses à des questions. La construction des indicateurs exige dans un premier temps de retenir l'un ou l'autre de ces instruments ou une combinaison d'entre eux. Mais cela n'est pas suffisant. L'opérationnalisation renvoie également au mode d'emploi de l'instrument, à la grille d'observation ou d'analyse, à la formulation même des questions ainsi qu'au code d'interprétation des résultats obtenus. Le critère ici est la capacité de reproduire de façon exacte les opérations effectuées de façon à ce qu'un autre chercheur puisse les vérifier et les répéter au besoin.

Puisque le processus de mesure a pour fonction de classer des objets dans des catégories, l'instrument ou les instruments utilisés pour procéder à la classification et l'ensemble des opérations qui sont effectuées doivent être précisés. Il ne suffit pas de dire que les données proviennent d'un sondage, il faut aussi indiquer la procédure d'échantillonnage qui a été utilisée, le mode d'administration du questionnaire et les résultats de la collecte des données dont le taux de réponse. Ensuite, pour chacun des concepts retenus, les opérations effectuées doivent être précisées. Il s'agit en somme de renseigner le lecteur, avec le plus de détails possible, sur toutes les opérations faites pour passer du concept à la mesure. Ces renseignements doivent être suffisamment précis pour que tout autre chercheur puisse reproduire la procédure et donc répéter l'étude.

Il est aisé de comprendre que si chaque chercheur intéressé à mesurer la température créait son propre thermomètre et sa propre échelle, il deviendrait extrêmement difficile, même pour le commun des mortels, de parler de température puisqu'une expression aussi banale que « Il fait 20 degrés » ne serait plus comprise de la même manière par tous s'il y avait plusieurs échelles de mesure de la température et qu'il fallait préciser l'échelle de référence à chaque fois. C'est pourtant une situation fréquente en sciences sociales où les mêmes concepts sont souvent mesurés de manière différente. Il devient alors d'autant plus essentiel que la procédure suivie pour effectuer la mesure soit précisée.

Cette exigence découle de la conception que la communauté scientifique se fait de la connaissance. Toute recherche procède par découpage et ne peut éclairer, dans le meilleur des cas, qu'une partie de la réalité. De plus, les risques d'erreurs sont importants de telle sorte que les chercheurs n'ont vraiment confiance aux résultats que s'ils sont corroborés par d'autres études. D'où la nécessité de répéter une recherche pour en vérifier les conclusions. Tout cela suppose un échange optimal d'informations entre les chercheurs, de façon à distinguer les résultats moins sûrs des plus sûrs et à contribuer ainsi à l'accumulation des connaissances. La procédure employée par le chercheur est-elle suffisamment bien rapportée pour qu'on puisse la reproduire avec exactitude ? Si la réponse est négative, il y a là une lacune sérieuse, qui peut amener à mettre en doute les conclusions de la recherche.

En résumé, une fois qu'un concept a été défini de façon précise, le processus consiste à élaborer, à sélectionner un ou des indicateurs qui permettront de construire une mesure susceptible de bien représenter, de traduire dans le langage empirique, le concept que l'on désire opérationnaliser. De façon à ce que ce processus puisse être apprécié, certains critères ont été élaborés.

2   LES CRITÈRES D'APPRÉCIATION

L'opération de mesure vise à représenter un concept sur le plan empirique. On a déjà souligné que cette traduction ne connaît pas de solution parfaite. Cette opération se fait par approximation, de sorte qu'on peut difficilement se prononcer de façon définitive sur la qualité d'une mesure. Une telle indétermination ne signifie pas toutefois que la sélection des indicateurs relève de l'arbitraire. La communauté scientifique a en effet développé un certain nombre de critères d'évaluation. Chacun peut être considéré comme une condition nécessaire mais non suffisante. C'est seulement si chacun d'entre eux semble respecté que l'on pourra conclure que l'indicateur apparaît satisfaisant.

Les deux critères d'appréciation habituellement invoqués sont ceux de la *fidélité* et de la *validité.* La fidélité a trait à la qualité de la mesure elle-même alors que la validité porte sur la qualité de la traduction du concept en mesure empirique. En ce sens, le critère de validité est plus englobant. Le respect de ces critères « premiers » demande le respect d'autres critères qui en découlent tels que la *précision* et la *non-contamination*.

▓ 2.1. La fidélité

La mesure empirique du concept se doit d'être fidèle, c'est-à-dire qu'elle doit donner des résultats constants. *La fidélité est un indice de la qualité de la mesure « en soi ».* Le principe est simple. L'indicateur est supposé ne mesurer qu'une caractéristique spécifique d'un objet et rien d'autre. Si tel est le cas, chaque mesure faite à partir des mêmes opérations devrait donner un résultat identique, pour autant que l'objet demeure inchangé.

> Prenons l'exemple de la température. Celle-ci est mesurée à l'aide d'un thermomètre. On dira de cet instrument qu'il est fidèle si la température indiquée, à chaleur constante, est toujours la même. Cette constance s'applique d'abord dans le temps : on parlera alors de **stabilité** de la mesure. Si l'on répète l'opération, à température constante, le résultat – la mesure donnée par le thermomètre – doit être identique. En d'autres termes, le thermomètre ne doit pas être affecté par d'autres facteurs, comme les variations de pression atmosphérique et l'endroit où il est placé. La constance doit aussi s'appliquer dans l'espace : on parlera alors d'**équivalence**. Ainsi, deux thermomètres différents doivent indiquer la même mesure de la température dans des circonstances identiques. En somme, des instruments qui ont une même fonction doivent donner des résultats identiques, sinon on ne peut pas vraiment s'y fier (d'où la notion de fidélité ou de *fiabilité*, terme également utilisé dans certains textes). On remarquera qu'aucune des opérations mentionnées ne permet de savoir si le thermomètre mesure vraiment la température. L'information obtenue est à l'effet que l'instrument appelé thermomètre mesure « quelque chose » de façon constante lorsque certaines conditions sont respectées.

Ce critère de fidélité est fondamental. Si un indicateur n'est pas fidèle, c'est qu'il mesure plusieurs choses à la fois et qu'en conséquence on ne sait plus trop ce qu'il mesure. Par ailleurs, il est rare qu'un indicateur donne des résultats parfaitement constants, ce qui oblige à accepter une certaine « dose d'infidélité ». Il n'en demeure pas moins que, lorsqu'un minimum de constance et d'équivalence ne peut être atteint, il est préférable de rejeter l'indicateur. C'est pourquoi une étape importante de la structuration de la recherche consiste dans la vérification préliminaire de la fidélité des indicateurs et des mesures empiriques proprement dites.

FIGURE 2
L'appréciation des indicateurs : concepts centraux et concepts associés

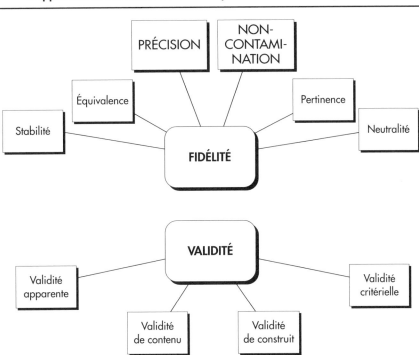

L'indicateur permet d'informer sur l'état où se trouve un objet d'étude par rapport à une caractéristique donnée à l'aide d'instruments de mesure. Or ces instruments, qui sont une partie intégrante de l'activité scientifique, introduisent une dimension nouvelle. L'interviewer et son questionnaire, l'observateur et sa grille d'observation ne font pas partie de la vie quotidienne. Leur seule présence peut exercer des effets spécifiques qui sont tout à fait distincts de ceux qu'on veut mesurer. On réfère alors à l'*effet de contamination de l'instrument*. Ce qui est observé est alors différent de ce qui se serait produit sans la présence de l'instrument.

> Le cas classique de contamination est une étude effectuée dans les années 1930, étude qui voulait mesurer l'effet des conditions de travail sur la productivité des employés d'une usine[9]. Pendant plus d'un an, les

---

9. F.J. ROETHLISBERGER et W.J. DICKSON, *Management and the Worker*, Cambridge, Harvard University Press, 1939.

chercheurs ont modifié l'horaire, les pauses, l'éclairage et le système de rémunération chez un petit groupe d'employés et analysé leur productivité. Or, quelles qu'aient été les conditions, ce petit groupe s'est avéré plus productif que les autres employés de l'usine. Les chercheurs ont ainsi constaté que leur productivité était surtout influencée par le fait qu'ils se savaient observés. L'observation créait un milieu artificiel dans lequel les employés se comportaient de façon « anormale ».

Les risques de contamination constituent un problème sérieux pour le chercheur. Les effets de contamination sont très difficiles à mesurer, de sorte qu'on ne peut guère en brosser un tableau complet ni construire des tests précis. Dans certains cas particuliers, comme dans certains devis expérimentaux, l'effet de contamination d'une mesure sur une autre peut être évalué. De même, pour les questionnaires de sondage, de nombreuses études ont été faites pour mesurer l'effet de l'ordre dans lequel les questions sont posées. Deux stratégies s'offrent au chercheur qui veut minimiser l'effet de contamination :

– La première consiste à choisir l'instrument le moins contaminant possible. Sur ce plan, l'analyse de contenu, par exemple, présente un grand intérêt, le document étudié n'étant pas affecté par la présence de l'analyste. Il en est ainsi de certaines formes d'observation « non visible[10] ». Cette stratégie, si elle n'est pas à rejeter, est cependant d'une application limitée. La sélection d'un instrument est d'abord dictée par d'autres considérations, la plus fondamentale étant la nature même des concepts à mesurer.

– La deuxième stratégie est celle de limiter au minimum les effets au niveau de l'opérationnalisation proprement dite. Si l'on adopte le questionnaire, on entraînera les interviewers pour qu'ils influencent le moins possible les réponses. Si le chercheur participe à la vie d'un groupe, il ne procédera à la collecte de données qu'après une bonne période d'intégration au groupe, au moment où sa présence est moins perceptible.

Si la non-contamination était érigée en absolu, le chercheur serait amené à jouer le rôle du détective[11] qui observe ses sujets dans l'incognito. Le chercheur doit sans cesse se soucier d'élaborer les instruments les moins sensibles possible, ceux qui interfèrent le moins avec la dynamique sociale telle qu'elle se déroule quand elle ne fait pas l'objet d'une recherche scientifique.

---

10. E.J. WEBB et al., Non-Reactive Measures in the Social Sciences, Chicago, Rand McNally, 1981.
11. William B. SANDERS, The Sociologist as Detective, New York, Praeger, 1974.

Dans la même perspective, le chercheur doit faire ses observations dans des périodes « normales », habituelles, et non dans des circonstances exceptionnelles à moins que l'on ne vise à enquêter précisément la situation exceptionnelle. Ainsi, on ne fera pas une enquête sur la perception des conditions de travail pendant un conflit de travail alors que les positions sont exacerbées si le but de la recherche est de connaître la perception habituelle des employés sur leurs conditions de travail. Dans ce cas, la mesure serait contaminée non pas par l'instrument mais par le contexte dans lequel la mesure est prise.

La volonté de ne pas contaminer amène à se préoccuper de la *pertinence* des questions posées. Poser des questions d'opinion à des personnes qui ne sont pas du tout au courant du sujet sur lequel on leur demande leur avis ou qui n'y ont jamais réfléchi entraîne nécessairement une certaine contamination de la mesure qui influence la fidélité. Il est d'autant plus probable que l'opinion sur un sujet soit instable dans le temps ou varie en fonction de la manière dont la question est posée s'il s'agit d'une opinion non informée. Elle subira d'autant plus facilement des influences non pertinentes, circonstancielles.

La *neutralité* est aussi un critère pour ce qui est de la non-contamination des indicateurs. Une question qui laisse entendre qu'un point de vue est plus approprié qu'un autre biaisera les résultats et donnera un indicateur non fidèle de l'opinion réelle : la mesure de celle-ci variera dès que la formulation sera modifiée. La grille d'observation qui permettrait de tenir compte uniquement des phénomènes qui confirment les perceptions du chercheur, la codification du contenu d'un discours qui ne prévoirait de coder que ce qui est jugé conforme aux hypothèses posées, entacheraient inévitablement la fidélité des mesures puisqu'un autre chercheur qui répéterait la même opération n'arriverait pas au même résultat.

Le dernier critère à soulever est celui de la *précision* de l'indicateur. Un indicateur précis est compris par tout le monde et compris de la même manière par tout le monde. Ainsi, la précision demande, pour ce qui est du questionnaire ou de l'entrevue, l'utilisation d'un niveau de langage approprié, l'utilisation de termes qui ont la même signification pour tous. Pour ce qui est de la construction d'une grille d'observation, ce qui doit être observé doit être défini très précisément de façon à ce que deux observateurs de la même situation en arrivent à des résultats similaires. Dans l'analyse de textes, les codes et leur signification doivent être définis de façon à ne pas laisser au codeur ou au juge trop de latitude dans l'interprétation.

▓ 2.2. La vérification empirique de la fidélité

La fidélité s'évalue en fonction de deux aspects : la stabilité dans le temps et l'équivalence dans l'espace. La technique d'évaluation classique de la stabilité dans le temps est celle qui est connue sous le nom de « test-retest ». Les mêmes objets sont soumis à la même mesure à des moments différents et les résultats sont comparés. On comprendra que cette procédure pose des problèmes particuliers en sciences sociales. Prenons le cas d'un questionnaire qui porterait sur la consommation des médias. On pourrait vérifier sa fidélité en administrant le même questionnaire après un intervalle d'un an. Un certain nombre de difficultés surgissent toutefois. On ne peut postuler que les individus interviewés n'ont pas modifié leur comportement entre les deux mesures. Il est possible évidemment de remédier à ce problème en réduisant l'intervalle entre les deux mesures. Mais ce faisant, on crée un autre problème. Si l'intervalle est court, les individus se rappelleront les réponses données la première fois et risqueront de répéter les réponses qu'ils croiront avoir alors fournies. Il semble y avoir là un cercle vicieux qui n'a pas de solution vraiment satisfaisante. En conséquence, il est très rare dans la recherche sociale que la stabilité des indicateurs soit testée par la méthode test-retest, sauf pour des caractéristiques dont on a des raisons de croire qu'elles changent peu dans le temps, certaines attitudes entre autres.

Une plus grande attention doit donc être accordée au critère de l'équivalence. La procédure habituelle consiste à faire effectuer les mêmes opérations par des chercheurs différents et à comparer les résultats.

- Dans le cas d'un questionnaire, on compare les réponses obtenues par différents interviewers. Bien sûr, ces interviewers n'ont pas interrogé les mêmes personnes. Mais pour autant que l'échantillon ait été réparti aléatoirement entre eux, on peut considérer les différents sous-groupes d'interviewés comme à peu près similaires et on peut comparer les réponses. Si des écarts importants, significatifs, émergent dans les distributions de réponses selon les interviewers, on devra conclure à un manque de fidélité de l'instrument, associé ici à l'effet de l'interviewer.

- La même procédure peut s'appliquer à l'observation directe et à l'analyse de contenu. S'il s'agit, par exemple, d'estimer la proportion de nouvelles internationales dans la presse écrite, on soumettra un échantillon du matériel à analyser à deux ou trois codeurs et on comparera systématiquement leurs résultats. Si des écarts significatifs se manifestent, il faudra conclure que les règles d'interprétation de ce qui constitue (et ne constitue pas) une nouvelle internationale ne sont pas suffisamment précises.

- Il en est de même pour l'observation directe. Si l'on veut connaître la proportion des gens qui sourient dans le métro, on a intérêt à confier la tâche à plusieurs observateurs et à comparer leurs compilations (pour des moments et lieux équivalents). Si les compilations divergent sensiblement, c'est que la grille d'observation n'est pas suffisamment détaillée, soit dans la description de ce qui constitue un sourire, soit dans les consignes sur l'échantillonnage ou la durée de l'observation.

Ces différents exemples montrent bien l'avantage que le chercheur tire d'avoir recours à plusieurs observateurs pour obtenir l'information souhaitée. C'est souvent la seule façon de vérifier la fidélité des indicateurs, surtout lorsqu'on utilise un seul indicateur par concept mesuré. Généralement, cette vérification se fait avant la collecte proprement dite des données, dans un prétest ou une préenquête. Elle permet de détecter certains problèmes et de les corriger avant d'amorcer l'observation proprement dite.

La situation est différente mais le principe est le même lorsqu'on a recours à plusieurs indicateurs – et donc plusieurs observations – pour mesurer un concept. Cette situation se présente souvent lorsqu'on mesure les attitudes. La fidélité est alors vérifiée en fonction de la théorie classique des tests qui spécifie que le score observé (qui peut être la réponse d'une personne à une question) est une combinaison d'une partie représentant le score vrai – la vraie valeur du positionnement sur une échelle – et d'une partie d'erreur aléatoire constituée par la variation due aux conditions de collecte et d'enregistrement de l'information. Le test de fidélité le plus couramment utilisé mesure la consistance interne, c'est-à-dire jusqu'à quel point chacune des questions, chacun des indicateurs – des items selon la terminologie de la psychométrie –, constitue une mesure équivalente d'un même concept.

On mesure la consistance interne en utilisant le *Alpha de Cronbach*. Ce coefficient peut être considéré comme la moyenne des coefficients que l'on obtiendrait pour toutes les combinaisons possibles de deux sous-ensembles des indicateurs mesurant un même concept. Il peut aussi être vu comme l'estimation de la corrélation que l'on obtiendrait entre une mesure d'un concept et une mesure alternative du même concept comprenant le même nombre d'indicateurs.

Le coefficient alpha est la borne inférieure de la fidélité réelle : celle-ci ne peut pas être inférieure à la valeur du alpha. Cette valeur augmente avec le nombre d'indicateurs, à la condition que la corrélation moyenne entre les indicateurs ne soit pas diminuée avec l'ajout de nouveaux indicateurs.

Il est donc possible de vérifier la fidélité sous certaines conditions, c'est-à-dire lorsqu'on a recours à plusieurs indicateurs pour mesurer un même concept. La mesure de la relation entre les indicateurs donnera alors une mesure de la concordance.

> Ainsi, une mesure de la satisfaction intrinsèque comprendra un certain nombre de questions relatives au degré de satisfaction face à divers aspects du travail : contenu du travail, autonomie, défis, jusqu'à quel point le travail valorise, utilise les capacités, permet d'apprendre, etc. Le degré d'intercorrélation moyen entre ces questions tel que mesuré par le coefficient Alpha de Cronbach donne un indice de fidélité. Cet indice est considéré excellent s'il atteint plus de 0,85 et commence à apparaître problématique en bas de 0,70. Un indice alpha élevé signifie que l'ensemble des éléments choisis pour représenter le contenu du travail est cohérent et constitue une bonne mesure de la satisfaction intrinsèque. D'autres indications fournies par les logiciels permettront de voir si chaque indicateur doit être gardé ou si certains indicateurs nuisent à la fidélité de la mesure et devraient être retirés. Après avoir fait cette analyse, il sera possible de construire une variable par addition des réponses aux divers indicateurs du concept.

La vérification de la consistance interne, particulièrement dans le cadre de la mesure des attitudes, se fait habituellement en concordance avec la vérification de la validité convergente et discriminante.

2.3. La validité

Un indicateur est *valide* lorsqu'il *représente adéquatement* un concept. Ce critère est fondamental. La question posée est simple : l'indicateur mesure-t-il vraiment ce qu'il est supposé mesurer ? Un indicateur ne peut être valide que s'il est fidèle et donc précis, non contaminé, stable. Mais ces conditions ne sont pas suffisantes. D'autres distorsions peuvent également se produire. Ces distorsions interviennent au moment même de la traduction du concept.

> Supposons qu'un chercheur veut mesurer le niveau de bonheur des gens, qu'il choisit comme indicateur la fréquence du sourire dans une population donnée et qu'il décide d'utiliser l'observation directe pour recueillir l'information. Il pourrait élaborer une grille d'observation précise, en tester la fidélité et même s'assurer que les observateurs seront pratiquement invisibles. Même si toutes ces conditions étaient satisfaites, il ne pourrait prétendre hors de tout doute que son indicateur est valide. Reste la question fondamentale : le sourire fait à un moment donné, dans des circonstances précises, est-il un signe de bonheur ? Par contre, s'il choisit plutôt de demander aux gens jusqu'à quel point ils se sentent heureux, il devra présumer que leurs réponses reflètent véritablement leur sentiment.

Le passage du concept à l'indicateur repose ainsi sur certains postulats. On parlera *de validité apparente*, pour dénoter le fait que l'indicateur apparaît valide « à sa face même », *de validité de contenu* pour dénoter le fait que l'ensemble du « domaine » du concept mesuré est couvert, *de validité de construit* pour dénoter le fait que le concept est mesuré de façon appropriée *et enfin de validité reliée au critère* pour dénoter la relation entre l'indicateur ou l'ensemble des indicateurs d'un concept et ce à quoi le concept est supposé être relié.

La *validité apparente* est la validité conceptuelle, logique de la mesure. Un indicateur doit apparaître valide comme « justice doit apparaître être rendue ». Le fait de se promener dans un magasin le matin n'apparaît pas comme un bon indicateur de chômage puisque l'on pourra aisément objecter que les horaires de travail ne sont pas les mêmes pour tous et que bien des raisons peuvent expliquer cette présence, y compris la possibilité d'être un employé du magasin voisin en pause syndicale.

La *validité de contenu* est satisfaite lorsque l'ensemble des aspects du concept que l'on désire mesurer sont couverts. Ainsi, une mesure de la satisfaction au travail doit couvrir l'ensemble des aspects reliés au travail, qu'ils soient intrinsèques, extrinsèques ou sociaux et une mesure de la participation politique devrait inclure toute une palette d'activités politiques. Une excellente connaissance du sujet est un préalable incontournable pour en arriver à construire un instrument ayant une bonne validité de contenu.

La *validité de construit* est relative à l'opérationnalisation des variables, à la qualité de l'élaboration et du choix des indicateurs. La *validité convergente et discriminante,* qui veut qu'un indicateur mesure un et un seul concept, est utilisée comme test d'une bonne validité de construit. Elle repose sur l'idée que, d'une part, les divers indicateurs d'un même concept seront reliés entre eux et que, d'autre part, ces mêmes indicateurs seront peu reliés à d'autres indicateurs censés mesurer un concept différent.

La *validité reliée au critère* est respectée lorsque la mesure d'un concept supposé relié à un autre concept – le critère – l'est effectivement. On la dit *concurrente* lorsque le critère est mesuré en même temps et *prédictive* lorsque le critère est mesuré après.

> Un exemple illustre les divers types de validité. L'élaboration d'un nouveau test de maîtrise du français demanderait de poser des questions 1) clairement reliées à la connaissance du français (validité apparente), 2) qui couvrent toutes les principales dimensions de la connaissance du français et non seulement un aspect tel l'accord du participe passé par exemple (validité de contenu) et 3) qui sont liées positivement entre elles et peu liées ou moins liées aux réponses à un test de mathématiques (validité

de construit, convergente et discriminante). Enfin, le score total devrait être lié aux résultats scolaires en français, résultats qui constituent une mesure présumée liée aux connaissances en français (validité concurrente) et devra se montrer lié dans l'avenir aux résultats en français obtenus (validité prédictive).

En dernier ressort, il revient au chercheur de démontrer que ses opérations permettent de traduire adéquatement le concept qu'il a à l'esprit. Par exemple, au plan conceptuel, le chômeur est défini comme quelqu'un qui n'a pas d'emploi et qui peut et veut travailler. Les indicateurs doivent refléter cette définition. Si le chercheur veut formuler des questions appropriées, il doit avoir des informations sur la façon dont le chômage est vécu par les gens, et sur les stratégies qui sont à leur disposition pour l'éviter ou en sortir, de façon à déterminer les démarches qui seront considérées comme signes d'une volonté de travailler. Par ailleurs, la validité et la fidélité sont des critères reliés. Un indicateur vague, biaisé ou non pertinent peut difficilement constituer un indicateur valide d'un concept.

L'appréciation de la validité et de la fidélité d'un indicateur est en partie qualitative et subjective. Il subsiste une part d'arbitraire que l'on ne peut éliminer. La tâche du chercheur consiste à la réduire au minimum, à partir de ses connaissances des instruments et du phénomène étudié. Parce que l'élément subjectif demeure, il y a place à désaccords sur la validité de tel ou tel indicateur. Les débats sont nombreux et parfois virulents. Ils sont rarement tranchés de façon définitive. Dans la plupart des cas, toutefois, une opérationnalisation donnée est retenue par la majorité des chercheurs, parce qu'elle semble mieux traduire le concept de départ... jusqu'à ce que de nouvelles informations remettent en question ce choix. Toutefois, sur le plan empirique, il est souvent possible de vérifier certains aspects de la validité et de la fidélité, surtout lorsque l'on a recours à plusieurs indicateurs pour la mesure d'un concept.

2.4. La vérification empirique de la validité

Les validités apparente et de contenu se prêtent à un jugement qualitatif et subjectif. Il en est autrement de la validité de construit, convergente et discriminante. Dans ce cas, il s'agit de vérifier la concordance des mesures. Une mesure valide d'un concept sera liée à d'autres mesures du même concept ou d'un concept parent. De même, pour ce qui est de la vérification de la validité reliée au critère, il s'agit d'examiner les relations avec d'autres variables mesurées de façon concurrente ou postérieure. Dans ces deux cas – validité de construit et validité critériée – la vérification procède à l'aide d'analyses statistiques (analyse factorielle, analyse de variance, corrélation, analyse de tableaux de contingence, etc.).

Dans une étude portant sur certains facteurs reliés à la carrière, un élément sondé portait sur l'*importance accordée aux possibilités de mobilité*. L'intention des auteurs du questionnaire était de mesurer la valeur accordée à la mobilité en emploi et le contexte se prêtait de fait à une telle interprétation. Toutefois, il est apparu que les réponses portant sur cet élément étaient plus fortement reliées à celles relatives aux possibilités de voyager qu'à tout autre élément, mettant ainsi en doute l'interprétation qui avait été faite de la question. Cet exemple montre que le manque de précision de l'indicateur, lié ici à l'omission des mots *en emploi* dans l'expression « possibilités de mobilité », entache sa fidélité. Certains participants au sondage ont interprété le terme *mobilité* comme référant à un changement de lieu plutôt que d'emploi ; le terme n'est donc pas compris de la même manière par tous les participants. Enfin, ce manque de précision entache également la validité puisque la question ne mesure pas ce qu'elle est censée mesurer.

Lorsque plusieurs indicateurs d'un même concept sont utilisés, il est possible de vérifier que chaque indicateur constitue bien une mesure du concept et qu'il constitue une mesure de ce seul concept (dans les cas où la validité des mesures de plusieurs concepts est vérifiée concurremment). Cette vérification se fait souvent à l'aide de l'analyse factorielle, procédure qui tente de réduire un nombre important d'informations (prenant la forme de valeurs sur des variables) à quelques grandes dimensions, c'est-à-dire un ensemble restreint de « composantes » ou de facteurs. On utilise le terme de variables latentes pour parler de ces variables qui existent au seul plan conceptuel et qui ne sont pas mesurées.

De façon à mesurer la satisfaction des gens à l'égard de leur travail, on a d'abord déterminé que celle-ci portait sur trois grandes dimensions : la qualité des relations interpersonnelles, la nature même du travail et les aspects extrinsèques (salaire, horaire, etc.). Pour chacune des dimensions, on a posé un certain nombre de questions du type « Êtes-vous très satisfait, assez satisfait, peu satisfait ou pas du tout satisfait a) de la qualité de vos relations avec vos collègues… b) de la qualité de vos relations avec vos supérieurs… c) de la qualité de vos relations avec vos subordonnés d) de la qualité générale des relations interpersonnelles à votre travail, etc. ? » En agissant ainsi, on *postule qu'une dimension générale de satisfaction face au climat des relations interpersonnelles existe* et que le positionnement des individus face à cette dimension « explique », « prédit » leur positionnement sur chacune des « variables mesurées », c'est-à-dire les réponses aux questions. *Si cette hypothèse est vraie*, les personnes auront tendance à répondre de la même manière aux quatre questions portant sur cette dimension ; leurs réponses à ces questions seront fortement corrélées entre elles (*validité convergente*) et elles seront moins corrélées avec les variables portant sur les autres dimensions mesurées (*validité discriminante*). Cette approche suppose que l'on conçoit que les variables mesurées constituent un échantillon de l'ensemble des indicateurs aptes à mesurer le concept choisi. L'**analyse factorielle** vise à donner un sommaire des patrons de corrélations entre les variables. Si les regroupements proposés par l'analyse factorielle confirment les hypothèses faites, il est possible de vérifier ensuite la fidélité des regroupements et de procéder à la constitution d'échelles additives dans le cas où toutes les indications (validité convergente et discriminante, fidélité) concordent pour assurer la qualité de la mesure.

Ainsi, il est possible de s'assurer avec un certain niveau de confiance de la validité des mesures sur le plan empirique en procédant aux vérifications appropriées quant à la concordance des mesures.

3 LA CONSTRUCTION DES INDICATEURS

3.1. La logique

Nous venons de voir les critères dont s'inspire le chercheur dans l'élaboration et la sélection des indicateurs de chaque concept qu'il doit mesurer. Mais comment, concrètement, le chercheur sélectionne-t-il les indicateurs ? Il convient, dès le départ, de rappeler deux principes :

– Le premier est qu'on ne connaît pas d'indicateur parfait : il s'agit de choisir celui qui présente les moins grandes lacunes par rapport aux divers critères d'appréciation et de vérifier autant que possible que ces critères sont respectés.

– Le deuxième est qu'à tout concept peuvent correspondre un grand nombre d'indicateurs. Puisqu'il n'y a pas d'équivalence exacte entre le langage de l'abstraction et celui de l'observation, on doit se rabattre sur une approximation et il est rare qu'une approximation donnée s'impose d'emblée. On peut généralement concevoir plusieurs « traductions », chacune ayant ses avantages et ses désavantages.

3.2. Les étapes

Vu sous cet angle, le processus peut être décomposé en étapes bien démarquées. La première consiste à *recenser l'ensemble des indicateurs possibles.* Ce recensement s'appuie sur les recherches antérieures. On peut ainsi identifier les mesures utilisées dans les recherches précédentes qui ont porté sur le même sujet. Le chercheur doit aussi faire appel à son imagination et se demander s'il serait possible et surtout approprié de construire de nouvelles mesures. L'objectif est d'établir une liste à peu près exhaustive des possibilités. Ces indicateurs peuvent renvoyer à différents instruments de recherche. Le degré d'intérêt pour un cours magistral, par exemple, peut se mesurer par l'observation directe ou par un questionnaire. Chaque instrument peut aussi se prêter à un certain nombre d'opérations, donnant lieu à autant d'indicateurs. Comme signes d'intérêt (ou de non-intérêt) pour un cours magistral, on peut observer la fréquence des questions, des conversations entre étudiants, la convergence des regards vers le professeur, etc.

La deuxième étape est *l'évaluation de chacun des indicateurs recensés* selon les critères déjà énoncés. Cette évaluation se fait à partir des connaissances méthodologiques acquises sur les mérites et limites des différents instruments de recherche, des bilans qui ont déjà été faits dans les recherches antérieures, soit de la part des chercheurs eux-mêmes, soit de la part de critiques, et aussi d'une certaine familiarité avec le sujet étudié. Cette évaluation tient également compte des coûts associés à chaque indicateur. L'opération vise aussi à éliminer les indicateurs qui apparaissent les moins appropriés. Cela amène parfois le chercheur à ne retenir qu'un indicateur, qui apparaît nettement plus valable que tous les autres. Habituellement, cependant, on essaiera d'avoir plus d'un « élu » de façon à pouvoir vérifier empiriquement la fidélité et la validité.

Après la collecte des informations, il sera possible de procéder aux analyses permettant la vérification empirique de la validité et de la fidélité des mesures et de comparer ces informations à celles fournies par d'autres chercheurs qui ont utilisé les mêmes indicateurs. L'étape de la mesure aura constitué un moment essentiel du processus qui permettra ensuite la vérification des hypothèses portant sur les relations entre les concepts.

Conclusion

Les données empiriques n'existent pas à l'état pur. Elles sont formées par le chercheur en fonction de ses intérêts théoriques. C'est pourquoi il convient de parler de la *construction des indicateurs*, ce qui amène à reconnaître le rôle actif qui est dévolu au chercheur dans la structuration de la recherche. Cette construction consiste en un ensemble d'opérations qui permettent de *traduire un concept*, exprimé dans un langage abstrait, dans le langage de l'observation. Cette traduction, qui n'est jamais tout à fait satisfaisante, procède par approximation. Elle vise à *classifier des objets* à l'aide d'un certain nombre d'opérations effectuées à partir d'un ou de plusieurs instruments de mise en forme de l'information.

Pour que la traduction soit la plus adéquate possible, il importe d'abord de faire preuve d'imagination de façon à considérer l'éventail des possibles, et ensuite de rigueur, de façon à écarter les indicateurs qui présentent de trop grandes lacunes. Un indicateur n'est satisfaisant que s'il est *fidèle*, c'est-à-dire s'il donne des résultats constants dans le temps et l'espace. Pour cela, il devra être *précis*, c'est-à-dire que la procédure doit être suffisamment bien définie pour qu'elle puisse être reproduite dans des circonstances similaires. Il devra également être *non contaminé*, c'est-à-dire que les résultats ne seront pas substantiellement influencés par la procédure utilisée. Ces conditions ne sont cependant pas suffisantes. La *validité* d'un indicateur repose sur la correspondance entre le contenu des opérations effectuées et la représentation que l'on se fait du concept de départ. La vérification de la validité comporte une part plus qualitative, basée sur le jugement du chercheur. Toutefois, il est aussi possible de procéder à des vérifications empiriques de la validité de construit et critériée. Ces opérations revêtent une grande importance puisqu'elles constituent le seul moyen de s'assurer que les conclusions tirées après avoir vérifié les hypothèses posées sont valables.

Bibliographie annotée

BLALOCK, Hubert M., « The Measurement Problem : A Gap Between the Language of Theory and Research », dans Hubert M. BLALOCK et Ann B. BLALOCK (dir.), *Methodology in Social Research*, New York, McGraw-Hill, 1968.

Un petit article, quelque peu difficile, qui résume fort bien les problèmes inhérents à la mesure, problèmes associés au passage du langage de l'abstraction au langage de l'observation.

BLALOCK, Hubert M., *Social Statistics*, New York, McGraw-Hill, 1972. Voir chap. 2 : « Theory, Measurement, and Mathematics ».

Ce chapitre permet de saisir la logique de la mesure du point de vue de la mathématique et de la statistique. Il contient une présentation claire et simple des types de catégorisation (ou niveaux de mesure).

NEUMAN, W.L., *Social Research Methods*, Boston, Allyn and Bacon, 1997.

Manuel de base portant sur la méthodologie quantitative et qualitative ; un chapitre consacré entièrement à la mesure.

PEDHAZUR, E.J. et L.P. SCHMELKIN, *Measurement, design and analysis*, Hillsdale, NJ, Lawrence Erlbaum Ass., 1991, 819 pages.

Une « bible » pour ce qui est de la mesure, du design d'enquête et de l'analyse, incluant les analyses liées à la vérification de la fidélité et de la validité.

PETTIGREW, T., *How to Think Like a Social Scientist*, New York, Harper Collins, 1996.

Ce petit livre fait le tour des principaux problèmes rencontrés par les chercheurs en sciences sociales dans la vérification empirique des théories.

WEBB, E. *et al.*, *Non-Reactive Measures in the Social Sciences*, Chicago, Rand McNally, 1981.

Ce livre explore les nombreuses possibilités qui sont offertes au chercheur qui vise à construire les indicateurs les moins contaminés possible.

L'échantillonnage

Jean-Pierre BEAUD

*Combien faut-il goûter de nouilles pour savoir
si le plat est bien cuit ?*

L'échantillonnage n'est pas seulement le fait des sondeurs et chercheurs universitaires ou professionnels. Comme bien d'autres outils utilisés en sciences sociales, les techniques d'échantillonnage s'appuient sur des principes que nous mettons en œuvre, de façon presque spontanée, dans la vie de tous les jours. Pour des raisons d'ordre pédagogique, il semble bon de partir de cette pratique presque instinctive, de l'évaluation de sa richesse et bien sûr de ses limites, pour dégager des règles rigoureuses concernant le choix et la constitution des échantillons. Il convient toutefois, dès le départ, de mettre en garde contre une vision « techniciste » des méthodes et techniques de recherche et, donc, des procédures d'échantillonnage. Il ne suffit pas, en effet, de savoir comment on construit un échantillon pour être quitte des problèmes reliés à l'échantillonnage. Le choix de la technique de sélection de l'échantillon, en particulier, ne saurait être dissocié du questionnement qui est à l'origine de la recherche, de la population étudiée et des diverses contraintes (p. ex., financières, humaines) avec lesquelles le chercheur doit composer : il doit donc être le résultat d'une réflexion qui fait largement appel à des connaissances non techniques, à la formation générale du chercheur.

Ainsi, des procédures non probabilistes, que bon nombre d'auteurs de manuels de méthodes jugent peu dignes d'intérêt, peuvent être plus adaptées, dans certains cas, aux conditions de la recherche que des techniques probabilistes, considérées généralement comme plus fiables : un bon chercheur saura reconnaître ces cas et, malgré les injonctions de certains méthodologues, faire le choix qui s'impose. Il est clair que, dans le domaine de l'échantillonnage en particulier, la quête de la perfection méthodologique constitue souvent plus un frein à la recherche qu'un véritable moteur, et qu'il vaut mieux faire de la recherche avec un outil imparfait que de ne pas faire de recherche du tout, faute d'avoir trouvé l'outil parfait.

Encore faut-il, et le texte qui suit vise à introduire à une telle attitude, prendre conscience des limites imposées par les différentes techniques, et ce, afin de pouvoir en tenir compte au moment de l'analyse des données. On peut parfois même tirer profit des « impuretés » d'un échantillon.

> C'est ce que font, par exemple, Daniel Gaxie et Patrick Lehingue dans leur étude sur la constitution des enjeux politiques dans une élection municipale en France[1]. Après avoir recensé les différents biais introduits par un échantillon spontané (constitué de lecteurs d'un quotidien régional français), évalué les écarts relativement à certaines variables entre l'échantillon obtenu et la population de référence, les auteurs prennent justement comme objet d'étude, au moins dans un premier temps, ces mêmes distorsions. Ils s'interrogent ainsi sur la sous-représentation dans leur échantillon des femmes, des classes populaires, des non-diplômés, des ruraux, et posent que « ce qu'apporte [...] un échantillon spontané, c'est la possibilité de repérer les intérêts qui ont porté tel groupe d'agents (et pas, au moins, tel autre) à répondre, intérêts à mettre en relation avec le type de questions posées, la forme de celles-ci, le support utilisé, l'institution productrice de l'enquête[2]... ». Aussi, « à la condition qu'elles soient connues et reconnues, « les impuretés » de l'échantillon collecté n'oblitèrent pas d'emblée l'analyse, mais au contraire l'enrichissent[3] ».

Loin de nous l'idée d'insinuer que l'outil choisi importe finalement peu et que tout exposé sur les valeurs intrinsèques des techniques d'échantillonnage est à écarter ou, pire, que plus une technique est « impure », plus l'analyse à laquelle elle peut conduire est potentiellement riche. Nous voulons simplement insister sur la nécessaire relation entre les données et les conditions dans lesquelles elles ont été produites. C'est bien cette posture qui a conduit les politologues et les sociologues à s'interroger sur la signification des non-réponses, sur les « ratés » de la communication entre

---

1. Daniel GAXIE et Patrick LEHINGUE, *Enjeux municipaux ; la constitution des enjeux politiques dans une élection municipale*, Paris, Presses universitaires de France, 1984.
2. *Ibid.*, p. 89.
3. *Ibid.*

sondeurs et sondés. C'est elle qui se dégage de certaines des recommandations du Comité des sondages de la Société canadienne de science politique et de l'Association canadienne des sociologues et anthropologues de langue française[4] et du Comité des sondages du Regroupement québécois des sciences sociales[5]. C'est elle aussi qui devrait être intériorisée par tout chercheur.

Pratiques spontanée et « professionnelle » de l'échantillonnage

Prenons une première expérience banale, certes, mais instructive : la préparation d'un plat. Avant de servir un mets, il est un geste que nous faisons généralement : nous le goûtons. Le principe même du sondage et des techniques qu'il implique (dont celles de l'échantillonnage) se trouve ainsi posé : nous recueillons de l'information sur une fraction (*échantillon*) de l'ensemble (*population*) que nous voulons étudier, puis nous généralisons, parfois à tort il est vrai, à cet ensemble ce que nous avons mesuré sur le sous-ensemble. Dans l'exemple précédent, la cuillerée que nous avalons constitue l'échantillon et le plat, la population. Tout comme il n'est point besoin de manger tout le plat pour savoir si nous pouvons le servir (heureusement !), il n'est point nécessaire, ni souhaitable, ni possible parfois, d'étudier toute la population (que ce soient les électeurs canadiens, les composants électroniques sortant d'une usine, etc.), c'est-à-dire de recourir à un *recensement*, pour la bien connaître.

Cependant, l'échantillon ne peut être choisi sans précaution ! Ainsi, dans le cas d'un potage, par exemple, ce n'est que lorsque les ingrédients sont bien mélangés, lorsque la préparation est homogène, que l'on goûte le plat. Dans le cas d'un mets plus complexe, constitué d'éléments différents et qui ne peuvent être mélangés, ce n'est qu'après avoir testé chacun de ces éléments (la viande ou le poisson, les légumes, la sauce, etc.) que l'on peut porter un jugement sur l'ensemble. En théorie de l'échantillonnage, en fait, les choses se présentent un peu de la même façon : on

---

4. « L'art consiste sans doute […] autant à permettre au répondant de se taire qu'à l'amener à s'exprimer ; le chercheur, lui, se doit d'expliquer certaines régularités aussi bien dans l'expression formelle d'attitudes et d'opinions que dans les non-réponses. Les non-réponses aussi sont l'expression de certaines attitudes et opinions et doivent être analysées comme telles. » *Sondages politiques et politique des sondages au Québec*, Montréal, Société canadienne de science politique et Association canadienne des sociologues et anthropologues de langue française, 1979, p. 18.

5. Voir à ce sujet Jean-Pierre BEAUD, « Médias et sondages politiques : le cas de la campagne électorale fédérale de 1988 », *Revue québécoise de science politique*, nᵒ 20, automne 1991, p. 131-151.

sait, par exemple, que plus la population est *homogène*, moins l'échantillon aura besoin, à précision constante, d'être de taille importante ; on
sait aussi que lorsqu'on a affaire à une population composée d'éléments
bien distincts, il est préférable de la découper en sous-ensembles relativement homogènes, de la *stratifier*. Le lecteur aura sans doute compris
que ce qui est recherché, aussi bien dans la pratique spontanée que dans
la pratique plus méthodique de l'échantillonnage, c'est la *représentativité* :
l'échantillon, dont la taille variera en fonction de l'homogénéité de la
population, devra être représentatif de cette dernière[6]. Ce que nous appren-
drons concernant l'échantillon, nous devrons pouvoir le généraliser à
l'ensemble de la population.

La notion de représentativité

L'analogie entre la pratique instinctive et la pratique réfléchie de l'échantillonnage pourrait être poussée plus loin : il serait possible, par exemple,
de montrer qu'une technique aussi raffinée que la stratification non proportionnelle a sa contrepartie dans la vie de tous les jours. Mais il est à
craindre qu'alors, elle conduise à un contresens historique, à penser que,
la notion de représentativité relevant du simple bon sens, il s'est bien
trouvé, très tôt, quelque scientifique pour l'imposer comme critère dans le
domaine des études de populations (humaines ou non). Or, ce n'est
qu'assez récemment que le problème de la représentativité[7] a été formulé
par les « statisticiens d'État » (pour reprendre l'expression d'Alain
Desrosières[8]) et les spécialistes des études sociales. Il faudra en effet attendre
les travaux du Norvégien Kiaer à la toute fin du XIXe siècle pour voir
s'amorcer, dans le cadre des réunions de l'Institut international de statistique, un débat sur l'utilisation de la méthode représentative. Qu'un tel
débat ait eu lieu si « tardivement » peut paraître étonnant puisque, d'une
part, les bases théoriques (le calcul des probabilités) de la méthode représentative étaient connues depuis fort longtemps et que, d'autre part, la
pratique même des enquêtes auprès de petits groupes d'individus avait été

---

6. Ce qui ne veut pas dire, comme nous l'avons montré plus haut, que des données
   recueillies à l'aide d'un échantillon non représentatif ne sont d'aucune utilité pour
   le chercheur.
7. Au sens où les statisticiens, les sondeurs, les chercheurs en sciences sociales entendent
   aujourd'hui ce terme.
8. Alain DESROSIÈRES, « La partie pour le tout : comment généraliser ? La préhistoire de la
   contrainte de représentativité », *Journal de la Société de statistique de Paris*, tome 129,
   n°s 1-2, 1988, p. 96-115. Voir aussi, du même auteur, *La politique des grands nombres.
   Histoire de la raison statistique*, Paris, Éditions La Découverte, 1993, chapitre 7.

chose courante durant tout le XIXe siècle[9]. Mais, comme le montre Alain Desrosières, « l'invention et la mise en œuvre d'une technologie supposent des conditions inséparablement cognitives et sociales[10] ». La mise en place, en Europe, à la fin du XIXe siècle, des premières mesures étatiques d'aide sociale, puis le développement, essentiellement aux États-Unis, des études de marché et des prévisions électorales, qui traduisent le « passage de modes de gestion *locaux* centrés sur des relations personnelles (bienfaisance, petit commerce, artisanat, marchés ruraux, clientélisme électoral) à d'autres modes, *nationaux* [ont] nécessité une uniformisation du territoire et une standardisation des modes de description des personnes, lesquelles constituent les préalables indispensables à la mise en œuvre[11] » et au perfectionnement des méthodes représentatives et en particulier des méthodes d'échantillonnage probabilistes. Le principe de base des méthodes représentatives, à savoir que la partie peut remplacer le tout, ne sera véritablement adopté qu'à la fin du premier quart du XXe siècle, et la « supériorité » des techniques aléatoires sur les techniques par choix judicieux ne sera « démontrée » que dans les années 1930. Comme le mentionne Philippe Tassi, « toutes les bases de la statistique des sondages sont alors posées[12] ».

> Mais l'adoption des techniques probabilistes par les organismes statistiques officiels (que d'aucuns assimilent à une révolution), par exemple, ne se fera pas facilement pour autant. Au Canada, cette innovation a suscité le scepticisme de plusieurs statisticiens du Bureau fédéral de la statistique, en partie parce qu'elle allait à l'encontre de traditions bien établies. Et il faudra attendre la Seconde Guerre mondiale et surtout l'engagement du gouvernement canadien relativement au problème de l'emploi dans l'après-guerre pour que les résistances soient enfin vaincues[13].

Au plan théorique, les développements ultérieurs concerneront essentiellement les techniques probabilistes, et ce, malgré une pratique qui, au moins dans certains milieux, restera encore profondément marquée par l'utilisation des techniques par choix raisonné.

---

9. Ces enquêtes prenaient alors la forme de monographies et faisaient appel à une idée de représentativité bien différente de celle qui est à l'origine de la plupart des techniques d'échantillonnage.

10. *Loc. cit.*, p. 97.

11. *Ibid.*, p. 96, 104.

12. « De l'exhaustif au partiel : un peu d'histoire sur le développement des sondages », *Journal de la Société de statistique de Paris*, tome 129, n°s 1-2, 1988, p. 126 ; voir aussi, du même auteur (en collaboration avec Jean-Jacques DROESBEKE), *Histoire de la statistique*, Paris, Presses universitaires de France, coll. Que sais-je ?, 1990, n° 2527.

13. Voir à ce sujet, Jean-Pierre BEAUD et Jean-Guy PRÉVOST, « The Politics of Measurable Precision : The Emergence of Sampling Techniques in Canada's Dominion Bureau of Statistics », *The Canadian Historical Review*, vol. 79, n° 4, décembre 1998, p. 691-725.

Le champ d'application des techniques d'échantillonnage

Depuis la fin du XIXe siècle, la méthode représentative a vu son champ d'application s'élargir de façon telle qu'aujourd'hui elle se confond pratiquement avec l'ensemble des activités humaines : tout ou presque se prête, en effet, à l'échantillonnage. En recherche appliquée, dès que des contraintes de temps ou de moyens surgissent, toute population d'une certaine ampleur est plus aisément étudiée par sondage, c'est-à-dire en ayant recours à un échantillon, que par recensement. Ce que l'on perd en certitude (idéal théoriquement accessible par recensement), on le gagne en rapidité, en coût et même, paradoxalement, en qualité. À partir du moment où l'on a affaire à un échantillon probabiliste et où les principes commandant le tirage des individus ont été respectés, les conditions sont réunies pour qu'on puisse généraliser (par inférence statistique) à la population ce qui a été mesuré sur l'échantillon.

Dans l'industrie, par exemple, le contrôle de la qualité des produits ne peut être réalisé que sur un échantillon de la population totale. S'il fallait tester la durée de vie de toutes les lampes, de tous les circuits sortant d'un atelier, il est sûr que l'on connaîtrait avec précision la qualité du travail réalisé. Il est sûr également qu'on ne pourrait plus rien vendre. L'échantillonnage est donc, là, pratique courante.

En sociologie, en science politique, et, d'une façon générale, dans toutes les sciences sociales, les populations étudiées peuvent être de tailles très diverses : du petit groupe (p. ex., l'association de comté d'un parti politique, le « gang ») aux communautés nationales et parfois même internationales en passant par les populations de taille moyenne (un syndicat, une municipalité, une tribu, un village, etc.). On comprendra aisément qu'à des populations de tailles différentes correspondent des outils différents : dès qu'une certaine taille est atteinte, le sondage se révèle être en fait le seul outil utilisable.

Dans la pratique administrative, le recours à l'échantillonnage s'est généralisé au point où les données récoltées de cette façon sont généralement plus nombreuses que les données collectées de façon exhaustive. Même le recensement, qu'on a longtemps opposé au sondage, intègre de plus en plus l'idée même d'échantillonnage. Au Canada, le questionnaire long n'est ainsi distribué qu'à 20 % de la population[14].

---

14. Pour une présentation de l'activité statistique des gouvernements, on se rapportera, du moins pour ce qui est du Canada, à Jean-Pierre BEAUD et Jean-Guy PRÉVOST, « Les statistiques : source d'information », dans Pierre P. TREMBLAY (dir.), *L'État administrateur : Modes et émergences*, Sainte-Foy, Presses de l'Université du Québec, 1997, p. 181-209.

1 CONCEPTS GÉNÉRAUX

Nous avons déjà rencontré, dans l'introduction, un certain nombre de termes comme ceux d'échantillon, de population, de représentativité, qu'il va falloir définir précisément avant d'aborder la distinction, essentielle, entre les échantillons probabilistes (ou aléatoires) et les échantillons non probabilistes.

D'une *population*, nous dirons qu'il s'agit d'une collection d'individus, d'objets, c'est-à-dire, pour reprendre la définition de Christian Gourieroux, d'*un ensemble d'*«*unités élémentaires sur lesquelles porte l'analyse*[15]». Ces individus peuvent être humains ou non : l'unité élémentaire, c'est souvent, en sciences sociales, une personne ; c'est parfois un groupe, une ville, un syndicat, un pays. La population est alors un ensemble de personnes, de groupes, de villes, de syndicats, de pays. Une ville, par exemple, peut être considérée, dans certains cas, comme une population, dans d'autres cas, comme un élément constitutif d'une population plus large. Tout dépend alors de l'objet même de la recherche. En conséquence, tout travail d'échantillonnage implique une définition précise de la population à étudier et donc de ses éléments constitutifs. L'unité élémentaire peut être aussi un mot, un paragraphe, un article, un numéro de journal, ou une lampe, un circuit électronique, une parcelle de terrain, etc.

Le chercheur devra donc, et ce n'est pas aussi simple qu'il y paraît, définir la population pertinente pour l'étude qu'il se propose de réaliser. Veut-il analyser le comportement électoral au Québec ? Il lui faudra alors sans doute prendre comme population l'électorat québécois, c'est-à-dire l'ensemble des personnes qui ont 18 ans et plus, qui sont de citoyenneté canadienne et qui résident au Québec depuis au moins six mois. Comme on le voit, dans ce cas, le problème de la définition de la population ne se pose pas vraiment puisqu'il existe des critères officiels, non ambigus et peu contestables (on cherche à mesurer un geste réglementé !) permettant de distinguer électeurs et non-électeurs. Le problème aurait été quelque peu différent s'il s'était agi d'étudier les opinions politiques au Québec, la distinction légale entre électorat et « non-électorat » n'étant plus alors nécessairement pertinente. Le problème est également plus complexe lorsqu'on cherche à analyser une population comme celle des chômeurs. Doit-on, pour la cerner, reprendre la définition officielle du chômage, au risque d'écarter des « sans-emploi » auxquels l'administration refuse le statut de

---

15. Christian GOURIEROUX, *Théorie des sondages*, Paris, Economica, 1981, p. 35.

chômeur (l'évolution des définitions officielles du chômage a fait ici et là l'objet de nombreux travaux[16]), ou doit-on plutôt forger sa propre définition, au risque de ne pouvoir l'opérationnaliser ?

On voit donc qu'à ce niveau déjà plusieurs problèmes se posent :

– Celui de la définition de la population mère (ou *univers de l'enquête*), étape théorique comme le souligne Simon Langlois[17].

– Celui de l'explicitation de cette définition : Qui fait partie de cette population ? Qui n'en fait pas partie ? On doit fixer clairement les critères permettant d'affecter ou non, sans qu'il y ait possibilité de contestation, les individus à la population. Nous obtenons alors la population visée par la recherche.

– Celui de la constitution de la liste des individus composant la population ; il s'agit là d'une étape concrète. Comme il est bien souvent difficile de construire cette liste et qu'un tel travail long et coûteux mènerait en toute logique à la réalisation d'un recensement plutôt que d'un sondage, les chercheurs utilisent généralement des listes déjà constituées (annuaires téléphoniques, listes de personnel, etc.) avec tous les inconvénients que cela suppose : les populations ainsi obtenues ne coïncident plus nécessairement avec les populations visées. Ainsi, lorsqu'on utilise les annuaires téléphoniques pour pallier l'absence d'une liste électorale à jour, on inclut dans la population des individus qui ne devraient pas en faire partie (non-électeurs), et, surtout, ce qui a des conséquences encore plus graves, on écarte des électeurs qui, pour diverses raisons, n'ont pas de téléphone ou de numéro inscrit dans l'annuaire. Cela importe peu au Québec, et de façon générale en Amérique du Nord, le taux de pénétration du téléphone dans les ménages y étant très élevé. Par contre, dans plusieurs pays, l'utilisation d'une telle liste entraînerait aujourd'hui encore des distorsions considérables[18].

---

16. Voir à ce sujet, pour le Canada, Martin COMEAU, *Analyse politique de l'élaboration et de la mesure du taux de chômage au Canada*, Montréal, Université du Québec à Montréal, 1995 ; et, pour la France, Jean-Louis BESSON et Maurice COMTE, *La notion de Chômage en Europe. Analyse comparative*, Paris, Ministère du Travail, de l'Emploi et de la Formation professionnelle, Ministère de la Solidarité, de la Santé et de la Protection sociale, mars 1992.
17. Simon LANGLOIS, *Techniques d'échantillonnage*, Université Laval, s.d.
18. Comme pour cette chercheure en marketing polonaise rencontrée (au début des années 1990) par le directeur de publication qui aurait aimé adopter les méthodes nord-américaines de sondage téléphonique alors que seulement un ménage sur dix possédait alors le téléphone en Pologne.

Cette dernière étape n'est toutefois pas toujours nécessaire. Un des atouts de la méthode des quotas, et plus généralement des méthodes non probabilistes présentées plus loin, est justement de ne pas requérir de liste des éléments constitutifs de la population (ce que l'on appelle aussi une *base de sondage*). Notons que certains types d'échantillonnage probabiliste ne nécessitent pas non plus de liste, au sens strict, des individus formant une population : c'est le cas de la méthode aréolaire[19]. Ajoutons, enfin, qu'une technique comme la génération aléatoire des numéros de téléphone, maintenant couramment utilisée, permet de faire un tirage aléatoire sans base de sondage. En partant de la série de trois premiers chiffres en usage dans la région étudiée, le chercheur génère au hasard (au sens probabiliste du terme) les derniers chiffres. Bien sûr, si par cette technique on obtient des numéros de téléphone attribués mais non inscrits dans les annuaires, on obtient aussi (parfois très souvent) des numéros de téléphone auxquels ne correspondent pas d'abonnés : le coût d'un sondage effectué au moyen de cette technique s'en trouve ainsi augmenté. Le développement de l'usage des téléphones cellulaires depuis le début des années 1990 et, plus généralement, le fait qu'aujourd'hui de plus en plus d'individus possèdent plusieurs numéros rendent cette génération aléatoire plus problématique !

Nous avons jusqu'ici, à plusieurs reprises, distingué deux techniques de collecte des données : le recensement et le sondage. Lorsqu'on fait un *recensement*, à ne pas confondre avec le simple dénombrement (c'est-à-dire le comptage d'une population), *on recueille l'information auprès de l'ensemble de la population*. Lorsqu'on fait un *sondage, c'est auprès d'un sous-ensemble de cette population, appelé échantillon, que les données sont recueillies*. En fait, certains considèrent même le recensement comme un type particulier de sondage, le sous-ensemble étudié se confondant dans ce cas avec l'ensemble de la population.

On comprend alors – l'échantillon pouvant être n'importe quel sous-ensemble de la population – que la question cruciale est de savoir si les conclusions d'un sondage peuvent être légitimement étendues à l'ensemble de la population. Pour que cette généralisation soit possible, acceptable, il faut que l'échantillon soit *représentatif* de cette population, *c'est-à-dire que les caractéristiques mêmes de la population soient présentes dans l'échantillon ou puissent y être retrouvées moyennant certaines modifications*. Mais comment être sûr que les caractéristiques de la population sont bien présentes dans l'échantillon si, par définition, on ne les connaît pas toutes ?

---

19. En fait, cette méthode requiert bien l'utilisation d'une liste ; cependant, il s'agit d'une liste de zones géographiques découpées à partir d'une carte.

Disons tout de suite que, dans la théorie de l'échantillonnage, la notion de certitude est écartée. Même un recensement, d'ailleurs, ne nous permet que théoriquement d'atteindre cette certitude. L'erreur d'échantillonnage, c'est-à-dire l'erreur liée au fait de n'analyser qu'une partie de la population pour connaître cette dernière, disparaît alors, quoique la population d'un pays ne soit jamais rejointe dans sa totalité lors d'un recensement ; cependant, l'erreur de mesure, ou d'observation, indépendante de la première, demeure. Pour Leslie Kish, « [les erreurs indépendantes de l'échantillonnage] se produisent parce que des observations doivent être faites pour obtenir les résultats dont on a besoin et que les méthodes physiques d'observation sont sujettes à imperfections[20] ».

On a trouvé jusqu'à présent deux solutions pour minimiser l'erreur d'échantillonnage (à distinguer donc de l'erreur de mesure[21]) :

- reproduire le plus fidèlement possible la population globale, en tenant compte des caractéristiques connues de cette dernière (application du principe de la *maquette*, du modèle réduit) ;

- tirer de façon aléatoire les individus qui feront partie de l'échantillon (application du principe du *hasard*).

La première solution relève de techniques qu'on a appelées *non probabilistes*, la seconde, de techniques *probabilistes*. Cette distinction est essentielle, car seuls les échantillons se réclamant du hasard peuvent, par définition, donner lieu à une généralisation s'appuyant sur les principes du calcul des probabilités.

 ## 2 LES ÉCHANTILLONS NON PROBABILISTES

S'en remettre au hasard pour fixer le choix des individus qui feront partie de l'échantillon apparaît à première vue comme la preuve d'une démission de l'esprit humain. C'est pourquoi les techniques non probabilistes, ou du moins certaines d'entre elles, semblent souvent plus satisfaisantes, plus « scientifiques » même que les techniques probabilistes : comment le hasard pourrait-il faire mieux que nous, avec nos connaissances, notre esprit

---

20. Leslie KISH, « Le choix de l'échantillon », dans Leon FESTINGER et Daniel KATZ, *Les méthodes de recherche dans les sciences sociales*, tome I, Paris, Presses universitaires de France, 1963, p. 255.
21. Par exemple, les erreurs faites pendant la collecte des données, les erreurs de compilation, etc.

méthodique, rationnel ? Les techniques non probabilistes offrent l'avantage de ne pas heurter le bon sens, d'être souvent faciles à comprendre et à appliquer. Elles sont de qualité inégale, certaines ayant été particulièrement raffinées, d'autres pas. En Europe, elles demeurent les méthodes les plus fréquemment utilisées, et, il faut bien le dire, la plus connue d'entre elles, la méthode des quotas, ne semble pas avoir donné de mauvais résultats, ce qui porte certains auteurs et praticiens à en recommander l'utilisation, même si les généralisations auxquelles les méthodes non probabilistes conduisent sont en fait purement hypothétiques. Nous présenterons plusieurs de ces techniques, insisterons sur la plus utilisée et, semble-t-il, la plus fiable d'entre elles, la méthode des quotas, et nous verrons quelles en sont les applications possibles.

Les techniques non probabilistes sont souvent presque absentes des présentations que font les spécialistes américains des procédures d'échantillonnage. On n'en recommande pas l'utilisation car, comme le soulignent Loether et McTavish, « même si les techniques d'échantillonnage non probabilistes sont souvent plus économiques et commodes que les techniques probabilistes, l'impossibilité d'évaluer les erreurs d'échantillonnage représente un inconvénient majeur. Donc, on devrait déconseiller l'utilisation de techniques non probabilistes par les sociologues[22] ». Les auteurs européens, et particulièrement les auteurs français, consacrent souvent, quant à eux, de longs développements à ces techniques. *Répétons ce qu'on dit généralement à leur sujet, à savoir qu'elles sont peu coûteuses, rapides, faciles à appliquer, mais qu'on ne peut préciser l'erreur d'échantillonnage.* Mentionnons ici qu'on emploie concurremment, dans la littérature *ad hoc*, les termes de méthodes, de techniques et de procédures pour parler de la constitution des échantillons, alors qu'il faudrait, ces termes ayant des significations différentes[23], ne parler que de techniques. Ajoutons aussi que, plus précisément dans le domaine des échantillons non probabilistes, le champ sémantique est loin d'être fixé : ainsi l'expression « par choix raisonné » fait parfois référence à une technique non probabiliste, parfois à un ensemble de techniques non probabilistes, etc.

Nous parlerons successivement des échantillons « accidentels », des échantillons constitués de volontaires, des échantillons systématiques, par choix raisonné et par quotas, qui sont tous non probabilistes.

---

22. Herman J. LOETHER et Donald G. MCTAVISH, *Descriptive and Inferential Statistics. An Introduction*, Boston, Allyn and Bacon Inc., 1980, p. 424.
23. Voir, pour une définition de ces termes, Madeleine GRAWITZ, *Méthodes des sciences sociales*, Paris, Dalloz, 1972, p. 291-294. Notons que de notre côté, pour éviter des répétitions ou pour faire référence à une expression établie (la *méthode* des quotas), nous utiliserons malgré tout les trois termes.

■ 2.1. Les échantillons « accidentels »

Les échantillons « accidentels » (*haphazard samples, accidental samples*) sont de tous les échantillons non probabilistes ceux qui offrent le moins de garantie. Et pourtant, les « techniques » correspondantes sont celles qui apparemment semblent laisser la plus grande place au hasard. Lorsqu'on interroge les cent premières personnes rencontrées au coin de telle et telle rue, c'est le hasard, dit-on, qui nous les fait rencontrer. Notons que le sens ainsi donné au terme de hasard est bien celui que le langage commun lui attribue. Bien des enquêtes réalisées par les médias après un événement relèvent de ces « techniques ». L'enquêteur pense n'introduire d'autre critère que le hasard pour le choix des individus qui feront partie de l'échantillon : il les prend, ces passants, comme ils se présentent. En fait, et nous anticipons sur ce qui sera dit plus loin, si l'on entend par tirage au hasard tout tirage que l'on peut assimiler à celui des loteries et qui attribue à chaque individu une chance connue et non nulle (souvent égale) d'être choisi, on voit que le hasard du sens commun est bien différent du hasard probabiliste. Dans ces sondages réalisés « pour tâter le pouls de l'électorat » (c'est ainsi qu'on les présente maintenant pour prévenir toute critique), de très nombreux individus n'ont aucune chance d'être choisis, leurs occupations les retenant loin du lieu de l'entrevue, alors que d'autres, travaillant ou habitant près de ce lieu, ont de fortes chances d'être inclus dans l'échantillon. Or, rien n'indique que ces derniers soient représentatifs de la population, et rien n'indique non plus que ceux qui auront été effectivement choisis soient même représentatifs du sous-groupe de ceux qui habitent le quartier ou y travaillent. En fait, on pourrait dire que la représentativité des échantillons ainsi constitués ne peut être qu'accidentelle.

Certes, les journalistes faisant un tel sondage peuvent toujours multiplier les lieux, heures et jours d'enquête et même, consciemment ou non, introduire des quotas (autant d'hommes que de femmes alors qu'il y a, par exemple, plus de femmes que d'hommes dans la rue à ce moment-là) ; cependant, quoique moins imparfaite, la technique n'en demeure pas moins fort critiquable. Supposons, par exemple, que pour « tâter le pouls de l'électorat » à propos des politiques du gouvernement du Parti québécois, un sondeur se poste, malencontreusement, près d'une salle où sont réunis des militants libéraux et qu'il choisisse de faire ses entrevues alors même que ces derniers terminent leur réunion : on imagine la suite ! L'événement n'est malheureusement pas totalement improbable. Ne pensons pas non plus que cette technique soit réservée aux seuls journalistes. Chaque fois qu'un chercheur accepte une sélection, faite par d'autres, des individus qui pourront être analysés, il court le risque de travailler avec des échantillons accidentels. Par exemple, lorsque, pour des fins d'analyse de contenu, on tire, même aléatoirement[24], des articles, éditoriaux, paragraphes, nouvelles, à partir des seuls quotidiens que reçoit une université ou un centre de recherche, qu'on ne prend pas en considération l'écart entre cette population (quotidiens reçus) et la population visée (ensemble des quotidiens), et qu'on étend les conclusions de l'analyse à l'ensemble des quotidiens, on se trouve, toutes proportions gardées, dans le même cas que précédemment. Pour conclure, disons que les échantillons accidentels sont, en fait, bien souvent des échantillons construits « au petit bonheur » (*haphazardly*).

▓ 2.2. Les échantillons de volontaires

La technique des échantillons constitués de volontaires (*voluntary samples*) est fréquemment utilisée dans les domaines de la psychologie, de la recherche médicale, des sciences sociales appliquées, en fait, dans tous les cas où il semblerait difficile d'interroger des individus sur des thèmes considérés comme tabous, intimes[25] (comportement sexuel, euthanasie, avortement, par exemple), de leur imposer une expérimentation (de médicaments, de thérapies) potentiellement douloureuse, gênante, voire dangereuse, ou, à l'inverse, de leur refuser le bénéfice d'un programme (de réhabilitation, par exemple)[26]. Comme son nom l'indique, la technique consiste à faire appel à des volontaires pour constituer l'échantillon. Éventuellement, dans le but d'obtenir une meilleure représentativité, on procédera à une sélection, en fonction de quotas, parmi ces volontaires, ou à un

---

24. C'est-à-dire en donnant à chaque individu une chance connue et non nulle d'appartenir à l'échantillon.

25. Notons, à ce sujet, qu'entre la première édition de ce texte en 1984 et la nouvelle édition de 2003, les limites de ce qui est tabou ont évolué. Ainsi, le comportement sexuel n'est plus aujourd'hui, du moins dans plusieurs pays occidentaux, un sujet qu'on aborde difficilement. Il est même possible qu'il soit devenu si banal (les chroniques qui y sont consacrées dans les médias sont si nombreuses !) que les précautions qu'on prenait hier ne soient plus de mise de nos jours. L'euthanasie, par contre, est toujours de l'ordre de l'interdit ou presque (mais les choses à ce sujet semblent évoluer bien vite).

26. Cette dernière question a fait l'objet de réflexions de la part de spécialistes en évaluation de programme. Voir, à ce sujet, Roland LECOMTE et Leonard RUTMAN (dir.), *Introduction aux méthodes de recherche évaluative*, Ottawa, Université Carleton, 1982 (en particulier le chapitre 6). La question est également abordée sous l'angle plus général de la démarche expérimentale. Voir, à ce sujet, Benjamin MATALON, *Décrire, expliquer, prévoir ; démarches expérimentales et terrain*, Paris, Armand Colin, 1988. Dans ce livre, d'ailleurs, l'auteur fait une distinction importante entre la randomisation qui consiste à affecter de façon aléatoire les sujets aux différentes conditions expérimentales (p. 16, 41) et qui « a pour but d'assurer la comparabilité des groupes et, de ce fait, la validité interne de leur comparaison » (p. 48), et « la constitution d'un échantillon aléatoire [qui] vise à permettre la généralisation à la population parente » (*Ibid.*) et qui a donc pour objectif la validité externe.

redressement *a posteriori* de l'échantillon. Il reste que l'utilisation de cette technique suscite des débats particulièrement vifs. On invoquera ainsi le fait que les volontaires ont généralement des caractéristiques psychologiques particulières (volonté de plaire, désir de connaître, besoin de régler des problèmes, etc.) et que, par conséquent, toute généralisation est hasardeuse.

> C'est bien, par exemple, ce qui a été reproché au fameux « rapport Kinsey ». Cette enquête sur les comportements sexuels a été réalisée aux États-Unis auprès d'un échantillon de 5 300 volontaires. Comme le font remarquer Herman J. Loether et Donald G. McTavish, reprenant les critiques faites par un groupe de chercheurs[27] : « L'assertion selon laquelle les résultats de l'étude étaient généralisables au-delà des 5 300 hommes interviewés était particulièrement exposée à la critique. Un commentateur mentionna qu'il y avait des preuves que plusieurs hommes s'étaient portés volontaires parce qu'ils avaient besoin d'aide pour résoudre leurs propres problèmes sexuels ou parce qu'ils avaient des questions à poser sur la sexualité [...][28] »

Faut-il alors déconseiller l'utilisation de cette technique ? Pas nécessairement. Comme d'autres techniques non probabilistes, moyennant prudence, connaissance des limites de l'outil et certaines précautions, elle peut donner d'intéressants résultats : encore faut-il, par exemple, faire un choix parmi ces volontaires (en utilisant des quotas), contrôler leurs caractéristiques, s'abstenir de toute généralisation hâtive. Dans certains domaines ou pour des études exploratoires, c'est souvent la technique la plus économique. Elle est, de plus, très utilisée ; en témoignent les nombreuses demandes de volontaires dans les colonnes des journaux universitaires.

On peut assimiler à ces techniques celles que les médias appliquent lorsqu'ils sollicitent l'avis de leur public. Mais ceux-ci, contrairement aux chercheurs, n'ont guère la possibilité ou la volonté de contrôler, de sélectionner les volontaires et de réserver les conclusions de l'enquête[29]. Aussi, les lignes ouvertes, les sondages maison sont-ils au mieux des moyens pour les médias de connaître leur public, au pire des outils pour l'influencer[30]. Notons donc que les échantillons les moins fiables sont ceux qui sont construits à partir de la double technique « accidentelle-volontaire ».

---

27. William G. COCHRAN *et al.*, *Statistical Problems of the Kinsey Report on Sexual Behavior in the Human Male*, Washington, American Statistical Association, 1954.
28. *Op. cit.*, p. 423.
29. Ou, comme le font Daniel Gaxie et Patrick Lehingue dans l'étude citée au début du texte, de prendre la faible représentativité comme objet même d'étude.
30. Ainsi, cet extrait du *Chicago Tribune* du 20 juillet 1990 reproduit dans *Imprints* de mai 1991 : « *On June 8-10, "the nation's newspaper" – USA Today – ran a Trump Hot Ligne asking readers to phone in and vote on whether "Donald Trump symbolizes what makes the USA a great country" or "Donald Trump symbolizes the things that are wrong with this country".*

▓ 2.3. Les échantillons systématiques

Les échantillons systématiques (*systematic samples*) sont constitués d'individus pris à intervalle fixe dans une liste (par exemple, un individu tous les dix, tous les cent). Cette procédure a l'avantage d'être facile à utiliser, mais, comme toutes les techniques présentées jusqu'ici, elle ne peut être considérée comme probabiliste, puisque, au sein d'une même population, certains individus n'ont aucune chance d'être choisis alors que pour d'autres, la probabilité de l'être est égale à 1. On verra plus loin que si le point de départ (premier individu à être tiré) est choisi aléatoirement, ce qui généralement se fait sans difficulté et n'est guère coûteux, alors ce type de technique peut être considéré comme probabiliste. Nous renvoyons donc à ce qui sera émis ultérieurement à ce sujet.

▓ 2.4. Les échantillons typiques et les échantillons en boule de neige

Alors que les techniques dont nous avons parlé jusqu'ici se caractérisent souvent par la recherche d'un tirage s'apparentant au tirage aléatoire, celles que nous analyserons dans cette section et dans la suivante tournent délibérément le dos à cette quête illusoire. Les premières méthodes se voulaient essentiellement fondées sur le bon sens et l'expérience commune ; les secondes se veulent plus rationnelles. Un échantillon représentatif, c'est en quelque sorte une maquette de la population à étudier : pourquoi alors ne pas sciemment construire cette maquette ? C'est là le raisonnement qui est à l'origine de la méthode des quotas. Et si ce qui importe, ce n'est pas la précision des résultats, mais la découverte d'une logique, d'un mécanisme, si la recherche se veut exploratoire, si ce qui intéresse le chercheur, ce ne sont pas les variations mêmes à l'intérieur de la population, mais plutôt quelques particularités de celle-ci, pourquoi alors rechercher une représentativité qui n'aura qu'un intérêt limité ? Voilà le raisonnement qui est à la base d'une technique comme celle de l'échantillonnage typique. Comme on le voit, ces diverses techniques sont non probabilistes par choix plutôt que par défaut.

USA Today declared a "landslide" for Trump, with 81 percent of the calls agreeing with the first statement and 19 percent with the second. But an embarrassed USA Today reported Thursday that an analysis of the results showed that 5,640 calls came from two phone numbers at Great American Insurance Co., a subsidiary of Cincinnati financier Carl Lindner Jr.'s American Financial Corp. A spokeswoman for Lindner said the vote-stuffing calls were made because Lindner admires Trump's "entrepreneurial spirit"».

L'échantillonnage en boule de neige (*snowball sampling*) est une technique qui consiste à ajouter à un noyau d'individus (des personnes considérées comme influentes, par exemple) tous ceux qui sont en relation (d'affaires, de travail, d'amitié, etc.) avec eux, et ainsi de suite. Il est alors possible de dégager le système de relations existant dans un groupe, qu'un échantillon probabiliste classique n'aurait pas permis de découvrir. Cette technique permet de réaliser ce que Raymond Boudon appelle des sondages contextuels, par opposition à des sondages de type atomique. On peut avec les premiers « [...] analyser le comportement individuel en le replaçant dans une "structure sociale", alors que les sondages atomiques [...] considèrent des individus détachés de leur contexte et placés, pour ainsi dire, dans un espace social amorphe[31] ». Il est possible, enfin, de combiner cette technique de « boule de neige » avec une technique probabiliste pour obtenir un sondage probabiliste contextuel.

Lorsque, explique également Raymond Boudon, l'enquête vise « à répondre à certaines questions théoriques ou à vérifier certaines hypothèses », que, par exemple, « [...] on se demande *pourquoi* certains médecins ont adopté [un] nouveau médicament et d'autres non[32] », il peut être inutile de construire un échantillon représentatif de la population des médecins de l'ensemble du pays. « On pourra supposer que les médecins dont les contacts professionnels sont limités à une clientèle privée seront moins prompts à adopter une nouveauté que les médecins des hôpitaux, qui sont stimulés par des mécanismes d'influence interpersonnelle[33]. » Il est possible alors de ne retenir, par exemple, que les médecins (ou une partie de ceux-ci) d'une ville donnée, la relation ainsi mise en lumière ayant de bonnes chances d'être également vérifiée ailleurs. L'échantillon, en l'occurrence une certaine ville, aura été choisi non pas en fonction de sa représentativité statistique, mais du fait de son *caractère typique*, parce que l'on pense qu'il « ne présente aucun trait particulier, exceptionnel, susceptible d'affecter fortement le phénomène étudié, et donc que ce qu'on y a observé est suffisamment semblable à ce qu'on aurait trouvé [ailleurs][34] ». L'échantillonnage typique, fort courant en sciences sociales, fait l'objet, comme la plupart des techniques non probabilistes, de très vifs débats. Pour certains, il s'agit d'une technique qui, lorsque ses limites sont clairement reconnues (possibilité de généraliser les relations mais non les mesures), est tout à fait appropriée à certains types de recherche. En fait,

---

31. Raymond BOUDON et Renaud FILLIEULE, *Les méthodes en sociologie*, Paris, Presses universitaires de France, coll. Que sais-je ?, 2002, p. 15.
32. *Ibid.*, p. 18.
33. *Ibid.*
34. Benjamin MATALON, *op. cit.*, p. 80-81.

« presque toutes les recherches de sociologie ou de psychosociologie empiriques, quand elles ne se bornent pas à exploiter des statistiques publiques, procéde[raient] ainsi [par échantillonnage typique][35] ». Pour d'autres, les relations entre variables, tout comme les mesures, étant sujettes à des erreurs d'échantillonnage, il ne saurait être justifié de procéder à une généralisation de ces relations dans le cas des échantillons non probabilistes[36].

▓ 2.5. Les échantillons par quotas

La méthode des quotas est la méthode non probabiliste à laquelle les ouvrages traitant d'échantillonnage consacrent les plus longs développements. Les spécialistes sont cependant loin d'être d'accord quant au jugement d'ensemble que l'on peut porter sur cette technique : pour certains, les plans d'échantillonnage ainsi construits peuvent, sous condition, « rivaliser » avec ceux qu'on élabore à partir de techniques probabilistes ; pour d'autres, le caractère non probabiliste de la méthode est une raison suffisante pour la « disqualifier » aux yeux des chercheurs soucieux de rigueur. L'échantillonnage par quotas (*quota sampling*) repose sur un principe simple : celui de la reproduction la plus fidèle possible de la population à étudier. C'est ce principe que, voilà presque soixante-dix ans, George Gallup, le père des fameux sondages Gallup, dégagea et mit peu à peu en application[37].

Pour reproduire parfaitement une population, il faudrait en connaître toutes les caractéristiques. Mais si on les connaissait toutes, on ne ressentirait pas le besoin de réaliser un sondage. L'absence d'informations concernant certaines caractéristiques de la population à étudier n'est toutefois pas un obstacle à la construction d'un modèle réduit, d'une maquette de celle-ci. En effet, les caractéristiques d'une population ne sont pas toutes de même niveau. Certaines, comme le sexe, l'âge, le revenu, la classe sociale, la religion, jouent généralement, dans la recherche en sciences sociales, le rôle de variables indépendantes, alors que d'autres, telles que les comportements, les opinions, sont plutôt considérées comme des variables dépendantes : bref, les premières rendraient compte des variations des secondes.

---

35. *Ibid.*, p. 81.
36. Voir, par exemple, C. SELLTIZ *et al., Les méthodes de recherche en sciences sociales*, Montréal, Les Éditions HRW, 1977, p. 525-531.
37. Voir, par exemple, Alfred MAX, *La république des sondages*, Paris, Gallimard, 1981, p. 67-75.

Un échantillon construit de telle façon qu'il reproduise fidèlement la distribution de la population selon le sexe, l'âge, l'origine ethnique ou d'autres variables du même type (que l'on appellera variables contrôlées), devrait donc également reproduire la distribution de la population selon les autres caractéristiques (qui sont liées aux premières) et donc selon celles que l'on veut étudier. C'est ce raisonnement qui est à la base de la méthode des quotas. On voit cependant tout de suite un des problèmes que pose cette technique. S'il est vrai que les sous-groupes construits à partir des variables contrôlées sont relativement homogènes, ils ne le sont toutefois pas totalement. Les individus choisis (de façon non aléatoire) à l'intérieur de chaque strate, de chaque sous-groupe, ne sont donc pas nécessairement représentatifs de la strate, du sous-groupe.

De façon pratique, voici comment la méthode est mise en application : on dégage un certain nombre de caractéristiques, préférablement des variables dont on peut supposer qu'elles sont en relation avec ce que l'on cherche à mesurer ; à l'aide d'un recensement récent, on détermine comment la population se répartit suivant ces caractéristiques ; on construit alors l'échantillon en respectant cette répartition. Si, par exemple, il y a 50 % de femmes dans la population, on construira un échantillon comprenant 50 % de femmes, ce qui, si l'échantillon comprend 1 000 individus, donnera un quota de femmes de 500 et un quota d'hommes de 500 également. L'enquêteur devra respecter ces quotas et donc interroger 500 femmes et 500 hommes. Plus on introduira de variables (sexe, âge, origine ethnique, religion, etc.), plus on obtiendra une réplique fidèle de la population et plus les strates, les sous-groupes (du moins on en fait l'hypothèse) seront homogènes ; mais plus il sera difficile aussi pour le chercheur de « remplir ses quotas ». Notons toutefois qu'il est possible de donner à l'échantillon une structure différente de celle de la population à étudier, à partir du moment où cela est fait consciemment, et de « réparer » certaines erreurs faites par les enquêteurs comme la sur-représentation (ou la sous-représentation) de strates. Il est aussi possible, pour remédier à la difficulté de travailler avec de trop nombreuses caractéristiques, de ne stratifier que selon les caractéristiques les plus évidentes (âge, sexe, etc.) et de recueillir, par ailleurs, l'information sur les autres. Il suffira par la suite, lors de l'analyse des données, de rétablir la structure désirée en pondérant différemment les strates ou en créant de nouvelles strates.

Le défaut majeur de la technique, c'est qu'elle est non probabiliste : l'enquêteur choisit qui il veut pour « remplir ses quotas ». En fait, à l'intérieur de chacune des strates, le tirage se fait accidentellement et non aléatoirement. L'enquêteur ne sera-t-il pas alors tenté d'interroger d'abord les membres de son entourage (qui lui ressemblent, mais qui ne sont pas nécessairement représentatifs de la population), de privilégier les lieux très fréquentés, etc. ?

Des techniques ont cependant été proposées afin de donner un caractère moins accidentel au tirage des individus qui feront partie d'un échantillon. On peut, par exemple, fixer un parcours le long duquel l'enquêteur fera ses entrevues, cette technique étant connue sous le nom de méthode des itinéraires. Il est fréquent, également, que l'on détermine les heures des rencontres. Le choix d'enquêteurs provenant de milieux sociaux différents, habitant des régions différentes tend, de plus, à réduire la gravité des effets d'un tirage accidentel.

Le lecteur aura sans doute compris que l'expression « techniques non probabilistes » (ou « techniques empiriques ») recouvre un large champ de pratiques. Si l'on peut sans crainte rejeter comme très peu fiables les techniques accidentelles, on ne saurait catégoriquement déconseiller l'utilisation d'autres techniques non probabilistes telles que la méthode des quotas, l'échantillonnage en boule de neige et l'échantillonnage typique. Dans certains cas, par exemple, en l'absence de base de sondage ou lorsque les objectifs sont moins de mesurer que de découvrir une logique, les méthodes non probabilistes sont souvent les seules utilisables, ou en tout cas, les plus adaptées. Il reste que, pour des raisons qui seront précisées plus loin, les techniques aléatoires sont celles qui, dans les autres cas, offrent le plus de garanties aux chercheurs.

3 LES ÉCHANTILLONS PROBABILISTES

Les techniques probabilistes (ou aléatoires) sont les seules qui offrent au chercheur une certaine garantie lors du processus de généralisation. À la différence des techniques dont on a parlé précédemment, elles lui donnent la possibilité, en s'appuyant sur les lois du calcul des probabilités, de préciser les risques qu'il prend en généralisant à l'ensemble de la population les mesures effectuées auprès d'un échantillon. S'il peut ainsi estimer l'erreur d'échantillonnage, le chercheur, en revanche, ne peut faire la même estimation pour les erreurs de mesure. L'*erreur totale*, celle qui *a priori* intéresse le plus le chercheur et qui est constituée de l'erreur d'échantillonnage et des erreurs de mesure (ou d'observation), reste donc pour lui une inconnue. Nous verrons qu'il existe des principes simples permettant de diminuer, dans le cas d'un échantillon aléatoire, l'erreur d'échantillonnage (par exemple, en augmentant la taille de l'échantillon). Il faut également savoir que le chercheur n'est pas totalement démuni face aux erreurs de mesure. Comme le montre bien Christian Gourieroux, il existe une série de « traitements empiriques » des causes de ces erreurs[38] : on se reportera pour toutes ces questions aux chapitres 7 et 8 de son ouvrage, *Théorie des sondages*.

Par *techniques d'échantillonnage probabilistes*, on entend *toutes celles qui impliquent un véritable tirage au hasard, c'est-à-dire qui donnent à chaque élément de la population une chance connue et non nulle d'être choisi*[39]. Il peut y avoir, de plus, mais cela n'est pas toujours souhaitable, équiprobabilité de tirage. Dans ce cas, le choix des individus qui feront partie de l'échantillon s'apparente à celui des numéros dans une loterie. Nous avons alors affaire à la technique probabiliste de base, celle de l'échantillon aléatoire simple (*simple random sample*), à laquelle il est parfois proposé de réserver l'usage de l'expression « échantillonnage au hasard[40] ». C'est cette technique que nous présenterons tout d'abord, même si, dans la pratique, lui sont souvent préférées celles qui en dérivent et dont les caractéristiques seront ensuite exposées.

▓ 3.1. L'échantillon aléatoire simple

L'*échantillon aléatoire simple* (on trouve également l'expression « échantillon aléatoire » tout court, ce qui ne manque pas d'entretenir une confusion sémantique déjà trop évidente !) est tiré selon une technique qui accorde à chaque individu une *chance connue, égale et non nulle d'être choisi*. Notons qu'une deuxième condition doit être respectée : toute combinaison possible de n[41] éléments doit avoir la même probabilité de sélection, ce qui revient à dire que *le tirage d'un élément doit être indépendant du tirage de n'importe quel autre élément appartenant à la population*. Pour bien comprendre ce principe, il faut savoir que 1) le choix d'un échantillon probabiliste est en fait une série de choix successifs d'individus pris dans une population, et 2) qu'il existe deux façons d'obtenir cette suite d'individus qui constituera l'échantillon : soit en faisant un tirage exhaustif (dit aussi sans remplacement), soit en faisant un tirage non exhaustif (avec

---

38. *Op. cit.*, p. 209.
39. Comme on l'a vu, il y a généralement un écart entre la population visée et la population réellement atteinte lors du sondage. Il faudrait donc dire que chaque élément de la population *réellement atteinte* possède une chance connue et non nulle de faire partie de l'échantillon.
40. Voir Leslie KISH, « Le choix de l'échantillon », dans Leon FESTINGER et Daniel KATZ, *op. cit.*, p. 216.
41. *n* : taille de l'échantillon.

remplacement). Dans le premier cas, chaque individu tiré une fois ne peut l'être une nouvelle fois ; dans le second cas, après chaque tirage, la population initiale est reconstituée. Alors que la deuxième technique satisfait à la condition d'*indépendance* présentée plus haut, la première conduit à accorder à certaines combinaisons, toutes celles qui incluent plus d'une fois le même élément, une probabilité nulle de sélection. Il n'y a pas alors indépendance des tirages comme le montre l'exemple qui suit.

> Une population est constituée en partie égale d'hommes et de femmes. Au premier tirage, la probabilité de choisir un homme est la même que celle de choisir une femme. Supposons que le premier individu tiré est une femme et que l'on procède à un tirage sans remplacement ; la probabilité qu'un homme soit choisi au second tirage est alors plus forte que celle que ce soit une femme. Si le premier individu tiré avait été un homme, les chances pour le second tirage auraient été inversées. Les tirages dépendent donc alors des tirages précédents.

On montrera aisément que, lorsque la taille de la population croît, les probabilités sont de moins en moins affectées par les résultats de tels tirages et que, lorsque le taux de sondage (c'est-à-dire le rapport entre la taille de l'échantillon et la taille de la population) est faible, on peut assimiler les tirages exhaustifs aux tirages avec remplacement, sans que cela pose de sérieux problèmes. Il faut toutefois noter que seuls les échantillons « avec remise » sont *stricto sensu* des échantillons aléatoires simples et que les développements statistiques concernant le processus d'inférence (de généralisation), que l'on retrouve dans la plupart des ouvrages sur le sujet, ne sont valables que pour ceux-ci. Dans la pratique, comme le font remarquer Loether et McTavish, il semble que l'on éprouve quelque réticence à inclure dans un échantillon plus d'une fois le même individu[42]. Il serait cependant tout à fait logique de procéder ainsi.

Élémentaire en principe, la technique de l'échantillon aléatoire « simple » se révèle en fait être parfois d'utilisation difficile, particulièrement lorsque la liste complète des individus composant la population est longue et non numérotée. En effet, il s'agira, après avoir établi la liste et affecté un numéro à chaque individu, de tirer, à l'aide d'une table de nombres aléatoires, une suite de numéros représentant les individus qui constitueront l'échantillon. Les tables de nombres aléatoires reproduisent les résultats de tirages, généralement faits par ordinateur, s'apparentant à ceux des loteries. Elles épargnent donc au chercheur tout ce travail, jamais totalement satisfaisant, de réunion des conditions d'un tirage aléatoire « manuel » :

---

42. *Op. cit.*, p. 409.

urne, papiers sur lesquels on inscrit les noms des individus appartenant à la population, mélange des papiers, etc. Le seul problème technique n'est (n'était) donc pas celui du choix des numéros, ces tables étant très faciles à utiliser, mais celui qui est en amont de la confection de la liste et de son numérotage.

Il faut noter toutefois que ce problème tend à disparaître. Dans le cas des sondages téléphoniques, il est en effet maintenant possible de générer aléatoirement, sans base de sondage, des numéros de téléphone. Cette dernière technique est d'ailleurs souvent jumelée à une méthode de sélection permettant de déterminer qui, dans le ménage rejoint, devrait répondre au sondage. On craint donc que les personnes décrochant le téléphone ne possèdent pas les caractéristiques recherchées. Pour éviter des biais, on utilise une série de grilles qui, de fait, introduisent des quotas pour l'échantillon. Voici comment Vincent Lemieux, dans son excellent petit livre sur les sondages, présente la façon de procéder :

> La population visée est celle de 18 ans et plus. L'interviewer commence par demander combien de personnes de cet âge habitent le foyer, puis combien il y a d'hommes (ou de femmes) parmi ces personnes. Supposons qu'au premier appel la réponse est trois personnes, dont un homme. L'interviewer applique alors la grille 1 et demande à parler à la dame la plus âgée. Si à un deuxième appel, on lui répond : quatre personnes dont trois hommes, l'interviewer, passant à la grille 2, demande de parler au monsieur le plus âgé. Et ainsi de suite, jusqu'à la grille 6, après quoi l'interviewer réutilise la grille 1, dans une nouvelle séquence de six[43].

Le problème avec une telle technique de sélection, c'est qu'à la pratique, elle peut se révéler coûteuse. Il n'est pas rare en effet que la personne désignée par la grille de sélection ne soit pas libre au moment du premier contact téléphonique. Il faudra donc fixer, si cela est possible, un rendez-vous téléphonique avec la personne choisie, avec tous les risques (elle n'est toujours pas là, elle ne veut pas répondre) que cela comporte. Le taux de collaboration à l'enquête risque donc de baisser. Ce que l'on gagne d'un côté (meilleure représentativité) n'est-il pas perdu de l'autre (coûts plus élevés, délais allongés, baisse du taux de collaboration) ? N'est-il pas préférable quand on est en contact avec une personne du ménage choisi de ne pas lui laisser un bon prétexte (elle n'est pas celle que désigne la grille) pour ne pas répondre ? Une évaluation sérieuse des avantages et inconvénients de cette méthode, surtout quand elle est jumelée avec celle de la génération aléatoire des numéros de téléphone, devrait être conduite.

---

43. Vincent LEMIEUX, *Les sondages et la démocratie*, Québec, Institut québécois de recherche sur la culture, 1988, p. 28.

D'autant que les maisons de sondage constatent qu'elles ont affaire à un public de moins en moins coopératif[44]. Le temps où un individu pouvait se sentir flatté d'avoir été choisi comme représentant d'une population est sans doute révolu.

▓ 3.2. L'échantillon systématique

L'échantillonnage systématique (*systematic sampling*), dont il a déjà été question dans une section précédente, est souvent préféré à l'échantillonnage aléatoire simple, essentiellement du fait de sa simplicité et des conditions plus souples que nécessite sa mise en œuvre. L'échantillon est alors constitué d'individus pris à intervalle fixe sur une liste, seul le premier étant tiré aléatoirement. Cet intervalle correspond au rapport entre la taille de la population et la taille de l'échantillon, soit à l'inverse du taux de sondage. Comme on le voit, cette technique ne satisfait pas à une des conditions du tirage aléatoire simple, puisque, une fois le premier élément choisi, les chances des autres éléments d'être tirés, d'égales qu'elles étaient avant ce premier choix, ou s'annulent, ou deviennent certaines : il n'y a plus alors indépendance des tirages, le premier conditionnant tous les autres. De plus, même avant ce premier tirage, la grande majorité des combinaisons possibles de *n* éléments n'ont aucune chance de constituer l'échantillon : il en est ainsi de toutes celles qui sont composées d'éléments non séparés régulièrement sur la liste.

Cette technique peut-elle alors être considérée comme probabiliste ? On ne peut en fait donner de réponse absolue, définitive : comme le précise Barbara Leigh Smith, « l'échantillonnage systématique produit un échantillon relativement représentatif si la liste initiale de la population est triée de façon aléatoire[45] ». Leslie Kish ajoute : « Avec l'échantillonnage systématique, on doit avoir des raisons suffisantes pour croire que l'arrangement des unités d'échantillonnage dans chaque strate peut être considéré comme l'effet d'un pur hasard[46]. » Selon Kish, on ne saurait utiliser cette technique lorsque la liste à partir de laquelle se fera le tirage de l'échantillon est ordonnée, ou, du moins, on devrait tenir compte de cet ordre lors du choix des individus et changer de « point de départ » à plusieurs

---

44. Les chercheurs universitaires subissent sans doute aussi les effets de cette érosion de la bonne volonté du public.
45. Barbara Leigh SMITH *et al.*, *Political Research Methods : Foundations and Techniques*, Boston, Houghton Mifflin, 1976, p. 138.
46. « Le choix de l'échantillon », dans FESTINGER et KATZ, *op. cit.*, p. 235.

reprises durant le tirage. Supposons, par exemple, que la liste de la population soit ordonnée selon l'âge et que l'intervalle entre deux tirages soit de cinquante éléments : un échantillon constitué des premier, cinquante et unième, cent unième,… individus n'aura sans doute pas le même âge moyen qu'un autre constitué des cinquantième, centième, cent cinquantième,… individus.

Il faut également s'assurer que l'intervalle entre deux tirages ne correspond pas à une fluctuation cyclique de la liste ou de ce qui en fait office. Le danger est particulièrement grand lorsque la technique est utilisée pour tirer, le long d'un parcours, un échantillon de maisons, de logements : il est nécessaire d'éviter qu'il y ait concordance entre l'intervalle et, par exemple, le nombre de logements dans un immeuble, et par suite qu'il y ait surreprésentation d'un certain type d'habitation, de logement. Il demeure que la technique même de l'échantillon systématique est souvent utilisée par les spécialistes. Il est vrai qu'alors la liste utilisée est souvent celle des noms dans un annuaire, qui, heureusement, est exempte des deux biais présentés plus haut. Les maisons de sondages au Québec recourent parfois, quoique moins souvent que par le passé, à cette technique : par exemple, pour l'enquête CROP – *La Presse* réalisée entre le 11 et le 14 novembre 1988, avant donc les élections fédérales canadiennes, « l'échantillon a été tiré selon la méthode du hasard systématique des listes publiées des abonnés du téléphone de l'ensemble du Québec[47] ».

▉ 3.3. L'échantillon aréolaire

Citons également une autre technique, ou plutôt une autre façon d'utiliser les techniques probabilistes. Nous avons vu qu'une des conditions préalables au tirage aléatoire simple et dans une moindre mesure au tirage systématique était (la situation a maintenant un peu changé) l'existence d'une base de sondage, c'est-à-dire d'une liste complète des individus composant la population. Avec la *méthode aréolaire*, il n'est plus nécessaire de disposer d'une liste au sens strict du terme ; ce sera plutôt *une carte géographique, une photo ou un plan qui fera office de liste*. Les éléments de cette liste seront alors des zones et selon une technique, par exemple le tirage systématique, on déterminera celles qui constitueront l'échantillon. Cette méthode aréolaire, ou topographique (*area sampling*), est particulièrement indiquée lorsque n'existent ni liste pouvant donner lieu à un tirage probabiliste « traditionnel », ni recensement récent pouvant conduire à l'utilisation de la méthode des quotas. En Afrique, selon Michel Hoffmann :

---

47. *La Presse*, vendredi 18 novembre 1988, p. A2.

Les échantillons sont établis à partir de la méthode par quotas ou, à défaut, de la méthode topographique. [...] L'existence d'une documentation cartographique importante, et souvent d'excellente qualité, facilite le tirage au sort des zones à prospecter pour l'enquête et l'établissement des plans de cheminement. Cette procédure présente l'avantage de pouvoir être suivie aussi bien en milieu urbain – tirage au sort des îlots et plan de cheminement dans les concessions ou immeubles – qu'en zone rurale – tirage au sort des villages et points de peuplement[48].

3.4. L'échantillon en grappes

La méthode aréolaire peut être considérée comme un cas particulier de la méthode d'*échantillonnage en grappes* (*cluster sampling*), dite aussi « par grappes », « par groupes » ou « par faisceaux ». Elle consiste à **tirer au hasard des groupes d'individus et non des individus, au moins dans un premier temps, puis à soumettre à l'analyse soit l'ensemble de ces grappes, soit une partie (un échantillon) des individus qui les composent** (on parlera alors d'échantillonnage au deuxième degré). Il n'est pas rare, en fait, que le processus d'échantillonnage se poursuive au-delà du second degré : on parlera alors d'échantillonnage à plusieurs degrés ou multiphasique (*multistage sampling*). La technique consiste, comme le montre C. Fourgeaud, à faire des tirages « en cascade », tout d'abord parmi les unités primaires (*primary sampling units*), par exemple des régions, dont « l'ensemble forme la population totale[49] », puis parmi les unités secondaires (*secondary sampling units*) définies à partir des unités primaires choisies, par exemple des villes ; ensuite, parmi les unités tertiaires définies à partir des unités secondaires choisies, par exemple des quartiers ; enfin, parmi les unités de base (*ultimate sampling units*), par exemple des immeubles. Les avantages d'une telle façon de procéder sont essentiellement de deux ordres. Tout d'abord, cette technique ne réclame qu'une connaissance relativement limitée de la population globale : il n'est point besoin d'avoir une liste complète des individus qui la composent. De plus, il s'agit d'un procédé économique, en ce sens que les grappes sont, d'une façon générale, géographiquement concentrées : il n'est point besoin de parcourir l'ensemble du territoire pour fins d'enquête ; les déplacements sont alors limités, les coûts occasionnés, réduits.

---

48. Michel HOFFMAN, « Les sondages d'opinion et les études de marché en Afrique », dans Raymond BOUDON *et al.*, *Science et théorie de l'opinion publique : hommage à Jean Stoetzel*, Paris, Retz, 1981, p. 303-304.
49. C. FOURGEAUD, *Statistique, licence ès sciences économiques deuxième année*, Paris, Librairie Dey, 1969, p. 154.

Il faut cependant insister sur les limites de la méthode : quoique probabiliste, chaque tirage se faisant selon les techniques aléatoire simple ou systématique, la technique d'échantillonnage par groupes conduit généralement à des erreurs d'échantillonnage plus importantes que ne le fait la technique aléatoire simple. En effet, il s'agit souvent, comme nous l'avons fait remarquer, d'une technique d'échantillonnage à plusieurs degrés : les possibilités d'erreurs s'en trouvent ainsi multipliées. Notons également que les combinaisons possibles de *n* éléments de base, les seuls qui en définitive nous intéressent (le groupement, le multiphasage n'étant que des procédés destinés à réduire les coûts, à pallier l'absence de liste), n'ont pas alors une probabilité égale de constituer l'échantillon final. Ajoutons que, dans le but de réduire la taille de l'échantillon, on cherchera à construire des grappes constituées d'éléments hétérogènes de telle façon que chacune soit aussi représentative que possible de la population globale, mais que généralement la confection même de ces grappes (sur une base de proximité) conduit à une homogénéité interne, des individus « géographiquement » proches ayant malheureusement une certaine tendance à se ressembler. Terminons en disant que cet inconvénient peut parfois se transformer en avantage, l'échantillonnage en grappes pouvant mener à un sondage de type contextuel.

▓ 3.5. L'échantillon stratifié

Reste la technique la plus raffinée : celle de l'*échantillon stratifié* (*stratified random sample*). Elle consiste à *diviser la population à étudier en sous-populations appelées strates puis à tirer aléatoirement un échantillon dans chacune des strates, l'ensemble des échantillons ainsi choisis constituant l'échantillon final qui sera soumis à l'analyse.*

On stratifie, comme le montrent Loether et McTavish[50], pour deux types de raisons : des raisons d'ordre théorique et des raisons d'ordre pratique. On peut d'abord stratifier tout simplement dans le but de comparer diverses sous-populations. Notons que la stratification peut alors aussi bien se faire avant (*a priori*), qu'après l'enquête (*a posteriori*). Si l'on stratifie avant, toutefois, c'est en partie pour être sûr de disposer, lors du processus de généralisation, d'un nombre suffisant d'individus dans chaque sous-population. Les groupes faiblement représentés dans la population totale (les Amérindiens au Québec ou au Canada, par exemple) pourront être surreprésentés dans l'échantillon : on parlera alors d'un échantillon stratifié

---

50. *Op. cit.*, p. 418.

non proportionnel. On peut surtout stratifier afin de réduire l'erreur d'échantillonnage ou la taille de l'échantillon (et donc les coûts) ou les deux. Comme le précisent Loether et McTavish,

> Un échantillon aléatoire stratifié constitué adéquatement, c'est-à-dire où les variations intra-strates sont faibles, produira une erreur d'échantillonnage moindre qu'un échantillon aléatoire simple de même taille ; ou, autrement dit, un échantillon aléatoire stratifié plus petit qu'un échantillon aléatoire simple mais bien constitué sera caractérisé par une erreur d'échantillonnage équivalente à celle du plus grand échantillon aléatoire simple[51].

Cette relation entre le choix de la technique et l'erreur d'échantillonnage se comprend presque intuitivement : point n'est besoin de faire le détour par la statistique. Rappelons d'abord une banalité, à savoir qu'on échantillonne essentiellement afin de confirmer ou d'infirmer au moindre coût une hypothèse. Ce qui nous intéresse donc, ce sont les variables qui sont en relation avec l'objet de notre recherche. S'il est possible de découper la population à étudier, ou plus exactement l'échantillon qui en sera tiré, selon les variables (âge, classe sociale, sexe, scolarité, par exemple) que l'on pense être en relation avec l'objet de la recherche (l'intention de vote, par exemple), on peut espérer obtenir des sous-groupes, des strates, plus homogènes que la population totale, relativement à ces variables (indépendantes et dépendantes). Or, l'erreur d'échantillonnage dépend de l'homogénéité de la population globale : si en fait tous les individus composant une population étaient identiques, il suffirait de tirer un seul élément pour la bien connaître. Stratifier selon la variable la plus « puissante », c'est donc rechercher l'homogénéité maximale *à l'intérieur* de chacune des strates et, conséquemment, une plus grande précision. L'échantillon stratifié étant en fait la somme des échantillons tirés à l'intérieur des strates, l'erreur totale d'échantillonnage sera liée aux erreurs d'échantillonnage de chaque strate et, donc, à leur homogénéité.

Conclusion

La distinction entre échantillons probabilistes et échantillons non probabilistes est satisfaisante au plan théorique. Le critère qui permet d'allouer telle ou telle pratique à l'un ou l'autre des types d'échantillons est apparemment simple. Mais il existe toute une zone grise d'usages qu'il est difficile de classer avec facilité. Ainsi, la tendance qui se répand à utiliser

---

51. *Ibid.*

Internet pour faire des sondages et la possibilité de procéder à des tirages de type aléatoire conduisent à des échantillons qui peuvent tenir des deux modes : le fait qu'une fraction seulement des individus possèdent un branchement Internet interdit toute étude d'une population générale ou alors l'échantillon constitué sur la base d'abonnés à Internet ne sera somme toute qu'un échantillon « accidentel » de cette population générale ; le fait qu'il soit possible aujourd'hui de tirer aléatoirement des internautes (par l'ouverture de « fenêtres de texte ») et même de veiller à ce qu'ils ne répondent pas plus d'une fois assimile la technique à l'échantillonnage probabiliste, en autant bien sûr que l'on restreint l'univers de l'enquête à l'ensemble des visiteurs d'un site donné !

À la question « Quelle technique est la meilleure ? », la seule réponse que l'on peut donner est « Cela dépend ! ».

- Cela dépend des contraintes de temps, des ressources financières et humaines : on sait, par exemple, que les techniques non probabilistes sont généralement peu coûteuses, rapides et faciles à utiliser.

- Cela dépend des objectifs qu'on se fixe : généralisation de mesures, généralisation de relations, analyse de sous-populations, recherche d'hypothèses.

- Cela dépend de la précision souhaitée : on sait, par exemple, que la précision augmente lorsqu'on passe de l'échantillonnage en grappes à l'échantillonnage aléatoire simple, puis à l'échantillonnage stratifié proportionnel, enfin, à certaines formes d'échantillonnage stratifié non proportionnel.

- Cela dépend de la population à échantillonner : Possède-t-on une liste de cette population ? Peut-on facilement la subdiviser ? Est-elle dispersée ? Est-elle plutôt homogène ou hétérogène ? etc.

- Cela dépend de ce qu'on se propose de faire avec l'échantillon tiré : lui soumettre un questionnaire ? lui faire subir des tests ? etc.

- Cela dépend…

En fait le choix d'une technique d'échantillonnage dépend d'une multitude de facteurs. Il n'y a donc pas de technique, de procédé tout usage. Au contraire, tout ou presque est à recommencer à chaque fois (à moins bien sûr que l'on fasse régulièrement la même enquête auprès de la même population).

À la question « Quelle taille l'échantillon doit-il avoir ? », la seule réponse que l'on peut apporter est « Cela dépend ! ».

- Cela dépend du degré d'homogénéité de la population à analyser : plus la population est homogène, plus l'échantillon, pour une précision constante, peut être de taille réduite. Le seul problème, c'est que généralement nous ne connaissons pas ce degré d'homogénéité.

- Cela dépend de la technique choisie.

- Cela dépend aussi de la précision souhaitée : en fait, à homogénéité constante, plus l'échantillon est de taille importante, plus l'erreur d'échantillonnage diminue. Taille de l'échantillon et erreur d'échantillonnage varient en fait inversement.

Rappelons cependant que tous ces principes sont valables pour les échantillons tirés selon un procédé aléatoire, et que pour les échantillons non probabilistes, il n'existe pas à proprement parler de règles : ce n'est pas, par exemple, en augmentant la taille d'un échantillon « accidentel » que l'on augmente vraiment sa qualité. Toutefois, pour certains procédés, tels que ceux de l'échantillon par quotas ou de l'échantillon systématique non aléatoire, on peut sans trop de problème adopter certains des principes exposés plus haut.

On considère en fait que pour pouvoir généraliser les mesures effectuées sur un échantillon ou toute partie de celui-ci, il faut généralement un minimum de cent cas dans l'échantillon ou le sous-échantillon considéré[52]. Il s'agit, bien sûr, d'une règle pratique qu'il convient d'utiliser avec prudence et qui est valable pour les échantillons probabilistes.

Notons également que si la taille de l'échantillon et l'erreur d'échantillonnage varient en sens inverse, à une augmentation de la taille de l'échantillon ne correspond qu'une diminution beaucoup plus faible de l'erreur d'échantillonnage[53]. Très vite, tout gain quant à la précision se paie très cher : c'est pourquoi il est rare que l'on construise un échantillon dépassant les 2 000 individus, à moins de vouloir représenter adéquatement quelques strates de la population. Comme la précision dépend essentiellement de la taille de l'échantillon et non, dans la plupart des cas, de la taille de la population, il n'est pas étonnant que les spécialistes des sondages s'en tiennent aux États-Unis, au Canada, au Québec, malgré des populations de tailles très différentes, à des échantillons de 1 000 à 2 000 individus.

---

52. Même si, statistiquement, le théorème central limite commence à s'appliquer à partir de trente cas. Pour ce qui est des petits échantillons, on pourra consulter Bruno MARIEN et Jean-Pierre BEAUD, *Guide pratique pour l'utilisation de la statistique en recherche : le cas des petits échantillons*, Québec, Réseau sociolinguistique et dynamique des langues, Agence universitaire de la Francophonie, mai 2003.

53. On pourra se reporter au tableau 1, « Intervalle de confiance lorsqu'une proportion est de 0,5 (50 p. 100), selon la taille de l'échantillon », du dossier sur *Sondages politiques et politiques des sondages au Québec*, Montréal, SCSP-ACSALF, 1979, p. 21.

Reste enfin la délicate question de l'estimation, que nous ne ferons d'ailleurs qu'effleurer ici. Peut-on, à partir des mesures effectuées auprès d'un échantillon (statistiques), connaître exactement les valeurs de la population (paramètres) ? La réponse est non. Ou, plus exactement, il se peut que les mesures ainsi faites correspondent aux valeurs recherchées ; cependant, nous ne pourrions le savoir qu'en procédant à un recensement et en supposant qu'alors il n'y ait pas d'erreurs de mesure. De la même façon, on ne pourra calculer l'écart exact entre la valeur trouvée et la valeur recherchée, à moins que cette dernière valeur ne nous soit connue. Par contre, ce qu'on peut faire lorsqu'on a procédé à un tirage probabiliste, c'est estimer à partir de ces statistiques les paramètres de la population. L'estimation pourra être ponctuelle, l'intention de vote pour le Parti québécois dans l'ensemble de l'électorat québécois étant estimée par l'intention de vote pour le Parti québécois dans l'échantillon. C'est à une « estimation » de ce type que procèdent certains médias lorsqu'ils rapportent les résultats d'enquêtes par sondage. Notons que, malheureusement, ce passage de l'échantillon à la population totale n'est pas toujours établi comme ayant relevé d'une estimation ponctuelle. L'estimation pourra être faite également par intervalle de confiance et consistera à déterminer un intervalle tel que si nous tirions un nombre important d'échantillons de même taille et provenant de la même population, 95 % (ou 99 %) des intervalles de confiance incluraient le paramètre. Ainsi pour le sondage téléphonique réalisé auprès d'un « échantillon représentatif de 2 017 Canadiens (âgés de 18 ans et plus) » du 17 au 26 mai 2002 par Décima sur la confiance des Canadiens envers l'économie, il est précisé qu'un « échantillon de cette taille produira des résultats précis à plus ou moins 2,2 pour cent, 19 fois sur 20[54] ». De la même façon, pour le sondage réalisé par Ekos du 14 au 16 janvier 2003 pour CBC News auprès d'un échantillon aléatoire de 1001 personnes, il est indiqué que les résultats pour l'ensemble du Canada sont valables avec une marge d'erreur de plus ou moins 3,1 pour cent, 19 fois sur 20, que cette marge, pour le Québec, est de plus ou moins 6,3 pour cent, 19 fois sur vingt, qu'elle s'accroît lorsque les résultats sont subdivisés, et que le taux de refus et les autres erreurs de mesure peuvent aussi faire augmenter la marge d'erreur[55].

---

54. Informations disponibles sur le site de Décima : <http://www.decima.ca>.
55. Informations disponibles à l'adresse suivante :
   <http://www.ekos.com/admin/articles/CBCSundayNews12_2.pdf>.

Ceci permet, d'ailleurs, de rappeler un principe méthodologique fondamental, à savoir qu'une partie de l'erreur totale de toute enquête par sondage provient des mesures effectuées. Il est donc impératif de travailler également à la diminution des erreurs qui leur sont liées ; mais ces problèmes ne relèvent plus strictement de l'échantillonnage.

Bibliographie annotée

ARDILLY, Pascal, *Les techniques de sondage*, Paris, Éditions Technip, 1994.

Présentation claire, simplifiée (selon l'auteur), mais malgré tout assez détaillée et peu mathématisée des théories et techniques d'échantillonnage, des problèmes d'estimation et de mesure des erreurs par un administrateur de l'Institut national de la statistique et des études économiques (France). On y apprendra, par exemple, ce que sont les méthodes d'estimation appelées « *bootstrap* » et « *jackknife* ».

BLALOCK, Hubert M., *Social Statistics*, 2e éd., New York, McGraw-Hill, 1972.

Ce livre constitue en quelque sorte la bible de la statistique utilisée par les spécialistes des sciences sociales depuis trente ans. On y trouvera une discussion relativement simple du concept d'échantillon et des conséquences de l'opération d'échantillonnage.

DESABIE, Jean, *Théorie et pratique des sondages*, Paris, Dunod, 1966.

Si ce texte commence à vieillir, les considérations qu'il propose à la réflexion de son lecteur sont loin d'être devenues obsolètes. Cet auteur est plus sensible que les auteurs américains à l'utilité des échantillons non probabilistes.

JAVEAU, Claude, *L'enquête par questionnaire : manuel à l'usage du praticien*, 3e éd., Paris, Éditions d'Organisation, 1982.

Ce livre survole la méthodologie du sondage et s'arrête entre autres aux problèmes de l'échantillonnage au chapitre 9. Comme l'auteur est européen, la présentation des échantillons non probabilistes prend une place plus grande dans cet exposé que dans les textes nord-américains.

HENRY, Gary T., *Practical Sampling*, Newbury Park, Sage Publications, 1990.

Court ouvrage qui a l'avantage d'aborder la question de l'échantillonnage en la replaçant dans la séquence décisionnelle qui culmine avec la présentation des informations relatives à la marge d'erreur.

KISH, Leslie, *Survey Sampling*, New York, Wiley, 1965.

Ce livre est définitivement le classique dans la présentation des techniques d'échantillonnage. On s'y référera avec profit lorsqu'on cherchera une discussion détaillée des problèmes entourant le tirage d'échantillons.

LAVOIE, Réginald, *Statistique appliquée : auto-apprentissage par objectifs*, Sainte-Foy, Presses de l'Université du Québec, 1981.

Ce livre présente les bases statistiques de la théorie de l'échantillonnage. Le langage est simple et clair. Les concepts sont présentés de telle façon que les plus complexes soient compris sans l'aide d'un tuteur. À recommander.

SCHEAFFER, Richard L., William MENDENHALL et Lyman OTT, *Elementary Survey Sampling*, North Scituate, Duxbury Press, 1979.

On y présente brièvement des concepts clés liés à l'échantillonnage et une discussion technique des différentes statistiques accompagne chaque méthode d'échantillonnage. Les méthodes non probabilistes y sont complètement ignorées.

L'éthique
en recherche sociale

Jean CRÊTE

*L'homme est le seul être connu de nous
qui puisse avoir une responsabilité. En* pouvant *l'avoir, il l'*a.

Hans JONAS

Si les débats sur ce qui constitue une véritable connaissance scientifique dans le domaine des relations sociales tendent à s'atténuer, les controverses sur le jeu des valeurs dans l'enquête scientifique et sur les considérations éthiques qui influencent ou devraient influencer le chercheur se sont accentuées, ces dernières années. Bower et De Gasparis relient ce phénomène à la montée des mouvements pour les droits de la personne et à la croissance de l'activité gouvernementale dans le domaine de la recherche depuis la Deuxième Guerre mondiale[1].

Ces préoccupations proviennent d'abord de l'expérimentation dans les sciences biomédicales, notamment en réponse aux atrocités commises au nom de la science durant l'intervalle nazi en Allemagne. Les normes

---

1. Robert T. BOWER et Priscilla DE GASPARIS, *Ethics in Social Research*, New York, Praeger Publishers, 1978, p. 3.

développées pour les sciences biomédicales ont progressivement été revues et appliquées aux sciences du comportement. Les associations professionnelles (anthropologues, politologues, psychologues, évaluateurs, etc.) ont peu à peu adopté des règles de conduites professionnelles.

En outre, les administrations dispensant des fonds publics pour la recherche ont également établi des règles éthiques que les chercheurs doivent s'engager à suivre pour avoir accès à ces fonds[2]. De plus, un certain nombre de lois, à portée générale comme les lois sur les droits et libertés des personnes, sont venues étayer ces préoccupations. Dans ce chapitre, nous étudierons quelques problèmes qui surviennent lorsque nous essayons de préciser les obligations et responsabilités du chercheur envers *la société, la communauté scientifique et les participants* aux recherches. Notons dès le départ qu'il n'y a pas de solution simple ou factuelle aux problèmes abordés ici. Il n'y a pas de formule décrivant strictement ce que doit être la conduite du chercheur dans chaque situation[3]. Il existe, par ailleurs, un ensemble de principes que l'on s'attend de voir respectés par le chercheur en action.

L'objectif des scientifiques c'est, ou du moins ce devrait être, de *contribuer au développement des connaissances scientifiques.* La poursuite de cet objectif passe par un travail ardu et frustrant, et c'est le défi de la découverte ou la satisfaction de résoudre un problème qui stimule toute cette activité. Étant donné la formation du scientifique, on ne doit pas s'étonner que la *société* attende de ce dernier des recherches dont les résultats lui soient bénéfiques. Le savant a donc le devoir d'analyser des phénomènes importants. Le chercheur est toutefois limité par les ressources tant intellectuelles que matérielles dont il peut disposer. Envers la communauté scientifique, le chercheur a des responsabilités précises : il doit notamment informer ses collègues des procédures suivies pour en arriver aux résultats décrits. Un autre principe éthique que le chercheur est censé suivre, c'est de ne pas empiéter sur les droits des personnes participant aux recherches et de ne pas affecter leur bien-être ; les *participants* ne doivent pas être maltraités ou lésés en prenant part à une recherche. Le scientifique a au moins trois bonnes raisons pour ne pas nuire aux participants[4] :

1) d'abord, notre société reconnaît aux individus des droits garantis par la loi et par ses valeurs morales ;

---

2. Les organismes publient leurs directives sur leur site Web. On trouvera celui du Fonds de recherche sur la société et la culture à <http://www.fqrsc.gouv.qc.ca/> et celui des fonds fédéraux canadiens à <http://www.nserc.ca/programs/ethics/francais/index.htm>.
3. B.L. SMITH *et al.*, *Political Research Methods*, Houghton Mifflin Company, 1976, p. 67.
4. Edward DIENER et Rick GRANDALL, *Ethics in Social and Behavioural Research*, Chicago Press, 1978, p. 17.

2) puis, l'un des buts de la science, c'est de servir l'humanité ; une recherche qui fait du tort aux humains tendrait pour le moins à s'éloigner de cet objectif ;

3) enfin, en faisant du tort aux participants, le scientifique suscite la méfiance à l'endroit des savants et de la science.

Au bien-être des participants se greffe le problème de la *distribution des coûts et des bénéfices de la recherche*[5]. C'est un problème que l'on traite généralement du point de vue de la justice distributive. C'est un aspect de l'éthique de la recherche qui a été relancé avec la publication du très fécond essai de Rawls sur la théorie de la justice[6]. L'analyse coûts-bénéfices d'un projet de recherche tente de prendre en considération et les bénéfices et toutes les pertes qui en résulteront. Une première interprétation de cette analyse met l'accent sur son caractère « social ». Si les bénéfices pour la société sont supérieurs aux coûts, le projet peut être entrepris. Une interprétation plus récente de l'analyse coûts-bénéfices commande de mesurer les bénéfices nets (c'est-à-dire les bénéfices moins les coûts) pour chaque participant au projet de recherche en plus des bénéfices nets pour la société entière. La deuxième interprétation est donc plus restrictive que la première : en plus de bénéficier à la société entière, il faudrait que le projet bénéficie aussi à chacun des participants. Dans le présent chapitre, nous nous en tiendrons à l'interprétation traditionnelle utilitariste, c'est-à-dire que *nous considérerons qu'un projet de recherche peut être entrepris si au total ou de façon agrégée les bénéfices résultant de la recherche sont supérieurs à ses coûts.*

Il faut bien reconnaître que les chercheurs sont presque forcément des gens très scolarisés et d'un niveau économique relativement élevé ; aussi doit-on se demander s'ils ont tendance à étudier des gens pauvres, malades, délinquants ou des notables, des riches, des patrons ou autres catégories privilégiées de notre société[7]. Il faut convenir que c'est souvent commode d'étudier les gens désavantagés ; ils sont peu mobiles, moins avares de leur temps et apprécient peut-être davantage le fait d'être l'objet de l'attention de gens savants. Ces sujets étudiés retirent-ils quelques bénéfices, au moins équivalents aux frais encourus ?[8] Ce sont là des questions que le chercheur doit se poser tout en poursuivant ses objectifs scientifiques.

---

5. Paul DAVIDSON REYNOLDS, *Ethical Dilemmas and Social Science Research*, San Francisco, Jossey-Bass, 1979, p. 47-84.

6. J.A. RAWLS, *Théorie de la justice*, Paris, Seuil, 1993.

7. N. CAPLAN et S.D. WELSOLL, « Who's to Blame ? », *Psychologie Today*, vol. 8, 1974, p. 99-104 ; G. SJOBERG et P.J. MILLER, « Social Research on Bureaucracy : Limitations and Opportunities », *Social Problems*, vol. 21, 1973, p. 129-143.

8. B.S. VARGUE, « On Sociological Exploitation : Why the Guinea Pig Sometimes Bite ? », *Social Problems*, vol. 19, 1971, p. 238-248.

1 LE CHOIX D'UN SUJET DE RECHERCHE ET D'UNE PROBLÉMATIQUE

Lors de la première étape de la recherche – le choix d'un sujet – une règle d'or de la démarche scientifique est de choisir comme objet d'investigation un phénomène important. Le rôle du chercheur est aussi de mettre en doute ce qu'on tient pour vrai. En poursuivant ces deux objectifs, le chercheur risque, toutefois, d'occasionner des bouleversements dans une société. Une société, à un certain moment donné, tend à limiter le champ ouvert à l'investigation, c'est-à-dire que certains phénomènes peuvent être hors d'atteinte pour le chercheur ; la personne ou l'organisme qui s'aventure à explorer ces phénomènes s'expose à la critique. Si le chercheur traite d'un sujet socialement important et à propos duquel il y a déjà une « vérité admise et officielle », on remettra en question non seulement ses travaux mais aussi sa compétence professionnelle, voire ses motifs.

> C'est ainsi que Jensen, un auteur américain, fut, à la fin des années 1960, début des années 1970, le centre d'un débat fort houleux dans le monde anglo-saxon. Jensen avait publié une recension des écrits centrée sur la relation entre l'intelligence, la race et la classe sociale. Il s'ensuivit un débat au cours duquel certains opinèrent qu'un tel sujet n'aurait jamais dû être étudié ; d'autres mirent en doute l'intégrité personnelle de l'auteur et sa compétence professionnelle[9]. En fait, Jensen avait suggéré qu'il y avait une différence innée dans la distribution de l'intelligence entre les races. Le débat s'étendit rapidement à l'Angleterre où le psychologue Eysenck publia également un ouvrage sur la question[10]. À Londres, il devint presque impossible aux auteurs de ces textes de faire des conférences sans que des groupes viennent protester. Ces auteurs furent accusés de racisme, de nazisme, d'imbécillité. Plus tard, une revue des arguments avancés par les tenants des différents points de vue conclut qu'il n'y avait pas de preuves suffisantes pour résoudre la question[11]. Le débat fut relancé de plus belle aux États-Unis par la publication de l'ouvrage *The Bell Curve*, un ouvrage qui porte sur la structure de classe et l'intelligence. Cet ouvrage a été recensé et commenté dans des centaines, voire des milliers, d'articles et livres[12].

---

9. A.R. JENSEN, « How Much Can Be Boast IQ and Scholastic Achievement ? », *Harvard Educational Review*, hiver 1969, p. 1-123.
10. H.J. EYSENCK, *Intelligence and Education*, London, Temple Smith, 1971.
11. Martin SHIPMAN, *The Limitations of Social Research*, 2e éd., London, Longman, 1981, p. 35-36.
12. Richard J. HERRNSTEIN et Charles MURRAY, *The Bell Curve : Intelligence and Class Structure in American Life*, New York, The Free Press, 1994. Pour une critique informée voir Bernie DEVLIN, Stephen E. FIENBERG, Daniel P. RESNICK *et al.* (dir.), *Intelligence, Genes, and Success : Scientists Respond to The Bell Curve*, New York, Copernicus, 1997.

Le célèbre sociologue américain James S. Coleman amorça une autre controverse du même type lorsqu'en 1975 il affirma qu'il pouvait conclure de ses études récentes sur la déségrégation raciale dans les écoles qu'elle engendrait une « fuite des Blancs ». On remit en question sa méthodologie, ses données, ses conclusions et ses motifs. Le débat se poursuivit dans des revues scientifiques, de vulgarisation et même dans des quotidiens[13].

En 2001, un jeune professeur de science politique, formé en analyse statistique, publia un ouvrage très remarqué sur l'environnement[14]. Sa thèse pose que les problèmes environnementaux, dans les pays industrialisés tout au moins, deviennent moins graves avec le temps et non pas plus alarmants et que certaines solutions proposées aux problèmes existants sont grandement inefficientes. La communauté des scientifiques militant dans le monde de l'environnement se sentit attaquée et c'est pourquoi le magazine de vulgarisation scientifique *Scientific American* répliqua avec une série d'articles sous le titre « La science se défend [...][15] ». Et le premier article de cette série pose en fait la question : qui est ce Lomborg ? Pour qui se prend-il ? Une bonne partie des critiques d'abord diffusées ont porté sur l'intégrité du chercheur plutôt que de se concentrer sur les déficiences de sa recherche.

La controverse la plus persistante et qui couvre le plus de disciplines est sans doute celle qui se répandit à partir de la publication, en 1975, d'un l'ouvrage du biologiste E.O. Wilson qui faisait une synthèse des connaissances relatives aux animaux qui vivent en société[16]. Un des chapitres portait sur *homo sapiens sapiens*. Le cœur de la controverse focalise sur l'hypothèse de Wilson selon laquelle les comportements humains seraient en partie influencés par l'héritage biologique et en partie par la culture. L'idée même que les comportements humains soient contraints par la biologie était anathème, il s'ensuivit une série d'attaques contre Wilson l'accusant de défendre le racisme, le sexisme, le génocide, et ainsi de suite[17].

---

13. Voir le débat entre Pettigrew et Green dans Marcia GUTTENTAG, *Evaluation Studies Review Annual*, vol. 2, Beverly Hills, Sage Publications, 1977, p. 364-433 et David J. ARMOR, « White Flight and the Future of School Desegregation », dans H.E. FREEMAN et M.A. SOLOMON, *Evaluation Studies Review Annual*, vol. 6, Beverly Hills, Sage Publications, 1981, p. 212-251.

14. Bjørn LOMBORG, *The Skeptical environmentalist : Measuring the Real State of the World*, Cambridge, Cambridge University Press, 2001.

15. « Science defends itself against The Skeptical Environmentalist », *Scientific American*, janvier 2002, p. 61-71.

16. Edward Osborne WILSON, *Sociobiology : The New Synthesis*, Cambridge, Mass., Belknap Press of Harvard University Press, 1975.

17. Pour un résumé de cette controverse ainsi que d'autres cas liés à l'adoption de la même théorie, voir Steven PINKER, *The Blank Slate : The Modern Denial of Human Nature*, New York, Viking, 2002.

Dans tous ces cas, ce qui est remarquable, ce n'est pas que le débat ait porté sur des questions de méthodes ou de techniques, mais bien plutôt qu'il ait porté sur la légitimité même de la recherche sociale appliquée à certains objets ou abordée selon des théories socialement révoltantes. Toute société a des sujets tabous qu'on n'aborde pas impunément, que l'on soit scientifique ou non. Le chercheur fait alors face à un premier dilemme : doit-on rechercher la vérité à tout prix ? Les découvertes possibles ou même seulement le débat autour des hypothèses de recherche peuvent mener à des bouleversements sociaux. Ces bouleversements ne sont pas nécessairement des progrès, comme l'a souvent fait remarquer le physicien nucléaire J. Robert Oppenheimer (le père de la bombe atomique)[18]. Dans nos sociétés capitalistes, la censure de la recherche libre ne s'exerce plus au nom de la religion, comme au Moyen Âge, ou au nom d'une idéologie comme en Union soviétique à une certaine époque, mais davantage au nom des droits et de l'éthique. Certains perçoivent même une croissance du nombre de sujets interdits par l'éthique depuis la Deuxième Guerre mondiale[19]. Le chercheur peut donc être appelé, sinon à choisir, du moins à composer avec les valeurs de la société – qui tend au maintien du statu quo – et celles de la science – qui incitent au savoir, à la remise en question des idées reçues.

2 Stratégie d'étude

Une fois le sujet de recherche trouvé, le chercheur adopte une stratégie d'étude. Quelle que soit la stratégie retenue, le chercheur fera face à certaines questions relevant de l'éthique. Le choix même du devis de recherche influe directement sur le type de problèmes les plus susceptibles de se poser. Quel que soit le devis de recherche retenu, les effets négatifs sur les groupes et les catégories sociales retiennent de plus en plus l'attention. La catégorie « femme », par exemple, serait souvent mal utilisée avec des conséquences négatives pour la moitié du genre humain[20].

---

18. J. Robert Oppenheimer, *La science et le bon sens*, Paris, Gallimard, 1955.
19. Paul Kurtz, « The Ethics of Free Inquiry », dans Sidney Hook, Paul Kurtz et Miro Todorovitch, *The Ethics of Teaching and Scientific Research*, Buffalo, Prometheus Books, 1977, p. 203-207.
20. L. Code, M. Ford, K. Martindale, S. Sherwin *et al.*, *Is Feminist Ethics Possible ?*, Toronto, Canadian Research Institute for the Advancement of Women/Institut canadien de recherches sur les femmes, 1991.

▓ 2.1. Le devis expérimental

La procédure la plus directe pour étudier les relations causales entre variables, c'est de créer une situation où une ou plusieurs variables indépendantes peuvent être contrôlées. Cependant, tout comme la procédure expérimentale permet d'avoir une grande confiance dans les résultats, elle tient également le chercheur pour responsable des effets attendus et inattendus de la recherche. En d'autres termes, l'avantage principal de la recherche expérimentale est également le problème crucial, du point de vue éthique : la responsabilité du chercheur en ce qui a trait aux effets pour les participants[21]. Certains gardent encore l'impression que la méthode expérimentale est confinée aux sciences biologiques et physiques et qu'elle ne s'applique que très peu en sciences sociales. Comme on l'a vu dans le chapitre sur la structure de la preuve, le devis expérimental s'applique aussi en sciences sociales.

> Une des expériences les plus fécondes dans le domaine du droit fut sans doute le Projet de cautionnement de Manhattan[22]. Le but de l'expérience était de voir si les personnes mises sous arrêt et qui avaient des racines dans la communauté locale viendraient subir leur procès même si on n'exigeait pas d'elles un cautionnement. Après étude des dossiers et après entrevues avec les accusés, les responsables de l'étude choisirent quelques milliers de cas jugés aptes à être recommandés pour libération sans cautionnement. Les personnes accusées d'homicides et d'autres crimes graves furent exclues de l'étude. Les chercheurs divisèrent au hasard les cas admissibles en deux groupes. Pour les individus du premier groupe, les chercheurs firent des recommandations positives au juge pour qu'il libère l'accusé sans cautionnement en attendant son procès. Pour l'autre groupe, le groupe contrôle, les chercheurs ne firent aucune intervention auprès de la cour. La cour libéra 50 % des individus du premier groupe sans cautionnement et 16 % du groupe contrôle. Seulement 0,7 % des gens libérés sans cautionnement ne se présentèrent pas à leur procès. Les résultats de l'étude furent des plus probants. Cette étude apporta aussi des résultats supplémentaires quelque peu surprenants. Dans le groupe expérimental, 60 % des personnes libérées sans caution furent acquittées ou leur cas fut renvoyé, contre seulement 23 % dans le groupe contrôle. Des personnes reconnues coupables dans le groupe expérimental, 16 % furent jetées en prison contre 96 % dans le groupe contrôle.

---

21. REYNOLDS, *op. cit.*, p. 113.
22. John P. GILBERT, Richard J. LIGHT et Frederick MOSTELLER, « Assessing Social Innovations : An Empirical Base for Policy », dans Carl A. BENNETT et Arthur A. LUMSDAINE (dir.), *Evaluation and Experiments*, New York, Academic Press, 1975, p. 77-80 ; Henry W. RIECKEN et Robert F. BORUCH (dir.), *Social Experimentation*, New York, Academic Press, 1974, p. 291-293.

Effets pour la société

L'effet positif principal, du moins à plus long terme, de telles recherches se perçoit très bien dans le potentiel d'amélioration de nos institutions et pratiques judiciaires. Pour l'appareil judiciaire, l'amélioration potentielle peut se mesurer en allégement de la tâche, à cause des critères plus expéditifs d'évaluation des cas. L'effet majeur immédiat, quant à l'objectif, fut d'établir que les citoyens ayant des liens avec leur milieu et accusés de délits se présentaient à leur procès, même si on n'exigeait pas de cautionnement en garantie. Le projet permit également d'observer que le comportement de la cour lors du procès et les décisions ayant précédé le procès proprement dit étaient corrélatifs. Les citoyens relâchés sans cautionnement risquaient beaucoup moins de se retrouver condamnés et en prison que ceux qui avaient dû déposer une caution. Le principal effet négatif d'un tel projet pourrait être une baisse de confiance dans le système judiciaire.

Effets pour les participants

Dans le Projet de Manhattan, l'effet pour les participants dépend beaucoup de l'échantillonnage. Les sujets du groupe expérimental ont pu jouir dans une proportion beaucoup plus grande qu'à l'accoutumée de libérations temporaires sans caution, d'une part, et de libération tout court, lors du procès. Lorsqu'ils furent reconnus coupables, leurs sentences furent moins souvent la prison. L'effet négatif, c'est que les personnes membres du groupe contrôle n'ont pu jouir des mêmes avantages quoiqu'elles aient investi autant de temps dans l'expérience que les membres du groupe expérimental. Tous ces sujets avaient dû participer aux entrevues avec les chercheurs, ce qui, dans ce contexte judiciaire, avait causé sans doute un certain stress. Les bienfaits immédiats de la recherche ne furent donc pas répartis également entre les participants.

D'un point de vue plus large, les bénéficiaires potentiels des résultats de ces recherches furent les citoyens qui, accusés un jour d'un crime quelconque, pourront profiter d'un système judiciaire moins compliqué et plus susceptible de leur rendre justice. La catégorie sociale participant à l'expérience est, en somme, la même qui est susceptible de profiter des résultats de la recherche. Les juges par ailleurs subissent, comme catégorie sociale, un certain préjudice. En effet, la recherche, montrant que les verdicts des juges étaient en bonne partie reliés au traitement que l'inculpé avait subi avant son procès, laisse croire que les juges sont peut-être beaucoup moins objectifs qu'on le prétend.

La fréquence d'utilisation du devis expérimental en sciences sociales a beaucoup augmenté dans les années 1970 sous l'impulsion des professionnels de l'évaluation de programmes sociaux. Que ce soit dans le domaine judiciaire, comme dans l'exemple ci-dessus, dans le domaine des affaires sociales, des assurances, du revenu minimum, de la santé, de la gestion de personnel, ou autres, ce sont toujours les mêmes problèmes éthiques qui se posent. Ces questions ne surgissent pas lorsqu'il faut choisir entre le bien et le mal, mais plutôt lorsque le choix doit s'opérer entre deux formes de bien.

▓ 2.2. Les études descriptives

La plupart des études en sciences sociales n'utilisent pas la méthode expérimentale proprement dite mais mettent plutôt l'accent sur la description de phénomènes naturels. Étant donné que c'est le phénomène lui-même qui est la cause principale des effets positifs ou négatifs sentis par les sujets, la responsabilité du chercheur au regard du bien-être des sujets est très réduite[23]. Sur les autres aspects de la recherche, les problèmes éthiques sont tout aussi nombreux et variés que dans les études utilisant le devis expérimental. Parmi les types d'études descriptives, nous ne retiendrons ici que les études extensives ou études de cas multiples.

Les sondages d'opinion sont probablement les plus connus des études extensives. On réalise plusieurs milliers d'études de ce type chaque année dans nos sociétés occidentales. Ces études sont si nombreuses et leurs objets si variés qu'on ne peut donner que des indications très générales sur les problèmes éthiques qu'elles soulèvent.

Effets pour la société et la communauté scientifique

Les effets de ces études pour la société varient selon les domaines de recherche. Bon nombre de ces études ont une utilisation sociale immédiate ; par exemple, des ministères, des administrations, des fabricants de produits de consommation ou autres fournisseurs de biens ou services peuvent ainsi s'interroger sur le degré de satisfaction de la clientèle. Quelques études ont un intérêt scientifique certain lorsque, par exemple, des chercheurs tentent de falsifier une hypothèse en vérifiant leur théorie. Dans tous ces cas, il y a toujours un thème commun : *le financement de*

---

23. REYNOLDS, *op. cit.*, p. 159.

telles études. Est-ce que l'information recueillie en vaut le prix ? Évidemment, c'est une question qui se pose pour toute recherche ; dans le cas des études extensives, l'enjeu est mieux défini parce que les coûts peuvent être connus à l'avance avec une grande précision de même que la nature et la quantité des informations à recueillir. On peut alors évaluer le coût des informations. Il ne faut donc pas s'étonner que les organismes subventionnaires, du moins, dans le cas des études scientifiques proprement dites, obligent le plus souvent les chercheurs à rendre accessibles à d'autres chercheurs, qui voudraient procéder à des études secondaires, les données recueillies lors de leur enquête.

Les chercheurs n'ont pas toujours une obligation juridique de *partager leurs données,* mais dans la communauté scientifique, on considère qu'ils en ont l'obligation morale. Les chercheurs qui ont recueilli des informations procèdent à un nettoyage et à une mise en forme de ces informations pour le traitement, la plupart du temps informatisé. On attend des chercheurs consciencieux qu'ils transmettent aux autres scientifiques des données prêtes à être utilisées et accompagnées de toutes informations méthodologiques pertinentes. Le chercheur moins compétent ou aux principes moraux plus « élastiques » remettra peut-être des données brutes plus ou moins documentées et dans un état tel que l'utilisateur suivant se verra obligé de réinvestir des sommes souvent considérables pour pouvoir les utiliser.

Effets sur les participants

Pour les participants, les effets directs des enquêtes de ce type se limitent à l'expérience, le plus souvent intéressante, de participer à un sondage ou à une enquête quelconque. C'est une occasion de parler de soi, de satisfaire un besoin altruiste en aidant la science et, à l'occasion, de recevoir une petite récompense pour avoir participé à l'enquête. Dans certaines enquêtes reliées aux politiques de la santé, par exemple, les participants pourraient profiter d'un examen médical spécialisé ou, dans le cas de questions scolaires, d'un test d'aptitudes ou d'intelligence.

Les effets négatifs immédiats sont le temps qu'il faut consacrer à l'enquêteur et le stress qui peut résulter de l'entrevue. Ce stress ne se développe pas seulement à partir des questions portant sur des sujets très personnels, tabous ou socialement réprouvés[24]. L'interviewé peut facilement

---

24. Norman M. Bradburn, Seymour Sudman and Associates, *Improving Interview Method and Questionnaire Design*, San Francisco, Jossey-Bass Publishers, 1990, p. 64-134.

devenir très mal à l'aise, s'il est incapable de répondre à une question d'information que tout le monde est « censé » connaître. Même des questions anodines peuvent créer chez les participants un effet désagréable. On pourrait créer un effet négatif semblable en utilisant un vocabulaire non adapté au public étudié. Un vocabulaire complexe peut inférioriser l'interviewé. Heureusement, ces aspects des questionnaires et entrevues susceptibles d'indisposer le participant sont également des aspects liés à l'efficacité de l'outil de recherche et, par conséquent, le chercheur compétent s'efforcera tout naturellement de l'améliorer. En améliorant techniquement le questionnaire ou le schéma d'entrevue, le chercheur évite du même coup des problèmes éthiques.

Les effets négatifs indirects sont vraisemblablement plus importants que les effets directs. Ils se regroupent sous trois thèmes : le droit à la vie privée, le consentement éclairé et la confidentialité[25].

La recherche par enquête est une intrusion dans la vie privée du citoyen qui a été choisi pour participer à l'enquête et pour répondre à certaines questions. Le *droit à la vie privée*, c'est le droit qu'a l'individu de définir lui-même quand et selon quelles conditions ses comportements, attitudes ou croyances peuvent être rendus publics[26]. Il découle de ce principe que l'individu peut révéler ce qu'il veut à son sujet, même des détails très personnels ou intimes. Il est bien possible que l'interviewé demande à ce que ses révélations ne soient pas communiquées à d'autres personnes, si ce n'est sous forme de données agrégées. Lorsque des informations sont révélées sous le sceau de la *confidentialité,* elles doivent demeurer confidentielles. De nos jours, on peut estimer que les informations fournies par un interviewé dans un sondage d'opinion sont protégées par la règle de la confidentialité. Le chercheur qui n'entend pas respecter cette règle générale a le devoir d'en avertir le sujet.

> Le simple fait d'être associés à un échantillon dans une recherche peut causer des problèmes sérieux aux participants. Imaginons que vous faites une recherche sur la délinquance et que vous réussissiez à établir, grâce à des informateurs ou autrement, une liste de délinquants à interviewer. Cette liste pourrait avoir un certain intérêt pour la police. Des chercheurs américains qui faisaient justement ce type de recherche se sont aperçus qu'à la suite de leur participation, ces délinquants avaient reçu une autre

---

25. Seymour SUDMAN et Norman M. BRADBURN, *Asking Questions*, San Francisco, Jossey-Bass Publishers, 1982, p. 7-11

26. A. WESTIN, *Privacy and Freedom*, New York, Athenum, 1967, p. 373 ; SUDMAN et BRADBURN, *op. cit.*, p. 7-8.

visite, celle de la police. Dans un autre cas, des chercheurs ont renoncé à poursuivre une étude portant sur les jeunes Américains qui s'étaient réfugiés au Canada pour éviter le service militaire dans leur pays[27].

Enfin, on entend par ***consentement éclairé*** l'idée que le sujet éventuel doit avoir assez d'information – sur ce qui lui sera demandé et à quelles fins cette information sera utilisée – pour en évaluer les conséquences[28]. La règle générale, c'est de donner autant d'informations qu'il y a de risques pour la personne à interviewer. Dans la plupart des enquêtes, l'enquêté ne court pour ainsi dire aucun risque ; les chercheurs se limitent donc à décrire en quelques mots l'objectif de la recherche et le type d'information recherché. D'ailleurs, les participants à une recherche comprendront d'autant mieux ce dont il s'agit que l'explication sera concise et pertinente. Lorsqu'il s'agit de recherche auprès d'enfants ou d'adolescents, le chercheur devra obtenir le consentement des parents, instituteurs ou autres personnes responsables de la personne mineure.

De plus en plus, les chercheurs sont soumis à des contraintes relatives aux collectivités participantes. Si la recherche porte sur une collectivité et est susceptible de nuire à cette collectivité, le chercheur s'assurera que les avantages de sa recherche pour le développement des connaissances soient supérieures aux torts qu'il causera à la collectivité. Quel intérêt ***scientifique*** le chercheur aurait-il à montrer que telle communauté a un « problème d'alcoolisme », que telle nation est antisémite ou que telle autre est raciste ? Le chercheur, comme ***citoyen***, peut avoir un point de vue ***moral*** sur ces situations, et c'est ce qui vraisemblablement l'amènerait à dénoncer des collectivités. L'éthique de la recherche ne le conduit jamais à un tel comportement.

3 L'OBSERVATION DISCRÈTE

Même l'observation discrète des phénomènes sociaux dans les endroits publics peut soulever des problèmes d'éthique, entre autres, par des questions qui touchent à la vie privée[29].

27. Reynolds, *op. cit.*, p. 164
28. Sudman et Bradburn, *op. cit.*, p. 8.
29. Diener et Grandall, *op. cit.*, p. 60-61 ; Lee Sechrest et Melinda Phillips, « Unobtrusive Measures : An Overview », dans Lee Sechrest (dir.), *Unobtrusive Measurement Today : New Directions for Methodology of Behavioral Science*, San Francisco, Jossey-Bass, 1979, p. 12-15.

> Par exemple, des chercheurs intéressés à analyser les comportements de consommation procédèrent à une étude des vidanges de différents îlots de maisons de la ville de Tucson, Arizona[30]. Ces chercheurs pensaient qu'en étudiant le contenu des sacs de déchets, ils pourraient découvrir ce que les gens achetaient et jetaient ainsi que ce qu'ils gaspillaient. De plus, en mettant en relation les caractéristiques démographiques des îlots avec les données sur les ordures, ils pourraient en arriver à certaines conclusions à propos de la consommation d'alcool, du gaspillage, etc. Les sacs d'ordures n'étaient pas identifiés par foyer mais par îlots de maisons, si bien qu'on pouvait considérer que l'anonymat était respecté. On doit noter, cependant, que les documents jetés (enveloppes, lettres, etc.) pouvaient révéler l'identité des individus.

Le grand avantage méthodologique de ces procédures, c'est d'éviter les artefacts créés par l'intervention du chercheur avec le sujet, telles les réactions du sujet à l'égard de l'interviewer, les erreurs dues à l'auto-description, et ainsi de suite[31]. Ces procédures permettent aussi d'éliminer les risques associés à la collecte des données faite à découvert, comme la participation coercitive des sujets, les embarras et le stress causés par des questions délicates lors d'entrevues, l'accaparement du temps du sujet, etc. Les problèmes liés à la confidentialité sont le plus souvent évités également, puisqu'il s'agit en général d'utilisation de données publiques disponibles dans les archives, le *Who's Who*, des articles de journaux, etc.

Les objections principales aux études utilisant des procédures dites « discrètes » sont regroupées sous le titre de l'invasion de la vie privée[32]. Le droit fondamental ici, c'est encore celui de l'individu de dévoiler ce qu'il veut, à qui il veut et dans les circonstances où il le veut.

4 LA PUBLICATION

La principale caractéristique de la connaissance scientifique est sans nul doute le fait qu'elle repose sur l'observation et non seulement sur l'opinion du chercheur. C'est d'ailleurs la raison pour laquelle la communauté scientifique attache tant d'importance au rapport détaillé des observations.

---

30. W.L. RATHYE et W.W. HUGHES, « The Garbage Project as a Non-reactive Approach : Garbage In Garbage Out », dans W.H. SINAIKO et L.A. BROEDLING (dir.), *Perspectives on Attitude Assessment : Surveys and their Alternatives*, Champaign (Illinois), Pendleton Publications, 1976.

31. SECHREST et PHILLIPS, *op. cit.*, p. 2-6.

32. BOWER et DE GASPARIS, *op. cit.*, p. 35.

La complexité des phénomènes étudiés en sciences sociales est généralement telle qu'un seul scientifique a peu de chances d'aller bien loin s'il
ne peut compter sur les recherches faites par les autres. La science est cumulative. Aussi, il existe une panoplie de revues où les scientifiques communiquent les principaux résultats de leurs recherches aux autres scientifiques.
L'exposé de ces recherches se retrouve le plus souvent sous forme de
rapports ou éventuellement de livres. Les problèmes éthiques liés à cette
phase de la recherche concernent davantage la communauté scientifique
et les participants.

▓ 4.1. La communauté scientifique

La structure de l'entreprise scientifique occidentale exerce sur le chercheur
une pression pour qu'il publie des travaux originaux sur des sujets d'importance en accord avec le paradigme dominant[33]. Ce paradigme met l'accent
sur certains phénomènes à élucider et les personnes qui peuvent expliquer
ces phénomènes peuvent recevoir des récompenses telles qu'un emploi,
surtout pour les chercheurs débutants, ou encore la notoriété, des prix, des
décorations, etc. La nature humaine étant ce qu'elle est, il ne faut pas
s'étonner qu'à l'occasion, pour obtenir ces récompenses, des chercheurs
introduisent dans leurs publications certains biais.

Ces biais peuvent provenir de plusieurs sources. Un auteur peut ne
citer que les références qui concordent avec son point de vue et ignorer les
autres observations ; on dira alors qu'il s'agit d'un travail mal fait, mais ce
n'est pas nécessairement très dommageable pour la science. Les cas les plus
graves sont plutôt ceux où un auteur rapporte des résultats d'expériences
ou d'observations qui n'ont pas eu lieu. Des cas de fraude ont été détectés
régulièrement en sciences physiques et biologiques. En sciences sociales,
c'est surtout en psychologie que les cas semblent les mieux documentés.

> Le cas de Sir Cyril Burt est actuellement plutôt controversé[34]. Ce célèbre
> psychologue anglais a fait des recherches sur les caractéristiques innées
> de l'intelligence. Pour analyser cette question, il étudia des jumeaux
> identiques ; il s'attacha surtout à étudier ceux qui avaient été séparés
> l'un de l'autre très tôt. Des jumeaux identiques élevés dans des contextes
> différents auraient-ils des scores semblables à des tests d'intelligence ?
> Si oui, il faudrait alors penser que les caractéristiques innées sont

---

33. Thomas S. KUHN, *La structure des révolutions scientifiques*, Paris, Flammarion, 1972.
34. Martin SHIPMAN, *The Limitations of Social Research*, London, Longman, 1981, p. 38 ; DIENER
     et GRANDALL, *op. cit.*, p. 154.

déterminantes. C'est ce que Burt trouva et la communauté scientifique reconnut le mérite de ses travaux en lui conférant une grande notoriété. Sa réputation déborda très largement les cercles universitaires et il fut fait chevalier par la monarchie anglaise. Depuis sa mort, cependant, des chercheurs se sont mis à douter que Sir Burt ait effectivement observé ce qu'il rapporte dans ses articles. Après tout, il n'est pas si simple de dénicher quelques douzaines de paires de jumeaux identiques séparés en bas âge.

De tels cas de fraude réelle ou soupçonnée sont très rares, surtout si la recherche se fait en équipe. La falsification ne peut, à toutes fins utiles, se pratiquer que sur une partie de la recherche. Les cas les plus fréquents semblent être ceux où des étudiants ou des assistants de recherche inventent des résultats pour éviter d'aller sur le terrain ou de faire les expériences.

Je me souviens d'un cas où des étudiants dans un cours devaient, à titre d'exercice, faire quelques entrevues auprès d'un échantillon d'électeurs. Chaque étudiant avait une liste de personnes à interviewer et devait remettre ses rapports d'entrevues une dizaine de jours plus tard. Une vérification de routine auprès des interviewés devait m'apprendre qu'un certain nombre de questionnaires avaient été complétés sans que la personne dont le nom apparaissait sur la liste d'échantillonnage ait été effectivement interviewée. Les étudiants-interviewers pris en faute avouèrent que le travail était trop exigeant pour eux et qu'ils avaient simplement complété les questionnaires eux-mêmes.

La tricherie existe autant dans le monde de la recherche que partout ailleurs. Cependant, dans plusieurs cas, la fraude ou l'erreur de bonne foi peuvent être détectées par les autres chercheurs. Dans les cas d'expériences en laboratoires, si d'autres chercheurs, appliquant les mêmes techniques sont incapables de reproduire les résultats, ils se poseront des questions[35]. Souvent, cependant, en sciences sociales, les observations se font dans le monde réel, évanescent; il n'est pas facile pour d'autres chercheurs d'observer plus tard les mêmes phénomènes.

Après avoir fait une série d'observations, un chercheur peut ne rapporter dans ses écrits que les cas qui confirment son point de vue. Une des pratiques, peut-être assez commune en sciences sociales, consiste à procéder à de nombreux tests statistiques et à ne rapporter que ceux qui confirment une théorie en négligeant de mentionner les tests négatifs. Le chercheur est censé, faut-il le rappeler, rendre publiques toutes les données

---

35. En 2002, le célèbre Bell Laboratories, la division de recherche de la société multinationale Lucent, annonçait qu'un de ses plus fameux chercheurs de la jeune génération, Jan Hendrick Schön, avait falsifié des rapports d'expériences. Ses 90 publications devinrent plus que suspectes.

pertinentes à sa recherche. C'est ainsi que les autres chercheurs dans le domaine peuvent évaluer les arguments, les procédures, les données et tirer leurs propres conclusions. Dans le débat sur « la fuite des Blancs », les critiques ont reproché à Coleman d'avoir tiré des conclusions qui n'étaient pas soutenues par les données. Blais, en faisant une revue des écrits sur la relation entre le degré de transparence de la fiscalité et le niveau des dépenses gouvernementales, signale qu'un auteur, Wilensky, affirme qu'il y a relation entre les deux variables alors que les données réelles indiquent le contraire[36]. C'est parce que ces chercheurs avaient présenté toutes les données pertinentes que d'autres chercheurs purent remettre en question leur interprétation de ces données.

Les grandes revues de sciences sociales exigent de plus en plus que les sources des données utilisées dans les recherches décrites dans les articles soient rendues publiques. Une note infrapaginale indique au lecteur où trouver les données et au besoin les programmes informatiques qui ont servi à produire les analyses.

Qui est l'auteur ?[37]

Dans la communauté scientifique, c'est aux auteurs des recherches publiées qu'on décerne la reconnaissance. Un chercheur n'est reconnu comme tel que s'il publie des résultats de recherche, d'où l'importance de sa signature. Si un article est signé par un seul auteur, la question est résolue. Si l'article est signé par plusieurs personnes, celle dont le nom apparaît en premier reçoit généralement plus de crédits que les autres sauf si les noms apparaissent en ordre alphabétique. Dans ce dernier cas, cela signifie que les contributions sont équivalentes. Dans une équipe de chercheurs dont les contributions sont équivalentes, on procédera souvent à une rotation des noms de sorte que le nom de chaque chercheur vienne en tête de liste à tour de rôle; au besoin, les divers auteurs indiquent dans une note infrapaginale la part qui doit être attribuée à chacun.

Le problème de la signature se pose rarement lorsque l'équipe de recherche ne compte que des chercheurs « seniors »; lorsque l'équipe compte un ou des chercheurs « seniors » et des chercheurs « juniors », le problème est plus délicat. Cependant, quelle que soit la situation, le principe général est le même : la qualité d'auteur est attribuée aux individus

---

36. André BLAIS, « Le Public Choice et la croissance de l'État », *Revue canadienne de science politique*, vol. 15, 1982, p. 797.
37. Les idées développées dans cette section sont inspirées de DIENER et GRANDALL, *op. cit.*

selon l'ampleur de leur contribution à l'étude. La contribution scientifique détermine le contenu, l'étendue et l'interprétation de l'étude. Deux participations à une recherche méritent normalement le crédit d'auteur, soit la conceptualisation – ce qui inclut la préparation du devis – et la préparation du rapport. Chacune de ces participations détermine le contenu et le caractère de l'étude et de sa publication. Par ailleurs, divers travaux nécessaires à la recherche peuvent être complétés par d'autres personnes sans qualifier ces personnes d'auteures. Par exemple, la dactylographie d'un texte ou la préparation de graphiques n'entraînent pas la qualité d'auteur, non plus que le travail de programmation sur ordinateur ou de collecte des données.

Dans le contexte universitaire, la tradition dans les sciences physiques et biologiques veut que ce soit le professeur qui détermine l'ordre des signatures lorsque des étudiants-chercheurs sont engagés dans une recherche. Dans le domaine des sciences sociales, le travail en équipe est moins fréquent qu'en sciences physiques ou biologiques, mais dans la mesure où il existe – et c'est une situation de plus en plus fréquente – les mêmes problèmes se posent. Que le chercheur « junior » reçoive des crédits scolaires ou soit payé pour faire le travail a peu d'importance ; ce qui compte, c'est sa contribution scientifique. S'il a participé de façon importante à conceptualiser l'étude et à écrire le rapport final, il devrait normalement signer la publication. La situation inverse existe également, mais on tend à la passer sous silence. En effet, il arrive fréquemment que l'idée principale d'un mémoire de maîtrise ou d'une thèse de doctorat soit celle du directeur de thèse ; l'étudiant peut même être payé pour réaliser les travaux prévus au devis de recherche. Après discussion entre l'étudiant-chercheur et le directeur de thèse, l'étudiant rédige un brouillon qui sera bonifié par les corrections et les ajouts du directeur de thèse. Au total, la contribution scientifique du directeur de thèse peut être fort substantielle, pourtant seul l'étudiant sera reconnu comme auteur de la thèse. Il y a une raison bien pratique à cela : par la thèse, l'étudiant doit démontrer qu'il est capable de faire un travail autonome. Si le professeur était également reconnu comme auteur, il y aurait présomption que l'étudiant-chercheur n'a pas été autonome.

Relations avec les directeurs de publication

En plus de la propriété intellectuelle du rapport de recherche, il y a bien d'autres questions d'éthique reliées à sa publication. Par exemple, on considère comme contraire à l'éthique professionnelle le fait de soumettre le même manuscrit à plusieurs revues en même temps. Les raisons pour lesquelles les auteurs peuvent être tentés de procéder à des soumissions parallèles sont évidentes : les chances qu'un manuscrit soit accepté par une revue prestigieuse sont relativement minces et, lorsque le manuscrit est accepté, il s'écoule plusieurs mois, sinon un an, avant que l'article soit finalement publié. L'auteur peut donc être tenté de soumettre son texte à plusieurs endroits simultanément de sorte que les évaluations se fassent en parallèle plutôt que d'attendre la réponse d'une première revue pour éventuellement s'adresser à une autre. Les raisons pour lesquelles la communauté scientifique tend à imposer des règles de soumission des articles sont aussi d'ordre pratique. Le temps et les coûts d'évaluation des manuscrits sont relativement grands. En effet, chaque manuscrit est généralement évalué bénévolement par plusieurs chercheurs et par les directeurs de revue. De plus, si l'article est publié dans plus d'une revue, la communauté scientifique n'y gagnera rien sur le contenu et se verra privée des résultats des recherches qui autrement auraient pu être publiés dans le même espace.

4.2. Les participants

La garantie d'anonymat va de soi en recherche sociale ; c'est maintenant un postulat largement admis qu'en sciences sociales, comme en médecine ou en droit, les gens s'exprimeront plus franchement et seront moins inhibés dans leur comportement s'ils croient que ce qu'ils vont dire ou faire sera traité en toute confidentialité. Cette rationalité alliée au principe du respect de la vie privée des citoyens a créé un consensus chez les chercheurs, à savoir que la confidentialité doit être préservée par tous les moyens possibles.

Ainsi, lorsqu'on arrive à la publication des résultats, les sujets s'attendent à ce que la confidentialité de leur participation à l'enquête soit préservée. Les auteurs changent souvent les noms des personnes et des lieux à cet effet. Il arrive, par contre, que les modifications des noms des personnes et des lieux ne suffisent pas à protéger l'anonymat.

> Le cas de la monographie de Vidich et Bensman intitulée *Small Town in Mass Society* est devenu célèbre dans les annales[38]. Les auteurs firent une étude du pouvoir, notamment par l'observation directe, dans une petite municipalité américaine qu'ils surnommèrent Springdale. Les acteurs dont on décrit les comportements dans l'ouvrage portent également des noms fictifs. Malgré cette précaution, les participants se

---

38. On lira dans les numéros 17, 18 et 19 de la revue *Human Organization* (1958-1960) une série d'articles portant sur les problèmes éthiques liés à cette recherche.

> reconnurent et réagirent à cette publication en organisant, lors de la fête nationale, une parade quelque peu spéciale. Voici d'ailleurs comment le journal local décrivit cette parade[39] :
>
> Vint d'abord une réplique exacte mais à grande échelle de la jaquette du livre *Small Town in Mass Society*. À la suite du livre vinrent des résidents de « Springdale » masqués et à bord d'automobiles portant les noms fictifs donnés par les auteurs. Le clou du spectacle, cependant, c'était le dernier char allégorique – un épandeur à fumier bien rempli de ce riche fertilisant et au-dessus duquel se penchait l'effigie de « L'auteur ».
>
> De toute évidence, les résidents de « Springdale » n'avaient pas apprécié la façon dont les auteurs les avaient traités dans cet ouvrage.

Dans d'autres cas, l'identité des informateurs sera donnée sans que cela ne pose problème.

> C'est le cas des élites politiques dans le livre d'Andrew, Blais et Desrosiers, *Les élites politiques, les bas salariés et la politique du logement* à *Hull*[40]. Il eût été très difficile aux auteurs de cacher le fait qu'il s'agissait de la ville de Hull. Une fois la ville connue, l'identité du maire, des conseillers municipaux et autres personnages importants ne peut plus être cachée. Les auteurs n'avaient pas garanti la confidentialité à ces informateurs. Ils l'avaient cependant garantie à d'autres catégories d'informateurs, les bas-salariés, et seules les données agrégées ont été publiées dans le cas de ces dernières catégories d'informateurs. Cette étude illustre bien comment respecter les règles éthiques tout en dévoilant les données pertinentes.

Dans une publication de type scientifique, on s'attend à ce que les sujets de l'étude soient traités avec respect. Dans la monographie sur « Springdale », les auteurs employaient à l'occasion un ton condescendant à l'endroit des gens observés et leur attribuaient des motifs douteux. En anthropologie, on retrouve de multiples exemples où les groupes étudiés sont présentés dans des termes peu élogieux[41] ou dont on donne une fausse représentation[42].

---

39. F.W. WHITE, « Freedom and Responsibility in Research : The Springdale Case », *Human Organization*, vol. 17, 1958, p. 1-2.
40. Caroline ANDREW, André BLAIS et Rachel DESROSIERS, *Les élites politiques, les bas-salariés et la politique du logement à Hull*, Ottawa, Éditions de l'Université d'Ottawa, 1976.
41. Voir par exemple les premières pages de Napoléon A. CHAGNON, *Yanomanö : The Fierce People*, New York, Reinhart et Winston, 1968.
42. Voir par exemple Derek FREEMAN, *Margaret Mead and Samoa : The Making and Unmaking of an Anthropological Myth*, Boston, Harvard University Press, 1983.

Conclusion

Tout au long de ce chapitre, nous avons attiré l'attention du lecteur sur des lieux et questions où la recherche peut empiéter sur les droits et affecter le bien-être de la société, des participants à la recherche ou encore de la communauté scientifique. Nous n'avons en fait mentionné que quelques-uns des problèmes les plus fréquents. Nous avons omis plusieurs étapes du processus de recherche – demandes de subventions, financement de la recherche, relations entre chercheur et employeur, techniques de collecte et d'analyse des données, etc. – et nous n'avons pas fait le tour complet des questions abordées. Au seul chapitre des usages douteux qui mettent en cause les sujets de la recherche, Cook signale dix catégories de cas[43]. En fait, le nombre de problèmes soulevés par l'éthique ne cesse de croître au fur et à mesure que les sciences sociales se veulent respectables. Les professions – que ce soit en anthropologie, en psychologie, en sociologie, etc. – s'organisent et imposent à leurs membres des règles de conduite propres à maintenir leur bonne réputation.

L'éthique, telle qu'on la comprend de nos jours, cherche à garantir à tout le monde droits et bien-être. Ce faisant, elle peut empêcher le développement de la science. L'histoire, on le sait, raconte les efforts incessants pour censurer la pensée libre. Les noms de Galilée ou de Darwin viennent rapidement à l'esprit lorsqu'on évoque la censure des idées nouvelles. Il s'agit pourtant de chercheurs qui ont vaincu les résistances de leur époque. Combien d'autres chercheurs ont été perdus aux mains de l'idéologie de leur temps ? Il ne faudrait pas croire que seule la religion a été un obstacle au développement de la science. La censure dans ce domaine s'est aussi exercée au nom de la politique, de l'économique ou d'une idéologie. De nos jours, la censure s'exerce aussi surtout au nom de l'éthique[44].

Ces dernières années, c'est l'idée même de la science qui est remise en question. On tient la science responsable des malheurs de l'humanité. La physique mène à la catastrophe nucléaire, la biologie et la chimie à la

---

43. Engager les gens dans la recherche à leur insu et sans leur consentement ; forcer les gens à participer à la recherche ; cacher au sujet la vraie nature de la recherche ; tromper le sujet ; amener les sujets à commettre des actes préjudiciables au respect qu'ils se portent à eux-mêmes ; violer leur droit à l'autodétermination ; exposer le sujet à un stress physique ou mental ; violer l'intimité du sujet ; priver les sujets de groupes contrôle de certains avantages ; traiter les sujets de la recherche de façon déloyale et leur manquer de déférence et de respect. Stuart W. COOK, « Problèmes d'éthique se rapportant à la recherche sur les relations sociales », dans Claire SELLTIZ et al., *Les méthodes de recherche en sciences sociales*, HRW, 1976, p. 197-246.
44. Paul KURTZ, « The Ethics of Free Inquiry », dans S. HOOK, P. KURTZ et M. TODOROVITCH, *The Ethics of Teaching and Scientific Research*, Buffalo, Prometheus Books, 1977, p. 203-207.

guerre bactériologique, la recherche médicale au clonage des êtres humains et autres mammifères, sans parler des pluies acides et autres désastres écologiques. La vie devient mécanique, sans chaleur humaine ; tout est technique. Les sciences sociales détruisent la poésie : un chercheur propose même d'aller voir ce qui se cache derrière la liberté et la dignité. Certains courants parmi les tenants de l'idéologie féministe soutiennent que l'approche scientifique est une vision mâle du monde qui, en bout de compte, opprime les femmes[45]. Des mouvements sociaux qui remettent en question les fondements de notre organisation sociale, ce qui va bien au-delà de la simple recherche scientifique, sont susceptibles de s'opposer fortement aux modèles scientifiques du développement des connaissances.

En opposition à la science s'est aussi développée une culture opposée aux méthodes logico-déductives. La recherche selon les standards rigoureux de la preuve limiterait l'imagination. Le temps est à la fiction, au spiritisme, à l'exorcisme. Il y a longtemps que les astrologues n'avaient eu aussi bonne presse. Tout ce courant culturel tend à contrer le développement de la science notamment en favorisant la codification des comportements admis chez les scientifiques.

Sans être opposées à la science, certaines personnes vont s'opposer à des activités spécifiques pour des raisons d'ordre culturel. Par exemple, en juillet 1996, on a découvert dans l'État américain de Washington les restes d'un squelette, l'homme de Kennewick, datant d'environ 9 500 ans. Immédiatement une querelle s'ensuivit entre, d'une part, les citoyens qui jugeaient que ces os devaient être remis aux tribus amérindiennes pour qu'elles puissent procéder à un enterrement respectueux des ancêtres et, d'autre part, les scientifiques qui réclamaient ce spécimen unique afin d'en étudier les caractéristiques génétiques et autres. Il s'agissait en fait d'une lutte entre un groupe de citoyens et la communauté scientifique[46] et en sourdine un conflit entre religion et science.

Si les scientifiques, comme les autres citoyens, ont le devoir de protéger les participants à la recherche, ils ont d'abord l'obligation comme chercheur de *faire progresser la connaissance.* On pourrait comparer le scientifique à un fidéicommis, c'est-à-dire quelqu'un à qui la société confie

---

45. Les adeptes des recherches féministes présentent toute une fourchette d'opinions sur les heurs et malheurs de la méthode scientifique. Kathleen Okruhlik présente clairement le débat dans « Feminist Accounts of Science », W.H. Newton-Smith (dir.), *A Companion to the Philosophy of Science*, Oxford, Blackwell, 2000, p. 134-142.

46. L'archéologue David Hurst Thomas raconte cette histoire et la replace dans le cadre du développement des études archéologiques aux États-Unis dans son ouvrage, *Skull Wars : Kennewick Man, Archaeology, and the Battle for Native American Identity* (New York, Basic Books, 2000).

la connaissance déjà acquise et lui demande de la conserver et de la faire fructifier. On évalue le scientifique par son apport à la connaissance. Le scientifique est aussi un citoyen et on évalue le citoyen par son comportement – la conformité aux valeurs morales de son milieu.

Bibliographie annotée

ETCHEGOYEN, A., *La valse des éthiques*, Paris, Éditions François Bourin, 1991, 245 p.

> Etchegoyen distingue morale et éthique. Il rappelle au lecteur que c'est la morale qui pose des questions sur le bien et le mal, que la morale est catégorique. L'éthique, par ailleurs, peut être plurielle. Chaque groupe ou chaque corporation a son éthique. C'est la loi du milieu. L'efficacité de l'éthique est utilitariste et s'appuie volontiers sur le juridisme. La morale est tout autre chose que la mode de l'éthique.

GAGNON, É., *Les comités d'éthique : la recherche médicale à l'épreuve*, Sainte-Foy, Les Presses de l'Université Laval, 1996, 255 p.

> Cet ouvrage est une étude de quatre comités d'éthique dans leur fonctionnement. Bien que ces comités d'éthique ne s'intéressent qu'à des questions médicales, l'auteur fait ressortir les nœuds, les enjeux qui organisent la réflexion sur la pratique professionnelle du chercheur. Il examine la manière dont on discute et évalue les projets de recherche dans ces comités.

JONAS, Hans, *Pour une éthique du futur*, trad. Sabine Cornille et Philippe Ivernel, Paris, Payot et Rivages, 1998, 115 p.

> Dans ce petit livre le philosophe Hans Jonas présente une argumentation qui fonde l'éthique sur la liberté humaine. C'est le fardeau de la liberté propre à un sujet actif : je suis responsable de mon acte en tant que tel (de même que de son omission), et peu importe en l'occurrence qu'il y ait là quelqu'un pour me demander d'en répondre maintenant ou plus tard. Cette éthique commande de maximaliser la *connaissance* des conséquences de notre agir, dans la mesure où elles peuvent déterminer et mettre en péril la future destinée de l'homme. Cette éthique promeut la science.

MOULIN, M. (dir.), *Contrôler la science ? La question des comités d'éthique*, Sciences-éthiques-sociétés, Bruxelles, DeBoeck-Université, 1990.

Cet ouvrage est un recueil de textes de sociologues, philosophes, politologues, juristes et autres spécialistes qui, selon les dires mêmes de la directrice de la publication, traite d'un bout à l'autre, sous des angles divers, des limites et de la nécessité d'une régulation sociale de la recherche scientifique et de ses applications.

REYNOLDS, P.D., *Ethical Dilemmas and Social Science Research*, San Francisco, Jossey-Bass, 1979, 505 pages.

L'auteur vise deux objectifs : présenter une vue d'ensemble des principaux dilemmes moraux associés à la recherche en sciences sociales et aider le chercheur à résoudre au besoin ses problèmes d'éthique. L'auteur traite abondamment de la responsabilité du chercheur et des droits des participants, et donne de nombreux exemples suivant différentes stratégies de recherche. Il porte aussi attention au rôle du savant dans la société. Cet ouvrage tente de couvrir tous les aspects qui créent des dilemmes en recherche sociale ; il rapporte, souvent en détail, une grande partie de la littérature sur l'éthique appliquée aux sciences sociales et à la biomédecine. Les six appendices reproduisent des codes d'éthique relatifs aux sujets humains dans la recherche. Les références à la littérature sont très nombreuses.

WEB La plupart des associations professionnelles, les organismes subventionnaires, les universités et autres institutions où se réalise de la recherche diffusent des informations sur l'éthique dans la recherche. Il suffit de visiter leur vitrine électronique (Web) pour retrouver des codes, des références, des exemples et identifier des lieux de discussion.

LA FORMATION
DE L'INFORMATION

CHAPITRE

11

L'observation directe

Anne LAPERRIÈRE

Revois deux fois pour voir juste ;
ne revois qu'une pour voir beau.

AMIEL

Historiquement, la méthode de l'observation directe pour l'étude des situations sociales a été développée par l'anthropologie. Elle avait pour but de déchiffrer la culture et les routines sociales de communautés sur lesquelles on ne possédait pas de connaissances systématiques. À la fin du XIXe siècle, les sociologues reprendront cette approche pour l'appliquer, cette fois-ci, non plus à l'étude de communautés lointaines et étrangères, mais à l'observation de communautés rurales, puis à celle des modes de vie et de l'organisation sociale qui avaient émergé dans les villes à la faveur de la révolution industrielle. Les recherches de l'école de Chicago et les grandes monographies qui marqueront par la suite la sociologie américaine (Lynd, 1922 ; Warner, 1944 ; Whyte, 1943 ; Hollingshead, 1955) s'inscriront dans le sillage des œuvres fondatrices de Booth[1] sur la pauvreté à Londres et de Le Play sur les communautés rurales en France. Elles regroupent, sous

---

1. Charles BOOTH, *Life and Labour of the People of London*, Londres, Macmillan, 9 vol., 1892-1897.

le vocable général d'« observation », un ensemble de démarches impliquant la confrontation de données issues tant de l'observation directe que de l'entrevue ou de l'analyse statistique, appliquées à l'étude d'une situation délimitée. L'observation se voulait alors une approche « complète » du réel, alliant à l'analyse objective des structures et de la dynamique des situations sociales étudiées, l'appréhension intersubjective (*verstehen*) des acteurs sociaux qui y étaient impliqués. Les chercheurs s'intégraient, pour quelques mois ou quelques années, dans des milieux divers (quartiers ethniques, milieu des *hobos*, salles de danse, etc.) et y observaient le déroulement de la vie sociale afin d'en extraire la signification à travers leurs échanges avec les acteurs sociaux concernés, leur participation à la vie de la communauté et une recherche documentaire fouillée. Leurs monographies présentaient une analyse à la fois minutieuse et dense des milieux observés, visant à mettre au jour l'interaction entre les processus sociaux à l'œuvre et les perspectives des acteurs sociaux.

La montée de l'empirisme quantitatif en sociologie et les critiques incisives qu'elle provoqua au sujet de la validité des données recueillies à l'aide d'approches peu systématisées, largement tributaires de l'appréciation subjective du chercheur et ne s'appliquant qu'à des ensembles restreints, contribuèrent à mettre au rancart, pour les quelques décennies glorieuses où l'on crut pouvoir parvenir à une science sociale objective, les méthodologies qualitatives et l'approche par observation directe. Ces dernières, cantonnées au vestibule de la science, devinrent les estafettes assurant le lien entre les laboratoires aseptisés de l'analyse sociale et la réalité sociale grouillante dont on extrayait patiemment l'essence.

C'est à la fin des années 1950 seulement que la sociologie reprit, de façon substantielle, sa réflexion sur l'apport de l'observation directe aux modes d'appréhension du réel. Ce retour émergea, aux États-Unis, du manque criant d'instruments conceptuels appropriés, assez riches et collés à la réalité pour en permettre une lecture substantive et significative. La sociologie empirique quantitative dominante avait en effet donné lieu à l'accumulation d'un ensemble de données souvent ponctuelles, fragmentaires et décontextualisées, auxquelles manquait une perspective d'ensemble qui en dégagerait la signification sociale profonde. Les tenants des méthodologies qualitatives prônèrent alors un « retour aux sources » pour alimenter la réflexion sur le social, et l'ajout de l'intersubjectivité à la distanciation, comme instrument d'appréhension « scientifique » du réel. Si les acteurs sociaux étaient des êtres pensants, il fallait en effet en tenir compte dans l'analyse de leurs actes. L'*observation participante*, c'est-à-dire *l'immersion totale de la chercheure*[2] *dans la situation sociale à l'étude*, se présenta comme l'instrument privilégié de ce retour aux sources. Des analyses, centrées non plus sur la description de communautés mais sur les « carrières » des individus ou sur la construction sociale de situations et problématiques sociales, ont alors surgi sous la plume de sociologues tels H.S. Becker, A.V. Cicourel[3], D. Matza, J. Kitsuse, A.L. Strauss, E. Goffman, etc. Parallèlement à ces études, plusieurs articles et volumes parurent, tentant de rendre compte de la démarche méthodologique employée et de la systématiser davantage.

Parallèlement au souci de préciser les techniques de l'observation, une importante réflexion épistémologique sur le statut et la portée des données d'observation s'est alors développée. En quelques décades à peine, on passe progressivement d'une réflexion centrée sur les qualités de l'objet observé à une centration sur l'attitude de l'observateur, puis sur l'interaction entre l'observateur et les acteurs de la situation à l'étude (Jaccoud et Mayer, 1997). Les premiers observateurs scientifiques s'étaient attachés à réduire l'interférence des perspectives des chercheurs dans le processus d'observation, en prônant une attitude passive et en retrait lors des observations. Les comptes rendus de terrain devaient être descriptifs et neutres, et les faits observés étaient considérés comme parlant d'eux-mêmes. Devant l'impossibilité d'arriver à une neutralité complète de l'observateur, d'une part, et de faire sens des actions observées sans tenir compte de l'intentionnalité des acteurs sociaux, d'autre part, on cherchera par la suite à cerner les bénéfices d'une plongée dans la subjectivité des acteurs, à la faveur d'une insertion de l'observateur dans la situation sociale. On privilégie dès lors non plus la mise à distance de l'objet, mais au contraire, l'imprégnation de celui-ci sur l'observateur. Peretz (1998) s'inscrit d'emblée dans cette perspective épistémologique lorsqu'il définit la pratique de l'observation comme « une adaptation sociale de l'observateur au milieu étudié » (p. 6), ou encore, comme « l'apprentissage des règles du milieu ou de l'activité étudiés » (p. 28). La perspective de l'imprégnation débouchera éventuellement sur une approche franchement interactioniste de l'activité d'observation : on estimera que l'interférence/l'interaction entre observateur et observés est non seulement inévitable, mais indispensable dans le processus de production de données valides sur une situation sociale délimitée. Les compte rendus d'observation prendront alors la forme de récits de terrain, écrits à la première personne. Cette « nouvelle ethnographie » se

---

2. Tout au long de ce texte, nous parlerons de « la chercheure » plutôt que du « chercheur », l'auteure étant lasse de s'identifier à l'autre sexe.
3. A.V. CICOUREL, *The Social Organization of Juvenile Justice*, New York, Wiley, 1968.

réclamant de Geertz[4], Clifford et Marcus[5], veut « dépolariser » le rapport entre la chercheure et l'objet, effacer toute démarcation entre eux. Les rôles de l'observateur et de l'observé deviennent interchangeables et le travail de terrain en devient un « d'explicitation des rapports objectifs et subjectifs qui lient l'observateur à l'objet étudié » (Jaccoud et Mayer, 1997, p. 220, référant à Bourdieu).

Ce bref tour d'horizon sur le développement de l'observation directe en sociologie nous permet de dégager quelques traits concernant son utilité et son apport dans ce champ, ses limites et ses principaux instruments :

– L'observation directe a été essentiellement employée, en sociologie, lorsqu'il y avait *absence de données et d'analyses empiriques sur une situation sociale*, ou lorsque les données ou analyses empiriques existantes étaient trop fragmentaires ou trop superficielles pour en permettre une analyse d'ensemble qui soit empiriquement fondée et socialement significative. Dans ces cas, l'observation directe a essentiellement servi d'instrument de collecte de données dans un processus inductif d'élaboration d'une théorie ancrée sur une situation sociale peu investiguée, et s'est trouvée rattachée d'emblée aux méthodologies qualitatives[6].

– La collecte de données par observation directe, dans le contexte qualitatif, *vise la compilation de l'information la plus complète possible sur une situation sociale particulière* : il s'agit d'une démarche intensive plutôt qu'extensive de connaissance du réel. Par conséquent, la collecte de données par observation directe est typiquement complétée, dans les recherches où on l'utilise, par une démarche de questionnement des acteurs de telle situation sociale, afin de pouvoir déterminer le sens de leurs actions, et par des démarches documentaires.

– L'observation directe, utilisée dans un processus inductif de construction théorique, *ne peut s'appliquer qu'à une situation sociale délimitée dans l'espace et dans le temps*, étant donné l'ouverture et l'exhaustivité de son approche et la présence intensive sur le terrain qu'elle exige de la chercheure. Les données qu'elle produit donnent donc lieu à des théories, substantives et formelles, qui ne

---

4. C. GEERTZ, *The Interpretation of Cultures*, New York, Basic Books, 1973.
5. J. CLIFFORD et G.E. MARCUS (dir.), *Writing Culture : The Poetics and Politics of Ethnography*, Berkeley, University of California Press, 1986.
6. De façon moins fréquente, l'observation directe a aussi servi à vérifier systématiquement, sur place, certaines hypothèses préalablement élaborées sur une situation sociale donnée. Nous ne traiterons pas de cet aspect dans cet article.

s'appliquent directement qu'aux situations restreintes observées. Ces théories peuvent toutefois servir – et c'est là leur utilité première – à éclairer, par analogie, des situations sociales substantivement ou formellement semblables. *L'observation directe sert ici ultimement d'instrument à l'exploration théorique, à partir d'un quadrillage systématique du réel.*

1 LES DÉFINITIONS DE L'OBSERVATION DIRECTE

Les définitions de l'observation directe que nous retrouvons dans la littérature sur le sujet sont toutes assez larges. Lofland, par exemple, la définit ainsi : « être là, pour fins d'analyse[7] » ; Spradley en présente le but comme « la description d'une culture du point de vue de ses participants[8] » ; Friedrichs et Ludtke la définissent comme « l'enregistrement des actions perceptibles dans leur contexte naturel[9] ».

Ces définitions générales sont généralement regroupées sous deux types d'approche, opposés mais complémentaires, qui correspondent aux positions épistémologiques que nous avons présentées plus haut. Une première approche, que nous désignerons comme « objective », assigne à l'observation directe le seul but de décrire, de façon exhaustive, les composantes objectives d'une situation sociale donnée (lieux, structures, objets, instruments, personnes, groupes, actes, événements, durées, etc.) pour ensuite en extraire des typologies. La démarche a des buts strictement descriptifs. La familiarité de la chercheure avec la situation sociale à l'étude n'est nécessaire que dans le but d'y rendre sa présence la moins dérangeante possible, afin d'empêcher qu'elle n'altère le déroulement des actions observées. Le mode privilégié d'appréhension du réel est ici la distanciation.

Une deuxième approche, communément désignée sous le terme « *d'observation participante* », utilise l'observation directe de façon beaucoup plus large. *Ses objectifs dépassent la seule description des composantes d'une situation sociale et insistent sur l'importance d'en repérer le sens,*

---

7. Traduction libre de « *being in or around an ongoing social setting for the purpose of making a qualitative analysis of that setting* ». John LOFLAND, *Analyzing Social Settings*, Belmont (Ca.), Wadsworth, 1971, p. 93.

8. Traduction libre de « *describing a culture, from a native's point of view* », dans J.P. SPRADLEY, *Participant Observation*, New York, Holt, 1980, p. 3.

9. Traduction libre de « *Participant observation registers perceptible actions in natural situations* », dans J. FRIEDRICHS et H. LUDTKE, *Participant Observation : Theory and Practice*, Lexington (Mass.), Lexington Books, 1980, p. 3.

l'orientation et la dynamique. La familiarité que doit développer la chercheure par rapport à la situation étudiée dépasse de beaucoup, dans ce
contexte, le seul avantage négatif de minimisation d'un biais possible : elle
est utilisée activement pour permettre une appréhension plus complète,
plus dense et plus significative de la situation à l'étude. Cette deuxième
approche rassemble, sous le vocable « d'observation directe », non seulement la collecte de données par observation « pure », mais aussi une série
d'approches complémentaires – collecte documentaire, échanges ou entrevues avec les participants – permettant de mieux décrire le sens des actes
et événements observés. Ici, les significations que les acteurs sociaux attribuent à leurs actes deviennent un élément essentiel de la description adéquate d'une situation. C'est de cette deuxième approche que nous allons
traiter ici, étant donné qu'elle est la plus répandue et qu'elle s'inscrit directement dans la tradition de l'école de Chicago. Cependant, nous ne présenterons que les techniques d'observation comme mode de collecte de
données, les autres techniques utilisées dans l'observation participante étant
traitées ailleurs dans cet ouvrage.

2 LES ÉTAPES ET LES INSTRUMENTS DE L'OBSERVATION DIRECTE

2.1. L'entrée sur le terrain

Le choix de la situation à étudier

Nous l'avons déjà souligné, l'observation directe, comme instrument de
collecte de données, est utilisée pour cerner des situations sociales dont la
dynamique, les processus et les composantes sont à découvrir. Le choix de
la situation à étudier, comme celui de n'importe quel autre objet d'étude,
doit évidemment d'abord se faire en fonction de sa *pertinence sociale et
théorique*. L'observation directe qualitative s'appliquant à des situations
limitées, vu l'énorme investissement de temps et de ressources personnelles
qu'elle exige, la situation choisie doit l'être avec d'autant plus de soin, en
termes de signification potentielle dans la problématique qui *intéresse la
chercheure*.

> Si nous considérons, par exemple, qu'un des enjeux significatifs, dans
> notre société, est la reprise en main, par les citoyens utilisateurs, des
> institutions dont le contrôle est passé aux mains des bureaucrates, et que
> nous voulons étudier empiriquement comment se pose ce problème,
> concrètement, nous pouvons définir la situation des relations entre l'école

et le milieu, au niveau de l'école élémentaire où les enfants sont pris en charge par l'État, comme une situation sociale illustrant bien cette problématique, étant donné qu'y sont nés les premiers mouvements de contestation de la légitimité de la centralisation bureaucratique, à la fin des années 1960, en Amérique du Nord[10].

Par ailleurs, la situation à l'étude doit être *clairement délimitable*, en ce qui a trait à l'espace physique et social. Évidemment, les situations sociales existantes sont rarement, sinon jamais, étanches et présentent des degrés divers d'ouverture sur d'autres situations. En ce sens, on peut parler d'une situation délimitée lorsqu'elle forme un système dynamique portant sa propre signification, ce qui n'empêche pas son rattachement à d'autres systèmes, qui influencent, eux aussi, les significations centrales de la situation étudiée. Si le découpage d'une situation d'étude ne peut jamais être absolu, il n'en doit pas moins circonscrire un ensemble de lieux, d'événements et de personnes groupés autour d'une action ou d'un objectif communs et clairement indiqués.

Ces situations peuvent être de complexité très diverse, et comprendre un ensemble plus ou moins grand de sous-situations. Mais toujours, elles doivent former une unité significative d'acteurs, de lieux et d'actes.

Ainsi, les relations entre le personnel d'une école et les membres d'un quartier donné présentent une dynamique assez complète en soi, même si cette dynamique particulière se rattache à celles, plus générales, du système scolaire, dans son ensemble, et de la communauté habitant le quartier. Ce système de relations se rattache, de plus, à un objectif précis, la coopération entre l'école et le milieu, et à des lieux, événements, activités et personnes délimités : cour d'école, locaux de parents, salles de classe ; fêtes d'école « mixtes », visites de parents, réunions de comités « mixtes », etc. ; enseignantes, professionnels scolaires, direction d'école, enfants, parents, organisateurs communautaires. La situation complexe des relations école–milieu peut enfin se découper en sous-situations nettement différenciées : contacts informels parents–maîtres, visites des parents dans les salles de classe, réunions du comité d'école, etc.

Enfin, les situations observées doivent être *récurrentes*, de préférence, afin de permettre à la chercheure un approfondissement de ses observations, d'une fois à l'autre.

---

10. Les exemples qui suivent tout au long de cet article s'inspirent d'une recherche menée par l'auteure à la Commission des écoles catholiques de Montréal, et qui a donné lieu aux rapports suivants : *La culture de l'école face au milieu, en milieux populaires montréalais*, CECM, mars 1975, et *Les mères face à l'école, en milieux populaires montréalais*, CECM, octobre 1976.

À ces critères « théoriques » de sélection d'une situation pour observation vient s'ajouter une série de critères d'ordre pratique[11]. La situation
choisie doit être *accessible*, ouverte à la présence d'une observatrice, ou
d'une nouvelle participante, si l'observation est dissimulée ; l'observatrice
doit pouvoir s'y *déplacer avec aisance* et sa présence ne doit pas y per-
turber, à moyen terme du moins, le déroulement « normal » des activités.
Évidemment, l'accessibilité d'une situation n'est jamais absolue ; elle peut
grandement varier selon la perception qu'ont les acteurs sociaux de la
recherche et de la chercheure (« Veut-on nous évaluer ? Que nous rapportera cette recherche ? Peut-on se fier à cette fille ? Comprend-elle ce qui se
passe ? Saura-t-elle tenir sa langue ? »). Typiquement, les groupes ou les
collectivités sollicités pour servir de sujets de recherche questionneront la
chercheure non seulement sur l'objet mais aussi sur l'utilité, pour eux, de
sa recherche ; de plus, ils ne s'ouvriront à elle que s'ils sentent qu'ils peuvent
lui faire confiance et qu'elle ne trahira pas leur vécu et leurs actes[12].

> Par exemple, la chercheure qui veut étudier les relations école–milieu
> dans une école donnée doit repérer les intérêts en jeu dans cette situation
> et en tenir compte. La première question à se poser concerne ici les
> avantages et désavantages que représente, pour chacun des sous-groupes
> concernés, la promotion des relations école–milieu. Ainsi, rapidement,
> pourra-t-elle établir que la promotion des relations école–milieu com-
> porte, pour le personnel scolaire et les parents, un désavantage pour
> tous qui se traduit par un surplus de travail. De plus, pour les ensei-
> gnantes, elle représente une nette perte d'autonomie et de pouvoir. Alors
> qu'elle nuit immédiatement aux enseignantes (perte de pouvoir), la pro-
> motion des relations école–milieu avantage nettement, sur ce point, les
> parents, organismes communautaires et travailleuses sociales. Toutefois,
> elle peut représenter un avantage, à moyen terme, pour les enseignantes,
> avec l'accroissement de l'intérêt pour leur travail et l'amélioration de
> leur image publique… là où l'opération réussit.
>
> La deuxième question que doit se poser la chercheure concerne sa situa-
> tion politique face aux membres de l'école. Étant rattachée à la commis-
> sion scolaire, qui prône la promotion des relations école–milieu, elle doit
> nettement faire comprendre à ses répondants qu'elle n'est pas là pour

---

11. Pour ces critères, nous nous inspirons de SPRADLEY, *op. cit.*, p. 39 et ss.
12. Il se pose évidemment ici un problème d'éthique : la chercheure doit-elle écrire toute la
     vérité sur une situation donnée ou n'écrire que ce qui va dans le sens des intérêts des
     acteurs observés, qui lui ont fait confiance ? Il faut, je crois, savoir ici doser les choses,
     faire savoir clairement aux acteurs observés qu'on vise un compte rendu exhaustif et
     non biaisé de la situation, mais qu'on ne révélera pas sans permission ce qui a été
     explicitement montré ou dit sous confidence ou ce qui peut révéler l'identité d'un
     répondant.

leur imposer le point de vue de la commission scolaire, mais bien pour y présenter, de la façon la plus exhaustive et la plus juste possible, leur point de vue sur la question.

Enfin, la chercheure doit souligner aux répondants l'utilité potentielle de son rapport de recherche dans la défense de leur point de vue auprès des responsables des politiques scolaires.

Le rôle de l'observatrice

Une fois choisie sa situation d'étude, la chercheure doit définir le rôle qu'elle y jouera. Le meilleur rôle sera celui qui lui permettra d'observer les sous-situations les plus significatives de la façon la plus exhaustive, la plus fiable et la plus conforme à l'éthique possible.

Une première décision à prendre concerne *l'ouverture ou la dissimulation de la recherche*. Lofland synthétise bien les avantages et limitations de l'une ou l'autre option. Les objections qu'il voit à l'observation dissimulée se ramènent à quatre types de problèmes : 1) des problèmes d'éthique, les acteurs de la situation n'étant pas informés que tout ce qu'ils font ou disent est systématiquement relevé à des fins de recherche ; 2) des problèmes de contraintes structurelles, liées aux limites spatiales et sociales du rôle choisi ; 3) des problèmes d'enregistrement, sur place, des données et, enfin, 4) des problèmes affectifs liés à une implication difficilement évitable dans la situation à l'étude. Par contre, l'observation dissimulée amène une information plus riche sur le rôle choisi par l'observatrice, ainsi qu'un partage et une compréhension plus intenses du vécu des participants observés. Enfin, en certaines circonstances, c'est le seul type d'observation possible.

Par contre, les avantages de l'observation ouverte sont la minimisation des tensions éthiques, la plus grande mobilité physique et sociale, et le questionnement plus systématique et exhaustif qu'elle permet à la chercheure. Cela amène cependant une série de désavantages autres, quant à la fiabilité des informations obtenues – les acteurs sociaux observés ayant des intérêts à défendre, aux yeux de « l'extérieur » – et quant à l'implication de la chercheure, qui doit s'efforcer de rester « neutre » dans le jeu des intérêts et des factions en présence.

Si certaines situations s'accommodent d'emblée d'une observation ouverte (par exemple, toutes les situations publiques) et si d'autres y sont d'emblée très fermées (par exemple, les situations « intimes », ou particulièrement délicates, politiquement), la grande majorité des situations se trouvent entre ces deux extrêmes. Dans ces cas, l'observatrice doit rechercher le meilleur dosage entre les critères de significativité, d'exhaustivité, de fiabilité et d'éthique mentionnés plus haut.

> Les relations entre l'école et le milieu présentent un bon ensemble de sous-situations différentes à cet égard. Alors que les réunions générales parents–maîtres sont des événements publics, facilement accessibles à l'observation (ouverte ou dissimulée), qui en affecte relativement peu le déroulement, l'observation directe en salle de classe, le lieu le plus significatif mais aussi le plus privé de l'école, amène une série de dilemmes complexes : une chercheure n'y est pas bienvenue, à moins qu'elle ne s'en tienne à une perspective pédagogique classique, non dérangeante ; sans un compromis allant du sociologique au pédagogique, la sociologue ne pourra jamais observer ce lieu très significatif, à moins de tromper la bonne foi de ses répondants, qui réagiront fortement à son analyse sociale et claqueront la porte au nez du chercheur suivant. Il s'agit ici soit de négocier ouvertement un compromis entre les points de vue, par exemple : « j'aimerais voir ce que c'est qu'enseigner, avoir votre point de vue sur ce qui se passe, concrètement, dans une salle de classe, pour ensuite le comparer à celui d'autres enseignantes et spécialistes qui cherchent aussi des solutions aux problèmes de l'enseignement, dans les milieux populaires… » ; soit d'observer de façon dissimulée – par exemple, en présentant sa démarche comme une enquête sur la pédagogie – et de n'utiliser les données que de façon indirecte et en préservant l'anonymat des personnes observées.

La négociation de l'entrée sur le terrain

Une fois sa situation d'étude délimitée et son rôle défini à l'intérieur de cette situation, la chercheure qui a opté pour l'observation ouverte doit négocier son entrée sur le terrain. Trois dimensions de la situation doivent être considérées à cet égard : ses dimensions institutionnelle, politique et affective. La chercheure doit repérer les personnes clés dans chacune de ces structures et le champ qu'elles contrôlent.

> Par exemple, pour aller observer, dans une école, les relations parents–maîtres, il est essentiel d'obtenir d'abord l'appui de l'autorité – la direction de l'école ou l'un de ses supérieurs hiérarchiques dans la structure scolaire (structure institutionnelle). Une fois cet appui obtenu et le terrain investi, la chercheure doit repérer, au sein du personnel scolaire et des parents qui fréquentent l'école, les sous-groupes dont les positions divergent, en rapport avec son objet d'étude, pour ce qui est des intérêts et des idéologies (structure politique) : par exemple, les relations école-milieu n'ont pas, pour les enseignantes, la même centralité que pour les travailleuses sociales ou la direction d'école ; elles ne constituent pas un

> enjeu important pour les parents satisfaits de l'école, par opposition à ceux qui en sont insatisfaits, etc. Enfin, quant aux réseaux affectifs, il est bon de savoir quelles enseignantes ou quels parents se tiennent ensemble, s'il y a un ou des leaders parmi eux ou elles, etc.

Un bon contact entre la chercheure et ces personnes clés, ainsi qu'une compréhension claire et une adhésion de ces dernières aux objectifs de la recherche, constituent, il va sans dire, un atout précieux sinon indispensable pour éviter le plus possible les biais dans les conduites et les discours des acteurs sociaux observés.

La présentation de la recherche aux acteurs de la situation à l'étude doit comprendre *ses objectifs, son organisation, ses étapes et sa durée prévue, ses commanditaires, les sous-groupes qu'elle touche et la disponibilité qu'elle exigera des répondants.* Cette présentation doit être à la fois *exhaustive, claire, véridique et neutre* ; de plus, elle doit tenir compte des *intérêts de ces acteurs* et leur garantir l'*anonymat.* Exhaustive, c'est-à-dire qu'elle ne doit cacher aucun des objectifs généraux ou des volets de la recherche, la confiance mutuelle étant, dans toute entreprise de recherche, essentielle à la minimisation des biais. Claire, c'est-à-dire que la recherche doit être présentée de façon brève et dans un langage accessible aux répondants. Neutre, c'est-à-dire qu'elle doit s'abstenir de prendre partie pour une interprétation ou pour un sous-groupe quelconque. Soucieuse des intérêts des répondants, c'est-à-dire que la chercheure doit souligner en quoi la recherche peut être utile aux répondants, et leur offrir des garanties que les résultats de la recherche ne répandront pas des interprétations fausses de leur vécu ou de leur situation, ni ne nuiront à leurs intérêts ou à leur réputation ; cela, tout en répondant aux exigences d'une description exhaustive de la situation et des intérêts et points de vue qui s'y affrontent.

> Dans notre exemple, la recherche sur les relations école–milieu en milieux populaires a été présentée ainsi au personnel scolaire :
>
> « Les responsables des mesures de soutien scolaire en milieux populaires, à la commission scolaire (commanditaire), aimeraient savoir quelle est, selon vous, l'importance des relations entre l'école et le milieu dans le succès – ou l'insuccès – scolaire (neutralité) des enfants. Cela, dans le but d'élaborer une politique efficace de soutien dans ce domaine (intérêts des participants et objectifs).
>
> Pour ce faire, il nous a semblé essentiel d'aller observer sur place, dans les écoles, comment se déroulent ces relations et ce que les premiers concernés (intérêts des participants), le personnel scolaire, les parents et les organismes communautaires (exhaustivité) en pensent (il serait trop complexe ici d'interviewer de jeunes enfants). Dans ce but, il nous faudrait pouvoir observer les activités conjointes parents–maîtres qui se déroulent dans l'école, participer quelque peu à la vie générale de l'école

(aller dans les classes, participer aux activités parascolaires, aux repas), interviewer le personnel, individuellement ou en groupe (organisation de la recherche, implication des répondants). La durée de mon séjour ici devrait être d'environ « x » jours. Toutes les données recueillies resteront confidentielles : ni l'école, ni les répondants ne pourront être identifiés dans le rapport final, qui ne présentera que des données regroupées, rassemblant des faits et des opinions recueillis dans plusieurs écoles (anonymat). Ce rapport vous sera envoyé : il s'efforcera de décrire la situation et la position des diverses écoles et des divers sous-groupes de ces écoles, sur les relations entre l'école et le milieu (objectifs, intérêts, neutralité). Les représentants des diverses écoles seront par la suite consultés sur la fidélité de ce rapport et sur l'usage qu'on devrait en faire (intérêts des participants). »

Il s'agit ici d'une situation complexe. Les situations plus simples commandent évidemment un exposé moins élaboré.

Les relations entre observatrice et observé

Quels que soient ses connaissances ou ses diplômes, face à l'observé, la chercheure est au départ une apprentie, une étudiante, une observatrice « naïve » ; la chercheure est à la recherche d'informations et d'explications sur une situation connue des observés : elle est donc « en demande » et doit se présenter comme telle. Toutefois, cette position de demandeur doit en être une d'« incompétence acceptable[13] » ; les observés doivent pouvoir découvrir en la chercheure une « étudiante » ouverte, à la fois sensible, documentée, réaliste et nuancée.

Dans notre exemple, il ne suffit pas d'être attentive aux descriptions que nous donnent les enseignantes de la situation des relations école–milieu : encore faut-il que l'observatrice montre qu'elle est sensible à leur vécu et à leur point de vue, qu'elle est capable d'en considérer les coordonnées matérielles, politiques et autres ainsi que les points critiques et les points faibles, et enfin, qu'elle est capable de relativiser ce point de vue par rapport à ceux des autres groupes concernés.

Cependant, il ne suffit pas pour la chercheure de démontrer qu'elle est une *bonne étudiante* de la situation choisie. Encore faut-il qu'elle reste *en bons termes* avec tous les sous-groupes et individus observés. Aussi, la chercheure doit-elle avoir une conscience aiguë de son style personnel, de ses forces et de ses failles, ainsi que de ses sentiments, positifs et négatifs, à l'endroit des divers acteurs et idéologies qu'elle découvre afin de contrôler

---

13. L'expression est de J. Lofland.

ces sentiments le plus possible. Dans ce but, les chercheures engagées dans l'observation directe tiennent un journal de bord, où elles relèvent systématiquement leurs réactions et impressions subjectives sur le déroulement de la recherche, pour fins de distanciation. Par ailleurs, la chercheure doit être considérée comme une observatrice à la fois neutre et sympathique : aussi, doit-elle éviter d'adhérer à quelque faction que ce soit, tout en faisant sentir aux participants qu'elle est touchée par leur vécu et leur point de vue. Évidemment, les déchirements et les failles sont ici inévitables : il s'agit de trouver le meilleur équilibre possible entre « l'observatrice » et « la participante » qu'est tout à la fois la chercheure.

2.2. La collecte des données

De l'observation générale à l'observation centrée et sélective[14]

La première étape sur le terrain consiste, pour l'observatrice, à faire ce que Spradley appelle un « grand tour » de la situation à l'étude : *elle en relève alors systématiquement les grands traits*, relativement aux lieux et aux objets, aux événements, actions et activités visés et à leur durée, et se rapportant aux acteurs, à leurs buts et à leurs sentiments observables, etc. Ces grands traits sont notés en termes strictement descriptifs ; cette description doit être la plus large et la plus exhaustive possible.

> Les lieux concernés dans les relations école–milieu, par exemple, sont la cour d'école, les espaces publics dans l'école et, exceptionnellement, les salles de classe et les lieux communautaires ; les principaux acteurs sont le personnel scolaire dans son ensemble, les enfants, leurs mères, et parfois, leurs pères ; les activités, les comités conjoints parents–maîtres, les visites des parents à l'école, les fêtes d'école communautaires, etc.

Lorsque les éléments à décrire dans une situation sont nombreux et complexes, on les regroupe en types, ce qui facilite la manipulation des données. Ces types doivent présenter des caractéristiques distinctives.

> On regroupera, par exemple, le personnel scolaire en personnel de direction, enseignants réguliers ou spécialisés, personnel de soutien, professionnel ou administratif, etc. De même, on peut distinguer, pour les événements, la routine et les événements spéciaux, ou encore les événements formels ou informels, etc.

---

14. Cette section s'inspire principalement de J. SPRADLEY, *op. cit.*, p. 73-130.

Une fois relevées les caractéristiques générales d'une situation, la chercheure se concentre sur *les interrelations entre ses diverses dimensions*, répondant à des questions comme : « Quels types d'acteurs ont un rôle à jouer dans quels types d'événements ? », « Quels types de relations entre acteurs observe-t-on dans divers types de situations (par exemple, formelles ou informelles) ? » C'est ce que Spradley désigne sous le terme de « mini-tours » d'une situation.

> Ainsi, en faisant un mini-tour d'une réunion du comité d'école (événement), on relève les acteurs qui y participent, leurs activités respectives, les sujets dont ils traitent, etc.

Ces mini-tours de situations multiples nous permettent ensuite de les confronter entre elles et d'aborder l'*analyse comparative systématique des données*, d'où émergent des hypothèses qui serviront à l'interprétation de la situation d'ensemble.

> En se concentrant, par exemple, sur l'organisation d'événements spéciaux dans les classes, on observe que les enseignantes qui intègrent les parents à ces activités sont systématiquement assistées des travailleuses sociales. D'où l'hypothèse que l'introduction des parents dans la salle de classe serait considérée par les unes et les autres comme un élément para-pédagogique, sur lequel les professeurs ont peu de connaissances et peu de contrôle.

Ces hypothèses conditionnent par la suite la *définition de situations et d'éléments spécifiques à observer*, en vue de les étayer et de les vérifier : c'est ce qu'on désigne par « observation sélective ».

> Il s'agit alors de découvrir, à partir de notre exemple, des situations donnant lieu à des interactions entre les enseignantes et le personnel scolaire non enseignant, au sujet du « milieu » et des familles (événements spéciaux réunissant parents et membres du personnel scolaire, discussions de « cas » d'enfants avec la travailleuse sociale, échanges informels sur le « milieu » lors des pauses café et des dîners, etc.) afin d'y relever systématiquement et de qualifier la part qu'y prennent les enseignantes : mènent-elles l'activité ou la discussion ? Amènent-elles leurs propres informations, lors de discussions ? Se présentent-elles comme étant proches du milieu ? etc.

À partir de ces observations sélectives, la chercheure modifie et *raffine ses hypothèses jusqu'à saturation*, c'est-à-dire jusqu'à ce qu'aucune observation nouvelle ne vienne les infirmer.

L'enregistrement des observations

■ *Les notes descriptives*

L'enregistrement des observations sur le terrain se fait en plusieurs étapes. Une première série de notes est strictement *descriptive* et va du repérage sur le vif au compte rendu exhaustif de la situation observée. La langue dans laquelle est écrite ce premier type de compte rendu doit être *concrète, descriptive et neutre* : la chercheure doit faire voir la situation et entendre les acteurs observés. Les propos de ces derniers sont rapportés textuellement, entre guillemets : d'abord, parce que c'est la seule façon d'enregistrer l'information de façon neutre et exhaustive ; ensuite, parce que les expressions typiquement privilégiées par les acteurs constituent des sources précieuses de dépistage de leur univers symbolique.

> Ainsi, l'expression « sans allure » employée par les enseignantes pour désigner, de façon globale, les carences des parents des quartiers populaires dans l'organisation matérielle et sociale de leur vie, en dit beaucoup sur leur propre chauvinisme de classe : leur propre façon d'organiser leur vie serait la bonne... L'expression une « école de fous » que l'on retrouve chez ces parents « sans allure » renvoie bien la balle, exprimant la même distance culturelle et le même rejet radical du point de vue des « autres ».

Lorsque la chercheure ne se souvient pas de façon précise de certains éléments de la situation, elle les cite entre parenthèses suivies d'un point d'interrogation – par exemple : (entrée de C ?) (découragement, colère ?). Les omissions dans l'enregistrement des données doivent être notées, l'événement non enregistré – parce que considéré non pertinent dans la situation à l'étude – étant simplement cité entre crochets, par exemple : [discussion sur meilleur choix du lieu de vacances]. Enfin, notons que chacun des comptes rendus descriptifs doit porter la date, le lieu, l'énumération des acteurs et des activités et, enfin, l'heure et la durée de l'observation. Ces comptes rendus doivent être faits dans les plus brefs délais et en cumulant le moins de séances d'observations possible, la mémoire devenant facilement sélective.

– *Les notes cursives.* Ces notes sont prises sur le vif et parfois à la dérobée lorsqu'elles risquent d'indisposer les participants ; elles sont en conséquence nécessairement brèves et ne comprennent que des mots ou des phrases clés, qui servent de repères aux notes plus élaborées qui suivront.

– *Le compte rendu synthétique.* Les quelques notes précédentes sont complétées jusqu'à exhaustivité des points de repères, dès que la chercheure trouve un moment libre. Par exemple :

Mardi 26/04/74. Début heure du lunch : 11 h 30 – 12 h. 2 profs maternelle, sur activités avec mères le lendemain (habillage-enfants). Entrent C. et L., puis S. (6e, 5e, 5e) ; sur Louis-le-toffe : toute la famille pareille ; comparaison avec Denis, Paul et leurs familles. « On se déprime pas ! » (Louise) ; discussion-popotte. Sur activités classe 6e avant-midi. Vivement les vacances : la paix. Entre psychologue : froid (?) puis reprise sur projets-vacances.

– *Le compte rendu extensif.* Ce compte rendu détaillé de la situation doit être fait le plus tôt possible après l'observation et doit décrire le plus fidèlement possible la situation observée dans toutes ses dimensions ; même si ces notes peuvent sembler insignifiantes et répétitives à première vue, elles se révèlent, à l'analyse, une source indispensable d'interprétation juste et de compréhension exhaustive de la réalité et servent de garde-fous aux biais de la perception et de la mémoire et aux hypothèses partielles.

Mardi 26/04/74. Début heure du lunch : 11 h 30 – 11 h 35. Profs maternelle et 2e cycle. Je suis assise à l'extrémité sud-est de la table où les enseignantes prennent leur repas. Je viens d'ouvrir mon sac à lunch quand Y. et A., les deux enseignantes de maternelle, entrent : A. écoute avec sérieux Y. lui expliquer : « Je veux qu'elles voient ce que les enfants ont appris sur l'habillement. » (Y. acquiesce, attentive.) « Ça ne me sert à rien de tout montrer aux enfants à l'école si les mères se précipitent à la maison pour leur attacher leurs souliers ! » A. m'apercevant « Tiens ! toi ça va t'intéresser : les mères viennent demain, de 9 h à 9 h 40 dans ma classe ». Entrent C. et L. : C. parle fort (semble excédée), les mains en l'air, L. lève les yeux au ciel et les épaules (en signe d'acquiescement et de désespoir) : C. « Il était là, les bras croisés : « J'haïs ça le français ! » Son frère était aussi effronté l'an passé ! » Y. et A. interrompent leur conversation avec moi pour écouter, sans participer ni acquiescer, celle de C. et L., ceci tout en déballant leur lunch. S. entre ; « Devine de qui on parle » lui lance L. (...).

Le compte rendu extensif peut s'accompagner d'un plan des lieux et de la situation spatiale des acteurs concernés, ou de tout autre document éclairant (par exemple, sur les activités parents–maîtres en maternelle).

– *Le compte rendu signalétique.* Il est utile, pour fins de repérage rapide, d'adjoindre à chaque compte rendu descriptif extensif une fiche signalétique mentionnant les principaux thèmes ou événements s'y rapportant.

De l'exemple précédent, on peut tirer la fiche suivante : (Activités avec parents – maternelle ; les cas « toffes » et leur famille ; activités-classe – 6e année ; les vacances-délivrance).

■ *Les notes analytiques*

Les comptes rendus descriptifs s'accompagnent, de façon systématique, de *comptes rendus analytiques portant sur le cheminement théorique de l'observatrice*. Ces comptes rendus peuvent être insérés dans les comptes rendus descriptifs, mais de façon bien distincte et entre crochets, ou bien produits dans un document séparé, avec indication des notes descriptives auxquelles ils se rapportent.

– *Les mémos.* Ils sont le pendant analytique des « notes cursives » et sont constitués d'*intuitions* ou de *réflexions analytiques* transcrites sur le vif. Il est très important pour la chercheure de noter ses intuitions et réflexions au fur et à mesure qu'elles émergent, la mémoire étant ce qu'elle est...

– *Les notes théoriques*[15]. Ces notes visent essentiellement la construction d'une *interprétation théorique de la situation à l'étude*, qui soit systématiquement fondée sur les observations. C'est ici que la chercheure note ses remarques sur les liens observés entre divers éléments de la situation et leurs variations, et compare systématiquement ses observations récentes avec les données précédentes. C'est ici également que la chercheure définit des pistes nouvelles d'observation et d'analyse, émettant des hypothèses et interprétations potentiellement fructueuses concernant la situation à l'étude, les rapprochements possibles entre ses observations et les observations et analyses faites sur d'autres situations sociales, semblables ou contrastantes. Bref, ces notes résultent de deux démarches complémentaires, l'une de *découverte* d'hypothèses et d'interprétations plausibles, faisant ressortir des dimensions nouvelles de la situation, l'autre de *vérification* systématique des hypothèses et interprétations avancées.

> (De l'exemple précédent.) Les éducatrices de maternelle sont généralement plus ouvertes à la participation des parents à des activités proprement scolaires, dans la salle de classe, que les enseignantes du secteur régulier. Ces dernières soulignent qu'elles ont de la chance, en maternelle, de ne pas avoir de programme à suivre : serait-ce là l'explication ? Ou bien, cette différence s'expliquerait-elle par l'âge inférieur, la formation plus récente et plus « sociale » des éducatrices, et leur autonomie plus grande face aux contrôles bureaucratiques ? Quelle est l'influence relative de ces variables dans la dynamique d'ouverture ou de fermeture des enseignantes au milieu ?

---

15. Nous empruntons cette expression à L. SCHATZMAN et A.L. STRAUSS dans *Field Research : Strategies for a Natural Sociology*, Englewood Cliffs (New Jersey), Prentice-Hall, 1973, p. 99.

– *Le journal de bord*. Le journal de bord contient les *réflexions personnelles* de la chercheure sur le déroulement quotidien de sa recherche, son intégration sociale dans le milieu observé, ses expériences et ses impressions, ses peurs, ses « bons coups », ses erreurs et ses confusions, ses relations et ses réactions, positives ou négatives, aux participants à la situation et à leurs idéologies, etc.

(De l'exemple précédent.) Les situations ne sont pas simples. Les conversations des heures de lunch (cf. celle du 26-04-74), entre enseignantes, me paraissent terriblement extrémistes (le groupe pousse aux excès ?) : les parents seraient des innocents à instruire (maternelle), ou des spécimens dégénérés de la race humaine (les « toffes »), qu'il faut tenir loin de l'école. Ce genre de propos me déconcerte complètement. Par contre, en entrevue individuelle, lorsque je peux revenir sur ces opinions, en chercher le processus de formation, les expériences et émotions qui en sont à la base, elles se nuancent et se modulent, et je peux sympathiser à nouveau : c'est parce que les enseignantes s'attachent aux enfants qu'elles en veulent tant aux parents de ne pas leur assurer *le* bon environnement familial nécessaire à leur succès scolaire et social ; (...). En entrevue individuelle, l'enseignante peut risquer de me dire qu'elle a eu des échecs et que ça l'attriste, mais pas devant ses consœurs. Où est « la vérité » dans tout ça ? Face au parent ou à un projet sérieux d'intégration des parents, les enseignantes réagiront-elles comme membres d'un groupe (négativement) ou comme individus (de façon nuancée) ? Enfin, il y a le vécu quotidien de l'enseignement qui peut éloigner des « beaux » sentiments : les définisseurs idéalistes d'orientations que nous sommes s'y penchent peu ; par exemple, malgré toutes les théories sur la relativité culturelle du sens des mots que je connais, je n'aimerais pas me faire dire, par les plus « toffes » et devant tout le monde, qu'on hait mon cours et que je suis une « grosse vache ».

Ces notes ont pour but d'aider la chercheure à prendre conscience de ses faiblesses et de ses biais comme de ses points forts, et ne constituent pas un luxe dans une recherche par observation directe, qui requiert d'elle, avant même une compétence théorique ou méthodologique, des ressources et du doigté sur les plans psychologique et social.

– *Les notes de planification*[16]. Faisant suite aux notes théoriques, ces notes consistent en un relevé, par la chercheure, des *observations, lectures, recherches, analyses, contacts et corrections à faire*, et sont consécutives à ses réflexions théoriques et personnelles.

---

16. Cette catégorie correspond à celle que Schatzman et Strauss désignent sous le terme de « notes méthodologiques », *op. cit.*, p. 99.

(De l'exemple précédent.) 1) Vérifier la relation entre la variable « ouverture aux parents » (concernant les projets « conjoints », scolaires ou non, qu'ont effectués les enseignantes avec eux et/ou d'idéologies face à cette ouverture) et l'âge et la formation (type, diplôme, date d'obtention du diplôme) des enseignantes ; 2) vérifier la marge de manœuvre effective des jardinières dans la structure scolaire : l'ouverture relative de leurs programmes, les contrôles hiérarchiques existants, les positions idéologiques des responsables du préscolaire, à la commission scolaire, face à l'ouverture au milieu, et les moyens qu'ils mettent effectivement aux mains des jardinières pour y arriver (...) ; 3) me tenir plus avec les enseignantes du secteur régulier, dans les jours qui viennent : elles commencent à m'associer aux seules jardinières, ce qui risque de me marginaliser.

■ 2.3. Les sources d'information autres que l'observation

Cet exposé s'en est tenu, dans son développement, à la stricte définition de l'observation directe comme *instrument de collecte de données*. Cependant, nous l'avons vu en introduction, ce mode de collecte s'inscrit, dans la grande majorité des cas, dans une approche beaucoup plus large désignée sous le nom d'observation participante. Dans cette approche, l'observation directe comme mode de collecte des données est utilisée en conjonction avec d'autres instruments : entrevues, échanges informels ou semi-structurés, sources secondaires de toutes sortes (rapports officiels, journaux, etc.), ces autres sources de données permettant d'approfondir la signification psychologique, sociale et historique des faits que nous observons.

L'observation, comme instrument, nous permet, par exemple, de constater le rejet de la participation scolaire des parents par une large majorité d'enseignantes, dans les faits, et de connaître les grands traits des justifications qu'elles en donnent : les parents seraient des ignorants, en matière pédagogique, etc. Seule l'entrevue peut cependant nous permettre de connaître l'origine et les ramifications de cette conviction sur l'inaptitude des parents, d'en évaluer la solidité, de connaître la définition de ce qu'est la pédagogie, pour les enseignantes, etc., toutes choses essentielles à une juste interprétation des observations faites à ce sujet. De même, la connaissance de l'histoire des relations école–milieu, dans une école donnée, est essentielle à la relativisation des propos entendus sur le sujet. Trouver les relations difficiles avec les parents prend une signification très différente selon l'intensité des expériences qu'ont vécues une enseignante ou une équipe-école à cet égard.

3 LA VALIDITÉ DES DONNÉES RECUEILLIES PAR OBSERVATION DIRECTE[17]

Comme toutes les méthodologies de collecte de données, l'observation directe a ses écueils et ses limites propres, dont il est important d'être conscient, en vue de les minimiser.

L'écueil le plus souvent mentionné, dans la littérature sur la question, est sans aucun doute celui de l'*ethnocentrisme* et de la *subjectivité* de la chercheure, qui risque de pervertir son choix des situations à observer, sa perception de ces situations et, en conséquence, ses analyses. Des exemples de telles perversions peuvent être relevés dans de nombreuses études ethnologiques, où les éléments « exotiques » obnubilent, en un premier temps, les chercheurs. Les mêmes problèmes se posent, notons-le, dans une approche quantitative, où le choix des dimensions et indicateurs pertinents rencontre les mêmes écueils.

En réponse à ce problème, les méthodologues de l'observation directe ont développé des modes d'approche visant à minimiser ces biais possibles et à maximiser, en conséquence, la validité des données présentées. Nous allons décrire brièvement, dans cette dernière section, les modes d'emploi de la méthode particulièrement importants à cet égard.

Pour faire un bon *choix des situations à observer*, il s'agit, tout au long de la recherche, d'amasser le plus de données topologiques possible sur cette situation : coordonnées historiques, organisationnelles et sociales (sous-groupes appartenant à la situation et leurs caractéristiques, position de cette situation par rapport à d'autres, etc.). L'exhaustivité des connaissances de la chercheure sur ces coordonnées lui permettra de faire le meilleur choix possible des situations à observer, puis les observations et les analyses les plus justes, étant donné qu'elle connaîtra les variables qui les déterminent. Il va de soi qu'une première recherche sur une situation donnée est plus sujette aux biais de la perception de la chercheure, étant donné le moindre matériel préalablement accumulé concernant cette situation. Dans ces cas, il est particulièrement important que la chercheure indique clairement les limites de ce qu'elle connaît, observe et analyse de la situation ; aussi, doit-elle indiquer clairement quelles sont les *sources* de ses données empiriques et analytiques (où elle a observé, quand, qui, quoi, comment, combien de temps, etc. ; quelles sont ses diverses sources de données documentaires ; quelles sont ses diverses sources d'inspiration

---

17. Cette section s'inspire principalement des remarques de FRIEDRICHS et LUDTKE, *op. cit.* et de LOFLAND, *op. cit.*, sur le sujet.

théorique, hormis ses données empiriques) ; après une telle mise au point, le lecteur sera en mesure de faire une lecture « scientifique » du rapport de recherche, c'est-à-dire d'en relativiser les données.

Par-delà le choix des observations à faire, la chercheure « scientifique » doit ensuite faire face à l'inévitable *interdépendance entre observateur et observé*, dont les perceptions, positions, réactions et attentes interagissent et, de plus, varient tout au long du développement de la recherche. Des rôles sociaux se forgent… Pour minimiser ces biais, Friedrichs et Ludtke proposent le choix d'un rôle « neutre », qui soit sujet à peu d'attentes, dans la situation, et qui soit applicable à une multiplicité de sous-situations (par exemple, le rôle d'étudiant) ; puis, l'immersion complète dans la situation, tendant à rendre la présence de la chercheure imperceptible (elle fait partie du décor) ; enfin, la tenue systématique du journal de bord, pour contrôler le plus possible ces effets.

La *sélectivité des perceptions* s'avère un autre problème de taille dont la chercheure doit tenir compte. Cette dernière doit d'abord tenir ferme aux principes de concrétisation et d'exhaustivité des descriptions qu'elle fait de la situation. Elle doit, dans ses notes analytiques, citer explicitement ses critères d'analyse et de pondération de ses données, se référer à des indicateurs concrets, distinguer entre hypothèses et faits, etc. La chercheure doit développer une « attitude égalitaire » et « accorder le même intérêt humain et scientifique[18] » à tous les acteurs de la situation étudiée. Enfin, la technique de prise de notes rapide et exhaustive développée par les praticiens de l'observation directe – on devient un bon praticien lorsqu'on devient un maniaque du calepin – vise à éviter le plus possible les effets de la sélectivité à cette étape de la recherche. La présentation de ses données et relevés aux acteurs de la situation, pour complétion et commentaires, peut être aussi un bon antidote à la sélectivité et à l'ethnocentrisme de la chercheure, quoiqu'il ne faille pas perdre de vue ici que les observés sont, eux aussi, sélectifs et ethnocentriques.

Outre ces notes méthodologiques, certains critères généraux appliqués aux données d'observation peuvent servir à leur garantir la meilleure validité possible. Tout d'abord, le *critère de proximité des sources*, physiquement et socialement parlant ; une observation « de proche » et « de première main » vaut toujours mieux ; une observation de seconde main doit tenir compte des intérêts, des idéologies et de la personnalité de celui qui la transmet. Un autre critère souvent cité est celui de l'inter- et de l'intra-subjectivité : lorsque plusieurs observateurs s'accordent pour décrire une

---

18. J. Friedrichs et H. Ludtke, *op. cit.*, p. 25.

situation dans les mêmes termes, les chances de validité de cette description s'accroissent. Enfin, à l'étape de l'analyse des données, les critères de saturation des hypothèses (aucune donnée nouvelle ne vient les contredire), d'exhaustivité de la théorie élaborée (elle peut expliquer l'ensemble des faits observés) et de sa consistance interne constituent autant de garanties d'une validité accrue.

En bref, la méthodologie de l'observation directe, pas plus que les autres méthodes de collecte de données en sciences humaines, ne présente de critères absolus de « scientificité » de ses données : les critères, ici comme ailleurs, sont relatifs. Il s'agit de limiter les biais et de donner au lecteur les éléments pour les situer, en lui présentant clairement les instruments de la démarche de collecte et d'analyse des données.

Bibliographie annotée

BECKER, Howard S., « Problems of Inference and Proof in Participant Observation », *American Sociological Review*, vol. 23, 1958, p. 652-666.

Un article classique sur la question.

FILSTEAD, William J. (dir.), *Qualitative Methodology : Firsthand Involvement with the Social World*, Chicago, Markham, 1970.

Ce livre regroupe une série d'articles relativement courts et de lecture facile, se rapportant aux diverses facettes de la méthodologie qualitative et à l'utilisation de ses diverses techniques. En plus de constituer un outil pratique pour la chercheure, l'auteur présente clairement les problèmes méthodologiques auxquels ont voulu répondre les promoteurs du qualitatif, dans les années 1960.

JACCOUD, Mylène et Robert MAYER, « L'observation en situation et la recherche qualitative », dans J. POUPART, J.-P. DESLAURIERS, L.-H. GROULX, A. LAPERRIÈRE, R. MAYER et A.P. PIRES, *La recherche qualitative. Enjeux épistémologiques et méthodologiques*, Montréal, Gaëtan Morin, 1997, p. 211-250.

Un article très complet sur la question, couvrant aussi bien les aspects historiques, épistémologiques et éthiques de l'observation que ses aspects techniques et ses applications au Québec. La partie épistémologique est particulièrement éclairante.

LOFLAND, John, *Analysing Social Settings : A Guide to Qualitative Observation and Analysis*, Belmont (Calif.), Wadworth, 1971.

Beau, bon, pas cher et pratique, ce livre sait être bref et concret, tout en restant nuancé. Bibliographies très pratiques en fin de chapitre.

MASSONNAT, J., « Observer », dans A. BLANCHET, R. GHIGLIONE, J. MASSONNAT et A. TROGNON (dir.), *Les techniques d'enquête en sciences sociales : observer, interviewer, questionner*, Paris, Dunod, p. 17-79.

Ce livre est un classique en la matière.

PERETZ, Henri, *Les méthodes en sociologie : l'observation*, Paris, La Découverte et Syros, coll. Repères, 1998, 123 p.

Il s'agit d'un excellent petit manuel d'introduction à l'observation, truffé d'exemples forts éclairants tirés de recherches tant nord-américaines que françaises.

SCHATZMAN, Leonard et Anselm L. STRAUSS, *Field Research : Strategies for a Natural Sociology*, Englewood Cliffs (New Jersey), Prentice-Hall, 1973.

Ce livre présente les mêmes qualités que le précédent. Il insiste cependant plus sur l'approche analytique que sur l'approche technique.

SPRADLEY, James P., *Participant Observation*, New York, Holt, 1980.

Ce livre, qui traite exclusivement de l'observation participante, est extrêmement bien construit pédagogiquement. Il présente dans une perspective d'objectifs précis à atteindre, les diverses étapes de cette méthodologie d'appréhension du réel, et les illustre abondamment à l'aide de textes tirés d'excellentes recherches.

CHAPITRE 12

L'entrevue semi-dirigée

Lorraine SAVOIE-ZAJC

C'est la plus radicale manière d'anéantir tout discours que d'isoler chaque chose de tout le reste : car c'est par la mutuelle combinaison des formes que le discours nous est né.

PLATON

L'entrevue est un type d'interaction verbale qui s'exerce dans divers contextes : on pense notamment à l'entrevue d'embauche, à l'entrevue thérapeutique ou à l'entrevue de recherche pour ne nommer que ces quelques formes. C'est à cette dernière que nous consacrerons ce chapitre, car cette technique de collecte de données est fréquemment utilisée. Le point de vue que nous adopterons s'inscrira dans une perspective *interprétative et constructiviste* de la recherche. Ceci renvoie à la position épistémologique épousée par un chercheur qui tend à la compréhension riche d'un phénomène. Le sens que les acteurs sociaux donnent à leur réalité est privilégié et la recherche s'inscrit dans une dynamique de co-construction de sens qui s'établit entre les interlocuteurs : chercheur et participants, les uns apprenant des autres et rendant possible l'élaboration d'un nouveau discours, à propos du phénomène étudié.

Quoi de plus simple, croyons-nous, de questionner des personnes à propos de leurs représentations, de leurs sentiments, de leurs expériences et de leurs expertises ! Mais est-ce si facile ? Est-ce si évident d'amener des personnes à se révéler ? Quelles relations s'établissent entre un chercheur et un participant à la recherche ? Comment un chercheur peut-il mieux préparer l'entrevue et s'assurer que les données recueillies soient crédibles ? Comment supporter ce processus de co-construction de sens tout au long de l'entrevue ?

Le présent chapitre vise à explorer certaines des caractéristiques de l'entrevue semi-dirigée. Nous offrirons donc quelques réponses aux questions précédentes afin, nous l'espérons, de supporter le chercheur dans la pratique d'une telle collecte de données.

L'entrevue et l'entrevue semi-dirigée seront d'abord définies et une attention particulière sera accordée aux postulats de l'entrevue semi-dirigée ainsi qu'à ses buts. La relation sociale particulière sur laquelle repose et se dynamise l'entrevue semi-dirigée sera caractérisée, en tenant compte notamment des types d'interlocuteurs impliqués. Les étapes de préparation seront ensuite décrites et des considérations à propos de sa conduite seront apportées. La question de la transcription des données en vue d'une analyse ultérieure sera évoquée et le chapitre se terminera par une brève discussion à propos des forces et des limites de cette stratégie de collecte de données.

 L'ENTREVUE ET L'ENTREVUE SEMI-DIRIGÉE

▉ 1.1. Quelques définitions

À quoi réfère-t-on par « entrevue » et « entrevue semi-dirigée » ? Plusieurs définitions ont cours dans la littérature. La plus fréquente est celle de considérer l'entrevue comme étant une interaction verbale, une conversation entre un interviewer, nommé ci-après « chercheur » et un interviewé[1].

---

1. A. Blanchet, « Interviewer », dans A. Blanchet, R. Ghiglione, J. Massonnat et A. Trognon, *Les techniques d'enquête en sciences sociales*, Paris, Dunod, 2000, p. 81-126 ; J.P. Daunais, « L'entretien non directif », dans B. Gauthier, *Recherche sociale : De la problématique à la collecte de données*, Sainte-Foy, Presses de l'Université du Québec, 1992 ; D.A. Erlandson *et al.*, *Doing Naturalistic Inquiry : A Guide to Methods*, Newbury Park, Sage Publ., 1993 ; S. Kvale, *Interviews : An Introduction to Qualitative Research Interviewing*, Thousand Oaks, Sage Publ., 1996 ; E.G. Mishler, *Research Interviewing : Context and Narrative*, Cambridge, Harvard Univ. Press, 1986 ; M.Q. Patton, *Qualitative Evaluation and Research Methods*, Newbury Park, Sage Publ., 1990.

Certaines de ces définitions traduisent une vision *behavioriste* de la relation alors que le chercheur est vu comme celui qui propose un stimulus, en général sous forme de question, à l'interviewé qui y réagit en retour par la production d'un nouveau stimulus[2]. D'autres définitions mettent plutôt l'accent sur l'aspect *construit* de l'entrevue alors que chercheur et participant construisent un « texte », une « narration » constitués d'histoires, empreintes des connotations personnelles, interpersonnelles, sociales et culturelles des individus en présence[3]. Kvale[4] propose d'ailleurs deux métaphores pour illustrer ces positions épistémologiques. Le chercheur est vu soit comme un mineur ou soit comme un voyageur. Le savoir peut en effet être comparé à un trésor enfoui. Le rôle du chercheur sera d'en révéler la nature, la richesse, car ce savoir existe en soi. Cette image du mineur illustre la position behavioriste. Dans la métaphore du voyageur, par contre, le chercheur s'engage dans une démarche d'exploration au cours de laquelle des conversations seront menées avec les personnes rencontrées. À son retour de voyage, le chercheur aura une/des histoire(s) à raconter, fruits des conversations et des influences vécues pendant son séjour. Le savoir est ici vu comme une construction interpersonnelle, un produit de la rencontre des personnes engagées dans la relation. Prenant une perspective différente pour définir l'entrevue, Limerick *et al.*[5] la voient comme un cadeau en temps, en texte et en compréhension que l'interviewé offre au chercheur. Cette dernière définition implique une relation de pouvoir entre le chercheur et l'interviewé car ce dernier possède un savoir que le chercheur tente de mieux comprendre. C'est toutefois le chercheur qui initie la démarche d'étude et qui applique un certain degré de contrôle (questions, structure, etc.) au cours de l'entrevue. Cet aspect sera davantage approfondi, plus avant, dans le texte.

Nous opterons dans ce chapitre pour la perspective de l'entrevue considérée comme un échange verbal contribuant à la production d'un savoir socialement construit. Nous proposons de considérer l'entrevue comme *une interaction verbale entre des personnes qui s'engagent volontairement dans pareille relation afin de partager un savoir d'expertise, et ce, pour mieux dégager conjointement une compréhension d'un phénomène d'intérêt pour les personnes en présence.*

---

2. Labov et Faushel cités par BLANCHET, *op. cit.*; PATTON, *op. cit.*
3. ERLANDSON *et al.*, *op. cit.*; H.J. RUBIN et I.S. RUBIN, *Qualitative Interviewing: The Art of Hearing Data*, Thousand Oaks, Sage Publ., 1995.
4. KVALE, *op. cit.*
5. B. LIMERICK *et al.*, « The Politics of Interviewing: Power Relations and Accepting the Gift », *International Journal of Qualitative Studies in Education*, vol. 9, n° 4, 1996, p. 449-460.

Le savoir d'expertise est différent pour chacun des interlocuteurs : c'est celui du processus de recherche dans le cas du chercheur alors que c'est celui d'un savoir, souvent expérientiel, en lien avec l'objet de l'étude dans le cas de l'interviewé. Cette définition implique également que les parties en cause trouvent, chacune à leur façon, un intérêt à contribuer à cette construction de sens. On pense à la motivation de l'interviewé à révéler son expérience et à réfléchir au sens de celle-ci, à son désir de communiquer ses savoirs, à sa curiosité d'être impliqué dans une recherche, à son intérêt pour les résultats de la recherche et ses retombées éventuelles. Le chercheur poursuit pour sa part, la plupart du temps, des buts professionnels, il développe de nouvelles sensibilités et une compréhension nuancée et approfondie d'un phénomène étudié.

Il est possible de distinguer parmi diverses formes d'entrevue de recherche : selon les degrés de préparation et de contrôle de la part du chercheur ou selon le nombre de personnes impliquées dans un même espace-temps. C'est l'entrevue semi-dirigée qui fera l'objet du propos de ce chapitre. En voici une définition de travail.

L'entrevue semi-dirigée consiste en une interaction verbale animée de façon souple par le chercheur. Celui-ci se laissera guider par le rythme et le contenu unique de l'échange dans le but d'aborder, sur un mode qui ressemble à celui de la conversation, les thèmes généraux qu'il souhaite explorer avec le participant à la recherche. Grâce à cette interaction, une compréhension riche du phénomène à l'étude sera construite conjointement avec l'interviewé.

Ce chapitre exclut conséquemment les formes d'entrevues très structurées où l'interaction verbale est produite dans les limites d'un questionnaire administré oralement. Il ne traitera pas des entrevues téléphoniques ni des formes très structurées d'entrevues de groupe : groupe nominal, groupes de discussion. Ce chapitre n'abordera pas non plus la question des entrevues non dirigées à l'intérieur desquelles le chercheur suggère un thème général et laisse l'interviewé libre de prendre l'orientation voulue pour en traiter. Ce genre d'entrevue est pratiqué notamment dans la constitution des récits de vie et dans ce que Fontana et Frey[6] nomment des entrevues créatives, c'est-à-dire qu'elles ne suivent aucune règle. L'entrevue semi-dirigée se situe à mi-chemin entre l'entrevue dirigée (nommée aussi standardisée, structurée) et non dirigée (ou non structurée).

---

6. A. FONTANA et J.H. FREY, « Interviewing : The Art of Science », dans N.K. DENZIN et Y.S. LINCOLN, *Handbook of Qualitative Research*, Thousand Oaks, Sage Publ., 1994, p. 361-376.

Les entrevues semi-dirigées reposent sur des postulats spécifiques par rapport au type de situation, par rapport aux modes de production de savoir et elles poursuivent des buts spécifiques. C'est ce que nous verrons maintenant.

▓ 1.2. Les postulats de l'entrevue semi-dirigée

Plusieurs postulats sont sous-jacents au choix de l'entrevue semi-dirigée comme mode de collecte de données. Ces postulats sont traversés par des courants épistémologiques et philosophiques qui ont évolué au cours des dernières décennies. Ainsi la vigueur des paradigmes *interprétatif et constructiviste* a entraîné le recadrage de la notion même de l'entrevue semi-dirigée. Plusieurs auteurs la considèrent aujourd'hui comme étant un événement linguistique, qui s'insère dans un contexte normatif très dense et qui est teinté par les choix sémantiques et syntaxiques des interlocuteurs. Ils sont révélateurs de la trame culturelle des individus en présence[7]. Mishler applaudit d'ailleurs ce passage du postulat de l'entrevue conceptualisée comme un événement typiquement béhavioriste où le couple question-réponse constituait une unité isolée, fragmentée, au postulat de l'entrevue envisagée comme une narration, *une unité de sens*, où les différentes sections doivent être considérées en relation les unes avec les autres pour finalement constituer une « histoire » cohérente, logique, unique.

Un deuxième postulat repose sur l'idée que *la perspective de l'autre a du sens*. Il est possible de la connaître et de la rendre explicite. Ce postulat n'est pas sans rappeler la théorie de l'interactionnisme symbolique qui voit l'être humain comme un organisme actif, c'est-à-dire qu'il peut s'engager dans une activité car il possède un « soi » qui lui permet de traiter l'information reçue de son environnement et il peut y répondre : c'est le sens induit qui stimule l'action[8].

Un troisième postulat porte sur *la nature de la réalité*, image d'un monde en perpétuel changement : ce qui a été entendu au cours de l'entrevue dépend du moment où la question a été posée et de l'état d'esprit de l'interviewé. L'interaction verbale et sociale de l'entrevue est alors hautement situationnelle et conditionnelle[9], « toujours singulière et jamais reproductible[10] ». Ce dernier postulat se greffe d'ailleurs au courant de la pensée

---

7. BLANCHET, *op. cit.* ; KVALE, *op. cit.* ; MISHLER, *op. cit.*

8. H. BLUMER, *Symbolic Interactionism. Perspective and Method*, Englewood Cliffs, Prentice-Hall, 1969.

9. RUBIN et RUBIN, *op. cit.*

10. BLANCHET, *op. cit.*, p. 88.

postmoderne, caractérisée par son scepticisme à propos des « grandes » vérités et sa position critique face aux discours de légitimation des produits de la recherche[11]. Le post-modernisme accorde, entre autres, une attention soutenue aux perspectives et aux sentiments des participants à la recherche, sensibles à la relation particulière interviewer-interviewé. Ainsi les caractéristiques mêmes des personnes en présence comme par exemple : le groupe d'âge, le sexe, l'ethnie, le statut perçu seront des facteurs importants qui teinteront la relation interviewer-interviewé[12].

L'identification de ces trois postulats nous permettra de mieux circonscrire les buts poursuivis par l'entrevue semi-dirigée.

▓ 1.3. Les buts de l'entrevue semi-dirigée

Pourquoi choisir l'entrevue semi-dirigée parmi d'autres modes de collecte de données ? Bien sûr, il sera nécessaire de tenir compte des caractéristiques propres à la nature même de la recherche poursuivie. Ainsi *la thématique*, *l'objet* et *les finalités de l'étude* seront des facteurs à prendre en compte. Traite-t-on de sujets délicats, intimes, complexes ? S'intéresse-t-on au sens que les individus donnent à une expérience particulière ? Veut-on dégager une compréhension approfondie d'un phénomène donné ? Des réponses positives à ces questions supporteront le choix de l'entrevue semi-dirigée. Les caractéristiques des interlocuteurs constituent d'autres facteurs supportant ce choix. Ainsi, si l'objet d'étude touche l'expertise de personnes très ciblées, ou encore s'il s'agit de personnes dont le rapport à l'écriture est problématique pour des raisons diverses (l'âge, le niveau de scolarisation, la situation sociale par exemple), le chercheur se tournera vers une situation de collecte de données qui privilégiera le discours oral[13]. Un autre facteur à considérer dans le choix de l'entrevue semi-dirigée est lié à la conception par le chercheur de son propre rôle. Celle-ci lui offrira l'occasion d'établir une interaction humaine et sociale dense avec chacune des personnes, il sera à l'écoute des expériences vécues. C'est grâce à ce contact étroit avec chacun qu'il parviendra à dégager une riche compréhension du phénomène.

Les buts de l'entrevue semi-dirigée sont multiples. On identifie ainsi des buts visant l'explicitation, la compréhension, l'apprentissage et l'émancipation.

---

11. KVALE, *op. cit.*
12. FONTANA et FREY, *op. cit.* ; D.M. KEATS, *Interviewing : A Practical Guide for Students and Professionals*, Buckingham, Open University Press, 2000 ; KVALE, *op. cit.*
13. KEATS, *op. cit.*

Un des buts de l'entrevue semi-dirigée est celui de *rendre explicite l'univers de l'autre*. Un chercheur privilégie l'entrevue semi-dirigée car il choisit d'entrer en contact direct et personnel avec un interlocuteur pour l'obtention de données de recherche[14]. En effet, dans le cadre d'une pareille interaction humaine et sociale, le participant à la recherche est en mesure de décrire, de façon détaillée et nuancée, son expérience, son savoir, son expertise. Chercheur et interviewé agissent tour à tour sur l'orientation de l'interaction développée. La situation de l'entrevue permet de révéler ce que l'autre pense et qui ne peut être observé : des sentiments, des pensées, des intentions, des motifs, des craintes, des espoirs ; elle rend aussi possible l'identification de liens entre des comportements antérieurs et le présent et elle peut révéler des expériences de vie peu accessibles (participation à des associations, des cultes, des cérémonials réservés à des initiés par exemple)[15]. L'entrevue donne un accès privilégié à l'expérience humaine.

Un deuxième but de l'entrevue semi-dirigée est celui de *la compré-hension du monde de l'autre*. Rappelant les ouvrages de Malinowski et de Spradley, Fontana et Frey[16] indiquent que l'entrevue donne accès à la com-préhension de comportements complexes et à la trame culturelle sous-jacente aux actions des membres d'un groupe. Ceci se fait sans imposer une catégorisation préalable qui limiterait de fait la compréhension du phénomène. Kvale[17] rappelle que l'entrevue permet de mettre en lumière les perspectives individuelles à propos d'un phénomène donné et ainsi enrichir la compréhension de cet objet d'étude. L'entrevue révèle finalement les tensions, les contradictions qui animent un individu à propos du phéno-mène étudié. La compréhension produite, le sens nouveau de l'expérience étudiée sont donc intimement rattachés au jeu de forces et de références traversant la vie des individus.

Un troisième but de l'entrevue semi-dirigée est celui *d'apprendre*, non seulement à propos du monde de l'autre, mais pour les interlocuteurs, *d'organiser, de structurer leur pensée*. Ils sont ainsi en mesure de produire un savoir en situation, une co-construction grâce à l'interaction vécue. Les perspectives de l'un influencent la compréhension de l'autre qui formule à son tour une nouvelle explication et la propose à l'interlocuteur. Un réel échange s'engage entre les personnes : l'une tentant d'exprimer sa pensée, l'autre voulant mieux la comprendre.

---

14. DAUNAIS, *op. cit.* ; KEATS, *op. cit.*
15. PATTON, *op. cit.*
16. FONTANA et FREY, *op. cit.*
17. KVALE, *op. cit.*

Un quatrième but de l'entrevue touche sa *fonction émancipatrice* car selon Kvale[18], les questions abordées avec l'interviewé permettent une exploration approfondie de certains thèmes. Elles enclenchent ainsi une réflexion et peuvent stimuler des prises de conscience et des transformations de la part des personnes engagées : le chercheur aussi bien que l'interviewé.

Dans cette section nous avons défini l'entrevue et l'entrevue semi-dirigée. Nous avons identifié les postulats sous-jacents au choix et à la conduite de l'entrevue semi-dirigée. Nous avons finalement décrit les buts attribués à ce mode de collecte de données. Voyons donc maintenant les caractéristiques de cette relation sociale en explorant le rôle des individus en présence ainsi que les habiletés et les compétences susceptibles de susciter et encourager cette relation particulière.

2 LA RELATION HUMAINE ET SOCIALE MISE EN PLACE LORS DE L'ENTREVUE SEMI-DIRIGÉE

L'entrevue semi-dirigée se déroule à l'intérieur d'une relation avant tout humaine et sociale. Les interlocuteurs sont toutefois placés dans une situation de communication qui dépasse la simple conversation. En effet, les thèmes des entretiens sont prédéterminés, ils sont délimités selon une certaine structure et ils se produisent à l'intérieur d'un espace temps ; les tours de parole sont déséquilibrés dans la mesure où l'interviewé s'exprime davantage et plus longuement que le chercheur ; ce dernier manifeste aussi plus de curiosité que dans une situation de conversation « normale » et il encourage la répétition, l'explication, la description détaillée[19].

La relation humaine et sociale de l'entrevue semi-dirigée sera traitée selon deux aspects : son aspect sociopolitique et son aspect technique.

L'aspect sociopolitique de l'entrevue semi-dirigée s'intéresse à la relation de pouvoir qui s'établit entre le chercheur et l'interviewé ainsi qu'à la négociation à propos du contrôle de cette relation. Au départ, le chercheur est légèrement avantagé car il est celui qui prend l'initiative de la relation. Il cherche aussi à mettre la personne en confiance afin de lui permettre de s'exprimer aisément. Cependant cette démarche de mise en confiance implique que le chercheur accorde du pouvoir aux participants à la recherche en leur laissant notamment le choix du lieu de la rencontre ou en se rendant dépendant de leur disponibilité[20].

---

18. KVALE, *op. cit.*
19. J.P. SPRADLEY, *The Ethnographic Interview*, New York, Holt, Rinehart & Winston, 1979.
20. LIMERICK *et al.*, *op. cit.*

L'idée de relation de pouvoir sous-jacente à l'entrevue semi-dirigée est partagée par Mishler[21] qui qualifie la relation d'asymétrique. Le sens qu'il lui attribue prend toutefois une connotation davantage constructiviste, l'objet de la relation de pouvoir s'incarnant dans la qualité du savoir construit par les interlocuteurs. L'augmentation du pouvoir de l'interviewé au cours de l'entrevue est liée à la volonté du chercheur de l'impliquer activement à la construction de sens, but premier, selon lui, de la situation de l'entrevue.

L'attention portée à la nature de la relation sociale entre le chercheur et le participant à la recherche ne peut non plus faire fi des caractéristiques spécifiques du groupe auquel l'interviewé appartient. On pense ainsi aux entrevues avec des enfants, des adolescents, des personnes âgées, des personnes qui ont une déficience, des personnes provenant d'une culture différente de celle du chercheur, des personnes fragilisées (interviewer des femmes battues par exemple) ou marginalisées (interviewer des sans-abri) alors que des entrevues auprès de membres de chacun de ces groupes demanderont des précautions dans leur préparation et dans leur conduite[22].

La relation sociale particulière à l'entrevue semi-dirigée peut aussi être vue sous un angle technique. En effet, pour Gorden[23] la situation de l'entrevue s'organise autour de trois pôles : l'interviewer-chercheur, l'interviewé, les questions. Pour Gorden, la réussite de l'entrevue dépendra de l'habileté du chercheur à prévoir les blocages éventuels de la communication. Celui-ci adoptera un comportement stratégique en ayant recours à des questions qui tenteront d'atténuer ces blocages. L'art de l'entrevue consistera donc à aider les participants à la recherche à dépasser leurs inhibitions et leurs craintes. Un bon interviewer-chercheur possédera un ensemble de savoir-faire et de savoir-être qui lui permettront de mettre les participants à l'aise et les disposeront à témoigner, le plus ouvertement possible, de leur expérience unique.

Les rôles perçus pour chacun des interlocuteurs seront conséquemment intimement liés à l'idée que l'on se fait de la relation sociale établie dans le cours de l'entretien.

▓ 2.1. Les rôles des interlocuteurs

Si l'on voit l'entrevue comme étant l'occasion de construire conjointement du sens, les interlocuteurs se verront comme des *collaborateurs*. Une participation et une collaboration entières se développeront alors entre les

---

21. Mishler, *op. cit.*.
22. KEATS, *op. cit.*
23. R.L. GORDEN, *Interviewing : Strategy, Techniques and Tactics*, Homewood, Dorsey Press, 1980.

personnes, et ce, pour toutes les phases de l'étude. Une autre façon de concevoir les rôles fait appel à l'image du « *journaliste-informant* » dans le sens ethnographique du terme. Le *chercheur-journaliste* sera intéressé par les contextes personnels et culturels de l'*interlocuteur-informant*. C'est ce dernier qui enseignera sa culture, son savoir au chercheur. Une troisième façon de percevoir les rôles retient l'image du « *lobbyiste-acteur* ». Le *chercheur-lobbyiste* sert les intérêts de l'*interviewé-acteur*. La vision sous-jacente à ce dernier type de rôles est celui d'un monde où les êtres humains poursuivent des intérêts divergents. Les perspectives individuelles ou celles d'un groupe se confrontent, s'opposent éventuellement à d'autres perspectives individuelles ou de groupes. Le chercheur se fait le promoteur de quelques-unes de ces visions de la réalité car, par sa recherche, certaines perspectives sont mises en évidence et clarifiées au détriment de celles d'autres groupes dont les voix ne se font pas entendre[24].

Lorsque l'entrevue est vue sous un angle technique le chercheur tiendra un rôle d'*expert*. Il saura manier l'art de l'entrevue : obtenir des informations pertinentes, être sensible aux blocages de communication, savoir établir une relation interpersonnelle appropriée, savoir maintenir l'intérêt de l'interviewé à continuer de participer et à investir du temps et de l'énergie dans cet échange. Le rôle de l'interviewé sera celui d'un *participant actif* qui évolue dans ses réflexions grâce à l'aide du *chercheur-expert*[25].

Quel que soit le rôle retenu, diverses compétences sont préalables à la réussite d'une entrevue.

■ 2.2. Les compétences nécessaires pour réaliser une entrevue semi-dirigée

Les compétences répertoriées dans la littérature à propos de l'entrevue semi-dirigée peuvent être regroupées sous trois catégories : les compétences affectives ; les compétences professionnelles ; les compétences techniques.

Les *compétences affectives* réfèrent aux habiletés du chercheur à établir une relation humaine satisfaisante pour les interlocuteurs : on parle de compréhension empathique, d'écoute active, de sensibilité, de respect de l'autre, de chaleur, de patience, d'authenticité, de simplicité, de capacité d'accueil[26].

---

24. MISHLER, *op. cit.*
25. GORDEN, *op. cit.*
26. DAUNAIS, *op. cit.* ; KVALE, *op. cit.*

Les *compétences professionnelles* désignent les habiletés du chercheur à structurer l'entrevue en lien avec la recherche en cours. Le chercheur planifiera alors l'entrevue en clarifiant ce qu'il désire savoir, en posant des questions appropriées, en fournissant de la rétroaction, en gérant bien le temps imparti. Il saura aussi guider l'interviewé dans la clarification de ses réflexions, il saura faire des liens, effectuer des transitions pendant le déroulement de l'entrevue. Il démontrera finalement des habiletés à prévoir les problèmes de communication, à ajuster le rythme de l'entrevue en fonction des réponses de la personne[27].

Les *compétences techniques* regroupent les habiletés de communication nécessaires pour que l'échange verbal soit le plus clair et le plus explicite possible. On pense alors aux techniques qui favorisent l'écoute, l'attention au langage non verbal, à la formulation des questions, aux techniques de sondes, de reformulation, de reflet, de rétroaction[28].

Un tel éventail de compétences complémentaires et interreliées mériterait un traitement plus approfondi. Cependant, l'espace étant limité, nous ne discuterons subséquemment que de certaines des compétences d'ordre professionnel et technique. Nous nous attarderons plus spécifiquement à la notion de schéma d'entrevue, à sa structure ainsi qu'à la formulation de questions.

3 LA PRÉPARATION DE L'ENTREVUE SEMI-DIRIGÉE

Comment préparer une entrevue semi-dirigée ? Trois types de considérations seront prises en compte. Il y a d'abord des considérations d'ordre conceptuel, celles d'ordre relationnel et ensuite des considérations d'ordre matériel.

▓ 3.1. Considérations d'ordre conceptuel

La planification de l'entrevue de recherche s'effectue d'abord et avant tout à partir de la question de recherche. Le chercheur aura alors au moins deux préoccupations en tête : celle de la planification d'un schéma d'entrevue et celle du choix des participants à la recherche susceptibles de posséder une expertise en lien avec l'objet d'étude.

---

27. GORDEN, *op. cit.* ; KVALE, *op. cit.* ; PATTON, *op. cit.*
28. H. ARKSEY et P. KNIGHT, *Interviewing for Social Scientists*, London, Sage Publ., 1999 ; S. BEAUD et F. WEBER, *Guide de l'enquête de terrain*, Paris, Éditions La Découverte, 1998 ; DAUNAIS, *op. cit.* ; GORDEN, *op. cit.*

Un schéma d'entrevue est un guide par lequel le chercheur structure l'entrevue autour des thèmes et des sous-thèmes centraux à la recherche. Ceux-ci se traduisent en questions. La mise à plat des thèmes et des sous-thèmes découle de la structure théorique de la recherche.

> Ainsi dans une étude sur la problématique de l'abandon scolaire (Savoie-Zajc et Lanaris[29]), le guide d'entrevue préparé pour chacun des six groupes d'acteurs (élèves, enseignants, membres de la direction, parents, décrocheurs, membres de la communauté) était structuré à partir du modèle de l'évaluation répondante (Guba et Lincoln[30]) dont les paramètres sont : les problèmes (le est), les revendications (le devrait) et les enjeux (le comment et le pourquoi) perçus par les personnes touchées par la problématique de l'abandon scolaire. À partir de cette structure théorique, des thèmes principaux ont été dégagés et ils ont été subdivisés en sous-thèmes. Le premier thème proposait à la personne de définir sa vision des buts de l'école et de prendre position par rapport à la question de l'abandon scolaire. C'est le discours de chacun des acteurs sur la question de l'abandon scolaire et sur sa vision de l'école, selon son groupe d'appartenance, qui était recherché. Le deuxième thème visait à identifier les revendications des personnes ; les sous-thèmes reliés exploraient les causes perçues comme menant à une telle situation et ce qui devrait être fait pour changer/améliorer la situation. Le troisième thème clarifiait les enjeux liés à l'abandon scolaire et jusqu'à quel point chaque individu se sent personnellement concerné par la situation. Les sous-thèmes amenaient chacun à se compromettre sur les mesures d'aide et d'appui qui pourraient être envisageables. Finalement le dernier thème proposait aux participants d'identifier l'école idéale et les mesures à prendre pour y parvenir.

Une deuxième considération d'ordre conceptuel est celle du choix des participants à la recherche. Qui ? Combien ? La recherche appartenant au paradigme interprétatif privilégie les échantillons de type intentionnel, non probabiliste. Les personnes sont choisies en fonction de leur expertise, pertinente par rapport à l'objet d'étude et parce qu'elles sont capables et intéressées à verbaliser celle-ci. Le chercheur devra préalablement clarifier ses critères de choix des interlocuteurs afin de fixer les paramètres théoriques de son échantillon.

> Par exemple, une étude sur les perceptions d'immigrants à propos de la culture du travail au Québec pourra retenir comme critère d'échantillonnage : le nombre d'années d'expérience de travail dans le pays d'accueil, le nombre d'emplois occupés dans le pays d'accueil, la diversité

---

29. L. SAVOIE-ZAJC et C. KANARIS, *Problématique de l'abandon scolaire : État de la situation dans une école secondaire de la CSCV*, Rapport d'évaluation, 2002, 101 p.

30. E.G. GUBA et Y.S. LINCOLN, *Fourth Generation Evaluation*, Newbury Park, Sage Publ., 1989.

d'emplois occupés dans le pays d'accueil. Les critères sous-jacents à l'échantillonnage sont, bien sûr, liés au cadre conceptuel de l'étude et il est important de les clarifier car ils permettent d'identifier des participants potentiels et de s'assurer que, entre eux, ils partagent certaines caractéristiques communes. Celles-ci fourniront un cadre contextuel général lors de l'interprétation des résultats.

Quelques auteurs se sont penchés sur cette épineuse question de l'échantillon dans une recherche de type interprétatif. On pense notamment à Cresswell[31], Lecompte et Preissle[32] et Pirès[33].

Outre l'attention portée aux caractéristiques des personnes, la question de leur nombre se pose aussi. Kvale (1996) avance le nombre de 10 à 15 personnes, ce chiffre faisant davantage référence à un ordre de grandeur habituel que l'on rencontre dans la pratique de ce genre de recherche qu'à un nombre identifié en conclusion à une argumentation bien développée. Un critère souvent utilisé dans pareille forme de recherche est celui de la *saturation théorique*[34], c'est-à-dire que l'ajout de nouvelles données par la poursuite de nouvelles entrevues n'ajoute plus à la compréhension que l'on se fait d'un phénomène. Il y a conséquemment contradiction entre l'identification *a priori* d'un nombre de participants à la recherche et le respect du critère de saturation. Le chercheur peut toutefois retenir une règle intermédiaire : un nombre initial et la saturation théorique. Un nombre initial de participants est d'abord établi, lequel est ajusté (augmentation, réduction) en cours de recherche, selon le degré de saturation atteint.

La conception d'un schéma d'entrevue et l'identification des critères d'échantillonnage permettent ainsi au chercheur de mettre en place un cadre général théorique, préalable à la conduite d'une entrevue. Une fois ceci établi, il conviendra alors d'entrer en communication avec des personnes qui possèdent les caractéristiques identifiées afin de les intéresser à la recherche. C'est ce que nous appelons des considérations d'ordre relationnel.

---

31. J.W. CRESSWELL, *Qualitative Inquiry and Research Design : Choosing Among Five Traditions*, Thousand Oaks, Sage Publ., 1998.
32. M.D. LECOMPTE et J. PREISSLE, *Ethnography and Qualitative Design in Educational Research*, San Diego, Academic Press, 1993.
33. A. PIRÈS, « De quelques enjeux épistémologiques d'une méthodologie générale pour les sciences sociales », dans J. POUPART *et al.*, *La recherche qualitative : Enjeux épistémologiques et méthodologiques*, Boucherville, Gaëtan Morin Éditeur, 1997, p. 3-54.
34. B.G. GLASER et A.L. STRAUSS, *The Discovery of Grounded Theory*, New York, Aldine Publ., 1967 ; L. SAVOIE-ZAJC, « La saturation », dans A. MUCCHIELLI, *Dictionnaire des méthodes qualitatives en sciences humaines et sociales*, Paris, Armand Colin, 1996 ; L. SAVOIE-ZAJC, « La recherche qualitative/ interprétative », dans T. KARSENTI et L. SAVOIE-ZAJC, *Introduction à la recherche en éducation*, Sherbrooke, Éditions CRP, 2000, p. 171-198.

▓ 3.2. Considérations d'ordre relationnel

Les contacts préliminaires avec un interlocuteur potentiel sont importants car ils permettent au chercheur de lui présenter la recherche et ses buts. Celui-ci clarifie aussi les raisons qui l'ont amené à le choisir comme participant éventuel à la recherche. Ces premiers contacts fournissent l'occasion de communiquer les thèmes qui seront abordés en entrevue et de renseigner le chercheur sur l'existence d'une terminologie particulière pour traiter des sujets d'intérêt. Il sera ainsi possible d'ajuster le niveau de vocabulaire utilisé dans le schéma d'entrevue. Les contacts préliminaires permettent également au chercheur d'obtenir des informations factuelles et contextuelles à propos de l'individu et de son milieu de vie et/ou de travail. Finalement, les interlocuteurs pourront s'entendre sur le moment, la durée et le lieu de l'entrevue semi-dirigée. Les deux personnes pourront aussi convenir, éventuellement, de l'envoi préalable du schéma d'entrevue. L'interviewé qui le souhaite aura alors la possibilité de mieux se préparer, en rassemblant ses idées, ses opinions, ses sentiments à propos de l'objet de l'entrevue.

▓ 3.3. Considérations d'ordre matériel

Les considérations d'ordre matériel s'intéressent aux aspects techniques, environnementaux et temporels qui devront être pris en compte lors de l'entrevue. Ces trois aspects sont intimement liés comme nous le verrons par la suite.

Les aspects techniques touchent à l'enregistrement des propos tenus lors de l'entrevue semi-dirigée. Il est nécessaire de se procurer un magnétophone fiable, des cassettes en nombre suffisant et un microphone. Le chercheur devra se familiariser avec l'usage de l'appareil en faisant des essais d'enregistrement préalable, se munir de cordes d'extension électrique ou vérifier l'état des batteries. Ces préoccupations techniques feront toute la différence entre un enregistrement clair et audible ou un qui est déficient ou tout simplement absent.

Les aspects environnementaux concernent d'abord le lieu de la rencontre. Est-ce un lieu calme, privé, bien aéré, suffisamment éclairé ? Le chercheur laisse, lorsque c'est approprié, à l'interviewé le choix d'un endroit de sa convenance. Il faut toutefois retenir que ce n'est pas une bonne idée de planifier une entrevue dans un endroit ouvert, public : celui-ci risque d'être bruyant, avec un va-et-vient, et des sources de dérangements multiples. Un autre élément à prendre en considération sera celui de l'aménagement du lieu. Comment se positionneront les interlocuteurs : face à face, séparés par une table ; en coin, le magnétophone entre les deux ? Cette deuxième position est préférable : d'une part, il y a une proximité physique un peu plus grande entre les individus et d'autre part, les personnes seront moins intimidées si la situation en face à face les gêne. La tenue vestimentaire et l'apparence générale du chercheur ont aussi leur importance : il serait d'aussi mauvais aloi de se présenter à une entrevue avec des adolescents, habillé de façon très formelle que de rencontrer des personnages haut placés vêtu de façon sportive ou très informelle. La sobriété vestimentaire est le meilleur passe-partout.

L'aspect temporel constitue une dernière considération à prendre en compte dans la préparation de l'entrevue semi-dirigée. Combien de temps durera l'entrevue ? Il est bon de le prévoir afin d'en informer les personnes et de pouvoir disposer d'un temps de rencontre suffisant et compatible avec leur agenda. En outre, la durée des entrevues variera selon l'âge et la condition physique et psychologique des interviewés. Il ne faut pas oublier que la situation de l'entrevue semi-dirigée requiert beaucoup de concentration et de présence d'esprit de la part des interlocuteurs en présence. Il vaut mieux prévoir des entrevues à répétitions plutôt que de tenir des sessions trop longues où la qualité des données peut diminuer si la fatigue devient trop grande.

 ## 4 LA CONDUITE DE L'ENTREVUE SEMI-DIRIGÉE

Nous avons insisté jusqu'à maintenant sur le caractère humain, social et hautement interactif de l'entrevue semi-dirigée. Elle met en présence au moins deux interlocuteurs qui ne se connaissent généralement pas et qui ont accepté de se rencontrer. La relation est souvent dominée au départ par le chercheur qui guide l'entrevue par le recours à des questions ouvertes. Une négociation subtile de pouvoir et de contrôle de l'entrevue peut toutefois s'établir ensuite entre les interlocuteurs. Le chercheur tente d'établir un climat propice pour stimuler la description riche de l'expérience de l'interviewé. C'est par son attitude d'écoute et de compréhension empathique et aussi par son habileté à poser des questions pertinentes qu'il réalisera une entrevue plus ou moins réussie.

La conduite de l'entrevue comporte trois moments : l'ouverture, l'entrevue proprement dite et la clôture.

▓ 4.1. L'ouverture

Avant de démarrer l'entrevue proprement dite, il est bon de prévoir une période d'ouverture à l'entrevue. Comment briser la glace, comment établir cette relation de confiance avec l'interviewé ? Le chercheur peut souligner, dès le début, que l'information qu'il s'apprête à recueillir est importante et en expliquer sa valeur. Pareille préoccupation de rappeler les buts de l'entrevue constitue certainement une marque de respect pour la personne. Le chercheur assure ensuite l'interviewé de la confidentialité des propos et l'informe des mesures prises pour la garantir. Il s'enquiert également de l'expérience de la personne à participer à une entrevue et lui demande la permission d'être enregistrée. Ces précautions témoignent du souci éthique du chercheur pour le bien-être et le confort de celui ou de celle qui a consenti à le recevoir, à lui donner de son temps et à lui communiquer son savoir. Quelques questions d'ordre général sont ensuite posées afin de mettre l'interviewé à l'aise. Les informations recueillies lors du contact préliminaire pourront aussi être utiles à la contextualisation des questions de l'entrevue proprement dite : type d'entreprise, structure de l'organisation, contexte familial et autres.

▓ 4.2. L'entrevue proprement dite

Le schéma d'entrevue préparé préalablement doit être vu comme un outil souple et flexible. C'est un aide-mémoire que le chercheur utilise afin de s'assurer que les thèmes prévus sont abordés. Les questions formulées vont s'y greffer et elles auront pour but d'aider l'interviewé à organiser son discours. Les formes de questions ainsi que leur emploi diversifié constituent les instruments par lesquels le chercheur pourra accéder à l'expérience de l'interlocuteur.

Les questions

La littérature est riche en typologies de questions d'entrevue. Nommons par exemple celles de Gorden, de Kvale, de Patton et de Spradley[35] pour n'en citer que quelques-unes. Au-delà des qualificatifs spécifiques que chacun attribue aux formes de questions, celles-ci possèdent des caractéristiques communes : elles sont ouvertes, courtes, neutres, pertinentes.

---

35. GORDEN, *op. cit.* ; KVALE, *op. cit.* ; PATTON, *op. cit.* ; SPRADLEY, *op. cit.*

Nous avons rappelé plus tôt que l'entretien semi-dirigé permet à l'interviewé d'effectuer une description riche de son expérience. Il est en mesure de clarifier ses opinions, ses sentiments, ses croyances à propos d'un objet d'étude quelconque. Les questions devront donc être formulées de façon à permettre une telle expression. Les questions fermées où la réponse est un « oui/non » ou encore les questions dichotomiques « est-ce ceci ou cela » établissent un rythme à l'entrevue qui se rapproche plutôt de celui de l'interrogatoire que de celui de la conversation. Ce genre de questions devrait être évité. Les questions dites ouvertes sont, elles, susceptibles d'amener l'interviewé à décrire son expérience car elles lui fournissent un stimulus général pour démarrer l'échange. Une question du genre ; « qu'est-ce qu'un retour aux études après une absence de 10 ans signifie pour vous ? » sera préférable à « trouvez-vous difficile le retour aux études après une absence de 10 ans ? ».

Les questions posées devront aussi être courtes. Il est nécessaire de rappeler que l'interviewer écoute plus qu'il ne parle durant cette rencontre. Les questions seront, de plus, formulées de la façon la plus simple et la plus claire possible, en ne contenant qu'une idée. L'interviewé, il ne faut pas l'oublier, se trouve dans une situation où il doit organiser sa pensée. Il est aussi placé dans une situation de désirabilité sociale où il veut bien paraître. Il faut donc éviter de poser des questions d'un niveau de complexité tel qu'il a du mal à comprendre le sens de ce qui est demandé.

Les questions doivent être neutres. Le chercheur devra éviter de poser des questions qui reflètent son jugement ou ses opinions. La situation de l'entrevue semi-dirigée n'est pas un débat sur une question donnée mais bien une tentative de l'un d'en arriver à comprendre la perspective de l'autre. Le langage non verbal communique aussi un message approbateur ou réprobateur : des sourires, une intonation enthousiaste ou dans le cas contraire, un hochement de tête, un froncement de sourcil, une intonation incrédule peuvent en dire autant que des mots du genre : « ah oui ! vous pensez cela ! ». Le chercheur devrait donc être attentif aux réactions spontanées en cours d'entrevue, provenant de l'un ou de l'autre des interlocuteurs.

Les questions doivent être pertinentes. Ainsi des questions de clarification de sens seront formulées tout comme des questions de vérification de la compréhension ou des reformulations. Ces techniques montrent à l'interviewé que le chercheur est attentif à son message et qu'il a un souci de bien comprendre ce qui est dit. C'est une marque de respect de plus pour cette personne qui accorde son temps et manifeste sa bonne volonté de participer à une étude. Le chercheur devra aussi ménager des transitions d'un thème à l'autre dans l'entrevue : faire une synthèse des propos tenus, en lien avec le thème discuté, lier avec le thème suivant. Cette stratégie a pour fonction d'indiquer à l'interviewé que ses propos ont de la valeur, qu'ils ajoutent à la compréhension poursuivie et qu'ils s'inscrivent dans une logique, une structure qui encadre le discours.

L'ordre des questions

L'ordre des questions est également important. Une entrevue devrait démarrer par des questions plus générales, de type descriptif : par exemple, « comment se déroule une journée typique de travail dans cette usine ? » La description d'expérience peut ainsi mener à des réflexions à propos des sentiments de la personne face à cet environnement, ou face à son travail, ou face à ses collègues de travail. Ainsi les questions de clarification de sentiments sont introduites en prolongement aux questions de description d'expérience. Les sujets les plus intimes seront réservés pour le milieu de l'entrevue lorsque le rapport de confiance est établi et que l'interviewé a remis en mémoire un ensemble de facteurs lui permettant de faire des liens, des critiques, des synthèses au regard d'une expérience de vie ou de travail particulière. Les questions visant à obtenir des informations socio-démographiques, beaucoup plus factuelles, devraient être posées à la fin de l'entrevue quand l'un et l'autre des interlocuteurs ont largement puisé dans leur potentiel de concentration. L'arrangement chronologique des questions devrait aussi être considéré. L'accès au passé est facilité par la description riche d'un contexte actuel. De même, les projections dans le futur reposeront sur une description du présent et une remise en mémoire du passé.

La prise de notes

Même si l'interviewé a permis l'enregistrement des propos, il est conseillé au chercheur de prendre des notes pendant l'entrevue. Ceci lui permet de retenir les idées importantes avancées, de noter des propos que l'on voudra clarifier, de mettre en évidence des éléments nouveaux de compréhension qui émergent. Toutes ces notes aideront aussi le chercheur à formuler des transitions d'un thème à l'autre pendant l'entrevue. Elles lui permettront de rester attentif et en cas de pépins techniques, l'entrevue n'est pas complètement perdue...

4.3. La clôture

L'entrevue arrivant à son terme, le chercheur ménagera une clôture. Comment terminer, sans brusquer, un entretien au cours duquel l'interviewé a livré ses pensées, ses opinions parfois les plus intimes. Il est donc approprié pour le chercheur de susciter les réactions de la personne, de voir où elle en est dans ses réflexions ainsi que vérifier le niveau émotif atteint au cours de l'entrevue, selon les thèmes abordés. Le chercheur rappellera les éléments importants qui ont été discutés et pourra proposer une suite, un suivi à cette entrevue si cela s'avère nécessaire ou si cela a été convenu à l'avance. Il remerciera finalement la personne pour son effort et sa confiance et lui indiquera les suites de l'étude en cours et son échéancier.

5 LA TRANSCRIPTION DES DONNÉES EN VUE DE LEUR ANALYSE

Le mode de collecte de données de l'entrevue semi-dirigée génère des données de formes verbale et non verbale. Il est nécessaire, une fois l'entrevue terminée, de compléter le plus rapidement possible les notes prises en cours d'entrevue et de consigner les réflexions suscitées : l'attitude de l'interviewé, le niveau de confiance perçue, les prises de conscience et les apprentissages réalisés en cours d'entrevue. Il faut aussi penser à la transcription des données enregistrées.

Idéalement, le chercheur effectuera une transcription « verbatim » de l'entrevue (mot à mot). Cette méthode est préférée car le chercheur rassemble tout le matériel verbal sans faire aucun tri. Les données pourront ensuite être analysées plus finement car l'information transcrite ressemble le plus à l'entrevue. La transcription littérale est cependant très fastidieuse. Il est nécessaire de prévoir de cinq à sept heures de transcription pour une heure d'enregistrement. De plus, le texte transcrit n'est pas l'entrevue. Que faire des messages non verbaux tels l'intonation, le débit de parole, l'attitude générale, le mouvement des mains, l'orientation du corps, pour n'en nommer que quelques-uns et qui sont aussi porteurs de message ? Les notes du chercheur prises en cours d'entrevue et complétées immédiatement après vont pallier l'absence de ce « texte » dans la transcription[36]. Il ne faut toutefois pas oublier que les transcriptions reflètent des conversations décontextualisées[37]. Selon ces auteurs, il n'est pas possible d'effectuer une

---

36. Voir à cet effet le chapitre portant sur l'analyse de contenu.
37. KVALE, *op. cit.* ; MISHLER, *op. cit.*

transcription exacte, car le passage du langage oral au langage écrit constitue une barrière importante. Il implique un changement de registre lequel ne peut qu'être imparfaitement reproduit, grâce à l'ajout du plus grand nombre de notes de contexte possible.

Le chercheur peut aussi opter pour une transcription partielle lors de laquelle il va épurer le texte des redondances, éliminer les digressions ou les parties qui n'ont pas de rattachement évident avec la recherche. Ce texte épuré sera ensuite organisé pour constituer un récit qui sera analysé selon sa structure et/ou selon ses thématiques. Le chercheur peut difficilement confier une pareille tâche de transcription partielle à une autre personne. C'est lui seul qui pourra décider du matériel à trier, choix qui affectera directement la qualité et la finesse de l'analyse subséquente.

6   LES FORCES ET LES LIMITES DE L'ENTREVUE SEMI-DIRIGÉE

Il est nécessaire de ventiler, avant de clore ce chapitre, les forces et les limites de l'entrevue semi-dirigée. Une de ses forces principales, c'est qu'elle donne un accès direct à l'expérience des individus. Les données produites sont riches en détails et en descriptions. Le sens de l'entrevue est de plus négocié entre les interlocuteurs alors que le chercheur tente de bien comprendre la perspective de l'autre grâce à la relation interpersonnelle établie. Le chercheur est aussi en mesure d'ajuster son schéma d'entrevue pendant son déroulement afin de tenir compte du discours de l'interviewé et de bien comprendre sa perspective au regard du phénomène à l'étude.

L'entrevue semi-dirigée comporte aussi des limites. La première touche au statut épistémologique des données recueillies et par extension, du savoir produit. Comme le rappelle Blanchet[38], l'entrevue prend place dans un espace-temps spécifique alors que chercheur et interviewé sont dans leur « ici et maintenant » comme individus et comme dyade, cette dernière étant limitée dans le temps et dans ses objectifs. Le chercheur doit alors considérer les propos que la personne tient comme une manifestation unique et irrévocable. Autrement dit, l'expérience de la personne dépasse largement son discours sur celle-ci. Il faut donc se garder de réifier les idées et de camper de façon définitive l'interlocuteur dans le portrait qu'il a donné de sa réalité au cours de l'entrevue. L'intérêt de recourir aux diverses formes de triangulation comme nous le verrons plus loin est donc

---

38. BLANCHET, *op. cit.*

grand. En corollaire avec l'idée précédente, se pose la question de l'appréciation de la crédibilité des informations divulguées lors des entretiens. L'interviewé peut être mû par un désir de rendre service ou d'être bien vu par le chercheur, limitant ainsi la crédibilité des messages communiqués. Il peut aussi exister des blocages de communication ou des sujets tabous pour les personnes, faisant en sorte que le chercheur ne réussit pas à engager un dialogue véritable avec celles-ci. Une autre limite désigne l'attitude de calcul du chercheur qui souhaite établir un rapport de confiance avec l'interviewé afin d'arriver à ses fins, c'est-à-dire mener l'entrevue telle que planifiée. Cette façon de faire est perçue comme un problème éthique alors que le chercheur feint des comportements dans une logique dite « d'*accomodation*[39] ».

Le constat de ces quelques forces et limites à l'entrevue semi-dirigée nous conduit à nous questionner en terminant sur sa rigueur comme mode de collecte de données.

ET LA RIGUEUR...

Organiser une recherche en privilégiant l'entrevue semi-dirigée comme mode de collecte de données indique une intention claire de la part du chercheur de se situer dans un paradigme de recherche qui privilégie le sens donné à l'expérience. On y voit le monde comme étant constitué de réalités que chacun des acteurs construit à partir des interactions établies avec ses semblables. Des critères de validation propres à ce genre de recherche sont d'ailleurs disponibles dans la littérature[40]. Nous ne rappellerons brièvement que deux d'entre eux : la crédibilité et la transférabilité[41].

La crédibilité du savoir produit est fonction des tentatives d'objectivation des éléments de compréhension que le chercheur construit petit à petit, au cours de sa recherche. C'est, entre autres, par cette négociation de sens subtile qui s'établit entre le chercheur et les personnes interviewées

39. J.M. JOHNSON, *Doing Field Research*, New York, The Free Press, 1978.
40. L. SAVOIE-ZAJC, « Validation des méthodes qualitatives », dans A. MUCCHIELLI, *Dictionnaire des méthodes qualitatives en sciences humaines et sociales*, Paris, Armand Colin, 1996.
41. Y.S. LINCOLN et E.G. GUBA, *Naturalistic Inquiry*, Beverly Hills, Sage Publ., 1985 ; L. SAVOIE-ZAJC, « Les critères de rigueur de la recherche qualitative », *Actes du colloque de la SORÉAT*, Rouyn, 1990, p. 49-66 ; L. SAVOIE-ZAJC, « Acceptation interne », dans A. MUCCHIELLI, *Dictionnaire des méthodes qualitatives en sciences humaines et sociales*, Paris, Armand Colin, 1996 ; SAVOIE-ZAJC, 2000, *op. cit.*

qu'une telle compréhension riche et crédible prend forme. Pareille négociation se poursuivra aussi lors de l'analyse et l'interprétation des données
d'entrevue, le chercheur enrichissant sa compréhension par, notamment,
la confrontation à d'autres sources de données. Nommées techniques de
triangulation, ces stratégies de recherche aideront le chercheur à dégager
un savoir crédible des données recueillies[42]. La question sous-jacente à l'établissement de la crédibilité du savoir produit sera la suivante : est-ce que
cette construction de sens est plausible considérant l'expérience et la
connaissance que j'ai de ce phénomène, la question s'adressant aussi bien
aux perspectives du participant à la recherche qu'à celles du chercheur ?

La qualité du savoir produit s'évalue aussi à sa transférabilité, c'est-
à-dire : en quoi est-ce que ce savoir produit auprès de cet échantillon de
personnes peut-il aider à comprendre la dynamique d'une autre situation
qui possède des caractéristiques similaires ? La question porte alors sur les
transferts possibles qui peuvent être faits d'un endroit à l'autre, d'un contexte à l'autre. Cette question ne peut toutefois trouver réponse que chez
l'utilisateur de la recherche. L'effort de transférabilité appartient en effet à
la personne qui veut mieux comprendre et intervenir dans son propre
environnement. Le chercheur devra toutefois fournir le plus d'informations contextuelles concernant entre autres, les caractéristiques des participants à la recherche et celles de leurs environnements de vie, de travail
spécifiques.

En terminant, nous souhaitons réaffirmer que l'entrevue semi-dirigée
constitue un mode de collecte de données exigeant mais riche pour les
personnes qui s'y impliquent. Bien menée, elle devrait constituer une expérience stimulante d'apprentissage autant pour le chercheur que pour le
participant à la recherche.

---

42. N.K. DENZIN, *The Research Act : A Theoretical Introduction to Sociological Methods*, New
    York, McGraw-Hill, 1978 ; L. SAVOIE-ZAJC, « La triangulation », dans A. MUCCHIELLI,
    Dictionnaire des méthodes qualitatives en sciences humaines et sociales, Paris, Armand Colin,
    1996.

Bibliographie annotée

BLANCHET, A. « Interviewer », dans A. BLANCHET, R. GHIGLIONE, J. MASSONNAT et A. TROGNON, *Les techniques d'enquête en sciences sociales*, Paris, Dunod, 2000, p. 81-126.

Blanchet développe une position critique par rapport au statut épistémologique des données de l'entrevue et met en doute sa rigueur scientifique. Il fait la revue des principaux arguments pour et contre la valeur de l'entrevue en recherche et il propose des façons de faire, notamment au plan de l'analyse, pour contrer les faiblesses.

GORDEN, R.L., *Interviewing: Strategy, Techniques and Tactics*, Homewood, Dorsey Press, 1980, 554 pages.

Manuel très complet sur les techniques de l'entrevue. L'auteur fait une revue des blocages à la communication et offre au lecteur des stratégies pour les surmonter. Les exemples sont nombreux et l'ouvrage se lit bien. Il s'agit d'un bon ouvrage de référence, fruit d'une époque où l'entrevue était davantage considérée comme un ensemble de savoir-faire que comme une expérience de construction de sens. Le texte demeure un texte de base important dans la mesure où le savoir-faire introduit est toujours approprié.

KEATS, D.M., *Interviewing: A Practical Guide for Students and Professionals*, Buckingham, Open University Press, 2000.

Bien que non centré de façon spécifique sur l'entrevue de recherche, ce livre offre des suggestions fort pertinentes dans le cas d'entrevues auprès de groupes aux caractéristiques spécifiques. Il s'intéresse notamment aux entrevues menées auprès d'enfants, d'adolescents, de personnes âgées, de personnes avec des déficiences, des personnes de cultures différentes, des populations fragilisées et marginalisées.

KVALE, S., *Interviews: An Introduction to Qualitative Research Interviewing*, Thousand Oaks, Sage Publ., 1996, 325 pages.

L'auteur greffe l'entrevue aux courants épistémologiques contemporains et en clarifie les répercussions sur la planification de la recherche, la conduite d'entrevue et l'analyse subséquente des données. Cet ouvrage fournit beaucoup plus que des conseils sur la façon de mener des entrevues mais il reprend l'ensemble des étapes de planification d'une recherche qui intégrerait l'entrevue comme mode de collecte de données. Des tableaux synthèses fort utiles complètent les chapitres.

MISHLER, E.G., *Research Interviewing : Context and Narrative*, Cambridge, Harvard Univ. Press, 1986, 189 pages.

Précurseur du courant qui voit plus dans l'entrevue qu'une description de comportement et un ensemble d'habiletés pour l'interviewer, Mishler a attiré l'attention sur les autres facettes de l'entrevue. Il la situe entre autres comme un événement linguistique. Il développe une argumentation étoffée pour amener les chercheurs à voir l'entrevue comme un récit autonome, chacune constituant une histoire à elle seule dont le sens se construit avec la collaboration du chercheur et de l'interviewé. Il fait aussi la revue des formes d'analyse structurale du texte.

PATTON, M.Q., *Qualitative Evaluation and Research Methods*, Newbury Park, Sage Publ., 1990, 530 pages.

L'ensemble de l'ouvrage de Patton est très bien documenté, largement pourvu d'exemples et de quelques illustrations. Il s'agit d'un bon texte pour qui s'intéresse à l'évaluation qualitative. Les pages à propos de l'entrevue sont à l'image de l'ouvrage, écrites dans un style direct, clair, dans lesquelles le lecteur trouve des conseils et des façons de faire appropriées.

SPRADLEY, J.P., *The Ethnographic Interview*, New York, Holt, Rinehart & Winston, 1979, 247 pages.

Un classique en son genre, Spradley décrit son approche très personnelle de mener une recherche ethnographique basée sur la tenue d'entrevues. On comprend la culture de l'autre en prêtant attention aux mots que l'informant utilise. Le langage est la fenêtre qui nous permet d'accéder à l'univers culturel de l'autre. C'est un livre captivant à lire grâce à l'approche originale développée et par la grande quantité d'exemples tirés des recherches de l'auteur.

L'histoire de vie
ou le récit de pratique[*]

Gilles HOULE

Du quantitatif au qualitatif, l'objet des sciences sociales reste paradoxal : il semble davantage relatif à la qualité des matériaux privilégiés qu'aux propriétés mêmes de cet objet. L'objet des sciences sociales serait-il à ce point différent de l'objet des sciences de la nature ? Quels sont ces matériaux ? Quel est le statut de ces « données[1] » dont la construction sociale et sociologique est déterminante de toute explication ? Les recherches récentes sur le « sens commun », les travaux sur la « logique naturelle » ouvrent une voie originale pour examiner ces questions. L'engouement suscité par l'usage des histoires de vie ou des récits de pratiques dans la recherche, et depuis plus de vingt-cinq ans maintenant[2], est de cet ordre. Ces questions sont relatives à des problèmes théoriques et méthodologiques qui n'ont pas encore été résolus et qu'il reste donc à résoudre.

---

[*]   Ce texte est la version revue, corrigée et augmentée du chapitre intitulé « Histoires et récits de vie : la redécouverte obligée du sens commun », paru dans D. DESMARAIS et Paul GRELL (dir.), *Les récits de vie : Théorie, méthode et trajectoires types*, Montréal, Éd. St- Martin, 1986, p. 35-51.

[1].   Voir le numéro « La construction des données » de la revue *Sociologie et sociétés*, vol. XXV, n° 2, automne 1993.

[2].   Le dernier ouvrage en date (Daniel SIMEONI et Marco DIANI [dir.], « Biographical Research », *Current Sociology*, vol. 43, n°s 2-3, automne-hiver 1995) compte une bibliographie des travaux effectués dans cette perspective, qui fait plus de 35 pages.

Cette nouvelle problématique méthodologique réunit tous les éléments du débat opposant les quantitatifs et les qualitatifs, et constitue, ne serait-ce que de ce point de vue, un enjeu terriblement stratégique : les sciences sociales sauront-elles enfin se donner une méthodologie générale, dont les méthodes et les techniques ne seraient pas tributaires de la seule nature des données – qu'elles soient de chiffres ou de lettres – mais aussi d'une construction théorique, de la définition de son objet jusqu'à une théorie de sa mesure[3] ?

Se peut-il qu'à l'instar du cordonnier, le spécialiste des sciences sociales soit souvent le plus mal chaussé ? On pourrait ainsi se représenter l'histoire récente des sciences sociales (de la sociologie, en particulier) par une sorte de jeu de pendule dont la continuité serait notre seule assurance. D'une première période, *qualitative*, celle de l'école de Chicago, on serait passé à une seconde, *quantitative*, dont la critique actuelle assure le renouveau du qualitatif ; les difficultés actuelles dans ce courant, et dans celui des histoires de vie particulièrement, permettraient d'apercevoir les premières lueurs d'un retour au quantitatif. Les périodes seraient plus ou moins longues, plus ou moins courtes.

Les sciences sociales auront beaucoup fait pour définir la spécificité de leur démarche, de leur objet de recherche. Le caractère par trop réducteur du travail accompli jusqu'ici obligerait maintenant à reconsidérer toutes les dimensions oubliées du social : les histoires de vie le permettent ; s'y retrouvent historiens, psychologues, littéraires, politicologues, sociologues, anthropologues et autres devant la richesse redécouverte du social. Le pendule passe de l'objet à sa dissolution mais en rend prévisible la reconstitution. Il ne s'agit aucunement de plaider ici contre la pluri-, l'inter- ou la multidisciplinarité[4] mais bien plutôt de poser d'abord, pour qu'elles vaillent, que la disciplinarité doit exister. Et ce n'est pas là un simple mouvement de pendule.

La situation est évidemment plus complexe et les avis divergent heureusement sur le sujet. Pirès[5] a montré ce qu'avait été le débat raté autour du quantitatif et du qualitatif au moment de la première disparition des histoires de vie comme « méthode » de travail à Chicago, à la fin des années 1930. De manière convaincante mais tout de même moins rassurante, il a

---

3. Gilles Gaston GRANGER, « Modèles qualitatifs, modèles quantitatifs dans la connaissance scientifique », *Sociologie et Sociétés*, vol. 14, n° 1, 1982, p. 7-15.
4. Jean-Paul RESWEBER, *La méthode interdisciplinaire*, Paris, Presses universitaires de France, 1981, 175 p.
5. Alvaro P. PIRÈS, « La méthode qualitative en Amérique du Nord : un débat manqué (1918-1960) », *Sociologie et Sociétés*, vol. 14, n° 1, 1982, p. 15-31.

aussi fort justement indiqué à quel point ces méthodes étaient relatives aux objets de ces sciences sociales, qu'à vrai dire leur vulnérabilité était en fait celle d'une discipline « changeante ». Ce débat a donc été raté, et j'ajouterais qu'à moins de précaution ou de prudence élémentaire, il le sera de nouveau tant il est vrai qu'il nous renvoie aux questions fondamentales des sciences sociales, de ce qu'est l'objet de cette discipline, la spécificité de son savoir et de ses méthodes.

Les histoires de vie, nous semble-t-il, permettent de formuler ces questions de manière nouvelle, et l'enjeu que représente leur analyse pourrait bien être de sortir de l'impasse où nous a enfermés ce faux débat opposant les qualitatifs et les quantitatifs. Ce sont ces problèmes que nous voulons examiner à l'aide d'exemples, trop rapidement résumés sans doute, mais où les histoires de vie et les récits de pratique – l'approche biographique – seront considérés du point de vue des trois dimensions constitutives de toute démarche de recherche, soit 1) comme matériau d'analyse, 2) comme technique ou méthode, 3) comme problématique théorique nouvelle ou qui se veut telle en sciences sociales.

 ## UN MATÉRIAU PARFAIT ?

Dès leur première utilisation en sciences sociales, l'originalité des histoires de vie, mais aussi la difficulté de leur analyse, apparaissent de la manière la plus manifeste dans la définition première du matériau analysé.

> Rappelons avec Isaac Joseph et Yves Grafmeyer qu'à Chicago les 15 000 lettres échangées entre des émigrants polonais ou l'autobiographie d'un aventurier polonais telles qu'elles sont recueillies par Thomas et Znaniecki, constituent le « type parfait de matériau sociologique[6] ».
>
> Les monographies et les histoires de vie complétaient ce matériau premier ; le travail de collecte et de description y posait cette fois des problèmes d'analyse dont on connaît l'ampleur. À l'origine, donc, ces matériaux étaient divers. Pouvaient s'y ajouter des journaux intimes dont le caractère « parfait », pour ainsi dire, tenait au fait qu'ils n'étaient pas de la main du spécialiste des sciences sociales dans leur facture. Les histoires de vie permettaient de « percevoir ce que nous ne percevions qu'indirectement dans les statistiques[7] » ; l'un et l'autre sont le fait du

---

6. Yves GRAFMEYER et Isaac JOSEPH, *L'école de Chicago. Naissance de l'écologie urbaine*, Paris, Éditions du Champ urbain, 1979, p. 21.
7. *Ibid.*

spécialiste des sciences sociales par leurs vertus et limites respectives, dans leur imperfection, pourrait-on dire. Les dénominations sont ici indicatives. Outre « les papiers personnels », il y avait des monographies et des histoires de vie pour analyser le rapport de l'individu à son environnement, objet de cette écologie urbaine.

L'expérience de l'école de Laval, si elle fut faite pour une part dans le prolongement de l'école de Chicago, n'est pas explicite sur cette référence qui mériterait d'être précisée. Dans la foulée des grands travaux de Fernand Dumont et Jean Hamelin sur les idéologies[8] au Canada français (1850-1960), on voulait analyser plus en profondeur les grandes transformations observées dans ces idéologies. Du point de vue particulier de ce que fut la Révolution tranquille, il s'agissait de vérifier les hypothèses formulées lors de cette première recherche par l'analyse de ce que fut la vie des gens pendant cette période, et la rupture des années 1960 particulièrement[9]. La population choisie pour ce *survey research* devait avoir 20 ans autour des années 1940, et l'histoire de leur vie devait permettre de mesurer – qu'ils en aient eu conscience ou non – ce qu'avaient été « les mutations récentes du Québec contemporain » dans leur vie quotidienne. L'échantillon n'était pas statistiquement représentatif, mais la centaine d'histoires de vie recueillies devaient néanmoins représenter les différents milieux et classes sociales des régions du Québec ; à ce titre, l'échantillon était qualitatif. La définition du matériau analysé est particulièrement intéressante, il s'agissait de recueillir des histoires de vie pour une tâche de vérification mais aussi pour expliquer ce qui fut défini comme le « vécu » des Québécois[10].

Les travaux d'Isabelle Bertaux-Wiame et de Daniel Bertaux sur la boulangerie en France sont aussi révélateurs, et encore là, il serait trop long de résumer l'ensemble de cette recherche[11]. L'une des dimensions essentielles, sans doute à l'origine de cette recherche, était la transformation de l'économie boulangère en France, plus précisément de l'installation du boulanger et des difficultés nouvelles rencontrées compte tenu des

---

8. Fernand DUMONT et al., *Les idéologies au Canada français (1850-1900)*, Québec, Presses de l'Université Laval, 1971, 327 p. ; *Les idéologies au Canada français (1900-1929)*, Québec, Presses de l'Université Laval, 1974, 377 p. ; *Les idéologies au Canada français (1930-1939)*, Québec, Presses de l'Université Laval, 1978, 361 p. ; *Les idéologies au Canada français (1940-1976)*, Québec, Presses de l'Université Laval, 1979, tome 1, 360 p. ; tome 2, 390 p. ; tome 3, 354 p.

9. Fernand DUMONT, Jean HAMELIN, Guy GODIN, Jean-Paul MONTMINY, Marc-André LESSARD, Nicole GAGNON et Fernand HARVEY, *La mutation récente du Québec contemporain (1940-1971)*, Programme de recherche, Québec, Institut supérieur des sciences humaines, 1971.

10. Fernand DUMONT et Nicole GAGNON, « Le vécu : présentation », *Recherches sociographiques*, vol. 14, n° 2, 1973, p. 153.

11. Daniel BERTAUX et Isabelle BERTAUX-WIAME, *Enquête sur la boulangerie artisanale en France*, Paris, Rapport au Cordes, 1980, 2 vol.

transformations plus générales de la société française et de son économie en particulier. Comment devient-on boulanger, c'est-à-dire comment s'installe-t-on et dans quelles conditions ? Telle était la question charnière de cette recherche qui permet d'ailleurs tout à la fois de comprendre la disparition progressive de la boulangerie artisanale et les nouvelles contraintes de l'installation qui l'expliquent de ce point de vue. Il s'agit ici non plus d'une histoire de vie au sens de l'école de Laval, où l'on raconte ce que l'on a vécu depuis son enfance, ni de papiers personnels, ni d'une monographie. Il s'agit plutôt de récits de pratique, du récit de la pratique du boulanger qui, dans le meilleur des cas, s'installe jusqu'à sa retraite, c'est-à-dire jusqu'à l'installation de son successeur, installation d'ailleurs fort bien décrite par l'équipe Bertaux. La saturation du matériau au regard de l'objet de recherche délimite ici la population interviewée[12].

Si l'on résume, dans le premier cas, l'analyse s'intéresse aux rapports de l'individu à son environnement ; dans le deuxième, à la conscience sociale d'une mutation qui serait déterminante de ce qui se passe ou s'est passé dans cette conscience et que l'on voudrait analyser afin de vérifier les hypothèses formulées lors d'une recherche antérieure par l'analyse du *vécu* des Québécois ; dans le dernier cas, c'est la structure économique d'un secteur particulier qui intéresse les chercheurs, saisie dans sa transformation par le récit de pratiques qui caractérisent ce secteur. Ces objets de recherche divergent, à l'évidence, et les implications théoriques et méthodologiques que supposent ces démarches sont considérables. Nous y reviendrons. Rappelons, néanmoins, que l'on est passé de l'écologie urbaine aux sciences sociales de la culture pour aborder enfin l'anthroponomie[13]. Trois exemples trop brièvement résumés sans doute, mais auxquels on aurait pu aussi ajouter la littérature qui s'intéresse aux autobiographies orales[14] et l'histoire qui, plus humblement, s'intéresse à l'histoire orale[15]. Matériau original, sans doute, mais au regard de ces objets de recherche, s'agit-il bien d'un seul et même matériau ?

---

12. « La saturation est un processus qui s'opère non pas dans le plan de l'observation, mais dans celui de la *représentation* que l'équipe de recherche construit peu à peu de son objet de recherche [...] », dans Daniel BERTAUX, « L'approche biographique : sa validité méthodologique, ses potentialités », *Cahiers internationaux des sciences sociales*, vol. 69, 1980, p. 208. Ni *survey*, ni échantillon donc, le nombre de récits de vie est relatif à la représentation construite de l'objet d'enquête, c'est-à-dire au moment où cette représentation est reconnue telle par le chercheur.

13. Daniel BERTAUX, *Destins personnels et structures de classes*, Paris, Presses universitaires de France, 1977.

14. *Cf.* les travaux d'Anne ROCHE sur ce sujet, à l'Université d'Aix-en-Provence.

15. Nous ne mentionnerons pas le cas de la psychanalyse qui, très tôt, à vrai dire, avait inventé la « méthode » de l'histoire de vie, à ses fins propres bien évidemment. *Cf.* notamment, Sigmund FREUD, *Ma vie et la psychanalyse*, Paris, Gallimard, 1950, 184 p.

2 UNE TECHNIQUE OU UNE MÉTHODE ?

S'agit-il seulement d'une technique ? Le cas des « papiers personnels » est vite réglé, il faut savoir les trouver et en apprécier la richesse théorique. La collecte de l'histoire de vie ou du récit de pratique relève des diverses techniques d'entrevue et les ouvrages sur la question ne font pas défaut[16] ; le recours à l'informateur clé, en anthropologie, en est l'ancêtre le plus connu. La valeur heuristique de ce matériau, la richesse de cette nouvelle approche ne s'y trouve pas résumée, bien au contraire. En fait, elle est théorique et permet d'accéder à ce que le questionnaire ne permet pas : une information différente, plus riche, dont la saturation tient à la limite atteinte à cet égard dans la représentation progressivement construite de l'objet cherché, comme nous expliquera fort justement Bertaux. Le « sociostructurel » est ici l'objectif, par différenciation de ce que serait le subjectif, c'est-à-dire le « sociosymbolique » renvoyant au système des valeurs, aux représentations sociales, à l'idéologique, en somme, et au statut que lui confèrent les diverses sciences sociales actuelles. Du « fait » au « sens » qui lui est conféré, nous avons pour ainsi dire fait le tour de ce que serait l'objet de l'histoire de vie ou du récit de pratique, considérés comme objets de recherche.

Si la technique paraît claire, la méthode reste pourtant à découvrir. Dans la recherche sur la boulangerie, l'information pertinente est jugée telle par le chercheur et du point de vue de l'objet à construire. Il est difficile de définir le comment de cette méthode et le critère de la saturation atteinte. Le comment ressemble terriblement à des questions posées à un matériau progressivement constitué où le statut des questions n'est pas plus clair que celui des réponses. Cet usage, s'il n'est pas spécifié, pourrait bien donner lieu, l'expérience aidant, à une systématisation plus économique et plus rigoureuse et qui s'appelle un questionnaire. Tel qu'il a été posé plus tôt, l'objet est sociostructurel et pourrait tout à fait le permettre. À l'exemple de l'expérience de l'école de Chicago[17], l'approche des Bertaux pourrait être jugée exploratoire en regard de toutes les recherches à poursuivre sur la boulangerie.

Et ce n'est pas là un reproche à ce que serait la recherche des Bertaux, car ils ne se sont pas limités à cette approche sociostructurelle, s'intéressant notamment « aux valeurs et aux projets de vie de ceux qui fabriquent le pain[18] ». La question est plus difficile et le sociosymbolique évoqué ici,

---

16. D'autres chapitres de cet ouvrage en traitent.
17. Alvaro P. Pirès, *op. cit.*
18. Daniel Bertaux, « L'approche biographique : sa validité méthodologique, ses potentialités », *Cahiers internationaux de sociologie*, vol. 69, 1980, p. 204.

il nous faut bien le reconnaître, renvoie aux sciences sociales de la connaissance, à une théorie de l'idéologie ou, encore, à la sémiologie. Les questions sont, là aussi, plus nombreuses que les réponses : qu'est-ce qu'une valeur, en effet, si l'on considère qu'un système de valeurs n'est pas réductible, dans l'ordre du symbolique, à la simple transposition du rapport valeur d'usage/valeur d'échange, comme le pose, par exemple, Lucien Goldman dans sa sociologie du roman. Pas plus que la sociologie du roman, les sociologies des histoires ou des récits de vie ne sauraient échapper à ces questions[19].

À Chicago, il n'y avait pour ainsi dire pas de méthode au sens strict pour l'analyse des papiers personnels, et les histoires de vie devaient être réduites « à des types plus ou moins formels[20] » : la lourdeur du matériau et de l'analyse dans l'état de la méthodologie sociologique d'alors ne laissait guère d'illusions. Le sous-titre de l'ouvrage de Joseph et Grafmeyer, *Naissance de l'écologie urbaine*, permet pourtant d'apprécier la richesse des intuitions théoriques et méthodologiques que l'avenir viendra conforter.

L'école de Laval disposait, par ailleurs, d'une expérience considérable dans l'analyse des idéologies depuis les premiers travaux de Fernand Dumont et de Gérald Fortin[21]. Cette analyse de contenu de type classique a été systématisée par Nicole Gagnon et Vincent Ross et fut largement utilisée dans des travaux subséquents. Ce modèle n'étant pourtant pas exclusif d'autres méthodes proprement interprétatives ou encore herméneutiques.

Ces analyses étaient de type clinique[22] et les premières systématisations effectuées n'y ont rien changé. L'analyse de quelque 100 histoires de vie allait pourtant modifier en profondeur la situation de la recherche. Les analyses faites jusqu'alors avaient pour référent la théorie en cours d'élaboration[23], où les idéologies étaient considérées, premièrement, comme des pratiques d'officialisation, deuxièmement, comme des discours écrits

---

19. Gilles HOULE et Luc RACINE, « La littérature et le social : remarques sur l'usage de l'analogie », *Sciences sociales du Sud-Est*, nos 35-36, 1983, p. 45-65.
20. Yves GRAFMEYER et Isaac JOSEPH, *op. cit.*, p. 21.
21. Fernand DUMONT, « Structure d'une idéologie religieuse », *Recherches sociographiques*, vol. 1, n° 2, 1960, p. 161-189 ; Gérald FORTIN, « Changements sociaux et transformations idéologiques : deux exemples », *Recherches sociographiques*, vol. 4, n° 2, 1963, p. 224-228 ; Nicole GAGNON, « L'idéologie humaniste dans la revue *L'enseignement secondaire* », *Recherches sociographiques*, vol. 4, n° 2, 1963, p. 167-200 ; Vincent ROSS, « La structure idéologique des manuels de pédagogie québécois », *Recherches sociographiques*, vol. 10, nos 2-3, 1969, p. 171-197.
22. E. ENRIQUEZ, G. HOULE, J. RHÉAUME et R. SÉVIGNY (dir.), *L'analyse clinique dans les sciences humaines*, Montréal, Éd. St-Martin, 1993, 206 p.
23. Fernand DUMONT, *Les idéologies*, Paris, Presses universitaires de France, 1974, 181 p.

qui, troisièmement, renvoyaient d'emblée à un discours social écrit et reçu comme tel. Il s'agissait maintenant d'analyser des discours oraux qu'on avait pour ainsi dire officialisés, en les retranscrivant aux fins de l'analyse et dont le statut était, en regard des définitions premières, résolument individuel.

Au surplus, comme l'ont d'ailleurs fait remarquer Nicole Gagnon et Bruno Jean[24], le recueil de ces histoires de vie fut fait sans problématique théorique ou méthodologique explicite au point de départ. Sans que ce ne fût souligné avec tout le relief qui convienne, l'école de Laval aura néanmoins été la seule, à notre connaissance, qui ait, à proprement parler, fait l'expérimentation de méthodes d'analyse à la mesure même de ce nouveau matériau et des questions théoriques nouvelles qu'il soulevait. Que ce soit du point de vue du processus de totalisation en œuvre dans l'histoire d'un individu, des typologies qu'il est possible de construire à partir d'un type d'histoire de vie (la fonction d'agriculteur) ou d'un type de vécu (le traditionnel mésadapté) ou, encore, de la mise à jour des catégories cognitives en œuvre dans l'histoire de vie, l'expérimentation se poursuit actuellement du point de vue d'une théorie de l'identité et de la praxis culturelle[25]. La recherche est à suivre ; si elle demeure clinique, elle n'en soulève pas moins le caractère radicalement nouveau d'un savoir, différent des idéologies, et exige des ressources nouvelles que l'analyse clinique habituelle n'assure pas, telle la construction d'une homologie entre deux histoires, construction garante d'une explication sociologique. Comment, en effet, passer de processus de totalisation individuels à des processus sociaux ? La méthode typologique est fort réductrice du caractère singulier de l'histoire de vie alors que le statut théorique et méthodologique des catégories cognitives dégagées au terme de l'analyse reste à définir du point de vue d'une théorie de la connaissance ou d'une théorie du sujet que serait ici une théorie de l'identité[26].

Nous sommes passés de l'information au sens, du sociostructurel au sociosymbolique, de la saturation à l'analyse de cas dont nous venons de relever les difficultés. Se peut-il, par ailleurs, que cette opposition ne soit pas aussi irréductible qu'il apparaît ? « Les faits sociaux sont pourvus de sens[27] », l'objet sociostructurel est déjà construit dans les faits racontés.

---

24. Nicole GAGNON et Bruno JEAN, « Les histoires de vie et les transformations du Québec contemporain », *Sound Heritage*, vol. 4, n° 1, 1975, p. 56-63.
25. Nicole GAGNON, « Données autobiographiques et praxis culturelle », *Cahiers internationaux de sociologie*, vol. 69, 1980, p. 291-305.
26. Je reprends, résume et commente l'analyse faite de cette expérimentation par Nicole Gagnon ; voir aussi, sur ce sujet, Nicole GAGNON et Bruno JEAN, *op. cit.*
27. Nicole RAMOGNINO et Marianne CANTO-KLEIN, « Les faits sociaux sont pourvus de sens », *Connexions*, n° 11, 1974, p. 65-91.

Cette construction en permet d'ailleurs la lecture, plus attentive par ces questions posées par le chercheur. Les réponses ne sont pas aussi réductrices que celles du questionnaire, reconnaissons-le, mais leur statut reste néanmoins imprécis. C'est cette construction, « postulée » ou « induite », selon le cas, qui justifierait que l'on fasse l'analyse de ces lectures pour mettre au jour les règles méthodologiques implicitement mises en œuvre[28].

Si la représentativité définie par le critère de saturation remplit la même fonction que celle d'un échantillon[29], comme l'explique Bertaux, quelle est cette représentativité ? Celle du phénomène à analyser ou celle de l'objet de recherche préconstruit, construit ou, encore, à construire par le spécialiste des sciences sociales ? Est-elle statistique ou sociologique ? Un seul boulanger est-il représentatif de la boulangerie, sinon combien en faut-il ? (Un seul boulanger n'est guère représentatif, il est vrai, du processus anthroponomique que la règle de l'installation permet d'expliquer dans ce cas.) Combien de chômeurs nous faut-il pour que le fait de ne pas travailler apparaisse ? Combien de chômeurs nous faut-il effectivement pour comprendre les caractéristiques de la structure économique d'une société qui expliquent ce chômage[30] ? Ces questions, comme nous le voyons, ne sont pas purement méthodologiques mais théoriques et épistémologiques à l'origine. Quel est l'objet des sciences sociales ? Que veut-on expliquer, et quel serait le statut de cette explication recherchée ?

 3 DU VÉCU À LA PRATIQUE COMME OBJET DE RECHERCHE

Comme l'histoire l'aura démontré, la pomme de monsieur Newton était représentative. Il n'y avait pas d'échantillonnage qui soit nécessaire, ni de saturation obligée ; la valeur de l'explication était théorique et méthodologique. Pour partager de telles vues, point n'est besoin d'être néo-positiviste newtonien.

---

28. Bruno JEAN avait vu la nécessité de cette double lecture. Cela étant, l'impasse demeure dans la proposition qu'il nous fait d'une analyse clinique de l'analyse clinique qu'il vient d'effectuer. Voir Bruno JEAN, « Un ouvrier du textile », *Recherches sociographiques*, vol. 17, n° 1, 1976, p. 75.

29. Daniel BERTAUX, *Cahiers internationaux des sciences sociales, op. cit.*, p. 208.

30. C'est l'un des problèmes posés par la recherche de Paul Grell sur les jeunes chômeurs. Paul GRELL, *Étude du chômage et de ses conséquences : les catégories sociales touchées par le non-travail. Histoires de vie et modes de débrouillardise*, Montréal, Groupe d'analyse des politiques sociales, École de service social, Université de Montréal, mai 1985, 440 p.

Reconnaître au savoir « indigène » une valeur sociologique peut-il se résumer à reconnaître que « l'homme ordinaire est mieux informé que le spécialiste des sciences sociales » et ne plus le considérer comme un simple objet d'observation ? Cela peut-il suffire à mettre en cause le monopole de notre savoir institutionnel[31] ? La question posée ici par Bertaux est centrale. On peut la poser de manière plus radicale encore. Les savoirs « indigènes », selon l'expression, n'ont de valeur sociologique que parce que telle valeur sociologique leur est conférée, et par qui ? Si savoir « indigène » il y a, c'est bien qu'il existe un savoir non indigène qui le définit ainsi. Quels sont ces savoirs et comment les différencier pour les définir ? Voilà, sans doute, la question essentielle.

Si objet structuré il y a, il est déjà construit dans un savoir qui n'est pas qu'informatif puisqu'il donne sens à la vie en société, du point de vue de ce qui est raconté et qui, bien sûr, ne l'épuise pas. Si savoir il y a, il est aussi des règles de ce savoir qui le caractérisent, qui lui confèrent une spécificité, à définir, car si cet « indigène » est un citoyen américain vivant en 1986 aux États-Unis, son savoir est tout à fait différent de celui de l'« indigène » chasseur, cueilleur et raconteur de mythes, par exemple. Claude Lévi-Strauss ne trouve pas dans les mythes que de l'information, mais une logique mythique qui n'est pas réductible au seul mode de production de ces sociétés. Si Marx a pu écrire que le « langage est la conscience de la vie réelle[32] », il n'est pas nécessaire de faire la démonstration des acquis de la linguistique pour poser que la conscience et le savoir ainsi constitués dans le langage ne sont pas un simple reflet, qu'enfin la logique qui s'y trouve à l'œuvre n'est pas réductible au seul objet de la linguistique[33].

Qu'il s'agisse d'histoire de vie ou de récit de pratique, il s'agit bien dans tous les cas d'une histoire. Elle n'est certes jamais la même mais se donne toujours sous la même forme d'une connaissance historique : celle du récit. L'information qu'y puisera l'analyste aura un sens différent suivant qu'il est sociologue, historien ou psychanalyste ; à l'inverse, la visée de la recherche pourra marquer les circonstances et la technique de la collecte, voire définir la nature de l'information cherchée. La forme reste la même, mais le travail sur cette forme diffère dans chaque cas.

La mise en forme d'informations dans une histoire de vie ou un récit de pratique et les caractéristiques de cette mise en forme pourraient résumer au mieux ce que l'on appelle « l'approche biographique » : l'objet de cette

31. *Ibid.*, p. 219.
32. Karl MARX, *L'idéologie allemande*, Paris, Éditions sociales, 1968, 154 p.
33. Voir le bilan des rapports de la linguistique et des sciences sociales sur ce sujet, dans E. VÉRON, « Vers une logique naturelle des mondes sociaux », *Communications*, vol. 20, 1973, p. 246-279.

mise en forme correspond à chacune des disciplines impliquées. L'état respectif de ces disciplines résume cette fois les difficultés de l'analyse et en sciences sociales, particulièrement où nous l'avons indiqué, cet objet est « changeant ».

La difficulté essentielle tient au fait qu'il y a en vérité une double mise en forme relative, premièrement, au savoir caractéristique de l'histoire de vie ou du récit de pratique et, deuxièmement, au savoir qu'élaborera le spécialiste des sciences sociales sur cette base, c'est-à-dire au savoir sociologique. Le passage de l'un à l'autre scelle le sort fait au savoir premier dans le savoir second, qui s'y trouve éventuellement qualifié ou disqualifié pour positivisme abusif. Ce passage, il faut le rappeler, est aussi caractéristique de toute démarche scientifique. Il oppose des épistémologies, depuis le caractère indépassable du « bricolage » interprétatif jusqu'à la rigueur scientifique reconnue possible[34].

Granger permet de reconnaître et de différencier ces formes : la première est constitutive d'un modèle « concret » de connaissance donnant sens à l'expérience immédiate et serait donc repérable dans le langage ; la seconde est constitutive de modèle « abstrait » de connaissance, résultat du travail explicite du chercheur dont la visée est l'explication scientifique dans le meilleur des cas[35]. Ce passage d'une forme à l'autre est une transformation ; il est caractéristique de tout travail sur une forme première dans la construction d'une forme seconde, qu'elle soit scientifique ou littéraire, par exemple. Ce sont les règles privilégiées de cette mise en forme qui définissent le travail du chercheur et la qualité du résultat, explication scientifique ou roman. Il se présente de manière plus complexe et les difficultés n'en sont que plus grandes à l'évidence quand le spécialiste des sciences sociales travaille sur la base de sa propre expérience, à partir d'une expérience – autre que la sienne – mise en forme dans une histoire de vie. Ce passage est néanmoins obligé et n'exige que plus de prudence de la part du voyageur.

Comme le rappelle Granger, l'épistémologie des sciences est instructive sur ce point et ce passage obligé s'y trouve défini. En effet, les théories explicatives connues et qui font l'envie des sciences sociales ont toutes été précédées de théories *descriptives* sur lesquelles elles ont pu s'appuyer. L'école de Chicago reste une référence essentielle sur ce point, l'ancienne

---

34. Nicole GAGNON *et al.*, *L'homme historien*, Saint-Hyacinthe, Edisem, 1979, 125 p. ou Gilles Gaston GRANGER, « Modèles qualitatifs, modèles quantitatifs dans la connaissance scientifique », *Sociologie et Sociétés*, vol. 14, n° 1, 1982, p. 7-15.
35. Gilles Gaston GRANGER, « Science, philosophie et idéologies », UIT. *Tijdschrift voor filosofie*, vol. 29, n° 4, décembre 1967, p. 775-776.

et la nouvelle d'ailleurs[36], par l'explicitation dès lors rendue possible des
« règles » de description et dont la monographie, par la variété des données
utilisées notamment, reste le meilleur exemple. La monographie considérée comme théorie et méthode descriptives ne relève alors plus de la
préhistoire des sciences sociales[37].

Il en est de même des histoires de vie. La difficulté, en sciences sociales
particulièrement, tient au fait qu'à tenter de conjuguer description et explication dans un même temps, on ne fait ni l'un ni l'autre dans des conditions et suivant une rigueur qui soient satisfaisantes. La critique de Bertaux
est ici justifiée, et il est possible de donner une définition empirique du
positivisme qu'il dénonce en sciences sociales, justement là où la
description tient lieu le plus souvent d'explication.

Il ne s'agit pas ici de dissoudre l'objet des sciences sociales dans la
description mais de reconnaître qu'il doit s'y appuyer. Qu'il s'agisse du
sociostructurel ou du sociosymbolique, l'objet défini est relatif à la mise
en forme de données qui sont un savoir, une connaissance, où cet objet est
déjà construit empiriquement, avons-nous précisé. La construction de
l'objet du spécialiste des sciences sociales y trouve sa limite et ses possibilités. Les propriétés de ce savoir exigent rien de moins que sa déconstruction
empirique, c'est-à-dire sa description dans l'ordre même de ce que sont ces
données. Ce savoir recèle l'objet empirique, à rechercher donc, déterminant
de toute explication puisque celle-ci n'est rien d'autre que la construction
théorique des propriétés de cet objet dégagé de cette forme première de
savoir, du point de vue d'une forme seconde, le savoir sociologique.

Si *praxis culturelle* il y a, c'est dire que la connaissance est aussi un
processus social qu'il faut d'abord reconstituer et décrire avant de l'analyser, que ce processus social n'est pas le seul puisqu'il s'agit d'un processus d'appropriation de la réalité qui s'y trouve déjà construite dans la
variété des processus sociaux qui la constituent. Cette construction peut
être analysée du point de vue du sujet, d'une théorie de l'identité, comme
l'expose par exemple Nicole Gagnon[38] ; elle pourrait l'être du point de vue

---

36. B.G. GLASER et A.L. STRAUSS, *The Discovery of Grounded Theory : Strategies for Qualitative
    Research*, Chicago, Aldine, 1967.
37. L'analyse des récits de vie qui soit allée le plus loin de ce point de vue est sans doute
    celle de Léon Bernier et d'Isabelle Perrault qui proposent non pas une sociologie mais
    plus humblement une sociographie de la pratique de l'art, reconstruite à partir des propos
    mêmes des artistes. Les *sciences sociales de l'individu* qui nous est ici proposée rejoint le
    propos plus constructiviste d'un Granger et de ce que serait une science de l'individuel.
    Léon BERNIER et Isabelle PERRAULT, *L'artiste et l'œuvre à faire*, Québec, IQRC, 1985, 518 p.
38. Nicole GAGNON, *Cahiers internationaux de sociologie, op. cit.*, p. 302-303.

d'une théorie de la différence s'il y a transformation sociale. Plus généralement, ne s'agirait-il pas plutôt d'une théorie de l'altérité puisque, par-delà l'Autrui généralisé de monsieur Mead, c'est bien cet Autrui généralisé qui est en fait socialement construit et qu'une théorie de l'altérité pourrait se donner comme objet[39].

C'est là sans doute la question la plus difficile en sciences sociales que celle d'une théorie du sujet qui n'emprunte pas l'essentiel de son outillage à la psychologie ou à la psychanalyse. Une théorie sociologique du sujet suppose l'analyse de la connaissance comme processus social, là où justement l'individu ne perd pas sa singularité mais y retrouve, au contraire, les modalités spécifiques de sa construction[40] comme individu singulier, dans ce que sont les fondements sociaux de cette catégorie de la pensée où la « singularité » est sans doute l'Autrui généralisé par excellence des temps modernes. Et cet objet n'est pas celui de la psychologie ou de la psychanalyse.

Les rapports de parenté et d'alliance au fondement de la connaissance telle qu'elle est analysée dans une histoire de vie[41] constituent bien un pareil modèle concret de connaissance que l'on peut aussi analyser dans sa transformation relative aux changements de la société québécoise. Cette transformation peut être définie comme un processus d'appropriation d'une réalité nouvelle et la connaissance, comme un processus social, la « logique » de ces changements renvoyant à une logique sociale, dont la « logique » individuelle doit procéder par nécessité sociologique, en somme, puisqu'elle s'y trouve constituée.

Le passage du « nous » au « je » dans les modalités observables de l'énonciation, mais aussi la catégorie « dans ce temps-là, pis astheure » renvoyant à la rupture des années 1960, permettent de décrire ce processus

---

39. Nous reprenons ici une idée développée par Nicole Ramognino lors de ses séminaires à l'Université d'Aix-en-Provence. *Cf.* notamment Nicole RAMOGNINO, « Pour une approche dialectique en sociologie », *Sociologie et Sociétés*, vol. 14, n° 1, 1982, p. 83-97.

40. On peut ainsi considérer le processus d'appropriation de la réalité au fondement d'une théorie de l'identité comme le processus même de la constitution d'une société ; de même, une théorie de la différence renverrait au processus d'appropriation d'une réalité différente, c'est-à-dire à un processus de différenciation sociale, de constitution d'une société différente. Plus généralement, la construction de cet Autrui généralisé serait entendue ici du point de vue des sciences sociales de la connaissance, comme homologue à ce que Piaget définissait comme la construction du réel chez l'enfant. *Cf.* Jean PIAGET, *La construction du réel chez l'enfant*, Neûchatel, Delachaux et Niestlé, 1977, 342 p.

41. Gilles HOULE, « L'idéologie, un mode de connaissance », *Sociologie et Sociétés*, vol. 11, n° 1, 1979, p. 123-146.

mais aussi d'en identifier d'autres, tel un processus d'individuation qui ne serait rien d'autre que la construction sociale de cet Autrui généralisé évoqué plus tôt, où l'identité sociale à se faire est relative à une altération sociale, à ce processus où l'on est en train de se faire autre et qui serait l'objet d'une théorie de l'altérité.

Ce modèle concret est de l'ordre de la connaissance de sens commun, objet du travail du spécialiste des sciences sociales dans la construction d'un modèle abstrait, de l'ordre d'une théorie de la connaissance qui en rende compte. Ce modèle concret peut, de ce point de vue, être défini comme constitutif de la réalité sociale, de la praxis. Il décrit autrement dit la praxis au fondement de cette connaissance, dont ce modèle est la construction dans la connaissance, dans le langage qui est bel et bien la conscience de la vie réelle. Et sa complexité, ainsi qu'il apparaît, est bien différente du simple reflet.

Ce modèle concret est en quelque sorte « la théorie en acte » de ce qui est vécu et il permet d'apercevoir ce que serait le processus même de constitution d'une société dont la réalité est sociale et cognitive dans le même temps.

L'objet sociostructurel s'y trouve déjà construit, avons-nous dit, comme objet sociosymbolique, pourrions-nous ajouter. Ces objets renvoient à des processus différents, bien sûr ; l'analyse aura tenté ici de décrire le passage obligé pour y accéder. Le travail réalisé à la suite de l'analyse d'une histoire de vie aura permis de démontrer que des rapports de parenté et d'alliance étaient des rapports politiques[42], mais aussi des rapports économiques[43], saisissables comme « praxis culturelle » parce qu'ils sont bel et bien dans le même temps « praxis ». En décrire les propriétés empiriques aussi bien que cognitives est la voie privilégiée pour accéder à l'explication du caractère spécifique de cette société telle que d'abord saisissable dans le sens commun, du point de vue de ce que Jean-Blaise Grize[44] définit comme logique naturelle, logique qui est aussi, pour le spécialiste des sciences sociales, « naturellement » sociale.

---

42. Gilles HOULE, « Parenté et politique méthodologiques », *Sciences sociales et Sociétés*, vol. 14, n° 1, 1982, p. 97-112. Il s'agit d'une analyse critique de l'ouvrage de Vincent LEMIEUX, *Parenté et politique. L'organisation sociale dans l'île d'Orléans*, Québec, Presses de l'Université Laval, 1971, 250 p.

43. Jacques HAMEL, Gilles HOULE et Paul SABOURIN, « Stratégies économiques et développement industriel : l'émergence de Forano », *Recherches sociographiques*, vol. 25, n° 2, 1984, p. 189-211.

44. Jean-Blaise GRIZE *et al.*, *Essai de logique naturelle*, Berne, Peter Lang, 1983, 240 p.

Conclusion

L'approche biographique, avons-nous écrit plus tôt, constitue un enjeu fondamental pour les sciences sociales par les problèmes qu'elle soulève et permet d'aborder. Ainsi, pourrons-nous conclure sur la base de cette première démonstration, que les données ici mises en forme, que toutes données devrions-nous dire, sont déjà une construction de la réalité, un savoir suivant une logique *à définir* qui n'est d'ailleurs pas réductible au seul objet des sciences sociales, et qu'il y faut de la méthode pour la retrouver et retrouver la réalité qui s'y trouve construite suivant la perspective de la recherche à l'origine d'une pareille mise en forme. Si cette mise en forme est première, de l'ordre du sens commun, elle peut être aussi seconde à l'exemple de la littérature ou même des sciences sociales : la sociologie du roman ou des sciences sociales y retrouve les mêmes conditions requises à la définition de leur objet.

Il apparaît, en second lieu, que la méthode ne saurait être réduite à une technique, qu'elle est relative à l'objet de la recherche dont la construction opératoire est la mise en forme d'un savoir premier dans un savoir second par la définition d'un objet d'analyse. L'objet construit suivant cette logique première est l'enjeu essentiel de toute recherche, impossible à définir *a priori*, car seul un travail descriptif permet de le repérer et qu'un travail théorique viendra construire, c'est-à-dire expliquer. La tradition clinique et monographique fournit peut-être actuellement le meilleur des éléments propres à ce que devrait être une théorie descriptive, comme préalable à toute théorie de la mesure.

L'objet des sciences sociales, on peut dès lors le constater, est le résultat d'un travail de mise en forme dont la valeur reste relative au sort qui est fait au sens commun, à cette forme première de connaissance qui est aussi celle du spécialiste des sciences sociales. La définition des données d'une recherche apparaît déjà de ce point de vue comme une question théorique fondamentale, puisqu'elle est à la mesure de l'objet des sciences sociales qui est pratiquée mais aussi déterminante de l'objet de recherche que se donne le spécialiste des sciences sociales. Ce travail de mise en forme trouve sa définition dans les règles de méthodes qui régissent, comme nous l'avons vu, ce passage d'une forme à l'autre : ces règles ne sont donc en aucun cas relatives à ce que serait la seule qualité des données, faites de chiffres ou de lettres, mais à l'objet d'une discipline dont l'articulation dans les différents moments d'une recherche comme matériau, méthode et théorie, relève bel et bien d'une méthodologie générale.

L'histoire de vie ou le récit de pratique renvoient à des objets de recherche différents, donnent lieu à des mises en formes différentes déterminantes de « méthodes » d'analyse différentes qui permettent d'expliquer l'objet de la recherche. Ces méthodes ne doivent pas moins souscrire aux exigences de ce que serait cette méthodologie générale : qu'il s'agisse d'histoire de vie ou de récit de pratique, de sociostructurel ou de sociosymbolique, il s'agit bien là de l'envers et de l'endroit de la même médaille, soit d'un objet appréhendé dans l'ordre du sens commun. Histoire de vie ou récit de pratique ? Une question de recherche, plus justement, une question d'objet de recherche dont la définition permet un véritable travail d'analyse jusqu'à l'explication.

Bibliographie annotée

BERTAUX, Daniel, *Histoire de vies ou récits de pratiques ? Méthodologie de l'approche biographique en sciences sociales*, Paris, Cordes, 1976, 224 pages.

BERTAUX, Daniel (dir.), « Histoire de vie et vie sociale » dans un numéro spécial des *Cahiers internationaux de sociologie*, vol. 69, 1980.

BERTAUX, Daniel (dir.), *Biography and Society : The Life History Approach in the Social Sciences*, Beverly Hills, Sage Publications, 1981, 309 pages.

Ces trois ouvrages sont essentiels. On y discute tant de la théorie, de la méthodologie que de plusieurs études de cas. Le deuxième contient une dizaine de contributions et le troisième, dix-sept.

BOURASSA, Jean, *Le travailleur minier, la culture et le savoir ouvrier : quatre analyses de cas*, Québec, Institut québécois de recherche sur la culture, 1982, 76 pages.

Une courte étude qui indique comment poser le problème de la contribution de l'histoire de vie à l'étude du savoir ouvrier.

POIRIER, Jean, S. CLAPIER-VALLADON et P. RAYBAUT, *Les récits de vie. Théorie et pratique*, Paris, Presses universitaires de France, collection « Le Sociologue », 238 pages.

Une vue d'ensemble de l'approche de l'histoire de vie et une présentation détaillée de l'enquête et de l'analyse.

CHAPITRE 14

Le groupe de discussion

Paul GEOFFRION

*La conversation de gens d'esprit est plus logique
que le livre d'aucun d'eux, parce que chacun est
entraîné par tous les autres, que chacun est
sans cesse ramené à ce qui excite la curiosité de
tous, que chacun est appelé à produire ce qu'il
sait plutôt que ce qu'il veut montrer.*

SISMONDI

Le groupe de discussion est une ***technique d'entrevue qui réunit de six à
douze participants et un animateur, dans le cadre d'une discussion structurée, sur un sujet particulier.***

Le perfectionnement des techniques d'animation de groupe et les
nombreux avantages qu'offre le groupe de discussion en ont fait l'une des
méthodes de recherche parmi les plus populaires en sciences sociales et en
marketing. En fait, le groupe de discussion se prête à l'analyse d'une vaste
gamme de problèmes. Il est aujourd'hui utilisé dans l'étude des comportements, des propensions à l'achat de produits, de concepts publicitaires, de l'image d'une organisation ou d'une entreprise, de politiques
commerciales et sociales, etc. Dans le domaine de la politique, les groupes
de discussion peuvent faire la différence entre une victoire et une défaite.

1   Évaluation du groupe de discussion

▓ 1.1. Les avantages du groupe de discussion

Le groupe de discussion facilite la compréhension du comportement et des attitudes d'un groupe cible. Son efficacité résulte de ses nombreux avantages par rapport aux techniques de recherche quantitatives (tels les sondages) ou aux autres techniques de recherche qualitatives (telles les entrevues non directives). Les paragraphes suivants traitent de ces avantages, puis présentent quelques inconvénients de cette méthode de recherche.

Au chapitre des avantages, notons d'abord que *les questions sont ouvertes*. Le rôle de l'animateur est de présenter les sujets de discussion et les questions. Les participants sont ensuite entièrement libres de formuler leurs réponses et commentaires à leur gré. Ils ne sont pas limités à des catégories précises de réponses ou à des échelles progressives qui parfois conviennent mal à leur point de vue. Les participants peuvent donc prendre le temps nécessaire pour nuancer leurs réponses, énoncer les conditions d'un « oui » ou d'un « non », ou expliquer le pourquoi d'un « peut-être ». Ils peuvent présenter de nouveaux sujets et lancer la discussion sur une nouvelle voie. Cette flexibilité, contrôlée par l'animateur, génère une richesse de données qu'il est difficile d'obtenir par l'utilisation d'autres techniques.

Autre avantage : dans une discussion de groupe, l'animateur peut *vérifier si les participants ont une compréhension commune de la question posée*. L'animateur peut donc corriger le tir en reformulant la question. Dans un sondage, l'interviewer n'est souvent pas en mesure de juger du bien-fondé d'une réponse. Cette possibilité est encore plus forte lorsque les choix de réponses sont fournis au répondant.

Le groupe de discussion permet une *compréhension plus approfondie des réponses* fournies. Il est souvent plus important, en recherche, de comprendre les motifs d'une réponse que d'obtenir la réponse elle-même. C'est la différence entre savoir qu'un problème existe et comprendre pourquoi il existe. La solution doit nécessairement passer par ce deuxième niveau. Le groupe de discussion permet à l'animateur de sonder le pourquoi des réponses. Il peut ainsi obtenir des explications au sujet des réponses fournies, relever les expériences vécues qui ont contribué à former les opinions, élucider les émotions et les sentiments sous-jacents à certains énoncés.

Par une *interaction contrôlée entre les participants*, le groupe de discussion recrée un milieu social, c'est-à-dire un milieu où des individus interagissent. Ce contexte crée une dynamique de groupe où les énoncés formulés par un individu peuvent engendrer des réactions et entraîner dans la discussion d'autres participants. Les arguments présentés pour ou contre un point de vue peuvent aider certains participants à se former une opinion sur un sujet pour lequel ils n'avaient possiblement que peu d'intérêt auparavant. Tout comme dans la société, les participants changent parfois d'opinion en entendant les propos tenus par d'autres participants. Une bonne technique d'animation permet de déterminer les causes de changement d'opinions. Dans la même veine, un animateur peut juger du degré de conviction des participants par rapport aux opinions exprimées. Le groupe donne un sentiment de sécurité aux participants. L'ouverture démontrée par les uns invite la participation des autres. Il serait parfois impossible d'obtenir les mêmes confidences dans une entrevue face à face.

Cette méthode requiert habituellement un *nombre réduit de collaborateurs*. Il est fréquent que la même personne planifie le projet de groupe de discussion, anime les groupes, analyse les discussions, prépare le rapport et en fasse la présentation. La personne capable de réaliser toutes ces étapes possède habituellement une vaste expérience. Cette expérience et le rôle de la même personne dans toutes les phases de la recherche assurent un contrôle, une harmonie de pensée et, par conséquent, une qualité égale à toutes les étapes. Un sondage typique, par contre, exige la participation d'un chef de projet, d'un recherchiste, d'un responsable de terrain, des interviewers et d'un programmeur qui jouent divers rôles à diverses étapes de la recherche. Cette organisation crée nécessairement une distance entre les répondants et l'animateur. De plus, le maintien de normes de qualité élevées dans un sondage exige de grands efforts de coordination.

Dans le cas d'une recherche commanditée, la technique du groupe de discussion facilite la *participation du commanditaire* aux diverses étapes de la recherche. Le commanditaire est habituellement plus en mesure de comprendre et d'évaluer un guide de discussion qu'un questionnaire élaboré pour un sondage quantitatif. Il peut observer les discussions de groupes, écouter les propos des participants et mieux comprendre les conclusions de l'animateur. De même, il saisira souvent plus facilement l'essence du rapport de style descriptif du groupe de discussion que la présentation des résultats d'un sondage où abondent les colonnes de chiffres, les pourcentages et les mesures statistiques diverses.

Le groupe de discussion représente également une *méthode dont la flexibilité se manifeste à plusieurs niveaux*. La méthode d'entrevue est souple, et l'animateur peut à son gré étendre ou restreindre le cadre des discussions.

Il peut spontanément changer l'ordre des sujets à discuter de façon à exploiter une nouvelle idée qui surgit spontanément. Il peut modifier son approche selon les caractéristiques du groupe. Le groupe de discussion permet aussi d'exploiter des situations spéciales. Par exemple, on peut fournir des explications sur un nouveau produit ou présenter un film. Certains sujets délicats tels des problèmes de santé ou de sexualité sont difficilement abordables en entrevue individuelle ou par sondage téléphonique, mais le groupe de discussion permet de traiter de ces sujets parce qu'on peut graduellement établir une atmosphère favorable à ce genre de discussion. Finalement, le groupe de discussion permet d'étudier certains individus que d'autres techniques ne peuvent rejoindre. C'est le cas des personnes illettrées et des enfants. Le groupe de discussion est une des rares techniques qui permettent d'étudier ces individus.

Finalement, cette méthode permet d'*obtenir des résultats rapidement*. Lorsqu'une situation urgente se présente, les groupes de discussion peuvent s'avérer la seule méthodologie pratique à employer.

■ 1.2. Les désavantages du groupe de discussion

Comme toute méthode de recherche, les groupes de discussion comportent aussi certains désavantages.

La force de la recherche quantitative est que l'on peut extrapoler les résultats de l'échantillon à l'ensemble d'une population. Cette extrapolation est possible grâce au respect des principes d'échantillonnage aléatoire et à la mise en place d'une structure d'entrevue systématisée. Les groupes de discussion ne sont habituellement pas soumis aux mêmes principes en ce qui concerne le recrutement des participants et l'échantillonnage aléatoire. De plus, les groupes ne comptent qu'un nombre restreint de participants soumis à des entrevues foncièrement différentes. Par ailleurs, il est impossible dans une discussion de groupe de demander l'opinion de tous les participants sur toutes les questions posées. Il serait donc risqué de tirer des conclusions à partir de quelques commentaires non représentatifs de l'opinion de la majorité des participants. *Donc, les participants ne sont pas statistiquement représentatifs de l'ensemble de la population étudiée et le chercheur ne peut extrapoler les résultats à cette population.*

Un animateur peut involontairement influencer les résultats des groupes de discussion par ses opinions personnelles. L'animateur a le loisir de poser les questions selon son propre style et dans un ordre qui peut varier d'un groupe à l'autre. La façon de poser les questions et l'ordre de celles-ci peuvent influencer les réponses des participants. Les préjugés personnels de l'animateur peuvent aussi avoir un impact sur l'analyse et sur la rédaction du rapport. Un animateur peut, par exemple, donner plus de poids aux opinions qui correspondent à ses propres vues et minimiser l'importance des opinions contraires.

La *dynamique de groupe* peut avoir des effets négatifs. Certains participants peuvent être réticents à exprimer ce qu'ils pensent vraiment, surtout si les sujets traités sont délicats. Un participant pourra, volontairement ou non, donner un point de vue qui le valorisera aux yeux des autres participants plutôt que de communiquer sa véritable pensée. Certains participants auront tendance à se rallier à la majorité. Des individus qui ont plus de facilité à s'exprimer peuvent influencer les opinions du groupe de façon indue, s'ils ne sont pas bien contrôlés par l'animateur.

Nous sommes tous influencés par les gens que nous côtoyons. Le groupe de discussion tente de recréer un milieu social mais *ce milieu n'en demeure pas moins artificiel* (comme d'ailleurs la plupart des environnements de recherche quelle que soit la méthodologie). En effet, les participants ne se connaissent habituellement pas et ils sont soumis à un protocole formel. La composition du milieu social recréé ne correspond pas à celle des milieux naturels, ce qui soumet les participants à des influences qu'ils n'auraient pas subies en temps normal. Le groupe de discussion place aussi le participant dans un milieu centré sur une seule question alors que, dans l'environnement naturel, les stimuli sont nombreux.

Finalement, les résultats du groupe de discussion sont davantage ouverts à *l'influence du commanditaire*. Il est facile pour certains commanditaires peu expérimentés en recherche d'attacher une trop grande importance aux résultats de groupe. Cette tendance risque de se produire encore plus fréquemment quand les résultats des groupes coïncident avec l'opinion initiale du commanditaire. On peut en effet trouver, dans les groupes de discussion, matière à soutenir plusieurs points de vue. Sans un soutien quantitatif, des décisions importantes risquent d'être prises à partir de données qui sont moins complètes ou moins représentatives.

1.3. La validité des résultats du groupe de discussion

Comme pour toute technique de recherche, la fiabilité des résultats du groupe de discussion peut être remise en question par une foule de facteurs, mais deux aspects sont particulièrement importants : 1) l'à-propos de l'utilisation de la technique pour un problème particulier et 2) la rigueur démontrée dans la réalisation de l'étude.

Il existe une règle fondamentale : *les recherches qualitatives donnent des directions tandis que les recherches quantitatives donnent des dimensions.* La méthode de recherche employée doit donc être adaptée au sujet d'étude. Les groupes de discussion permettent de comprendre les sentiments des participants, leur façon de penser et d'agir, et comment ils perçoivent un problème, l'analysent, en discutent. Les méthodes quantitatives, quant à elles, fournissent un portrait statistiquement représentatif des « quantités » caractéristiques d'une population, mais non le « sens » qu'on pourrait leur donner.

Selon la nature et l'importance de l'information recherchée, il peut être essentiel de contre-vérifier et de quantifier les résultats de groupes de discussion par une étude quantitative. La coïncidence des résultats des deux études diminuera substantiellement la probabilité d'erreur.

■ 1.4. Quand utiliser les groupes de discussion ?

Les groupes de discussion se prêtent bien à certains genres d'études et moins bien à d'autres. En général, on utilisera les groupes de discussion dans les situations où il est important de comprendre le « pourquoi » des choses. Voyons quelques domaines où le groupe de discussion est susceptible de bien répondre aux exigences de la recherche.

Toute la gamme des *comportements sociaux* peut être soumise à l'analyse par groupe de discussion : les comportements économiques, les attitudes par rapport à la famille, au travail, à l'implantation de complexes industriels, à certaines mesures de contrôle de la consommation d'un produit, etc. L'analyse des attitudes et des comportements par rapport à des sujets délicats tels que le racisme, les agressions sexuelles, l'alcoolisme, la violence au foyer, peuvent faire l'objet de groupes de discussion. L'exemple de certains participants plus loquaces incite les plus taciturnes à parler de leurs propres expériences et à émettre leurs points de vue. Il est plus difficile de créer ce climat de confiance dans des entrevues individuelles.

Les *prétests de publicité ou de campagnes de promotion* regroupent les prétests de messages imprimés, télévisés et radiodiffusés ; les affiches, les feuillets et les prétests d'emballage et d'étiquetage. Le groupe de discussion est très souvent utilisé pour étudier la réaction des consommateurs face à des concepts de nouveaux messages publicitaires, particulièrement au début de l'élaboration d'une campagne lorsqu'on désire explorer diverses possibilités. Le groupe de discussion offre la possibilité d'observer les émotions des participants face aux messages présentés. Les groupes se prêtent bien à l'analyse détaillée de tous les aspects des messages, soit la présentation visuelle, le message compris par les participants, les slogans, les signatures, la typographie, de même que l'impact du message sur l'image de l'entreprise, etc.

Les méthodes quantitatives seraient recommandées au stade où, après avoir effectué une étude par groupe de discussion, on désire établir un choix précis entre plusieurs approches retenues. Le sondage peut alors permettre de déterminer, sur une base statistiquement fiable, l'approche qui servira le mieux la stratégie de marketing.

Les groupes se prêtent également bien à l'*analyse de documents techniques* tels que les guides d'impôts ou des brochures décrivant des services financiers. On y évalue le niveau de compréhension du document, la facilité de lecture, l'à-propos des exemples, les lacunes ayant trait à l'information, la mise en pages, etc. On peut même procéder à une analyse détaillée de chaque section de la brochure.

Le groupe de discussion peut être fort utile à diverses étapes dans l'*évaluation de produits*. Il est recommandé de prétester un concept de nouveau produit au stade initial afin d'en relever immédiatement certaines failles soit au niveau de caractéristiques particulières ou de l'appréciation générale. Les informations obtenues peuvent ainsi servir à réorienter les activités de développement ou carrément les stopper. Après le lancement d'un produit, on peut analyser le processus de décision ayant mené à l'achat, le degré de satisfaction des utilisateurs, les problèmes rencontrés, la façon d'utiliser le produit, les facteurs qui motiveraient des achats subséquents, etc. On peut aussi utiliser les groupes pour déceler les causes des écarts entre les prévisions de ventes et les ventes réelles. Il est à remarquer que les produits évalués par des groupes peuvent être intangibles, comme des programmes éducatifs, des services financiers, des soins médicaux, etc.

La gamme complète des *relations entre une organisation et sa clientèle* peut être étudiée par l'entremise du groupe de discussion. On pense ici aux entreprises commerciales, aux gouvernements, aux syndicats, aux entreprises à but non lucratif, etc. Leur « clientèle » peut comprendre les acheteurs de leurs produits et services, leurs employés, leurs fournisseurs, leurs actionnaires, etc. Les groupes de discussion peuvent aider à mettre au jour des problèmes d'image, de qualité du service offert, de satisfaction par rapport aux politiques existantes ou potentielles, etc.

Le groupe de discussion est utile pour *approfondir une question avant une étude quantitative* et pour comprendre la façon de penser ou de parler par rapport à un sujet. On utilise souvent le groupe de discussion avant un sondage pour saisir la dynamique dans laquelle se placent les sujets d'enquête et les principales hypothèses à vérifier. Le groupe permet de déterminer certaines questions importantes à poser de même que le langage à utiliser pour poser ces questions. On utilise parfois le groupe de discussion pour prétester des questionnaires. Le groupe peut servir à raffiner la définition d'une attitude et contribuer à améliorer une échelle de mesure d'attitude.

À *la suite d'une étude quantitative*, le groupe de discussion permet d'établir les causes ou les sentiments sous-jacents à certaines des réponses obtenues ou, carrément, d'expliquer certains résultats.

 ## LA PLANIFICATION DES GROUPES DE DISCUSSION

Il est important de planifier soigneusement tout projet de recherche. Le groupe de discussion n'échappe pas à cette règle. Une bonne planification aide le commanditaire et l'animateur à préciser et à harmoniser leur pensée sur les objectifs de la recherche, les sujets à étudier, le genre de résultats désirés et l'utilisation des résultats. Le tableau 1 présente les principaux éléments du plan de recherche.

Dans la planification du groupe de discussion, quatre thèmes retiennent l'attention : 1) le nombre de groupes, 2) la structure des groupes, 3) le lieu physique et 4) le guide de discussion.

▓ 2.1. Le nombre de groupes de discussion

Théoriquement, il serait souhaitable de tenir des groupes de discussion tant que ceux-ci apportent de nouveaux renseignements. En pratique, le nombre de groupes de discussion sera déterminé par divers facteurs.

Plus l'*impact économique* de l'information recherchée est grand, plus on voudra minimiser le risque d'erreur. Conséquemment, on aura tendance à augmenter le nombre de groupes et à en vérifier les résultats par d'autres méthodes de recherche comme les sondages.

De la même façon, l'*impact social* d'une décision a un impact sur le niveau acceptable d'incertitude et le nombre de groupes requis. Un gouvernement qui instaure un programme devra s'assurer de le concevoir de façon à ce qu'il réponde bien aux besoins des citoyens.

Si le *niveau actuel de connaissances* est faible, plus d'efforts devront être investis pour obtenir un résultat également sûr.

TABLEAU 1
Éléments du plan de recherche

La mise en situation	Un aperçu du contexte dans lequel se situe le projet de recherche.
Les objectifs	Les raisons qui motivent la réalisation du programme de recherche.
Le contenu de la recherche	Une liste préliminaire des sujets qui seront abordés au cours de la recherche de même que de la population étudiée.
La méthodologie	La technique de recherche recommandée, la population à recruter, la structure des groupes, la stratégie de recrutement, une liste préliminaire des sujets discutés et, possiblement, un aperçu du genre de rapport qui sera élaboré.
L'équipe	La liste des personnes qui participeront à ce projet et les responsabilités de chacune d'entre elles.
L'échéancier	L'établissement de chacune des étapes du projet et la date prévue de leur réalisation.
Le budget	Les coûts du projet.

Il est habituellement problématique de regrouper des populations dont les caractéristiques ou les comportements sont très divergents. Cela implique que le nombre de groupes requis augmentera en fonction du *nombre de sous-populations pertinentes à la recherche*. Parmi les facteurs qui devraient commander des groupes distincts, mentionnons 1) le profil socio-économique (des participants ayant un faible revenu ou peu d'instruction seront peut-être mal à l'aise dans un groupe de personnes plus instruites ou mieux nanties) ; 2) l'âge (les jeunes seront moins enclins à exprimer une opinion contraire à celles de leurs aînés sur certains sujets) ; 3) le sexe, parfois (certains sujets se prêtent mal aux groupes réunissant hommes et femmes tels que la prévention de maladies transmises sexuellement et les besoins en services d'aide) ; 4) les liens d'autorité (il faut éviter de former des groupes comprenant des personnes de divers niveaux hiérarchiques lorsque, par exemple, on veut étudier le comportement des membres d'une organisation) ; 5) le territoire géographique (les mentalités peuvent varier d'une région à l'autre) ; 6) la langue.

Le *budget* est une contrainte incontournable. Aucun individu ni aucune organisation ne possède des budgets illimités. Il est important de se concentrer sur les segments qui sont susceptibles de fournir les renseignements les plus pertinents.

▓ 2.2. La structure du groupe

Trois questions retiennent l'attention en ce qui a trait à la structure du groupe de discussion : le recrutement des participants, le nombre de participants et le choix des participants.

Le *recrutement des participants* est une des tâches du processus de mise en place du groupe de discussion. Au cours de cette étape, le responsable du groupe s'assure du concours d'individus pertinents au thème de la recherche. L'animateur du groupe est responsable de bien établir avec le commanditaire les critères de sélection des participants. Il est bon de choisir les participants dans la plus vaste population possible pour assurer une grande diversité d'opinions et d'expériences, tout en maintenant une certaine homogénéité dans le groupe. De plus, il faut s'assurer que les participants aient la capacité de discuter du sujet visé à l'intérieur des paramètres désirés. Ils doivent donc avoir l'expérience, les connaissances ou, tout simplement, la capacité intellectuelle ou physique pour bien comprendre les questions, manipuler les produits et participer aux discussions.

La question du *nombre optimal de participants* est très importante. Un grand groupe requiert plus d'intervention de la part de l'animateur tout en offrant moins de latitude aux participants pour s'exprimer. Frustrés de ne pouvoir émettre leur opinion, ils auront tendance à discuter avec leur voisin. Cela nuit évidemment à la synergie du groupe et fait perdre des renseignements importants. Par contre, avec peu de participants, les opinions sont moins diversifiées. Si quelques-uns des participants sont peu loquaces, la discussion sera lente et pénible. L'animateur risque d'être placé dans une situation où il doit continuellement poser de nouvelles questions afin de stimuler la discussion. L'équilibre entre ces facteurs semble être atteint dans les groupes composés de sept à neuf participants. Pour s'assurer de ce nombre, on recrute habituellement de dix à douze personnes par groupe. On s'attend, en effet, à ce qu'environ 20 % des individus recrutés se désistent au dernier moment. Certaines situations militent en faveur de groupes plus petits : par exemple, lorsqu'on réunit des spécialistes pour étudier un document technique, un groupe de cinq ou six participants permet à chacun de s'exprimer sur toutes les sections du document.

Certains types d'*individus doivent être exclus*. Les **personnes qui se connaissent** causent des problèmes particuliers : leurs opinions sont plus homogènes ; leurs liens peuvent les inciter à modifier leurs propos de façon à épater un ami ou à ne pas le contredire ; un sujet délicat peut les indisposer davantage que s'ils avaient affaire à des étrangers. Pour ces mêmes raisons, on évite également de recruter des personnes connues de l'animateur. Les **participants uniquement attirés par les cachets** offerts ont tendance à répondre en fonction de ce qu'ils croient que l'animateur désire entendre. Ils peuvent aussi vouloir jouer à l'animateur, ce qui cause des pertes de temps et crée des inconvénients. Le questionnaire de recrutement et les mesures de contrôle doivent voir à les exclure. Les **professionnels** travaillant dans des maisons de recherche, dans des agences de publicité ou dans un domaine connexe à celui étudié sont exclus du groupe de discussion, à moins que les besoins du projet nécessitent leur participation.

2.3. Le lieu physique

Les salles prévues pour la conduite des groupes de discussion offrent plusieurs avantages. Elles sont dotées d'un miroir à double sens qui permet au commanditaire de voir la discussion sans gêner les participants ou l'animateur. Ces salles sont équipées d'un bon système d'enregistrement qui facilite l'écoute des bandes durant la phase d'analyse, d'aires de réception et d'attente pour les participants, d'hôtesses, etc. Les bonnes salles de groupes présentent certaines caractéristiques supplémentaires. Le décor est sobre et offre peu d'éléments qui pourraient distraire les participants. La salle comporte des supports audiovisuels pour fins de présentation. Le système acoustique isole des bruits provenant de l'extérieur de la salle.

La plupart des animateurs préfèrent regrouper les participants autour d'une table de conférence, ce qui offre plusieurs avantages : 1) les participants sont tous à la même hauteur ; 2) la table fournit une certaine protection psychologique ; 3) du côté pratique, la table fournit un espace où déposer jus et café. Elle offre de plus une surface de travail lorsque les participants ont à manipuler des questionnaires individuels ou d'autres documents.

Lorsqu'une salle spécialisée n'est pas disponible, il est bon de limiter le nombre d'observateurs à deux ou trois. Ceux-ci seront assis à une petite table mise en retrait à l'arrière de la salle, à l'opposé de l'animateur. Les participants seront moins intimidés puisque la conversation sera plutôt dirigée du côté de l'animateur que de celui des observateurs. On peut aussi louer deux salles adjacentes. Les observateurs peuvent suivre la discussion au moyen d'une caméra vidéo et d'un écran de télévision.

▓ 2.4. Le guide de discussion

Le guide de discussion est très différent du questionnaire de sondage. Ce dernier comporte des questions précises et ordonnées à réponses brèves et catégorisées. Le guide de discussion résume les principaux thèmes de discussion – plutôt que de faire la liste complète de tous les sujets qui pourraient être abordés – et indique l'ordre provisoire et la durée approximative de la discussion sur chaque sujet. Le guide sert de repère général afin d'éviter que des sujets importants ne soient omis lors de la discussion, mais il ne doit pas inhiber la spontanéité des répondants ou limiter la flexibilité de l'animateur. Celui-ci doit être prêt à réagir à de nouvelles situations en posant des questions qui permettront, par exemple, d'explorer un sujet intéressant mais imprévu. Comme la durée d'un groupe de discussion est habituellement de une heure et demie à deux heures, il faut bien évaluer le nombre de sujets qui pourront être discutés au cours de cette période. Il n'est pas efficace d'écourter la discussion sur un sujet important à cause d'un plan trop chargé.

Le groupe de discussion est normalement structuré en trois temps. La *phase d'introduction* sert à briser la glace. L'animateur souhaite la bienvenue et explique aux participants le déroulement du groupe de discussion. Il explique aux participants la raison de l'enregistrement (audio ou vidéo) de même que la présence des observateurs. Il fait remarquer que dans un groupe de discussion, il n'y a pas de bonnes ni de mauvaises réponses, et que toutes les opinions l'intéressent. Il est bon d'amorcer la discussion en demandant aux participants de fournir quelques renseignements sur eux-mêmes tels que le genre de poste qu'ils occupent et le milieu familial dans lequel ils vivent.

Lors de la discussion, on nommera les participants par leur prénom. Une bonne technique à utiliser est de placer un carton de 5 sur 8 pouces plié en forme de tente devant chaque participant. Ils y inscrivent leur prénom au crayon feutre des deux côtés. Ces cartons sont toujours visibles (contrairement aux épinglettes) et l'animateur n'a pas à consulter une liste (inévitablement égarée) pour inviter une personne à répondre. En outre, ces cartons facilitent les discussions des participants entre eux.

Le premier sujet abordé dans la *phase de discussion* vise à « réchauffer l'atmosphère » et à diminuer les tensions, normales entre des étrangers mais improductives. On choisira donc un sujet relativement facile qui pourra n'avoir qu'un lien très indirect avec les buts de la recherche. La période de « réchauffement » dure environ dix minutes. On passe ensuite des sujets généraux aux sujets plus précis ou plus délicats. Par exemple, lors d'une étude sur les chèques de voyage, on peut commencer la discussion par l'utilisation de ce produit, puis discuter des différentes marques de chèques pour en arriver à une discussion sur une marque précise.

> L'animateur aura avantage à aborder les sujets liés aux émotions et aux sentiments avant les sujets plus objectifs tels les comportements d'achat. En effet, les participants aux groupes prennent rapidement l'habitude de répondre de façon « logique » à toute question. Il peut alors devenir difficile de leur faire révéler leurs liens émotifs par rapport à une situation ou un produit.

En guise de *conclusion*, on réserve une période de dix minutes à la fin du groupe pour consulter le commanditaire et vérifier s'il a des questions supplémentaires. Il ne reste plus qu'à remercier les participants pour leur contribution au groupe.

Comme il a été mentionné plus tôt, le guide ne peut contenir toutes les questions qui pourraient être posées aux participants. Cependant, il est bon de préparer une liste de questions organisées en une séquence naturelle et logique. Cela est particulièrement important lorsque le sujet est délicat ou lorsque l'animateur a moins d'expérience avec un sujet. L'animateur mémorisera ces questions et pourra les utiliser durant la discussion. Il mémorisera aussi les principales composantes de son guide de discussion. Cette approche lui donnera une plus grande aisance dans l'orchestration du groupe et le rendra plus apte à saisir les occasions offertes tout au long de la discussion.

 L'ANIMATION

L'animateur du groupe de discussion a une tâche d'autant plus exigeante qu'il est le pivot du déroulement de la rencontre. Il est donc nécessaire de s'étendre sur l'animation du groupe de discussion, ses principes et ses techniques. Nous traiterons du rôle de l'animateur, des différents styles d'animation, des types de questions et des techniques d'animation.

3.1. Le rôle de l'animateur

L'atmosphère la plus productive pour un groupe de discussion est caractérisée par l'ouverture, la participation, l'échange et la recherche de la réussite dans l'effort de groupe. Cependant, la société conditionne les individus à dissimuler leurs sentiments, surtout devant des inconnus. Une trop grande ouverture est vue comme une intrusion, particulièrement lorsqu'on s'attend à la réciprocité. Dans les relations interpersonnelles, une trop grande honnêteté risque d'offenser et a plus souvent des conséquences négatives que positives. L'animateur doit chercher à atténuer ces conditionnements pour permettre aux participants de dévoiler certaines de leurs émotions et attitudes. L'animateur doit créer un environnement permissif et confortable, où des interdépendances se créent et où chacun désire contribuer à la discussion.

Certaines approches favorisent l'atteinte de ce but. L'animateur doit faire preuve d'une *attention soutenue* et exprimer subtilement son *désir de comprendre*. Dans le cas contraire, les participants reconnaîtront rapidement une certaine nonchalance et concluront à l'artifice du groupe. Les participants doivent sentir que leurs *propos sont appréciés*. L'animateur doit faire sentir aux participants qu'il a besoin de leur point de vue. Les participants seront alors plus enclins à exprimer leur propre opinion. Les participants doivent avoir pleinement confiance en la *neutralité de l'animateur*. Ils doivent sentir qu'ils peuvent exprimer leur opinion, même si elle est contraire à celle précédemment exprimée. Pour arriver à cette fin, l'animateur clarifiera sa position de stricte neutralité dès le début de la rencontre ; il invitera les opinions contraires tout au long de la discussion ; et il n'influencera pas la discussion en démontrant même subtilement ses préférences personnelles ou en émettant des signes d'approbation ou de désapprobation.

La relation entre l'animateur et les participants influence considérablement la productivité de l'atmosphère du groupe. Par sa position officielle dans le groupe, l'animateur est automatiquement placé dans une position d'autorité qui lui permet de décider du déroulement des discussions et même de contrôler certains des participants qui peuvent poser des problèmes. Un certain doigté est cependant nécessaire. L'exercice de cette autorité doit être souple, agréable et subtil. Il est préférable de guider doucement les participants plutôt que d'exercer une autorité imposante.

Le but de l'animateur n'est pas de développer des liens d'amitié avec les participants. Cette situation risquerait d'inciter les participants à n'exposer que les points de vue qu'ils perçoivent comme désirés de l'animateur. L'atmosphère du groupe risquerait de plus d'être trop joviale, nuisant ainsi au sérieux nécessaire à une discussion fructueuse.

▦ 3.2. Les styles d'animation

Comme Harpagon a été rendu de diverses façons par des acteurs différents, le rôle d'animateur peut être joué de bien des manières. Le style d'animation est un aspect très personnel du travail de l'animateur.

Il existe deux principales catégories de styles d'animation : le style directif et le style non directif. Un animateur de *style directif* aura tendance à intervenir de façon plus constante dans le processus de groupe. Il posera un grand nombre de questions et contrôlera la discussion pour qu'elle ne dévie pas du sujet. Les sujets sont présentés selon un ordre prédéterminé. Ce style favorise la discussion sur les questions importantes de la recherche. Un animateur de *style non directif* présente les sujets, s'assure que la conversation ne dévie pas trop des objectifs de la recherche et laisse le maximum de latitude aux participants dans l'orientation des discussions. Ce style favorise la discussion sur les questions importantes pour les participants.

Quel style adopter ? Le meilleur style est celui qui correspond le mieux à la personnalité de l'animateur. Cependant, un bon animateur fera preuve de souplesse et saura modifier son approche selon les circonstances. Le style directif est plus efficace quand il y a un grand nombre de sujets à traiter ou lorsqu'on doit explorer plusieurs composantes d'un même sujet. Ce style devient nécessaire, par exemple, dans l'analyse d'un document assez élaboré ou lorsqu'on désire analyser de nombreux problèmes avec un programme. Le style non directif est plus approprié dans le cas d'une recherche exploratoire, lorsqu'on désire établir de nouvelles hypothèses, des idées ou des bases stratégiques. Il est aussi recommandé lorsqu'on traite de sujets émotifs. On peut même à l'intérieur du même groupe varier les styles. On peut commencer la discussion de façon non directive afin d'explorer les attitudes et les expériences passées par rapport au sujet, pour ensuite devenir directif dans l'analyse de problèmes particuliers.

L'animateur doit toujours garder en tête que la recherche a un but précis. Il doit contrôler les conversations, jusqu'à un certain point, pour s'assurer d'obtenir les renseignements nécessaires à la réalisation des objectifs de la recherche à l'intérieur de la courte période allouée à un groupe de discussion. Par contre, l'animateur doit exercer ce contrôle sans limiter l'expression d'idées productives par les participants.

▦ 3.3. Les questions

L'animateur cherche habituellement à comprendre ce qui motive les participants. Il doit déceler comment les émotions influencent le comportement. S'il ne s'agissait que de mesurer le comportement, il procéderait par sondage. Cependant, les gens analysent rarement leurs propres sentiments par rapport à un produit, un message ou une situation. Dans un groupe de discussion, ils auront donc tendance à répondre aux questions de façon logique plutôt qu'émotive. Inciter les gens à révéler leurs émotions exige beaucoup de doigté dans la façon de formuler les questions et de les poser.

La première règle à respecter dans la formulation des questions est la *simplicité* : il est crucial que les questions soient comprises des participants. L'animateur choisira donc son langage en fonction de son auditoire. Il faut aussi ne poser qu'une seule question à la fois et s'assurer que celle-ci ne couvre qu'un aspect du sujet. L'animateur doit être prêt à reformuler une question s'il réalise que les participants n'en comprennent pas le sens.

Les *questions ouvertes* laissent au participant la plus grande latitude possible pour répondre selon sa propre expérience. Les questions très larges permettent de révéler et d'explorer certains aspects inattendus d'un sujet. L'animateur n'utilisera pas de questions fermées ou pré-catégorisées, plus appropriées dans le cadre du sondage.

Pour éviter les réponses monosyllabiques (« oui » ou « non »), les questions doivent *inviter au développement*. Cela évite d'avoir à relancer le participant pour obtenir les raisons motivant sa réponse et favorise la participation des autres membres du groupe.

Il faut éviter de créer des tensions dans le groupe en posant des *questions accusatrices* qui risquent de mettre les participants sur la défensive ou de les rendre agressifs. Les réponses pourraient en être faussées, ce que l'animateur ne sera pas toujours capable de déceler.

Il est souvent nécessaire d'inciter les participants à *aller au-delà de la réponse initiale*. On a avantage à relancer l'ensemble des participants plutôt que celui qui a émis l'énoncé. Explorer tous les aspects d'un sujet signifie inviter les participants qui pourraient avoir des opinions contraires à les exprimer sans créer de tensions ou de conflits entre les participants.

Les *questionnaires de type sondage* ne doivent pas être utilisés durant les groupes de discussion pour quantifier des résultats. Comme nous l'avons mentionné dans la première partie de ce chapitre, il est impossible de tirer des inférences statistiques à partir de groupes de discussion, peu importe le nombre de groupes. Par contre, le questionnaire peut servir au début de la rencontre pour obtenir l'opinion des participants avant qu'ils ne soient influencés par le groupe. Une fois leur position émise par écrit, les participants auront moins tendance à adopter une opinion contraire ; l'animateur peut juger du degré de résistance de l'opinion et analyser les arguments qui contribuent à changer l'opinion initiale. Le questionnaire aide aussi les participants à se rappeler leurs expériences passées, à se concentrer sur le sujet et à réfléchir aux différents aspects qui seront abordés. La discussion en sera enrichie et la période de réchauffement raccourcie.

L'utilisation de questionnaires dans un groupe comporte, cependant, des inconvénients. Utilisé en cours de rencontre, même si cette pause peut être utile pour réorienter la discussion, le questionnaire brise la synergie qui aurait pu s'installer dans le groupe. De nombreux questionnaires risquent d'ennuyer les participants. Il est bon dans certains cas d'expédier des documents aux participants avant la rencontre, tels que des documents assez volumineux ou un questionnaire à compléter avant la réunion.

La technique du *tour de table* est utile pour établir les caractéristiques de chaque participant de façon à diriger les questions vers les plus concernés. On l'emploie aussi lorsqu'il est nécessaire d'obtenir l'opinion de tous les participants sur un sujet important. Les participants peuvent alors prendre position avant qu'ils ne soient influencés par la discussion ouverte et l'animateur peut alors questionner en premier ceux qui sont pour puis ceux qui sont contre. La discussion de groupe ne doit pas se transformer en une série d'entrevues individuelles. Il n'est pas recommandé de prendre des votes par rapport à des options dans le but de compiler des indices de préférence, sauf dans les cas où l'on désire simplement obtenir la force relative de diverses options ou constater s'il y a changement d'opinion. Notons encore une fois que les résultats obtenus par ces votes ne sont pas indicatifs des résultats qui seraient obtenus de l'ensemble de la population.

3.4. Les techniques d'animation

Il existe un certain nombre de techniques d'animation qui sont utilisées dans le cadre des groupes de discussion. Elles concernent l'interaction avec les participants, la gestion de certains types de participants et la gestion du temps. Fondamentalement, l'animateur doit garder la plus stricte neutralité. Il doit constamment surveiller ses techniques d'animation pour ne pas enfreindre ce principe.

Un animateur peut respecter le principe de neutralité dans la formulation de ses questions, mais le trahir inconsciemment par son langage corporel. Il pourrait, par exemple, balancer la tête de haut en bas comme signe d'approbation, récompenser une certaine réponse d'un sourire ou présenter un regard perplexe ou indifférent devant des propos discordants, démontrer des signes d'impatience (en tambourinant des doigts, par exemple) devant des propos discordants, etc.

Techniques inappropriées d'influence des réponses

Émettre des mots d'encouragement tels que « c'est bien », « excellente idée », etc. Il est préférable d'utiliser des mots à consonance neutre tels que: « hom, hom ! », « oui… oui », etc.

Démontrer une certaine impatience devant les points de vue qui déplaisent.

Étendre la discussion sur les points de vue concordant avec l'opinion de l'animateur et l'écourter sur les points de vue discordants.

Solliciter des opinions contraires lorsqu'un participant présente un point de vue discordant et éviter de le faire pour les opinions concordantes.

Demander aux participants les plus susceptibles d'avoir une opinion concordante de parler en premier afin de lancer le débat à partir d'un point de vue apprécié.

Reporter à plus tard les discussions sur les sujets qui plaisent moins à l'animateur ou couper la parole à un participant qui exprime de tels propos.

Le contrôle des participants

Certains types de personnes peuvent nuire au bon déroulement du groupe de discussion. Afin d'éviter de compromettre le processus de recherche, on doit maîtriser ces situations rapidement, mais avec tact.

Par exemple, un participant peut devenir un *expert* parce qu'il est plus instruit que les autres participants, en raison de sa situation sociale, de son expérience professionnelle ou d'un passe-temps relié au sujet discuté. La présence de cet expert aura tendance à inhiber les autres participants. On contrôle « l'expert » qui insiste pour démontrer ses connaissances en offrant la parole à quelqu'un d'autre, en demandant une opinion contraire après un énoncé de l'expert, en suggérant de discuter une opinion contraire, en indiquant aux participants qu'ils sont tous des experts et que l'opinion de chacun compte, etc.

Un *parleur* est une personne qui saute sur toutes les occasions pour prendre la parole et qui empêche les autres participants d'exprimer leur opinion. On le contrôle en évitant le contact avec ses yeux, en posant les questions aux autres participants, en répétant que l'opinion de chacun compte et que l'équité commande que tous aient le droit de parole.

Un bon recruteur devrait s'abstenir d'inviter à un groupe des personnes susceptibles d'avoir de la difficulté à s'exprimer devant des étrangers, des *timides*. S'ils échappent à ce contrôle, on devra tenter d'accroître leur participation en leur demandant de répondre à l'occasion, en maximisant le contact visuel, en leur demandant gentiment d'expliquer certaines de leurs réponses ou en faisant quelques tours de table au début de la réunion lorsqu'on s'aperçoit que deux ou trois participants sont timides.

Il semble parfois impossible de provoquer une discussion dépassant les réponses monosyllabiques : on parle alors de *groupe léthargique*. On peut alors poser des questions dramatiques ou aborder des sujets très controversés, même s'ils n'ont pas de lien direct avec les buts de la recherche, prendre une pause et laisser les participants discuter entre eux quelques minutes, leur demander carrément pourquoi ils semblent ne pas vouloir émettre d'opinion sur le sujet, etc. Dans certains cas, on réalisera que les participants ne sont pas en mesure de discuter du sujet. Il faudra dans ce cas tout simplement annuler le groupe.

Certaines techniques

Il est souvent utile d'employer certaines techniques pour aider les participants à exprimer leur opinion sur des sujets abstraits. Les techniques de base sont décrites dans le prochain tableau. Certains animateurs aiment employer des techniques plus élaborées telles que les techniques projectives qui incluent l'interprétation de taches d'encre, des bandes dessinées dont le participant doit compléter les textes, les jeux de créativité, les jeux de rôles, etc. L'emploi de ces techniques demande une formation spécialisée. De plus, certaines d'entre elles sont controversées. L'interprétation des résultats en est complexe et sujette à erreur. Le commanditaire a habituellement plus de difficulté à suivre et à comprendre le processus. C'est pourquoi elles sont peu utilisées dans les groupes de discussion.

La gestion du temps

Les groupes de discussion durent en moyenne de une heure et demie à deux heures, pour des raisons pratiques. Au-delà de cette limite, la fatigue des participants rend plus difficile l'animation du groupe. De plus longues sessions rendent aussi le recrutement des participants plus difficile. Donc, l'animateur doit bien gérer le temps dont il dispose.

TABLEAU 2
Techniques d'animation

La personnification	On demande aux participants d'imaginer qu'une organisation ou un produit est un être humain ou un animal, puis de le décrire. Par exemple, pour une institution financière, on comprendra vite la différence entre un mouton et un lion.
Le regroupement de marques	On présente aux participants divers produits de catégories différentes et on leur demande de les regrouper. Par exemple, un parfum que l'on classe avec les Jaguar et les BMW a certainement une image différente d'un parfum placé avec les Toyota et les Honda.
Les associations de portrait	On demande aux participants de choisir des photos qui représentent le mieux la clientèle d'un établissement.
Le *mapping*	Grâce à un bref questionnaire que l'on soumettra à un traitement informatique spécialisé, on peut établir et présenter visuellement le positionnement de certains produits ou services par rapport à des qualificatifs.

Il faut, dans la mesure du possible, éviter les coq-à-l'âne. Lorsqu'un sujet de grand intérêt est en discussion et qu'un des participants en aborde spontanément un nouveau, l'animateur doit intervenir. L'animateur doit juger quand un sujet est épuisé ; il passe alors à un nouveau sujet. Quand le programme est chargé, il est utile d'indiquer le temps approximatif accordé pour chaque sujet sur le guide d'entrevue afin que l'animateur ait spontanément certains repères.

 L'ANALYSE

🔲 4.1. Les niveaux d'analyse

On peut faire l'analyse des résultats de groupes de discussion à quatre niveaux différents. Plus un animateur effectue son analyse de façon méthodique à chacun de ces niveaux, plus grands seront les bénéfices. On distingue : ce que les participants ont dit ; ce que cela veut vraiment dire ; l'impact sur le sujet d'analyse ; les options de stratégie.

Il n'y a que trois façons d'obtenir un exposé détaillé de tous les *propos tenus par les participants* durant les réunions : demander à une personne, située dans la salle d'observation, de noter les propos des participants, obtenir une transcription des bandes sonores ou réécouter les bandes. La prise de notes et la transcription offrent l'avantage d'économiser le temps de l'animateur. La réécoute des bandes permet à l'animateur de saisir les subtilités des discussions telles que l'enthousiasme dans la formulation des opinions et parfois, de mieux situer qui a pris quelle position. Malheureusement, certains animateurs en restent à ce premier niveau d'analyse. Le rapport qui en résulte n'est guère plus qu'une transcription organisée des conversations. C'est le niveau primaire.

Il peut y avoir des écarts considérables, ou du moins des nuances importantes, entre ce que les participants ont dit et la *signification réelle de leurs propos*. Un bon animateur va au-delà des paroles pour comprendre les réactions et leurs causes. Une foule de facteurs sont à considérer dans l'analyse des résultats.

– *Les causes des réactions*. Les participants fournissent de multiples réponses aux questions posées. Une bonne analyse explique pourquoi les participants répondent de cette façon ; quelles émotions ils ressentent par rapport à la situation proposée, pourquoi ils ressentent ces émotions et quelles expériences vécues peuvent expliquer ces réponses.

– *Les changements d'opinion*. Il arrive, au cours d'une discussion, que les participants changent d'opinion ou émettent une opinion différente de celle énoncée dans un questionnaire individuel. Un rapport complet établit les causes de ces revirements.

– *Les opinions minoritaires*. Comprendre les objections formulées par un ou deux participants peut permettre de modifier une stratégie pour tenir compte de ces freins ou de clarifier les réactions de minorités actives.

– *La déduction*. Les intentions déclarées de comportement sont rarement des indicateurs fiables. Il est souvent préférable de vérifier le degré d'intérêt, l'enthousiasme et le degré de conviction.

– *L'émotif versus le rationnel*. Les décisions réelles se prennent souvent de façon impulsive. En conséquence, les réponses fournies spontanément ont une valeur différente de celles résultant d'une série de questions posées par l'animateur. L'intensité des émotions vécues par les participants est une donnée importante. Les participants discutent-ils d'un sujet aisément ou en sont-ils embarrassés ? Une question provoque-t-elle des réactions d'anxiété, de colère, d'indifférence, d'excitation, d'ennui ?

- *Le niveau d'expérience du participant.* Les opinions émises n'ont pas toutes la même valeur. L'animateur privilégiera les rapports d'expériences directes aux affirmations générales qui ne sont pas enracinées dans le vécu des participants.

- *Le degré d'importance.* Il est difficile de déterminer l'importance de divers facteurs dans une décision individuelle. À l'intérieur d'un groupe de discussion, cette évaluation n'est pas plus aisée. Plutôt que de se centrer sur les opinions directement émises, l'animateur peut parfois déceler l'importance d'un sujet en écoutant le genre de questions posées par les participants.

- *Le langage non verbal.* Les réactions physiques des participants sont indicatives de leur attitude envers les propos des autres participants. Sourire, balancement de tête, mouvement de chaise, bâillement, regards distraits, conversations parallèles : un bon animateur porte une attention constante à ces signes et sait les interpréter.

Faire le lien entre les propos tenus par les participants, les observations de l'animateur et les **objectifs de la recherche** demande un esprit analytique et logique, une évaluation systématique et objective de toutes les données, et beaucoup de réflexion. L'animateur se pose constamment la question suivante : « Quel est l'implication de cet énoncé en fonction des objectifs de la recherche ? » Il doit donc établir les risques associés à certaines options, les forces et les faiblesses des possibilités étudiées, le degré de réceptivité des participants aux arguments présentés, etc.

La formulation de **recommandations stratégiques fermes** est une tâche délicate, car l'animateur possède rarement toutes les données nécessaires pour le faire. C'est pourquoi on parle plutôt d'options de stratégies qui pourront être étudiées en détail par le commanditaire. Mais le fait d'ouvrir la piste donne une valeur accrue au rapport. Évidemment, ces considérations sont moins importantes dans le cas d'une recherche théorique uniquement centrée sur l'acquisition de connaissances.

Habituellement, l'animateur devra se fier à deux sources pour établir des options de stratégie : les résultats des groupes et son expérience personnelle. Certaines idées nouvelles peuvent être émises. Il faut porter une attention constante durant les rencontres et durant l'écoute des bandes d'enregistrement pour repérer les bonnes idées. L'attention portée pendant plusieurs jours aux sujets des groupes de discussion permettra parfois à l'animateur, grâce à son imagination et à sa créativité, de concevoir des options de stratégie. L'expérience de l'animateur pourra lui suggérer des analogies, mais le sujet devra tout de même être traité en fonction de sa valeur propre.

▓ 4.2. Une technique exhaustive d'analyse

Une analyse complète et détaillée des groupes de discussion requiert cinq étapes. D'abord, on note rapidement après chaque groupe certaines *réactions initiales*, certains points clés de la discussion, particulièrement ceux qui ne pourront pas être repris en écoutant les bandes d'enregistrement tels que, par exemple, les réactions non verbales à certains propos, le degré d'émotivité ressenti, l'aisance des participants, etc. L'animateur *écoute ensuite les bandes* d'enregistrement. Il regroupe par sujet les commentaires pertinents et ses observations. Il note aussi les énoncés représentatifs de l'opinion des participants afin de les présenter dans son rapport. L'animateur *compare et analyse*, pour chacun des sujets, les observations obtenues de chaque groupe de discussion, note les tendances principales, les différences entre les groupes, les opinions minoritaires, etc. Il est alors en mesure de rédiger son rapport sur ce sujet. Après la rédaction du premier jet de son rapport, l'animateur se donne une *période de recul* de trois ou quatre jours. Cette période lui permet souvent de découvrir de nouvelles tangentes relativement aux résultats présentés. Après quoi, l'animateur peut procéder à la *rédaction finale* de son rapport.

Conclusion

On a pu constater à la lecture de ce chapitre que l'animation et l'analyse des groupes de discussion est un processus complexe. Les bons animateurs ont une formation solide et possèdent plusieurs années d'expérience. Les bons animateurs possèdent *un bon jugement* pour aiguiller la discussion en cours de rencontre selon le déroulement des conversations, *une grande sensibilité* pour comprendre les émotions, saisir l'ambiance et interpréter les signes non verbaux, *une flexibilité hors de l'ordinaire* et une faculté d'adaptation instantanée aux circonstances, *une excellente capacité d'écoute* pour être en mesure de capter les messages des participants et de profiter des occasions offertes, *une connaissance infaillible du sujet* pour soupeser la valeur des arguments et mieux contrôler la situation, *un bon sens de l'humour* pour réduire les tensions et *une filiation avec le caméléon* pour nuancer langage et style selon les participants.

Bibliographie annotée

EDMUNDS, H., *The Focus Groups Research Handbook*, NTC Business Books, 1999.

Très bon guide sur les groupes de discussion. En annexe, on retrouve des exemples de questionnaires de recrutement, de guides de discussion et de rapports.

GLASS, L., *I Know What Your Thinking*, John Wiley & Sons, Inc., 2002.

Livre qui explique la signification des diverses façons dont les gens communiquent leurs vraies pensées : le langage verbal, le timbre de la voix, les gestes corporels et les expressions faciales.

GREENBAUNM, T.L., *Moderating Focus Groups : A Practical Guide For Group Facilitation*, Thousand Oaks, CA, Sage Publications, 2000.

Volume très complet sur tous les aspects des groupes de discussion. Un chapitre traite en détail des diverses techniques de projection.

KRUEGER, R.A., *Focus Groups : A Practical Guide for Applied Research*, Thousand Oaks, CA, Sage Publications, 2000.

Ce livre très détaillé contient un chapitre particulièrement intéressant sur la rédaction d'un rapport de groupes de discussion et les diverses formes de présentation des résultats.

MORGAN, D.L., *Focus Groups as Qualitative Research*, Newbury Park, CA, Sage Publications, 1997.

Ce livre présente tous les aspects des groupes de discussion. Il constitue une bonne synthèse de la méthodologie des groupes de discussion.

MORGAN, D.L., *Planning Focus Groups*, Sage Publications, 1998.

Livre qui se concentre sur la phase de la planification des groupes de discussion.

VAUGHN, S., J.S. SHUMM et J. SINAGUB, *Focus Group Interviews in Education and Psychology*, Newbury Park, CA, Sage Publications, 1996.

Cet ouvrage présente en détail toutes les étapes de la planification et de la réalisation des groupes de discussion. Mais son intérêt principal réside dans la méthode très détaillée qu'il propose pour l'analyse des résultats des groupes de discussion.

L'analyse de contenu 15

Paul SABOURIN

Les faits sociaux sont pourvus de sens.

M. CANTO-KLEIN et N. RAMOGNINO

1 L'ANALYSE DE CONTENU : UN ÉLÉMENT CENTRAL DE LA PROBLÉMATIQUE MÉTHODOLOGIQUE DE LA RECHERCHE SOCIALE

▓ 1.1. La place de l'activité symbolique dans la vie sociale

La question du sens dans l'étude des comportements sociaux est une question centrale de la recherche sociale. Le symbolique n'est pas au-dessus ou subséquent à l'action sociale. L'activité symbolique de la pensée humaine ne se résume pas à sa seule forme réflexive, mais aussi **compose** les activités sociales. L'être humain moderne agit par thème : il travaille, il a des loisirs, il s'engage dans la vie spirituelle, dans l'économie, etc. Comment pourrait-il réaliser ces activités sans mettre en œuvre des connaissances pratiques ? Cette dimension symbolique de l'activité sociale apparaît dans toutes ses implications aujourd'hui. Elle s'est matérialisée, par exemple, dans le domaine du travail sous la forme des ordinateurs devenus instruments du quotidien pour nous assister dans notre traitement d'un ensemble toujours plus grand d'information.

L'analyse de contenu a pour but de connaître la vie sociale à partir de cette dimension symbolique des comportements humains. Elle procède de traces mortes, de documents de toutes sortes, pour observer des processus vivants : la pensée humaine dans sa dimension sociale. Cette pensée peut être appréhendée à l'échelle individuelle ou collective et conceptualisée, notamment, dans une théories des idéologies[1] ou encore, une théorie des représentations sociales[2].

Si nous insistons sur le fait symbolique, c'est que *la connaissance des caractéristiques propres à l'activité symbolique humaine est un préalable à la maîtrise de l'analyse de contenu.* Faire une analyse de contenu, c'est produire du langage (le discours savant d'interprétation des documents) à partir du langage (les documents analysés résultant d'une interprétation du monde).

▓ 1.2. De la nécessité de connaître les opérations d'analyse de contenu dans la recherche sociale

Au sens général, toute démarche de connaissance du social requiert des opérations d'analyse du contenu. Il s'agit d'un passage obligé[3]. C'est pourquoi la recherche sociale est traversée par la problématique de l'analyse de contenu que nous allons exposer ici. Celle-ci sera abordée dans ce chapitre dans son sens plus strict d'*un ensemble de démarches méthodologiques recourant à des méthodes et des techniques utilisées en fonction d'interpréter des documents dans le but de connaître la vie sociale.*

Par conséquent, les enjeux méthodologiques de l'analyse de contenu devraient intéresser toutes les personnes qui veulent réaliser une recherche sociale, quel que soit le type de démarche.

---

1. Voir à ce sujet Fernand DUMONT, Jean-Paul MONTMINY et Jean HAMELIN, *Les Idéologies au Canada français*, Québec, Presses de l'Université Laval, 1971-, 6 t. en 4 v., et pour un bilan de ces recherches, Fernand DUMONT, *Genèse de la société québécoise*, Montréal, Boréal, 1993.
2. Denise JODELET (dir.), *Les représentations sociales*, Paris, Presses universitaires de France, 1989.
3. Par exemple, même pour élaborer un questionnaire, il faut procéder d'une connaissance du contenu des discours sociaux. Dans le cas des questions fermées à choix multiples, la formulation de la question comme le choix de réponse supposent une appréhension méthodique du contenu des discours sociaux sur le thème concernant cette question afin d'établir tant la formulation adéquate de la question que les choix de réponses pertinents à inscrire sur le questionnaire.

▓ 1.3. De la première méthode d'analyse de contenu à la multiplicité des approches méthodologiques contemporaines

Afin d'aborder ce domaine complexe le plus simplement possible, nous allons amorcer cet exposé des démarches de recherche en traitant de l'analyse thématique aussi désignée sous le terme d'analyse de contenu « classique »[4]. Bien que cette démarche de recherche soit encore pratiquée, elle demeure très limitée dans ses capacités à produire d'une manière explicite des résultats satisfaisants. Par contre, il s'avère nécessaire de bien la connaître pour comprendre ses usages possibles et en quoi les méthodes contemporaines tentent de répondre d'une façon plus satisfaisante aux dilemmes qu'elle pose.

C'est à partir d'un bilan des acquis et des limites de ces premières expériences d'analyse de contenu systématique, conçues dans le cadre d'une visée d'objectivité scientifique, que les chercheurs vont échafauder depuis les années 1960 différentes « solutions » aux problèmes rencontrés. Ces résolutions vont prendre deux directions, soit celle de prolonger les visées scientistes, ou celle encore, d'une redéfinition de la forme du savoir des sciences sociales[5]. Ces voies marquent encore aujourd'hui les perspectives contemporaines de l'analyse de contenu. Vu la variété et la complexité des démarches contemporaines, il a fallu se restreindre à exposer dans leurs principes et dans leurs principales opérations ces méthodes d'analyse du discours, en référant le lecteur aux ouvrages plus spécialisés de méthodologie et à des travaux d'analyse de discours exemplaires.

Avant de commencer l'exposé des démarches, il est utile de fournir les grands repères du domaine pour que le lecteur puisse s'y retrouver dans la vaste littérature traitant de l'analyse de contenu.

 LE DOMAINE DE L'ANALYSE DE CONTENU

Nous allons situer le domaine de l'analyse de contenu par rapport à deux autres expressions connexes utilisées dans la recherche sociale : l'analyse des comportements verbaux et l'analyse du discours.

---

4. Laurence BARDIN, *L'analyse de contenu*, 7ᵉ éd. corrigée, Paris, Presses universitaires de France, 1993.
5. Pour apprécier ces deux directions du savoir, on peut consulter Clifford GEERTZ, *Savoir local, savoir global, les lieux du savoir*, Paris, Presses universitaires de France, 1986, ou bien Jean-Claude GARDIN, *Le calcul et la raison. Essai sur la formalisation du discours savant*, Paris, École des Hautes Études en sciences sociales, 1991.

L'*analyse de contenu* regroupe l'ensemble des démarches visant l'étude des formes d'expression humaine de nature esthétique :

- Productions visuelles et auditives (ex. : affiches, peintures, films, chansons, etc.) ;

- Productions langagières,

  • discours oraux (ex. : entrevues, allocutions, etc.) ;

  • discours écrits (journaux, discours politiques, écrits administratifs, journaux intimes, autobiographie, etc.).

L'*analyse des comportements verbaux*, en tant que sous-domaine de l'analyse de contenu, privilégie l'observation en situation sociale des performances langagières orales (ex. : discussions de groupes) et écrites (ex. : les procédures d'établissement d'un dossier médical dans un service hospitalier). L'*analyse de discours* étudie la production textuelle orale ou écrite dans le cadre d'une analyse interne des documents. Elle envisage l'écriture et la lecture comme le lieu privilégié d'observation de l'élaboration du sens social.

Des frontières fluctuantes aujourd'hui du domaine de l'analyse de contenu

Ces divisions traditionnelles du travail d'analyse de contenu sont aujourd'hui en mutation. On peut penser que le terme analyse de contenu, moins usité pendant longtemps, va connaître un regain de popularité du fait des possibilités de numérisation de l'image, du son et de la vidéo, rendue possible par les techniques informatiques permettant ainsi d'envisager plus facilement l'analyse des documents esthétiques[6]. L'analyse des comportements verbaux en situation sociale relève de la démarche d'observation directe. Elle peut se faire aussi dans le cadre de l'expérimentation en psychosociologie. Nous n'en traiterons pas ici parce qu'elle s'appuie essentiellement sur d'autres sources d'information pour donner sens aux paroles et aux textes.

---

6. Nous pensons à des logiciels d'analyse de contenu tels ATLAS/TI, et QSR NVIVO qui permettent la segmentation de tous les types de documents numérisés. Il devient possible par exemple, de segmenter directement sur la bande sonore numérisée dans un ordinateur des entrevues et de procéder ainsi à l'analyse de leur contenu. Pour l'étude d'un type de document esthétique, l'affiche politique, consultez Alain GUILLEMIN, Cristina LECHUGA-PANELLA, Bruno LEYDET, Nicole RAMOGNINO, Pierrette VERGÈS, Pierre VERGÈS et Robert VION, *La politique s'affiche. Les affiches du politique*, Didier Erudition/Presses de l'Université de Provence, 1991.

Par ailleurs, les méthodes contemporaines d'analyses du discours n'ont pas comme clôture un document. Elles doivent pour rendre celui-ci intelligible situer le texte parmi les textes (l'intertextualité des discours sociaux[7]) et envisager l'écrit comme un moment particulier d'un comportement social spécifique : une relation sociale de communication[8]. Qu'il s'agisse d'une relation de communication entre interviewés et interviewers ou bien d'une lettre de lecteur dans un journal qui se rapporte à une suite d'écrits traitant de la même question.

L'usage aujourd'hui plus fréquent du terme analyse de discours plutôt que celui d'analyse de contenu indique donc que :

1) l'analyse de documents textuels, parmi l'ensemble des documents possibles, est la plus utilisée comme modes d'accès à l'étude de la vie sociale ;

2) dans l'état de développement de l'analyse de contenu, on préfère utiliser les documents textuels parce ceux-ci s'avèrent relativement plus « simples » à interpréter.

Dans le cas des documents textuels, l'itinéraire de lecture est déterminé linéairement, selon les langues, de gauche à droite et de haut en bas ou à l'inverse. Pour les autres formes esthétiques, dès le départ de l'interprétation, se pose le problème de l'absence de linéarité dans la « lecture » dans le cas de plusieurs types d'œuvre esthétique multipliant ainsi les possibilités de signification des documents[9]. Ces conditions ont fait que, en analyse de contenu, les travaux d'analyse du discours sont plus nombreux et mieux explicités. Pour ces raisons, dans ce chapitre introductif à l'analyse de contenu, nous concentrerons notre attention sur la méthodologie de l'analyse du discours.

3 LA MÉTHODE D'ANALYSE DE CONTENU « CLASSIQUE » OU THÉMATIQUE SITUÉE DANS L'HISTOIRE DE L'INTERPRÉTATION SAVANTE

Dans les années 1950, Berleson et Lazarfeld furent les premiers chercheurs à produire un discours visant à expliciter et à systématiser l'ensemble de la démarche d'analyse de contenu. Mais bien avant eux, l'analyse de contenu

---

7. Voir à ce sujet Marc ANGENOT, « Le discours social : problématique d'ensemble », *Cahiers de recherches sociologiques*, vol. 2, n° 1, 1984, p. 19-44.

8. Vincent ROSS, « La structure idéologique des manuels de pédagogie québécois », dans *Recherches sociographiques*, vol.10, n°s 2-3, 1969, p. 171-196.

9. A. GUILLEMIN *et al.*, *op. cit.*, 1991.

dans le monde occidental a donné lieu, au-delà de l'interprétation constante du monde que tous les êtres humains doivent effectuer pour vivre, à des activités sociales spécifiques montrant l'importance de sa fonction sociale.

Dieu, l'État et l'analyse de contenu

L'exégèse religieuse fut la première forme d'analyse de contenu[10]. Elle consiste en l'analyse des textes sacrés et vise à expliciter les rapports entre les symboles religieux. Pourquoi Dieu dans le christianisme est-il représenté par trois personnes (Dieu le père, Dieu le fils et Dieu le Saint-esprit)? Quel est le rapport entre ces trois symboles religieux?

Au XIXe siècle, l'analyse de contenu devient une activité laïque. Elle est le fait des littéraires tel Gustave Lanson qui va formuler des règles de l'herméneutique (l'interprétation savante des textes à des fins laïques). C'est à partir de ce moment que l'on considère les textes à analyser non plus comme une simple expression transparente d'une volonté extérieure au texte (Dieu), mais comme un objet du monde humain et dont la fabrication concrète (ex. : les ratures de l'auteur et de l'éditeur dans les différentes versions) permet d'observer l'élaboration du sens dont est expressif le document. Dans cette interprétation des textes, l'annotation des textes sous forme d'édition critique des œuvres, avec commentaires et notes en bas de pages, aura pour but d'aider le lecteur dans sa compréhension du sens.

Au début du XXe siècle, l'analyse de contenu connaît un nouveau départ orienté cette fois par la nécessité de gérer la vie sociale. Le phénomène de la propagande, de la diffusion de masse des écrits, tels les pamphlets et les journaux, moyens alors perçus comme permettant le contrôle des esprits, va susciter un nouveau développement du domaine de l'analyse de contenu à des fins étatiques et militaires. On mesure la dimension des titres et des textes, on répertorie les thèmes favorables aux ennemis dans des journaux soupçonnés de pencher en faveur des thèses adverses, etc. La Deuxième Guerre mondiale sera un second moment particulièrement prolifique en subventions militaires pour assurer le développement des méthodes et des techniques d'analyse de contenu quantitative.

Encore aujourd'hui, les services de renseignements recourent à des méthodes et des techniques d'analyse de contenu de plus en plus sophistiquées.

---

10. Jean MOLINO, « Pour une histoire de l'interprétation : les étapes de l'herméneutique », *Philosophiques*, printemps 1985, vol. 12, n° 1, p. 75-103, vol. 12, n° 2, p. 281-314.

L'analyse de contenu à la frontière de la légalité :
l'espionnage électronique

Le réseau Échelon, issu de la guerre froide et constitué par les États de 5 pays industrialisés, a pour objectif d'intercepter et d'analyser les communications électroniques dans le monde entier. Pour parvenir à traiter une telle masse d'information sont mis à contribution des outils informatiques et un personnel très nombreux. L'incapacité de ces services à renseigner sur les attentats du 11 septembre 2001 ont mis en doute leurs méthodes. Un autre exemple des domaines d'application de la recherche en ce qui a trait aux méthodes d'analyse de contenu est l'informatique documentaire qui, sous sa forme la plus connue (ex. : les moteurs de recherche sur l'Internet), joue une part de plus en plus importante dans l'organisation de la connaissance dans nos sociétés.

Même si ces dispositifs informatisés sont très sophistiqués, ils n'intègrent pas les capacités humaines de représentation de la réalité et de production du sens, bien que, quelquefois, ils savent nous surprendre en simulant ses capacités[11].

■ 3.1. La démarche d'analyse de contenu thématique

Pour comprendre la démarche d'analyse de contenu thématique, il faut en saisir l'idée maîtresse. *La conception de cette méthode envisage de considérer les textes comme des objets qui peuvent être saisis et analysés essentiellement comme s'ils avaient les mêmes caractéristiques que les objets matériels.* Voici une analogie à un déménagement qui permettra rapidement de saisir les grandes lignes de cette démarche de recherche.

L'analyse de contenu en action :
un déménagement rondement mené !

Vous avez décidé de déménager d'appartement. Vous voulez minimiser vos efforts. Pour ce faire, vous avez décidé de constituer des boîtes de déménagement dans lesquelles vous classerez systématiquement vos objets selon certaines de leurs caractéristiques afin de pouvoir les transporter dans la bonne pièce et au bon endroit de la pièce, c'est-à-dire au plus près de leur utilisation future. Afin d'être efficace, chacune de vos boîtes doit permettre de classer des objets selon des **critères explicites et homogènes** (ex. : la boîte des instruments de cuisine).

---

11. On pense aux débats entourant les possibilités d'une intelligence artificielle qui ont montré la complexité de la pensée humaine la plus élémentaire. Voir à ce sujet Jean DE MUNCK, *L'institution sociale de l'esprit*, chap. 2, « Connexion ou compréhension ? ».

> Votre série de boîtes doit être **exhaustive** : il ne faut pas que vous fassiez de « boîte diverse », car vous devrez ouvrir toutes les boîtes diverses pour retrouver certains objets plutôt qu'une seule boîte. De plus, les critères définissant vos boîtes devront être **exclusifs** : il ne faut pas qu'un objet puisse être classé dans deux boîtes différentes, sinon, il faudrait ouvrir les deux boîtes pour le retrouver. Il faut donc définir d'une façon plus détaillée les critères caractérisant chacune des boîtes pour éviter cette situation.
>
> Vous voulez vous faire aider dans votre déménagement ? Chaque personne qui vous aidera devra classer de la même façon les objets, afin que quelle que soit la personne qui classe, on puisse retrouver les objets pour les disposer dans le nouvel appartement.
>
> Enfin, vous ne devez pas faire l'erreur de prendre des boîtes trop grandes. Il faut que celles-ci soient **adéquates,** que leur description « colle » à la fois aux principes généraux de disposition de vos objets dans votre appartement qui pourrait être une fonction par pièce et à la fois aux particularités des objets déménagés. Par exemple, si vous faites une boîte définie seulement par le critère cuisine, en plus d'être énorme, elle contiendra des objets très différents (livres de cuisine, ustensiles, vaisselle, aliments, petits électroménagers pour la cuisine).

Peut-on transposer la saisie des objets matériels au domaine des objets symboliques ? Peut-on classer les extraits d'un discours sous des thèmes comme on classerait des objets dans une boîte selon les critères énoncés : homogénéité, exhaustivité, exclusivité, adéquation à l'objet d'étude et aux particularités du discours analysé ? Les textes sont bien des objets matériels (des inscriptions à l'encre sur du papier), mais ces objets ont-ils des particularités spécifiques que l'on doit considérer dans notre démarche d'analyse ? Il faut nécessairement adapter ces règles aux caractéristiques du symbolique afin de les rendre applicable dans l'analyse de discours.

L'étude des représentations sociales a montré que l'on ne pouvait transposer les propriétés matérielles des objets au symbolique. *Ce qu'on appelle thème dans l'analyse classique ou représentation sociale dans la terminologie d'aujourd'hui, ne peut être délimité suivant un contour précis, comme le seraient des objets matériels, mais par un noyau central de notions*[12].

De plus, le langage, contrairement aux objets matériels, nous permet d'évoquer des choses sans qu'elles soient présentes. Si, dans une classe, je dis aux étudiants «pensez au stade olympique ! », personne ne s'attend à

---

12. Pierre VERGÈS, « Une possible méthodologie pour l'approche des représentations économiques », *Communication-information*, vol. 6, nᵒˢ 2-3, 1984, p. 375-396.

voir apparaître le stade olympique dans la classe. Pourtant, il sera présent sous forme de représentation dans les esprits des étudiants. Cette capacité de représenter ce qui n'est pas présent devant nous est fondamentale dans la constitution du social. Ce que l'on appelle les régularités sociales des comportements humains ne sont pas autre chose qu'une connaissance nous assurant une représentation stabilisée du monde dans lequel nous agissons[13]. Il en va de même de la représentation d'un groupe, d'un milieu, voire d'une société, c'est-à-dire les représentations qui se sont développées au cours de notre socialisation.

Afin de statuer sur ces questions des propriétés propres à l'activité symbolique, tout en exposant les éléments, les opérations et la démarche d'analyse thématique, nous formulerons des commentaires sur les limites de son application.

▓ 3.2. La définition des éléments et des opérations de l'analyse thématique

Dans la méthode thématique, l'analyse de contenu est définie comme *une technique de recherche objective, systématique et quantitative de description du contenu manifeste de la communication*. Approfondissons cette première définition formulée par le méthodologue Berelson.

Le sens manifeste d'un texte postule que l'on peut considérer un niveau de lecture prédominant comme le faisait la vieille distinction entre le sens propre (une tasse de thé) et le sens figuré d'un mot (avoir sa tasse pleine pour dire que l'on est excédé par quelque chose)[14].

Peut-on dire qu'il y a un sens prédominant à la lecture d'un texte ? Est-il jugé prédominant en raison du type de discours social, ou du point de vue de la majorité des lecteurs ou de quelque autre critère de l'analyste ? Comme nous allons le voir un peu plus loin, les réponses données à ces questions démarquent les méthodologies de l'analyse de contenu d'aujourd'hui.

---

13. Peter L. BERGER et Thomas LUCKMANN, *La construction sociale de la réalité*, 2ᵉ éd., Paris, Armand Colin, 1996.
14. Cette distinction est encore utilisée aujourd'hui dans les définitions des mots des dictionnaires. Remarquer qu'en plus de cette définition, les dictionnaires donnent pour faire comprendre les mots des extraits littéraires, c'est-à-dire diverses phrases dans la littérature où apparaît le mot.

La saisie objective du texte signifie que la démarche doit correspondre aux canons de la science : opérations explicites de lecture, réplication par différents chercheurs arrivant aux mêmes résultats, etc.

La réalisation d'expériences d'analyse de contenu thématique a montré que, malgré des efforts de rigueur dans la définition des catégories thématiques et dans les règles de classification des extraits[15], les analystes d'un même texte ne segmentent pas et ne classifient pas les extraits d'une façon identique ou s'en rapprochant, bien qu'il puisse y avoir des recoupements entre les lectures[16]. De ce fait, on ne peut soutenir par cette méthode la possibilité de réplication de l'expérience. Est-ce à dire que les lectures d'un même texte par différentes personnes sont totalement aléatoires ? Il va sans dire que non. Chaque lecture est spécifique, tout en procédant de notions communes relatives à la trajectoire sociale des personnes lectrices[17]. Alors, dans ces conditions, comment établir d'une façon méthodique l'analyse de discours ?

3.3. Bilan de l'analyse thématique

Les expériences d'analyse de contenu thématique ont aussi montré que *l'analyse de discours ne pouvait se résumer à une question d'application d'une technique aussi précise soit-elle.* Celle-ci demande, pour gagner en cohérence, de considérer l'ensemble des moments et des composantes de la démarche méthodologique comme le tentent les démarches contemporaines d'analyse du discours ; de considérer, par exemple, l'étude de la construction sociale des discours comme préalable au moment d'analyse dans la recherche sociale. Selon les types de discours sociaux, la fréquence d'apparition d'un thème n'a pas la même signification. Dans une entrevue, une personne interviewée peut parler une seule fois d'un thème, en baissant la voix, voulant signifier par là qu'elle révèle une information qu'elle ne veut pas divulguer à un grand nombre de personnes. Dans cette situation d'élocution, une fréquence d'apparition faible peut ne pas signifier une importance faible d'un thème dans un discours.

---

15. Il s'agit des règles d'homogénéité des catégories, d'exhaustivité des contenus, d'exclusivité entre les catégories (Laurence BARDIN, *op. cit.*, 1993). Voir aussi le chapitre 8 « La mesure » et l'exemple du déménagement ci-dessus pour avoir un aperçu de ces règles.
16. Il s'agit du caractère polysémique du sens commun, ce qui signifie que les mêmes mots et les mêmes phrases peuvent évoquer des significations très différentes. Nous y reviendrons un peu plus loin dans ce chapitre lors de l'exposé de l'analyse de discours sémantique structurale.
17. Denise JODELET, *op. cit.*, 1989.

L'analyse thématique est utilisée aujourd'hui le plus souvent dans le cadre de recherche portant sur des problèmes sociaux en sciences sociales appliquées (travail social, nutrition, démographie, communication, etc.) où les chercheurs visent plus à connaître la vie sociale du point de vue d'un diagnostic en termes de problèmes sociaux et d'évaluer la présence des attitudes pour les résoudre, qu'à connaître d'une façon approfondie les différenciations sociales composant les situations étudiées. On peut recourir aux logiciels de l'informatique qualitative pour assister cette démarche[18].

4 LES TROIS GRANDES VOIES CONTEMPORAINES DU DÉVELOPPEMENT DE L'ANALYSE DE DISCOURS DANS LA RECHERCHE SOCIALE

Afin de répondre aux objections à propos de la pertinence de l'analyse thématique en sciences sociales, nous allons mettre en évidence trois grandes familles de démarches méthodologiques d'analyse de contenu[19]. Ces perspectives se différencient selon le regard qu'elles établissent sur les discours et les éléments sur lesquels elles se basent pour établir une interprétation des documents textuels.

Une première perspective méthodologique s'appuie sur les fondements linguistiques du langage pour établir son interprétation. Il s'agit de se fonder sur la science du langage que constitue la discipline bien établie de la linguistique dans les sciences humaines pour développer une perspective d'analyse selon une vision objective des discours sociaux. Cette perspective donne lieu aux développements de techniques quantitatives de traitement des discours sociaux.

Une seconde perspective se situe dans le prolongement de l'analyse thématique et *vise à saisir les régularités sociales dans les contenus textuels.* Cette approche peut être qualifiée de pragmatique. L'interprétation se fonde sur le recours aux méthodes pratiques de l'analyse documentaire : fabrication de résumé des documents, de répertoire (ex. : mots clés) indexant la documentation à propos d'un groupe social, de schématisation

---

18. Eben A. WEITZMAN et Matthew B. MILES, *Computer programs for qualitative data analysis : A software sourcebook*, Thousand Oaks, Ca., Sage Publications, 1995, 371 p.
19. Reneta Tesch a élaboré un arbre de classification détaillé des types de démarches méthodologiques en sciences sociales à partir d'un relevé de plus d'une cinquantaine d'énoncés méthodologiques, soit dans des traités de méthodologie ou dans des travaux de recherche des sciences sociales. Voir Renata TESCH, *Qualitative Research. Analysis Types and Software Tools*, New York, The Falmer Press, 1990, 330 p.

des catégories thématiques de classification des contenus documentaires, etc. Dans cette perspective, les discours sociaux sont analysés généralement pour leur contenu informatif plutôt qu'étudiés en tant que lieu d'élaboration sociale du sens. L'étude des activités sociales d'un groupe ou d'un milieu vient surdéterminer l'interprétation faite des documents relatifs à l'objet d'étude[20]. Cette famille de démarche méthodologique relève du sens plus général des méthodologies qualitatives plutôt que strictement de l'analyse de discours telle que délimitée dans la conception de ce chapitre. Les tenants de l'analyse du discours critiquent ces approches de méthodologies qualitatives parce qu'elles présupposent un accès transparent aux documents faisant ainsi l'économie d'envisager les discours comme construction sociale et moment de l'élaboration de la vie sociale[21].

Une troisième perspective postule qu'un document n'est pas uniquement trace de contenu, mais aussi d'une organisation de ces contenus traduisant, ainsi, le fait que les dires et les écrits font état d'une connaissance du monde plutôt que de simplement contenir des informations à propos du monde vécu. Il faut mettre au jour cette organisation des discours pour être à même de saisir adéquatement le « contenu » de ce qui est dit ou écrit par une personne ou un groupe social. Le statut donné aux personnes et aux groupes n'est plus celui d'un réceptacle passif de contenu, mais d'êtres actifs organisant à travers leurs activités de connaissance, leur rapport au monde.

Nous aborderons plus loin cette perspective à partir de la démarche de la sémantique structurale qui se démarque des autres approches de ce type par sa volonté de se poser explicitement dans l'horizon d'un savoir scientifique[22].

Dans cette perspective, on considère aussi que le sens attribué à un texte relève à la fois des propriétés du discours social mais aussi de l'activité cognitive d'un lecteur : ici, le chercheur co-construit le sens du discours analysé. Il n'est pas hors du monde social, mais situé en lui et il procède lui aussi d'un langage localisé socialement[23]. Sa formation et son expé-

20. Rodolphe GHIGLIONE et Alain BLANCHET, *Analyse de contenu et contenus d'analyses*, Paris, Dunod, 1991, 151 p.
21. Gilles BOURQUE et Jules DUCHASTEL, *Restons traditionnels et progressifs. Pour une nouvelle analyse du discours politique. Le cas du régime Duplessis au Québec*, Montréal, Boréal, 1988, 399 p. Voir chapitre 2.
22. Gilles HOULE, « Le sens commun comme forme de connaissance : de l'analyse clinique en sociologie », *Sociologie et sociétés*, octobre 1987, vol. 19, p. 77-86.
23. Paul Sabourin (dir.), « La mémoire sociale », *Sociologie et sociétés*, automne 1997, vol. 30, n° 2, 1997.
Voir notamment l'article « Perspective sur la mémoire sociale de Maurice Halbwachs », p. 139-161.

rience de recherche sociale devront être à même de lui permettre de développer un langage plus général, notamment à travers un travail de mise à l'épreuve de l'impératif de la description que constitue la démarche d'analyse de discours, laquelle oblige à appréhender systématiquement des savoirs socialement différenciés de ceux de sa socialisation.

Afin de rendre compréhensibles les deux perspectives retenues d'analyse du discours – qualitative et quantitative – nous devons exposer certaines connaissances de base de la linguistique qui sous-tendent leur élaboration.

▓ 4.1. Analyse de contenu, linguistique et langage

Brièvement formulée, la linguistique étudie les outils qu'il nous faut manipuler pour parler et écrire. Elle n'étudie pas le sens effectif d'une phrase particulière, mais comment cette phrase particulière met en œuvre des outils communs à toutes les langues[24]. Pour cette raison, la linguistique s'est développée d'abord comme l'étude de la langue plutôt que de la parole entendue comme la performance que l'on fait quand on parle ou on écrit pour exprimer un sens particulier. Cette discipline a identifié des éléments de la constitution de toutes langues.

Pour parler, nous émettons des sons – des phonèmes – que nous combinons ensemble pour formuler des mots-expressions qui vont prendre différentes morphologies (ex. acquis, acquérir, acquisition, etc.) et former ainsi le *lexique* de la langue. Pour constituer des raisonnements, nous créons des phrases qui font état d'une *syntaxe* qui articule les éléments – mots ou expressions – dans des propositions. Il s'agit du *niveau morpho-syntaxique* de la langue. Nous utilisons ces outils linguistiques pour nous exprimer sur le monde et lui donner un sens : la *sémantique* vise à considérer comment en utilisant les outils de la langue nous pouvons constituer du sens. La *pragmatique* étudie comment on peut former avec les outils de la langue un contexte d'énonciation. On se rapproche de la recherche sociale sans par ailleurs poser la même question fondamentale. Pour faire bref, nous dirons que la linguistique étudie les outils universels du langage, mais pas leurs résultats : le sens, entendu comme étant les idéologies particulières dans une société, par exemple l'idéologie du Parti vert au Québec.

---

24. Georges MOUNIN, *Clefs pour la linguistique*, Paris, Seghers, 1971.

Peut-on utiliser cette science du langage pour rendre scientifique l'analyse du discours dans la recherche sociale ? Répondre oui ou non à cette question marque un point important de bifurcation dans le développement des démarches contemporaines d'analyses du discours.

▓ 4.2. Exposé des étapes de l'analyse de discours et comparaisons de l'approche quantitative et qualitative

Voici un schéma qui contraste un traitement de l'information fondée sur une objectivation linguistique et quantitative des documents et une objectivation fondée sur l'espace documentaire propre à l'analyse qualitative de type structurale[25] des documents.

Regardons une à une ces étapes de l'élaboration de l'analyse de discours.

Explorations, choix et reconstitutions des discours.

Une fois déterminé un objet d'étude, il faut trouver les discours sociaux à analyser. Bien qu'il existe une multitude de formes de discours dans les sociétés contemporaines, contrairement à ce que l'on pourrait penser de prime abord, tout ne se dit pas et tout ne s'écrit pas[26]. Il faut explorer les différents types de discours sociaux qui peuvent être pertinents à notre objet d'étude, puis en sélectionner certains qui, d'une façon stratégique et économique sont l'expression de l'activité idéologique qui nous intéresse. Ceci de manière à établir la représentativité de notre étude. Enfin, il faut reconstituer ces documents (ex. : est-ce que la version que nous avons est complète ?) et les mettre en série en fonction d'une lecture comparative qui peut être synchronique (de différents milieux d'une époque) ou diachronique (d'époques différentes pour un même groupe social producteur de discours).

---

25. Brièvement défini, le terme structure signifie que l'organisation du sens du discours social peut être conceptualisé comme fait d'éléments fondamentaux (des catégories de connaissance). Par les relations qu'ils ont entre eux, ces éléments forment ce qu'on appelle une structure.
26. Marc ANGENOT, « Le discours social : problématique d'ensemble », *Cahiers de recherches sociologiques*, vol. 2, n° 1, 1984, p. 19-44.

**Les étapes et opérations de mise en forme des documents
dans l'analyse de contenu quantitative et qualitative**

Tandis que l'approche quantitative tend à privilégier les discours institutionnalisés (énoncé politique, discours journalistique, question ouverte du questionnaire, etc.), en somme l'étude de discours dans un contexte d'élocution standardisée, la perspective d'analyse de discours qualitative tend à considérer une plus grande variété, mais en quantité beaucoup plus restreinte. Ces discours sociaux, individuels et collectifs, sont abordés comme faisant état des différentes formes de connaissance dans une société : du journal intime à la correspondance, de l'entrevue au récit de vie, etc. Dans le cadre de la perspective sémantique, la mise au jour de la forme du discours (son énonciateur, ses destinataires, les particularités de son écriture[27]) est conçue comme expressive d'une relation sociale de communication qui est déterminante de l'activité idéologique.

---

27. Vincent ROSS, « La structure idéologique des manuels de pédagogie québécois », *Recherches sociographiques*, vol. 10, nos 2-3, 1969, p. 171-196.

Le choix d'un type de représentativité statistique ou sociologique[28] qui va présider à la sélection des documents renvoie notamment à la conception de l'activité idéologique qu'a le chercheur et les particularités qu'il attribue à son objet de recherche. Pour contraster ces approches, nous pourrions poser la question suivante. Est-ce que l'activité idéologique est un processus d'inculcation des idées par répétition et de diffusion médiatique de celles-ci (on pense à la publicité)? Si on répond par l'affirmative, un échantillonnage statistique d'une masse de documents institutionnels apparaît alors plus compatible à cette représentation de l'activité idéologique. Par contre, une réponse négative à cette question implique une autre conception de l'activité idéologique et appelle un autre type de sélection des discours. L'activité idéologique est alors conçue comme un processus cognitif, un « apprentissage », c'est-à-dire une démarche spécifique aux personnes et aux groupes qui, dans le cours de leurs activités sociales quotidiennes, élaborent des idées et entrent en contact avec les idées des autres, transformant le sens voire modifiant la langue dans certains cas[29]. Dans cette démarche, les documents (voir le chapitre 13 portant sur l'histoire de vie) sont considérés comme des produits relationnels qui nous permettent d'observer à partir d'un seul cas, d'un point de vue particulier, l'idéologie comme étant une activité sociale d'un groupe, voire d'une société dans son ensemble.

Inculcation ou apprentissage?
Le cas de la violence et des médias

Pour bien comprendre ces enjeux dans la conception de l'activité symbolique, nous pouvons nous référer à un débat social récurrent sur les médias : est-ce que la télévision inculque des idées et contrôle les pensées? En quoi celle-ci détermine les représentations des téléspectateurs? Est-ce que les émissions violentes créent les comportements violents? Est-ce que les jeux vidéo violents font de même? Ou bien, un message peut-il prendre plusieurs sens du fait que l'activité de lecture (ex. : le contexte de l'imaginaire d'un jeu) va venir selon les personnes et les groupes sociaux co-construire le sens du message? Les représentations violentes d'un « Rambo » peuvent-elles être lues comme appelant le ridicule ou le machisme ou encore appréhendées pour ses effets techniques et cinématographiques plutôt que pour la magnification de la violence? Ou plutôt, doit-on voir que la télévision et les jeux vidéo sont des lieux d'apprentissages?

---

28. Paul SABOURIN, « La régionalisation du social : une approche de l'étude de cas », *Sociologie et sociétés*, vol. 25, n° 2, 1993, p. 69-92.
29. On pense au langage qui peut nous apparaître ésotérique des jeunes « taggeurs » de la rue ou encore du joual des quartiers populaires tel qu'en font état les écrits littéraires de Michel Tremblay.

Ces conceptions relatives à l'activité idéologique vont induire aussi des choix dans l'ensemble du traitement des documents.

La mise en forme du document pour l'analyse de contenu

L'approche quantitative réduit les documents à des données textuelles. Cela se fait selon différents procédés partiellement ou complètement informatisés. Les premières techniques identifiaient la nature grammaticale des expressions et pouvaient ainsi éliminer systématiquement du document les éléments – mots-expressions – jugés non significatifs, tels les articles ou les prépositions. Le résultat en était une réécriture du texte sans ces éléments sous forme de données.

Aujourd'hui, les logiciels intègrent des analyseurs lexicographiques et morpho-syntaxiques similaires à celui qui est intégré dans les correcteurs grammaticaux informatisés[30]. Ceci permet de relever la nature des mots-expressions, mais aussi les relations entre des mots qui structurent des propositions et même l'articulation de plusieurs propositions qui élabore des phrases complexes. En s'appuyant sur cette première description du texte, les différentes méthodologies quantitatives d'analyse du discours développeront un second type de lecture, celle du sens social du texte, plus ou moins automatisée selon les procédés utilisés. Cette lecture va être produite par la mise en équivalence de mots-expressions et les relations linguistiques identifiées avec un sens attribué par le chercheur.

> ### La vie politique en automatique !
>
> Prenons un exemple élémentaire : les mots-expressions (analyse du lexique du texte) élection, programme, parti politique, et les relations syntaxiques entre ces mots-expressions vont être repérées dans le texte. Dans un second temps, ces formes discursives vont être classées selon des procédés en partie automatiques et, en partie, par l'intervention du chercheur lorsque les règles de classement formalisées (forme a = sens x) sont absentes ou ambiguës dans l'univers sémantique de la politique (les distinctions et les raisonnements dans les documents en ce qui a trait à la politique).

---

30. Dans des logiciels tels Antidote ou Correcteur 101, la correction orthographique s'appuie sur un type d'analyse lexicographique tandis que la correction grammaticale se fonde sur un type d'analyseur morpho-syntaxique que vous pouvez observer en actionnant les fonctions appropriées dans chacun de ces logiciels.

L'approche quantitative décompose donc le document en éléments premiers (nature des mots-expressions et relations entre ceux-ci dans des propositions et des phrases). Elle propose de reconstruire le sens d'un texte des parties vers la globalité du texte tandis que l'approche qualitative tient à pouvoir découper des globalités du texte (des grandes parties du texte pour situer des extraits plus restreints du texte). Ainsi dans la démarche qualitative les documents seront conservés le plus possible dans leurs états originaux[31] et seront présents pendant tout le travail de description et d'analyse. Dans cette démarche, les unités de sens dans le document ne seront pas délimitées à partir d'une lecture linguistique du texte, mais d'abord au niveau sémantique selon des critères qui relèvent de l'organisation sociale de la connaissance[32].

On appelle segmentation, l'opération de lecture du document qui extrait une partie du document comme étant significative pour le chercheur. L'étendue des extraits peut varier selon le jugement du chercheur qui vise à saisir une distinction de sens dans sa lecture du document à propos de son objet de recherche (qu'est-ce que la maladie pour la personne interviewée ?). Lors de l'extraction de la partie du texte, on note le document et l'endroit dans le document où apparaît l'extrait et on le classe dans une catégorie où l'on rassemble l'ensemble des extraits traitant d'une distinction de sens (ex. : la maladie).

Le formalisme quantitatif et qualitatif en analyse de contenu

Formaliser consiste à décrire systématiquement les régularités dans un contenu. L'approche statistique fait usage de différents types de mesures des plus élémentaires (fréquences) aux plus complexes (analyse de correspondance, analyse des similitudes, etc.) afin de caractériser l'idéologique d'un corpus documentaire. Ces mesures peuvent être exprimées sous forme de représentations graphiques des univers sociaux de sens proposant une schématisation des réseaux de notions apparentées et éloignées.

L'analyse qualitative se développe grâce à une rétroaction constante entre le document, les extraits, les définitions des catégories dans lesquelles les extraits sont rassemblés et les relations entre les catégories qui cons-

---

31. Les logiciels d'analyse qualitative permettent aujourd'hui de conserver le texte mais aussi la mise en pages du texte qui induit aussi le sens qui peut être lu à partir du document.
32. Maurice HALBWACHS, préface de Gérard Namer, *Les cadres sociaux de la mémoire*, Paris, Albin Michel, 1994, 367 p. Voir aussi Gilles HOULE, *op. cit.*, 1978.

tituent la classification en arbre ou en réseaux des catégories. La formalisation de la description du texte se fonde sur la topologie[33] de l'espace des extraits dans l'ensemble du document.

Des P.D.G. et des familles

Par exemple, vous avez segmenté tous les extraits relatifs à la conception de l'entreprise dans le discours d'un gestionnaire et vous avez segmenté tous les extraits relatifs à sa conception de la famille. Vous croisez les espaces extraits sur l'entreprise et la famille.

Si vous trouvez que les contenus relatifs à la famille apparaissent à l'intérieur des extraits relatifs à l'entreprise, ce découpage est compatible à l'expression d'une vision familiale de l'entreprise.

Si à l'inverse, aucun des extraits traitant de la famille n'apparaît dans les extraits au sujet de l'entreprise, il est possible de conclure que des distinctions différentes traitent de ses réalités.

En somme, ces topologies des extraits dans le texte expriment une relation entre la représentation de la vie familiale et de l'entreprise : des raisonnements différents alliant la conception de vie familiale et de l'entreprise chez un gestionnaire.

Ce qui caractérise donc les démarches d'analyse de contenu contemporaines, c'est d'établir différents niveaux de lecture des documents et de les mettre en relation comme autant de postures qu'adopte le chercheur pour décrire et analyser le document.

Pour terminer nous allons faire état de deux courants méthodologiques contemporains en analyse de discours, un premier quantitatif, l'analyse automatique du discours et un qualitatif, la sémantique structurale.

▓ 4.3. L'analyse automatique du discours et ses développements

Les premières analyses quantitatives des textes se posaient comme des démarches hypothético-déductives qui, du travail théorique à la formulation d'hypothèses, élaboraient une grille de lecture, laquelle était appliquée

---

33. Le mot topologie signifie logique des espaces. Il s'agit de la même topologie que nous apprenons en mathématiques à l'école secondaire et qui est utilisée aussi dans les logiciels de recherches documentaires avec des opérateurs booléens que l'on retrouve dans les modules de recherches avancés sur Internet et dans les répertoires informatisés des bibliothèques.

au document. De plus, les critères employés pour relever le sens des textes reposaient seulement sur l'occurrence de mots et des segments répétés. Le moment de l'analyse se résumait à déployer des outils statistiques pour relever les régularités de ces occurrences.

L'analyse automatique du discours va dépasser largement ce type de construction. Il s'agit d'une perspective attribuée à M. Pêcheux dont les travaux théoriques et empiriques visaient à expliciter le rapport entre le langage et la société. Dans ce courant, les analyses de discours en sont venues à allier à la fois une description du texte de nature linguistique à plusieurs niveaux et l'établissement du sens de la phrase : une interprétation.

L'idéologie duplessiste : traditionnelle ou progressite ?

Voici un exemple dont les auteurs ont particulièrement bien explicité l'articulation entre les deux types de description. Dans leurs recherches, « Restons traditionnels et progressifs. Pour une nouvelle analyse du discours politique. Le cas du régime Duplessis », Bourque et Duchastel exposent une décomposition de la phrase en plusieurs types de catégories linguistiques et sociologiques[34]. Cette décomposition est orientée en fonction de l'analyse du thème : « le thème est ce qui est posé au point de départ de la phrase et correspond à la raison d'être de cette phrase. Le propos est le développement de la phrase entourant le thème[35] ». Cette description est aussi orientée vers la détermination nominale qui assigne « aux êtres et aux mondes un ensemble des qualités particulières ». Ces catégorisations des relations entre les éléments de la phrase vont être au fondement d'une analyse des valeurs dans les discours duplessistes (chap. 7) et d'autres analyses, telles celles des relations de dépendance entre les éléments de la phrase articulés par la conjonction « et ». Le relevé de ce marqueur linguistique vise à appuyer l'interprétation de la « pratique unificatrice » de l'idéologie duplessiste[36] en étudiant les éléments assimilés les uns aux autres par l'usage du « et ».

À travers ces procédures, l'opération centrale du travail de description quantitative consiste à établir des *paraphrases*[37], c'est-à-dire pour simplifier, établir un sens existant dans le discours qui s'exprime à travers diverses variantes d'écriture :

---

34. Nous n'expliciterons pas la nature des catégories linguistiques développées parce que cela nécessiterait un plus long exposé des fondements linguistiques du langage.
35. G. BOURQUE et J. DUCHASTEL, 1988, p. 81.
36. *Ibid.*, 1988, p. 275.
37. C. FUCHS, « Paraphrase et énonciation », *Orphrys*, 1994, p. 58-67. Michel PÊCHEUX, « Analyse du discours, langue et idéologies », *Langages*, vol. 37, mars 1975.

- Des termes jugés équivalents pour désigner par exemple la politique dans une société. À cette fin, cette opération peut être automatisée par le recours à un lexique (analogue au dictionnaire d'un correcteur grammatical).

- Diverses variantes de relations entre des termes jugés équivalents du point de vue du sens. Le sujet d'une phrase par rapport au verbe.

À partir de cette description linguistique des textes, les chercheurs vont selon les cas déduire d'une façon plus ou moins déterminante la classification sémantique des éléments retenus pour les classer dans des catégories de l'ordre du social : par exemple, ce qui appartient à l'univers sociale de l'économie, du politique, de l'écologie, de la tradition, de la modernité, ce qui relève d'un raisonnement artisanal ou industriel, etc.[38]. L'étude des relations entre les éléments de la phrase visera à identifier des types de raisonnement présents dans le discours qui peuvent être interprétés dans le cadre de l'analyse d'une idéologie comme les modalités d'un processus de transmission des valeurs.

Par conséquent, à la différence des démarches quantitatives anciennes, les dispositifs informatiques actuels permettent l'intervention des chercheurs à chacune des étapes du travail de description de manière à explorer les paraphrases possibles et à modifier celles-ci, pour ajuster la description aux particularités du langage du document original[39].

Le résultat final de ces opérations est donc la constitution d'un résumé du texte à travers ces différentes réécritures où l'établissement du sens sera généralement exploré et déterminé par la constitution linguistique du texte. Cette approche s'applique à un corpus souvent imposant de documents et permet d'effectuer une comparaison systématique des discours. D'autres modes d'étude des articulations des éléments de la phrase se posent comme étant de nature sémantique relevant d'une logique de nature sociale plutôt que strictement linguistique[40].

---

38. Plutôt que s'appuyer sur la seule déconstruction linguistique des textes, d'autres démarches vont fonder leur description sur la logique naturelle au sens de la logique de la pensée ordinaire (J.-B. GRIZE, 1990 ; P. VERGÈS, 1984).

39. Gilles BOURQUE et Jules DUSCHASTEL, *op. cit.*, 1988, I. TIMIMI, « L'analyse de discours assistée par ordinateur Version 3AD95 », 2002.

40. Jean-Blaise GRIZE, *Logique et langage*, Paris, Ophrys, 1990, 153 p. Pour une étude empirique voir Jean-Blaise GRIZE, Pierre VERGÈS, Ahmed SILEM, *Salariés face aux nouvelles technologies. Vers une approche socio logique des représentations sociales*, Paris, Éditions CNRS, 1987, 221 p.

La deuxième grande perspective d'analyse de discours propose la relation inverse entre la langue et le sens : le niveau sémantique venant déterminer les autres niveaux de la langue selon les différents contextes sociaux d'énonciation dans le discours. Le discours dans cette perspective n'est plus considéré comme une entité homogène, socialement parlant comme un tout cohérent, mais fait état de plusieurs cohérences sociales et de leur mise en rapport.

▥ 4.4. L'analyse sémantique structurale des idéologies

Au Québec, l'analyse de discours du type sémantique structurale s'est développée à partir des expérimentations de l'École d'analyse des idéologies de l'Université Laval dont le fondateur est Fernand Dumont[41]. D'abord entrepris à partir des discours journalistiques et de l'histoire, d'autres travaux par la suite ont été effectués à partir de divers types de documents, notamment des récits de vie de Québécois. Nous retiendrons ici la formulation développée par Gilles Houle de l'analyse de discours des idéologies comme mode de connaissance[42].

Plusieurs arguments sont avancés pour soutenir le point de vue d'une analyse du discours qui se pose d'abord au niveau sémantique :

1) *Les caractéristiques linguistiques d'une phrase ne permettent pas d'induire le sens élaboré*[43]. La même désignation linguistique, par exemple : « L'atmosphère est lourde ce soir », peut désigner des domaines tout à fait différents si cette proposition est énoncée dans le contexte d'une rencontre entre amis ou d'une observation de la nature. Par conséquent, on ne peut établir le sens sans tenir compte de l'organisation globale du document.

2) *Le sens d'un document n'est pas uniquement déterminé par les outils de la langue, mais aussi par l'usage social de la langue* : des analyses du discours portant sur les représentations sociales ont montré que selon la nature de l'expérience sociale des personnes et des groupes, ceux-ci s'approprient les éléments de la langue, voire en modifient le sens ou encore, en viennent même à créer

---

41. Plusieurs chercheurs ont été associés à *L'histoire des idéologies au Québec* et ils ont produit par la suite d'autres travaux d'analyse de discours. Mentionnons Bruno Jean, Nicole Gagnon, Vincent Ross, Gilles Houle, etc.
42. Gilles HOULE, *op. cit.*, 1978.
43. Il y a une exception cependant : le langage scientifique ou la morpho-syntaxique d'une expression telle 2+2=4 détermine le sens des contenus d'une façon univoque.

de nouveaux mots. Les travaux classiques de Maurice Halbwachs sur le langage et la mémoire sociale ont mis en lumière un tel phénomène de multiplicité du sens des discours sociaux selon les personnes et les groupes.

Nous ne sommes plus tout à fait ce que nous avons été

Maurice Halbwachs propose plusieurs expériences pour illustrer la constitution des cadres sociaux de la mémoire notamment à partir de l'écriture et de la lecture. En voici une : prenez un document que vous avez écrit quand vous étiez beaucoup plus jeune et relisez-le. Vous constaterez qu'il ne produit pas la même impression sur vous. Vous trouvez probablement qu'il y a des phrases que vous ne comprenez plus très bien. Peut-être faisiez-vous allusion à des êtres et des choses qui ne sont plus aujourd'hui présents à votre mémoire ? Vous constaterez ainsi que le sens n'est pas dans le texte, mais bien dans la rencontre entre le lecteur et le texte. Or, ce lecteur que vous êtes aujourd'hui n'est plus un enfant, il vit une autre vie sociale, appartient à de nouveaux groupes sociaux, a développé, depuis, sa connaissance de la langue et de ses usages selon d'autres contextes sociaux. En somme vous êtes devenu une autre personne que cet enfant. Voilà pourquoi vous donnez un sens différent à vos écrits d'enfance.

Du point de vue d'une analyse qui se pose d'abord comme sémantique, le sens n'est pas dans le texte, mais dans la relation entre le producteur d'un texte, le texte et un récepteur, c'est-à-dire un lecteur. Dans le cas de l'analyse de discours, le chercheur est ce lecteur. Or, toutes personnes productrices et lectrices sont localisées socialement à travers leur socialisation, laquelle est composée de différentes expériences sociales (famille, école, travail, etc.). Le lecteur a développé une appropriation de la langue qui le particularise[44] et cette appropriation est issue de ses activités sociales.

Dans cette démarche, pour mettre au jour le sens social à partir d'un document en analyse du discours, *il faut mettre au jour le modèle concret de connaissance dont le document est trace et tenir compte de notre propre modèle de connaissance* en tant qu'analyste du discours. En somme, l'objet

---

44. Jean PIAGET, le psychologue qui a développé de nombreuses études sur l'apprentissage, le caractérisait comme étant fait de deux processus : l'assimilation des informations dans notre connaissance et l'accommodation qui est une réorganisation de la connaissance nécessaire lorsque celle-ci n'est plus compatible à notre entendement du monde, notamment lorsqu'on découvre quelque chose de nouveau. Pour sa part, Maurice Halbwachs décrivait ce processus comme étant une assimilation et une réadaptation continuelle de la mémoire.

de l'analyse du discours n'est plus seulement de mettre au jour des distinctions de sens, il s'agit aussi d'expliciter le ou les points de vue qui produisent les distinctions constatées. Le chercheur n'est pas extérieur à ce processus, il met en œuvre des distinctions pour appréhender les contenus textuels. L'objectivation méthodologique de sa démarche de connaissance procédera de la mise à l'épreuve de son propre schème de connaissance, guidée en cela par les règles méthodologiques.

Voici concrètement les principales étapes caractéristiques d'une telle démarche qui peut être réalisée avec l'assistance de logiciels tels ATLAS/TI et QSR NUDIST ou encore NVIVO de QSR :

1) La description du document comme forme spécifique de discours social et relations sociales de communication.

2) Une démarche heuristique s'élabore à travers un processus rétroactif de description des contenus relatifs à l'objet d'étude à partir de trois pôles : la segmentation des extraits, la définition des catégories descriptives et leur schématisation dans une classification de ces catégories.

Tenant compte de la définition de l'objet d'étude de la recherche sociale et des caractéristiques de la forme du document, il devient possible dans un premier temps de préciser progressivement dans les documents où l' « on parle » de notre objet de recherche. En fait, l'usage des logiciels permet trois lectures différentes qui se constituent en rétroaction. Les contenus sont décrits par les segments extraits, par l'explicitation des catégories de sens attribuées aux extraits et un sens est attribué à ces catégories en fonction de leurs places dans une classification selon les relations établies avec les autres catégories. Le travail de rétroaction consiste à la confrontation des visions des distinctions de sens du texte. Est-ce que les catégories rendent compte des distinctions de tous les extraits qu'elles rassemblent ? Ou à l'inverse, est-ce que les définitions telles qu'explicitées amènent à retirer des extraits, en ajouter d'autres, à modifier la segmentation de ceux existants, etc.

Des étudiants et des économies

Prenons un exemple. Nous avons soumis des étudiants de baccalauréat à l'analyse des mémoires de jeunesse d'un homme d'affaires québécois francophone, cette analyse étant assistée du logiciel QSR NUDIST. Nous leur avons proposé de décrire leur conception de l'économie en leur donnant la définition de l'objet d'étude suivante : l'économie consiste en la production et la circulation des biens sociaux (objets et monnaies). L'usage du logiciel nous permet de conserver des traces du travail de segmentation, de définition des distinctions à propos de l'économie que les étudiants attribuent à l'auteur du texte et des traces de l'élaboration de leur classification. En somme des indications sur leur démarche d'appropriation du texte.

Nous avons sélectionné ces mémoires comme document à analyser parce qu'il faisait état à la fois du langage de l'économie de subsistance agricole francophone du début du siècle, laquelle est éloignée de la vie sociale en général des étudiants et à la fois de l'économie marchande contemporaine. Cette première se différencie nettement des notions de l'économie de marché dans laquelle vivent ces derniers.

Or, les analyses du discours produites par les étudiants montrent qu'une très grande majorité de ceux-ci surévaluent l'importance des notions relatives au marché, du langage de l'économie dans laquelle ils vivent quotidiennement (argent, salaire, etc.), et qu'ils sous-évaluent les distinctions relatives à l'économie familiale agricole (l'entraide, le don, l'épargne dans la consommation, etc.). Font exception, les étudiants qui ont une expérience socialement différenciée, qui par exemple, ont été socialisés dans l'économie rurale d'un pays « en voie de développement ».

Plus intéressant encore, à de rares exceptions près, les étudiants ont malgré tout découpé des extraits relatifs au langage de l'économie qui leur est le plus éloigné socialement. Dans leur définition, ils explicitent essentiellement par la forme négative ces distinctions anciennes, montrant ainsi des difficultés à les nommer positivement : il y a du travail rémunéré et non rémunéré, l'entraide est du travail non payé. Par l'usage d'une conjonction de type et/ou dans la description des notions d'économie, ils montrent la double nature sociale des distinctions qu'ils visent à cerner et qu'ils rapportent au langage de l'économie d'aujourd'hui. Leur classification fait état aussi des difficultés à relier les notions étrangères aux notions de l'économie marchande. Or, si leur connaissance de l'économie était complètement étrangère au monde du début du siècle, ces étudiants n'arriveraient même pas à identifier dans leurs opérations de segmentation d'extraits, ces éléments trop éloignés de leur vie sociale actuelle. Or, ce n'est pas le cas, leur connaissance s'est élaborée à la mesure de l'histoire du Québec qui cumule encore des distinctions anciennes à propos de l'économie.

Dans le cadre du travail de description, l'analyse de discours doit cerner et expliciter les problèmes de cohérence entre les diverses lectures du texte. Le chercheur doit être attentif aux difficultés à décrire certaines distinctions par rapport à d'autres. Tout ceci vise à repérer les formes sociales de connaissance constitutives de l'activité idéologique dont est expressif le document : un clivage social de la connaissance définissant des univers de sens propres à des groupes sociaux, des milieux et des époques dont fait état le discours.

Le chercheur, en fonction d'atteindre une complétude de sa description, doit donc reformuler et ajouter des catégories afin de rendre compte de l'ensemble des distinctions constatées dans les discours analysés concernant son objet de recherche. Ces transformations au cours du travail de description peuvent être importantes, particulièrement pour les discours, qui par leur forme et leurs contenus, sont socialement éloignés de la connaissance du chercheur et qui, pour cela, s'avèrent plus difficiles à décrire. Il faut donc à cette étape prêter attention à élucider si des passages des documents dont on doute de la compréhension ou de la pertinence ne sont pas une autre manière de se représenter la « réalité » qui nous intéresse (notre objet de recherche). La comparaison des expressions, des raisonnements de discours de différentes provenances sociales peut aiguillonner et permettre de mieux définir les catégories de sens qui marquent l'appréhension du monde d'une personne et d'un groupe social. Par ailleurs, il ne faut pas oublier de considérer d'une façon interne chacun des discours puisque ceux-ci ne sont pas socialement homogènes. Les discours individuels comme collectifs dans les sociétés contemporaines résultent de plusieurs appartenances sociales à travers lesquelles une personne comme un groupe apprennent à penser et à s'exprimer[45]. On peut donc guider la description en s'interrogeant sur les référents qu'un discours élabore en relation aux expériences sociales du producteur du discours. Cette approche est beaucoup plus précise que celle consistant à induire seulement par une catégorie sociale (le sexe, l'âge, l'ethnicité, etc.) une différenciation des discours.

Dans ce travail de description, l'usage approprié des logiciels permet de conserver des traces utiles de ce processus et ainsi de permettre plus facilement d'objectiver l'ensemble de son cheminement d'analyse du discours pour en dénoter la progression, c'est-à-dire la capacité de définir les distinctions pertinentes à notre objet d'étude dans les documents.

L'analyse : la mise au jour des règles implicites qui élaborent le sens décrit à partir du discours

L'analyse a pour but de mettre au jour ce qui structure, ce qui organise et produit la diversité des distinctions de sens qu'aura relevée la phase heuristique[46] de la description du document. Au terme d'une rétroaction entre

---

45. On consultera avec intérêt le livre de Jean De Munck, *L'institution sociale de l'esprit*, où l'auteur explique bien comment de nombreux travaux sur la connaissance humaine aujourd'hui en viennent à invalider la conception mentaliste du savoir situé « dans la tête des personnes », pour montrer que la pensée n'existe qu'à travers les relations aux autres sous la forme de savoirs distribués socialement.

description et analyse, les constats de l'analyse permettront de réorganiser la description en fonction de rendre compte des contenus à partir des distinctions fondamentales qui organisent le ou les discours.

Dans un discours, tel un récit de vie ou de pratique sociale, ces règles implicites forment un modèle concret de connaissance qui relève de l'expérience sociale des personnes puisque la connaissance est posée comme ce qui permet de se retrouver dans le monde et d'y agir. Dans le cas d'un discours de culture savante, d'un travail professionnalisé du discours, la mise en forme de l'expérience procède en plus d'un travail de langage spécialisé qui médiatise le rapport au monde[47]. Pour mettre en évidence ce travail idéologique, il faut nécessairement identifier les procédés propres aux discours professionnels dont il s'agit. Par exemple, comment est mise en forme une nouvelle dans un journal ? Est-ce que la forme varie selon les journaux ? Comment cela modifie-t-il le sens de la nouvelle d'actualité ?

Voilà un ensemble de questions qui orientent l'analyse selon l'hypothèse générale de cette perspective méthodologique qui consiste à concevoir l'organisation sociale du discours comme issue de l'organisation même de l'expérience du producteur du discours. Quels sont les espaces sociaux de l'expérience dans le discours ? Quelles sont les distinctions de temporalités sociales quand on traite dans les contenus extraits au sujet de notre objet d'étude ? Comment parle-t-on de la vie sociale et quelles différenciations sociales fait-on dans le discours à propos de notre objet d'étude ?

La réussite de ce type d'analyse se manifeste dans la capacité à identifier les distinctions fondamentales dont fait état le discours et qui génère la lecture de l'ensemble d'une vision de votre objet de recherche circonstancié à une époque, un milieu, des groupes auxquels appartient le producteur du discours. Quand Fernand Dumont affirme dans son étude de la « Structure d'une idéologie religieuse »[48] au Québec que la famille est la distinction à partir de laquelle on appréhende la société, il veut dire que la conception des relations familiales va servir de modèle pour se représenter l'ensemble des activités sociales chez les Canadiens français à une époque donnée de l'histoire du Québec.

---

46. Le mot heuristique signifie ici travail de découverte. La méthodologie est ici conçue comme étant l'explicitation des opérations réalisées pour comprendre le texte et son organisation.

47. Gilles HOULE, *op. cit.*, 1978.

48. Fernand DUMONT, « Structure d'une idéologie religieuse », *Recherches sociographiques*, vol. 2, n° 1, avril-juin 1960, p. 162-187.

Ce type d'analyse sémantique apparaît donc particulièrement approprié à l'étude de groupes sociaux qui ont des modes d'existence très différenciés de la norme dominante comme les populations défavorisées. Dans une recherche récente sur les usagers de l'aide alimentaire (soupe populaire, distribution de colis de nourriture, cuisine collective) au Québec, nous avons eu recours à ce type d'analyse pour mettre au jour le point de vue propre aux usagers de cette aide, la modification de ces points de vue au cours de leur trajectoire d'aide alimentaire dans différents milieux sociaux au Québec[49].

Conclusion

Nous avons exposé ici dans leurs grands principes les démarches d'analyse du discours le plus fréquemment réalisées en recherche sociale. Nous pensons avoir fourni des repères à l'orientation dans les principaux choix impliqués dans la réalisation d'une analyse de discours. Pour parvenir à la maîtrise d'une démarche d'analyse du discours, nous conseillons une étude détaillée des démarches d'analyse du discours exemplaire que vous trouverez en bibliographie. De plus, le développement d'expérimentations à partir d'une partie restreinte du corpus des documents que l'on envisage d'analyser, permettra de simplifier l'apprentissage et d'éviter des erreurs très coûteuses en temps lorsqu'elles sont faites sur un corpus d'envergure.

Bibliographie annotée

BARDIN, Laurence, *L'analyse de contenu*, 7e éd. corrigée, Paris, Presses universitaires de France, 1993, 291 pages.

Il s'agit d'une référence classique exposant l'analyse de contenu thématique en sciences sociales.

BOURQUE, Gilles et Jules DUCHASTEL, *Restons traditionnels et progressifs. Pour une nouvelle analyse du discours politique : le cas du régime Duplessis au Québec*, Montréal, Boréal, 1988, 399 pages.

Exposé de l'analyse de contenu assistée par ordinateur recourant à des méthodes de quantification suivi de plusieurs chapitres d'analyse des discours idéologiques duplessistes.

---

49. Paul SABOURIN, Roch HURTUBISE et Josée LACOURSE, *Citoyens, bénéficiaires et exclus : usages sociaux et modes de distribution de l'aide alimentaire dans deux régions du Québec : la Mauricie et l'Estrie*, Conseil québécois de la recherche sociale (CQRS), 2000, 368 p.

DUMONT, Fernand, Jean-Paul MONTMINY et Jean HAMELIN, *Les Idéologies au Canada français*, Québec, Presses de l'Université Laval, 1971-. 6 t. en 4 v.

Travaux sur le développement des idéologies au Québec étudiées à partir des journaux et des revues.

GARDIN, J.C., *Le calcul et la raison. Essai sur la formalisation du discours savant*, Paris, École des Hautes Études en sciences sociales, 1991, 296 pages.

Bilan de 30 ans de recherche sur l'approche linguistique, paralinguistique et logiciste de l'analyse de contenu

HOULE, Gilles et Roch HURTUBISE, « Parler de faire des enfants », *Recherches sociographiques*, vol. 32, n° 3, 1991.

Un exemple d'analyse sémantique à partir de différents types de discours, notamment de la correspondance.

JODELET, Denise (dir.), *Les représentations sociales*, Paris, Presses universitaires de France, 1989, 424 pages.

Premier d'une série de livres de l'auteure sur l'étude des représentations sociales, livres qui ont été alimentés par de nombreux colloques sur la question. Voir la bibliographie sur le sujet à l'adresse suivante : <http://www.mshs.univ-poitiers.fr/BiblioRechBiblioColRep.htm>

MOLINO, Jean, « Pour une histoire de l'interprétation : les étapes de l'herméneutique », *Philosophiques*, printemps, 1985, vol. 12, n° 1, p. 75-103, vol. 12, n° 2, p. 281-314.

Excellents articles pour aborder la complexité des problèmes méthodologiques de l'analyse de contenu.

Site Internet des logiciels ATLAS/TI et QSR NUDIST :

- ATLAS/TI : <http://www.atlasti.de/>

- QSR NUDIST et NVIVO :
  <http://www.qsr.com.au/home/home.asp>

Le sondage 16

André BLAIS et Claire DURAND

If you want an answer, ask a question.

Martin SHIPMAN

Le terme « sondage[1] » peut avoir plusieurs connotations. Il évoque d'abord l'idée d'exploration. On pense en particulier au forage du sol, dans le but de trouver des nappes d'eau ou des gîtes minéraux. Le sondage est donc un instrument de mesure destiné à recueillir des informations relatives à un questionnement, à une problématique de départ. Y est aussi associée l'idée de prélèvement d'un échantillon. La sonde va extraire seulement une fraction du sol pour fins d'analyse. Elle extrait cette fraction de façon systématique pour ainsi « représenter » le mieux possible la composition du sol.

Ces deux dimensions se retrouvent dans la conception usuelle du terme *sondage* en sciences sociales. La pratique a cependant ajouté un autre élément qui a pour effet de lui donner un sens encore plus étroit. On en est venu à réserver le terme de sondage aux enquêtes effectuées à l'aide d'un questionnaire. Nous respecterons cette tradition et définirons donc le

---

1. Le terme *sondage* a été proposé comme traduction du terme anglais *survey* par Jean Stoetzel, fondateur de l'Institut français d'opinion publique (IFOP) en 1938.

sondage comme étant un instrument de collecte et de mise en forme de l'infor-
mation, fondé sur l'observation de réponses à un ensemble de questions posées
à un échantillon d'une population.

Le début de la définition éclaire la fonction du sondage. Le sondage
est un instrument de **mesure**. Il a pour mission d'opérationnaliser les concepts élaborés au moment où est posée la question de recherche et où sont
élaborées les hypothèses qui lui sont reliées. L'ensemble des opérations
effectuées amène à la constitution d'indicateurs des différents concepts ; ce
sont les signes concrets qui permettent de classer les objets dans des
catégories.

Ce qui caractérise ensuite le sondage, c'est le recours à des **questions**.
Contrairement à l'observation directe ou à l'analyse de contenu, ce ne sont
pas des gestes ni des documents qui sont enregistrés, mais des réponses
fournies par des informateurs à une série de questions posées.

Le dernier élément de la définition, qui fait référence à la présence
d'un **échantillon**, sert à différencier le sondage du **recensement**, qui lui porte
sur l'ensemble d'une population[2]. Cette population est définie par le chercheur et est délimitée par l'univers des objets auxquels se rapporte son
hypothèse. Cet **univers** ou **population** peut comprendre, par exemple, les
résidents du Québec, ou ceux de Montréal, mais aussi les assistés sociaux
de Laval ou les parents d'enfants de 3 à 5 ans, ou bien encore l'ensemble
des étudiants universitaires de premier cycle au Québec. Dans tous les cas,
on parlera d'un sondage si un questionnaire est administré auprès d'un
échantillon, d'une fraction, d'une population donnée.

1 PORTÉE ET LIMITES

Le sondage est aussi appelé enquête sur échantillon. Les deux notions, celle
du recours à un questionnaire et celle de l'utilisation d'un échantillon, le
caractérisent. La procédure d'échantillonnage comporte ses possibilités et
aussi ses difficultés ; cet aspect est couvert dans le chapitre 9 de ce livre. Ce
chapitre traite du questionnaire lui-même et de son administration.

Réfléchissons d'abord quelques instants à la nature même du sondage.
Prenons un exemple bien connu, le sondage électoral. Pour mesurer le
comportement électoral, on a recours à une question, telle celle-ci, posée
par l'Institute for Social Research de l'University York tout de suite après

---

2. Voir le chapitre 9 sur l'échantillonnage.

l'élection canadienne de 2000 : « Pour quel parti avez-vous voté : le Parti libéral, le Bloc québécois, l'Alliance canadienne, le Parti conservateur, le Nouveau parti démocratique, ou un autre parti ? » L'interviewer inscrit sur une feuille ou dans l'ordinateur (dans le cas d'entrevues assistées par ordinateur) la réponse qu'il obtient et le chercheur induit le comportement électoral à partir de la réponse qu'il observe. Cette réponse, obtenue à la suite d'un certain nombre d'opérations, constitue une mesure du concept « comportement électoral ». Dans ce cas, le chercheur a recours au questionnaire, faute de mieux. Le vote étant secret, il est impossible d'observer directement le comportement de l'électeur. Le chercheur utilise un substitut *et tente de reconstituer* le vote *à l'aide d'une réponse à une question*.

▓ 1.1. Les avantages

Cet exemple illustre le principal avantage du sondage : sa grande flexibilité. Le mécanisme est simple. Il s'agit de formuler un certain nombre de questions et de consigner les réponses. On peut ainsi obtenir rapidement de l'information sur les concepts qu'on veut étudier. Supposons que l'on veuille mesurer le niveau d'intérêt des étudiants dans leurs cours. Si on procède par observation directe de comportements que l'on interprète comme des signes d'intérêt (présence au cours, fréquence des questions, etc.), on devra assister à un certain nombre de cours et on devra inscrire sur une grille d'analyse toute une série d'observations. Le processus est plus rapide si on procède par sondage puisqu'on n'aura qu'à administrer un questionnaire à un échantillon donné. Le questionnaire constitue, en somme, un raccourci commode permettant d'épargner des énergies, tout au moins si on le compare à l'observation directe.

La *flexibilité* du sondage entraîne une grande polyvalence. On peut y recourir pour saisir toutes sortes de phénomènes. Dans plusieurs domaines, le sondage est à peu près le seul instrument dont dispose le chercheur. C'est le cas en particulier des comportements privés – le vote, l'emploi du temps, la consommation, la sexualité – qui ne peuvent généralement être appréhendés par observation directe. Qui plus est, un même sondage peut servir à mesurer un grand nombre de variables. Les sondages électoraux, par exemple, en plus de contenir des questions sur le vote, vont porter sur les images des partis et des leaders, sur le niveau d'intérêt pour la politique, le niveau d'information, certaines attitudes sociales et politiques, les opinions sur un certain nombre d'enjeux, ainsi que sur toute une série de caractéristiques socio-démographiques.

Ces avantages expliquent la popularité du sondage dans la recherche sociale. Dans une majorité de disciplines des sciences sociales, il est actuellement l'instrument de mesure le plus utilisé. S'il est vrai que les recensements existent depuis des temps immémoriaux, et que les enquêtes par questionnaire, en particulier sur les conditions sanitaires des quartiers pauvres, apparaissent dès le milieu du XIXe siècle, il est clair que le perfectionnement des techniques d'échantillonnage dans la première moitié du XXe siècle[3] a permis une multiplication prodigieuse d'études fondées sur le sondage. De plus, l'apparition du téléphone, puis son expansion à l'ensemble de la population, et plus récemment, la progression rapide de l'accès à l'informatique pour administrer les questionnaires et pour traiter les données ont contribué à ce que le sondage devienne l'instrument privilégié de mise en forme de l'information. Cet état de fait découle directement de sa grande souplesse et de ses coûts d'opération relativement faibles (en argent et encore plus en temps), en comparaison avec l'observation directe.

Cette situation n'est pas sans susciter des débats. D'aucuns[4] estiment en effet qu'une trop grande importance a été accordée au critère de commodité et qu'on ne tient pas suffisamment compte des limites inhérentes au sondage. Ces auteurs concluent que le sondage, même s'il demeure un instrument valable de mise en forme de l'information, présente des inconvénients majeurs, qui sont trop souvent ignorés. Ils affirment en conséquence que le sondage est surexploité en sciences sociales et qu'il importe que les chercheurs diversifient leur démarche, en ayant davantage recours, en particulier, à l'observation directe.

Les questionnaires étant généralement administrés à des individus, on peut s'interroger sur la pertinence de cette méthodologie pour l'analyse des phénomènes sociaux qui sont essentiellement des phénomènes collectifs. La perspective n'est-elle pas tronquée dès le départ ? Nous ne le croyons pas. En effet, même si les informations sont recueillies auprès d'individus, l'analyse peut procéder à d'autres niveaux. C'est ainsi qu'on peut comparer la mobilité professionnelle dans différentes zones résidentielles, à partir des résultats d'un sondage[5]. On peut aussi compléter les résultats d'un

3. Gérald LECLERC, *L'observation de l'homme : une histoire des enquêtes sociales*, Paris, Seuil, 1979.
4. Voir en particulier L. PHILLIPS, *Knowledge from What ? Theories and Methods in Social Research*, Chicago, Rand McNally, 1972.
5. Marie LAVIGNE et Jean RENAUD, *Étude comparative de quatre zones résidentielles du bas de la ville de Montréal : tome 1 Caractéristiques sociales et mobilité professionnelle*, Montréal, Presses de l'Université du Québec, 1974.

sondage avec des données institutionnelles de façon à déterminer si l'effet se produit sur le plan individuel ou collectif[6]. Il faut donc distinguer l'unité utilisée pour la collecte de l'information de l'unité d'analyse[7].

L'orientation individualiste du sondage n'est donc pas un « vice » inhérent à l'instrument. Rien n'empêche, en effet, d'intégrer certains aspects de l'environnement social dans la conception même de l'enquête[8]. Il est possible, à l'intérieur d'une même étude, de combiner des données de sondage et des données agrégées. On peut également situer les données individuelles dans leur contexte, que celui-ci soit le ménage dont l'individu fait partie, la classe ou l'école de l'élève, l'équipe de travail de l'employé, etc. L'intérêt récent accordé à l'analyse multi-niveaux dans le traitement des données d'enquête apparaît à cet égard particulièrement fécond. Ce type d'analyse permet d'examiner si les effets se produisent plutôt au niveau individuel ou au niveau des regroupements dont les individus font partie.

1.2. Les conditions de validité

Pour que la procédure de collecte d'information au moyen d'un questionnaire de sondage soit valide, quatre conditions doivent être satisfaites :

1. La disponibilité des informateurs. Il importe que l'échantillon cible *soit disponible* et coopératif, c'est-à-dire qu'il puisse être rejoint et qu'il accepte de répondre au questionnaire.

2. La capacité de répondre. Il faut que les gens *soient en mesure* de répondre au questionnaire, c'est-à-dire qu'ils puissent saisir le sens des questions (la compréhension) et qu'ils possèdent l'information qui leur est demandée (la pertinence).

3. La transmission fidèle de l'information. Les gens doivent vouloir et pouvoir *communiquer sans distorsion* l'information.

---

6. C. DURAND, *L'aspiration à la mobilité et la répartition régionale des ressources et des fonctions organisationnelles*, dans SIMARD et al., *À l'aube du XXIe siècle : des enjeux pour les sciences de la gestion*, Montréal, Guérin, 1996, p. 63-92.

7. A. SATIN et W. SHASTRY, *L'échantillonnage, un guide non mathématique*, Ottawa, Statistique Canada, 1983, p. 9. Voir la distinction faite entre unité d'échantillonnage, unité déclarante, unité de référence et unité d'analyse.

8. C'est souvent le cas, par exemple, pour les études faites auprès d'élèves. On aura recours, tant pour l'échantillonnage que pour les analyses, aux données portant sur les écoles, sur les caractéristiques du milieu qu'elles desservent comme sur les caractéristiques de leur population (proportion d'élèves d'origine ethnique différente, taux de réussite moyens de l'école, etc.).

4. L'enregistrement fidèle de l'information. L'information doit être *enregistrée correctement* par le chercheur ou son équipe.

La disponibilité des informateurs

L'objectif visé lorsqu'on a recours à un questionnaire est d'obtenir des réponses. Il faut donc que les personnes faisant partie de l'échantillon cible soient contactées et collaborent. Dans les sociétés sédentaires, le contact pose relativement peu de problèmes. Les gens peuvent être rejoints à leur résidence (par une visite, par téléphone ou par courrier) ou dans des lieux de rassemblement (une classe, un lieu de travail, par exemple).

Une fois contactées, les personnes doivent accepter de répondre au questionnaire. Dans le sondage, la collaboration est en effet une condition absolue. D'où l'importance que les sondeurs attachent au taux de réponse, c'est-à-dire à la proportion d'un échantillon cible qui a été rejointe et a accepté de répondre au questionnaire. Ce taux varie selon les modes d'administration, selon le sujet de l'enquête, selon la crédibilité du commanditaire, selon le type de population et en fonction du nombre de contacts faits pour rejoindre l'échantillon[9].

En Amérique du Nord, le taux habituel pour les sondages téléphoniques se situait autour de 80 % dans les années 1960 mais est tombé à environ 60 % à la fin des années 1970[10]. Il semble se maintenir autour de 55 à 65 % et même moins depuis les années 1980. Dans les cas de sondages postaux auprès de populations ciblées, on peut atteindre des taux de réponse d'environ 50 % alors que traditionnellement, les entrevues sur place, du moins en Amérique du Nord, obtiennent les meilleurs taux (80 à 85 % et même plus). Les non-réponses comprennent les refus (du ménage ou de la personne sélectionnée) mais aussi les personnes non contactées (habituellement entre 5 et 10 %) ou celles qui ne peuvent être rejointes pendant la durée de l'enquête. Les personnes incapables de répondre pour cause de maladie (2 à 3 %) ou ne comprenant pas la langue de l'entrevue (2 à 5 % selon le type de sondage et la population cible) sont habituellement considérées comme ne faisant pas partie de l'échantillon.

---

9. John GOYDER, *The Silent Minority. Nonrespondents in Sample Surveys*, Boulder, Colorado, Westview Press, 1987, p. 56.
10. AMERICAN STATISTICAL ASSOCIATION, « Is the Public Acceptability of Social Survey Research Declining ? », dans Martin BULMER (dir.), *Censuses, Surveys and Privacy*, London, Macmillan, 1979.

En Amérique du Nord, donc, près de deux personnes sur trois sont rejointes et acceptent de répondre à un sondage type. La résistance au sondage n'est cependant pas négligeable. Elle est plus forte en milieu urbain, dans les ménages plus fortunés ou plus âgés, dans les milieux où les gens sont généralement plus méfiants. Certains s'y objectent par principe : environ un citoyen sur dix semble considérer les sondages comme étant une intrusion dans la vie privée[11]. Un sondage sur les attitudes et comportements face à la non-réponse effectué dans la région de Waterloo montre que 4 % sont fortement d'accord et 19 % plutôt d'accord avec l'assertion suivante : « Les sondages d'opinion sont une intrusion dans la vie privée[12]. » Par ailleurs, questionnés sur l'importance d'un certain nombre de facteurs dans leur décision d'accepter de répondre à un sondage, 38 % des personnes interrogées ont jugé que ce qu'ils faisaient au moment où ils ont été contactés était un facteur extrêmement important, les autres facteurs jugés les plus importants étant la persistance de l'interviewer (19 %) et le sujet de l'enquête (17 %). Dans cette même étude, le revenu et la sexualité apparaissent comme les sujets sur lesquels les personnes interviewées sont les plus réticentes à être questionnées.

Puisque les personnes non rejointes et celles qui refusent de participer au sondage représentent habituellement plus du tiers d'un échantillon cible, elles constituent l'un des problèmes les plus sérieux de tout sondage. Elles introduisent un biais possible dans les résultats, pour autant qu'elles se distinguent des participants, puisque toute l'information dont dispose le chercheur provient de ces derniers. Les quelques études qui ont été consacrées à cette question ne permettent pas de tirer des conclusions fermes, le biais apparaissant parfois important[13], parfois minime[14]. Ce biais est généralement estimé à partir des caractéristiques des participants qui avaient d'abord refusé de répondre et qui ont changé d'idée par la suite, ce qu'on appelle les « refus récupérés », qui ne représentent pas un échantillon totalement représentatif des personnes qui refusent. Une étude réalisée par Durand et ses collègues dans le cadre de l'élection québécoise de novembre 1998[15] montre, à titre d'exemple, que les participants aux

---

11. Martin BULMER, « The Impact of Privacy Upon Social Research », dans BULMER, *op. cit.*

12. John GOYDER, *The Silent Minority, op. cit.*, p. 142.

13. Arthur L. STINCHCOMBE *et al.*, « Nonresponse Bias for Attitude Question », *Public Opinion Quarterly*, vol. 45, août 1981, p. 359-376.

14. Lloyd LUEPTOW *et al.*, « Response Rate and Response Bias Among High School Students Under the Informed Consent Regulations », *Sociological Methods and Research*, vol. 6, novembre 1977, p. 183-205.

15. C. DURAND, A. BLAIS et S. VACHON, « Accounting for Biases in Election Surveys : The Case of the 1998 Quebec Election », *Journal of Official Statistics*, vol. 18, n° 1, 2002, p. 25-44.

sondages pré-électoraux et post-électoral qui avaient initialement refusé de répondre et qui s'étaient ravisés par la suite étaient nettement plus susceptibles de voter pour le Parti libéral du Québec que ceux qui n'avaient jamais refusé. Des procédures de pondération et de redressement peuvent être utilisées pour corriger certains biais, mais ces procédures sont elles-mêmes fondées sur d'autres postulats. Il s'agit là, en somme, d'une des limites du sondage, à propos de laquelle très peu de données sûres existent. Réduire le taux de refus devient ainsi l'une des grandes préoccupations des sondeurs.

Il s'ensuit que les possibilités qu'offre le sondage varient dans le temps et dans l'espace. Tout dépend, en effet, de l'image du sondage dans le public. Or, cette image n'est pas une création spontanée. Il y a un risque, par exemple, que la publication de sondages de qualité douteuse jette le discrédit sur cet instrument de recherche. Les chercheurs ont donc intérêt à hausser la qualité des sondages en général, s'ils veulent maintenir la légitimité de cet outil indispensable en sciences sociales. Au Québec, l'Association de l'industrie de la recherche marketing et sociale (AIRMS) établit comme norme que « le taux de réponse visé pour un sondage téléphonique sur un échantillon probabiliste proportionnel auprès des résidents du Québec âgés de 18 ans et plus ne sera pas inférieur à 60 %[16] » (AIRMS, p. 11). Les normes de la Canadian Advertising Research Foundation (CARF) publiées en 1991 sont, quant à elles, de 65 % pour le taux de réponse[17]. Toutefois, la CARF prend en compte l'érosion graduelle du taux de réponse dans les centres urbains et en tient compte lorsque le taux idéal n'est pas atteint malgré le respect de tous les critères de qualité.

La capacité de répondre

Non seulement faut-il que les informateurs soient disponibles, mais il importe également qu'ils soient en mesure de répondre aux questions qui leur sont posées. Cela suppose essentiellement deux choses. Premièrement, les gens doivent *comprendre les questions*, et deuxièmement, ils doivent *posséder l'information* qui leur est demandée. Le critère de compréhensibilité exige qu'on accorde un soin tout particulier à la formulation des questions. Nous reviendrons sur ce point dans la section 4.2., mais on peut observer tout de suite que le recours au questionnaire n'est possible que si

---

16. ASSOCIATION DE L'INDUSTRIE DE LA RECHERCHE MARKETING ET SOCIALE, *Objectifs et normes*, 2000, 16 pages.
17. CANADIAN ADVERTISING RESEARCH FOUNDATION, *Standard Procedures*, 1991, 70 pages.

le chercheur et l'ensemble des informateurs partagent une langue commune, c'est-à-dire si les mots et leur agencement ont un sens uniforme. Cette exigence ne peut être parfaitement satisfaite. Même les mots les plus simples se prêtent à des nuances différentes selon les régions, les classes sociales et les générations. On peut toutefois supposer que dans la plupart des cas les variations sont suffisamment minces pour ne pas entraîner de distorsion sérieuse. Le problème prend, par contre, plus d'ampleur dans les enquêtes comparatives, où un même questionnaire doit être administré à des populations de langues différentes. Toute traduction étant nécessairement imparfaite, il devient difficile de déterminer si les variations observées correspondent à des différences « réelles » ou si elles dépendent plutôt de la formulation même des questions[18].

La capacité de répondre renvoie également à la possession de l'information demandée. On suppose que les informateurs ont un certain niveau de conscience de ce qu'ils sont (variables d'état), de ce qu'ils font (variables de comportement) et de ce qu'ils pensent (variables de pensée). Le postulat apparaît plausible dans plusieurs cas, mais pas dans tous. Les variables d'état sont de ce point de vue les moins problématiques. Les gens connaissent habituellement leur sexe, leur âge et leur occupation. Il en est à peu près de même pour les variables de comportement, même si la marge d'erreur est plus grande. Les gens savent « assez bien » le nombre d'heures qu'ils dorment ou travaillent, ce qu'ils mangent, les sports qu'ils pratiquent, les émissions de télévision qu'ils regardent. La question est plus difficile à trancher en ce qui concerne les variables de pensée, qui sont les plus complexes à mesurer. Tout indique que le niveau de conscience est assez élevé sur les sujets qui touchent le quotidien. La plupart des gens savent très bien qui ils aiment et qui ils détestent, ce qu'ils aiment faire et ce qu'ils n'aiment pas faire. Sur d'autres sujets, sur des questions hypothétiques ou des intentions de comportement, sur des questions auxquelles la personne n'avait pas réfléchi préalablement, le niveau de conscience est plus aléatoire.

> Ce point a été illustré par LaPiere en 1934[19]. Il a fait une expérience dans laquelle il a, d'une part, observé systématiquement l'accueil réservé à un couple chinois (avec qui il voyageait) dans 44 hôtels et 184 restaurants disséminés à travers les États-Unis et, d'autre part, envoyé (six mois plus tard) un questionnaire aux propriétaires de ces hôtels et restaurants, questionnaire comprenant, entre autres, une question demandant

---

18. Irwin DEUTSCHER, « Asking Questions Cross-Culturally : Some Problems of Linguistic Comparability », dans Donald P. WARWICK et Samuel OSKERSON (dir.), *Comparative Research Methods*, Englewood Cliffs, Prentice-Hall, 1973.
19. Richard T. LAPIERE, « Attitudes vs Actions », *Social Forces*, vol. 13, 1934, p. 230-237.

> s'ils accepteraient des Chinois dans leur établissement. Les résultats furent, pour le moins, spectaculaires. Le couple fut accepté dans tous les établissements, sauf un. Pourtant, plus de 90 % des propriétaires répondirent qu'ils n'accepteraient pas de Chinois. Dans ce cas, le questionnaire ne s'est pas révélé un instrument approprié pour prédire le comportement, en bonne partie, pouvons-nous penser, parce que le problème soulevé dans la question ne rejoignait pas directement des expériences vécues couramment ou sur lequel les informateurs avaient déjà beaucoup réfléchi. Cet exemple est souvent donné pour illustrer le fait que le lien entre les attitudes affichées – entre autres au moyen de réponses à des questions – et les comportements peut être faible dans certaines situations.

Cet exemple illustre une des limites du questionnaire. Il est moins fiable lorsqu'il s'agit de saisir des opinions ou des attitudes sur des objets qui n'ont pas de répercussion concrète pour l'individu ou auxquels il n'a accordé que peu d'attention. Cette limite peut être corrigée en partie en situant les objets dans l'univers mental des personnes interrogées (« si une élection provinciale avait lieu aujourd'hui… »), en mesurant le niveau d'information sur un sujet avant d'aborder les opinions et en complétant par des questions sur des comportements qui peuvent être associés.

On peut aussi s'interroger sur le niveau de conscience des gens à propos d'états, de comportements ou de pensées du passé. Quelles sont les possibilités et les limites de la mémoire ? Là encore, la situation varie selon le type de variables. Les variables de pensée soulèvent les difficultés les plus grandes. Les risques de distorsion apparaissent tellement élevés qu'on conclut généralement à l'impossibilité d'une pareille tâche, sauf dans des cas particuliers et par le biais d'un cheminement assez complexe[20]. Dans le cas des comportements, les possibilités apparaissent plus intéressantes, mais les obstacles ne manquent pas[21]. Les mêmes considérations prévalent lorsqu'il s'agit de mesurer des variables d'état. Il semble, par exemple, que les gens ont tendance à surestimer leur revenu passé[22]. La règle à retenir est que plus un événement est marquant (mariage, naissance d'un enfant, etc.), plus il est possible d'obtenir des renseignements fiables remontant loin dans le temps ; moins l'événement est marquant,

---

20. Voir le chapitre 13 sur les histoires de vie.
21. Prenons le comportement électoral. La distorsion la plus importante est la sous-estimation du changement, les électeurs ayant changé de parti se rappelant moins bien leur comportement passé et ayant tendance à l'aligner sur leur comportement récent (H.T. HIMMELWEIT et al., « Memory for Past Vote », British Journal of Political Science, vol. 8, juillet 1978, p. 365-375).
22. Edward A. POWERS et al., « Congruence between Panel and Recall Data in Longitudinal Research », Public Opinion Quarterly, vol. 42, automne 1978, p. 380-390.

plus il est banal (consommation de boissons gazeuses, visionnement d'un film à la télé, etc.), plus l'intervalle de temps sur lequel porte la question doit être court.

Dans la même veine, on peut se demander s'il est possible d'obtenir des renseignements à propos de personnes autres que l'informateur, sur les comportements du conjoint, par exemple. Les études semblent indiquer que la fidélité des réponses est de 10 à 20 % inférieure[23].

La transmission fidèle de l'information

La troisième condition de validité d'un questionnaire est que les gens transmettent l'information qu'ils possèdent sans distorsion. Cette condition renvoie à la sincérité des réponses et aux effets possibles de contamination du questionnaire. Un certain nombre d'observations peuvent être faites à ce propos. Premièrement, il semble bien que les tentatives délibérées et systématiques de distorsion sont extrêmement rares. Ceux qui acceptent de répondre à un questionnaire le font généralement dans un esprit de collaboration qui s'exprime par un effort de sincérité. De même, les sondeurs portent une attention particulière à la formulation et à l'ordre des questions de façon à ne pas orienter les réponses. Ils procèdent au besoin à la rotation des questions ou des choix de réponses de façon à répartir au hasard l'effet possible de l'ordre de présentation. La procédure consiste, par exemple, à présenter les choix de réponse à une question sur l'intention de vote dans un ordre différent d'une entrevue à l'autre, cet ordre étant choisi au hasard.

Par contre, les informateurs ont aussi d'autres motivations lorsqu'ils répondent à un questionnaire. Ghiglione et Matalon[24] distinguent trois motivations principales : maintenir de bons rapports avec l'enquêteur, donner de soi une image favorable et donner de soi une image « conforme », « normale ». Dans un grand nombre de cas, ces motivations ne constituent pas des sources importantes de distorsion. C'est le cas des sujets « neutres » pour lesquels il n'existe pas de norme sociale approuvée par à peu près tout le monde. Il est, par contre, un certain nombre de faits, comportements ou opinions qui sont considérés comme répréhensibles par la société –

23. Seymour SUDMAN et Norman M. BRADBURN, *Asking Questions*, San Francisco, Jossey-Bass, 1987, p. 51.
24. Rodolphe GHIGLIONE et Benjamin MATALON, *Les enquêtes sociologiques : théories et pratique*, Paris, Armand Colin, 1978, p. 149.

consommation d'alcool ou de drogues, racisme, comportements marginaux –
et qui sont beaucoup moins avoués dans les questionnaires. Ce problème
peut être corrigé en partie en formulant des questions faisant apparaître
tous les comportements ou opinions comme acceptables et en entraînant
les interviewers de façon à ce qu'ils les présentent comme tels. Cela permet
sans doute de réduire le biais mais non de l'éliminer complètement.

Cette difficulté se présente même pour la mesure des variables socio-
démographiques. Ainsi, il semblerait que des effets de plancher et de pla-
fond se manifestent dans les réponses sur le revenu, les plus riches ayant
tendance à minimiser leurs revenus et les plus pauvres à les exagérer[25]. Ces
effets reflètent probablement la tendance à donner de soi une image « normale ». De même, peu de gens sont enclins à admettre qu'ils n'ont pas
d'opinion sur une question donnée. C'est ce qui a amené Converse à soutenir, dans un article[26] qui a fait l'objet de toute une controverse, qu'un
certain nombre de participants, qui n'ont aucune opinion sur un sujet,
répondent tout simplement au hasard. S'il est à peu près impossible
d'estimer la fréquence de ce type de réponse, son existence peut difficilement être niée. Dans nos sociétés, un individu respectable est censé être
informé et avoir une opinion. Là aussi, il est possible d'apporter des correctifs, en posant des questions préliminaires sur le niveau d'information
ou en présentant l'absence d'opinion comme légitime.

Globalement, la stratégie la plus efficace consiste à identifier les
risques de distorsion et à adopter des stratégies qui minimisent ces risques.

L'enregistrement fidèle de l'information

Les risques d'erreur ne proviennent pas exclusivement de l'informateur.
Dans les questionnaires qu'il administre, l'interviewer peut ne pas inscrire
correctement la réponse qui lui est donnée. Il existe des méthodes qui
permettent de détecter et de corriger de telles erreurs. On peut procéder à
la vérification d'un certain nombre de questionnaires ainsi que de
l'ensemble de la codification[27]. Les normes de l'AIRMS (Association pour
la recherche marketing et sociale) demandent une validation de 10 % des
questionnaires. L'informatisation de la collecte des données dans les

---

25. Paul M. SIEGEL et Robert W. HODGE, « A Causal Approach to the Study of Measurement
    Error », dans Hubert M. BLALOCK et Ann B. BLALOCK (dir.), *Methodology in Social Research*,
    New York, McGraw-Hill, 1968, p. 36.
26. Philip CONVERSE, « The Nature of Belief Systems in Mass Publics », dans David APTER
    (dir.), *Ideology and Discontent*, New York, The Free Press, 1964.
27. Earl P. BABBIE, *Survey Research Methods*, Belmont, Wadsworth, 1990, chap. 10.

enquêtes téléphoniques a facilité grandement la vérification et la validation au moyen de l'écoute (communément appelé le mouchard). Toutefois, la codification et sa vérification peuvent être rendues plus difficiles surtout lorsqu'on tente de faire une codification simultanée (pendant l'entrevue). Les réponses aux questions ouvertes doivent être enregistrées le plus fidèlement et complètement possible pour permettre une codification ultérieure valide et vérifiable. Finalement, le plus grand soin doit être porté à la présentation et à la mise en pages des questionnaires écrits de façon à minimiser les sources d'erreur.

Cette brève discussion a permis d'identifier les principaux avantages et limites du sondage comme instrument de recherche. Deux conclusions principales semblent se dégager.

– Premièrement, le sondage présente le grand avantage d'être flexible, mais se fonde sur la verbalisation, avec les risques d'erreur qui s'ensuivent. Ces avantages et limites doivent être comparés à ceux des autres instruments.

– Deuxièmement, lorsqu'un chercheur a recours au sondage, il est, dès le départ, confronté à un certain nombre de questions. Il doit se demander si l'analyse devrait porter sur les individus ou sur d'autres unités, se préoccuper de l'accueil qui sera réservé à son questionnaire, s'assurer que les personnes interrogées comprennent et possèdent effectivement l'information qui leur est demandée, faciliter les réponses sincères et spontanées, et, finalement, vérifier l'enregistrement de ces réponses.

C'est à partir de la question de recherche que l'on peut juger si le sondage est approprié. Toutefois, une fois la décision prise de faire un sondage, des choix concrets doivent être faits au regard du devis de recherche et des modalités d'administration. Ces choix auront des conséquences sur l'élaboration du questionnaire – formulation et choix des questions, ordre, type de questions – et sur l'administration proprement dite.

2 LE DEVIS DE RECHERCHE

Le premier choix qui se pose au chercheur a trait au nombre d'enquêtes qu'il doit mener. On distingue ainsi le sondage ponctuel, dit aussi « à coupe transversale », dans lequel le questionnaire n'est administré qu'une fois, du sondage longitudinal, dans lequel le questionnaire est administré à plusieurs reprises. Le sondage longitudinal peut être de tendance, si le questionnaire est administré à différents échantillons d'une même population à différents moments, ou de type panel, si le questionnaire est chaque fois administré au même échantillon.

Supposons qu'un chercheur s'intéresse au lien entre le revenu et le comportement électoral. Par un sondage ponctuel, il pourra vérifier l'existence d'un tel lien. En analysant des sondages effectués lors de différentes élections, il pourra déterminer si ce lien (ou l'absence de ce lien) change dans le temps, si un parti progresse (ou régresse) davantage chez les plus riches (ou les plus pauvres) et établir certaines associations entre ces changements et les politiques gouvernementales ou les stratégies des partis. Par un sondage panel, non seulement pourra-t-il procéder à une telle analyse, mais il pourra déterminer si ce sont les individus dont le revenu a le plus augmenté (ou diminué) entre deux élections qui ont davantage modifié leur comportement électoral. La dynamique individuelle devient directement accessible, contrairement au sondage de tendance.

▓ 2.1. Le sondage ponctuel

Le sondage ponctuel est le plus simple et certainement le plus fréquent. Il sert à décrire certaines caractéristiques d'une population ou à examiner les relations entre certaines variables à un moment donné. Il a le désavantage d'être statique, de ne pas permettre l'analyse du changement. Il est cependant beaucoup moins coûteux. On n'aura donc recours au sondage longitudinal que si cela s'avère indispensable. Tout dépend en fait de l'hypothèse de départ. *Le devis ponctuel est approprié lorsque l'ordre de causalité des variables ne pose pas problème ou n'est pas central pour répondre à la question de recherche.* Si l'on s'intéresse à la relation entre la scolarité et le vote, par exemple, on peut supposer que la première variable influence la seconde, et non l'inverse. Un sondage ponctuel ne permettrait pas, par contre, de déterminer si ce sont les opinions sur telle politique gouvernementale qui influencent l'évaluation de la compétence du premier ministre ou l'inverse.

▓ 2.2. Le sondage de tendance

Lorsqu'on peut répéter la même enquête à plusieurs reprises, les possibilités sont beaucoup plus riches. On peut alors observer l'évolution de certaines caractéristiques de la population ou encore de relations entre variables, dans le temps. Certaines firmes de sondage, par exemple, conduisent des enquêtes à intervalles fixes : on peut ainsi suivre, d'un mois à l'autre, la cote de popularité des partis politiques au Canada. On peut aussi s'intéresser aux changements dans les relations entre variables.

> On peut examiner l'impact de certains événements en comparant les tendances avant et après ces événements. C'est ainsi que Nadeau et Mendelsohn[28] ont pu montrer qu'un parti qui change de chef voit habituellement sa cote de popularité augmenter et que la prime est plus élevée quand le parti en question jouit au départ d'une faible popularité et quand les chefs des autres partis sont en place depuis longtemps. De même, c'est en comparant des sondages effectués à différents moments dans le temps et en suivant les réponses données par des cohortes d'individus nés pendant la même période qu'on peut mesurer les effets de période, de génération et de cycle de vie. C'est ainsi que Blais et ses collègues[29] ont pu démontrer que le déclin récent du taux de participation au vote au Canada était concentré dans les cohortes d'individus nés après 1960. De même, Durand a montré que l'évolution de l'intention de vote sur la souveraineté du Québec de 1995 à 2000 était due aux cohortes de francophones de moins de 55 ans, les seules pour lesquelles des changements pouvaient être observés[30].

Le sondage de tendance peut s'intéresser aux changements à court ou à *long* terme. À court terme, on peut avoir recours à une enquête « roulante » (*rolling cross-section*) qui peut s'échelonner sur quelques semaines ou mois, des mini-échantillons étant tirés chaque jour ou semaine.

> C'est ainsi que procèdent maintenant les enquêtes universitaires sur les élections canadiennes. À chaque jour de la campagne électorale, on tire un mini-échantillon nouveau ; on interviewe ainsi une centaine de personnes à chaque jour, ce qui permet de suivre l'évolution des perceptions et des attitudes tout au long de la campagne. C'est en s'appuyant sur de telles données qu'on peut, en particulier, évaluer l'effet des débats télévisés sur la popularité des chefs de partis et sur les intentions de vote[31].

Lorsqu'elles s'intéressent aux changements à long terme, les études de tendance se fondent habituellement sur une analyse secondaire de sondages effectués par d'autres chercheurs ou par des firmes de sondage. De

---

28. Richard NADEAU et Matthew MENDELSOHN, « Popularity boost following leadership changes in Great Britain », *Electoral Studies*, vol. 13, sept. 1994, p. 222-228.
29. André BLAIS, Elisabeth GIDENGIL, Neil NEVITTE et Richard NADEAU, « The Evolving Nature of Non Voting : Evidence from Canada », communication présentée au Congrès annuel de l'American Political Science Association, septembre 2001.
30. Voir C. DURAND, *The Evolution of Support for Sovereignty- Myths and Realities*, Working Paper n° 8, Institute for Intergovernmental Affairs, Queens University, 2001, 14 p.
31. Voir André BLAIS et Martin BOYER, « Assessing the Impact of Televised Debates : The Case of the 1988 Canadian Election », *British Journal of Political Science*, vol. 26, 1996, p. 143-164.

telles études sont possibles dans la mesure où des questions identiques sont posées dans les différents sondages. Elles permettent d'aller plus loin qu'un sondage ponctuel. On peut vérifier si certaines relations sont stables ou non dans le temps, ou encore mesurer l'effet de l'environnement extérieur sur l'évolution des résultats. Le sondage de tendance ne permet cependant pas d'observer les changements sur le plan individuel. Un sondage panel est alors nécessaire.

▇ 2.3. Le sondage panel

Dans le sondage panel, non seulement l'enquête est-elle répétée à plusieurs reprises, mais les mêmes personnes sont contactées à chaque fois. Ce type de sondage doit être planifié dès le départ : on conserve les coordonnées des informateurs qui sont interrogés de nouveau après un certain intervalle de temps. La démarche est différente de l'étude de tendance, qui se fait souvent *a posteriori*, en comparant les données de sondages déjà effectués. Au point de vue théorique, le sondage panel ouvre également de nouveaux horizons : la dynamique du changement peut être examinée sur le plan individuel.

Le sondage panel présente donc un grand intérêt. Il comporte toutefois certains inconvénients. L'entreprise est beaucoup plus exigeante. Il faut répéter l'enquête, ce qui peut s'avérer très coûteux. La recherche doit s'étendre sur une plus longue période de temps. Il faudra par exemple attendre quatre ans (habituellement) si l'on veut analyser les changements entre deux élections.

Un deuxième problème concerne ce qu'on appelle la mortalité de l'échantillon. Cette mortalité découle du fait qu'un certain nombre de personnes ayant répondu au premier questionnaire ne répondent pas aux suivants, parce qu'elles ont déménagé et qu'on ne réussit pas à les retrouver, par lassitude ou pour d'autres raisons. Le taux de mortalité est d'autant plus élevé que le sujet est jugé peu important et peu intéressant, et que l'intervalle entre les enquêtes est grand.

Les grandes organisations statistiques gouvernementales utilisent de plus en plus les enquêtes longitudinales de type panel[32]. Le ***Panel Study of Income Dynamics*** a commencé en 1968 aux États-Unis[33] auprès de plus

32. Voir M. WOODEN, « Design and Management of a Household Panel Survey : Lessons from the International Experience », 2001, <http://www.melbourneinstitute.com/hilda/hdps.html>.

33. Voir Sean BECKETTI *et al.*, « The Panel Study of Income Dynamics after Fourteen Years : An Evaluation », *Journal of Labor Economics*, vol. 6, octobre 1988, p. 472-492.

de 5 000 personnes, réinterviewées à chaque année. Le **British Household Panel Survey**, commencé en 1992, est sans doute la plus ambitieuse de ces enquêtes par la très grande variété des sujets couverts. Au Canada, plusieurs grandes enquêtes ont été complétées ou sont en cours : L'enquête sur la dynamique du travail et du revenu commencée en 1994 a duré 6 ans ; l'enquête longitudinale nationale sur les enfants et les jeunes (ELNEJ) a aussi débuté en 1994 et s'est déroulée tous les deux ans depuis. Au Québec, l'Institut de la statistique du Québec mène l'Enquête sociale et de santé auprès des enfants et adolescents québécois depuis 1999. Dans ces études, les taux de mortalité de l'échantillon peuvent atteindre 10 % la première année mais diminuent fortement par la suite.

Une troisième difficulté a trait aux risques de contamination. Le seul fait de répondre à un questionnaire peut sensibiliser un individu à certaines questions et modifier ses comportements ou ses attitudes. On a ainsi remarqué que ceux qui répondent à des sondages électoraux ont plus tendance à aller voter[34]. Par conséquent, les changements qu'on observe entre les différentes vagues d'un panel peuvent avoir été créés artificiellement par l'instrument de recherche. Les risques sont plus prononcés lorsque le questionnaire est administré à de courts intervalles.

En somme, le sondage panel peut être mis à profit dans plusieurs cas, surtout lorsque les risques de contamination apparaissent faibles, que la population n'est pas trop mobile, que le thème de l'enquête suscite de l'intérêt et que les changements individuels sont au cœur de l'analyse. Le sondage de tendance suffit lorsqu'on veut se limiter aux changements collectifs. Le sondage ponctuel est tout à fait approprié lorsque la perspective est strictement statique, ou lorsqu'il apparaît possible de faire appel à la mémoire des informateurs pour mesurer des états, des comportements passés.

3 LES MODES D'ADMINISTRATION

Une fois le devis de recherche arrêté, le chercheur doit déterminer de quelle façon les réponses aux questions seront recueillies. On peut d'abord distinguer deux grands *modes* d'administration, les *entrevues*, lorsque le

---

34. Donald GRANBERG et Sorem HOLMBERG, « The Hawthorne Effect in Election Studies : The Impact of Survey Participation on Voting », *British Journal of Political Science*, vol. 22, 1992, p. 240-248.

questionnaire est administré par un interviewer, et les questionnaires *auto-administrés*, où l'informateur inscrit lui-même ses réponses[35]. On peut également tenir compte de la façon dont les personnes sont contactées. L'entrevue conduite par un interviewer peut se faire par téléphone ou en face à face. Le questionnaire auto-administré peut être envoyé par courrier ; on parle alors de *questionnaire postal*. En outre, il peut être *distribué* de main à main. Un nouveau mode de distribution s'est développé avec le développement des nouvelles technologies de communication (Internet, courrier électronique) : les questionnaires peuvent maintenant être *acheminés par modes électroniques*. Le plus souvent, le récipiendaire est dirigé vers un site Internet pour compléter le questionnaire. Les différents modes peuvent être combinés dans une même étude, en fonction des besoins.

> Lors d'une étude comparative sur l'emploi du temps dans treize pays différents, on a, par exemple, eu recours à des questionnaires auto-administrés qui ont ensuite été vérifiés et complétés par un interviewer[36]. De même, un questionnaire envoyé par la poste peut être complété par téléphone. Les combinaisons possibles sont nombreuses. Un autre exemple est celui d'une enquête menée par la Corporation des médecins du Québec, en 1988, auprès des femmes ménopausées. Le téléphone a été utilisé comme mode de recrutement d'un échantillon représentatif et a permis de recueillir les informations sur les coordonnées des personnes sélectionnées. Celles-ci recevaient dans les jours suivants un questionnaire postal accompagné d'une enveloppe réponse préaffranchie. Le suivi des opérations se faisait par la poste et par téléphone.

Dans toute recherche, on tente de choisir le mode le plus efficace, celui qui permettra de recueillir la meilleure qualité d'information au moindre coût en temps et en argent. Plusieurs critères, qui recoupent les conditions de validité présentées plus haut (section 1.2) président à ces choix. D'une part, l'objet d'étude demande parfois de recourir à des questions intimes et délicates, des questions qui demandent réflexion ou qui demandent des réponses élaborées. Dans ce cas, le mode auto-administré est le plus approprié pour assurer une transmission fidèle de l'information. De même, un sondage complexe ou demandant le recours à des aides visuelles commandera généralement de recourir à l'entrevue face à face. Le *type de question et la complexité du questionnaire* est donc un premier critère.

---

35. Le questionnaire lui-même peut être sur *support papier* – le questionnaire écrit – ou sur *support informatique* – résident ou sur disquette. Le type de support aura certaines conséquences sur le plan technique, sur la manière de remplir le questionnaire, la complexité possible du questionnaire, les possibilités de vérification, entre autres.

36. Edwin K. SCHEUCH, « The time-budget interview », dans Alexander ZALAI (dir.), *The Use of Time : Daily Activities of Urban and Sub-urban Populations in Twelve Countries*, La Haye, Mouton, 1972.

D'autre part, les *caractéristiques de la population et de la base de sondage* disponible détermineront aussi les choix. Si la population à l'étude est déterminée par une aire géographique restreinte, le questionnaire postal ou distribué ou même l'entrevue face à face pourront être envisagés. Par contre, si l'aire géographique est étendue, dispersée, l'entrevue téléphonique ou le sondage postal deviennent privilégiés. Si seule une liste d'adresses est disponible, on tente habituellement d'utiliser un mode auto-administré ou sur place plutôt que de se lancer dans une recherche de numéros de téléphone. Des *critères financiers* guident aussi les choix. Le questionnaire électronique s'avère le moins cher, surtout si l'on procède par fichier-questionnaire annexé plutôt que par un accès sur site Web. Dans les modes plus traditionnels, le questionnaire postal est habituellement le moins cher et l'entrevue face à face la plus dispendieuse. Les *délais nécessaires pour recueillir les informations* constituent également un critère. Le sondage postal demande de six à huit semaines alors que dans le sondage téléphonique assisté par ordinateur, les résultats peuvent être disponibles un ou deux jours après la fin de la collecte. Enfin, le *taux de réponse* associé à chaque modalité et les efforts nécessaires pour atteindre un taux acceptable constituent un dernier critère. Le questionnaire postal, particulièrement s'il est utilisé pour des populations hétérogènes et potentiellement peu intéressées par le sujet de l'enquête, donne généralement des taux de réponse plus bas. La distribution de main à main, particulièrement en groupe, et l'entrevue face à face donnent des taux généralement plus élevés.

3.1. L'entrevue par téléphone

Le sondage administré par téléphone est devenu le mode le plus populaire d'enquête en Amérique du Nord. Il s'avère maintenant plus populaire que l'entrevue face à face, et ce, pour des considérations tant financières que pratiques. En moyenne, le coût par entrevue téléphonique complétée est environ deux fois moindre que celui de l'entrevue face à face. De plus, ce coût est demeuré presque stable depuis un certain nombre d'années grâce aux progrès techniques, à la réduction des frais d'appels interurbains, à l'informatisation et aux économies d'échelles réalisées avec la multiplication des sondages. Sur le plan pratique, la couverture de l'ensemble de la population est meilleure avec un sondage téléphonique puisque même les personnes résidant dans les endroits les plus isolés peuvent être rejointes facilement. Le contrôle sur l'ensemble des opérations est aussi plus direct. Toutes les entrevues peuvent se faire à partir d'une même salle, de sorte qu'il est plus facile de superviser, d'identifier les difficultés et de réagir rapidement, alors que, dans les sondages en face à face, les interviewers sont dispersés sur le territoire et les responsables ont un contact indirect (et avec des délais importants) avec le processus concret de collecte des données. L'opération se fait aussi plus rapidement par téléphone, et ce d'autant plus que presque toutes les firmes de sondage sont maintenant équipées pour faire les entrevues assistées par ordinateur. Les résultats de telles entrevues, si toutes les questions sont précodées, sont disponibles dans les heures qui suivent la fin des entrevues et les résultats partiels peuvent même être accessibles durant le déroulement du terrain. De plus, la plupart des logiciels utilisés permettent maintenant la programmation de questionnaires complexes et possèdent toutes les fonctionnalités nécessaires à la conduite des entrevues.

En Amérique du Nord, près de la totalité des ménages (98,8 % en 1996) possèdent au moins un téléphone. Toutefois, une partie de la population – entre autres les personnes âgées vivant en institution – n'a pas accès à un téléphone privé et ne peut être rejointe. À cela, il faut aussi ajouter qu'une proportion d'abonnés (évaluée à 9 % en Ontario et au Québec en 1985[37], passée en 1998 à 12 % au Québec et à 17 % à Montréal selon Durand et collègues[38]) n'est pas inscrite dans les annuaires téléphoniques, volontairement ou involontairement. Ces abonnés ont des caractéristiques marquées (personnes plus mobiles, plus jeunes mais aussi personnes plus riches, etc.). Leur numéro de téléphone peut cependant être inclus dans les échantillons si l'on a recours à la génération aléatoire des numéros plutôt qu'au bottin pour la confection de l'échantillon. Les sondages téléphoniques ont toutefois à faire face à des problèmes encore plus importants avec le progrès technologique. Que l'on pense aux afficheurs et aux répondeurs branchés en permanence qui permettent de filtrer les appels, au fait que de plus en plus de ménages ont deux numéros de téléphone (et donc deux fois plus de chance d'être choisis) et enfin à la progression de l'usage du téléphone cellulaire, impossible à utiliser pour faire des sondages étant donné son mode et son coût d'utilisation.

L'entrevue téléphonique limite le recours aux questions ouvertes et aux questions demandant réflexion, les réponses étant habituellement plus spontanées et plus courtes. Tout comme l'entrevue face à face, l'entrevue par téléphone est moins appropriée pour des sujets délicats, comme le comportement sexuel, les problèmes de santé, la consommation de drogues

---

37. J.D. DREW, G.H. CHOUDHRY et L.A. HUNTER, « Nonresponse Issues in Government Telephone Surveys », dans GROVES *et al.*, *Telephone Survey Methodology*, New York, Wiley, 1988, p. 24.
38. DURAND, BLAIS et VACHON, 2002, *op. cit.*

ou la perpétration d'actes illégaux[39]. La présence d'un interviewer et la crainte que la confidentialité ne soit pas totalement respectée amènent les participants à cacher ou à modifier certaines informations.

En résumé, l'entrevue par téléphone est généralement la modalité d'administration la plus rapide, la plus souple, la plus facile à contrôler et celle qui permet une meilleure couverture de la population ; elle est la modalité la plus utilisée en Amérique du Nord, à tout le moins pour les sondages auprès de l'ensemble de la population. Elle est toutefois peu recommandée lorsqu'on veut faire une utilisation systématique de questions ouvertes, de questions avec support visuel, de questions délicates ou lorsque le questionnaire envisagé est particulièrement long. Le questionnaire administré par téléphone peut difficilement dépasser 30 minutes.

▓ 3.2. L'entrevue en face à face

La plus grande qualité de l'entrevue face à face est sa polyvalence. Le questionnaire peut être passablement long. La présence d'un interviewer fait en sorte que les gens acceptent généralement de prendre une heure ou même deux pour répondre au questionnaire. Les formes de question peuvent être variées. On peut faire une utilisation moins restreinte des questions ouvertes et d'aides visuelles (voir la section 4.2). Ces considérations font en sorte que l'entrevue face à face est considérée comme la « crème » des sondages. L'entrevue face à face n'est pas sans désavantage toutefois. Le plus important est évidemment son coût. À cela, il faut ajouter un moins grand contrôle sur le déroulement de l'enquête, les superviseurs de terrain et les interviewers étant dispersés sur le territoire. De plus, les lieux isolés sont moins bien couverts puisque l'on doit habituellement recourir à un échantillon aréolaire[40]. Enfin, l'entrevue face à face est la plus susceptible d'entraîner des biais de « désirabilité sociale », c'est-à-dire que l'interviewer étant sur les lieux, la tendance pour la personne interviewée à vouloir donner une bonne image d'elle-même sera d'autant plus forte.

Les agences gouvernementales (Institut de la statistique du Québec, Statistique Canada) utilisent souvent l'entrevue face à face pour les grandes enquêtes périodiques. L'entrevue est aussi particulièrement appropriée lorsque la base de sondage est déterminée par des aires géographiques restreintes et lorsqu'il est nécessaire de compléter l'entrevue par des observations sur l'environnement ou le milieu de vie des participants.

---

39. Roger TOURANGEAU et Tom SMITH, « Asking Sensitive Questions : The Impact of Data Collection Mode, Question Format, and Question Context », *Public Opinion Quarterly*, vol. 10, été 1996, p. 275-304.
40. Voir le chapitre 9 sur l'échantillonnage.

▓ 3.3. Le questionnaire postal

Les principaux avantages du questionnaire par courrier[41] concernent la *couverture* et le *coût*. À peu près tous les citoyens ont une adresse et peuvent être rejoints par le courrier. Les coûts sont relativement peu élevés. La situation varie considérablement d'une enquête à l'autre mais, en moyenne, le sondage par la poste coûte à peu près trois fois moins cher que l'entrevue téléphonique et facilement six fois moins cher que l'entrevue face à face. Il n'est praticable, toutefois, que si une liste d'adresses existe ou peut être constituée.

Il est aussi plus approprié lorsqu'on doit poser des questions sensibles, auxquelles la personne sélectionnée préférera répondre dans la plus stricte intimité. L'absence de contact avec un interviewer rend cette modalité *la moins susceptible d'entraîner des biais de désirabilité sociale*. Le participant aura tendance à avouer plus facilement sa consommation réelle d'alcool ou de drogues, ses problèmes de santé mentale ou physique, ses difficultés relationnelles, etc.

Son principal désavantage a trait au *taux de réponse*. Le format est impersonnel. L'individu qui reçoit un questionnaire par le courrier peut beaucoup plus facilement ne pas y répondre que lorsqu'il est directement sollicité par un interviewer. En fait, le taux de réponse est la bête noire des sondages par la poste. Il varie énormément d'une étude à l'autre, pouvant aussi bien atteindre 10 % que 80 %. Plusieurs moyens sont à la disposition du chercheur pour accroître le taux de réponse[42]. La lettre d'introduction, présentant l'étude et justifiant son intérêt, peut s'avérer cruciale puisqu'elle constitue le lien de communication privilégié entre le chercheur et les informateurs. Lorsque cela est possible, l'appui d'une organisation connue et appréciée par l'échantillon cible peut grandement aider. Un suivi serré des opérations est nécessaire, incluant des rappels postaux ou téléphoniques lorsque cela est possible et l'envoi d'un deuxième questionnaire aux personnes qui n'ont pas fait parvenir leur questionnaire rempli après un certain délai (environ un mois). Ces moyens peuvent facilement faire doubler le taux de réponse. Enfin, les questionnaires postaux doivent toujours être accompagnés d'une enveloppe de retour préadressée et préaffranchie. Toutes ces « recettes » sont certes utiles. Il n'en demeure pas

---

41. On inclut dans le terme courrier, la poste ordinaire mais aussi le courrier interne des organisations et le courrier électronique qui constitue déjà un mode d'enquête pour des sondages s'adressant précisément à une population d'utilisateurs.

42. Voir sur cette question Don A. DILLMAN, *Structural Determinants of Mail Survey Response Rates Over a 12 Year Period, 1998-1999*, <http://survey.sesrc.wsu.edu/dillman/papers.htm>.

moins que le taux de réponse est souvent problématique. *Le sondage par la poste est surtout approprié pour l'étude de populations spécifiques et homogènes.* Des taux de réponse satisfaisants peuvent être obtenus dans les enquêtes auprès des membres d'une organisation, en particulier si la direction de l'organisation et le syndicat, le cas échéant, donnent leur appui. De plus, ce sont généralement les personnes les plus scolarisées qui collaborent le plus à ce type de sondage. Il est donc tout indiqué pour des populations dont le niveau d'instruction est élevé.

Le sondage par courrier présente également des difficultés à l'étape de l'élaboration du questionnaire. Celui-ci ne doit pas être trop long (pas plus d'une dizaine de pages) pour minimiser les non-réponses et il ne doit pas être trop complexe. On doit chercher par tous les moyens à alléger le fardeau de la personne sélectionnée par une présentation claire, aérée, agréable et par l'utilisation d'un format de type cahier[43]. Les questions doivent être particulièrement claires, puisque l'informateur ne peut obtenir d'explication s'il ne comprend pas un élément de la question. Finalement, le questionnaire étant auto-administré, chacun peut y répondre au moment où cela lui plaît et à sa façon. Pour certaines recherches, cette possibilité peut constituer un avantage. Les informateurs peuvent réfléchir davantage avant d'inscrire leurs réponses. La procédure est aussi utile lorsque les réponses ne peuvent toutes être données en même temps. C'est le cas des sondages qui mesurent la cote d'écoute des émissions de radio et de télévision, et qui demandent aux gens d'inscrire les émissions que chaque personne du ménage regarde ou écoute pendant une semaine donnée[44]. Pour d'autres recherches, par contre, cette possibilité est un inconvénient. Les informateurs peuvent consulter l'ensemble du questionnaire avant d'y répondre, chercher à rendre leurs réponses le plus cohérentes possible, les « surorganiser », ce qui les rend moins spontanées. On ne peut pas utiliser une telle modalité pour des questions de connaissance où le participant aurait tout le loisir de chercher la réponse, ni lorsqu'il est nécessaire

---

43. Cette indication vaut aussi pour les questionnaires sur support informatique. La « page-écran » ne doit pas être surchargée, les indications doivent être faciles à comprendre.
44. Cette méthode s'est avérée problématique à certains égards. On estime qu'elle surreprésente les téléphages et les personnes moins actives étant donné le fardeau demandé aux participants. Le taux de réponse est relativement bas. L'utilisation de l'audimètre, maintenant techniquement possible, vise à résoudre ce problème. Toutefois, elle demande que chaque téléspectateur enregistre sa présence dès qu'il commence un visionnement et qu'il signale son départ dès qu'il cesse, ce qui constitue un fardeau important pour l'informateur. De plus, les coûts importants reliés aux appareils et à l'installation amènent, d'une part, à réduire l'échantillon et, d'autre part, à demander aux participants une collaboration de deux à trois années.

d'effectuer une sélection à l'intérieur d'un ménage. Le questionnaire doit être formellement adressé à une personne. On n'aura, par ailleurs, aucune garantie que c'est cette personne qui le remplira effectivement.

En somme, la poste n'est pas un mode « idéal » pour les sondages auprès de populations hétérogènes, à cause du faible taux de réponse. Par contre, le questionnaire par la poste est tout indiqué pour l'étude de populations homogènes ou plus scolarisées, en particulier les membres d'une organisation, ou lorsque l'enquête demande que le participant puisse se sentir dans une situation de totale confidentialité.

▓ 3.4. Le questionnaire distribué

Ce format connaît plusieurs variantes. Le questionnaire peut être distribué à des groupes réunis en un endroit : l'exemple le plus connu est celui des étudiants répondant à un questionnaire lors d'un cours. Il peut l'être aussi à des individus partageant une même situation : ce serait le cas d'une étude faite auprès d'un échantillon de gens se présentant à la salle d'urgence d'un hôpital. Il peut même être distribué à la maison. Ce fut le cas de l'étude comparative sur l'emploi du temps, où un interviewer se rendait au domicile des personnes sélectionnées, expliquait comment utiliser les formulaires et revenait les chercher deux jours plus tard, procédant à certaines vérifications[45]. Chaque variante a ses particularités, de sorte qu'il est difficile de dégager des caractéristiques générales.

Les questionnaires distribués à la maison constituent une espèce rare ; on a plutôt recours à l'entrevue en face à face. La procédure de distribution est préférée à celle de l'entrevue lorsque le chercheur estime que l'informateur a besoin de réflexion, de temps ou d'intimité pour répondre au questionnaire. Pour ce qui est du questionnaire distribué à des groupes réunis dans un lieu, il est évidemment d'utilisation restreinte : il ne peut s'appliquer qu'à des populations « spécifiques ». Lorsqu'elle est possible, la formule est cependant fort intéressante. Les coûts sont minimes et les taux de réponse généralement élevés. Des explications peuvent être données si des ambiguïtés se présentent. Par contre, le questionnaire doit demeurer court et simple.

---

45. SCHEUCH, *op. cit.*

▓ 3.5. Le questionnaire électronique

Le terme de questionnaire électronique englobe tous les sondages utilisant les nouvelles technologies de communication, que ce soit le courrier électronique, un site Web ou un fichier-questionnaire. Quand on y pense, il s'agit à la base de variantes du questionnaire postal ou distribué. Il est possible d'utiliser le courrier électronique pour poser quelques questions (très peu) à l'intérieur d'un message. Toutefois, il est plus fréquent soit de joindre un fichier-questionnaire au message, soit de renvoyer à un site Internet. Certains sondages sont également mis directement sur des sites Internet, sans sollicitation particulière, et avec la possibilité pour toute personne intéressée de remplir le questionnaire. Dans ce dernier cas, aucun échantillon scientifique n'est utilisé et toute personne intéressée peut remplir le questionnaire. Il ne s'agit donc pas de sondages scientifiques proprement dits.

Dans le cas des sondages sur Internet ayant un but scientifique, le premier problème qui se pose est d'éviter que la personne sélectionnée puisse remplir le questionnaire plus d'une fois. La solution consiste habituellement à attribuer aux personnes membres de l'échantillon un code d'accès qui ne peut être utilisé qu'une seule fois. D'autres problèmes surviennent au plan technique. Il faut prévoir d'avance comment récupérer les données et redonner accès s'il y a coupure de communication au moment de répondre au questionnaire sur le site ou si le participant veut quitter momentanément et revenir répondre plus tard. Il faut également prévoir un nombre important d'accès simultanés possibles sinon il y a risque que les personnes incapables d'entrer sur le site décident de ne pas répondre. Il peut donc s'avérer judicieux de répartir dans le temps les invitations à remplir les questionnaires.

Au cours des dernières années, l'expertise relative à la conception des questionnaires électroniques s'est développée et de nombreuses compagnies de même que les services informatiques des grandes organisations peuvent maintenant offrir les services requis. Il est sans doute illusoire de penser faire une telle opération sans l'aide de personnes ayant l'expertise technique et ergonomique nécessaire à la conception de questionnaires électroniques.

Les sondages par modes électroniques sont appelés à se multiplier ne serait-ce qu'en raison de l'augmentation de l'accès à Internet et des avantages au plan de la collecte des informations (rapidité, facilité d'accès, enregistrement instantané de l'information, etc.). Dans un premier temps, étant donné l'impossibilité de faire un échantillonnage de l'ensemble de la population, ils peuvent servir soit pour des populations spécifiques, ayant accès à Internet, soit comme mode complémentaire de collecte des données dans des enquêtes où l'on donnerait aux personnes sélectionnées le choix entre deux ou même plusieurs modes de collecte, selon ses préférences.

4 L'ÉLABORATION DU QUESTIONNAIRE

L'élaboration du questionnaire comprend quatre grandes étapes. Il faut d'abord décider des concepts à mesurer pour en arriver à déterminer les indicateurs nécessaires ; il faut ensuite passer à la rédaction ou à la sélection des questions correspondant aux indicateurs. Ces deux étapes sont abordées de façon plus détaillée dans le chapitre 8 de ce volume portant sur la mesure. L'étape suivante consiste à déterminer l'ordre des questions dans le questionnaire. Enfin, la dernière étape est celle du prétest, de la vérification du questionnaire.

▉ 4.1. La sélection des concepts et indicateurs

Le chercheur utilise le questionnaire comme un instrument de mesure qui lui permettra éventuellement de confirmer ou d'infirmer une ou plusieurs *hypothèses de recherche*. Ces hypothèses portent sur des *concepts* qu'il faut définir de façon précise pour pouvoir les opérationnaliser et, enfin, les mesurer. La toute première étape consiste donc à faire la liste des concepts à opérationnaliser, à les décomposer lorsque cela est pertinent et à choisir les indicateurs qui détermineront les questions à poser.

> Le concept large de « comportement culturel » doit, par exemple, être décomposé selon les types de comportements : fréquentation de cinémas, de théâtre, écoute de musique, lecture, etc. Chacun de ces comportements peut être décomposé plus avant. On peut parler de types de lecture – romans, bandes dessinées, essais – et chacun de ces types peut être détaillé plus avant de façon à obtenir des indicateurs de comportement : fréquence de lecture, moment privilégié pour lire, achats de livres, emprunts à une bibliothèque, etc. Ces indicateurs constituent des mesures d'un comportement culturel, c'est-à-dire la lecture, et d'un type précis de comportement de lecture, telle la lecture de romans.

On peut distinguer divers types de mesures selon ce qui est mesuré. On peut adopter une catégorisation qui distingue, d'une part, les mesures objectives des mesures subjectives. Les mesures objectives ont trait aux faits, aux caractéristiques des individus (le sexe, l'âge, le revenu), à leurs connaissances ainsi qu'à leurs comportements. Les mesures subjectives comprennent ce qu'on coiffe parfois du terme générique « attitudes ». Elles font référence à ce que les gens pensent et ressentent ainsi qu'aux jugements qu'ils portent. Elles comprennent les mesures d'opinion, de satisfaction, de perceptions, de valeurs – ce à quoi on accorde de l'importance – ainsi que les intentions de comportement.

4.2. La formulation des questions

Une fois qu'il a déterminé exactement ce qu'il veut mesurer, le chercheur peut procéder à l'élaboration proprement dite du questionnaire. La stratégie d'ensemble est relativement simple. À partir des indicateurs, le chercheur doit élaborer les questions ou choisir parmi des questions déjà utilisées par d'autres chercheurs. Il doit s'assurer que les participants comprennent bien la question, qu'ils sont capables de donner une réponse, qu'ils acceptent de la donner et que cette réponse est authentique (voir section 1.2). À ce stade, la préoccupation est de « se mettre dans la peau » de l'interlocuteur, de prévoir comment il peut réagir à ces stimuli que sont les questions et de concevoir les stimuli qui semblent les plus susceptibles de produire l'information désirée. Cela exige d'imaginer plusieurs formulations différentes, de les comparer et de retenir celle qui apparaît la plus satisfaisante. Le chercheur est ainsi amené à consulter d'autres questionnaires portant sur des thèmes similaires ou connexes. Il pourra ainsi profiter de l'expérience des autres et prendre connaissance de certaines formulations. À moins de problèmes majeurs, il aura intérêt à utiliser ces formulations sans les modifier, de façon à pouvoir comparer les résultats de son enquête à ceux d'études antérieures. Cette préoccupation a entraîné la création de banques de questions auxquelles les chercheurs ont accès. Une des plus connues est celle du Center for Applied Social Surveys (CASS) disponible sur site Web (http://www.scpr.ac.uk/cass). Depuis peu, les grandes organisations statistiques gouvernementales (Statistique Canada, Institut de la statistique du Québec pour ce qui est du Québec) donnent accès à leurs questionnaires en français et en anglais ainsi qu'aux données qu'elles ont recueillies, ceci pour fins de recherche et à certaines conditions. L'accès à ces informations est habituellement sous la responsabilité des diverses universités.

La validité d'un sondage dépend fortement de la qualité des questions qui sont posées. D'où l'importance qui doit être accordée à la formulation des questions. Trois principaux critères (voir chapitre 8) nous semblent devoir être respectés à ce niveau. La *précision* assure la compréhension. Par ailleurs, la nécessité de ne pas contaminer les réponses demande d'assurer la *pertinence*, qui renvoie à la capacité des informateurs de répondre, et la *neutralité*, qui favorise des réponses authentiques. Une dernière considération est d'amener les informateurs à accepter de répondre et donc à **minimiser les refus**. Mais avant d'examiner chacun de ces critères, il convient de présenter les différents **types de questions** auxquels le chercheur peut avoir recours, leurs avantages et leurs limites.

Les types de questions

Au regard de la forme, on oppose habituellement la **question fermée**, dont la formulation comprend une liste préétablie de réponses possibles et la **question ouverte**, à laquelle l'informateur répond comme il le désire, à partir de son propre vocabulaire. Il existe diverses raisons pour ouvrir les questions. Lebart[46] en distingue quatre principales : pour économiser le temps d'entrevue, pour expliciter des réponses à des questions fermées, pour évaluer la qualité de l'information et pour recueillir des propos spontanés.

Le grand avantage de la question ouverte, lorsqu'elle est utilisée pour recueillir des informations qualitatives, est de laisser plus de liberté à l'informateur. Celui-ci peut s'exprimer en ses propres mots, faire des nuances et structurer lui-même sa réponse. Elle comporte, par contre, plusieurs désavantages. Elle demande plus d'effort de la part de l'informateur. Les réponses obtenues peuvent être vagues et difficiles à interpréter, et la qualité de l'information peut dépendre de la facilité à s'exprimer de l'informateur. Lorsqu'utilisée en entrevue, elle exige beaucoup de l'interviewer, qui doit inciter l'interviewé à donner le plus d'information possible et noter exactement la réponse. Finalement, le travail de codification, qui consiste à regrouper les réponses dans un certain nombre de catégories, peut s'avérer difficile et fastidieux. Par ailleurs, l'insertion de quelques questions ouvertes dans un questionnaire peut aider à compléter l'information et à enrichir l'interprétation. Une technique particulièrement intéressante à cet égard est la **question ouverte aléatoire** (*random probe*) : on demande à chaque interviewer de faire expliciter les réponses données à certaines questions fermées sélectionnées à l'intérieur du questionnaire (ces questions variant d'un questionnaire à l'autre), en demandant à l'interviewé pourquoi il a répondu de telle façon[47]. Il reste que la question ouverte est plus onéreuse et plus compliquée. C'est pourquoi les sondages se fondent généralement sur des questions fermées qui, lorsqu'elles sont formulées avec soin, apparaissent tout aussi – et même parfois plus – valables.

---

46. Ludovic LEBART, « Traitement des questions ouvertes », dans D. GRANGÉ et L. LEBART (dir.), *Traitement statistique des enquêtes*, Paris, Dunod, 1993, chap. 10.
47. John R. ZALLER, *The Nature and Origin of Mass Opinion*, Cambridge, Cambridge University Press, 1992, chap. 4.

Les questions fermées ont aussi certains désavantages. Il y a en particulier le risque d'oublier certaines possibilités de réponse. Si les questions fermées possèdent des avantages évidents pour ce qui est de la standardisation des réponses, elles sont plus exigeantes pour le chercheur qui doit d'autant mieux connaître son sujet.

On peut aussi distinguer les questions strictement littéraires des questions utilisant des supports visuels. Cette distinction vaut pour l'entrevue face à face et le questionnaire auto-administré. À certains moments de l'entrevue, par exemple, l'interviewer peut remettre à la personne interrogée une feuille présentant les différentes réponses possibles. Cela s'avère particulièrement utile lorsque le nombre de réponses possibles est élevé et que l'informateur peut facilement en oublier. Il est aussi possible dans les questionnaires auto-administrés d'utiliser des cartes géographiques, des dessins représentant des activités, des visages dont les expressions varient, etc.

> Dans une étude conduite en anthropologie par questionnaire distribué, on demandait aux participants d'indiquer sur une carte de l'île de Montréal, les secteurs qui leur apparaissaient majoritairement francophones, majoritairement anglophones ou ni l'un ni l'autre. Sur cette même carte, on leur demandait ensuite d'encercler ce qu'était Montréal pour eux. Ces mesures constituaient des indicateurs de la manière dont les participants se représentaient Montréal[48].

Ces supports visuels rendent les questions plus concrètes et brisent la routine. Ils contribuent à renouveler l'intérêt de l'informateur. Il faut cependant en faire un usage parcimonieux puisque les questions de ce type sont plus longues à administrer.

La formulation des questions : la précision

La première considération dans la formulation des questions se situe au plan du vocabulaire. Celui-ci doit être simple. Le chercheur est en général très familier avec le thème de l'enquête. Il possède un vocabulaire technique qui peut être fort différent de celui du reste de la population. Il est important qu'il prenne conscience de ce « biais » et qu'il soit sensible au langage de la population qu'il veut étudier. Il doit également utiliser des termes qui ont le même sens dans les différents groupes sociaux. Les termes

---

48. Elke LAUR, Étude réalisée au Département d'anthropologie de l'Université de Montréal, 1995.

plus techniques, spécifiques à des domaines précis, peuvent être utilisés uniquement lorsque le questionnaire s'adresse à une population pour qui ces termes sont d'usage courant.

Une question est également ambiguë si elle porte sur plus d'une dimension. Il convient donc de n'introduire qu'une seule idée à la fois. La question suivante serait de ce point de vue fautive : « Pensez-vous que le gouvernement devrait dépenser plus, moins, ou à peu près comme maintenant pour l'éducation et les services sociaux ? » La question demande, en effet, un avis sur deux aspects, les dépenses reliées à l'éducation et celles reliées aux services sociaux. Une réponse en faveur du « plus » entraîne que le participant est soit favorable à une augmentation des dépenses dans les services sociaux, soit à une augmentation dans l'éducation, soit à une augmentation dans les deux domaines. Il faut donc décomposer la question et poser des questions séparées pour chacun des aspects.

La question doit être la plus courte possible, car plus la question est longue, plus les risques sont élevés que certains éléments aient été mal compris. Ce risque est d'autant plus important dans les entrevues, lorsque la personne interrogée doit mémoriser les divers aspects de la question et les catégories de réponse. La question « idéale » se limite à une ou deux lignes. Cet idéal ne peut évidemment pas être atteint dans tous les cas. Il faut alors accorder encore plus d'attention à la formulation de la question et vérifier s'il n'y aurait pas possibilité de la décomposer en des sous-questions plus courtes.

Pour les variables qui sont au cœur de la problématique, le chercheur vise un degré maximal de précision. Dans une enquête où le revenu est un concept central, par exemple, on aura recours à des questions précises sur les diverses sources de revenu, le salaire, les prestations d'assurance-chômage, d'aide sociale, les allocations familiales, les rentes, les intérêts, les dividendes, les gains de capitaux, les dons et héritages reçus, etc.[49]. Par contre, lorsque le revenu n'est pas considéré comme une variable cruciale, on se limitera à une ou deux questions portant sur le revenu global de l'individu lui-même et du ménage dont il fait partie, le cas échéant. Enfin, le niveau de précision de la question doit correspondre à la capacité de répondre de l'informateur. Pour ce qui est des rappels, un événement marquant ou peu fréquent, mariage, naissance d'un enfant, mort d'un être cher, viendra plus aisément à la mémoire. On peut aller jusqu'à demander

---

49. Voir Arnaud SALES *et al.* (1996), *Les conditions de vie des étudiants dans les années 1990*, Ministère de l'Éducation, Gouvernement du Québec, pour un exemple détaillé de questions portant sur le revenu et les dépenses des étudiants.

la date précise où de tels événements sont survenus. Par contre, les participants seront généralement incapables de se rappeler de façon précise le nombre de verres d'eau qu'ils ont bus au cours de la dernière semaine ou même la veille. Il importe d'établir un ordre de priorité et d'accorder une plus grande attention aux variables jugées les plus importantes pour la vérification de l'hypothèse.

La précision s'applique aussi à la formulation des réponses. Dans la question fermée, c'est le chercheur qui établit au départ les réponses possibles. La formulation des réponses dépend donc étroitement de la formulation des questions.

– Sauf pour des cas évidents (lorsqu'il s'agit d'un « oui », ou d'un « non »), les réponses possibles doivent apparaître explicitement dans la question à tout le moins dans les sondages par entrevue. Il ne peut en être autrement si l'on veut que l'informateur se situe par rapport à des catégories préétablies.

– Les catégories de réponse doivent être exhaustives et mutuellement exclusives. Il faut donc s'assurer que toutes les possibilités logiques de réponse aient été prévues et qu'elles ne se recoupent pas. Cela nécessite aussi de prévoir des codes de réponses pour les catégories « ne sais pas » et « refus de répondre », choix que l'on ne mentionne toutefois pas explicitement dans la question.

– Le choix le plus important a trait au nombre de catégories. Plus les catégories sont nombreuses, plus on peut obtenir de précision dans les réponses, mais plus le risque est grand, par contre, que certains choix soient mal compris ou oubliés, en particulier dans les sondages par téléphone. Par voie de compromis, la plupart des questions en arrivent à comporter trois, quatre ou cinq catégories de réponse (outre les « ne sais pas » et les « refus »). Plusieurs discussions et recherches ont été faites sur la pertinence d'adopter un nombre pair de catégories de réponse (sans point milieu) ou un nombre impair (avec point milieu)[50]. Chaque position a ses avantages et ses inconvénients. La pratique semble tendre vers un nombre pair de catégories qui force l'interviewé à se prononcer d'un côté ou de l'autre.

50. Voir entre autres S. SUDMAN et N.M. BRADBURN, *Asking Questions*, San Francisco, Jossey-Bass, 1987.

La formulation des questions : la pertinence

Une question n'est utile que si les gens possèdent effectivement l'information qui leur est demandée. Les conséquences générales de ce préalable ont été considérées dans la section 1.2. Trois remarques supplémentaires peuvent être faites par rapport à la formulation des questions.

En premier lieu, le problème de la pertinence se pose avec une acuité particulière dans le cas des *questions d'opinion*. L'expérience démontre que peu de gens avouent spontanément ne pas avoir d'opinion sur un sujet. Il y a donc parfois intérêt à introduire une question d'opinion par une ou plusieurs questions préliminaires. Ces questions préliminaires peuvent être des questions d'information. On mesure d'abord le niveau de connaissance et la question d'opinion n'est posée qu'à ceux qui ont une connaissance minimale du sujet. Une autre stratégie consiste à demander d'abord aux personnes interrogées si elles ont une opinion sur la question : le pourcentage de « sans opinion » augmente alors (de 20 % selon Schuman et Presser[51]), dont une partie toutefois pourrait être constituée de personnes discrètes ou « paresseuses ».

Le problème est encore plus complexe lorsqu'il s'agit de mesurer des intentions ou des *anticipations*, c'est-à-dire quand on cherche à prévoir les comportements des informateurs dans des situations non encore réalisées. Les gens achèteront-ils des maisons si les taux d'intérêt hypothécaire diminuent ? Cela amène parfois à poser des questions du genre : « Que feriez vous si… ? » Les résultats sont souvent décevants et leur valeur de prédiction faible. Il est généralement préférable d'analyser de façon plus approfondie la situation présente, les informations obtenues étant plus réalistes que les réactions par rapport à des situations hypothétiques.

Enfin, il faut éviter de poser une question qui ne s'applique pas à la personne interrogée. C'est dans cette perspective que l'on a recours à des *questions filtres*. Ainsi, on s'assurera que le participant a un conjoint avant de lui poser une série de questions sur le revenu, la scolarité ou l'occupation du conjoint. L'absence de respect de cette règle de pertinence a tendance à mettre la personne interrogée mal à l'aise et peut l'amener à douter de la compétence du chercheur et à cesser l'entrevue.

---

51. Howard SCHUMAN et Stanley PRESSER, *Questions and Answers in Attitude Surveys*, New York, Academic Press, 1981, chap. 4.

La formulation des questions : la neutralité

La question vise à mesurer ce que l'informateur est, fait ou pense et non ce que le chercheur aimerait qu'il soit, fasse ou pense. Le chercheur vise donc à contaminer le moins possible les réponses. La stratégie consiste à trouver une formulation qui n'oriente pas les réponses dans une direction donnée. Il s'agit de présenter toutes les options comme étant acceptables et « normales ». Une bonne façon, dans une question d'opinion, est de faire état de différentes positions et de demander à l'informateur de choisir celle qu'il préfère. La question suivante, tirée de l'étude sur l'élection canadienne de 2000, en est un bon exemple :

> La MEILLEURE chose à faire avec les jeunes contrevenants qui commettent des crimes violents, c'est :
>
> UN : de leur imposer des peines plus sévères ou
>
> DEUX : de dépenser plus pour les réhabiliter ?

Le désavantage de telles questions est évidemment leur longueur. Pour abréger, on fait parfois référence à une seule affirmation et on demande à l'informateur s'il est d'accord ou pas. Cette pratique a cependant l'inconvénient d'orienter quelque peu les réponses dans le sens d'une opinion déjà exprimée. Il est important alors d'équilibrer les énoncés.

Le respect de la neutralité entraîne aussi des conséquences dans la formulation des réponses.

- Les catégories de réponse doivent être équilibrées. Lorsqu'on mesure le niveau de satisfaction, un nombre égal de catégories doivent se situer du côté de la satisfaction et du côté de l'insatisfaction. Cet équilibre assure la neutralité de la question. Si l'on soumettait trois catégories « positives » et deux « négatives », par exemple, on pourrait orienter les réponses dans le sens de la satisfaction.

- On peut aussi se demander si l'ordre dans lequel les réponses sont présentées peut influencer les résultats. Les expériences menées par Schuman et Presser[52] à ce sujet sont déconcertantes. Dans la plupart des cas, l'influence est apparue négligeable, mais ils ont observé certaines exceptions importantes, exceptions qui ont semblé avoir peu de caractéristiques communes. Il y a donc peu d'enseignements à tirer pour ce qui est de la procédure optimale

---

52. SCHUMAN et PRESSER, *op. cit.*, chap. 2.

de formulation des réponses, sauf qu'il peut y avoir intérêt, pour des questions particulièrement importantes, à faire varier l'ordre des réponses (dans des sous-échantillons similaires) de façon à pouvoir détecter ou neutraliser des effets de ce type.

La nécessité de prévenir les refus

Si l'on pose une question à des individus, c'est dans l'intention d'obtenir une réponse. On doit donc chercher à minimiser les refus. Les formulations seront « polies » : on aura recours au vouvoiement plutôt qu'au tutoiement. On tentera aussi de rendre la question la plus attrayante possible. Les difficultés les plus grandes surviennent à propos de questions qui sont considérées comme personnelles et qui sont donc menaçantes pour l'informateur.

Diverses stratégies s'offrent alors au chercheur. Une première est de se contenter d'une information approximative. Le revenu est un cas patent. Certaines personnes s'objectent à révéler leur revenu personnel ou familial. L'expérience a cependant démontré qu'on peut minimiser le nombre de refus si l'on se limite à un ordre de grandeur. On demande à l'informateur de se situer dans une *catégorie* de revenu. On réduit ainsi le pourcentage de refus[53]. Pour obtenir l'âge des personnes, on peut demander l'année de naissance, plus facile à « avouer ». Certains sondeurs utilisent plutôt des catégories d'âge, mais cette pratique a le grand désavantage d'empêcher de suivre les cohortes dans les analyses de sondages de tendance.

Une autre stratégie est celle du « contexte adoucissant ». La question « délicate » est précédée de certaines questions qui la font apparaître plus « normale ». Par exemple, avant de demander aux gens s'ils trichent dans leur déclaration d'impôt, on leur demandera s'ils ont l'impression que la fraude fiscale est fréquente, si elle est le fait de tous les groupes sociaux, s'ils connaissent des gens qui ne trichent jamais ; puis, on abordera leur propre comportement.

Les trucs du genre sont cependant limités. Les gens ne sont pas dupes et ne révèlent pas, sauf de rares exceptions, l'information qu'ils ne veulent pas dévoiler. Le prétest est à cet égard précieux. S'il s'avère que les refus sont nombreux, il est parfois préférable de renoncer à certaines questions.

---

53. Groves et Kahn, *op. cit.*, p. 132.

▓ 4.3. La mise en forme du questionnaire

Le questionnaire est un ensemble de questions dont la combinaison doit former un instrument de mesure valide, fidèle mais également cohérent, agréable à répondre. Il importe donc de considérer les questions les unes par rapport aux autres et aussi par rapport au tout. Trois aspects particuliers méritent d'être considérés : la *longueur du questionnaire*, l'*ordre des questions* et leur *orientation*.

Le principe général à respecter est celui relatif aux interactions sociales et plus particulièrement aux conversations. L'ordre des questions doit être celui d'une conversation suivie entre deux personnes. On ne change pas de sujet sans prévenir, on ne pose pas de questions non pertinentes, on suscite et on maintient l'intérêt. On respecte son interlocuteur.

La longueur

La longueur du questionnaire peut varier sensiblement selon le mode d'administration. Les questionnaires auto-administrés doivent être le plus courts possible. Par contre, les entrevues en face à face peuvent être passablement longues. Par ailleurs, et particulièrement dans le cas des entrevues en face à face, les coûts fixes sont considérables, de sorte que le fait d'allonger un questionnaire n'entraîne généralement que des coûts supplémentaires minimes. C'est là une incitation à exploiter toutes les possibilités d'un mode d'administration et à prévoir un questionnaire « assez » long, d'au moins quinze minutes par téléphone et trente minutes en face à face. Au-delà de ce seuil, il faut faire preuve de prudence et bien évaluer les risques de fatigue ou de lassitude chez les informateurs, surtout si le thème de l'enquête ne suscite pas beaucoup d'intérêt. On a remarqué, en effet, une tendance à donner davantage de réponses stéréotypées à la fin d'un long questionnaire, tendance qui affecte cependant peu les résultats d'ensemble[54].

L'ordre

Le questionnaire comporte généralement un certain nombre de sections correspondant chacune à une variable ou à un bloc de variables. L'ordre des sections est établi de façon à favoriser la collaboration des informateurs.

---

54. A. Regula HERZOG et Gerald G. BACHMAN, « Effects of Questionnaire Length on Response Quality », *Public Opinion Quarterly*, vol. 45, hiver 1981, p. 549-560.

On commence par les sections les plus intéressantes et les plus faciles. Une attention toute particulière est accordée aux premières questions, qui doivent être plus simples et plus attrayantes. Les sections les plus délicates sont placées vers la fin : elles ne seront ainsi abordées qu'une fois qu'un climat de sympathie aura été créé entre l'interviewer et l'interviewé (dans les entrevues). Pour le reste, l'ordre se voudra le plus « naturel » possible, les sections voisines étant celles qui apparaissent les plus liées sur un plan logique ou psychologique. Pour les questions demandant le rappel d'événements passés – le cheminement scolaire ou professionnel, par exemple – on posera les questions en respectant l'ordre chronologique de façon à ne pas obliger la personne interrogée à faire des sauts dans le temps. Les questions sur les caractéristiques socio-démographiques de l'informateur sont généralement insérées à la toute fin. Les passages d'une section à une autre sont marqués par une petite phrase de transition qui permet à l'informateur de comprendre l'orientation du questionnaire.

Les mêmes préoccupations prévalent lorsqu'il s'agit de déterminer l'ordre des questions à l'intérieur de chaque section. Encore là, il faut choisir l'ordre qui facilitera la tâche de l'informateur. Lorsque cela est possible, il est conseillé de poser des questions générales d'abord, puis des questions plus spécifiques. On peut – et l'on doit dans certaines situations – aussi recourir à des questions filtres, dont les réponses déterminent les questions qui seront posées par la suite. Voici un exemple utilisé très fréquemment dans les enquêtes par sondage :

5. Vivez-vous présentement avec un conjoint ?

     oui 1

     non . . . . 2 } PASSEZ À Q8

6. Quelle est sa principale occupation ?

     en emploi 1

     aux études 2

     soins à la maison . . . . 3 } PASSEZ À Q8

     à la retraite 4

     autre, précisez _____ . . . 5

7. Quel type d'emploi fait-il (ou fait-elle) ?

     INTERVIEWER : Faites préciser

La séquence des questions n'est pas alors uniforme pour tous les informateurs, certaines questions n'étant posées qu'à un groupe particulier (les personnes ayant un conjoint ou dont les conjoints ont un emploi). Les questions filtres sont très utiles : elles permettent d'adapter le questionnaire aux caractéristiques spécifiques de certains groupes. Lorsqu'on y a recours, il importe toutefois d'indiquer clairement la séquence – ou de bien la programmer dans le cas des entrevues assistées par ordinateur – pour éviter toute erreur lors de l'administration du questionnaire.

L'orientation

On doit également se soucier de l'orientation des questions chaque fois qu'on en pose plusieurs sur un même thème, en particulier lorsqu'on veut construire une échelle d'attitude[55]. Le problème provient de l'existence potentielle d'un « biais de positivité » : toutes choses étant égales par ailleurs, les gens ont tendance à répondre « oui » plutôt que « non » et à être « d'accord » plutôt qu'en « désaccord ». Deux stratégies permettent de minimiser les effets de ce biais :

– la première consiste à éviter les catégories de réponse qui se prêtent à ce type de biais et à faire directement référence, dans la question, à différentes positions. Au lieu de demander : « Pensez-vous que l'on devrait réduire le déficit ? », on empruntera une formule qui identifie explicitement les différentes options (réduire le déficit, rembourser la dette, investir plus dans la santé et l'éducation, etc.) ;

– la deuxième stratégie est d'équilibrer les énoncés favorables et défavorables, de façon à neutraliser le biais pour l'ensemble des questions.

4.4. Le prétest du questionnaire

Il importe finalement de vérifier empiriquement la qualité du question-naire avant de procéder à l'enquête proprement dite. Une première version est ainsi soumise à un *prétest*. Le questionnaire est alors administré à un petit nombre de personnes. Ces personnes doivent faire partie de la popu-lation à l'étude mais ne doivent pas faire partie de l'échantillon lui-même. Lorsqu'il s'agit d'entrevues, les interviewers ont pour mission de noter des hésitations, des signes de non-compréhension de la part des informateurs, de façon à déceler certaines lacunes du questionnaire. Ils doivent aussi vérifier si l'ordre du questionnaire est approprié, si les filtres renvoient aux bonnes questions. Enfin, ils minutent habituellement le questionnaire pour

---

55. Voir le chapitre 8 sur la mesure des attitudes.

être en mesure d'apprécier sa longueur. Dans le cas des questionnaires auto-administrés, le prétest est plus difficile à réaliser, surtout s'il s'agit d'un questionnaire postal ou s'il est nécessaire d'assurer une confidentialité totale. Seules les informations qui apparaîtront lors de la compilation des résultats du prétest seront alors accessibles. Le prétest vise aussi à vérifier que les questions sont « productives », c'est-à-dire qu'il y a une certaine variation dans les réponses.

Le prétest doit s'effectuer autant que possible dans les mêmes conditions d'administration que celles qui ont été choisies pour l'administration proprement dite. En d'autres termes, on ne préteste pas seulement les questions et le questionnaire mais l'ensemble de la situation de collecte de l'information.

Le prétest amène généralement à apporter des modifications au questionnaire initial. Dans certains cas, un second prétest s'avère nécessaire. Dans tous les cas, le prétest est une opération précieuse. C'est l'occasion ultime de perfectionner le questionnaire.

 ## L'ADMINISTRATION DU QUESTIONNAIRE

Une des grandes difficultés que soulève l'administration du questionnaire réside dans le fait qu'elle n'est généralement pas effectuée par ceux qui ont conçu la recherche. Il importe donc de *mettre le personnel de terrain – superviseurs, interviewers et codeurs – au courant des objectifs de l'enquête*, de la logique du questionnaire et même de certaines questions spécifiques. Ce premier principe préside aux autres. Un personnel bien informé qui comprend les questions et pourquoi elles sont posées sera en mesure de convaincre les personnes de collaborer, de bien les renseigner et de bien enregistrer et coder les réponses. D'où la nécessité d'une session d'information au cours de laquelle les chercheurs présentent l'ensemble du questionnaire, précisent ce que chaque question est censée mesurer et identifient les problèmes qui pourraient surgir. La session d'information permet de prévoir la grande majorité des problèmes et de leur apporter une solution qui soit à la fois uniforme et conforme aux objectifs de l'enquête. Pour ce qui est des questionnaires auto-administrés, les mêmes remarques s'appliquent aux personnes qui feront la distribution ou le suivi téléphonique, le cas échéant. Enfin, les personnes qui font la codification des questions ouvertes, quel que soit le mode d'administration, devront aussi être informées des buts de la recherche. Le chercheur a aussi avantage à mettre lui-même « la main à la pâte » de façon à mieux contrôler le processus : écouter un certain nombre d'entrevues pendant leur déroulement, participer à l'élaboration du plan de codification et à la codification elle-même permettent de mieux saisir comment les questions ont été comprises par les participants et le sens que recouvrent les codes utilisés pour les questions ouvertes.

Le but du sondage est d'*obtenir des réponses valides* aux questions posées. Il faut pour cela prendre tous les moyens pour obtenir la collaboration de l'échantillon cible. Les facteurs qui facilitent cette collaboration varient selon les modes d'administration. La situation se présente de façon différente dans les entrevues et dans les questionnaires auto-administrés. Dans ce dernier cas, la présentation matérielle du questionnaire est cruciale : celui-ci doit apparaître attrayant et intéressant, relativement court, pas trop difficile et bien fait. Le format cahier sera privilégié et la mise en pages sera aérée et de qualité professionnelle. De plus, il est de mise que la première page introduise le questionnaire et donne les coordonnées d'une personne à contacter pour vérifier la crédibilité du chercheur ou simplement demander des informations. Enfin, lorsque le questionnaire doit être retourné par la poste, il est essentiel d'inclure une enveloppe préadressée et préaffranchie.

Dans les entrevues, la collaboration dépend de la création d'un climat de sympathie et de coopération – mais non de trop grande familiarité – entre l'interviewer et l'interviewé. Les premiers moments d'une entrevue sont évidemment cruciaux : il s'agit d'obtenir la collaboration de l'informateur. La courtoisie est de rigueur, mais l'interviewer doit également faire preuve d'une certaine assurance, de façon à faire sentir à l'informateur que sa collaboration va plus ou moins de soi. L'interviewer présente brièvement l'enquête. Si nécessaire, il explique à l'informateur comment son nom ou son numéro de téléphone a été tiré et précise que ses réponses demeurent confidentielles. On peut se demander si à cette étape l'interviewer peut révéler le nom du commanditaire de l'étude. En général, on estime que cette information ne doit pas être révélée avant que l'entrevue ne soit complétée de façon à éviter des biais de complaisance, l'interviewé tentant de plaire au commanditaire.

L'interviewé doit bien comprendre la question. Dans les questionnaires auto-administrés, les directives sur la façon de répondre doivent être précises et claires. Dans les entrevues, l'interviewer lit lentement et clairement chaque question, de façon à ce qu'elle soit parfaitement comprise. Ce principe peut paraître banal et évident. Il convient toutefois de le rappeler, une des fautes les plus souvent commises étant précisément de procéder trop rapidement. L'interviewer doit maîtriser parfaitement le questionnaire, de façon à le manier avec aise et à donner à l'entrevue l'allure d'une conversation. Chaque question doit être lue intégralement. Si nécessaire, elle peut être répétée. Les explications supplémentaires qui peuvent s'avérer nécessaires doivent être prévues par les responsables de la recherche et discutées au cours de la session d'information. Les questions doivent aussi être posées dans l'ordre où elles apparaissent dans le questionnaire. Finalement, toutes les questions prévues doivent être posées, sans exception. La stratégie est quelque peu différente lorsqu'il s'agit de questions ouvertes. L'interviewer doit alors se faire un peu plus actif, de façon à faire parler le plus possible sur le thème. Pour encourager l'informateur à préciser sa pensée, l'interviewer peut répéter sa réponse ou même garder le silence. Cela permet souvent à la personne interrogée de faire le point et de développer davantage une idée. L'interviewer peut aussi avoir recours à certaines expressions (« autre chose ? », « que voulez-vous dire exactement ? ») qui indiquent d'abord qu'il s'intéresse à la réponse et aussi qu'il aimerait avoir des explications supplémentaires. L'intérêt manifesté par l'interviewer permettra d'obtenir des réponses plus riches et plus détaillées.

La troisième condition est la non-contamination des réponses. Le chercheur vise à obtenir des réponses authentiques, qui ne sont pas influencées par l'interviewer. En conséquence, l'interviewer adopte une position de neutralité. Il accueille toutes les réponses comme étant légitimes et ne témoigne pas de surprise ou de désapprobation. L'entrevue est une interaction sociale qui repose sur le principe que l'interviewé répond honnêtement aux questions « en échange » du fait que l'interviewer ne porte aucun jugement sur l'interviewé.

Le rôle de l'interviewer ne se limite pas à poser des questions. Il doit aussi inscrire les réponses. La tâche peut paraître simple, mais l'interviewer a aussi d'autres préoccupations. Il doit maintenir un bon climat d'entrevue et s'assurer que l'interviewé ne deviendra pas impatient. L'interviewer doit donc pouvoir se concentrer presque exclusivement sur l'entrevue de façon à bien enregistrer les réponses. Pour les questions ouvertes, la consigne est d'inscrire la réponse au complet, idéalement au mot à mot. Certains systèmes informatiques permettent maintenant l'enregistrement de ces réponses, ce qui est idéal mais coûteux en temps et en argent. On doit utiliser le vocabulaire même utilisé par la personne interviewée, pour conserver toute la saveur de la réponse. Étant donné le rôle de l'interviewer, il ne convient pas de lui demander de faire de la codification pendant le déroulement de l'entrevue. Cette pratique peut difficilement produire des réponses valides ou fidèles puisqu'on ne peut pas vérifier par la suite la qualité de la codification. On retiendra donc comme principe que la codification des réponses aux questions ouvertes doit être une opération séparée de l'enregistrement des réponses.

Conclusion

Tant que les gens accepteront de répondre à des questions posées par des étrangers, le sondage demeurera un outil précieux de mise en forme de l'information dans la recherche sociale. Certes, le sondage est un instrument limité. Il se fonde exclusivement sur la verbalisation. Les risques de distorsion sont parfois considérables, mais l'expérience démontre que pour un grand nombre de sujets, l'information qu'on en tire est valide. Notre jugement se doit donc d'être nuancé. Autant ceux qui ne jurent que par les sondages que ceux qui les rejettent d'une façon absolue ne semblent pas avoir bien posé la question. Il faut tenter de déterminer dans quels contextes le sondage est plus approprié et dans quels contextes il l'est moins.

La plus grande qualité du sondage est sa flexibilité. Il y a un grand risque à l'utiliser comme raccourci commode dans une situation qui appellerait l'utilisation d'autres instruments de mise en forme de l'information. Autant reconnaître dès le départ que le questionnaire est un substitut imparfait, prendre conscience de ses imperfections et prendre les moyens de neutraliser ses principaux biais.

Finalement, les sondages gagneraient à être plus imaginatifs. Il y aurait lieu de tenir davantage compte du contexte social, soit en introduisant directement des questions à ce sujet, soit en faisant appel à d'autres données pour compléter l'analyse. On pourrait aussi s'intéresser davantage à la dynamique sociale et privilégier les sondages longitudinaux, qui permettent d'analyser les changements dans le temps.

Bibliographie annotée

BABBIE, Earl R., *Survey Research Methods*, Belmont, Wadsworth, 1990.

Un manuel général qui présente toutes les facettes du sondage, de l'échantillonnage à l'analyse des données.

BLONDIAUX, L., *La fabrique de l'opinion*, Paris, Seuil, 1998.

Pour ceux et celles qui s'intéressent à l'histoire sociopolitique des sondages particulièrement aux États-Unis et en France.

COOPER, M., R.P. BAKER, J. BETHLEHEM, C.Z.F. CLARK, J. MARTIN, L. NICHOLLS II et J.M. O'REILLY, *Computer Assisted Information Collection*, New York, Wiley, 1998.

Le livre le plus complet sur les avancées faites dans la gestion et la cueillette des données des sondages assistées par ordinateur.

DILLMAN, Don A., *Mail and Internet Surveys : The Tailored Design Method*, New York, Wiley, 1999.

> Un livre qui expose en détail les procédures disponibles pour exploiter au maximum les possibilités des sondages par la poste et par Internet.

FOWLER, Floyd J. Jr., *Survey Research Methods*, Newbury Park, Sage, 1993.

> Couvre les aspects essentiels de la recherche par sondage : échantillonnage, non-réponse, méthodes de collecte, mesures et questions, techniques d'entrevue, préparation à l'analyse, questions éthiques, présentation des informations.

JAVEAU, Claude, *L'enquête par questionnaire*, Bruxelles, Éditions de l'Université de Bruxelles, 1992.

> Ce livre donne l'essentiel de façon pertinente et succincte. Il couvre les aspects du questionnaire et de l'échantillonnage et présente de façon séquentielle les opérations à effectuer.

KROSNICK, J.A. et L.R. FABRIGAR, *Designing Great Questionnaires : Insights from Psychology*, New York, Oxford University Press, 2001.

> Le livre le plus récent sur l'élaboration du questionnaire, avec une approche basée sur la cognition et l'interaction sociale.

LAVRAKAS, Paul J., *Telephone Survey Methods*, Newbury Park, Sage, 1993.

> Un livre qui expose concrètement comment procéder lorsque l'on conduit un sondage téléphonique. Informations relatives à l'échantillonnage, à la sélection dans le ménage, à la formation du personnel ainsi qu'à la manière de faire le suivi des opérations.

Public Opinion Quarterly

> Un périodique qui présente de nombreux articles sur la méthodologie des sondages ainsi que des analyses fondées sur des enquêtes sondages.

SCHUMAN, Howard et Stanley PRESSER, *Questions and Answers in Attitude Surveys : Experiments on Question Form, Wording and Context*, New York, Academic Press, 1981.

> Ce livre présente les résultats de nombreuses expériences qui ont été faites pour mesurer l'effet de différentes formulations de questions sur les réponses obtenues.

SUDMAN, Seymour et Norman M. BRADBURN, *Asking Questions : A Practical Guide to Questionnaire Design*, San Francisco, Jossey-Bass, 1987.

Ce livre constitue un excellent guide pratique sur la rédaction des questions et l'élaboration du questionnaire. Il présente aussi les expériences qui ont été faites sur l'influence de la manière de rédiger les questions sur la répartition des réponses.

Les données secondaires 17

Jean TURGEON et Jean BERNATCHEZ[1]

*Recyclage : action de traiter une matière
en vue de sa réutilisation.*

Grand Larousse de la langue française

Jusqu'à maintenant, toute cette troisième section du manuel, intitulée « La formation de l'information », s'est intéressée à l'information nouvelle recueillie expressément pour servir les fins de l'étude en cours. Le présent chapitre renverse la vapeur et propose une alternative moins coûteuse, moins exigeante, plus rapide et parfois plus rigoureuse : l'utilisation de données existantes.

Dans un esprit très écologique, on peut « *récupérer* » *des données* dont on n'a pas extrait toute la valeur scientifique. Il est très rare que l'agent chargé de la collecte des données primaires (université, ministère, compagnie) effectue une analyse vraiment exhaustive des données qu'il a en main. Le plus souvent, les données sont recueillies dans un but précis et l'analyse « primaire » s'en tient à cet objectif. Les mêmes données peuvent

---

1. Le présent chapitre reprend en partie le contenu de la version précédente à laquelle Benoît Gauthier avait collaboré.

cependant livrer bien d'autres messages. C'est là tout l'intérêt de l'analyse secondaire. La récupération de données existantes, si elle était systématisée, pourrait aussi réduire le fardeau imposé au public, aux organismes gouvernementaux et aux compagnies privées au regard de la production d'information.

Les données initiales, ou primaires, peuvent donc servir de substrat à d'autres recherches. On nomme *données secondaires* les *éléments informatifs rassemblés pour des fins autres que celles pour lesquelles les données avaient été recueillies initialement.* Ce chapitre limite le concept de données secondaires aux regroupements de données primaires pour d'autres fins que celles pour lesquelles on a recueilli ces données à l'origine. Les sondages passés, des données sur le vote par circonscription, des rapports de dépenses d'organismes gouvernementaux, des listes de compagnies et de leur revenu annuel, des entrevues conservées dans des banques archivées, etc. représentent autant d'exemples de données secondaires. Le trait commun de ces données, c'est qu'elles n'ont pas été recueillies spécifiquement pour la recherche que vous vous proposez maintenant d'entreprendre. Nous excluons de la sorte de cette définition, dans le cadre de ce chapitre, les données existantes n'ayant pas servi de données primaires tels que les rapports de recherche eux-mêmes et la littérature existante[2].

Pour sa part, l'*analyse secondaire* est réalisée spécifiquement sur les données (secondaires) que vous exploitez pour les fins de la nouvelle recherche[3]. La recherche fondée sur l'analyse secondaire se distingue de celle axée sur l'analyse primaire par le fait que l'analyste est entièrement dégagé de la responsabilité de la collecte des données (mais non de celle de s'assurer de sa validité et de sa fiabilité) pour se concentrer sur la conceptualisation et l'analyse.

---

2. Certains auteurs considèrent que la littérature fait partie des données secondaires et discutent, en conséquence, des techniques de méta-analyse dans le cadre de leur présentation de l'analyse secondaire. Il s'agit d'un segment complètement différent de l'analyse secondaire, tant du point de vue des considérations techniques que de celui des problèmes éthiques. Nous préférons exclure ce champ de notre présentation.

3. En Europe, l'analyse secondaire de données est répandue depuis longtemps dans le domaine des sciences sociales. Voir, par exemple, le site Internet du Laboratoire d'Analyse Secondaire et de Méthodes Appliquées à la Sociologie (LASMAS) de France <http://www.iresco.fr/labos/lasmas/accueil_f.htm>, celui du German Social Science Infrastructure Services (GESIS) <http://www.social-science-gesis.de/en/index.htm>, ou encore celui du Service suisse d'information et d'archivage de données pour les sciences sociales (SIDOS) <http://www.sidos.ch/>.

DES DONNÉES SECONDAIRES MODÈLES
LES STATISTIQUES ANNUELLES DE
LA RÉGIE DE L'ASSURANCE-MALADIE DU QUÉBEC (RAMQ)[4]

Les *Statistiques annuelles* de la RAMQ en sont à leur 31ᵉ édition en 2002 (données de 2001). C'est la plus importante source de données publiques et de renseignements sur les principaux programmes administrés par la Régie. Le document se veut un outil permettant la compréhension de ces programmes et des coûts qu'ils engendrent. Six grandes sections s'y retrouvent :

1. Les services médicaux

2. Les services dentaires

3. Les services optométriques

4. Le régime d'assurance-médicaments

5. Les aides techniques

6. Les bourses, les mesures incitatives, les mesures particulières et l'assurance responsabilité professionnelle.

On retrouve dans chacune des sections une description de ces programmes, des notes explicatives, un texte analytique, des tableaux couvrant une période de cinq ans et, enfin, des tableaux plus détaillés pour l'année 1990. Les informations apparaissent sous forme de tableaux (plus d'une centaine dont près de la moitié pour les services médicaux) et la plupart font l'objet de textes analytiques.

AVANTAGES ET INCONVÉNIENTS DE L'UTILISATION DES DONNÉES SECONDAIRES

Les données secondaires présentent des avantages considérables par rapport à la collecte de données primaires. Cette section fera état des principaux avantages, mais signalera également les principaux inconvénients découlant de l'utilisation de ces données.

---

4. Les auteurs tiennent à remercier monsieur Jacques Barry, chef du Service de la production et de la diffusion de l'information à la Régie de l'assurance-maladie du Québec, pour son empressement à fournir des informations relatives à la RAMQ. Toutefois, l'utilisation que nous faisons de cette information n'engage que notre responsabilité.

▓ 1.1. Avantages

Pour le chercheur qui aborde l'analyse d'un nouveau champ d'intérêt, il y a plusieurs avantages reliés à l'exploitation de données secondaires. En premier lieu, cela permet de se *familiariser avec ce nouveau champ* sans trop investir de ressources en collecte d'informations nouvelles.

Deuxièmement, l'analyse secondaire permet aussi de *préciser certaines caractéristiques* importantes d'une éventuelle collecte de données primaires comme les enjeux à analyser, les questionnaires à utiliser, les populations à étudier, etc.

Troisièmement, l'un des principaux intérêts reliés à l'utilisation des données secondaires concerne *la logique même de l'accumulation du savoir scientifique* : la science se construit en remettant en question les théories reçues et en proposant de nouvelles explications, plus englobantes, de phénomènes connus. Dans ce cadre, une nouvelle théorie trouvera un terrain de démonstration fertile dans les données existantes qui auront été utilisées pour soutenir une théorie concurrente. Si la nouvelle théorie explique mieux ou plus complètement le comportement des données que l'ancienne, elle devra être considérée comme supérieure sur le plan scientifique. En fait, une démonstration de ce type effectuée sur les mêmes données que la preuve initiale de la théorie antécédente serait plus solide qu'une démonstration à partir de nouvelles données puisque, dans ce dernier cas, les variantes inévitables dans le processus de collecte des informations pourraient être utilisées comme justification de l'amélioration de l'explication par la nouvelle théorie. La réutilisation des données initiales élimine ce type de remise en question.

Par ailleurs, les données secondaires ont l'avantage de permettre la *vérification des conclusions d'autres chercheurs*. Cette vérification peut prendre plusieurs formes : respécification des modèles explicatifs légèrement différents ; reproduction des résultats ; retour sur ces résultats surprenants en évaluant la validité des données pour s'assurer que les conclusions ne sont pas un artefact de quelque erreur dans l'analyse ; vérification de la crédibilité des données utilisées, etc. Ces procédures contribuent à limiter la fraude dans les milieux scientifiques.

Également, la constitution de données secondaires présente l'immense avantage d'être accessibles à *peu (ou pas) de frais pour l'analyste*. Les données primaires peuvent être fournies sous forme imprimée ; alors la majeure partie des frais seront engendrés par la saisie de cette information, en tout ou en partie, sur support informatique, coût généralement sans commune mesure avec la collecte initiale des données. Si elles sont conservées sur support informatique, leur accès en sera d'autant simplifié. Le chercheur peut alors se départir de tout le personnel de bureau et, du même coup, de tous les coûts de gestion afférents. Pour entreprendre des collectes de données primaires d'envergure, le chercheur devra probablement faire partie d'une organisation de grande taille ; cette situation entraîne d'autres types de coûts qui sont évités lorsqu'il exploite plutôt des données déjà existantes auxquelles il peut avoir accès. C'est le cas particulièrement pour les grands projets comparatifs internationaux qui gagnent en importance dans la recherche actuelle[5]. Il peut arriver que l'analyste ait à assumer certains coûts pour constituer sa banque de données secondaires[6] ; encore une fois, ces coûts sont minimes en comparaison de ceux engendrés par les collectes primaires. Dans toute période de rareté de ressources, ces considérations rendent l'utilisation des données secondaires très intéressante.

En plus des ressources financières, l'utilisation des données existantes minimise aussi *l'investissement en temps* pour le chercheur. Ces données sont souvent accessibles immédiatement ou presque, du moins si on peut en faire soi-même l'exploitation, ce qui n'est pas toujours possible dans le cas des données primaires où le processus de collecte de données engendre souvent de longs délais.

Pour le chercheur plus préoccupé des problèmes de recherche que des problèmes d'administration de la recherche, les données secondaires présentent l'avantage vital d'*éliminer les problèmes opérationnels* de collecte des données primaires. Le chercheur peut, après s'être assuré du degré de fiabilité et de validité de ces données, se concentrer sur les aspects les plus productifs de sa tâche : la conceptualisation et l'analyse.

En ce qui a trait aux *structures de preuve* (voir chapitres 6 et 7), les données secondaires présentent certains avantages très intéressants :

- les données secondaires permettent de retourner dans le passé et d'analyser le changement à partir d'indicateurs prélevés en temps réel ; en comparaison, les données primaires sont restreintes à des retours en arrière qui font appel à la mémoire ou à des collectes de données qui s'étendent sur des périodes beaucoup trop longues pour la plupart des projets de recherche ;

---

5. Service suisse d'information et d'archivage de données pour les sciences sociales (SIDOS) <http://www.sidos.ch/>, mise à jour du 12 juin 2001.
6. À titre d'exemple, Statistique Canada impose des coûts à l'utilisateur de ses données pour compenser les services rendus.

- en fusionnant plusieurs sources de données, on peut constituer des banques de données de taille suffisante pour analyser des petits groupes rares ; Kiecolt et Nathan discutent des problèmes méthodologiques reliés à ce type d'utilisation des données secondaires[7] ;
- en utilisant plusieurs sources ou plusieurs publications d'une source, le chercheur peut reconstituer une série chronologique qui produira des éléments de preuve plus solides que des démonstrations isolées et synchroniques.

En préparation à une éventuelle collecte de données primaires, l'exploration de données secondaires permettra au chercheur de *préciser le problème de recherche et les options de recherches ouvertes*. Cette exploration pourra tenir compte des distributions obtenues lors de collectes primaires antérieures, de la qualité des mesures utilisées, des relations découvertes entre les variables critiques, des hypothèses soulevées par les résultats antérieurs, etc.

Sur le plan des disciplines, l'utilisation de données secondaires reconnues présente l'avantage de permettre d'*effectuer une certaine normalisation de la discipline* : en utilisant la même source de données, les chercheurs en viennent à développer une compréhension commune d'un problème de recherche. Cette communauté facilite aussi la communication des résultats puisque les postulats de base de la source d'information sont connus des experts. Cette utilisation de données existantes pourrait aussi éventuellement améliorer la qualité moyenne des données utilisées dans une discipline en réduisant le nombre de petites collectes de données primaires plus ou moins bien contrôlées.

■ 1.2. Inconvénients

Ce dernier avantage, sur le plan des disciplines, peut cependant être contrebalancé par un inconvénient majeur : ce recours à des sources de données normalisées risque d'*inhiber la créativité* des chercheurs et de faire régresser la qualité des recherches en général vers une moyenne inférieure à ce que l'on observe actuellement. En se référant toujours aux mêmes indicateurs et aux mêmes populations, le champ de la recherche pourrait s'appauvrir. Par ailleurs, toute source de données peut être marquée de certains biais, délibérés ou non ; ces biais peuvent s'exercer à plusieurs niveaux du

---

7. K. Jill KIECOLT et Laura E. NATHAN, *Secondary Analysis of Survey Data*, Newbury Park, Sage Publications, 1985, p. 72-75.

processus de recherche. Limiter le nombre de sources de données utilisées pourrait *engendrer une certaine hégémonie idéologique* des responsables de ces sources.

On a aussi observé que la très grande disponibilité de données de toutes sortes, notamment sur Internet, avait tendance à *faire augmenter le nombre de recherches athéoriques* qui sont davantage des exercices de traitement de données que de création de nouvelles connaissances. Les données étant déjà disponibles, le chercheur peut être tenté d'utiliser sa méthode d'analyse préférée sans se préoccuper des considérations conceptuelles plus profondes nécessaires à la vraie recherche sociale.

Cette critique tient évidemment pour acquis que les données sont effectivement disponibles. Pourtant, le *manque de disponibilité de l'information* est un autre inconvénient de l'analyse secondaire. Avant de pouvoir entamer l'analyse secondaire, il faudra en effet localiser une source de données fiable et accessible. Dans les faits, des données n'existent pas nécessairement sur tous les sujets imaginables.

Ces inconvénients ne sont peut-être pas aussi évidents que ceux reliés à *l'écart entre les objectifs de la collecte primaire et les objectifs de l'analyse secondaire*. En effet, les données primaires n'ont pas été mises en forme en tenant compte des objectifs de l'analyse secondaire (par définition). Il peut donc arriver que certaines manipulations de données soient impossibles ; que certains indicateurs importants ne soient pas accessibles pour tous les concepts des modèles théoriques ; que des identificateurs uniques des individus sujets d'observation n'aient pas été conservés pour fins de mariage des bases de données ; que les catégories de mesure utilisées ne se conforment pas aux hypothèses à tester ; etc.

> Pour la Régie de l'assurance-maladie du Québec, l'objectif de la collecte d'une partie très importante des données (primaires) est de rémunérer les dispensateurs puisqu'elle agit comme un tiers payant au nom du gouvernement du Québec.
>
> Les objectifs de l'analyse secondaire que l'on trouve dans les ***Statistiques annuelles*** sont différents : permettre la compréhension des programmes de la RAMQ et des coûts qu'ils engendrent (voir encadré précédent) ; établir des portraits régionaux de la consommation de services médicaux ; montrer l'importance de la consommation de services médicaux par groupes d'âge ; etc.
>
> Mentionnons quelques difficultés reliées au fait qu'initialement les données ne sont recueillies que pour rémunérer les dispensateurs.

1. La définition des services est soumise aux aléas du processus de négociations entre le ministre de la Santé et des Services sociaux et les associations professionnelles. Les ententes survenues entre le gouvernement et les professionnels peuvent modifier certaines variables des *Statistiques annuelles*, comme la catégorisation des services médicaux.

   Exemple : Un même service peut être inclus dans la définition d'un autre ou, au contraire, scindé en plusieurs pour des fins de paiement, pour faire suite à un renouvellement d'entente entre le gouvernement et un groupe de professionnels. Il faut donc être attentif aux définitions des services dans les études longitudinales.

   Exemple : Une demande de paiement pour un service rémunéré à salaire ne renseigne en aucune façon sur la nature du service rendu ou l'identité du bénéficiaire. Les données de la Régie ne permettent donc pas de connaître précisément les services rendus par les médecins salariés des centres locaux de services communautaires ni même les caractéristiques des clientèles servies.

   Exemple : Les services médicaux rémunérés à l'acte et à l'unité dans le cadre de l'assurance-hospitalisation n'identifient pas les bénéficiaires. Corollairement, une étude par bénéficiaire du nombre total de radiographies reçues et de leur type est impossible à réaliser.

2. Les dispensateurs ne remplissent tout simplement pas certaines cases de la demande de paiement, sachant que le fait de ne pas les remplir ne les pénalisera pas : le paiement sera tout de même effectué.

   Exemple : Le code de diagnostic (motif de la consultation) n'est pas systématiquement validé, les professionnels ne prenant pas toujours la peine de codifier cette section de la demande.

Le *facteur temps* est aussi un inconvénient des données secondaires, à au moins deux égards :

– même s'il est souvent plus rapide d'avoir accès à des données déjà colligées que de compiler soi-même des données primaires, il peut arriver que le temps de recevoir les données du détenteur, le temps de se familiariser avec les détails des données et le temps de mettre les données en forme pour l'analyse dépassent le temps alloué à la recherche ;

– par définition, les données secondaires sont des données plus vieilles que les données primaires ; en effet, avant d'être rendues publiques, les données doivent être utilisées (dans le contexte de leur analyse primaire) par leur premier détenteur, puis distribuées ; ces délais peuvent réduire l'utilité des données.

TRAITEMENT DES REQUÊTES

À la RAMQ, près de 70 % des requêtes sont traitées dans un délai de moins de 15 jours. Lorsqu'une demande nécessite un avis favorable de la commission d'accès à l'information (CAI) et qu'elle est très complexe dans sa réalisation, il faut prévoir quelques semaines. De façon générale, l'assignation d'une priorité est fonction de plusieurs critères, comme par exemple l'identité du demandeur (demande urgente du ministre, d'une régie régionale de la santé et des services sociaux ? d'universitaires ? d'étudiants gradués ? etc.). Dans tous les cas, la demande doit être adressée par écrit pour qu'elle soit évaluée en termes de coût et de délai. Bien entendu la diffusion des données se fait dans le cadre des Lois et du respect de la confidentialité. Vous avez nettement avantage à planifier à l'avance votre demande de données.

DÉLAIS DE PRODUCTION DES STATISTIQUES ANNUELLES

Les délais nécessaires pour la production des **Statistiques annuelles** de la Régie donnent une idée du temps requis pour s'assurer à la fois d'une validation adéquate et d'une intégralité satisfaisante des données dans le cas du traitement de banques contenant plusieurs dizaines de millions d'enregistrements.

Statistiques annuelles 2002 (32e édition) fera référence à l'année civile 2002 (1er janvier au 31 décembre 2002). Dès janvier 2003, une maquette de ce que contiendra le rapport sera produite. Elle indiquera les différentes variables retenues et la manière dont elles devront être agencées pour produire les différents tableaux qui se retrouveront dans la publication.

Le démarrage des travaux d'exploitation pour l'année calendrier 2002, ne peut se faire avant le 1er avril 2003 en raison du délai de 3 mois consenti aux médecins pour soumettre les demandes de paiement à la RAMQ. Ce délai de trois mois permet par ailleurs d'améliorer grandement l'intégralité des données. Dans les semaines qui suivront, les différents tableaux sont produits et analysés. Compte tenu des délais d'impression, les **Statistiques annuelles 2002** seront disponibles au grand public à l'automne 2003 dans son édition papier. Par contre les données des tableaux seront disponibles progressivement à partir de juillet 2003 sur le site Web de la RAMQ : <http://www.ramq.gouv.qc.ca/crc/>.

Comme l'analyste n'a probablement pas participé à la collecte initiale des données, il ne sera pas au fait des détails des opérations de terrain, des décisions prises au moment de la mise en forme des données, des erreurs cléricales possibles, etc. Essentiellement, il sera difficile à l'analyste de *porter un jugement sur la fiabilité des données*. Cette difficulté s'ajoute à la constatation que la plupart des sources secondaires souffrent d'un manque chronique de documentation suffisante pour faire une utilisation intelligente des données. Ces observations nous amènent à présenter un cadre d'évaluation des sources de données secondaires. Auparavant, intéressons-nous dans la section suivante aux sources potentielles de données secondaires.

2 SUPPORTS ET SOURCES DE DONNÉES SECONDAIRES

Les données secondaires se retrouvent partout. L'observateur attentif découvrira que son milieu regorge de données déjà compilées dont il peut tirer profit pour ses recherches. Par exemple, plusieurs des classeurs de métal qui encombrent les locaux des organisations recèlent des trésors de données secondaires. Leur pertinence n'échappera pas à l'attention des chercheurs aguerris qui font de ces organisations le terrain de leurs recherches. Les bibliothèques proposent sur leurs rayons des recueils « papier » organisés selon le modèle de la base de données, ou encore des documents de formats multiples, qu'il est possible d'exploiter dans la perspective d'en extraire des données secondaires, qualitatives ou quantitatives. Jusqu'à tout récemment, ces lieux feutrés où s'alignent des kilomètres de rayonnages constituaient le principal dépôt de données secondaires. Maintenant toutefois, le support informatique tend à supplanter tous les autres.

■ 2.1. Supports

Théoriquement, le support sur lequel repose une donnée ne devrait pas influer sur son intégrité. Considérant ce support séculaire qu'est le papier, il vieillit, certes, mais il résiste plutôt bien au temps et ne nécessite pas d'intermédiaires autres que nos sens et nos compétences pour pouvoir s'approprier son contenu (la vue et la maîtrise des langages qui permettent de décoder l'information). Ce n'est pas le cas des supports de types audio, vidéo et informatique, où une interface technique est essentielle pour faire le lien entre le chercheur et les données secondaires (magnétophone, téléviseur, ordinateur, etc.). Du côté de l'informatique, les supports ne sont pas éternels non plus : un disque dur d'ordinateur peut être effacé accidentellement ; les disquettes ont une durée de vie limitée ; un CD-ROM s'use et se brise.

Ainsi, au plan du support des données secondaires, un chercheur devrait toujours s'assurer d'une alternative, au cas où serait inaccessible pour un temps ou de façon définitive le support principal qui loge les données. « Sauvegarde » est un des maîtres-mots de la recherche sociale : il fait référence à l'opération qui consiste à recopier des fichiers de données informatiques sur un support externe, afin d'en prévenir la perte ; il doit être compris surtout dans le sens générique de la propriété associée aux données secondaires qui, pendant leur traitement, leur conservation ou leur transport, ne devraient subir aucune altération, aucune destruction volontaire ou accidentelle[8].

L'utilisation massive de l'informatique a laissé croire un temps à une diminution possible du recours au support papier. Il n'en est rien, bien au contraire. Voyons les lieux de travail des chercheurs de métier : l'ordinateur personnel y fait presque figure d'objet de culte, mais le papier est omniprésent, des piles et des piles de papier. Le marché de l'impression s'est en effet démocratisé (diminution des coûts et augmentation de la qualité et du rendement des imprimantes personnelles), de telle sorte que le document qui ne commandait jadis qu'une seule impression est maintenant reproduit au rythme des analyses et des relectures.

Des études confirment d'ailleurs certaines contraintes de la lecture sur écran : ce support conduirait à une lecture en miettes dans la mesure où la totalité d'un document ne peut plus être appréhendée. La vitesse de lecture serait aussi inférieure dans le cas de l'utilisation de l'écran[9]. L'analyse est aussi souvent plus facile lorsque le papier supporte les données secondaires. Par exemple, le compte rendu intégral d'une entrevue enregistrée sur casette audio ou vidéo sert cette cause, en plus d'être une alternative permettant un double accès aux données.

---

8. Ces définitions, comme la plupart des définitions techniques de cette section, ont été construites à partir d'informations tirées du *Grand Dictionnaire terminologique*. On retrouve dans les fichiers de terminologie de ce dictionnaire l'équivalent de 3 000 ouvrages terminolinguistiques. Il est produit au Québec et accessible via Internet sur le site de l'Office québécois de la langue française <http://www.oqlf.gouv.qc.ca>.

9. Muter *et al.* estimaient en 1982 que la vitesse de lecture était 28 % inférieure dans le cas de l'utilisation de l'écran. O'Hara et Sellen ont par ailleurs répertorié en 1997 les résultats de plusieurs autres études qui tendent à démontrer que la différence entre la lecture sur papier et celle sur écran ne serait plus aussi grande, considérant la qualité accrue des moniteurs. On peut postuler aussi que la jeune génération est plus à l'aise que ses aînés avec la lecture à l'écran et la logique hypermédiatique. P. MUTER *et al.*, « Extended Reading of Continuous Text on Television Screens », dans *Human Factors*, 24, 1982, p. 501-508 ; Kenton O'HARA et Abigail SELLEN, *A Comparison of Reading Paper and On-line Documents*, Technical Report EPC-1997-101, Cambridge, Xerox Research Centre Europe, 1997, 10 p.

Le support informatique ne remplace donc pas le support papier quant à la sauvegarde des données secondaires, pas plus que l'écrit n'a remplacé l'oral. Eisenstein[10] attribue en effet à l'écran une signification anthropologique comparable à celle qui a affecté la culture lorsqu'elle est passée de l'oralité à l'écriture. Chaque fois qu'un nouveau média est apparu, soutient-elle, il a intégré les médias antérieurs en créant une nouvelle interface. Il n'a pas supprimé les médias précédents ; il a plutôt établi avec eux une relation de stratification, se superposant à eux tout en les modifiant. La forme la plus actuelle de cette intégration est l'hypermédia, cette extension de l'hypertexte à des données multimédias, permettant de lier entre eux des éléments textuels, visuels et sonores.

Considérant le support informatique, le concept de « virtualité » ne s'oppose pas à celui de « réalité ». Le virtuel s'oppose plutôt à l'actuel, soutient Lévy[11]. Ainsi, l'informatique recèle un potentiel du point de vue des données secondaires, potentiel qu'il est possible d'actualiser (c'est-à-dire d'exploiter et d'adapter aux besoins spécifiques de la recherche, « ici et maintenant ») par l'extraction de certaines données et leur analyse.

Le support informatique peut être relié à un système clos : un disque dur d'ordinateur, une disquette, un CD-ROM ou encore un intranet. Cela est rassurant, du point de vue de l'évaluation des données secondaires selon les paramètres qui seront précisés au point suivant : les données portent ainsi une signature claire. Une donnée de la RAMQ, peu importe son support, demeure une donnée de la RAMQ.

Le support informatique peut aussi être relié à un système ouvert comme le réseau Internet. Ce médium est le plus populaire pour l'accès aux données secondaires : il est économique pour le diffuseur puisque la reproduction et l'impression sont déconnectées du processus de diffusion ; il est aussi économique pour l'utilisateur, qui n'a habituellement qu'à payer la location de la connexion Internet (l'accès à plusieurs bases de données disponibles sur le Web nécessite par contre des coûts pour le chercheur ou pour la bibliothèque universitaire qui assure le service).

Yott[12] ajoute ces avantages techniques à la diffusion des données via Internet : il intègre plusieurs protocoles (http, ftp, pop) ; il résout le problème des plates-formes informatiques multiples (Windows, Macintosh,

10. Elizabeth EISENSTEIN, *The Printing Revolution in the Early Modern Europe*, Cambridge, Cambridge University Press, 1983, 297 p.
11. Pierre LÉVY, *Qu'est-ce que le virtuel ?*, Paris, Éditions La Découverte, 1998, 154 p.
12. Patrick YOTT, « Enhancing Access to Government Information : Redistribution of Data via the World Wide Web », dans Joan F. CHEVERIE, *Government Informations Collections in the Networked Environment. New Issues and Models*, New York et London, The Haworth Press, 1998, p. 61-76.

Unix) ; il permet un accès plus équitable et plus flexible aux données. Ajoutons que le Web supporte des données secondaires en de multiples formats, souvent intégrés de façon transparente aux pages Web. D'autres formats nécessitent plutôt l'utilisation de logiciels particuliers installés sur les ordinateurs des utilisateurs, logiciels qui entrent en fonction lors de l'activation de l'hyperlien : documents textuels (doc, pdf) et images (gif, jpeg) ; fichiers audio (mp3, wav), vidéo (avi, mpeg) et statistiques (ivt, spss)[13].

Lorsque le support informatique est relié au réseau Internet, il faut faire preuve de prudence puisque les possibilités de distorsion et de falsification des données sont grandes. Cela s'explique par la confusion des genres qui règne sur le Web. Le « réseau savant » d'origine a été investi par un « réseau marchand » où des vendeurs de produits, d'idées et de rêves tendent à prendre toute la place. Le doute systématique est donc de rigueur pour l'évaluation des données secondaires qui y sont recueillies, quoiqu'il ne faille pas verser dans la paranoïa et bouder cette bibliothèque virtuelle qui, dans son esprit, rejoint l'utopie des grands encyclopédistes. Rassembler l'information, la classer puis en assurer l'accès sont les trois principes immuables de l'encyclopédisme : Internet est la plus grande encyclopédie qui soit.

On ne trouve pas tout sur Internet, mais on trouve de tout, selon l'expression consacrée. La distinction entre le vrai et le faux n'y est pas toujours très claire. Avec les moyens techniques actuels, il est facile en effet de trafiquer la forme ou le contenu des données, par jeu, par défi ou pour servir les intérêts de l'éditeur ou desservir ceux de l'auteur. La recherche d'esthétisme pousse même certains diffuseurs à proposer les données quantitatives dans des formes graphiques séduisantes et achevées, qui rendent impossible tout traitement ultérieur. Aussi, la logique des hyperliens fait que le chercheur internaute peut quitter un site sûr pour un autre qui l'est moins, sans qu'il ne s'en aperçoive nécessairement.

L'application instinctive du modèle de Lasswell est utile pour évaluer l'intégrité des données secondaires que l'on retrouve sur le Web (voir aussi le chapitre 4) : qui dit quoi à qui (par quel moyen et avec quel effet) ? L'auteur de ces données est-il crédible (considérant sa formation, son expérience et l'organisation à laquelle il est associé) ? ; l'éditeur est-il légitime (a-t-il des intérêts autres que ceux de nature scientifique) ? ; le contexte

---

13. Les formats sont innombrables. Voir à ce sujet le *Guide d'initiation à la recherche dans Internet* <http ://www.bibl.ulaval.ca/vitrine/giri/index.htm>. Sous la responsabilité conjointe de toutes les universités québécoises, ce guide est mis à jour de façon régulière et constitue l'outil le mieux adapté aux besoins des chercheurs en formation au Québec.

est-il adapté (les données voisinent-elles avec d'autres informations qui n'ont rien à voir avec elles)[14] ? Par exemple, des données produites par le ministère de l'Éducation du Québec (MEQ) et éditées sur son propre site présentent de très bonnes garanties d'intégrité, d'autant plus que ces grandes organisations disposent maintenant de coupe-feu[15] efficaces. Ces mêmes données éditées par ailleurs sur un site personnel ne devraient pas être utilisées en recherche, à moins qu'elles ne soient vérifiées.

La recherche sociale exige en effet un haut degré d'éthique et de rigueur dont se soucient généralement peu les concepteurs et éditeurs de sites Web personnels ou privés. Ils cherchent habituellement à promouvoir leurs propres valeurs et intérêts ou ceux de leurs organisations, et effectuent partialement la sélection des données qui logent sur leurs serveurs. La façon la plus sûre de faire une vérification est d'aller directement à la source, pour cet exemple le site du MEQ ou tout autre support qui porte explicitement la signature du MEQ.

▦ 2.2. Sources

Une recherche organisée de données secondaires n'est pas très différente d'une recherche documentaire. Il existe des index de données existantes et des fichiers sur les bases de données publiques, qui sont le plus souvent disponibles sur le Web. Cependant, pour simplifier, nous mentionnerons quelques-unes des sources les plus importantes.

Les organisations supra-gouvernementales

Le mouvement de globalisation a fait en sorte de consacrer le rôle des organisations supra-gouvernementales qui contribuent de plus en plus directement à réguler la vie des collectivités. Il peut s'agir d'organisations internationales comme l'Organisation des Nations Unies (ONU) ; d'organisations régionales comme l'Union européenne ; ou encore d'organisations territoriales comme, au Québec, les municipalités régionales de comté (MRC). Elles ont toutes la caractéristique de se situer structurellement au-dessus des gouvernements constitués, ce qui ne veut pas dire pour autant

---

14. Pour une revue plus complète des critères d'évaluation de la qualité de l'information sur un site Web, voir Danielle Boisvert, « La recherche documentaire et l'accès à l'information » (chapitre 4).
15. Le « coupe-feu » (*firewall*) est un *dispositif informatique qui permet le passage sélectif des flux d'information entre un réseau interne et un réseau public, ainsi que la neutralisation des tentatives de pénétration en provenance du réseau public* (*Grand Dictionnaire terminologique*).

qu'elles disposent de plus de pouvoir qu'eux. Souvent, leur rôle en est un de concertation, dans la perspective de mieux faire face aux défis communs que rencontrent les membres de ces regroupements.

Ces organisations édictent très souvent des normes, liées à leurs missions et objectifs particuliers. Pour élaborer des politiques ou pour évaluer le chemin parcouru, elles doivent disposer de données nombreuses et diversifiées, liées par exemple aux caractéristiques des populations et aux volumes de leurs ressources. Pour qu'il soit possible d'établir des comparaisons dans le temps, par rapport aux autres ou par rapport à des objectifs, ces données sont normalisées. Dans la perspective de leur utilisation comme données secondaires de la recherche sociale, il s'agit là d'un atout précieux.

L'Organisation des Nations Unies (ONU) et ses institutions spécialisées sont les mieux connues : l'Organisation des Nations Unies pour l'éducation, la science et la culture (UNESCO) ; l'Organisation mondiale de la santé (OMS) ; l'Organisation internationale du travail (OIT) ; etc. Les données qu'elles mettent à la disposition des chercheurs internautes sont généralement gratuites et d'excellente qualité.

L'Organisation de coopération et de développement économique (OCDE) jouit aussi d'une popularité très grande en ce qui a trait aux données qu'elle rend disponibles aux chercheurs. Elle se situe toutefois dans une classe distincte de celle, par exemple, des organisations de l'ONU. L'OCDE se présente en effet tel un institut de recherches qui œuvre comme forum de coordination des politiques. Elle regroupe un nombre limité de pays membres, tous *attachés à l'économie de marché*. Elle a comme mission d'aider les gouvernements à répondre aux défis posés par l'économie mondialisée. Ses données couvrent l'ensemble du champ économique et social et portent sur presque tous les pays. L'OCDE n'est donc pas neutre, d'un point de vue idéologique : elle cherche à servir les intérêts de ses membres[16]. Malgré le fait qu'une donnée secondaire puisse être factuelle, il n'est pas exclu pour autant que les indicateurs privilégiés ne soient pas exempts de valeurs.

En fait, il est toujours utile de se questionner sur les raisons qui incitent une organisation à produire des données et à les rendre disponibles aux chercheurs, les transformant ainsi en données secondaires. En

---

16. Gélinas considère l'OCDE comme l'office de propagation de la foi néolibérale, ce que tend à confirmer à sa façon le secrétaire général de l'organisation lorsqu'il affirme que l'OCDE a pour mission de défendre toutes les entreprises de libéralisation de l'économie (*La Presse*, 8 février 1997). Jacques B. GÉLINAS, *La globalisation du monde. Laisser faire ou faire ?*, Montréal, Les Éditions Écosociété, 2000, 340 p.

règle générale, ces raisons découlent de leurs missions. Les modes de gestion de l'organisation sont aussi garants de la qualité des données, considérant notamment le devoir de transparence. L'Union européenne par exemple se fonde sur la règle de droit et la démocratie : toutes les décisions et procédures s'appuient sur les traités de base ratifiés par les parlements des États membres. Du coup, les données qu'elle rend disponibles sont plus crédibles que celles d'une organisation qui n'aurait de compte à rendre qu'à un nombre limité de personnes aux intérêts plus corporatistes.

Également, la prolifération des organisations supra-gouvernementales de petite taille, les organisations supra-municipales par exemple, commande de devoir s'interroger aussi sur les conditions de constitution des bases de données. Les grandes organisations disposent du personnel hautement qualifié requis mais est-ce que ses ressources et ses expertises permettent à telle ou telle organisation de petite taille de constituer une base de données qui soit conforme aux règles d'éthique et de rigueur qu'impose la recherche sociale ? A-t-on accès aux méthodologies qui permettent de constituer ces bases de données ?

La Bibliothèque nationale du Canada propose sur son site les hyperliens aux portails des organisations internationales les plus importantes. Le Centre de documentation de l'Université du Michigan offre universellement le service d'un portail spécialisé sur les organisations internationales, pertinent et complet au point de justifier que des centaines de milliers de chercheurs internautes l'aient déjà visité[17].

Les gouvernements

Les gouvernements locaux et nationaux sont les plus importants producteurs de données secondaires. En fait, il s'agit là d'un des rôles de l'État : produire pour la collectivité des informations qui, autrement, n'auraient pu être rassemblées à cause des coûts prohibitifs que cela impliquerait pour un utilisateur unique.

Le recensement canadien en est un exemple : l'accès à des informations sur la population canadienne profite à un grand nombre d'individus et de corporations et constitue un bien socialement utile. Pourtant, personne d'autre que le gouvernement n'a les ressources pour alimenter une

---

17. Portail des organisations internationales de la Bibliothèque nationale du Canada :
    <http://www.nlc-bnc.ca/8/4/r4-240-f.html>. Portail des organisations internationales du
    Centre de documentation de l'Université du Michigan :
    <http://www.lib.umich.edu/govdocs/intl.html>.

telle base de données. Les gouvernements disposent aussi d'instruments légaux en vertu desquels tous sont tenus de fournir certaines informations, ce qui n'est pas le cas des autres sources de données secondaires. Au Canada par exemple, tous les citoyens sont légalement tenus de répondre aux questionnaires du recensement.

Les informations réunies par les gouvernements sont souvent accessibles sous forme de microdonnées (par opposition à une forme agrégée où l'unité de mesure n'est plus l'individu, mais le groupe d'individus). Cela peut être très utile, dans la perspective de leur utilisation pour la recherche sociale.

En règle générale, les données produites par les gouvernements sont de bonne qualité. Il existe toutefois suffisamment d'exceptions à cette règle pour que le chercheur conserve un scepticisme de bon aloi. On comprendra d'abord qu'il n'est pas dans la culture des régimes autoritaires de rendre disponibles les données qu'ils produisent. Lorsqu'ils le font, il faut sérieusement considérer la possibilité que ces données aient pu être trafiquées. Les régimes démocratiques ne sont pas tenus non plus de rendre disponibles toutes les données qu'ils produisent. Ainsi, les données liées plus ou moins directement aux questions de sécurité nationale ne sont pas diffusées auprès d'un large auditoire. Cette pratique trouve maintenant écho pour les questions de prospérité nationale, puisque le terrain de l'économie est souvent le lieu de différends entre les États. Un peu comme pour le cas des firmes privées, un État pourrait voir un avantage concurrentiel à diffuser telle donnée et à ne pas diffuser telle autre, même si théoriquement, l'une et l'autre auraient dû se retrouver dans une même base de données.

Il est aussi pertinent de vérifier le lien entretenu entre l'organisation publique qui diffuse l'information et le gouvernement. Les instituts nationaux de statistiques sont généralement indépendants du pouvoir politique et ont pour mission de fournir des données fiables et objectives. Par exemple, Statistique Canada et Statistique Québec proposent des données détaillées sur pratiquement chaque aspect de la société et de l'économie[18]. Il se peut que certains de leurs indicateurs ne rendent pas compte adéquatement des réalités concernées, mais il n'en demeure pas moins que leurs données sont très fiables. Les ministères rendent aussi disponibles plusieurs de leurs données, mais ils ne sont pas tenus de toutes les rendre publiques. Les ministères jouent en effet un rôle important dans la mise en œuvre des

---

18. La Loi sur l'Institut de la statistique du Québec (1998) a réuni en une seule unité, qui peut être désignée sous l'appellation « Statistique Québec », quatre entités dont l'ancien Bureau de la statistique du Québec. Portail de Statistique Québec :
<http://www.stat.gouv.qc.ca>. Portail de Statistique Canada : <http://www.statcan.ca>.

politiques gouvernementales ; il n'est pas exclu que certaines données puissent nuire aux objectifs de ces politiques, aussi seront-elles gérées avec discrétion (ce que ne pourraient faire les instituts nationaux de statistiques). Les partis politiques, même ceux au pouvoir, sont par ailleurs des organismes partisans, aussi, le choix des données qu'ils rendent publiques est bien souvent teinté aux couleurs des valeurs qu'ils véhiculent : ils interprètent souvent ces données dans le sens de leurs intérêts.

Il existe toutefois deux principaux problèmes avec les données recueillies par les gouvernements.

Le premier problème, c'est d'en *connaître l'existence*. Les administrations publiques sont de grandes organisations et il existe peu de dépôts de données secondaires constituées. Là où des répertoires existent, ils regroupent souvent les seules données administratives, à l'exclusion de celles recueillies pour des fins d'analyse de politiques, comme les sondages auprès des clients des programmes. La stratégie la plus efficace pour le chercheur sera de déterminer quels groupes à l'intérieur des fonctions publiques pourraient avoir intérêt à recueillir des informations pertinentes à son sujet de recherche, et les contacter directement. En règle générale, la collaboration des administrateurs publics avec les chercheurs est très bonne. Ainsi, graduellement, le chercheur devrait pouvoir établir une liste des données gouvernementales sur le sujet qui l'intéresse.

Le second problème a trait à la *confidentialité* entourant la diffusion de nombreuses données. Pensons ici aux données nominatives relatives à l'état de santé ou au revenu.

LA CONFIDENTIALITÉ

La *Loi sur l'assurance-maladie* stipule que tous les renseignements colligés dans le cadre du régime d'assurance-maladie sont confidentiels. La loi indique explicitement la nature des renseignements qui peuvent être diffusés et à qui ils peuvent l'être (bénéficiaire, professionnel, corporation, ordre professionnel, etc.).

Les portails des gouvernements canadien et québécois permettent un accès rapide aux données des ministères et autres organismes publics. Le site américain *PoliSci* propose par ailleurs un répertoire des sites des gouvernements du monde[19].

---

19. Portail du gouvernement du Canada : <http ://canada.gc.ca>. Portail du gouvernement du Québec : <http ://www.gouv.qc.ca>. Répertoire des gouvernements des pays : <http ://www.polisci.com/almanac/nations.htm>.

Les universités

Les universités et les universitaires constituent une autre bonne source de données secondaires. Certaines universités ont établi des dépôts de données – des lieux d'archivage « papier » ou électronique – où les chercheurs peuvent entreposer leurs bases de données. Cette approche favorise à la fois l'utilisateur éventuel qui n'a qu'un endroit à visiter pour connaître les données disponibles, et le propriétaire des données initiales, qui n'a plus à se préoccuper de leur distribution. Cette pratique de rendre disponibles les bases de données déjà constituées dans le cadre de la recherche sociale est généralement très appréciée des organismes subventionnaires de la recherche, qui l'encouragent ouvertement.

Ces dépôts n'ont généralement pas l'envergure des bases de données gouvernementales. Par contre, comme ces données ont été créées à des fins de recherche et de publication, il est possible que les indicateurs utilisés soient plus sensibles aux problèmes de mesure. Leur raison d'être initiale fait aussi en sorte que l'on peut se baser sur la littérature existante pour déterminer ce que la discipline ou le champ d'études a déjà fait subir à ces données, et quelles questions n'ont pas encore été abordées. Les données universitaires sont peu coûteuses et généralement accessibles facilement.

Les mémoires et thèses électroniques gagnent également en popularité. Les premières années de l'expérience ont été marquées par la traduction des ouvrages « papier » conventionnels en formats électroniques divers : sgml pour l'archivage ; pdf, html ou xml pour leur diffusion via Internet[20]. De plus en plus nombreux par contre, on retrouvera sur le Web des mémoires et des thèses adaptés aux possibilités de la télématique. Du point de vue des données secondaires, le plus intéressant développement est très certainement la possibilité nouvelle d'annexer au mémoire et à la thèse électroniques les bases de données afférentes, les rendant ainsi universellement accessibles (tout en respectant les contraintes de confidentialité, lorsque requis).

Cette possibilité vaut également pour les revues scientifiques, qui sont de plus en plus nombreuses à diffuser leurs articles via Internet, de façon universelle ou par abonnement. L'inflation du nombre de revues a fait en sorte que plusieurs d'entre elles ont adopté une façon modulaire de

---

20. Signalons, à titre d'exemple, l'expérience « Cyberthèses » pilotée conjointement par les Presses de l'Université de Montréal et l'Université Lumière de Lyon <http://www.cybertheses.org>.

proposer leurs articles sur le Web : une première recherche permet d'accéder aux mots clés et aux résumés des articles ; les chercheurs intéressés peuvent ensuite obtenir « en ligne » l'article complet. Un troisième niveau permettrait d'accéder aux annexes et aux autres pièces utiles à une meilleure compréhension de la recherche (notamment la méthodologie détaillée, le rapport complet de la recherche et, pourquoi pas, les données utilisées).

Les entreprises privées

Les entreprises privées produisent annuellement des masses de données pour informer leurs clients et actionnaires. La compilation de ces données peut permettre des analyses secondaires intéressantes. Il faut toutefois savoir qu'une entreprise privée ne diffusera pas sur Internet des données qui risquent de miner ses avantages concurrentiels. Bien souvent, c'est au prix de recherches soutenues et de recoupements nombreux que seront constituées les bases de données secondaires utiles à la recherche sociale.

Le prix de ces informations est souvent élevé, puisqu'il revient à l'analyste d'établir la base de données, à moins qu'il ne passe par un tiers qui fait peut-être déjà cette compilation. Comme il y a une demande pour des données secondaires et qu'en économie de marché, à toute demande suffisante correspond une offre (peut-être imparfaite, mais existante), il existe en effet un marché commercial des données secondaires. Le chercheur peut faire appel à des services professionnels de collecte et de mise en forme d'informations secondaires, ni plus ni moins que des courtiers en information.

On peut relever deux types de fournisseurs. D'abord, il existe des compagnies qui reprennent des données déjà secondaires et les mettent en forme pour une utilisation particulière ou pour un accès plus facile. Par exemple, une firme de Vancouver reprend les données du recensement canadien, construit une base de données hautement performante et y ajoute un logiciel d'interrogation. Ce produit est destiné à quiconque veut dresser un profil sociodémographique de zones géographiques ou rechercher les endroits qui correspondent à un profil particulier.

Un autre type de service professionnel de courtage de données secondaires utilise plutôt des données primaires recueillies par la firme elle-même, qu'elle rend accessibles à ses clients. Par exemple, on peut faire appel à des services d'analyse des médias pour connaître la réponse à une annonce particulière. Le service d'analyse effectue, de façon routinière, une lecture de l'environnement-média et peut extraire de sa base de données corporative les informations qui concernent l'événement qui intéresse ce client.

Les revues spécialisées (professionnelles ou industrielles) offrent également des analyses documentées comportant des données qui peuvent être reprises par d'autres chercheurs. Les références contenues dans ces revues peuvent aussi servir de point de départ pour une recherche de données secondaires pertinentes.

3. L'ÉVALUATION DES DONNÉES SECONDAIRES

Stewart[21] propose un cadre d'évaluation des sources de données secondaires en six points. Nous le reprenons ici. Notez qu'il est parfois difficile d'apporter des réponses aux six questions posées ; cette difficulté est un indicateur de la qualité de la source de données qui est considérée.

▓ 3.1. Quel était le but de la collecte primaire ?

Il faut d'abord déterminer quels étaient les buts et objectifs poursuivis par la collecte de données primaires. Deux raisons expliquent cette nécessité. D'abord, les intentions originales peuvent colorer les résultats obtenus lors de la collecte de données elle-même. Il vaut donc mieux connaître dès le départ les biais que peut renfermer une source de données particulière. En outre, une détermination précise des objectifs de la collecte primaire permettra une évaluation plus juste de la pertinence des données pour les fins poursuivies par l'analyse secondaire : plus rapprochées seront les finalités originales et secondaires, meilleures seront les chances que la seconde recherche utilise fructueusement les données existantes.

▓ 3.2. Qui était responsable de la collecte ?

Le second critère d'évaluation des sources de données est l'identité du responsable (individuel ou institutionnel) de la collecte des informations. Cette préoccupation vise évidemment en partie les biais possibles des sources de données très directement engagées dans l'action et ayant un parti pris par rapport à l'objet de recherche. Mais d'autres dimensions de l'identité de la source de l'information sont également importantes : la compétence technique du responsable de la collecte des données peut être prise

---

21. David W. Stewart, *op. cit.*, p. 23-33.

en considération dans l'analyse de la crédibilité des informations ; les ressources ordinairement mises à la disposition de l'équipe de recherche ou de l'organisme de collecte de données constituent un autre critère significatif ; la qualité reconnue du travail des responsables, ou leur réputation, est un autre aspect relié à l'identité de la source des données secondaires et qui peut jouer un rôle dans l'évaluation de ces données.

LA RÉGIE DE L'ASSURANCE-MALADIE DU QUÉBEC : UNE GRANDE SOCIÉTÉ DE SERVICES

Comme indiqué précédemment, la Régie de l'assurance-maladie du Québec a été créée en 1969. Elle est une corporation au sens du Code civil. En plus des pouvoirs que lui confère ce statut, la **Loi sur la Régie de l'assurance-maladie du Québec** lui en attribue d'autres plus spécifiques.

Parmi les fonctions importantes de la Régie, mentionnons l'administration du régime d'assurance-maladie mis en place le 1er novembre 1970 par la **Loi sur l'assurance-maladie** et l'administration du régime général d'assurance-médicaments en vertu de la Loi sur l'assurance-médicaments depuis janvier 1997. La Régie agit comme un tiers payant : une partie importante de sa tâche consiste à payer, généralement sur réception d'une demande de paiement et à la suite d'un ensemble de validations, différents groupes de dispensateurs du domaine de la santé avec lesquels elle est liée dans le cadre des ententes ou des accords intervenus entre le gouvernement du Québec et ces groupes de professionnels.

Un deuxième volet de la mission de la Régie est de veiller à ce que toutes les personnes qui y ont droit puissent avoir accès aux services de santé et aux services sociaux offerts dans le cadre des régimes et des programmes qu'elle administre. Elle délivre la carte d'assurance-maladie et inscrit au régime public d'assurance-médicaments les personnes qui peuvent en bénéficier.

Elle rembourse aussi, selon les programmes qui lui sont confiés, le coût de services rendus à des personnes ayant une déficience physique, de même qu'en tout ou en partie les services assurés reçus à l'extérieur du Québec.

Parallèlement à cela, la Régie transige avec quelque 25 000 professionnels de la santé au Québec. Elle veille à les rémunérer pour les services rendus aux personnes assurées qui bénéficient des programmes qu'elle administre. Pour y arriver, elle établit l'admissibilité des professionnels aux divers modes de rémunération et gère l'ensemble de l'information pertinente au calcul de leur rémunération.

L'ensemble des données se retrouvent donc dans diverses banques de données et sont exploitées pour de multiples besoins en matière d'information sociosanitaire, donnant ainsi suite au troisième volet important de la RAMQ qui est de mettre son actif informationnel à la disposition des chercheurs et des organismes du domaine de la santé et des services sociaux. Les modalités de diffusion sont établies en fonction des besoins exprimés dans le respect des lois et règles de protection des renseignements personnels.

3.3. Quelle information a été recueillie ?

Avant de s'attarder aux conclusions ultimes tirées par la source des données, sur quelles informations initiales les données secondaires sont-elles basées ? En fait, quelles données primaires a-t-on effectivement réunies ? Déterminer la nature des informations initiales, factuelles, sur lesquelles sont basées les données secondaires est fondamental. On voudra aussi s'assurer de connaître les types de mesures utilisées et les indicateurs retenus par les agents chargés de la collecte des informations secondaires. Toutes ces informations sont nécessaires au jugement à porter sur la validité des données.

3.4. Quand l'information a-t-elle été recueillie ?

Le temps a encore une fois ici un rôle central à jouer dans l'analyse. D'abord, le chercheur voudra préciser quand les données primaires ont été recueillies et à quelle période historique elles se rapportent. Pour certaines recherches, il sera essentiel de décrire le plus complètement possible le contexte socio-économique et politique au moment de la collecte pour bien fixer le contexte de l'interprétation des données. L'analyste aura également soin d'acquérir des données suffisamment récentes pour que les indicateurs retenus soient représentatifs de la période visée : il est inutile d'utiliser les taux de chômage de 1985 pour décrire la situation de l'économie aujourd'hui. Ce jugement s'applique à rebours : si l'analyste veut discuter de la situation économique de 1985, il s'assurera d'adapter ses données secondaires en conséquence. Finalement, le passage du temps est aussi relié à l'évolution des normes sociales ; si l'on suit l'état d'un concept – comme la disponibilité des équipements minima dans les logements – en utilisant les critères historiques – comme la présence d'eau courante, dans les années 1950 – sans s'ajuster aux normes sociales, on risque l'anachronisme ; aujourd'hui, l'absence d'eau courante est l'extrême exception, donc le critère ne signifie plus grand-chose.

3.5. Comment a-t-on obtenu l'information ?

Tous les aspects techniques de la collecte des données primaires seront aussi passés en revue. L'évaluation de la source passera par l'analyse des paramètres reliés à l'utilisation d'échantillons : la population (effective) à l'étude, la base échantillonnale, le mode de tirage, la taille de l'échantillon, les biais d'échantillonnage possibles, le taux de réponse, etc. On s'intéressera aussi aux procédures de terrain : la formation des assistants de recherche, les modes de validation et d'analyse de la fiabilité intercodeur, la période de collecte, le caractère obligatoire ou facultatif de la participation, etc. Les instruments de mesure retiendront ensuite l'attention : les questionnaires, les formulaires, les guides d'entrevue, etc. Finalement, le chercheur voudra documenter les traitements que les données ont déjà subis : les analyses d'erreurs cléricales, le traitement des valeurs manquantes, les procédures d'imputation de valeurs, les vérifications par post-tests, etc. Tous ces éléments permettent de fixer le portrait réel de la collecte de données et de juger en conséquence de la valeur des informations.

L'ASSISE DU SYSTÈME D'INFORMATION DE LA RÉGIE : LA DEMANDE DE PAIEMENT ET LES FORMULAIRES D'INSCRIPTION

Pour la Régie, l'unité de base du système est le « service ». Par exemple, un service médical est défini par les quatre grandes composantes : l'ensemble des codes décrivant l'acte, le médecin, la personne ayant reçu le soin ou le service et les coordonnées spatio-temporelles (lieu, date).

Lorsqu'un dispensateur (professionnel, établissement ou laboratoire) fournit à une personne admissible des biens ou services assurés, il fait parvenir sa réclamation à la Régie à l'aide de la demande de paiement. Cette demande représente le véhicule de transmission de l'information du dispensateur vers la Régie. La demande fournit généralement de l'information datée sur quatre éléments fondamentaux : le dispensateur, l'acte posé, la personne admissible et l'établissement.

Les demandes de paiement sont traitées par le système d'information de façon à créer un **enregistrement** unique pour chacun des services payés. C'est donc dire que si plus d'un service apparaît sur une demande de paiement, il y aura pour cette demande autant d'enregistrements qu'il y a de services dispensés.

QUELQUES VÉRIFICATIONS ESSENTIELLES EFFECTUÉES SUR LES DEMANDES DE PAIEMENT

Au moment du traitement de la demande de paiement, certaines vérifications sont effectuées en vue de s'assurer de la conformité du service avec la loi, les règlements ou les ententes desquelles relève le professionnel ayant dispensé le service. Ces vérifications portent sur plusieurs aspects dont en voici quelques-uns :

1. L'*identité du bénéficiaire* : nom, adresse, date de naissance, sexe.

   Les informations sur le bénéficiaire apparaissant sur la demande de paiement sont comparées pour validation avec celles contenues dans le fichier inscription des personnes assurées (FIPA).

2. L'*identité du professionnel* : nom, adresse, date de naissance, sexe, spécialité, mode de rémunération.

   Le numéro du professionnel qui apparaît sur la demande de paiement est validé grâce au fichier d'inscription des professionnels (FIP). Le FIP, tout comme le FIPA, sert de valideur à la Régie et peut être également utilisé à des fins de recherche.

3. La *conformité du service fourni* **en regard des programmes assurés.**

4. *Dépassement des plafonds tarifaires* déterminés par entente.

   Certaines catégories de professionnels sont limitées dans les montants qu'ils peuvent recevoir de la Régie annuellement ou trimestriellement. Un montant maximum est ainsi fixé par les parties négociantes, montant qui varie selon le statut du professionnel (omnipraticien, radiologiste, etc.).

Toutes ces vérifications sont effectuées afin de valider les données primaires : le but de l'exercice est ici de déterminer le bien-fondé de la demande de paiement.

▓ 3.6. L'information est-elle corroborée par d'autres sources ?

En dernier lieu, l'analyste cherchera à établir si d'autres sources d'informations traitant de la même question sont disponibles. Si tel est le cas, il pourra vérifier si les résultats obtenus grâce à sa source de données secondaires privilégiée sont corroborés par d'autres sources. Dans toute recherche sociale, l'utilisation de plusieurs sources de démonstration ou de preuve est plus convaincante que l'apport d'une seule. La découverte de résultats radicalement divergents devrait inciter le chercheur à approfondir son analyse des cinq premières questions d'évaluation posées ci-dessus.

Une large part de ces questions peut trouver réponse dans une bonne documentation de la source de données secondaires. Malheureusement, cette documentation est le plus souvent très insuffisante, sinon inexistante. David[22] propose un cadre très complet de documentation des bases de données. Il soutient que tout analyste secondaire devrait pouvoir répondre aisément à six questions à partir de la documentation existante, les voici :

---

22. Martin DAVID, « The Science of Data Sharing : Documentation », dans Joan SIEBER, *Sharing Social Science Data*, Newbury Park, Beverly Hills, 1991, p. 91-115, en particulier les pages 94 et 95. David propose en fait sept questions, mais deux d'entre elles peuvent être regroupées.

– L'utilisateur peut-il reproduire tous les résultats produits initialement par le propriétaire des données secondaires ?

– L'utilisateur peut-il calculer les mêmes estimés que ceux publiés
initialement ?

– L'utilisateur peut-il comprendre le plan de recherche et le déroulement des travaux ?

– L'utilisateur peut-il déterminer quelles vérifications ont été menées sur la consistance des données et quelles inconsistances ont
été détectées ? L'utilisateur peut-il connaître les évaluations de la
validité des données ?

– L'utilisateur peut-il interpréter les données sans ambiguïté ?

– L'utilisateur peut-il utiliser les données dans son environnement
informatique ?

Donc, six questions à poser pour déterminer la valeur d'une source
de données secondaires. Qu'en est-il maintenant de l'utilisation de ces
données ?

4 PROBLÈMES ET SOURCES D'ERREUR DANS L'UTILISATION DES DONNÉES SECONDAIRES

À la section 1, nous avons mentionné quelques inconvénients de l'analyse
secondaire. Revenons ici sur quelques problèmes et sources d'erreur dans
l'utilisation des données secondaires. Comme l'analyse secondaire diffère
à plusieurs égards de l'analyse primaire, nous nous concentrerons sur les
problèmes qui n'ont pas été soulevés dans les autres chapitres de cet
ouvrage. Plusieurs aspects relevés ici visent la comparabilité des données
provenant de plusieurs sources ou d'une même source à travers le temps.
Cette insistance met en évidence l'importance de l'utilisation de sources
nombreuses en analyse secondaire : le fait de pouvoir accumuler des
données à travers le temps et l'espace est l'un des grands avantages de l'analyse secondaire, mais c'est aussi l'une des grandes sources de problèmes.

4.1. L'opérationnalisation difficile des variables

Le problème, peut-être le plus pernicieux de l'utilisation des données
existantes, est que le chercheur n'a pas de contrôle sur les indicateurs disponibles. Il doit se contenter des questions posées au questionnaire ou des
champs utilisés dans les formulaires. Dans ce contexte, le chercheur sera

tenté de relâcher ses normes de traduction des concepts en variables et en indicateurs (voir le chapitre 8 sur la mesure) et d'accepter des opérationnalisations de moindre qualité.

Il existe pourtant d'autres stratégies. Dans tous les cas, cependant, le chercheur devra faire montre de plus de *créativité* que lorsqu'il établit lui-même ses propres données primaires. Par exemple, la combinaison de plusieurs variables peut permettre de définir des typologies. Il sera parfois nécessaire de faire une conversion double du langage conceptuel au langage des indicateurs, c'est-à-dire de développer un indicateur d'un second concept relié empiriquement au concept principal (qui intéresse l'analyse secondaire) plutôt que de mettre au point un indicateur direct du concept principal.

Souvent, *plusieurs éléments ou plusieurs variables* réunis dans une échelle additive (ou multiplicative) permettent de mieux représenter un concept en limitant les faiblesses individuelles de chacun des indicateurs. On emploiera alors des techniques numériques comme l'analyse factorielle, l'analyse alpha ou l'analyse des structures latentes pour construire un indicateur unique qui reflétera l'existence d'une dimension sous-jacente. Quoique peut-être intimidantes au départ, ces techniques deviennent rapidement les meilleurs outils de l'analyste secondaire.

Dans tous les cas, cependant, l'analyste doit conserver un *sens critique* aiguisé par rapport à sa propre recherche. Il importe que l'analyste clarifie les indicateurs employés pour représenter chacun des concepts utilisés dans l'étude et qu'il effectue lui-même une autocritique des forces et faiblesses des indicateurs proposés. C'est à ce prix qu'il conservera sa crédibilité.

▓ 4.2. La comparabilité des données

De nombreux écueils attendent l'analyste qui crée sa base d'information à partir de données primaires issues de diverses sources lorsqu'il s'aventurera dans le domaine de la comparaison et, dans une moindre mesure, dans l'analyse temporelle d'une même source. Le tableau 1 en relève quelques-uns.

La stratégie classique pour faire face à ces difficultés consiste à avoir recours au *plus petit dénominateur commun* des différentes sources utilisées. Le défaut de cette approche est évidemment de réduire la richesse des informations, mais le compromis vaut la peine d'être fait dans la mesure où les gains de la comparaison excèdent les pertes en richesse des données.

TABLEAU 1
Problèmes de comparabilité des données primaires

NOMBRE DE CATÉGORIES	D'une source de données à l'autre, le nombre de catégories de classification d'une variable peut varier. Par exemple, on utilise couramment des échelles à 4, 5, 7 ou 11 positions pour quantifier les attitudes ; le niveau d'instruction peut être mesuré en années ou en diplôme reçu, etc.
ÉTIQUETAGE DES CATÉGORIES	L'étiquetage des catégories peut différer d'une source à l'autre. Pour décrire les types de partis politiques, on peut parler de partis de droite ou de gauche, conservateurs ou progressistes, socialistes ou libéraux, mais toutes ces étiquettes ne visent pas la même réalité.
CHEMINEMENTS	Les questionnaires, les formulaires, les entrevues ne suivent pas nécessairement des cheminements linéaires. Parfois, une réponse servira à déterminer les prochaines questions. Ces cheminements affectent les réponses fournies et peuvent différer d'une source à l'autre.
OPÉRATION-NALISATIONS	Pour mesurer le même concept, deux sources peuvent utiliser deux mesures différentes. Les compagnies de sondage ont chacune leur question d'intention de vote préférée et, en conséquence, leurs résultats ne sont pas tous comparables.
CONTEXTE ET SÉQUENCE	Le contexte et la séquence des questions dans une entrevue affectent les réponses. Ces différences de contexte doivent être analysées d'une source à l'autre.
VARIATION DES SIGNIFICATIONS	Des questions, des phrases ou des catégories peuvent être interprétés différemment à divers moments ou par des cultures différentes. Le concept de souveraineté ne représente pas la même réalité en 1980 et en 2002 au Québec.
FACTEURS CYCLIQUES	Dans la comparaison de sources de données, il faut prendre garde de confondre changement permanent et facteurs cycliques. Le taux de chômage présente des variations saisonnières très marquées. C'est pourquoi on a développé des facteurs de calcul qui éliminent la composante saisonnière de la série chronologique.

🏛 4.3. La comparabilité des échantillons

La plupart des sources primaires de données secondaires sont basées sur des échantillons. Certaines constituent des décomptes des populations entières, comme le recensement du Canada ou les statistiques sur les actes médicaux au Québec, mais elles sont l'exception. Qui dit échantillon dit problèmes de définition des paramètres de conception du sous-ensemble de la population. On devra donc porter une attention particulière :

- aux *définitions des populations* parce que les exclusions retenues peuvent varier d'une source à l'autre ;

- aux *limites géographiques* des zones retenues pour fins d'échantillonnage puisque ces zones ont tendance à être redessinées avec le passage du temps (les circonscriptions électorales sont un cas patent) ;

- aux *bases échantillonnales* qui sont les listes utilisées pour effectuer le tirage, et qui peuvent varier des listes officielles aux opinions d'experts ;

- aux *types d'échantillons* puisque certaines études utiliseront des échantillons stratifiés, d'autres des échantillons en grappes, certaines s'en tiendront à un échantillon simple, d'autres à des échantillons multiphasiques, etc. ;

- aux *procédures d'échantillonnage*, c'est-à-dire aux opérations pratiques de tirage de l'échantillon comme le sort réservé aux cas échantillonnés mais non rejoints, le type de randomisation des numéros de téléphone, etc. ;

- aux *filtres utilisés* dans la confection de l'échantillon, comme l'exclusion de certains sujets pour les fins d'un sondage.

Pour résoudre les problèmes de comparabilité des échantillons, il existe de nombreuses solutions qui doivent être adaptées à chaque situation particulière. L'analyste peut introduire des *pondérations* dans la base de données pour rétablir (artificiellement) la comparabilité des sources[23]. Il peut aussi introduire les variables présentant des biais significatifs comme *contrôles statistiques* dans ses modèles prédictifs. Il peut comparer les

---

23. L'analyste devra toutefois se rappeler que ces pondérations ne corrigent pas les différences relatives aux erreurs types d'une base de données à l'autre. Les pondérations ne rajustent que les distributions marginales des variables utilisées pour le calcul des poids ; l'analyste émet ensuite l'*hypothèse* que ces modifications améliorent la valeur descriptive des autres variables de la base de données.

différentes sources de données après les avoir ramenées au ***plus petit dénominateur commun*** qui caractérise toutes les bases de données (en éliminant, par exemple, les cas qui ne sont pas retenus dans une autre source[24]. L'analyste peut aussi ajuster le ***traitement des erreurs types***, qui sont toujours traitées de façon très optimiste par les logiciels statistiques existants, en réduisant, par pondération, le nombre de cas disponibles pour l'analyse dans les bases de données utilisant les devis d'échantillonnage les plus faibles au regard de l'inférence statistique[25].

▓ 4.4. La comparabilité des contextes

Le contexte des études peut affecter grandement les résultats de l'analyse. Le défi de l'analyse secondaire comparative est de distinguer ce qui, parmi les différences de résultats, correspond à des différences réelles de dynamique sociale d'un contexte à l'autre et ce qui est relié aux études, à la mesure et aux méthodes.

Par exemple, des ***changements dans la composition*** sociodémographique d'une population peuvent faire croire que des modifications importantes au regard des attitudes dans ce groupe ont eu lieu. Il est possible que ces modifications ne soient en fait que des reflets du poids accru d'un sous-groupe. Cette situation peut être corrigée en contrôlant statistiquement les variations démographiques à travers le temps.

Les ***périodes de mesure*** peuvent différer d'une source à l'autre, l'une fournissant, par exemple, une mesure sur douze mois alors que l'autre porte sur une période de deux ans. Ce problème est fréquent dans la comparaison des données nationales de plusieurs pays. L'analyste peut tenter d'interpoler les changements à l'intérieur de la période la plus longue pour créer artificiellement des périodes de mesure comparables. Il peut aussi reporter les mesures sur des graphes et simplifier l'analyse puisque ses données ne lui fournissent pas d'assises solides pour une analyse plus sophistiquée. L'analyse graphique présente l'avantage de ne pas donner trop de signification à de petites différences.

Comme les contextes évoluent indépendamment des méthodes de mesure et des études, ***les concepts changent*** aussi au rythme des sociétés. Le concept de « coût de la vie » est communément représenté par l'indice des

---

24. Cette stratégie a le désavantage de diminuer le nombre de cas disponibles à l'analyse et de créer un groupe analytique possiblement artificiel.
25. Les échantillons présentant les effets de plan d'échantillonnage les plus significatifs sont les échantillons par grappe et les échantillons par quota (voir le chapitre 9 sur l'échantillonnage).

prix à la consommation ; on utilise cette mesure comme base de calcul de l'évolution du coût de la vie dans le temps. Cependant, les habitudes de consommation changent avec le temps ; le consommateur type évolue lui aussi : la famille de deux parents et deux enfants n'est peut-être pas le meilleur indicateur du coût réel de la vie dans la société actuelle[26]. Comme le concept évolue, la mesure doit suivre, avec des impacts importants sur la comparabilité de l'indice dans le temps.

Les contextes de *collecte des données* peuvent aussi différer d'une source primaire à l'autre. Les collectes par téléphone induisent des biais différents des collectes par entrevue en personne ou par auto-administration ; les collectes volontaires diffèrent des collectes réglementaires ; etc. À ces variations correspondent des biais variables de non-réponse, de sélection, de rappel des événements passés, etc. Malheureusement, il est difficile de contrôler systématiquement ces biais au niveau de l'analyse et de les isoler des effets dus aux tendances de temps ou aux différences dans l'espace.

Finalement, la *composition des équipes de recherche et des équipes d'interviewers* compte aussi parmi les éléments du contexte. Les habitudes ou les pratiques des équipes ou des compagnies de recherche varient et peuvent influer sur les résultats des collectes de données. De même, on a démontré depuis longtemps que les caractéristiques des interviewers influencent les réponses des sujets d'un sondage : les relations de pouvoir et les préjugés jouent un rôle important dans ces relations humaines, comme ailleurs. Or, les compositions des équipes d'interviewers ont changé au cours des années : on recrute aujourd'hui plus de femmes et plus de personnes d'âge mûr. Ces changements pourraient avoir un impact sur la comparabilité des études dans le temps. Ici encore, l'analyste est impuissant devant cet élan de choses, étant donné que les caractéristiques des interviewers ne sont pratiquement jamais consignées au dossier d'une entrevue. Dans la comparaison des données de différentes équipes de recherche, l'analyste pourrait toujours tenir compte des réputations et des différences systématiques rencontrées au cours d'une longue période.

▓ 4.5. L'insuffisance de la documentation

La dernière source de problèmes (mais non la moindre) dans l'utilisation des données primaires est l'insuffisance de la documentation qui les accompagne. Nous avons déjà mentionné que, lorsque le chercheur prend

---

26. Herbert JACOB, *Using Published Data : Errors and Remedies*, Beverly Hills, Sage Publications, 1984, p. 24.

connaissance d'une base de données sans avoir participé à sa création, la documentation est tout ce qu'il a pour s'assurer qu'il interprète les informations correctement. Or, souvent, la documentation est inappropriée.

Plusieurs erreurs, parmi les plus courantes dans l'utilisation des données secondaires, sont reliées à ce problème. Les erreurs d'*identification des variables* sont probablement les plus évidentes : devant une série chiffrée, l'analyste peut faire une erreur sur l'identité des données (s'agit-il de données annuelles, par habitant, etc.). Les *traitements subis par les variables* sont aussi sources de confusion ; par exemple, les valeurs aberrantes ont-elles été exclues des distributions ? Souvent, les analystes ne sauront que penser des manipulations effectuées sur les *valeurs manquantes* : lorsqu'une information n'était pas disponible pour un dossier, a-t-on laissé le champ en blanc, a-t-on attribué un code particulier, a-t-on imputé une valeur valide ? Dans le cas de documentations vraiment lacunaires, il est possible que certaines *catégorisations* soient inconnues : on pourrait trouver un champ contenant des données, mais pour lequel la signification des codes n'a pas été documentée. Finalement, on a déjà rencontré des cas où les données étaient simplement *mal étiquetées* : la documentation pouvait signaler que tel groupe était représenté par un certain code alors que la réalité était autre.

Nous n'avons pas fait une liste exhaustive des difficultés et écueils rencontrés en analyse secondaire. Le lecteur aurait pu croire que les limites de ce type d'analyse en amenuisent l'intérêt. Il n'en est rien. L'analyse de données primaires n'est pas sans difficulté non plus ; les faiblesses de l'analyse secondaire sont simplement différentes, sans être plus insurmontables.

 QUESTIONS ÉTHIQUES

L'utilisation de données secondaires soulève des questions éthiques particulières qui valent la peine d'être traitées en marge du chapitre 10 qui traite plus précisément des questions morales. Weil et Hollander[27] proposent de catégoriser les questions éthiques sous les sept en-têtes reprises ici. Pour sa part, Seiber[28] lance plusieurs questions très pertinentes que nous avons placées dans cette classification tout en ajoutant de notre cru.

---

27. Vivian WEIL et Rachelle HOLLANDER, « Normative Issues in Data Sharing », dans Joan E. SIEBER, *op. cit.*, p. 151-156.
28. Joan E. SIEBER, « Social Scientists' Concerns About Sharing Data », dans Joan E. SIEBER, *op. cit.*, p. 141- 150.

Les questions éthiques, dans le contexte de l'analyse secondaire, se posent tant du point de vue du propriétaire des données (qui, lui, les a recueillies en tant que données primaires) que de celui de l'utilisateur potentiel. Le tableau 2 résume les grandes questions qui se posent à ce type d'analyse.

TABLEAU 2
Questions éthiques soulevées lors de la réutilisation de données primaires

Dimension	Point de vue du propriétaire	Point de vue de l'utilisateur potentiel
Qualité	Comment soupeser les critères de qualité et de disponibilité lorsque les données ne sont pas sans faute ?	Que faire lorsque des données publiques, couramment utilisées et obtenues en confiance se révèlent de piètre qualité ?
Accès	Comment équilibrer l'accès public aux données avec le juste retour sur investissement pour le premier collecteur ?	L'utilisateur peut-il donner accès aux données à son tour ?
Droits de propriété	Le collecteur peut-il refuser la publication de ses données en clamant sa propriété dans un contexte où la transparence des démonstrations est la base de l'accumulation des connaissances ?	Quelle forme de reconnaissance publique doit-on au collecteur des informations ?
Entretien/ support	Quelles responsabilités le propriétaire a-t-il de documenter, entretenir et supporter sa base de données ?	Doit-on utiliser des données insuffisamment documentées au risque d'utiliser des données erronées ou de ne pas vérifier des théories valables ?
Confi-dentialité	Combien d'informations peut-on transmettre en confiance sans briser le lien de confidentialité ?	Quelles normes de confiden-tialité doit-on utiliser lorsqu'on traite plusieurs sources d'information parallèlement ?
Consentement éclairé	Comment peut-on obtenir le consentement éclairé des sujets si on ne connaît pas les utilisa-tions futures des données ?	Où se trouve la limite des utilisations secondaires acceptables des données ?
Utilisation	Peut-on refuser l'accès aux données parce qu'elles n'ont pas été recueillies dans le but poursuivi par l'analyse secondaire ?	Y a-t-il une limite à la variété des utilisations permises ?

Conclusion

Les données secondaires présentent, à plusieurs points de vue, un très grand intérêt pour les chercheurs en sciences sociales. Elles sont « écologiques » puisqu'elles réutilisent les ressources informationnelles existantes tout en minimisant l'apport requis de nouvelles ressources pour produire une nouvelle connaissance ; elles sont dans le droit fil de l'accumulation de la connaissance par la remise en question des démonstrations passées ; elles facilitent l'analyse de plusieurs situations comparables et la prise en considération du passage du temps dans les dynamiques analysées ; etc.

Par contre, comme nous l'avons vu tout au cours de ce chapitre, la réutilisation, ou le recyclage, de données primaires soulève plusieurs problèmes sérieux d'analyse. Nous voudrions clore cette discussion en présentant quelques pistes de réflexion face à l'avenir réservé aux données secondaires.

D'abord, nous croyons que, compte tenu des restrictions financières de plus en plus contraignantes imposées aux collectes de données, les chercheurs qui recueilleront les données primaires (qui deviendront éventuellement des données secondaires) seront tenus de **considérer, dans leur planification de collecte de données, les besoins futurs des analyses secondaires les plus prévisibles**. Il n'est évidemment pas facile de prévoir les analyses qui seront menées et les besoins qu'elles présenteront ; néanmoins, plus on publiera sur les besoins des analyses secondaires et sur les écueils rencontrés, plus les analystes primaires seront à même d'agir en conséquence.

Aussi, la problématique de **l'intégration des bases de données afférentes aux ouvrages savants disponibles « en ligne »** sera très certainement à l'ordre du jour, au cours des prochaines années. Cela pose certains problèmes, d'un point de vue éthique notamment. Au plan des modalités par ailleurs, les universités et les revues scientifiques hésitent encore à prendre en charge et à gérer sur leurs serveurs la diffusion de ces pièces supplémentaires, aussi il est probable que les chercheurs intéressés à rendre disponibles leurs données de recherche les logeront plutôt sur leurs propres serveurs, et elles seront liées à l'article par des hyperliens.

Enfin, dans le domaine de la recherche sociale, **la production de plus en plus importante de recherches qualitatives**[29], s'appuyant notamment sur la *grounded theory*, par exemple, et plus généralement de données

---

29. Plus spécifiquement à propos de l'analyse secondaire de données qualitatives, voir Janet HEATON, « Secondary analysis of qualitative data », *Social Research Update*, University of

qualitatives (contenu d'entrevues ouvertes, enregistrements audio et vidéo, images, etc.) **ne sera pas sans soulever plusieurs défis en termes d'archivage et d'accès à ces archives à des fins de recherche.**

Il faudra d'abord convaincre les chercheurs et les organismes subventionnaires de la nécessité de conserver et de rendre accessibles les données de leurs recherches. Plusieurs voient encore ces données comme leur propriété personnelle... Il faudra également s'assurer que les données sont accessibles à toute personne intéressée. Ce n'est pas simple, compte tenu des coûts souvent prohibitifs d'archivage de données qualitatives et à celui de leur diffusion. À ce chapitre, certains propriétaires, généralement gouvernementaux, possèdent les ressources humaines et financières pour faire parvenir gratuitement des disquettes, CD ou DVD aux demandeurs de données. Par contre, d'autres propriétaires n'ont tout simplement pas les moyens de gérer les demandes en provenance de l'extérieur. Il en va de même pour la qualité des données archivées : devrait-elle faire l'objet de protocoles de standardisation nationaux ? Des garanties devront également être apportées au moment de l'accès quant au respect de la confidentialité et à la préservation de l'anonymat des répondants. On saisit l'ampleur du défi dans le cas des enregistrements vidéo. On aura compris que dans un tel contexte, le support à l'utilisateur s'avère indispensable. D'autre part ceux qui veulent donner une seconde vie aux données qualitatives doivent être prêts à livrer certains renseignements (leur nom, le but de la recherche, etc.), une information qui permet aux propriétaires de banques de données de garder des traces de l'utilisation de ces banques et de justifier, auprès de leur sponsor ou du gouvernement, les dépenses liées à la pérennité de leurs sites.

C'est, entre autres, pour solutionner ce genre de problèmes relatifs à l'archivage et à la diffusion des données qualitatives que des organismes comme Qualidata[30], en Grande-Bretagne, ont été créés. Ce type d'organisme, encore exceptionnel aujourd'hui, assure depuis quelques années la promotion de l'utilisation de données qualitatives, de leur archivage et de leur diffusion. Qualidata n'est pas dépositaire de l'ensemble des données

---

Surrey, England, 1998, 6 p. Document en ligne :
<http://www.soc.surrey.ac.uk/sru/SRU22.html>. Également Louise CORTI, « Progress and Problems of Preserving and Providing Access to Qualitative Data for Social Research – The International Picture of an Emerging Culture », *Forum : Qualitative Social Research (FQS)*, vol. 1, n° 3 – décembre 2000, 20 p. Document en ligne :
<http://qualitative-research.net/fqs/fqs-eng.htm>.
30. En Grande-Bretagne, Qualidata fournit un service national d'acquisition, de dissémination et de réutilisation des données de recherche qualitatives. Cette unité très spécialisée est logée au United Kingdom Data Archive (UKDA : <http://www.data-archive.ac.uk/>) à l'Université d'Essex. Voir le site : <http://www.qualidata.essex.ac.uk/>.

qu'il rend disponibles. Dès lors, il faut travailler de concert avec les propriétaires des données et leurs sponsors pour établir éventuellement des protocoles concernant la qualité et l'accessibilité aux données. Pour l'heure, ces partenariats restent à bâtir dans la plupart des pays du monde. Notons enfin que ces défis relatifs à l'archivage des données qualitatives sont exacerbés au plan international. C'est en écho à ces préoccupations qu'a été créé à Cologne, en octobre 2000, l'International Network for Qualitative Data (INQUADA). Les principaux objectifs de l'INQUADA sont[31] : de procurer un forum pour les professionnels impliqués dans la préservation et la diffusion de données qualitatives ; de promouvoir la préservation, la dissémination et la réutilisation de ces données ; de soutenir l'échange de ces données et le travail en collaboration ; de disséminer des guides des meilleures pratiques relatifs à la manière de préserver, de disséminer et de réutiliser les données qualitatives ; de développer et de raffiner des standards afin de documenter un vaste éventail de données qualitatives.

Si nous réussissons dans les prochaines années à relever ces nombreux défis, nous pouvons espérer, mieux qu'aujourd'hui, profiter pleinement des données existantes par leur judicieux recyclage.

Bibliographie annotée

DALE, Angela, Ed FIELDHOUSE et Clare HOLDSWORTH, *Analyzing Census Microdata*, University of Liverpool, UK, Arnold Publication, 2000, 256 pages.

Ce volume s'intéresse au fait que l'utilisation des données de recensement constitue une part importante de plusieurs activités de recherche dans des domaines aussi variés que la géographie, la démographie, la sociologie, l'économique, la politique et les statistiques. Une section du volume propose d'ailleurs de nombreux exemples d'analyse de données de recensement dans ces différents domaines. Les auteurs proposent des outils permettant de vérifier la qualité de l'information initialement recueillie, présentent des techniques statistiques utiles à l'exploitation de ces données, et indiquent comment modéliser les données de manière à tirer des inférences à l'ensemble de la population[32].

---

31. Louise CORTI, *op. cit.*, p. 17-18.
32. Adapté du résumé du site Internet <http://www.oup-usa.org/isbn/0340692286.html>.

JACOB, Herbert, *Using Published Data: Errors and Remedies*, Beverly Hills, Sage Publications, 1984, 63 pages.

Ce livre traite principalement des problèmes rencontrés en analyse secondaire : les problèmes d'échantillonnage, les erreurs de mesure et les questions de fiabilité des informations. Dans chaque cas, il présente une série de problèmes pratiques et, pour chacun, il explique clairement la nature du problème et les solutions possibles. La lecture de ce petit livre fournira au chercheur un outillage essentiel pour mener ses analyses secondaires de façon critique.

KIECOLT, K. Jill et Laura E. NATHAN, *Secondary Analysis of Survey Data*, Newbury Park, Sage Publications, 1985, 87 pages.

Après une brève discussion des avantages et inconvénients de l'utilisation des données secondaires, cet ouvrage traite longuement (si on considère la taille du livre) des sources de telles données. Malheureusement, la présentation est essentiellement axée sur la situation américaine et n'est donc que partiellement transposable à notre contexte. Malgré tout, certaines suggestions d'avenues de recherche pourraient être fructueuses au Québec. Dans la dernière section, les auteurs s'attardent à différentes stratégies de recherche qui s'offrent à l'analyste secondaire.

SIEBER, Joan E., *Sharing Social Science Data: Advantages and Challenges*, Newbury Park, Sage Publications, 1991, 168 pages.

Cet ouvrage réunit des articles extrêmement intéressants sur l'échange de données et, donc, sur l'utilisation des données secondaires. Une introduction générale établit les enjeux principaux reliés à l'analyse secondaire et à l'obtention de données secondaires. Des huit autres chapitres, trois présentent des expériences pratiques de partage de données dans les domaines de la démographie, de l'anthropologie et de la criminologie. Deux autres chapitres traitent de la question complexe de la documentation des données secondaires, condition *sine qua non* de l'utilisation intelligente de ces bases de données. Un autre chapitre décrit l'utilité des données secondaires dans l'enseignement de la méthodologie de la recherche et de la statistique alors que les deux derniers chapitres s'arrêtent aux questions éthiques reliées à l'utilisation des données secondaires. Bien qu'un peu décousu, ce livre comprend une série d'articles des plus utiles pour la compréhension des conditions pratiques d'utilisation des données secondaires.

STEWART, David W., *Secondary Research : Information Sources and Methods*, Newbury Park, Sage Publications, 1993 (2ᵉ éd.), 133 pages.

Conçu comme un traité sur l'utilisation des données secondaires, cet ouvrage n'atteint pas cet objectif. Il fournit cependant quantité d'informations utiles à l'analyste secondaire. Après un survol des avantages et inconvénients des données secondaires par rapport aux données primaires, l'auteur propose un cadre d'analyse des sources de données secondaires qui permet de porter un jugement sur l'utilité, la validité et la fiabilité de ces données. Suit une présentation des sources américaines de données existantes ; comme mentionné ci-dessus, ce type de présentation est de peu d'utilité hors des frontières nationales. Par contre, deux chapitres, portant respectivement sur les données commerciales et les données disponibles par réseau informatique, innovent et éclairent un domaine généralement laissé dans l'ombre. Un bref chapitre de clôture introduit le thème de l'intégration des résultats de l'analyse secondaire de plusieurs sources et l'adjonction de données primaires.

La simulation sur ordinateur

18

Réjean LANDRY

*Les langages formels fournissent une carte qui
est utile de la même façon que ces cartes routières
qui me permirent de me retrouver en Indiana.
Ce n'est pas peu si les langages formels
sont utilisés à bon escient.*

Judith A. GILLESPIE

*La simulation constitue une technique numérique conçue pour réaliser des
expériences sur ordinateur à l'aide de modèles décrivant de façon séquentielle le comportement de systèmes réels.* La simulation d'un modèle sur
ordinateur met en jeu trois éléments – un système réel, un modèle et un
ordinateur – reliés deux à deux dans des relations de modélisation et de
simulation[1]. La relation de modélisation concerne les relations entre les
systèmes réels et les modèles tandis que la simulation traite des relations
entre les modèles et l'ordinateur (figure 1).

---

1. L'idée de ces deux relations est empruntée à B.P. ZEIGLER, *Theory of Modelling and Simulation*, New York, Wiley-Interscience Publications, 1976, p. 3.

FIGURE 1
Éléments et relations du travail de modélisation et de simulation

FIGURE 1
Éléments et relations du travail de modélisation et de simulation

 LES ÉLÉMENTS DE MODÉLISATION

1.1. Le système réel

Un système réel correspond à cette partie de la réalité qu'on désire étudier.
Il peut s'agir du transport en commun dans une ville, de l'état de santé
d'une population, du niveau de délinquance d'une sous-population, de
l'état de l'économie ou bien encore du pourcentage de vote recueilli par
divers partis politiques.

La première tâche du chercheur consiste à identifier la portion de la
réalité à étudier et à l'isoler de façon à pouvoir faire des observations et
prendre des mesures. La façon la plus simple de concevoir un système réel
est de l'assimiler à une boîte dans laquelle entrent de l'énergie et des informations, qui y sont transformées et en ressortent sous un état différent.
Les entrées correspondent à des variables d'entrée (ou variables d'input),
les sorties à des variables de sortie (ou variables d'output) et la boîte aux
activités de transformation des variables d'entrée en variables de sortie
(figure 2).

FIGURE 2
Éléments fondamentaux d'un système réel

Les variables peuvent être observables ou non observables. Elles sont
dites observables lorsqu'il est possible de prendre une lecture quantitative
(avec un instrument de mesure tel que le mètre, par exemple) ou qualitative

(avec un instrument d'observation tel que le microscope, par exemple, qui ne permet pas nécessairement de faire des observations de type numérique). D'un autre côté, les variables non observables correspondent à ces variables qui ne peuvent pas être mesurées directement parce qu'on ne dispose pas d'instruments de mesure (figure 3). Les variables non observables ne doivent pas être passées sous silence pour la seule raison qu'elles ne sont pas mesurables, car elles peuvent jouer un rôle essentiel dans l'évolution d'un système réel.

FIGURE 3
Représentation des variables observables et des variables non observables d'un système réel

L'évolution d'un système réel peut être représentée sur un graphique en plaçant les variables d'entrée ou les variables de sortie sur l'ordonnée et le temps sur l'abscisse. À titre d'exemple, la variable de sortie peut représenter le nombre de délinquants d'une sous-population mesuré sur une base annuelle, ou bien encore le taux de chômage mesuré sur une base mensuelle (figure 4).

FIGURE 4
Graphique représentant l'évolution d'un système réel

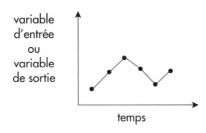

▓ 1.2. Le modèle

Les systèmes réels auxquels s'intéressent les spécialistes des sciences sociales comportent tellement d'éléments et des interactions et combinaisons si complexes qu'ils ne peuvent être simulés directement sur ordinateur. Aussi, est-on amené à leur substituer des répliques simplifiées qu'on appelle des modèles. Le recours à des modèles ne constitue pas une perspective propre à la science en général ou aux sciences sociales en particulier puisque chacune de nos décisions s'appuie sur l'utilisation de « modèles » en ce sens que l'image mentale qu'on a du monde environnant, que ce soit du gouvernement, des problèmes sociaux ou du hockey, correspond à un modèle. Selon Forrester,

> L'image mentale que chacun se fait du monde est un modèle. Personne ne porte une famille, une compagnie, une ville, un gouvernement ou un pays dans sa tête. On conserve plutôt quelques concepts ou relations qui servent à représenter le système réel. Une image mentale est un modèle. Toutes nos décisions sont basées sur des modèles. Toutes nos lois sont votées sur la base de modèles. Toutes les décisions de gestion sont prises grâce à des modèles. La question n'est pas de choisir entre utiliser ou non des modèles. C'est plutôt de choisir entre différents modèles[2].

Mais alors quelle signification faut-il attribuer au terme de modèle ? Une recension de ces définitions du terme « modèle » permet de dégager trois principaux points de convergence :

1) la *représentation* : un modèle est une représentation ;

2) la *ressemblance* : un modèle doit ressembler à la réalité représentée ;

3) la *simplification* : un modèle constitue une simplification de la réalité représentée.

Aussi dira-t-on qu'*un modèle est une représentation simplifiée d'un système réel.*

▓ 1.3. Les types de modèles

Il existe plusieurs formes de représentation des systèmes réels. Nous connaissons bien les modèles physiques qui représentent des objets. Les trains électriques miniatures, les autos miniatures et les poupées qui rient,

---

2. J.W. FORRESTER, *World Dynamics*, Cambridge, Mass., Wright Allen Press, 1971, p. 14.

pleurent ou font autre chose correspondent à des modèles de systèmes réels. Une carte routière constitue une représentation schématique de la localisation des routes sur un territoire. Une équation mathématique peut servir à représenter le comportement d'un électeur, d'un fonctionnaire, d'un délinquant, etc. Les modèles formels se caractérisent alors suivant leur mode propre d'expression. Greenberger *et al.* distinguent quatre formes d'expression : schématique, physique, symbolique et de « *role-playing* »[3].

FIGURE 5
Formes d'expression des modèles

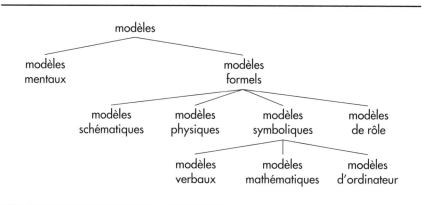

Les **modèles mentaux**, aussi appelés modèles intuitifs, sont des représentations informelles du système réel. Ils ne sont pas exprimés sous la forme d'un langage formel. Comme le dit Forrester, les modèles mentaux sont mal définis, leurs hypothèses sont implicites et ils sont difficiles à communiquer parce que « la nature mal définie et nébuleuse du processus mental intuitif est difficilement transcriptible sous forme de mots[4] ». De plus, les modèles mentaux ne peuvent pas être manipulés de façon efficace parce que l'esprit humain est incapable de considérer simultanément tous les aspects d'un système réel comprenant un grand nombre d'éléments. Les déficiences des modèles mentaux peuvent être atténuées en recourant à des modèles formels.

---

3. La figure 5 est une adaptation des figures 3.1 et 3.3 de M. GREENBERGER, M.A. CRENSON et B.L. CRISSEY, *Models in the Policy Process. Public Decision Making in the Computer Era*, New York, Russel Sage Foundation, 1976, p. 50 et 52. M.L. WHICKER et L. SIGELMAN, *Computer Simulation Applications. An Introduction*, Newbury Park, Ca., Sage Publications, 1991, proposent également une classification similaire des types de modèles.
4. J.W. FORRESTER, *Principes des systèmes*, Lyon, Presses universitaires de Lyon, 1980, p. 3-3.

Les *modèles schématiques* représentent le système réel à l'aide de dessins, de points, de lignes, de courbes ou de graphiques[5]. L'enfant qui revient de l'école avec un dessin de sa mère ou de son chien a produit un modèle schématique. Un plan de maison et une carte routière constituent d'autres exemples de modèles schématiques. Ces schémas se trouvent bien souvent à la source de l'inspiration d'autres formes de modèles.

Les *modèles physiques* représentent certains aspects des systèmes réels au moyen d'analogies physiques. Les modèles physiques sont construits en utilisant des matériaux tangibles. La maquette de l'architecte Duberger représentant le centre-ville de Québec vers 1820 correspond à un modèle physique. Les modèles physiques ne sont généralement pas trop compliqués en plus d'être faciles à manipuler. Par contre, comme le soulignent Kornbluh et Little[6], ils sont inappropriés pour représenter les processus d'information. En outre, ces modèles tendent à être relativement peu flexibles parce qu'ils sont généralement conçus pour accomplir une étude particulière. Si belle soit-elle, la maquette de Duberger souffre de ces deux lacunes.

Les lacunes des modèles mentaux et des modèles physiques sont moins susceptibles de se reproduire dans les *modèles symboliques*. Ceux-ci recourent à des symboles pour représenter les éléments constitutifs du système réel. Suivant le type de symbole utilisé, les modèles peuvent être classés comme étant des modèles verbaux, des modèles mathématiques ou des modèles informatiques.

Les *modèles verbaux* représentent les systèmes réels au moyen de narrations écrites ou orales utilisant les symboles du français, de l'anglais ou d'une autre langue. Les modèles verbaux reprennent généralement à leur compte les idées implicites des modèles mentaux. La plus grande partie des ouvrages et des articles de sciences sociales correspond à des modèles verbaux ou, pour reprendre l'expression de Laborit, des travaux de culture langagière. Par ailleurs, il faut bien se rendre compte que les modèles verbaux constituent une arme efficace pour qui veut influencer les modèles mentaux des citoyens et des gouvernants.

Les *modèles mathématiques* représentent les systèmes réels en s'appuyant sur des équations mathématiques. Ces modèles ont l'avantage d'être précis, concis et faciles à manipuler. Ils sont plus précis que les modèles verbaux parce qu'il y a peu de place à l'ambiguïté dans la signification de leurs symboles. Ils sont plus concis que les modèles verbaux parce qu'ils

---

5. Voir GREENBERGER *et al.*, *op. cit.*, p. 49-50.
6. M. KORNBLUH et D. LITTLE, « The Nature of Computer Simulation Models », dans *Technological Forecasting and Social Change*, vol. 9, 1976, p. 9.

requièrent moins de symboles pour représenter les éléments des systèmes réels. Enfin, ils sont plus faciles à manipuler que les modèles verbaux, une fois comprise la logique des procédures mathématiques. En dépit de ces avantages, le recours aux représentations mathématiques est limité par le degré trop restreint de maîtrise de la symbolique mathématique et, il faut bien en convenir, par le pouvoir évocateur supérieur des modèles verbaux.

Les *modèles informatiques* représentent les systèmes réels en recourant aux symboles des langages informatiques. Ceux-ci servent à formuler un *algorithme*, c'est-à-dire un ensemble de règles qui définissent une séquence d'opérations représentant un système réel. Plus simplement, un modèle informatique décrit un ensemble d'instructions données à l'ordinateur. Les modèles de simulation dont on fera état plus loin correspondent à des modèles informatiques plutôt qu'à des modèles verbaux ou à des modèles mathématiques.

Comme leur nom l'indique, les *modèles de rôles* (*role playing* ou *gaming*) représentent les systèmes réels en attribuant des rôles à des personnes. Les modèles de *role playing* sont surtout utilisés pour des fins d'enseignement et d'entraînement[7], mais ils comportent les mêmes inconvénients que les modèles verbaux. Aussi a-t-on tenté de leur adjoindre des modèles informatiques qui jouent maintenant un rôle de plus en plus important, aussi bien du côté des jeux d'entreprises où l'on joue à la bourse contre (ou avec) l'ordinateur que du côté des jeux militaires où l'ordinateur tient maintenant partout une place prépondérante. Un enfant qui joue au père ou à la mère en imitant un vrai père ou une véritable mère construit un modèle de rôle.

▒ 1.4. Les étapes de la construction d'un modèle

La boîte à outils du constructeur de modèles comprend de la théorie, des données et de la méthodologie[8]. La nécessité de valider un modèle suppose la recherche d'un équilibre dans l'utilisation de ces trois types de matériaux. Par définition, un modèle constitue une médiation entre chacun

---

7. Pour un exposé théorique sur les modèles de « *gaming* », consulter M. SHUBIK, *Games for Society, Business and War. Towards a Theory of Gaming*, New York, Elsevier, 1975. Sur ce sujet, on peut aussi consulter avec intérêt la revue *Simulation and Games* publiée par Sage Publications, Newbury Park, Ca.

8. Pour un exposé détaillé sur cette question, consulter GREENBERGER *et al.*, *op. cit.*, p. 63 à 76 ; WALLISER, *op. cit.*, p. 153 à 161 ; E.F. WOLSTENHOLME, *System Inquiry. A System Dynamics Approach*, New York, John Wiley and Sons, 1990, chapitres 2 à 5 ; M.C. WHICKER et L. SIGELMAN, *op. cit.*, p. 36 à 39.

de ces trois éléments pris deux à deux : une médiation entre un champ théorique et un champ empirique ; entre un champ empirique et un champ méthodologique ; et entre un champ théorique et un champ méthodolo-gique (figure 6). Certains types de théories exigent moins de données empiriques que d'autres ; l'absence de données empiriques peut interdire l'utilisation de certaines méthodologies ; et certaines méthodologies peuvent rendre difficile ou impossible l'expression de certaines théories. Un modèle sans champ théorique ne proposerait donc pas de principe explicatif tandis qu'un modèle sans champ empirique ne peut être validé par des expériences concrètes. Un modèle sans champ méthodologique serait un modèle qui n'identifierait pas explicitement ses modes d'appré-hension du système réel et les stratégies de vérification qu'il utilise.

FIGURE 6
Structure des modèles

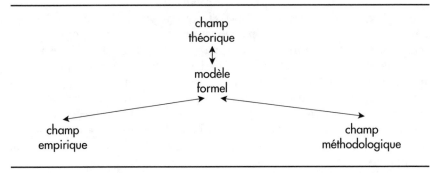

Il existe peu d'écrits sur la théorie et la méthode d'élaboration des modèles. Les articles et les ouvrages scientifiques nous livrent habituelle-ment une science toute faite, un produit fini. Les travaux des scientifiques insistent sur les règles formelles et sur la façon de parler des observations plutôt que sur la façon de créer les modèles qui ont permis de faire les observations. En ce sens, la modélisation demeure un art dont seuls les artistes maîtrisent bien les règles.

On sait cependant avec certitude que la démarche de modélisation doit pouvoir rendre compte des systèmes réels en incorporant trois com-posantes : les théories, les données et les méthodologies. Nous proposons ici d'utiliser une démarche en cinq étapes[9].

---

9. Concernant les étapes de la démarche de modélisation, on peut lire avec intérêt C.A. LAVE et J.G. MARCH, *An Introduction to Models in the Social Sciences*, New York, Harper and

Première étape : définir le problème

La première étape consiste à identifier un problème et à le définir de façon claire en le situant dans son contexte tout en indiquant ses principaux symptômes. Une façon simple de définir un problème est de le représenter sur un graphique comme celui de la figure 4.

> L'étude de la propagation de l'idée de l'indépendance politique au sein de la population du Québec constitue un exemple de problèmes complexes dont l'explication renvoie à de très nombreux facteurs explicatifs. Dans les cas où l'on étudie des problèmes complexes, il importe de les décomposer en éléments simples et de rendre explicite les relations qui existent entre les différents éléments. Dans cette perspective, la première tâche à accomplir est de déterminer ce que l'on veut expliquer, autrement dit, la variable dépendante. Puisque la simulation sur ordinateur reproduit pas à pas l'évolution d'une variable dépendante, il importe de décrire les variations qui surviennent dans la variable dépendante en fonction de l'évolution du temps.
>
> L'horizon temporel, c'est-à-dire la période de temps pour laquelle on désire simuler l'évolution d'un problème, joue un rôle déterminant parce qu'il sert à caractériser le problème étudié. Ainsi, dans le cas de la propagation de l'idée indépendantiste au sein de la population du Québec, l'examen d'un horizon temporel court comme la période 1950-1970 montre que, même si cette idée se répand progressivement, elle reste le fait d'une minorité de la population alors que l'examen d'un horizon temporel plus long comme la période 1950-2010 laisse penser que cette idée peut se propager au sein de la majorité de la population (figure 7).

Le dernier élément de cette première étape de modélisation concerne la détermination du but du modèle. Celui-ci peut varier entre deux extrêmes dont l'un renvoie à l'amélioration de la compréhension d'un problème et l'autre, à la formulation de recommandations de politiques visant à modifier le fonctionnement du système réel.

Row, 1975 ; H.M. BLALOCK Jr., « The Formalization of a Sociological Theory », dans J.C. MCKINNEY et E.A. TIRIAKIAN, *Theoretical Sociology : Perspectives and Developments*, New York, Appleton Century Crafts, 1970, p. 272 à 300 ; B. WALLISER, *op. cit.*, p. 156-157 ; L. FREESE et J. SELL, « Constructing Axiomatic Theories in Sociology, dans L. FREESE (dir.), *Theoretical Methods in Sociology : Seven Essays*, Pittsburgh, Pa., The University of Pittsburgh Press, 1980, p. 263-368 ; E.F. WOLSTENHOLME, *op. cit.*, p. 11 à 46.

FIGURE 7
Propagation de l'idée indépendantiste au sein de la population du Québec

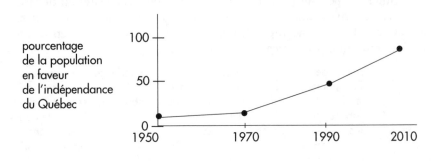

Deuxième étape : théoriser

La deuxième étape de la construction d'un modèle consiste à lire les écrits théoriques et empiriques qui portent sur les problèmes du système réel à étudier en dressant un inventaire des variables les plus importantes et des hypothèses qui les associent. Il peut alors s'avérer utile de consulter simultanément les écrits qui concernent les attributs spécifiques du problème que nous désirons étudier ainsi que les écrits sur les structures génériques de modèles de simulation[10]. Ces structures génériques peuvent fournir d'excellents points de départ, particulièrement si l'on est conscient des limites des postulats qui les sous-tendent. L'exemple présenté dans ce chapitre correspond à une structure générique simple de modèle de diffusion. Cette étape serait rapidement achevée si les écrits des sciences sociales correspondaient à des ensembles de propositions reliées déductivement. Elle est rendue plus ardue parce qu'en pratique ces écrits constituent des ensembles de propositions qui ne sont pas déductivement reliées et que ces propositions ne constituent pas des lois ou généralisations. En fait, les écrits des sciences sociales correspondent habituellement à des hypothèses présentées de façon diffuse et souvent implicite dans des articles ou des livres.

 Ainsi, la lecture des écrits sur la propagation de l'idée indépendantiste pourrait nous apprendre que la diffusion de cette idée s'explique par deux facteurs principaux : les contacts interpersonnels et la liberté de

---

10. D.C. LANE et C. SMART, « Reinterpreting "Generic Structure" : Evolution, Application and limitations of a concept », *System Dynamics Review*, vol. 12, n° 2, 1996, p. 87-120.

parole. Les indépendantistes utilisent leur liberté de parole pour propager leurs idées et ainsi rallier d'autres personnes à leur cause. L'augmentation du nombre d'indépendantistes accroît le nombre de personnes qui travaillent à diffuser cette idée au sein de la population. Ce modèle simple de diffusion de l'idée d'indépendance au sein de la population du Québec repose sur les trois postulats suivants :

1) Il existe un mélange relativement homogène de la population indépendantiste et de la population susceptible de devenir indépendantiste.

2) Une fois convertis à l'idée de l'indépendance, personne ne peut réussir à convaincre les convertis de redevenir non indépendantistes.

3) La population est constante et il n'existe pas de mouvements migratoires susceptibles de modifier l'homogénéité de la population.

Ces trois postulats constituent les éléments de base de la structure du modèle de simulation. Soulignons que le caractère explicite de ces postulats permet de repérer facilement les limites du modèle ainsi que les directions à prendre pour le raffiner de façon à ce qu'il se rapproche davantage de la réalité.

Troisième étape : élaborer un diagramme causal

La troisième étape du processus de modélisation consiste à utiliser les informations recueillies lors des étapes précédentes pour élaborer un diagramme causal représentant les variables importantes et les relations qu'elles entretiennent.

La figure 8 présente un diagramme causal du modèle de propagation de l'indépendance qui repose sur les postulats que nous venons d'identifier. Le taux de propagation de l'idée d'indépendance dépend à la fois de la population déjà convertie à l'indépendance et de la population susceptible de devenir indépendantiste. Suivant la logique de la boucle de rétroaction n° 1, et suivant l'hypothèse où toutes choses sont égales par ailleurs, une augmentation de la population indépendantiste engendre une augmentation du taux de propagation de l'idée d'indépendance. À son tour, l'augmentation du taux de propagation de l'idée d'indépendance augmente le nombre de personnes qui se trouvent dans la population indépendantiste et ainsi de suite, suivant en cela la logique d'une boucle de rétroaction positive. Par contre, dans un monde où la population totale n'est pas infinie, toutes choses ne sont pas égales par ailleurs et, la boucle de rétroaction n° 2 rend compte de cette limite. Ainsi, à mesure que la population indépendantiste augmente, la différence entre la population totale et la population indépendantiste décroît, faisant ainsi décroître la population susceptible de devenir indépendantiste. En retour,

> plus la population susceptible de devenir indépendantiste diminue, plus
> le taux de propagation de l'idée d'indépendance diminue. Suivant cette
> logique, le processus de propagation de l'idée d'indépendance prend
> fin lorsque toute la population est devenue indépendantiste.

Les relations entre ces variables correspondent à une boucle de rétro-action (figure 8) : une flèche indique la direction d'une cause vers un effet alors que le signe indique la polarité de l'effet. Le signe «plus» indique qu'un changement dans une cause produit un changement dans la même direction du côté de l'effet. Par contre, la relation entre une cause et un effet est négative si un changement du côté de la cause produit un changement dans la direction opposée du côté de l'effet[11].

Quatrième étape : choisir la méthodologie

La quatrième étape porte sur le choix d'une méthodologie de modélisation. Les méthodologies fournissent des outils et proposent des procédures pour transformer le modèle causal de la troisième étape en un modèle mathématique ou un modèle informatique. Le choix d'une méthodologie influence grandement la façon de représenter le système réel. Une méthodologie qui tient difficilement compte de phénomènes non linéaires peut inciter ses utilisateurs à exclure les aspects non linéaires du système réel. De même, une méthodologie qui s'appuie sur des flux déterministes peut amener à laisser de côté les aspects probabilistes d'un système réel.

D'après Greenberger *et al.* : « *A methodology usually develops from repeated model-building efforts in a given field for a particular type of problem and tends to be favored by modelers in that field. Their special constructs, procedures, devices, and assumptions may or may not be applicable to other fields and situations[12].* » C'est le cas de l'économique qui a développé la méthodologie de l'économétrie et des langages informatiques particuliers tels que TROLL. Les spécialistes des sciences de l'administration ont développé la méthodologie de la recherche opérationnelle et ont créé des langages informatiques tels que GPSS qui permettent de ne pas repartir à zéro à chaque nouvelle étude. La dynamique des systèmes, qui constitue une méthodologie développée

11. Sur les façons de représenter des diagrammes en forme de boucles de rétroaction, on peut consulter G.G. RICHARDSON, *Feedback Thought in Social Science and Systems Theory*, Philadelphie, University of Pennsylvania Press, 1991 ; P.M. SENGE, *The Fifth Discipline. The Art and Practice of the Learning Organization*, New York, Doubleday, 1990 ; J.D.W. MORECROFT et J.D. STERMAN (dir.), *Modeling for Learning Organizations*, Portland, Oregon, Productivity Press, 1994.
12. GREENBERGER *et al.*, *op. cit.*, p. 75.

à partir de la théorie des mécanismes asservis et de l'administration, fournit un ensemble de procédures de modélisation et un langage informatique, le langage DYNAMO, qui sont maintenant utilisés pour modéliser et simuler un très large répertoire de problèmes.

FIGURE 8
Diagramme causal du modèle de propagation de l'indépendance

Cinquième étape : confronter le modèle à la réalité

La cinquième étape du processus de modélisation concerne le champ empirique. Les données servent à établir une relation tangible entre un modèle et son système réel. Comme le souligne Walliser, «une variable d'un modèle peut elle-même être considérée comme un intermédiaire entre un concept qu'elle représente et des grandeurs observables sur lesquelles elle s'appuie[13]» (figure 9[14]). La confrontation d'un modèle au champ

---

13. WALLISER, *op. cit.*, p. 154.
14. Figure empruntée de WALLISER, *op. cit.*, p. 155.

empirique pose alors une question de signification et une question de validation : les variables du modèle représentent-elles adéquatement les concepts de la théorie relative au système réel ; les grandeurs observables (ou indicateurs) sont-elles reliées de façon adéquate aux variables du modèle ? Bien qu'il ne soit pas possible de valider totalement un modèle, notons qu'un modèle qui ne fait référence à aucun champ empirique est à peu près impossible à évaluer.

FIGURE 9
Représentation d'une variable

2 LES ÉLÉMENTS DE SIMULATION

▮ 2.1. Pourquoi simuler un modèle ?

Si valide et si fiable soit-il, un modèle d'un système réel ne présente quelque intérêt que s'il est expérimenté. Un modèle représente un système réel tandis que la simulation imite le système réel en reproduisant pas à pas son comportement. La simulation applique des règles logiques séquentielles pour reproduire les états successifs d'un système réel dont les règles d'évolution sont définies dans un modèle. Comme le note Maître, « les simulations sont séquentielles en ce sens qu'elles calculent les états du système de proche en proche, à partir de l'état initial et en passant de chaque état à celui qui suit immédiatement dans la chronologie[15] ».

La simulation est donc un processus de résolution pas à pas dont les équations disent comment calculer le pas temporel suivant mais non comment aller directement vers n'importe quel instant futur. On appelle « modèle de simulation » l'ensemble des équations ou instructions qui déterminent comment calculer le pas temporel suivant. Le processus de résolution pas à pas donne une solution numérique. Ce processus de résolution se distingue des solutions analytiques qui décrivent l'état du système réel pour n'importe quel instant futur plutôt que de façon séquentielle[16]. Grémy écrit :

> Le dilemme que pose au sociologue l'utilisation de modèles analytiques est le suivant : ou bien élaborer un modèle calculable, en renonçant à lui incorporer des hypothèses trop nombreuses ou trop complexes, ou bien construire un modèle riche en hypothèses permettant de cerner de plus près le phénomène étudié, en acceptant le risque de ne pas utiliser ce modèle faute d'un outil mathématique adapté.
>
> Le recours aux techniques de simulation permet, dans certains cas, de sortir de ce dilemme. La simulation est une procédure expérimentale de résolution de problèmes mathématiques insolubles ou difficilement solubles par des méthodes analytiques. L'intérêt de ces techniques pour le sociologue est qu'elles autorisent l'usage de modèles d'une grande complexité, donc plus proches des phénomènes réels[17].

La simulation d'un modèle d'un système réel ne donne pas une solution générale mais plutôt l'évolution séquentielle des variables d'état du système en fonction des conditions initiales et des coefficients qu'on lui a assignés. La simulation donne une autre solution numérique si le modèle est expérimenté avec des conditions différentes. Cet usage de la simulation correspond à ce qu'on pourrait appeler de la quasi-expérimentation. Si nous parlons de quasi-expérimentation plutôt que d'expérimentation, c'est

---

15. J. MAÎTRE, « Réflexions d'un néophyte devant la simulation », dans Centre d'études sociologiques, *La simulation*, Paris, Centre d'études sociologiques, CNRS, Travaux et documents 1, 1969, p. 38.
16. Les différences entre les solutions numériques et les solutions analytiques sont traitées plus longuement dans J.W. FORRESTER, *Principes des systèmes, op. cit.*, p. 3-5 à 3-11 et dans W. FRANTA, *The Process View of Simulation*, New York, North Holland Publications, 1977, chapitre 1.
17. J.P. GRÉMY, « Les techniques de simulation », dans R. BOUDON, *Les mathématiques en sociologie*, Paris, Presses universitaires de France, Collection S.U.P., 1971, p. 242.

qu'une expérience de simulation porte sur un modèle du système réel plutôt que sur le système réel lui-même comme dans le cas d'une véritable expérience[18].

■ 2.2. Les critères de choix d'une méthodologie

Le choix d'une méthodologie de simulation dépend des caractéristiques du système réel étudié et de la perception qu'en a l'analyste (sans compter que chaque analyste a une tendance naturelle à utiliser sa méthodologie préférée). Les caractéristiques et les perceptions des systèmes réels peuvent être décrites en répondant à deux questions cruciales :

- Les valeurs des variables d'état du système réel changent-elles de façon continue ou de façon discrète ?

- Dans quelle mesure les valeurs des variables d'état du système réel dépendent-elles de la chance ?

Dans un système réel continu, une variable $v(t)$ change suivant une quantité delta v au cours d'une période de temps delta t (figure 10). Dans un système réel discret les valeurs des variables d'état changent suivant des quantités arbitraires à des moments donnés dans le temps. Ainsi, dans la figure 11, la variable v change d'une quantité d au moment t_1 selon un registre tel que :

$$(e_1, t_1) \ (e_2, t_2) \ ... \ (e_n, t_n)$$

où e renvoie à un événement et t à son moment d'occurrence, avec $t_1 < t_2 < ... < t_n$

Dans un système réel déterministe, les mêmes variables initiales (ou d'entrée) donnent toujours les mêmes variables de sortie parce que les variables et les relations entre les variables se situent dans un contexte de certitude. Par ailleurs, on parle de système aléatoire ou stochastique lorsque les valeurs des variables d'état dépendent de la chance, c'est-à-dire de tirages au sort qui respectent les lois de distribution des variables aléatoires.

---

18. Pour plus de détails sur la méthode expérimentale, voir le chapitre 6 sur les structures de preuve.

FIGURE 10
Système réel continu

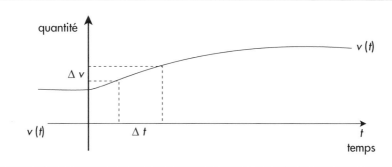

FIGURE 11
Système réel discret

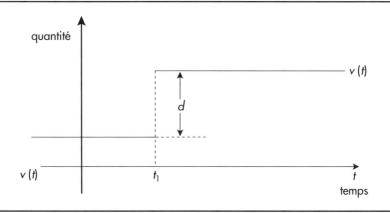

La perception qu'a l'analyste des caractéristiques d'un système réel l'amène à choisir l'une des quatre possibilités suivantes (figure 12).

FIGURE 12
Types de simulation

Variables d'entrée	Système	
	Déterministe (d)	**Stochastique (s)**
Continues (c)	c, d	c, s
Discrètes (d)	d, d	d, s

Ces distinctions établissent des cas typiques bien que, dans la pratique, on puisse retrouver des situations mixtes comportant des aspects continus et discrets[19] ou des aspects déterministes et stochastiques[20]. Faute d'espace, nous décrirons brièvement une seule méthodologie, la dynamique des systèmes (cellule *c*, *d*) parce qu'elle encadre mieux le débutant que les autres options[21].

▓ 2.3. La méthodologie de la dynamique des systèmes

La dynamique des systèmes est une méthode générale conçue pour analyser certains types de problèmes complexes. Cette méthode a été créée à la fin des années 1950 par Jay W. Forrester, un ingénieur spécialisé dans l'étude des mécanismes asservis qui enseignait à la Sloan School of Management du Massachusetts Institute of Technology (MIT). À cette époque, la méthode développée par Forrester s'appelait la dynamique industrielle[22] parce qu'elle avait été appliquée à l'étude de problèmes industriels complexes concernant la gestion des inventaires, du personnel, du marché et de la croissance des entreprises. En moins de dix ans, la méthode de la dynamique industrielle fut l'objet d'applications à un éventail beaucoup plus vaste de problèmes allant de la gestion de la recherche-développement aux problèmes urbains et des problèmes du diabète à ceux de la croissance exponentielle dans un monde fini. Aussi l'appellation « dynamique industrielle » céda-t-elle le pas à l'expression plus générale de « dynamique des systèmes »[23].

---

19.   Pour plus de détails sur la simulation de modèles de systèmes discrets, on peut consulter J.B. EVANS, *Structure of Discrete Event Simulation : An Introduction to the Engagement Strategy*, New York, John Wiley, 1988 ; M. PHIDD (dir.), *Computer Modelling for Discrete Simulation*, New York, John Wiley, 1989.

20.   Une fraction importante des travaux portant sur la simulation de modèles de systèmes discrets adopte une perspective probabiliste. On peut donc consulter les écrits mentionnés à la note précédente pour plus de détails sur la simulation de modèles de systèmes probabilistes. On peut également lire avec intérêt la revue *Simulation* éditée par The Society for Computer Simulation dont les articles portent principalement sur la simulation de modèles de systèmes discrets et probabilistes.

21.   Pour un exemple d'application sur le Québec de simulation d'un modèle de système discret-stochastique, voir R. LANDRY, « La simulation de la rationalité économique du comportement électoral des Québécois : 1970-1981 », dans J. CRÊTE (dir.), *Le comportement électoral au Québec*, Chicoutimi, Gaëtan Morin éditeur, 1984.

22.   Le premier livre de FORRESTER qui décrivait la méthode portait le titre de *Industrial Dynamics*, Cambridge, Mass., MIT Press, 1961.

23.   Le second ouvrage de méthode de Forrester s'intitulait *Principles of Systems*, Cambridge, Mass., MIT Press, 1968. Cet ouvrage a été traduit en français en 1980 par les Presses universitaires de Lyon sous le titre de *Principes des systèmes*.

Les problèmes auxquels s'adresse la dynamique des systèmes partagent au moins deux traits communs. D'abord, ils sont dynamiques, c'est-à-dire qu'ils mettent en cause des variables qui changent dans le temps (voir le graphique de la figure 4). Ensuite, les problèmes auxquels s'applique la dynamique des systèmes s'insèrent dans des boucles de rétroaction plutôt que dans des boucles ouvertes. Aussi, la méthode de la dynamique des systèmes postule-t-elle que les boucles de rétroaction sont responsables des changements qui se produisent dans la séquence temporelle.

La première question à laquelle il faut répondre est alors la suivante : « Par où passe la frontière qui entoure le plus petit nombre de composantes et à l'intérieur de laquelle le comportement dynamique à étudier est généré[24] ? » Un texte classique de Forrester répond à cette question :

> La définition d'un système adopte d'abord la perspective de la frontière fermée. La frontière renferme le système à l'étude. Elle implique que tous les comportements sont créés par les composantes du système à l'intérieur de la frontière. Aucune influence extérieure n'est nécessaire pour expliquer les comportements à l'intérieur de la frontière fermée. Donc, le comportement à l'étude doit être défini avant de déterminer les frontières. D'où il découle aussi que la détermination du problème, de ses symptômes et du comportement d'intérêt précède la construction du modèle. Sans connaître le but du système, on ne peut déterminer les éléments à inclure dans ce système. Sans but, on ne peut définir la frontière du système[25].

Les observations et les hypothèses servant à construire un modèle de simulation ne sont pas assemblées n'importe comment. Suivant la méthode de la dynamique des systèmes, les éléments des systèmes sont reliés dans une structure à plusieurs étages composée de sous-structures imbriquées les unes dans les autres (figure 13).

FIGURE 13
Structure des éléments d'un système

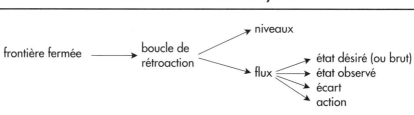

24. J.W. FORRESTER, *Principes des systèmes*, op. cit., p. 4-2.
25. J.W. FORRESTER, « Market Growth as Influenced by Capital Investment », *Industrial Management Review*, vol. 9, n° 2, 1968, p. 84.

La *boucle de rétroaction* correspond à un circuit fermé couplant une décision à un niveau par l'intermédiaire d'une action et un niveau à une décision par l'intermédiaire d'une information (figure 14). La dynamique d'une boucle de rétroaction opère comme suit : la décision régit l'action qui altère le niveau dont la modification influence la décision. Contrairement à la représentation de la figure 15, un système complexe comprendrait plusieurs niveaux, l'interaction de plusieurs boucles et la présence de délais et de déformations (biais de perceptions) à l'intérieur des boucles.

FIGURE 14
Boucle de rétroaction

Les accumulations engendrées par les systèmes à rétroaction renvoient aux variables de niveaux ou, plus brièvement, aux niveaux[26]. Le mot *niveau* évoque l'image d'un liquide s'accumulant dans un réservoir. Les flux augmentant ou diminuant un niveau correspondent à des *variables de flux.* Les diagrammes représentant les niveaux par des réservoirs et les flux par des valves (voir la figure 14) renforcent l'analogie entre les processus d'accumulation et le flux d'un liquide. Dans la symbolique de la dynamique des systèmes, les lignes pleines représentent des flux d'énergie alors que les lignes pointillées illustrent des flux d'information.

> Revenons à l'exemple de la propagation de l'idée de l'indépendance au sein de la population du Québec. On peut transformer le diagramme causal de la figure 8 en un diagramme de flux (figure 15). Étant donné les postulats du modèle (voir section 1.4), le nombre de personnes qui se trouvent dans la population indépendantiste au moment présent (PI présent) dépend de la population indépendantiste du moment pré-

---

26. Noter que les accumulations qui se produisent dans les systèmes à contrôle par rétroaction sont aussi appelées variables de stock et variables d'état.

cédent (PI passé) et du nombre de personnes qui ont été converties à la cause de l'indépendance entre le moment précédent et le moment présent (TPI). Si DT (différence de temps) représente l'intervalle de temps entre deux moments de calcul (en fait, entre le moment passé et le moment présent) et que l'astérisque dénote l'opération de multiplication, l'équation de niveau s'énonce comme suit :

PI présent = PI passé + (DT)*(TPI)

FIGURE 15
Diagramme de flux

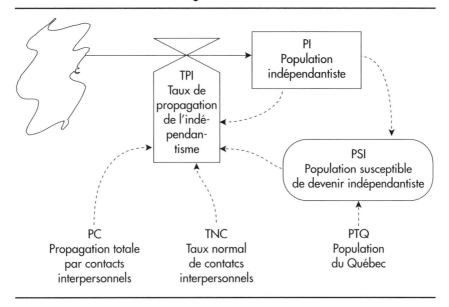

Une équation de niveau représente un réservoir accumulant des flux. La valeur d'un niveau au moment présent dépend seulement de sa valeur précédente et de la variation survenue durant l'intervalle de calcul.

Conformément à la description que nous en avons faite à la troisième étape de modélisation (section 1.4), nous dirons que le taux de propagation de l'idée d'indépendance TPI dépend de la propagation par contacts interpersonnels, plus concrètement des contacts interpersonnels au cours desquels les indépendantistes tentent de convaincre à leur cause la population susceptible de devenir indépendantiste. Le nombre total de contacts interpersonnels résulte du produit de la population indépendantiste PI et de la population susceptible de devenir indépendantiste PSI. Le taux normal de contacts interpersonnels TNC est un paramètre qui détermine le nombre de contacts interpersonnels qui surviennent au cours d'une année. La propagation par contacts interpersonnels PC est un autre paramètre qui fixe le pourcentage de contacts qui réussissent à emporter l'adhésion à la cause indépendantiste. Nous pouvons alors représenter le taux de propagation de l'idée d'indépendance TPI de la façon suivante :

TPI du moment présent au moment futur = (PC)*(TNC)*(PI au moment présent)*(PSI au moment présent).

Une équation de flux indique à quelle vitesse la valeur du niveau change, c'est-à-dire la variation de la valeur du niveau par unité de temps. La valeur d'un flux dépend seulement de constantes et de la valeur présente des niveaux. Une équation de flux énonce les politiques des centres de décision, c'est-à-dire de quelle façon l'information pertinente est convertie en une décision.

En supposant que la population indépendantiste initiale est fixée à 1, que la propagation par contacts interpersonnels est fixée à 0,01, que le taux normal de contacts est fixé à 0,1 et que la population totale est de 100 personnes, les équations du modèle peuvent être résolues pas à pas à l'aide d'une calculatrice. Cette tâche devient toutefois de plus en plus lourde et écrasante à mesure que le modèle simulé comporte un plus grand nombre d'éléments. Ce type de tâche peut être confié à un ordinateur. Les équations que nous venons de formuler pourraient être programmées en utilisant des langages informatiques tels que APL, FORTRAN, BASIC ou PASCAL. Nous proposons ici d'utiliser le langage DYNAMO[27] parce qu'il a spécialement été développé pour simuler des équations représentant des systèmes à rétroaction.

En langage DYNAMO, les énoncés qui représentent ce problème simple s'écrivent comme suit :

```
* MODÈLE DE PROPAGATION DE L'INDÉPENDANTISME AU QUÉBEC
L PI.K=PI.J+(DT)*(TPI.JK)
N PI=1
R TPI.KL=(PC)*(TNC)*(PI.K)*(PSI.K)
C PC=.01
C TNC=.1
A PSI.K=PTQ-PI.K
C PTQ-100
```

---

27. Le nom DYNAMO provient de la fusion des mots « *dynamic models* ». Les opérateurs et la syntaxe de DYNAMO sont présentés en détail dans : AéL. Pugh III, *Dynamo User's Manual*, 5e édition, Cambridge, Mass., MIT Press, 1976. Il existe des versions de DYNAMO pour les gros ordinateurs et les micro-ordinateurs. En ce qui concerne les versions pour micro-ordinateurs, des versions DOS et des versions WINDOWS sont disponibles sur le marché. Le logiciel Vensim représente la dernière génération de logiciels de simulation de modèles de dynamique des systèmes. Ce logiciel peut être téléchargé sans frais lorsqu'il est utilisé pour des fins d'enseignement <http ://www.vensim.com/software.html>. Vensim est convivial et fournit plusieurs exemples intéressants et utiles tant pour le débutant que pour l'expert en simulation.

```
N TIME=1950
SAVE PI,TPI,PSI
SPEC DT-1,LENGTH=2020,SAVPER=2
```

où :
PI= population indépendantiste (personnes)
TPI= taux de propagation de l'indépendantisme (personnes/année)
PC= propagation par contacts interpersonnels (sans dimension)
TNC= taux normal de contacts interpersonnels (fraction/personne/année)
PSI= population susceptible de devenir indépendantiste (personnes)
PTQ= population totale du Québec (personnes)
DT= intervalle de temps entre temps.j passé et temps.k présent
TIME= valeur attribuée au temps initial
LENGTH= valeur attribuée au temps final lorsque l'exécution du programme est complétée
SAVE= commande sauvegarde des résultats de la simulation
SPEC= commande de spécification des paramètres de la simulation

La figure 16 illustre les résultats de ce modèle simple de simulation. L'augmentation de la population indépendantiste PI évolue suivant la forme d'une courbe en S. L'augmentation de la population indépendantiste engendre une augmentation du taux de propagation à l'idée d'indépendance (TPI) jusque vers le milieu des années 1990. Par la suite, le taux de propagation à l'indépendantisme diminue au fur et à mesure que la population susceptible de devenir indépendantiste (PSI) diminue.

Bien que cet exemple représente la propagation de l'idée d'indépendance au Québec, la structure de ce modèle correspond à une structure de modèle générique simple qui peut être modifiée pour rendre compte du processus de diffusion d'une idéologie politique, d'une émeute, d'une rumeur, d'une innovation sociale, d'une innovation institutionnelle ou d'une innovation technologique.

Le modèle de propagation de l'idée d'indépendance peut, voire devrait, être raffiné en réexaminant les limites des trois postulats qui le soustendent. Ainsi, un modèle qui se rapprocherait davantage de la réalité tiendrait compte : 1) de l'hétérogénéité des contacts interpersonnels dans le but d'atténuer les limites du postulat n° 1 ; 2) de la réversibilité de la conversion à l'idée d'indépendance dans le but d'atténuer les limites du postulat n° 2 ; 3) de l'entrée d'immigrants dans la population dans le but d'atténuer les limites du postulat n° 3. La prise en charge de l'hétérogénéité des contacts interpersonnels serait susceptible de poser les plus grands défis : en effet, quelles sont donc au juste les dimensions de l'hétérogénéité qui sont pertinentes à retenir pour expliquer la diffusion de l'idée d'indépendance ? Les dimensions idéologiques, économiques, culturelles, linguistiques, etc. ? La prise en charge de cette complexité que nous retrouvons dans la réalité nous amènerait donc, de fil en aiguille, à augmenter le nombre de variables indépendantes et le nombre de paramètres du modèle de propagation utilisé pour fins d'illustration.

FIGURE 16
Résultats du modèle de propagation de l'indépendance au Québec

 LA VALIDATION D'UN MODÈLE DE SIMULATION

On ne simule jamais la réalité dans toute sa complexité et tout son raffinement. On ne peut que simuler un modèle, c'est-à-dire une réplique simplifiée de la réalité. Se pose alors le problème de la *validation* qui consiste
à déterminer le degré de correspondance existant entre le comportement
du modèle simulé et le comportement du système réel. La validation d'un
modèle renvoie au processus suivant lequel on établit le degré de confiance
qu'on peut accorder au modèle si on l'utilise dans certaines conditions
pour certains buts particuliers. Greenberger *et al.* le notent avec justesse :

> Il n'y a pas de procédure unique de validation. Aucun modèle n'a été ou ne sera jamais complètement validé... « Utile », « éclairant », « convaincant » ou « inspirant la confiance » sont de meilleurs descripteurs pour les modèles que « valide ». On peut augmenter sa confiance dans un modèle en s'assurant qu'il reproduise les comportements passés d'un système de référence, en analysant ses réponses aux perturbations, en réexaminant les postulats et théories de base et, finalement, en l'utilisant. En fait, ces tests visent davantage à invalider qu'à valider le modèle. Ils ne peuvent que révéler la présence (et non l'absence totale) d'erreurs[28].

En conséquence, le modèle de simulation doit être soumis à un plan d'expériences et à des manipulations servant à établir son degré de sensibilité aux perturbations exogènes, son champ de validité théorique et, enfin, son champ de validité empirique[29].

▓ 3.1. Le degré de sensibilité du modèle

La confiance qu'on peut accorder aux résultats d'un modèle de simulation dépend de son degré de sensibilité à des changements apportés aux valeurs des paramètres. Richardson et Pugh[30] proposent de distinguer trois types de sensibilité : la sensibilité numérique, la sensibilité des comportements et la sensibilité aux politiques. Un modèle est considéré comme numériquement sensible si un changement dans les valeurs d'un paramètre entraîne des changements dans les valeurs numériques calculées par l'ordinateur lors des expériences de simulation. Un modèle quantitatif démontre toujours de la sensibilité numérique. Les valeurs numériques calculées par l'ordinateur peuvent changer par suite de changements des valeurs des paramètres, mais cela n'entraîne pas nécessairement des changements dans les comportements des variables du modèle simulé. La sensibilité des comportements d'un modèle concerne le degré de changement observé dans le comportement d'un modèle par suite de changements apportés aux valeurs d'un paramètre. Le terme « comportement » renvoie ici à la trajectoire d'une courbe ou aux formes d'une courbe décrivant

---

28. Greenberger et al., op. cit., p. 71.
29. Pour d'excellents exposés sur la validation, consulter : Y. Barlas, « Formal Aspects of Model Validity and Validation in System Dynamics », *System Dynamics Review*, vol. 12, n° 3, 1996, p. 183-210 ; J.P. C. Kleijnen, « Verification and Validation of Simulation Models », *European Journal of Operational Research*, vol. 82, 1995, p. 145-162 ; J.W. Forrester et P.M. Senge, « Tests for Building Confidence in System Dynamics Models », dans A.A. Legasto et al., *System Dynamics*, vol. 14, Collection Studies in the Management Science, New York, North Holland Publishing Company, 1980, p. 209 à 228.
30. G.P. Richardson et A.L. Pugh III, *Introduction to System Dynamics Modeling with Dynamo*, Cambridge, Mass., MIT Press, 1981, p. 278.

l'évolution d'un système réel (à titre d'exemple, voir le graphique de la figure 4). Enfin, la sensibilité d'un modèle aux politiques consiste à déterminer dans quelle mesure les résultats des politiques sont sensibles ou non aux changements des valeurs de certains paramètres. Comme le disent Richardson et Pugh :

> Aucun paramètre d'un modèle n'aura de valeur unique qui s'ajustera au système réel : toute une série de valeurs seraient possibles. Si le comportement d'un modèle est si sensible, à l'intérieur de variations raisonnables de ses paramètres, que le modèle ne permet pas de juger des mérites de politiques alternatives, alors le modèle est inutile en tant qu'outil de prise de décision[31].

Un modèle qui fait preuve d'une grande sensibilité doit être examiné plus à fond de façon à déterminer si cette grande sensibilité dépend de la formulation du modèle ou du système réel. Si la grande sensibilité d'un modèle tient à sa formulation, il faut alors le reformuler pour faire disparaître cette sensibilité artificielle. Par ailleurs, si la structure d'un modèle représente le système réel de façon convenable, il convient alors de tenter de contrôler le degré de sensibilité du modèle en estimant le plus précisément possible la valeur des paramètres. Si un modèle demeure très sensible, l'analyste peut conclure que le modèle ne fait que refléter la sensibilité du système réel et cela permet d'identifier l'endroit où une intervention sur le système réel pourrait exercer un impact significatif.

Bref, les modèles de dynamique des systèmes sont sensibles du point de vue numérique mais tendent à être assez insensibles du côté des comportements. Cette dernière caractéristique découle en grande partie de la structure des modèles à contrôle par rétroaction dont les boucles de rétroaction négative compensent en partie l'effet des changements apportés aux valeurs des paramètres.

▓ 3.2. La validation théorique

La validation d'un modèle de simulation est indissociable des objectifs assignés au modèle. Un modèle tente généralement de répondre à un problème ou à un ensemble de questions. Le champ de validité d'un modèle se limite donc à ce problème et à ces questions et n'inclut pas d'autres problèmes, d'autres questions, ou un système réel d'une façon exhaustive.

---

31. G.P. RICHARDSON et A.L. PUGH III, *op. cit.*, p. 278.

Les objectifs assignés initialement à une étude de simulation servent à limiter le champ d'investigation mais aussi, ultérieurement, à évaluer la validité des résultats.

Ainsi, une étude de simulation dont l'objectif principal est d'analyser un problème théorique pour lequel il n'existe pas de données empiriques peut être évaluée en relation à un mode de référence théorique décrivant la trajectoire hypothétique des variables importantes sur un graphique comme celui des figures 4 et 7. Le mode de référence théorique décrit au moment de la définition du problème (figure 4) est comparé aux modes de comportement simulés par l'ordinateur (par exemple : figure 16). Cette comparaison doit être effectuée en répondant aux questions suivantes[32] :

- Le modèle contient-il à l'intérieur de sa frontière close les variables et les boucles de rétroaction nécessaires pour étudier le problème retenu pour les fins de l'étude de simulation ?

- Est-ce que toutes les équations produisent des résultats vraisemblables même lorsqu'elles sont soumises à des valeurs extrêmes mais possibles de leurs variables ?

- Le comportement du modèle est-il sensible à des formulations alternatives vraisemblables ?

- Le comportement du modèle est-il sensible à des variations raisonnables des valeurs des paramètres ?

- Les valeurs des paramètres sont-elles évaluées de façon précise en utilisant les unités de mesure du système réel ?

- Le modèle apporte-t-il une contribution originale à la compréhension du problème étudié ?

3.3. La validation empirique

Contrairement à la validation théorique qui tente de rendre compte du mode de référence théorique d'un modèle sans champ empirique, la validation empirique cherche à rendre compte empiriquement d'un modèle sans tenir compte de son champ théorique. La validation empirique consiste à comparer le mode de référence observé (figure 4) au moment de la définition de l'étude de simulation aux modes de comportement simulés

---

32. Les questions à considérer à l'étape de la validation sont abordées avec plus de détails dans : G.P. RICHARDSON et A.L. PUGH III, *op. cit.*, p. 310 à 320 et dans R.G. COYLE, *Management System Dynamics, op. cit.*, p. 181 à 204.

à l'aide de l'ordinateur (par exemple : figure 16). Cette comparaison doit être effectuée en répondant aux mêmes questions que dans le cas de la validation théorique. De plus, il convient aussi de tenir compte des réponses aux deux questions suivantes :

- Le modèle produit-il des résultats inattendus non observés dans le système réel ?

- Les modes de comportement du modèle restent-ils vraisemblables lorsqu'il est soumis à des conditions extrêmes ou à des politiques radicales ?

La validation d'un modèle de simulation exige qu'on apporte des réponses plus ou moins parfaites aux questions qu'on vient de relever. Landry et Malouin[33] proposent de considérer la validation à l'aide du concept de « zone de validité satisfaisante ». La figure 17 montre que la courbe de la zone de validité satisfaisante (courbe C) résulte de la somme de la courbe des coûts de développement d'un modèle et de la courbe des coûts d'utilisation d'un modèle imparfait. La courbe des coûts de développement d'un modèle est fonction du niveau de validité requis (courbe A), alors que la courbe des coûts entraînés par l'utilisation d'un modèle imparfait (courbe B) dépend des coûts imputables à la correction ultérieure et aux erreurs multiplicatives. Landry et Malouin soulignent avec beaucoup de justesse que les coûts ne se présentent pas de la même façon pour l'homme d'action que pour l'homme de réflexion :

> Augmenter la validité initiale de ses modèles implique donc généralement des coûts élevés, coûts auxquels l'homme d'action et son organisation sont d'ailleurs très sensibles puisqu'ils doivent les supporter. Par contre, ils possèdent généralement un pouvoir de correction important de telle sorte que la courbe B aura tendance à décroître rapidement pour atteindre ensuite un plateau relativement bas et stable. Il n'est donc pas surprenant que pour l'homme d'action, le niveau de validité de ses modèles soit relativement bas.

> Pour l'homme de réflexion, si les coûts se rapportant à la courbe A croissent aussi rapidement, les coûts de correction et de l'erreur multiplicative (courbe B) décroissent beaucoup plus lentement. Il est donc compréhensible que le niveau de validité des modèles employés par l'homme d'action ne soit pas le même que celui de l'homme de réflexion. L'importance relative des coûts sont, consciemment ou non, considérés dans le processus de décision du modélisateur[34].

---

33. M. LANDRY et J.L. MALOUIN, « Réflexions sur le problème de la validation des modèles », dans AFCET, *Modélisation et maîtrise des systèmes*, Paris, Compte rendu du colloque de l'AFCET de 1977, 1977, p. 151 à 160.
34. *Ibid.*, p. 159.

FIGURE 17
Schématisation du concept de zone de validité satisfaisante

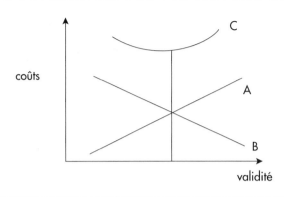

Enfin, l'examen du niveau de validité est indissociable de la compréhension du fonctionnement du modèle simulé. Étant donné que le modèle constitue une réplique simplifiée du monde réel, il importe au plus haut point de savoir pourquoi le modèle se comporte comme il le fait et de connaître les raisons qui expliquent les changements de comportements entraînés par des changements des valeurs des paramètres. En définitive, la confiance qu'on accorde à un modèle dépend de l'absence d'écart résultant de la comparaison entre les raisons expliquant le comportement du modèle et les raisons expliquant le comportement du système réel.

 ## 4 LA PRÉPARATION DU DEVIS EXPÉRIMENTAL

Une fois complétée la validation du modèle, son concepteur passe à la préparation du devis expérimental. Les devis expérimentaux jouent un rôle déterminant dans la simulation de modèles sur ordinateur. En fin de compte, la simulation sur ordinateur renvoie à la réalisation d'une expérience abstraite dont la conception est similaire à la conception d'expériences réalisées en laboratoires. Le devis expérimental utilisé pour tester les implications d'un modèle de simulation conditionne largement sa capacité à répondre aux questions des chercheurs et des décideurs.

Une fois que les utilisateurs d'un modèle ont identifié sa variable dépendante et les facteurs qui paraissent la déterminer, les facteurs qui font partie de l'explication de la variable dépendante peuvent être introduits dans le devis expérimental suivant trois modalités : 1) demeurer constants tout au long d'une expérience ; 2) varier sans contrainte ; 3) être manipulés systématiquement dans les expériences, devenant ainsi des variables indépendantes.

Il est préférable de débuter en manipulant un seul facteur à la fois, puis, par la suite, de procéder à la manipulation systématique d'un nombre croissant de facteurs. Il importe ici de garder à l'esprit qu'il est beaucoup plus facile d'interpréter l'effet engendré par la manipulation d'un seul facteur que de tenter de comprendre l'effet de la manipulation simultanée de plusieurs facteurs.

La réalisation des expériences et l'interprétation de leurs résultats sont suivies d'une étape finale, celle de la préparation de la documentation du modèle de simulation. Tous les aspects d'un modèle de simulation qui sont susceptibles d'être nécessaires pour permettre sa réutilisation ou son développement par d'autres chercheurs doivent être documentés de façon claire et précise.

5. LES AVANTAGES ET LES DÉSAVANTAGES DE LA SIMULATION

Au terme de cet exposé de méthode, il convient de s'interroger sur les avantages et les désavantages de la simulation sur ordinateur. La question se pose d'autant plus que la simulation consiste dans l'opération pas à pas d'une réplique simplifiée de la réalité.

■ 5.1. Les avantages de la simulation

Le premier et sans aucun doute l'avantage le plus remarquable de la simulation sur ordinateur est de permettre la réalisation d'expériences. La simulation de modèles sur ordinateur permet à l'expérimentateur de créer des conditions d'expérimentation très semblables à celles des expériences de laboratoire, sauf que les manipulations sont appliquées à des symboles mathématiques plutôt qu'à des composantes végétales, animales ou minérales de systèmes réels. La simulation de modèles sur ordinateur permet d'étudier des problèmes qu'il ne serait pas possible d'observer directement en raison de contraintes juridiques, morales ou financières interdisant l'expérimentation directe sur les systèmes réels.

En second lieu, la simulation de modèles sur ordinateur permet d'étudier des problèmes dont le niveau de complexité est si grand qu'ils ne peuvent être décrits à l'aide d'ensembles d'équations qui permettraient d'obtenir des solutions analytiques indiquant l'état futur ou l'état optimal d'un système réel. La capacité de manipuler la complexité, c'est-à-dire un grand nombre de variables liées de façon si inextricable que les causes et les effets soient indissociables, permet aux modèles de simulation d'aborder les problèmes d'un point de vue plus holistique que les méthodes qui ne peuvent pas traiter aisément plusieurs variables.

Le troisième avantage de la simulation de modèles sur ordinateur réside dans sa prise en charge du temps. La simulation d'un problème à l'aide d'un modèle permet de tenir compte de l'échelle du temps du problème réel en étudiant le comportement transitoire du système réel et sa réponse dynamique aux manipulations expérimentales qu'on lui impose et pas seulement son état optimal.

Enfin, la simulation d'un modèle sur ordinateur permet de découvrir les implications des prémisses d'un modèle de façon beaucoup plus systématique que ne le permet la critique littéraire. À cela s'ajoute la multiplication d'ordinateurs de toutes dimensions – et, particulièrement, la multiplication très rapide de micro-ordinateurs de plus en plus puissants – qui facilite le recours à la simulation sur ordinateur tout en abaissant considérablement ses coûts.

5.2. Les inconvénients de la simulation

Les désavantages de la simulation découlent d'une surestimation des avantages. L'accès de plus en plus facile aux gros et aux petits ordinateurs fait qu'il devient plus tentant de multiplier les manipulations sur ordinateur plutôt que de réfléchir, sans compter que le recours à des langages informatiques aussi simples que DYNAMO signifie qu'une personne qui n'a rien compris aux principes de la dynamique des systèmes peut tout de même réussir à faire fonctionner des programmes de simulation sur ordinateur.

En second lieu, plus un modèle de simulation représente parfaitement un problème, plus le caractère général de ses résultats est limité. Aussi, toute tentative de généralisation des résultats exige-t-elle du travail additionnel de modélisation.

Enfin, plus un modèle de simulation représente bien la complexité d'un problème, plus il devient dangereux d'oublier que l'expérimentation porte sur une représentation de la réalité plutôt que sur la réalité elle-même.

Bibliographie annotée

Braunschweig, B., *La simulation sur micro-ordinateur. Les modèles de dynamique des systèmes*, Paris, Eyrolles, 1984.

Ouvrage d'introduction comportant des exemples de modèles de simulation pertinents pour plusieurs disciplines.

Hanneman, R.A., *Computer-Assisted Theory Building. Modeling Dynamic Social Systems*, Newbury Park, CA., Sage Publications, 1988.

Rédigé par un sociologue, cet ouvrage présente de nombreux exemples de modèles de simulation concernant le changement culturel, politique et économique.

Meadow, D.L. *et al., Dynamique de la croissance*, Paris, Economica, 1979.

Traduction française des travaux qui ont inspiré le fameux rapport du Club de Rome sur les limites de la croissance. L'ouvrage décrit des modèles de simulation relatifs à la population, au capital industriel, à l'agriculture et aux ressources non renouvelables.

Pugh III, A.L., *DYNAMO User's Manual*, 5e éd., Cambridge, Mass., MIT Press, 1976.

Cet ouvrage décrit les opérateurs et la syntaxe du langage DYNAMO, y compris les versions DYNAMO II, DYNAMO III et Gaming DYNAMO. Noter que DYNAMO est maintenant disponible sur les micro-ordinateurs.

Richardson, G.P. et A.L. Pugh III, *Introduction to System Dynamics with DYNAMO*, Cambridge, Mass., MIT Press, 1981.

Roberts, N. *et al., Introduction to Computer Simulation, The System Dynamics Approach*, Reading, Mass., Addison-Wesley Publishing Company, 1982.

Ces deux ouvrages constituent d'excellentes introductions à la dynamique des systèmes. Ils sont d'un niveau facilement accessible aux étudiants en sciences sociales. Les anciens élèves de Forrester qui ont rédigé ces deux ouvrages présentent la dynamique des systèmes et DYNAMO en utilisant des exemples familiers aux étudiants des sciences sociales.

Senge, P., *The Fifth Discipline : The Art & Practice of the Learning Organization*, New York, Doubleday, 1990 ; Morecrofs, J.D.W. et J.D. Sterman (dir.), *Modeling for Learning Organizations*, Portland, Oregon, Productivity Press, 1994.

Ces deux ouvrages modélisent le processus d'apprentissage dans les organisations en suivant la logique de systèmes de contrôle par rétro-action. À noter que l'ouvrage de Senge est un best-seller américain.

WHICKER, M.L. et L. SIGELMAN, *Computer Simulation Applications. An Intro-duction*, Newbury Park, CA, Sage Publications, 1991.

Les auteurs montrent de quelle façon les méthodes de simulation sur ordinateur peuvent être utilisées pour développer des théories et réa-liser des analyses de décision concernant des systèmes sociaux.

WOLSTENHOLME, E.F., *System Inquiry. A System Dynamics Approach*, Chichester, England, John Wiley & Sons Ltd., 1990.

Ouvrage d'un niveau intermédiaire comprenant de nombreux exemples dans le domaine de la gestion, des ressources naturelles et des problèmes de défense militaire.

System Dynamics Review, revue spécialisée publiant des articles concernant la simulation de modèles de systèmes dynamiques, volume 1 en 1985.

LA CRITIQUE
DE LA MÉTHODOLOGIE

La recherche-action

André DOLBEC

Si vous voulez comprendre un système, essayez de le changer.

Kurt LEWIN

Dans le monde de la recherche en sciences humaines, les chercheurs nourrissent souvent l'idée qu'une fois qu'ils auront trouvé la solution aux problèmes et qu'ils l'auront partagée avec les praticiens œuvrant dans le monde réel, ceux-ci n'auront alors qu'à l'appliquer pour changer la situation jugée problématique. Pourtant, l'expérience nous démontre qu'il existe toujours un fossé entre les chercheurs et ceux qui sont impliqués dans le feu de l'action. Devant ce constat, la recherche-action se veut une alternative à la recherche traditionnelle qui postule que le nouveau savoir généré par la recherche est suffisant pour produire le changement. Contrairement à d'autres formes de recherche dans lesquelles le chercheur vise, sinon l'objectivité, du moins la neutralité, ce type de recherche s'est donné comme objectif d'influencer directement le monde de la pratique. La recherche-action se veut ainsi une réponse à la critique dirigée contre les sciences sociales qui semblent incapables de fournir, par leurs recherches, des réponses aux nombreux problèmes sociaux qui persistent toujours tels : le racisme, la pauvreté, l'analphabétisme, la dégradation de l'environnement et les systèmes scolaires peu performants[1].

---

1. Peter REASON et Hilary BRADBURY (dir.), *Handbook of Action Research : Participative Inquiry and Practice*, London, Sage, 2001, 468 pages.

La recherche-action n'est pas seulement utilisée que dans les universités, on la retrouve partout : dans les Centres locaux de services communautaires (CLSC), les organisations non gouvernementales (ONG), les agences de développement international, dans les écoles et dans les entreprises. Qui plus est, de nombreux chercheurs, en provenance de différentes disciplines telles que l'éducation, le travail social, les communications, le développement organisationnel, la sociologie, l'anthropologie, et d'autres la pratiquent. Son utilisation dans différentes communautés de recherche pourrait expliquer, selon Greenwood et Levin[2], pourquoi il est difficile d'avoir accès à ces résultats car les chercheurs ne partagent pas leurs connaissances en dehors de leurs communautés et ne lisent pas et n'écrivent pas dans les mêmes revues.

Cette recherche est parfois perçue comme un paradigme, une approche et une méthodologie de recherche. Mais qu'est-elle au juste ? Dans ce chapitre, nous essaierons de répondre à cette question en présentant, dans un premier temps, son évolution à travers le temps. Par la suite, nous étudierons l'influence des différents paradigmes sur la nature de la recherche-action et nous terminerons en brossant un tableau de ses principales caractéristiques et méthodologies.

1 L'ÉVOLUTION DE LA RECHERCHE-ACTION À TRAVERS LE TEMPS

Plusieurs auteurs ont tenté de faire l'historique de la recherche-action. À titre d'exemple citons Cunningham[3] ; Dubost[4] ; Goyette et Lessard-Hébert[5] ; Grundy et Kemmis[6] ; Hodgkinson[7] ; Hult et Lennung[8] ; Kemmis et

2. Davydd J. GREENWOOD et Morten LEVIN, *Introduction to Action Research : Social Research for social Change*, Thousand Oaks, Sage, 1998, 274 pages.
3. J. Barton CUNNINGHAM, *Action Research and Organizational Development*, Westport, Conn., Praeger, 1993.
4. Jean DUBOST, « Une analyse comparative des pratiques dites de recherche-action », *Connexions*, vol. 43, 1984, p. 8-28.
5. Gabriel GOYETTE et Michelle LESSARD-HÉBERT, *La recherche-action : ses fonctions, ses fondements et son instrumentation*, Sainte-Foy, Presses de l'Université du Québec, 1987.
6. S. GRUNDY et S. KEMMIS, « Educational Action Research in Australia : The State of the Art (An Overview) », dans S. KEMMIS et R. MCTAGGART (dir.), *The Action Research Reader*, Geelong, Australie, Deakin University Press, 1988, p. 321-335.
7. Harold L. HODGKINSON, « Action Research : A Critique », *Journal of Educational Sociology*, vol. 31, n° 4, 1957, p. 137-153.
8. M. HULT et S. LENNUNG, « Toward a Definition of Action Research : A note and bibliography », *Journal of Management Studies*, vol. 17, mai 1980, p. 241-250.

McTaggart[9] ; King et Lonnquist[10] ; Lavoie, Marquis et Laurin[11] ; McKernan[12] ; McNiff[13] ; Nodie Oja et Smulyan[14] ; Noffke[15, 16] ; Peters et Robinson[17] ; Savoie-Zajc[18]).

▓ 1.1. La recherche-action et le changement social

Même si elles ne sont pas souvent citées, les recherches menées par John Collier[19] ont eu un apport important sur la recherche-action. En effet, sa préoccupation pour travailler sur le terrain en collaboration avec les communautés, de même que son désir de faire un lien entre l'action sociale et la recherche ont eu une influence marquée sur ses contemporains, nous dit Noffke.

Kurt Lewin est souvent perçu comme celui qui est à l'origine de cette approche puisqu'il est le premier à avoir utilisé l'expression « *action research*[20] » pour caractériser les expérimentations qu'il menait dans l'action. Ayant quitté son Allemagne natale pour fuir le nazisme, il est facile de comprendre son intérêt et sa préoccupation pour l'étude des problèmes

9. S. KEMMIS et R. McTAGGART (dir.), *The Action Research Reader*, Geelong, Australie, Deakin University Press, 1988.
10. Jean A. KING et M. Peg LONNQUIST, *A Review of Action Research (1944-present)*. Center for Applied Research and Educational Improvement, College of Education, University of Minnesota. Article présenté à la réunion annuelle de l'American Educational Research Association (AERA), New York, 1996.
11. Louisette LAVOIE, Danielle MARQUIS et Paul LAURIN, *La recherche-action : théorie et pratique*, Sainte-Foy, Presses de l'Université du Québec, 1996.
12. J. McKERNAN, « The Countenance of Curriculum Action Research : Traditional, Collaborative, and Emancipatory-critical Conceptions », *Journal of Curriculum and Supervision*, vol. 3, 1988, p. 173-200.
13. Jean McNIFF, *Action Research : Principles and Practice*, London, MacMillan, 1988.
14. Sharon NODIE OJA et Lisa SMULYAN, *Collaborative Action Research : A Developmental Approach*, London, Falmer Press, 1989.
15. Susan E. NOFFKE, « Action Research : Towards the Next Generation », *Educational Action Research*, vol. 2, 1994, p. 9-21.
16. Susan E. NOFFKE, « Professional, Personal and Political Dimensions of Action Research », dans Michael W. APPLE (dir.), *Review of Research in Education*, Washington, D.C., American Educational Research Association, 1997, p. 305-343.
17. M. PETERS et V. ROBINSON, « The Origins and Status of Action Research », *Journal of Applied Behavioral Science*, vol. 20, 1984, p. 113-124.
18. Lorraine SAVOIE-ZAJC, « La recherche-action en éducation : ses cadres épistémologiques, sa pertinence, ses limites », dans M. ANADON et M. L'HOSTIE (dir.), *Nouvelles dynamiques de recherche en éducation*, Québec, Presses de l'Université Laval, 2001, p. 15-49.
19. J. COLLIER, « United States Indian Administration as a Laboratory of Ethnic Relations », *Social Research*, vol. 12, 1945, p. 265-303.
20. Kurt LEWIN, « Action Research and Minority Problems », *Journal of Social Issues*, vol. 2, 1946, p. 34-46.

sociaux. Psychologue de formation, il est le pionnier des théories expliquant la dynamique des groupes et le changement social : il découvrit qu'en utilisant l'influence d'un groupe, il pouvait amener les gens à changer leurs attitudes et leurs comportements beaucoup plus rapidement que s'ils s'adressaient à eux sur une base individuelle. Il démontra que ceux qui participent à la prise de décision augmentent leur productivité et que la participation active est une meilleure stratégie de changement que la participation passive.

Ses travaux de recherche l'amenèrent à étudier le phénomène du changement. Il en décrivit les phases et les valida par des expérimentations dans l'action. C'est ainsi qu'il a créé un nouveau rôle pour le chercheur : il n'était plus un observateur distant, il commençait à s'impliquer dans la résolution de problèmes concrets. Sa méthodologie consistait à aller sur le terrain examiner, avec les gens, les problèmes réels auxquels ils avaient à faire face. Son objectif était de construire une théorie émanant de la recherche portant sur des problèmes pratiques. Il remit donc en cause le rôle traditionnel de la recherche sociale qui était jusqu'alors effectuée en dehors de l'action. La recherche devait plutôt, selon lui, aborder directement les problèmes sociaux et inclure les praticiens du milieu dans toutes ses phases. « L'action deviendrait de la recherche et la recherche de l'action[21]. »

Il désirait donc produire des connaissances à partir d'une recherche qui aurait lieu dans l'action. Il voyait ses interventions comme étant la mise en œuvre simultanée de trois processus, soit l'action, la recherche et la formation. Cette façon de concevoir son travail donna naissance à une approche globale puisqu'elle rassemblait trois pratiques différentes habituellement séparées : la pratique de la recherche effectuée par des chercheurs professionnels, la pratique de la formation effectuée par des formateurs, des enseignants ou des intervenants sociaux et toute autre pratique dans laquelle des acteurs sont engagés.

Dans ses débuts, sous l'influence de Collier et de Lewin, la recherche-action avait donc pour but d'introduire des réformes (changer les préjugés et la discrimination raciale, développer l'agriculture ou améliorer les processus de production industrielle) et de développer des théories sur le changement. Dans leur rôle de planification sociale, les chercheurs de l'époque venaient de l'extérieur de la situation pour y mener des études qui permettaient aux acteurs de mieux atteindre leurs objectifs tout en essayant de comprendre le processus par lequel on pouvait amener le changement.

---

21. Alfred J. MARROW, *The Action Theorist*, New York, Teachers College Press, 1969.

▓ 1.2. La recherche-action en éducation

Plusieurs citent les travaux de John Dewey comme précurseur de la recherche-action en éducation (Kemmis[22]; King et Lonnquist; Noffke). Celui-ci rêvait de créer une science de l'éducation où les enseignants participeraient activement à un nouveau processus de recherche qui allierait la recherche de théories utiles à une forme d'investigation enracinée dans la pratique. D'après Greenwood et Levin, ce qui caractérise le plus la pensée de Dewey est son refus de séparer la pensée de l'action. Selon ce dernier, la connaissance trouve sa source dans l'action et non dans la spéculation. C'est ce qui l'amena à vouloir transformer les écoles pour qu'elles deviennent des lieux permettant aux élèves d'apprendre en ayant à résoudre des problèmes au moyen des habiletés apprises de la science, de l'histoire et des arts. Dans de telles écoles, les élèves ne sont plus des contenants qui se font remplir de connaissances, ils sont, au contraire, invités à devenir des apprenants actifs.

Stephen Corey[23] fut le premier à écrire sur la recherche-action comme moyen d'améliorer l'enseignement dans les écoles. Il constata que la méthode scientifique n'avait pas d'importance pour les praticiens et que, de leur côté, la plupart des chercheurs en éducation en arrivaient à des généralisations qui étaient rarement investies dans le milieu scolaire. Pour Corey, la recherche devait être menée par les praticiens eux-mêmes à travers « l'étude scientifique de leurs propres problèmes dans le but de guider, de corriger et d'évaluer leurs décisions et leurs actions ». Il encouragea les enseignants à faire de la recherche sur leur propre pratique afin de la perfectionner. La recherche-action devenait une activité valable du fait qu'elle pouvait conduire à l'amélioration de la pratique et que les connaissances produites étaient réinvesties dans la situation réelle.

À l'instar de Lewin, Corey accentua la nécessité, pour les chercheurs et pour les enseignants, de travailler ensemble sur des préoccupations communes. La coopération entre les enseignants, d'une part, et entre les enseignants et les chercheurs, d'autre part, augmentait la probabilité que les participants à la recherche s'engagent dans un processus de changement à la suite des résultats obtenus. Plutôt que d'être les sujets d'une expérimentation pilotée de l'extérieur, les enseignants devenaient eux-mêmes les expérimentateurs.

---

22. Stephen KEMMIS, « Improving Education Through Research », dans Ortrun ZUBER-SKERRITT, *Action Research for Change and Development*, Aldershot, Avebury, 1994, p. 57-75.
23. Stephen COREY, *Action Research to Improve Schools Practices*, New York, Teachers College Press, 1953.

En 1957, Hodgkinson[24] écrivit un article très critique contre ce type de recherche devenu désormais populaire chez les enseignants. Selon lui, les praticiens manquaient de familiarité avec les techniques de recherche de base et la recherche n'avait pas de place pour les amateurs. Son argument était que la recherche-action menée par les enseignants n'était pas vraiment de la recherche parce qu'elle ne satisfaisait pas les critères de la validité scientifique, c'est-à-dire les critères de la recherche positiviste. Parce qu'elle n'était plus perçue comme scientifique, les organismes subventionnaires commencèrent à la bouder.

On peut reconnaître, en effet, que cette dernière ne satisfaisait pas les critères de validité des méthodologies de la recherche positiviste de l'époque. Corey soutenait que d'autres critères devaient être utilisés pour la juger compte tenu de l'impact considérable qu'elle avait sur les enseignants. La recherche-action telle que pratiquée par les praticiens commença à être perçue de plus en plus comme une stratégie de développement professionnel plutôt qu'une méthodologie qui conduisait à la production de connaissances. En même temps, les chercheurs universitaires commencèrent à changer de rôles : de collaborateurs qu'ils étaient devenus, ils revinrent au rôle d'experts externes qui détiennent les connaissances et qui facilitent le processus de perfectionnement des enseignants.

La recherche-action se présentait donc comme différente de la recherche sociale telle que pratiquée puisqu'elle s'éloignait des méthodologies utilisées par les sciences exactes et l'ingénierie. Non seulement se proposait-elle comme un modèle de recherche centré sur les communautés et la pratique réflexive, mais elle critiquait aussi l'approche selon laquelle les chercheurs universitaires publiaient les résultats de leurs recherches pour qu'ils soient ensuite appliqués par les professionnels ou les techniciens du terrain. Toutefois, malgré ses tentatives pour changer le paradigme dominant de l'époque, Sanford[25] rapporte que l'intérêt pour la recherche-action commença à décliner à la fin des années 1950.

24. H.L. HODGKINSON, « Action Research : A Critique », *Journal of Educational Sociology*, vol. 31, n° 4, 1957, p. 137-153.
25. N. SANFORD, « Whatever Happened to Action Research ? », *Journal of Social Issues*, vol. 26, n° 4, 1970, p. 3-23.

■ 1.3. La recherche-action comme instrument de développement personnel et professionnel

Au milieu des années 1970, les mentalités ayant commencé à changer, de nouvelles façons de concevoir la recherche-action recommencèrent à apparaître, d'abord, en Grande-Bretagne et, plus tard, aux États-Unis. L'applicabilité des méthodologies expérimentales et quantitatives par rapport aux contextes et aux problèmes sociaux fut encore une fois remise en question. Dans leur historique de la recherche-action, Nodie Oja et Smulyan voient dans ce questionnement l'origine du nouvel élan pris par la recherche-action. Elles relèvent deux critiques qui étaient formulées par les chercheurs et les praticiens à l'égard des exigences méthodologiques des approches positivistes qui étaient toujours populaires dans les sciences humaines. La première concernait la méthode expérimentale qui exige que les conditions de recherche soient tenues constantes tout au long de l'expérimentation. La seconde critiquait la linéarité des méthodologies de recherche et soulignait leur incapacité à produire de l'information sur leur efficacité pendant leur déroulement plutôt qu'après qu'elles fussent terminées. Ces exigences méthodologiques entraient en conflit avec le besoin des praticiens de modifier et d'améliorer leurs interventions pendant l'action et limitaient l'utilité de la recherche comme instrument de décision pour les praticiens. Le modèle de recherche positiviste commença donc à être à nouveau remis en question ouvertement.

Lawrence Stenhouse[26] devait implanter, en Angleterre, un nouveau programme national d'envergure appelé le « Humanities Curriculum Project ». Cherchant une stratégie de changement efficace, il s'inspire de Corey et développe l'idée de l'enseignant chercheur (*teacher researcher*). Stenhouse décide de considérer l'enseignement comme une forme de recherche. Selon lui, la démarche empruntée par l'enseignant pour étudier sa pratique pédagogique, en vue de l'améliorer, est un moyen efficace pour modifier le curriculum et favoriser le développement professionnel des praticiens. C'est ainsi qu'il invite ces derniers à devenir des chercheurs réflexifs, des praticiens capables d'être critiques et systématiques dans l'analyse de leurs interventions éducatives. Il leur suggère de travailler en équipes pour interpréter les données recueillies par chacun.

---

26. Lawrence STENHOUSE, *An Introduction to Curriculum Research and Development*, London, Heineman, 1975.

Vers la même époque, un autre britannique, du nom de John Elliott[27], s'inspire des travaux de Stenhouse dans le but d'inciter les enseignants à utiliser la recherche pour améliorer leur pratique. Il renforce l'idée selon laquelle les praticiens, s'ils veulent produire des changements fondamentaux dans leur pratique, doivent devenir des participants conscients et engagés dans le développement des théories reliées à leurs préoccupations. D'après lui, c'est seulement en participant dans la planification, l'implantation et l'évaluation des nouvelles pratiques que les enseignants vont accepter et utiliser les résultats de la recherche.

Dans les années 1970, alors que certains chercheurs utilisent toujours le paradigme scientifique traditionnel pour mener des recherches sur le terrain dans le but de trouver des solutions généralisables aux malaises de la société et que d'autres utilisent des méthodes qualitatives pour interpréter les problématiques reliées à des situations réelles, selon King et Lonnquist, les travaux des Britanniques permettent de voir émerger une nouvelle approche au regard de la recherche en éducation. Leur façon de faire de la recherche-action se caractérise par sa centration sur les besoins des praticiens. Les travaux de recherche effectués par Donald Schön[28, 29] apportèrent la validité à cette «deuxième génération» de la recherche-action. Dans cette approche, la dynamique du pouvoir entre les acteurs et les chercheurs change. Les praticiens ne sont plus des subordonnés ou des pairs pour les chercheurs universitaires. Ils deviennent eux-mêmes des chercheurs préoccupés par la production d'un savoir qui leur est significatif. La théorie engendrée par leur recherche est pratique et s'enracine dans la réalité scolaire quotidienne. Finalement, l'idée de collaboration évolue. Elle ne met plus en jeu des chercheurs universitaires et des enseignants, mais s'effectue entre des enseignants qui aident des collègues à donner du sens à leur pratique. On voit donc la recherche quitter le monde universitaire pour être appropriée par les praticiens.

D'autres auteurs (Zuber-Skerritt[30], Bawden[31] et Nodie Oja) associent le processus de cette «deuxième génération» de la recherche-action au modèle d'apprentissage expérientiel de Kolb selon lequel les personnes

27. John ELLIOTT, « Developing Hypotheses about Classrooms from Teachers' practical Constructs : An Account of the Work of the Ford Teaching Project », *Interchange*, vol. 7, n° 2, 1977, p. 2-21.
28. Donald SCHÖN, *The Reflective Practitioner : How Professionals Think in Action*, New York, Basic Books, 1987.
29. Donald SCHÖN, *Educating the Reflective Practitioner : Toward a New Design for Teaching and Learning in the Professions*, San Francisco, Jossey Bass, 1987.
30. Ortrun ZUBER-SKERRITT, *Action Research for Change and Development*, Aldershot, Avebury, 1996, 266 pages.
31. Richard BAWDEN, « Toward Action Research systems », dans Ortrun ZUBER-SKERRITT, *Action Research for Change and Development*, Aldershot, Avebury, 1994, p. 10-35.

peuvent apprendre et créer la connaissance 1) sur la base de leur expérience concrète, 2) par l'observation et la réflexion sur leur expérience, 3) en formant des concepts abstraits et des généralisations, et 4) en testant l'implication de ces concepts dans de nouvelles situations, ce qui conduira à une nouvelle expérience concrète et, par conséquent, à l'amorce d'un nouveau cycle.

Selon Bawden, cette démarche expérientielle constitue véritablement une recherche-action parce que quatre résultats se produisent dans le contexte d'une connaissance rendue publique et sujette à la critique :

1. La pratique du praticien est améliorée.

2. La compréhension de la pratique du praticien est améliorée.

3. La situation dans laquelle la pratique est pratiquée est améliorée.

4. La compréhension, de la part du praticien, de la situation dans laquelle la pratique est pratiquée est améliorée.

Cette démarche de recherche est souvent effectuée en collaboration avec d'autres apprenants dans un milieu de pratique. Ces derniers constituent souvent un environnement propice et informé, capable de fournir la critique nécessaire pour valider les apprentissages du chercheur-praticien. Ce processus amène alors un changement dans la prise de conscience du chercheur qui peut, par la suite, articuler son savoir d'expérience, ce qui a éventuellement comme conséquence le changement du système dans lequel il évolue.

Dans les années 1990, une autre génération de chercheurs britanniques s'est donné comme mission de poursuivre l'œuvre de Stenhouse. Pamela Lomax[32], à l'Université de Kingston, Jean McNiff[33, 34], en Irlande et Jack Whitehead[35], à l'Université de Bath mirent de l'avant des programmes de cycles supérieurs en éducation privilégiant la recherche-action. Ils veulent accompagner le praticien-chercheur à se poser la question : « Comment puis-je améliorer ma pratique ? » et l'aider à expliciter son savoir d'expérience, son savoir tacite. Selon eux, ce n'est qu'en devenant conscient de ses gestes et des raisons qui les sous-tendent, que le praticien peut saisir sa propre théorie d'action.

32. Pamela LOMAX, « Working together for educative community through research », *British Educational Research Journal*, vol. 25, n° 1, p. 5-21.
33. Jean McNIFF et Jack WHITEHEAD, *Action Research : Principles and Practice*, London, Sage, 2002, p. 163.
34. Jean McNIFF, *Action Research in Organizations*, London, Sage, 2000, 331 pages.
35. Jack WHITEHEAD, « How do I improve my practice ? Creating and Legitimating an epistemology of practice », *Reflective Practice*, vol. 1, n° 1, p. 91-104.

Parallèlement au courant britannique, aux États-Unis, des chercheurs universitaires commencèrent à utiliser la recherche-action parce qu'elle leur permettait d'étudier plus facilement les situations locales et les actions qui s'y déroulaient et qu'en même temps, elle pouvait répondre aux besoins immédiats des praticiens. Ainsi, ils commencèrent à appliquer des méthodes de recherche plus qualitatives pour pouvoir décrire et interpréter ce qui se passait dans les milieux de pratique (Nodie Oja). L'objectif visé était de créer des liens plus solides entre eux et les praticiens. Le mouvement de recherche collaborative qui se retrouve dans les « *Interactive Research and Development Projects* » permet de voir que la recherche-action commence alors à être perçue par certains comme une démarche qui permet de produire des connaissances au moyen de méthodologies plus interprétatives. Elle semble alors oublier ses objectifs traditionnels de changement social (Noffke).

▉ 1.4. La recherche-action comme instrument de changement institutionnel et social

En réaction contre la science positiviste dont les méthodologies conduisent le chercheur à contrôler son objet d'étude de l'extérieur, des Australiens décident de sauter dans l'action et de considérer leur recherche comme une sorte d'intervention sociale pour changer le système[36]. Influencés par la théorie critique d'Habermas[37], selon laquelle la raison d'être de toute connaissance gravite autour de l'émancipation des individus qui peut être encouragée par l'autoréflexion critique sur la pratique, les chercheurs Carr et Kemmis[38] proposent une vision de la recherche qui n'est plus détachée des enjeux du terrain mais qui vise, en plus du développement personnel et professionnel des praticiens, un changement de tout le système par la transformation du langage, de l'organisation et de la pratique de l'éducation. Selon leur approche, la recherche-action devient l'étude de la « praxis », c'est-à-dire l'analyse des actions engagées. Pour le chercheur, il s'agit donc d'une recherche sur sa propre pratique puisqu'il est un participant engagé qui n'est pas extérieur à l'action. Quelles que soient les méthodes utilisées, la recherche est alors perçue comme un engagement véritable dans le but de développer ou d'améliorer les pratiques des individus, leur compréhension de ce qui se passe et la situation dans laquelle

---

36. B. FAY, *Social Theory and Political Practice*, London, Allen and Unwin, 1975.
37. J. HABERMAS, *Théorie et pratique*, Paris, Payot, 1975.
38. Wilfred CARR et Stephen KEMMIS, *Becoming Critical : Education, Knowledge and Action Research*, London, The Falmer Press, 1986.

ils évoluent. Le désir d'affranchir les acteurs sociaux de l'irrationalité, de l'injustice, de l'oppression et de la souffrance qui sont les leurs est affirmé par leur participation au processus de recherche.

Selon Kemmis[39], on ne peut pas changer les pratiques éducatives en ne cherchant qu'à remplacer les outils ou les stratégies utilisés par les enseignants comme s'il s'agissait d'un quelconque processus de production. Se basant sur des recherches portant sur la nature et le processus du changement, il prône l'idée que les enseignants doivent eux-mêmes changer en devenant critiques de leur propre pratique. Selon les chercheurs qui utilisent la théorie critique, l'éducation doit être perçue comme une activité sociale et culturelle qui exige une forme de participation très active de la part des enseignants et des apprenants dont on doit considérer les intérêts et les intentions lorsqu'on examine tout geste éducatif. Selon les tenants de la théorie critique, l'éducation exige que les gens soient davantage des agents actifs impliqués dans le processus de recherche et non des sujets passifs ou des objets de l'intervention des autres. La recherche qui traite les acteurs sociaux comme des objets passifs peut certes nous renseigner sur leur manière de travailler, mais elle a peu de chances de les conduire à la décision d'analyser leurs actions pour les améliorer.

Pendant cette période de renaissance de la recherche-action, on retrouve en Amérique du Sud et aux Indes des chercheurs qui utilisent la recherche-action comme instrument de conscientisation des masses afin de les rendre aptes à changer le système dans lequel elles se retrouvent. Ainsi, Paulo Freire[40], Orlando Fals Bordas[41] et Rahje Tandon[42] pratiquent ce qu'ils appellent la recherche-action participative pour générer, au sein des communautés de base, les connaissances qui permettent à ceux qui sont souvent démunis de s'approprier le pouvoir nécessaire à leur prise en charge. La recherche devient alors véritablement politique. Le chercheur prend partie ouvertement contre le pouvoir de l'État et cherche à redonner aux pauvres et aux laissés-pour-compte de la société la capacité de s'unir dans l'action pour produire un changement dans l'ordre social existant.

---

39. Stephen KEMMIS, « Improving Education Through Action Research », dans Ortrun ZUBER-SKERRITT (dir.), *Action Research for Change and Development*, Aldershot, Avebury, 1991, p. 57-75.
40. Paulo FREIRE, *Pédagogie des opprimés*, Paris, Maspéro, 1974.
41. Orlando FALS BORDAS, *Knowledge and People's Power : Lessons with Peasants in Nicaragua, Mexico and Columbia*, New Delhi, Indian Social Institute, 1985.
42. R. TANDON, « Participatory Research in the Empowerment of People », *Convergence*, vol. 14, n° 3, 1981, p. 20-29.

Si la présentation historique que nous venons de faire démontre l'évolution de la recherche-action, elle permet aussi de saisir toute la complexité de sa nature véritable. En effet, la plupart des auteurs qui ont fait une recension des écrits sur le sujet s'entendent pour dire qu'elle est passée par plusieurs formes. La recherche-action est influencée par les paradigmes qui orientent ses finalités, ses méthodologies et la place qui est donnée aux acteurs dans le processus de recherche et de changement. Même s'ils ne sont pas toujours explicites par rapport aux raisons qui justifient leur pratique, les chercheurs abordent leur objet de recherche à partir d'un cadre de référence, conscient ou inconscient, qui reflète leurs croyances et leurs postulats à l'égard de la nature de la réalité sociale et de la manière par laquelle elle peut être étudiée et changée. Il semble donc pertinent d'utiliser un tel cadre de référence pour comprendre les différentes orientations prises par les chercheurs et, particulièrement, ceux qui font de la recherche-action.

2   UN CADRE DE RÉFÉRENCE DE LA RECHERCHE-ACTION

Le modèle de référence développé par Burrell et Morgan[43] et représenté dans la figure 1 peut nous permettre de comprendre, non seulement comment la recherche-action s'est distinguée de la recherche scientifique positiviste en sciences sociales, mais surtout d'en saisir le panorama complet.

La figure illustre quatre dimensions fondamentales concernant la nature des sciences sociales et de la société qui permettent de positionner quatre paradigmes pour comprendre les postulats des chercheurs et des intervenants qui font de la recherche. À l'horizontale, nous retrouvons les dimensions subjective et objective et, à la verticale, les dimensions du changement radical et de la régulation.

---

43. Gibson Burrell et Gareth Morgan, *Sociological Paradigms and Organizational Analysis*, London, Heineman, 1982.

FIGURE 1
**Quatre paradigmes pour analyser la théorie sociale
(d'après Burrell et Morgan, p. 23)**

Changement radical

Paradigme de l'humanisme radical	Paradigme du structuralisme radical
Paradigme interprétatif	Paradigme fonctionnaliste

Dimension subjective

Dimension objective

Régulation (*statu quo*)

2.1. Postulats relatifs à la nature des sciences sociales

Pour expliquer les postulats relatifs à la nature des sciences sociales et comprendre le positionnement des chercheurs par rapport aux dimensions objective et subjective, Burrell et Morgan retiennent quatre caractéristiques : l'ontologie, l'épistémologie, la nature humaine et les méthodes d'investigation.

Les *présupposés ontologiques* orientent notre façon de concevoir la nature de la réalité et du phénomène étudié. Le chercheur se demande si la réalité investiguée a une existence propre, indépendamment de celui qui l'observe (réalisme) ou si elle n'est pas plutôt le produit de sa prise de conscience (nominalisme). La réalité est-elle de nature objective, c'est-à-dire située en dehors de l'observateur ou est-elle le fruit de la connaissance personnelle, c'est-à-dire une production de l'esprit ?

Les *présupposés de nature épistémologique* sont associés aux fondements de la connaissance, c'est-à-dire la forme qu'elle prend et la façon dont elle est transmise. Ils déterminent quelle sorte de savoir peut être obtenu, par quels moyens un individu peut connaître le monde et si sa connaissance est « vraie » ou « fausse ». Selon le positivisme, il est possible d'identifier et de communiquer une connaissance objective tirée de l'observation directe et qui, de ce fait, peut être transmise de façon explicite. L'antipositivisme, de son côté, rejette le concept d'observateur neutre en sciences et conçoit le monde social comme étant relatif aux différents points de vue des individus impliqués dans l'action. Selon cette position, la connaissance est d'une forme plus souple, plus subjective et spirituelle. Elle est basée sur l'expérience individuelle et, par le fait même, elle est essentiellement personnelle.

La troisième catégorie de *présupposés* a trait à la *nature humaine*, à la relation entre la personne et son environnement. Selon la perspective du déterminisme, les êtres humains répondent de façon mécanique ou prédéterminée aux situations qui se présentent à eux. Dans ce cas, les personnes et leurs expériences peuvent être vues comme les produits de leur environnement ou comme conditionnées par les circonstances extérieures. Cette perspective s'oppose aux postulats du volontarisme qui attribue aux êtres humains un rôle beaucoup plus créateur, fondé sur le libre arbitre. L'environnement est alors perçu comme le résultat des interactions entre les individus et non plus comme cause déterminant leurs comportements.

On peut s'attendre à ce que les croyances articulées autour de ces trois catégories de présupposés aient une implication directe sur le choix des méthodologies de recherche. Chacune a des répercussions sur la manière d'investiguer la réalité et de produire des connaissances. D'une part, si un chercheur souscrit à l'idée que la réalité sociale est semblable à celle du monde naturel, qui est considéré réel et extérieur à l'individu qui l'observe, il aura tendance à analyser les relations et les régularités entre les différents éléments qui en font partie. Cette perspective s'exprime par la recherche de lois universelles qui peuvent expliquer et gouverner la réalité observée. Les méthodes quantitatives ou nomothétiques découlent de cette perspective. D'autre part, si un autre chercheur souscrit à une façon différente de concevoir la réalité, c'est-à-dire à une vision qui met l'accent sur l'expérience subjective des individus dans la création du monde social, son intérêt de recherche sera alors différent. Il cherchera à comprendre comment un individu crée, modifie et interprète le monde dans lequel il évolue. Dans les cas extrêmes, il cherchera à comprendre et à expliquer ce qui est unique et particulier à un individu plutôt que de rechercher ce qui est universel et général. Cette dernière approche est appelée « idéographique » et utilise des méthodes qualitatives pour tenir compte de la relativité de la réalité.

▓ 2.2. Postulats relatifs à la nature de la société

Pour expliquer la nature de la société, Burrell et Morgan utilisent les dimensions du *changement radical* et de la *régulation*. La dimension de la *régulation* réfère aux postulats qui caractérisent l'unité, l'ordre, l'équilibre, le consensus, l'intégration et la cohésion dans la société alors que la dimension du *changement radical* concerne les postulats ayant trait aux conflits, à la domination, aux contradictions et aux changements structurels profonds.

2.3. Les quatre paradigmes

Entre l'axe horizontal et l'axe vertical qui représentent différentes façons de concevoir la nature des sciences sociales et de la société, nous pouvons identifier quatre quadrants que Burrell et Morgan associent à des paradigmes : les paradigmes fonctionnaliste, interprétatif, de l'humanisme radical et du structuralisme radical.

Le *paradigme fonctionnaliste* s'enracine dans la dimension de la régulation quant à la nature de la société et subit l'influence de l'objectivisme quant à la nature de la science. Il s'attarde à des explications essentiellement rationnelles relatives à ce qui se passe dans la réalité. Cette perspective hautement pragmatique cherche à produire un savoir transmissible et est préoccupée par la recherche de solutions pratiques à des problèmes d'ordre pratique.

Le *paradigme interprétatif* essaie de comprendre le monde tel qu'il est au niveau de l'expérience subjective. Il tend vers des explications ancrées dans la subjectivité et la prise de conscience individuelle à partir du cadre de référence d'un participant dans l'action plutôt que de celui d'un observateur détaché de l'action. Il s'enracine donc dans la dimension du subjectivisme et de la régulation. Le chercheur qui s'y situe voit la réalité sociale comme un processus émergent de l'intersubjectivité des individus concernés. Il s'intéresse au statu quo, à l'ordre social et à la cohésion des acteurs du système.

Le *paradigme de l'humanisme radical* est influencé par la dimension subjective et la dimension du changement radical. Il donne une place centrale à la prise de conscience des individus. Il vise le changement de la réalité sociale par une modification des modes d'appréhension de la réalité et le développement de la conscience des acteurs sociaux. En ce sens, il est à l'opposé du paradigme fonctionnaliste.

Le *paradigme du structuralisme radical* se situe au croisement de la dimension objective et du changement radical. Il prône le changement radical, l'émancipation des personnes et de leur potentiel par un changement qui met l'accent sur les problèmes de structure, les modes de domination, la contradiction, ce qui l'oppose au paradigme interprétatif.

3 L'INFLUENCE DES PARADIGMES SUR LA RECHERCHE

Le cadre de référence qui vient d'être présenté nous permet de mieux saisir la position actuelle de la recherche-action, en fonction à la fois des autres types de recherche et des différentes orientations qu'elle adopte. Lorsque l'on compare la recherche-action aux autres types de recherche qui se définissent en fonction de l'axe objectif–subjectif, on peut observer les différences suivantes.

Les méthodes de recherche positivistes (quantitatives) cherchent à comprendre, à expliquer et à prédire les phénomènes. Leur objectif est de produire des connaissances qui pourront être généralisées et appliquées à d'autres contextes. Les méthodes de recherche interprétatives, par ailleurs, se situent dans l'antipositivisme et, bien qu'elles tentent, elles aussi, de comprendre les phénomènes, elles reconnaissent le caractère subjectif de l'observation. C'est pour cette raison qu'elles désirent valider les interprétations du chercheur par des méthodes diverses de triangulation des données. Elles acceptent que la compréhension produite soit locale et particulière à un contexte précis et à un temps particulier.

La recherche-action se distingue de ces approches par son association à l'action. En effet, dès qu'elle s'intègre à l'action, qu'elle le veuille ou non, elle devient associée aux finalités de cette action. La préoccupation de recherche ne peut alors être séparée des objectifs d'action. Le chercheur ne se considère pas comme un observateur neutre cherchant à comprendre la situation faisant l'objet de la recherche, il se considère plutôt comme un participant ou un collaborateur. Il a une perspective nominaliste qui lui permet de concevoir le monde social comme étant créé par l'esprit. Il s'associe donc aux autres pour mieux saisir la nature des situations problématiques. Parce qu'il considère l'environnement comme étant le résultat de l'interaction entre les individus, il a un point de vue volontariste sur la nature de ceux qui participent à la recherche.

Quel niveau de changement la recherche-action vise-t-elle ? Un changement social, un changement des pratiques professionnelles d'un groupe en particulier dans une institution sociale particulière ou le changement des praticiens ? Quelles sortes de savoirs veut-elle engendrer ? Un savoir explicite et transférable ou un savoir expérientiel, personnel et contextualisé ? L'évolution des approches à la recherche-action démontre que ces trois dimensions du changement ainsi que la nature du savoir produit ont été perçues différemment selon les chercheurs. Parfois, elles sont toutes intégrées dans la même démarche de recherche, parfois, seules quelques dimensions apparaissent.

Ainsi, dans l'approche utilisée par Lewin, les individus d'une communauté participent au processus de recherche qui s'y déroule. Tout en partageant son pouvoir, le chercheur applique alors les méthodes de la recherche inspirée de la dimension de l'objectivisme à des problèmes concrets dans le but de produire un savoir qui peut être généralisable tout en améliorant la situation où se déroule la recherche. Dans ce cas, on cherche à comprendre l'action afin de produire des théories. Cette démarche est souvent perçue comme étant fonctionnaliste. En effet, elle permet d'assurer la régulation du système en place en y apportant des correctifs à l'intérieur du statu quo. Les connaissances recherchées sont souvent théoriques et ne se distinguent pas de celles produites par d'autres modes de recherche.

La recherche-action peut aussi être perçue comme une approche centrée sur le praticien qui utilise la recherche pour améliorer sa pratique et produire une théorie contextualisée et pratique. Les postulats derrière cette forme de recherche, née des travaux de Corey et reprise par les Britanniques, soutiennent que la réalité est construite et subjective, que la connaissance est unique et que les êtres humains agissent en fonction de leurs valeurs. Étant donné que ce courant admet que les individus sont volontaristes et qu'ils peuvent améliorer ce qu'ils font par un processus réflexif, l'intervenant évite de se donner le pouvoir de résoudre les problèmes à leur place sachant fort bien qu'il produirait alors une résistance certaine qui empêcherait tout processus de changement. Le paradigme interprétatif caractérise la recherche-action alors perçue comme instrument de développement personnel et professionnel. Le passage du paradigme fonctionnaliste au paradigme interprétatif n'est pas propre à la recherche-action. Il s'est fait parallèlement aux changements qui ont eu lieu en éducation et en intervention sociale. Ainsi, alors qu'autrefois il y avait consensus autour de l'idée qu'éduquer était équivalent à transmettre des connaissances, aujourd'hui, plusieurs définissent la démarche éducative comme étant « un processus d'apprentissage qui permet aux individus de développer au maximum leurs aptitudes et de devenir progressivement des êtres éduqués par la recherche permanente du sens de leur existence et de leur environnement » (Legendre[44]). Alors que certains intervenants sociaux cherchent encore à se rendre responsables du processus de rééducation des clientèles auprès desquelles ils travaillent et cherchent à mettre en place «leurs» modèles de société, d'autres croient qu'il faut permettre aux acteurs sociaux de se prendre en charge et d'organiser leur milieu de vie selon leurs propres modèles.

---

44. Renald LEGENDRE, *Une éducation… à éduquer!*, Montréal, Éditions Ville-Marie, 1983, p. 312.

Un troisième courant peut être situé dans le paradigme de l'humanisme radical. La recherche vise, dans ce cas-ci, à changer la société par la conscientisation et la prise en charge des individus. La recherche-action émancipatrice mise de l'avant par les Australiens qui utilisent la théorie critique pour « libérer » les acteurs se situerait dans ce courant. Une orientation plus confrontante visant la critique du pouvoir en place en vue de produire un changement social structurel se situerait à la frontière de l'humanisme radical et du structuralisme radical. En travaillant avec les acteurs à résoudre des problèmes concrets, le chercheur se donne alors comme finalité de faciliter la prise en charge des communautés par leurs membres. Les travaux de Freire, de Fals Bordas et de Tandon sont représentatifs de ce courant appelé « recherche-action participative ». C'est une recherche à caractère politique qui vise la conscientisation des opprimés en vue de produire un changement radical dans l'ordre social existant.

 ## 4 LA NATURE DE LA RECHERCHE-ACTION

Celui qui veut comprendre la nature de la recherche-action doit accepter d'examiner un phénomène complexe qui lui échappe en grande partie à cause de la diversité des travaux qui ont été faits depuis plus de cinquante ans. À cet égard, Noffke souligne qu'entre 1966 et 1996, plus de mille textes portant sur la recherche-action ont été recensés dans *ERIC* et de nombreux autres dans *Educational Index*. Un compte rendu complet exigerait donc d'écouter les voix multiples qui peuvent informer celui qui veut savoir ce qu'est cette dernière. Doit-on se limiter aux chercheurs universitaires qui diffusent leurs travaux par les moyens traditionnels mis à leur disposition tels que les conférences, les colloques et les articles publiés dans des revues savantes ? Ne doit-on pas également chercher à la comprendre à partir des voix des praticiens qui font de la recherche-action sur le terrain et qui sont peu enclins à utiliser ces modes traditionnels de diffusion des résultats ? Suffit-il de se limiter à décrire ce qui se fait en français au Québec ou ne doit-on pas aller consulter les travaux de recherche produits à l'extérieur : au Canada, aux États-Unis, en Angleterre, en Australie, en France, en Belgique et en Allemagne ? Ne faut-il pas inclure les points de vue de ceux qui utilisent d'autres vocables pour parler du même phénomène tels ceux-ci : la science-action, la recherche collaborative, la recherche participative, la recherche menée par le praticien (*practitioner research*) ?

Contrairement à celui qui peut définir la recherche positiviste avec un sentiment de certitude parce qu'il tire son autorité d'une longue tradition de pratique de recherche validée par une communauté scientifique homogène, celui qui veut comprendre la recherche-action fait face à la multiplicité des perspectives possibles. À l'instar de Noffke, la recherche-action est plus qu'un ensemble de pratiques, c'est un groupe d'idées qui émergent de contextes différents. Pour certains, ce type de recherche se résume à l'utilisation des étapes de la recherche traditionnelle pour résoudre des problèmes locaux. Pour d'autres, la recherche-action est un nouveau paradigme, un défi aux méthodes actuellement utilisées pour produire les connaissances et une nouvelle porte d'accès à la production du savoir. Enfin, certains la voient même comme une approche au développement professionnel, car elle souscrit aux principes de l'éducation des adultes.

Devant l'ampleur de la tâche, nous serions tentés de simplifier en évitant de rester ouverts à tout ce foisonnement d'idées mises de l'avant dans la « famille » de la recherche-action qui réunit les différentes orientations paradigmatiques. L'utilisation du cadre de référence de Burrell et Morgan aide à mieux saisir les raisons à l'origine des différentes perceptions quant à la nature de la recherche-action. Les définitions suivantes en sont quelques exemples.

PARADIGME FONCTIONNALISTE. La recherche-action est l'application de la méthode scientifique pour rechercher et expérimenter sur des problèmes pratiques qui exigent d'être résolus et qui impliquent la collaboration et la coopération des scientistes, des praticiens et des profanes. Les résultats attendus de la recherche-action sont des solutions aux problèmes immédiats et une contribution à la connaissance scientifique et à la théorie[45].

PARADIGME INTERPRÉTATIF. La recherche-action est une forme d'enquête qui permet aux enseignants de réfléchir de façon critique sur leur expérience en salle de classe et de produire des comptes rendus personnels de leur expérience[46].

PARADIGME DE L'HUMANISME RADICAL. La recherche-action est une forme d'enquête autoréflexive mise en œuvre par les participants dans des situations sociales dans le but d'améliorer la rationalité, la justice, la cohérence et la satisfaction a) de leurs propres pratiques sociales, b) de leur compréhension de ces pratiques et, c) des institutions, des programmes et, ultimement, de la société dans lesquels ces pratiques se déroulent[47].

45. Wendell L. FRENCH et Cecil H. BELL, *Organization Development : Behavioral Science Interventions for Organization Development*, Englewood Cliffs, Prentice-Hall, 1978, p. 89-90.
46. Jack WHITEHEAD, « The Use of Personal Educational Theories in In-service Education », *British Journal of In-Service Education*, vol. 9, n° 3, 1983, p. 174-177.
47. Robin MCTAGGART, « Participatory Action Research : Issues in Theory and Practice », *Educational Action Research*, vol. 2, 1994, p. 313-337.

Nous avons commencé à comprendre la recherche-action comme étant un processus social, dans des termes qui ressemblent à la notion que Freire appelle « l'action culturelle pour la liberté ». Nous avons commencé à voir les chercheurs-acteurs comme un groupe de personnes qui participent systématiquement et délibérément aux processus de contestation et d'institutionnalisation toujours à l'œuvre dans la vie sociale et éducative, qui veulent aider à améliorer la vie sociale et éducative par des approches réflexives et autoréflexives dans lesquelles ils participent[48].

Par ailleurs, devant tant de complexité, certains auteurs ont tenté une synthèse qui regroupe les différentes facettes selon lesquelles on peut comprendre ce qu'est la recherche-action. Ainsi, Louisette Lavoie, Danielle Marquis et Paul Laurin proposent cette définition « parapluie » :

La recherche-action est une approche de recherche, à caractère social, associée à une stratégie d'intervention et qui évolue dans un contexte dynamique. Elle est fondée sur la conviction que la recherche et l'action peuvent être réunies. Selon sa préoccupation, la recherche-action peut avoir comme buts le changement, la compréhension des pratiques, l'évaluation, la résolution des problèmes, la production de connaissances ou l'amélioration d'une situation donnée. La recherche-action doit : avoir pour origine des besoins sociaux réels, être menée en milieu naturel de vie, mettre à contribution tous les participants à tous les niveaux, être flexible (s'ajuster et progresser selon les événements), établir une communication systématique entre les participants et s'auto-évaluer tout au long du processus. Elle est à caractère empirique et elle est en lien avec le vécu. Elle a un design novateur et une forme de gestion collective où le chercheur est aussi un acteur et où l'acteur est aussi chercheur[49].

Ces définitions démontrent comment les préoccupations des chercheurs quant aux finalités de leur recherche/intervention peuvent déterminer leurs méthodologies, ce qui déterminera alors la nature de la recherche-action.

Selon Reason et Bradbury, on pourrait identifier trois niveaux d'utilisation de la recherche-action : La recherche peut se faire au « je », au « nous » et au « il ». Dans le premier cas, nous retrouvons les recherches effectuées pour soi. À titre d'exemple, mentionnons les études de type « self study » où le chercheur examine ses pratiques afin de devenir plus conscient de ses actions et de pouvoir en observer l'effet. Dans cette manière d'effectuer sa recherche, l'enseignant ou le professeur d'université n'examine

---

48. Stephen KEMMIS, « Improving Education Through Research », dans Ortrun ZUBER-SKERRITT, *Action Research for Change and Development*, Aldershot, Avebury, 1994, p. 57-75.
49. Louisette LAVOIE, Danielle MARQUIS et Paul LAURIN, *La recherche-action : théorie et pratique*, Sainte-Foy, Presses de l'Université du Québec, 1996, p. 41.

pas la pratique des autres, à partir de l'extérieur, mais il cherche plutôt à examiner les actions qu'il pose au cours de sa vie quotidienne. La recherche-action devient, par exemple, une façon d'améliorer son enseignement ou sa recherche, d'étudier l'utilisation de stratégies d'interventions particulières ou de mettre en œuvre une nouvelle philosophie dans les programmes de formation des maîtres.

Le deuxième niveau consiste à travailler, « face à face », avec d'autres chercheurs qui partagent les mêmes préoccupations. Ce type de recherche commence par un dialogue et mène au développement de communautés de pratiques et aux organisations apprenantes. Elle se fait donc au niveau du « nous ». Finalement, le troisième niveau consiste à intervenir auprès de personnes dans un plus grand contexte. À ce niveau, les projets qui étaient menés à petite échelle s'étendent et peuvent devenir des événements politiques. Les stratégies utilisées créent une communauté de recherche plus large que la précédente de sorte qu'il est possible que les personnes impliquées ne se connaissent pas personnellement. Dans ce contexte, la diffusion, par des écrits, du processus de la recherche ainsi que ses résultats devient importante.

Selon les mêmes auteurs, la forme de recherche-action la plus productive utilisera les trois niveaux. Ceux qui veulent travailler en « je » s'entoureront d'amis ou de collègues qui leur offriront du soutien et leur poseront des défis. Un tel groupe pourra se transformer en groupe de recherche collaborative et constituer le « nous ». D'autre part, les recherches menées auprès des autres, les « ils », risquent d'être distorsionnées et biaisées rapidement si elles ne tiennent pas compte d'une recherche rigoureuse au niveau du « je » afin de bien comprendre les objectifs personnels qui poussent l'intervenant à vouloir aider les autres.

Contrairement aux processus traditionnels de recherche qui ne se préoccupent pas de l'action ou aux démarches de résolution de problèmes qui ne cherchent pas à produire du savoir, la recherche-action comprend des sous-processus qui sont mis en branle simultanément et qui doivent être gérés de façon concomitante : la recherche, l'action et la formation. Ces trois sous-processus sont illustrés par un triangle recherche-action semblable à celui qui a été produit par Lewin. Il permet de considérer la recherche-action comme un système et de mieux en saisir la nature en le représentant comme un nouveau processus qui émerge d'une triple finalité.

Dans ce modèle, le pôle « *recherche* » s'exprime par la préoccupation de générer des connaissances qui permettront de mieux agir dans le but d'amener des changements. Il pourra s'agir aussi d'apprentissages effectués par les chercheurs qui veulent comprendre la situation et son contexte, le contenu de l'intervention et l'apport du processus de recherche-action lui-même vu comme une stratégie de changement. Ces savoirs pourront être de différents niveaux selon les postulats influençant les chercheurs. Il pourra s'agir de savoirs expérientiels et tacites, de savoirs subjectifs et interprétatifs, ou de savoirs considérés comme «objectifs» dans un paradigme plus positiviste. Le chercheur aura recours à une approche méthodologique rigoureuse pour guider, éclairer le processus de résolution de problèmes tout au long de son déroulement et en évaluer l'impact : collecte de données afin de cerner le problème, clarification du cadre théorique qui orientera l'action, observation et enregistrement systématique de l'action, analyse des données recueillies (réflexion), validation des données par différentes méthodes de triangulation et diffusion des connaissances pour les rendre publiques (objectivation). Le pôle «*action*» représente l'intervention choisie pour provoquer un changement au sein d'une situation concrète. Selon les différentes visions du monde adoptées par le praticien, cette action visera soit un changement dans sa prise de conscience ou celle des autres participants, ou, tout simplement, la formation d'une communauté d'apprenants, soit l'amélioration de sa propre pratique ou de celle des autres, soit une modification ou une transformation de l'organisation où se déroule l'action ou la pratique, ou encore un changement dans la société ambiante.

FIGURE 2
La triple finalité de la recherche-action

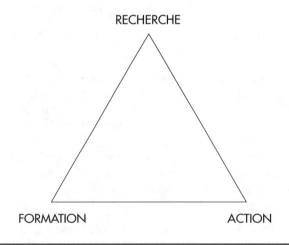

Le pôle « *formation* » représente la volonté des acteurs impliqués comme cochercheurs ou même celle de l'organisation d'augmenter leurs habiletés à contrôler leurs propres actions plus efficacement et à continuer d'améliorer leur capacité de le faire. Le chercheur professionnel devient alors un facilitateur, quelqu'un qui initie les membres de la communauté de pratique à la méthodologie de recherche de sorte qu'ils puissent se l'approprier et ainsi aider leur organisation à devenir « apprenante ». Le chercheur veut aussi apprendre avec eux comment devenir efficaces dans le travail d'équipe. Selon Heron[50], le chercheur veut faire émerger un processus de prise de décision participatif et une collaboration authentique pour que la recherche devienne vraiment coopérative. Il cherche à créer un climat qui permette d'identifier les émotions de sorte que les tensions et le stress générés par la recherche puissent être acceptés et traités et que la joie et le plaisir de travailler ensemble puissent être exprimés.

La famille de la recherche-action inclut donc tout un éventail d'approches et de pratiques, chacune étant enracinée dans une tradition différente ou dans des postulats philosophiques différents, et à la poursuite d'engagements politiques différents. Cependant, ce qu'elles ont toutes en commun, c'est d'être participatives, ancrées dans l'expérience et être orientées vers l'action.

On pourrait donc considérer la recherche-action comme étant **un système d'activités humaines qui vise à faire émerger un processus collaboratif dans le but de produire un changement dans le monde réel**. Selon la vision du monde de ses agents (leurs paradigmes, postulats et valeurs), la transformation souhaitée sera dirigée vers une ou plusieurs cibles : les chercheurs, les acteurs ou les chercheurs-acteurs eux-mêmes ; l'organisation ou l'environnement dans lequel ils évoluent. Le changement se manifestera par des apprentissages effectués pendant ou après la mise en œuvre du processus au niveau des différents savoirs : le savoir-être (prises de conscience personnelles ou collectives, changements d'attitudes, etc.), le savoir-faire (rigueur dans l'observation, habiletés en résolution de problèmes, habileté à travailler en collaboration, compétences professionnelles, etc.) et le savoir (savoir théorique et savoir pratique) au regard de la solution apportée au problème, de la situation problématique elle-même, de l'environnement où se déroule l'intervention et du processus de recherche lui-même.

---

50. John HERON, *Cooperative Inquiry : Research into the Human Condition*, London, Sage, 1996, 225 pages.

5 CARACTÉRISTIQUES DE LA RECHERCHE-ACTION

1. La recherche-action est un processus de collaboration dans lequel un groupe d'individus examine un problème concret qui les préoccupe. Cette collaboration sur le terrain peut prendre plusieurs formes :

   – Un chercheur professionnel dirige le volet « recherche » et travaille avec des acteurs qui examinent avec lui leur pratique.

   – Un chercheur professionnel collabore avec les acteurs dans toutes les étapes du processus de recherche.

   – Des acteurs deviennent chercheurs et travaillent ensemble durant toutes les étapes de la recherche.

   – Des acteurs se mettent en recherche pour améliorer leur pratique et collaborent avec des collègues pour valider ensemble leurs démarches.

2. Même si l'un de ses objectifs est de produire des connaissances pratiques qui seront utiles aux personnes dans leur vie quotidienne, la recherche-action contribue, de façon plus large, au mieux-être économique, politique, psychologique et spirituel des personnes et de leur communauté ainsi qu'à des relations plus équitables et durables avec l'écologie planétaire dont nous faisons tous partie.

3. Elle ne se distingue pas des autres types de recherche par des techniques ou des méthodes spécifiques. Elle se caractérise plutôt par un effort constant de relier et de mener en même temps action et réflexion, de réfléchir sur son action en vue de l'améliorer et d'agir en s'observant dans le but de développer sa prise de conscience, son savoir. Elle repose donc sur un processus cyclique qui comprend des étapes de planification, d'action, d'observation et de réflexion.

4. Les actions visant à amener le changement se déroulent dans une situation concrète et les décisions sont prises en collaboration. La recherche-action n'est donc possible qu'*avec, pour* et *par* les personnes et leurs communautés et, idéalement, elle impliquera ceux qui sont préoccupés par un problème et sa compréhension.

5. Elle utilise un vaste répertoire de méthodes pour obtenir des données et améliorer la pratique, ce qui implique un équilibre entre les coûts (efforts, temps, ressources) et les résultats. Les méthodes sont adaptées pour permettre la recherche sans déranger la pratique.

6. Le chercheur s'engage directement dans la résolution du problème ; il ne se perçoit pas comme neutre. La recherche est donc fondée sur des valeurs puisque ses actions sont orientées vers des buts, des idéaux.

7. Le problème de recherche, ses objectifs et les méthodes retenues émergent souvent du processus lui-même. Ils ne peuvent donc être définitifs puisque l'impact des actions posées ne peut être connu à l'avance.

8. La recherche facilite un changement qui vient de l'intérieur, c'est l'antithèse du changement venu de l'extérieur.

9. Elle repose sur une démarche structurée pour
    - permettre une communication ouverte et fréquente entre les cochercheurs,
    - mettre de l'avant un leadership démocratique,
    - suivre un processus récursif illustré par des cycles en spirales,
    - établir des relations positives avec le contexte où elle a lieu.

À l'instar de Reason et Bradbury nous croyons que ces caractéristiques impliquent un *virage de pratique* chez ceux qui font de la recherche puisque ce virage propose de construire une nouvelle voie et de pousser plus loin le récent « virage du discours » qui est apparu au cours des dernières années. En effet, à l'époque du postmodernisme, nul ne doute du discours socio-constructiviste sur la connaissance qui est perçue, par de plus en plus de gens, comme une construction sociale. Le *virage vers l'action*, non seulement accepte-t-il ce fait, mais il nous demande d'examiner comment nous pouvons agir de façon intelligente et informée dans ce monde qui est construit socialement.

 6   LES MÉTHODOLOGIES DE RECHERCHE-ACTION

Les tenants de la recherche-action insistent pour ne pas s'emprisonner dans un processus méthodologique trop rigide qui les empêcherait de réagir aux imprévus rencontrés pendant son déroulement sur le terrain. Toutefois,

étant donné qu'elle est directement concernée par le changement de situations concrètes et qu'elle est une pratique intentionnelle, son processus est
planifié et organisé. La plupart des auteurs s'entendent pour dire qu'il
comporte au moins les étapes suivantes : la formulation du problème, la
planification des sous-processus, la mise en œuvre du plan d'action, l'observation des effets de l'action, la réflexion et la répétition du processus. Le
tableau suivant met en comparaison différents modèles utilisés. On y
retrouvera des variantes du même processus, chaque auteur s'attardant à
expliciter l'une ou l'autre de ces étapes.

Une représentation comparative des différentes méthodologies nous
permet, certes, de voir les étapes du processus. Cependant, elle donne l'impression de linéarité à une démarche qui se veut cyclique, ouverte et dynamique. Afin de donner une image plus juste des cycles en spirale, plusieurs
auteurs ont utilisé des modèles graphiques pour les illustrer. Les deux
modèles suivants peuvent servir d'exemples représentatifs du processus
récurrent. Le premier, développé par Elliott (figure 3), montre l'articulation de trois cycles de recherche. Le deuxième modèle, proposé par Jean
McNiff (figure 4), ajoute à celui d'Elliott en ce sens qu'il permet l'ouverture nécessaire pour expliquer le déroulement de la recherche. En effet,
puisqu'il n'identifie pas des étapes précises à l'intérieur des cycles, il offre
au chercheur-acteur la possibilité de modifier sa démarche en tout temps
pour s'ajuster à la rétroaction. Ce modèle laisse aussi place à l'apparition
de sous-processus qui peuvent se développer et se dérouler parallèlement
au processus principal planifié par le chercheur.

Les différentes étapes des processus illustrés reposent sur l'utilisation
de techniques particulières qui permettront d'ajouter plus ou moins de
rigueur au processus de résolution de problèmes. En effet, la recherche-
action est plus qu'une intervention en vue de produire un changement.
C'est aussi une recherche qui se sert d'outils méthodologiques, non seulement pour observer et documenter le déroulement de l'action, mais aussi
pour aider le chercheur-acteur à clarifier la problématique de la recherche,
à développer les solutions pertinentes, à planifier les interventions qu'il
juge nécessaires pour influencer la situation problématique et à produire
des savoirs qu'il rendra éventuellement publics.

Dans le but de clarifier le sous-processus « recherche » du système
recherche-action, reprenons brièvement les étapes en explicitant le déroulement concret de chacune d'elles.

Tableau comparatif de diverses méthodologies de recherche-action

Étapes	Lewin (1946) États-Unis	Corey (1953) États-Unis	Elliott (1981) Royaume-Uni	Hopkins (1985) Royaume-Uni	Whitehead (1986) Royaume-Uni	Altricher (1993) Autriche	Carr et Kemmis (1986) Australie	Goyette et Lessard-Hébert (1987) Québec	Lavoie, Marquis et Laurin (1996) Québec
Formuler le problème	Idée générale. Collecte d'informations. Conceptualiser le problème.	Identifier le problème. Formuler des hypothèses.	Identifier une idée initiale. Reconnaissance (Collecte d'informations et analyse).	Idée générale, formulation du problème. Réflexion critique. Formuler des hypothèses.	Je ressens un problème lorsque certaines de mes valeurs éducatives sont reniées dans ma pratique.	Identifier un point de départ : un intérêt, une difficulté ou une situation confuse. Clarifier la situation. (Collecte et analyse des données afin de cerner la situation).	Procéder à une réflexion initiale à la lumière d'une préoccupation.	Exploration et analyse de l'expérience. Énoncé d'un problème de recherche.	Étape préalable (seul). Réflexion initiale (en groupe). Précision du problème et de son contexte (en groupe).
Planifier	Plan d'action général. Décider de la première étape d'action.		Créer un plan général comprenant des actions en étapes.	Choisir une méthodologie.	J'imagine une solution à mon problème.	Développer des stratégies d'action et ...	Planifier.	Planification d'un projet.	Planification de l'action (en groupe).
Agir	Exécuter la première étape.		Implanter la première étape	Implanter la solution imaginée.	J'implante la solution imaginée.	... les mettre en pratique.	Agir.	Réalisation du projet.	Action et ...
Observer	Reconnaissance ou collecte d'informations.	Enregistrer les actions.	Surveiller ce qui se passe.	Recueillir des données.		Observer et documenter ce qui se passe.	Observer.	Présentation des résultats.	... observation (en groupe).
Réfléchir	Évaluation. Se refaire une idée, planifier la prochaine étape, et modifier le plan.	Inférer des généralisations.	Reconnaissance.	Analyser les données.	J'évalue les résultats de mes actions et je cherche des évidences.	Apprendre de l'expérience. Rendre les connaissances produites publiques.	Réfléchir.	Analyse des résultats. Interprétation. Conclusion. Prise de décision.	Évaluation et prise de décision (en groupe).
Répéter le processus	Cycle en spirale de planification, exécution et de reconnaissance afin d'évaluer et de planifier la prochaine étape et peut-être modifier le plan.	Continuer à vérifier les généralisations dans l'action.	Réviser l'idée générale.	Continuer l'action. Rapporter la recherche. Réviser le processus.	Je reformule mon problème à la lumière de mon évaluation.	Nouveau stade de clarification de la situation qui conduit au développement et à l'implantation de nouvelles stratégies d'action.	Réviser le plan. Répéter le cycle.		Redéfinition du problème et planification d'autant de cycles d'action que jugés nécessaires pour résoudre le problème.

FIGURE 3
Modèle de recherche-action selon John Elliott

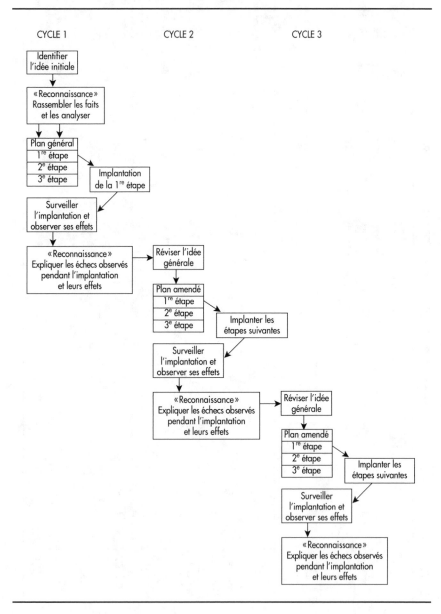

FIGURE 4
Modèle de recherche-action selon Jean McNiff, Lomax et Whitehead

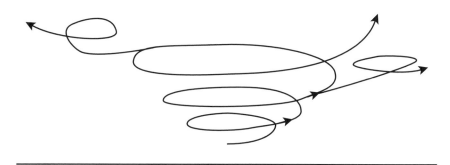

1re étape : Point de départ

Le chercheur, seul ou avec d'autres, identifie une problématique concrète qui suscite chez lui le désir d'amorcer une recherche pour l'examiner en vue de la changer. Souvent le groupe de recherche-action est formé à ce premier stade et un contrat est établi entre ses membres. Plusieurs manières de procéder peuvent être utilisées. Dans un premier cas, un ou deux chercheurs peuvent inviter les intéressés à se joindre à eux, dans une recherche qui porte sur une problématique assez large. Cela a pour avantage de permettre aux membres du groupe de travailler ensemble à la précision du problème de recherche. Le défi, à ce stade, est de créer une communauté de recherche qui partage certaines valeurs, sans toutefois les imposer. Ceux qui entreprennent la recherche se donnent alors comme tâche de former les autres à une approche de recherche collaborative. Dans un deuxième cas, le chercheur invite un groupe déjà constitué à se joindre à une recherche afin de résoudre un problème qui les intéresse. Dans un troisième cas, un groupe peut inviter lui-même un ou des chercheurs à se joindre à lui pour démarrer la recherche. Finalement, on peut voir des cas ou un groupe se met lui-même en processus de recherche coopérative, comme c'est le cas lorsqu'une équipe-école s'arrête à étudier le problème du décrochage de ses élèves ou se met en démarche d'élaboration de son projet éducatif.

Il sera important, à cette phase, de clarifier le droit de propriété de chacun sur la situation qui est perçue comme problématique et d'articuler, dès cette étape, les buts généraux de la démarche de collaboration.

2ᵉ étape : Clarification de la situation

La situation problématique est examinée par ceux qui se trouvent dans la situation réelle. Une collecte d'information est alors entreprise pour mieux comprendre la situation et l'environnement ou le contexte dans lequel elle se situe. Plusieurs méthodes de collecte de données peuvent être utilisées telles celles-ci : les conversations, les entrevues, les questionnaires, les études descriptives et l'étude de documents provenant soit de l'intérieur ou de l'extérieur de la situation (procès-verbaux, rapports, productions écrites des acteurs, etc.). Idéalement, le chercheur voudra que tous les protagonistes soient impliqués comme cochercheurs dans toutes les décisions de la recherche, et ce, autant en ce qui a trait au contenu qu'aux méthodes.

3ᵉ étape : Planification de l'action

Une fois la situation clarifiée, des objectifs de changement sont formulés. Des actions possibles sont identifiées et un plan d'action plus ou moins détaillé est articulé pour permettre d'intervenir. Parallèlement, le chercheur ou le groupe de recherche décidera des moyens qu'il mettra en place pour recueillir des données tout au long de l'action. À ce stade, il aura déjà commencé à écrire un journal de bord dans lequel il décrira ses actions, ses observations et ses réflexions.

4ᵉ étape : Action

Pendant l'implantation du processus planifié, des observations sont habituellement recueillies, et ce, de façon systématique, afin de pouvoir décrire ultérieurement ce qui s'est passé durant l'intervention, d'observer l'impact des actions sur la situation problématique et de modifier, si nécessaire, les actions subséquentes initialement prévues dans le plan. Les données peuvent être obtenues au moyen de documents produits dans l'action (ordres du jour, procès-verbaux ou tout autre document), par des questionnaires ou des entrevues, des observations provenant de témoins, des enregistrements sonores ou visuels, ou tout autre moyen jugé pertinent.

5ᵉ étape : Réflexion

Les données recueillies pendant l'intervention sont analysées et validées. L'autovalidation est la première étape de ce processus. La validation par les pairs est ensuite recherchée, soit dans le groupe de recherche, soit par le recours à un ami critique ou à une communauté d'apprentissage.

6e étape : Partage du savoir généré

Comme dans toutes les recherches, les connaissances produites sont ensuite rendues publiques. Il peut s'agir d'apprentissages sur la situation problématique, sur l'intervention utilisée pour l'influencer ou sur le processus de recherche-action comme stratégie de changement. Il peut enfin s'agir d'un apprentissage personnel ou d'un savoir partagé par les cochercheurs. Les savoirs sont ensuite rendus publics afin d'être validés.

Différentes formes de rapport peuvent être utilisées, par exemple, une séance d'information ou la production d'un document écrit, visuel ou sonore. Les connaissances sont habituellement partagées avec la communauté dans laquelle s'est déroulée la recherche et elles peuvent ensuite être véhiculées dans l'organisation. Parfois, lorsque la recherche a lieu dans le cadre d'une formation universitaire, le chercheur aura à produire un mémoire ou une thèse qui répondra aux exigences du programme de formation. Celles-ci pourront varier compte tenu des croyances et postulats épistémologiques des chercheurs universitaires.

Conclusion

Dans ce chapitre, nous ne pouvons prétendre avoir réussi à clarifier, de façon simple et univoque, la question de la définition de la recherche-action. Face aux multiples points de vue, complémentaires ou contradictoires, concernant ses finalités et ses méthodes, il ne nous est pas apparu essentiel d'alimenter un débat souvent stérile en prenant position pour l'une ou l'autre des approches. Il peut être légitime de vouloir en arriver à circonscrire la recherche-action dans une définition unique mais ceux qui la pratiquent évitent souvent de le faire par crainte de la voir réduire à une simple méthodologie.

L'expression « recherche-action » la distingue à la fois des pratiques uniquement orientées sur la recherche et de celles qui se limitent à l'action. On peut la voir comme une recherche dans le monde réel en vue de l'influencer immédiatement ou comme une professionnalisation des pratiques. Il existera toujours, en son cœur même, une tension créée par la relation entre la recherche et l'action, entre la théorie et la pratique, entre le processus de recherche et l'engagement dans le monde réel, entre le rôle de chercheur et celui de praticien, entre les valeurs personnelles du chercheur, ses valeurs professionnelles et celles de sa communauté.

La recherche-action se différencie donc des autres modes de recherche par l'engagement personnel du chercheur-acteur qui oriente sa démarche selon sa vision particulière du changement souhaité. Elle exige de lui qu'il soit impliqué comme individu dans un processus dynamique de collaboration qui l'oblige à établir des relations interpersonnelles où il risquera d'être ébranlé dans ses valeurs profondes. Plutôt que de chercher sa sécurité dans des procédures spécifiques suivies de façon rigoureuse, il prend son ancrage dans la finalité qu'il poursuit, acceptant ainsi les risques inhérents au processus de création qu'il met en œuvre dans les décisions prises au fur et à mesure des imprévus qui apparaissent dans l'action. Sa préoccupation principale sera toujours le *vers quoi allons-nous ?* et *pourquoi faisons-nous ?* La question du *comment ferons-nous* devient alors secondaire parce que sa réponse est sujette à des négociations et à des adaptations continuelles pour tenir compte de l'action.

Même si, dans ce chapitre, nous avons tenté de l'expliquer par des mots et des idées, nous sommes conscients des limites imposées par cette démarche puisque, comme toute pratique, la recherche-action ne pourra être véritablement comprise que dans l'action.

Bibliographie annotée

BARIBEAU, Colette (dir.), « La recherche-action : de Kurt Lewin aux pratiques québécoises contemporaines », *Revue de l'Association pour la recherche qualitative*, vol. 7, automne 1992, 119 pages.

Ce numéro de l'Association pour la recherche qualitative regroupe, en deuxième partie, les textes présentés à leur Colloque de mai 1991 pour souligner le centième anniversaire de la naissance de Kurt Lewin. Il est intéressant pour celui qui veut connaître l'apport de cet auteur qui a toujours beaucoup d'influence dans la pratique de la recherche-action.

ELLIOTT, John, *Action Research for Educational Change*, Milton Keynes, Open University Press, 1991, 163 pages.

Ce livre présente la recherche-action comme une forme de développement professionnel pour les enseignants. L'auteur y reprend son modèle en spirale développé une vingtaine d'années plus tôt et propose une démarche au praticien qui veut utiliser la recherche-action pour améliorer ses pratiques.

GOYETTE, Gabriel et Michelle LESSARD HÉBERT, *La recherche-action : ses fonctions, ses fondements et son instrumentation*, Sainte-Foy, Presses de l'Université du Québec, 1987, 204 pages.

Cet ouvrage découle d'une recherche où les auteurs ont effectué une analyse extensive d'écrits presque exclusivement francophones. La présentation des différents points de vue en rend parfois la lecture difficile pour le lecteur qui a de la difficulté à en arriver à une synthèse.

GREENWOOD, Davydd J. et Morten LEVIN, *Introduction to Action Research : Social Research for social Change*, Thousand Oaks, Sage, 1998, 274 pages.

Ce livre est le résultat d'une brillante collaboration entre un chercheur américain (Greenwood) et un chercheur norvégien (Levin) qui ont mis en commun leurs connaissances sur ce mode de recherche. Sans vouloir réduire la complexité de la recherche-action à un modèle idéal, les auteurs réussissent à transmettre toute sa complexité. Le lecteur appréciera les liens qu'ils font entre la recherche-action qui exige la participation de tous les acteurs et les changements qui en sont venus à être appliqués dans le monde du travail, telles la qualité totale, la participation des travailleurs, etc. Le lecteur appréciera leur vision de la recherche comme instrument démocratique de changement social. Après l'avoir définie et en avoir brossé l'historique, les auteurs en discutent la scientificité et présentent les diverses méthodes à sa disposition. Ils décrivent très bien le type de recherche-action menée par les chercheurs universitaires considérés comme des professionnels de la recherche qui collaborent avec les acteurs à la résolution de problèmes concrets. Le volume rapporte plusieurs études de cas qui permettent de bien saisir ses particularités.

HERON, John, *Cooperative Inquiry : Research into the Human Condition*, London, Sage, 1996, 225 pages.

Heron, un chercheur de réputation internationale, présente la recherche-action comme une démarche de coopération où les rôles de chercheur et de sujet sont intégrés. Il offre un livre de base pour ceux qui désirent savoir ce qu'est la recherche-action participative. L'auteur présente le cadre théorique de son approche et présente ensuite un guide pratique des méthodes qui peuvent être utilisées.

LAVOIE, Louisette, Danielle MARQUIS et Paul LAURIN, *La recherche-action : théorie et pratique*, Sainte-Foy, Presses de l'Université du Québec, 1996, 229 pages.

Cet excellent ouvrage est présenté par ses auteurs comme un ouvrage didactique sur la recherche-action. Il fait le tour du concept et de l'application immédiate qui peut en être faite. Il propose une démarche où le lecteur chemine selon une formule d'autoformation à travers différents modules qui vont de la définition et des principes de la recherche-action à ses étapes de réalisation.

MAYER, Robert et Francine OUELLET, *Méthodologie de recherche pour les intervenants sociaux*, Boucherville, Gaëtan Morin éditeur, 1991, 584 pages.

Cet ouvrage de base présente deux excellents chapitres sur la recherche-action et la recherche militante.

MCNIFF, Jean, Pamela LOMAX et Jack WHITEHEAD, *You and Your Action Research Project*, New York, Routledge, 1996, 157 pages.

Les auteurs, utilisant une des approches britanniques de recherche-action où le praticien est encouragé à devenir chercheur, ont voulu offrir un guide méthodologique simple à utiliser. Il s'adresse à ceux qui veulent apprendre à faire de la recherche-action et présente, de façon détaillée, les étapes et les techniques de recherche-action.

MCNIFF, Jean, *Action Research : Principles and Practice*, London, Sage, 2ᵉ édition, 2002, 163 pages.

Jean McNiff expérimente le modèle du praticien-chercheur depuis plus de 15 ans dans la tradition de la recherche-action centrée sur le praticien. Ce volume rend compte de ce qu'elle a appris depuis la publication de la première édition du volume en 1988. Il présente les principes de la recherche-action, la méthodologie privilégiée et de nombreux cas illustrant la démarche.

NODIE OJA, Sharon et Lisa SMULYAN, *Collaborative Action Research : A Developmental Approach*, London, Falmer Press, 1989, 232 pages.

Dans ce livre, on présente la recherche-action comme une démarche collaborative qui permet aux enseignants d'améliorer leur milieu de travail. Après un premier chapitre qui situe ce type de recherche-action par rapport à d'autres démarches, les auteurs présentent plusieurs exemples de projets de recherche-action visant les changements qui ont été effectués dans des écoles américaines.

REASON, Peter et Hilary BRADBURY (dir.), *Handbook of Action Research : Participative inquiry and Practice*, London, Sage, 2001, 468 pages.

Ce « Handbook » consacré à la recherche-action est le fruit d'un travail de collaboration international. Comportant 45 chapitres écrits par des experts reconnus sur la scène mondiale, il devient l'ouvrage de base pour ceux qui sont intéressés à approfondir la recherche-action. Divisé en quatre parties, le volume commence par la clarification de ses fondements intellectuels et politiques. Il présente ensuite une grande diversité d'approches dans une deuxième partie plus pratique. Cependant, les auteurs soulignent que ce mode de recherche doit être perçu beaucoup plus comme une vision du monde qu'une autre méthodologie. La troisième partie offre quinze exemples de recherches menées aux quatre coins du monde, alors que la quatrième s'arrête aux habiletés requises pour mener de telles pratiques.

SCHÖN, Donald, *Le praticien réflexif*, Montréal, Les éditions Logiques, 1994, 418 pages.

Cette traduction française de l'ouvrage américain publié en 1983 est un livre de référence indispensable pour celui qui veut approfondir sa pratique professionnelle et devenir un chercheur qui réfléchit aux actions qu'il pose ou qu'il a posées. Donald Schön y invite les praticiens à explorer leur savoir professionnel au moyen de l'analyse réflexive.

STRINGER, Ernest T., *Action Research : A Handbook for Practitioners*, Thousand Oaks, Sage Publications, 1996, 169 pages.

Les praticiens trouveront dans ce livre les principes qui soutiennent la recherche-action communautaire. Le chercheur peut être lui-même le chercheur ou intervenir comme facilitateur d'un processus qui vise à établir des relations égalitaires, harmonieuses, sensibles et coopératives qui s'appuient sur des communications vraies, sincères et ouvertes en vue de permettre aux membres de la communauté de participer activement au processus qui inclut tous les individus et les groupes impliqués par le problème étudié. L'auteur y présente de façon claire comment la recherche peut être menée de façon méthodique en préparant d'abord le terrain, en observant ensuite la situation problématique afin d'en faire un portrait qui sera, par la suite, interprété et expliqué. Ce livre est recommandé.

ZUBER-SKERRITT, Ortrun, *New Directions in Action Research*, London, Falmer Press, 1996, 266 pages.

Cet ouvrage est divisé en trois parties. Dans la première, l'auteur présente les modèles, principes et méthodologies de la recherche-action critique. La deuxième expose les problèmes habituellement rencontrés en recherche-action et offre une variété de solutions pour les aborder. La troisième situe la recherche-action critique par rapport au postmodernisme et montre comment elle peut être utilisée dans un but d'émancipation dans le contexte du développement organisationnel et professionnel.

http ://www.actionresearch.net

> Ce site Internet contient les mémoires et les thèses de plusieurs cher-
> cheurs qui ont obtenu leurs maîtrises et leurs doctorats à l'Université
> de Bath (Angleterre). Il contient de nombreuses adresses Internet
> d'autres sites portant sur la recherche-action tels :

> Recherche-action dans l'État de l'Oregon :
> <http ://beta.open.k12.or.us/arowhelp> ;

> Ressources sur la recherche-action à l'Université Southern Corss en
> Australie :
> <http ://www.scu.edu.au/schools/gcm/ar/ari/arihme.html> ;

> Groupe d'intérêt de l'AERA portant sur le « self-study » :
> <http ://www.ku.edu/~sstep/>.

Une science objective ? 20

Koula MELLOS

Je ne vois que ce que je crois !

Philosophe de mai 1968

La philosophie empirico-analytique de la science est à la base de la conception du savoir scientifique qui prévaut dans le monde anglo-américain. Cette conception est aussi largement acceptée en Europe de l'Ouest. La philosophie de base n'est pas une nouveauté dans l'histoire de la pensée occidentale, mais on peut situer son développement le plus significatif à l'époque de la révolution industrielle, qu'elle a, du reste, marquée.

Au cours des quatre derniers siècles, et particulièrement depuis le début du siècle, l'approche empirico-analytique a subi plusieurs modifications importantes à divers niveaux de son épistémologie, modifications qui ont engendré un grand nombre d'écoles de pensée distinctes, telles que le positivisme logique et le rationalisme critique, à tel point que le terme de « philosophie empirico-analytique » peut créer de la confusion parce qu'il fait référence à des factions intellectuelles disparates.

Les différents chapitres de ce livre présentent une série de méthodologies diversifiées, aujourd'hui utilisées dans la recherche d'explications valables de la réalité. Quoiqu'une certaine hétérogénéité théorique et pratique puisse y être observée, ces méthodologies peuvent quand même être regroupées par leur compatibilité épistémologique prenant racine dans des prémisses communes issues de la même approche empirico-analytique. Cette compatibilité provient de plusieurs postulats concernant la nature de la science et, en particulier, d'une proposition que nous aimerions faire ressortir à cause de ses profondes implications dans la théorie et dans la pratique : il s'agit de la *neutralité de la science*. Selon cette proposition, la science a pour objectif la connaissance du monde tel qu'il est, et non tel qu'il devrait être ; *les valeurs n'auraient donc pas de place dans le processus scientifique puisqu'elles ne peuvent produire qu'une vision contrefaite de l'état du monde.*

La thèse de la neutralité de la science est donc basée sur la prémisse selon laquelle il n'y a pas de continuité entre faits et valeurs, que les faits concernent le monde tel qu'il est et que les valeurs concernent ce qu'il devrait être. Cette dichotomie faits–valeurs remonte à David Hume qui soutint qu'un fait ne peut pas être dérivé logiquement d'une valeur, ni une valeur d'un fait ; donc, si la science cherche à découvrir et à expliquer l'état et les processus du monde réel, c'est-à-dire les faits, elle doit éviter de lier faits et valeurs au niveau de la logique de l'enquête. Les valeurs, puisqu'elles existent sous forme de préférences et de désirs chez les individus, peuvent aussi devenir des faits, par leur seule existence et évidemment à cause de leur place centrale dans l'orientation du comportement. Cela ne viole pas la prémisse de la discontinuité logique : en effet, une valeur n'est pas une valeur par son existence factuelle, pas plus qu'un fait n'est un fait parce qu'on lui accorde une valeur.

Le principal objectif de ce chapitre est d'analyser la thèse de la neutralité de la science pour préciser 1) si, oui ou non, on peut soutenir logiquement que la science peut exister indépendamment des valeurs, 2) les implications sociales d'une pratique scientifique supposée neutre, au moins au niveau de sa logique, mais aussi, par voie de conséquence, au niveau du type de résultats qu'elle produit.

1 LA LOGIQUE DE LA NEUTRALITÉ DE LA SCIENCE

Le terme générique « science » est très significatif dans ce qui s'appelle la « philosophie » de la science puisqu'il renvoie à l'idée d'un mode commun d'enquête choisi à l'intérieur d'un large éventail d'objets possibles d'analyse. Ce mode d'enquête est constitué d'une méthodologie particulière et d'un ensemble de règles précises du discours scientifique. Cette méthode et ces règles[1] définissent la science en général ; une science en particulier diffère d'une autre science seulement par son objet d'analyse, et non par la méthode ou les règles de son discours. Ainsi, la physiologie s'intéresse aux cellules vivantes ; la sociologie, aux relations sociales ; la science politique, aux relations de pouvoir ; chacune se distingue des autres par ses objets d'analyse, mais la méthodologie et les règles de leur discours sont les mêmes.

On peut parler de « la science » dans un sens général puisque toutes les sciences particulières se regroupent dans cette unité de la méthode et de la structure des règles du discours. Évidemment, on ne peut nier que la structure ou le comportement spécifique de certains objets d'analyse peut provoquer, et a effectivement amené, le développement de techniques particulières d'enquête. En effet, plusieurs chapitres de ce livre mettent l'accent sur des techniques précises et démontrent la variabilité et la diversité des techniques scientifiques ; mais cette affirmation de l'unité de la méthode ne touche pas les techniques d'enquête : elle signifie plutôt que la même logique et les mêmes règles de syntaxe scientifique sont appliquées dans toute la science.

Toute la structure de la méthode et des règles du discours scientifique est entachée par l'axiome de la dichotomie faits–valeurs. Au moins trois aspects de cette structure mettent en évidence l'impact de la prémisse de neutralité : il s'agit de l'*observabilité*, de l'*intersubjectivité* et de la *reproductibilité*, chacune constituant une condition nécessaire à la solidité de la méthode scientifique.

▓ 1.1. L'observabilité

L'observabilité renvoie aux caractéristiques d'un objet d'analyse. Un objet particulier ne peut être retenu pour traitement scientifique que s'il peut s'adapter à la *vérification empirique*. Bien sûr, cela ne signifie pas que les propriétés de cet objet soient obligatoirement accessibles à l'observation des sens physiques ; l'observation indirecte par inférence peut suffire et, effectivement, est employée quand l'observation directe est impossible. On ne peut pas *voir* un atome, et encore moins ses composantes : les électrons, les protons et les neutrons ; mais on peut utiliser différents tests indirects et des inférences pour arriver à considérer l'atome comme objet d'enquête

---

1. Pour une discussion générale des diverses étapes de la méthode scientifique, voir Arnold BRECHT, *Political Theory : The Foundations of Twentieth Century Political Thought*, Princeton, University Press, 1959, p. 27-113.

scientifique. Par contre, l'omnipotence de Dieu ne peut pas faire l'objet de tests empiriques directs ou indirects et ne peut donc être retenue comme objet d'analyse scientifique.

Les tests empiriques que nous mentionnons peuvent regrouper toute technique permettant de mesurer certaines caractéristiques d'un objet d'analyse. L'observabilité a donc trait aux propriétés du monde réel et concret qui peut être étudié empiriquement. Cette condition implique que l'objet d'observation soit public et observable par plus d'un observateur. Un objet d'analyse scientifique ne peut pas être l'apanage de la seule expérience d'un individu isolé ; il doit être ouvert à l'observation publique, même s'il s'agit d'un événement unique dans l'histoire de la nature ou de la société.

1.2. La reproductibilité

Le caractère public de l'observabilité se pose comme condition à l'intérieur des deux autres dimensions de la méthode, la reproductibilité et l'intersubjectivité. La reproductibilité concerne la méthode d'observation : la phase d'observation de l'objet doit pouvoir être répétée par d'autres analystes sur des objets comparables. Tout scientifique devrait, en principe, être en mesure de reprendre les tests empiriques pertinents sur le même objet ou sur des objets similaires appartenant à la même classe. La technique d'observation utilisée doit permettre cette reproduction de la vérification empirique.

Cette condition permet de distinguer une activité d'analyse publique de l'introspection individuelle, par exemple, qui, elle, est privée et particulière à un seul individu et qui ne rencontre donc pas le critère de reproductibilité publique. L'introspection peut devenir reproductible comme objet d'analyse, mais elle doit pour cela s'ouvrir à l'examen public de sorte que l'analyse puisse être reprise par tout membre de la communauté scientifique. Cette dimension de reproductibilité définit donc ce qu'est un objet connaissable scientifiquement.

1.3. L'intersubjectivité

L'intersubjectivité a trait à l'ensemble de la structure et de la syntaxe de la méthode, à partir des règles premières précisant la structure jusqu'au statut des résultats que cette structure engendre. L'intersubjectivité renvoie au mode de communication et de formation du consensus chez les scientifiques en ce qui concerne la méthode et les théories de la science.

Il ne serait pas exagéré de dire qu'en un sens la science est elle-même une *convention*. Et si la science est basée sur une convention et que chaque aspect de la science comporte des conventions, il est évident qu'on ne peut s'attendre à ce que la science produise des vérités ou des connaissances absolues et irréfutables. Les résultats dits « scientifiques » ne sont vrais que temporairement, jusqu'à ce qu'une autre recherche ne les démontre suffisamment faux pour que la communauté scientifique les rejette et les remplace par des résultats plus fiables.

La logique profonde de la science présuppose non seulement que sa vérité est une tentative plutôt qu'un absolu, mais aussi qu'elle produit des résultats qui ne peuvent avoir d'autre statut que celui d'essai. *On ne peut jamais démontrer la vérité absolue d'un résultat.* En effet, le caractère empirique (plutôt que logique) de la preuve requiert la vérification de tous les objets ou événements passés, présents et futurs relatifs à une certaine classe d'objets ou d'événements ; cette condition, qui ne peut évidemment jamais être remplie, ni logiquement, ni pratiquement, circonscrit cette impasse qu'on ne peut éviter que par la convention[2]. L'intersubjectivité s'insinue donc dans toute la structure de la méthode et du discours de la science. De la forme d'une hypothèse à son mode de vérification, du niveau d'acceptabilité de la preuve à la question du statut de la vérité, la science peut être vue comme un ensemble de conventions.

L'intersubjectivité peut prendre un autre sens qui est beaucoup plus proche de la signification de l'observabilité et de la reproductibilité. L'intersubjectivité suppose que toutes les étapes de la méthode puissent être traduites en termes publics de sorte que tous les tests puissent potentiellement être menés par au moins deux scientifiques. Le traitement intersubjectif des hypothèses exige donc que les critères d'observabilité et de reproductibilité soient satisfaits. L'intersubjectivité présuppose les deux autres dimensions ; en fait, c'est la notion d'intersubjectivité qui autorise diverses nuances quant à la signification de l'expérience contrôlée.

▓ 1.4. Ces trois aspects et la neutralité

Voyons maintenant comment l'observabilité, la reproductibilité et l'intersubjectivité de la méthode et du discours scientifiques sont reliées à la thèse de la neutralité de la science. Ces trois aspects de la méthode et du

---

2. Dans le cheminement de la « falsification déductive » proposé par Karl Popper comme moyen de résoudre l'impasse logique de l'induction, la convention prend une place logique encore plus importante. Voir Karl POPPER, *La logique de la découverte scientifique*, Paris, Payot, 1973.

discours font référence à la conception traditionnelle de l'objectivité qui, à son tour, se raccroche à celle de la neutralité par rapport aux valeurs. La méthode scientifique (l'expérimentation contrôlée) et les règles de la syntaxe (liens entre le discours et la vérification empirique en environnement contrôlé) constituent, d'après les philosophes de la science, les moyens de parvenir à l'objectivité. Dans ce contexte, l'objectivité est définie comme la qualité d'un mode d'analyse qui permet de préciser le caractère réel (ou objectif) d'un objet donné d'analyse. C'est une caractéristique essentielle d'une méthode qui se targue de déterminer ce qu'est réellement un objet. *L'objectivité de la méthode est la suppression de toute influence fallacieuse qui puisse altérer la validité de notre perception des caractéristiques réelles de l'objet d'analyse au cours de l'enquête.* L'objectivité caractérise une méthode et un discours qui éliminent l'effet des lubies, des préférences et des préjugés de l'analyste.

Seule cette logique peut permettre de préciser la structure réelle de comportement du monde tel qu'il existe, à compter du système solaire où le soleil se lève inexorablement tous les matins jusqu'au système social où l'éducation des enfants relève du système scolaire. Seuls cette méthode et ce discours peuvent nous amener à déterminer le caractère objectif de la réalité, ce qu'ils réussissent en éliminant le plus d'interférences possible par rapport à l'observation du monde réel.

Dans cet ordre d'idées, les sources les plus évidentes de distorsions des perceptions du monde réel seraient sans doute les valeurs. Ces valeurs dénatureraient nos observations et nous empêcheraient de produire des lois générales sur le comportement du monde. Selon cette philosophie, le chercheur scientifique *peut* connaître le vrai visage du monde environnant en réduisant l'influence de ses caractères socio-psychologiques à leur plus simple expression. On peut même dire que la méthode et le discours eux-mêmes sont rendus objectifs, comme moyens d'acquisition du savoir. L'objectivation de la méthode et du discours est parfois poussée assez loin pour que, par exemple, Karl Popper ait pu dire que l'objectivité et la connaissance objective peuvent exister sans sujet connaissant[3].

Cependant, c'est la notion d'objectivité par rapport à l'objet d'analyse et par rapport aux moyens de sa connaissance qui est la dimension la plus touchée par la thèse de la neutralité de la science. Quels que soient la nature, la constitution ou le comportement de l'objet d'analyse, la science cherche à l'enregistrer, à le décortiquer ou à l'expliquer, mais non à le

---

3. Karl POPPER, « Epistemology Without a Knowing Subject », dans *Objective Knowledge*, Oxford, Oxford University Press, 1972, p. 106-152.

condamner, à l'applaudir ou à le changer dans le cours de l'enquête. La science veut reconstruire fidèlement l'*état de l'objet d'analyse* et sa situation dans la réalité globale, et non pas l'altérer dans le sens de quelque valeur explicite ou implicite qui déterminerait *ce que la réalité doit être*. Dans le processus d'enquête, d'après cette logique, les valeurs ne sont que des éléments falsifiant la réalité. Elles ne peuvent que créer des distorsions dans la perception de l'objet et fournir des explications de son comportement qui seraient plus en accord avec les désirs de l'analyste qu'avec la réalité.

La méthode scientifique et les règles de syntaxe existent donc pour atteindre l'objectivité, c'est-à-dire pour construire un corpus de connaissances qui reflète le monde réel. En même temps, elles permettent de créer et de maintenir une séparation entre objectivité et subjectivité, cette dernière représentant la fragilité morale des praticiens de la méthode. Tenir la subjectivité à distance, ou l'éliminer de l'enquête scientifique, purifie l'objectivité ; c'est un exploit que la méthode scientifique et les règles de sa syntaxe, dans leur logique même, assurent pouvoir réaliser.

2. LA THÈSE DE LA NEUTRALITÉ DE LA SCIENCE

La section précédente n'est qu'une brève synthèse de la thèse de la neutralité de la science, mais elle marque quand même les points saillants que nous devons analyser pour vérifier s'il est possible de soutenir qu'on peut éliminer l'influence des valeurs. Voici la question précise que nous devons nous poser : peut-on réellement soutenir que ni la méthode scientifique ni le discours scientifique ne sont basés sur certaines valeurs et que ces valeurs ne s'immiscent pas dans la conduite de la recherche ou les règles du discours ?

2.1. La vérité et la foi

Au niveau des prémisses de l'ensemble de l'entreprise scientifique, il existe une valeur dont peu de philosophes nieraient la présence : la *vérité*. En effet, la raison d'être première de la science est la recherche de la vérité ; dans ce contexte, la vérité est définie comme la *connaissance objective des lois naturelles qui gouvernent les processus naturels et sociaux systématiques*. Quelques philosophes admettent l'existence d'une autre valeur sur le plan des prémisses préscientifiques : la *foi dans la validité de la méthode* et du discours de la science, à tout le moins comme moyens d'écarter les erreurs, sinon comme outils de démonstration directe de la vérité.

Pour Karl Popper, la science ne peut fonctionner que sur la foi en sa capacité à produire des propositions non falsifiées. L'acte de foi ne fait pas lui-même partie de la rationalité de la science ; c'est plutôt un acte préscientifique nécessaire, se situant au niveau des valeurs mais néanmoins indispensable au déroulement du projet scientifique. En d'autres mots,

> [...] on doit adopter une attitude rationnelle pour rendre tout argument ou toute expérience efficace ; ce choix ne peut donc pas être basé sur un argument ou une expérience (et cette considération est tout à fait indépendante de la question de l'existence d'un argument rationnel militant en faveur d'une approche rationnelle). Il faut donc conclure qu'aucun argument rationnel n'aura d'effet rationnel sur une personne qui ne veut pas adopter une attitude rationnelle [...]. Mais ceci signifie aussi que quiconque adopte une attitude rationnelle le fait à partir d'une décision, d'une proposition, d'une croyance, d'un comportement ; une telle décision peut être traitée d'« irrationnelle ». Que cette décision soit temporaire ou qu'elle mène à une habitude ancrée, nous la décrivons comme une **foi irrationnelle dans la raison**[4].

Cependant, la présence de ces valeurs au niveau des prémisses préscientifiques n'affecte pas nécessairement la thèse de la neutralité de la science en elle-même, c'est-à-dire qu'elle n'a pas de conséquence épistémologique réelle puisqu'elle n'entache pas la logique interne de la méthode ou du discours scientifiques. Donc, pour vérifier si la thèse elle-même peut être soutenue, nous devons rechercher toute relation possible entre la logique de la science et les valeurs.

2.2. La démonstration de la validité

Lors de la discussion de l'intersubjectivité à la section 1.3., nous avons signalé que les règles de la méthode et du discours scientifiques sont basées sur des ententes au sein de la communauté des chercheurs. Un des points fondamentaux de ce consensus intersubjectif est la relation entre les valeurs et la démonstration de la validité d'une hypothèse donnée.

De quelle « preuve de validité d'une hypothèse » parle-t-on ici, alors qu'on a montré plus haut l'impossibilité logique de la preuve absolue ? De quoi a-t-on besoin pour démontrer qu'une certaine hypothèse est vraie ou fausse ? Il est assez facile de démontrer qu'une hypothèse est fausse : seul

---

4. Karl POPPER, *The Open Society and Its Enemies*, vol. 2, London, Routledge and Kegan Paul, 1959, p. 230-231 (traduction libre). L'ouvrage a été traduit depuis sous le titre *La société ouverte et ses ennemis*, Paris, Éditions du Seuil, 1979.

suffit un test où les résultats observés ne correspondent pas aux résultats attendus. Mais si on applique la même notion empirique de vérité (une correspondance entre résultats réels et prédits) pour déterminer non seulement la fausseté, mais aussi le caractère véridique d'une hypothèse, on se heurte au problème de la méthode scientifique qui est incapable, à cause de sa logique et de sa pratique, de démontrer la véracité absolue de ses résultats. Cela est dû, comme nous l'avons dit, à la structure logique de l'induction qui requerrait l'analyse de tous les événements passés, présents et futurs, ce qui est impraticable.

On se contentera donc de divers **degrés de preuve**, à défaut de démonstration totale, pour soutenir la confirmation temporaire d'une hypothèse. La communauté scientifique fixe donc des critères statistiques pour définir l'acceptabilité des hypothèses. Dans ce sens, on n'a pas accepté qu'un niveau de probabilité juste supérieur à 50 % soit suffisant comme démonstration de la fiabilité d'un résultat ; la communauté scientifique a rejeté la proposition de Carnap[5] voulant que la probabilité majoritaire simple (50 %) constitue un seuil de démonstration suffisant. On justifie donc la détermination de niveaux statistiques de la preuve temporaire des hypothèses par l'utilisation d'une certaine valeur. C'est Rudner[6] qui a fait remarquer la relation déterminante existant entre une certaine valeur et le niveau d'acceptabilité de la preuve : il a signalé que les conséquences reliées à une hypothèse, donc un jeu de valeurs, affectent le niveau de probabilité minimal d'acceptabilité des hypothèses que le chercheur voudra atteindre. Par exemple, la science médicale exige des niveaux de démonstration de la preuve supérieurs à ceux que d'autres sciences acceptent, parce que les conséquences de ses découvertes peuvent affecter des vies humaines. On voit clairement ici qu'une certaine valeur joue un rôle dans la présentation de la preuve, ce qui signifie que toutes les hypothèses sont sujettes à des tests requérant une certaine correspondance entre résultats observés et résultats prévus. Dans ce cas-ci, la valeur de préservation de la vie entraîne qu'on utilise un niveau de probabilité plus élevé pour démontrer la validité d'une hypothèse.

La vérification des hypothèses suppose une autre valeur : la valeur de l'efficacité dans la prévision. La vérification empirique des hypothèses est construite de telle façon que c'est la correspondance entre résultats observés et résultats prévus qui constitue la base de validation. La preuve de la véracité d'une hypothèse tient donc à son aptitude à prévoir des résultats.

---

5. Rudolf CARNAP, *Logical Foundations of Probability*, Chicago, Chicago University Press, 1950.
6. Richard RUDNER, « The Scientist Qua Scientist Makes Value Judgements », *Philosophy of Science*, vol. 20, n° 1, 1953.

L'efficacité des tests d'une hypothèse dans la démonstration de cette correspondance, sans compromettre rigueur et objectivité, est une mesure de sa
validité et constitue la base sur laquelle la communauté scientifique en
reconnaît la validité.

Dans ce cas, la valeur d'efficacité dans la prévision sous-tend la notion
de vérité. Roberto Miguelez a signalé que la science ne trouve peut-être pas
son compte dans cette équation « efficacité dans la prévision = vérité ». Il
soutient que, dans la logique de la preuve, l'efficacité dans la prévision
peut tout au plus être vue comme un indice de véracité, mais pas comme
une preuve de vérité. Si l'efficacité est reliée à la vérité, une erreur peut être
retenue comme vérité. Un des exemples qu'il suggère à ce sujet est la
confirmation de la véracité d'une hypothèse effectivement fausse :

> Un phénomène bien connu en sciences sociales peut offrir une raison
> supplémentaire de cette impossibilité : c'est celui qu'on appelle la « pré-
> diction créatrice ». Il s'agit d'un phénomène caractérisé par le fait qu'une
> hypothèse fausse assumée comme vraie provoque, par cette assomption
> même, un comportement qui la confirme, c'est-à-dire qui rend vraie
> l'hypothèse fausse au départ. Un exemple typique d'un tel phénomène
> est la névrose de l'examen : convaincu qu'il échouera, l'étudiant inquiet
> passe plus de temps à se faire du mauvais sang qu'à travailler et, effec-
> tivement, il finit par échouer (ce qu'on appelle « prédiction destructrice »
> consiste, à l'inverse, dans une hypothèse dont la vérité initiale déclenche
> un comportement qui a pour effet la création d'une situation qui infirme
> l'hypothèse)[7].

Cela illustre très bien la difficulté qu'il y a à se baser sur l'efficacité
dans la prévision pour passer à la revendication de la vérité.

▓ 2.3. La construction des hypothèses

Cependant, la question de l'existence de valeurs au sein même de la logique
de la science ne peut trouver une réponse complète en s'en tenant à la
seule logique de la démonstration des hypothèses, même si ce point est
d'importance fondamentale. La question doit aussi se poser à l'étape de la
construction même des hypothèses.

Avant de subir le test de l'empirie, les hypothèses doivent être formulées, articulées comme telles. Il est évident, pour quiconque a réfléchi
à cette question, que les hypothèses ne surgissent pas fortuitement du

---

7. Roberto MIGUELEZ, *Essais sur la science, les valeurs et la rationalité*, Ottawa, Presses de
   l'Université d'Ottawa, 1984, p. 31.

néant : des hypothèses particulières découlent d'une certaine théorie suivant des règles précises de dérivation. Les valeurs ne semblent pas intervenir, à tout le moins immédiatement, dans ce lien entre théorie et hypothèses ; elles sont cependant présentes par le fait qu'elles font partie d'une théorie donnée. Pour bien comprendre ce point, nous devons remonter brièvement jusqu'au niveau de l'élaboration de la théorie.

Les théories, sources d'hypothèses spécifiques, prennent forme au cœur d'un paradigme conceptuel ; celui-ci est le produit de toute une détermination historique. Qu'est-ce donc qu'un paradigme et qu'est-ce qui cause son émergence ? C'est en cherchant réponse à cette double question que Kuhn a écrit *The Structure of Scientific Revolution*[8]. Dans ce texte, l'auteur propose une certaine approche de ce paradigme qui, malgré les critiques de nébulosité et d'inexactitude qui lui ont été servies, a réussi à capter un élément crucial de la sélectivité de l'approche théorique et de la pratique de la recherche, élément qui caractérise, selon lui, toute entreprise intellectuelle : ce qui semble servir de mécanisme sélectif, c'est une cohérence théorique qui permet de résoudre plusieurs problèmes divers, et de développer suffisamment de méthodes de recherche originales pour gagner l'adhésion d'une certaine communauté de scientifiques.

Les deux éléments importants sont les problèmes théoriques et les méthodes de recherche qui sont déterminés, même de façon imprécise et vague, par ce paradigme.

Plusieurs écrits subséquents ont tenté d'élucider cette notion[9] et, en empruntant à ces sources, nous pouvons définir un *paradigme* comme *une conception générale de la réalité qui détermine quelles questions sont à étudier, comment les approcher, comment les analyser et quelles significations les conséquences de l'analyse peuvent avoir pour la connaissance scientifique et son application.* Cette définition du paradigme se rapproche beaucoup de celle qu'Althusser[10] propose pour la « problématique théorique », soit une orientation théorique caractérisée par une structure interne qui précise les objets d'analyse, les règles de l'analyse et celles de l'interprétation.

---

8. Thomas KUHN, *The Structure of Scientific Revolution*, Chicago, University of Chicago Press, 1962, particulièrement les chap. 2 à 5, p. 10-51.
9. George RITZER, *Sociology : A Multiple Paradigm Science*, Boston, Allyn and Bacon, 1975 ; Roberto MIGUELEZ, *op. cit.*
10. Louis ALTHUSSER, « Du Capital à la philosophie de Marx », dans *Lire le Capital*, vol. 1, Paris, Maspero, p. 9-85.

Un paradigme, ou une problématique théorique, donne forme à la réalité à l'intérieur d'un cercle d'attention et détermine les questions intéressantes, ou les problèmes requérant une solution, à l'intérieur de ce cercle d'attention et à l'intérieur du cadre interprétatif des résultats.

Dans cette notion de paradigme, certains éléments de l'enquête sont associés les uns aux autres. Ils sont liés de sorte que la détermination de l'objet d'analyse, la formulation des questions et les solutions possibles sont interreliées et ne sont pas neutres face à certaines valeurs. Les valeurs jouent le rôle de présupposés dans chaque aspect de la problématique théorique : elles permettent de décider de l'inclusion ou de l'exclusion de tel ou tel problème ou objet de recherche à l'intérieur du cercle théorique d'attention, et en même temps d'exclure certaines questions de ce cercle d'attention en les oubliant carrément ou en les traitant comme évidentes ou insignifiantes.

Par ailleurs, la relation entre la solution d'un problème et la science est peut-être la question la plus importante au sujet de la logique de la science et de ses relations avec certaines valeurs : en effet, toute solution à un problème présuppose un choix de valeurs. Mais, comme Roberto Miguelez le fait remarquer, le concept de structure interne articulée est à la base de la notion de paradigme et c'est ce fait même qui ébranle le plus la thèse neutraliste :

> Le postulat général de la compatibilité nécessaire entre processus et résultats scientifiques, entre activités et discours scientifiques, que la notion de paradigme permet de penser, s'avère donc être une condition absolue du traitement du problème du rapport entre science et valeur[11].

▓ 2.4. L'unité de la méthode

L'unité de la méthode scientifique est un autre principe de la tradition empirico-analytique qui a des implications immédiates dans le champ des valeurs. Selon ce principe, une seule méthode et un seul ensemble de règles du discours prévalent dans toutes les sciences, de la physique à la sociologie, quel que soit l'objet d'analyse. Cela ne signifie pas que les mêmes techniques d'investigation sont appliquées à tous les sujets, mais qu'une même logique de méthode et de discours domine. Le but ultime est de découvrir les lois générales du comportement de la nature et de la société. Le principe de l'unité de la méthode ne pose pas comme condition une

---

11. Roberto MIGUELEZ, *op. cit.*, p. 41.

unité ou une continuité des lois naturelles et sociales ; il suggère simplement que ces lois soient saisissables par une même logique de méthode et de discours.

Cet axiome a été contesté par plusieurs philosophes critiques de l'approche empirico-analytique[12]. Un des nœuds du débat tient justement aux différences intrinsèques entre nature et société[13]. Le comportement des objets physiques est contrôlé par des relations de cause à effet de sorte que, dans des conditions données, des objets appartenant à une même classe se comportent de façon similaire ; les conditions constituent la cause, le comportement des objets, l'effet.

Cette proposition s'applique aussi aux processus de changement des objets de la nature : un comportement similaire provient de conditions équivalentes. Les lois de la nature sont donc immuables et le comportement de la nature est suffisamment systématique pour qu'on puisse établir des règles de prévision utilisables. Cela étant, disent les critiques, la méthode de l'expérimentation contrôlée basée sur une notion pragmatique de la vérité (vue comme la correspondance entre les résultats et la prévision) peut être considérée comme étant appropriée à l'analyse de la nature.

Les comportements sociaux, cependant, ne sont pas constitués de la même manière et sont contrôlés différemment ; ils ne devraient donc pas être étudiés de la même façon que les phénomènes naturels. Les membres d'une société adoptent certains comportements en fonction de normes sociales uniformes qui définissent la bienséance et sont soumis à la menace de sanctions s'ils ne s'y plient pas. Ces normes sont les dépositaires de ce qui doit et ne doit pas être fait, de ce que l'on permet et encourage et de ce qui est obligatoire et impensable. Leur action est à la fois explicite et implicite ; elles réduisent l'éventail des possibilités matérielles, tant sur le plan de la conscience des membres de la société, que sur celui des ressources nécessaires à la sélection de certains choix.

---

12. La plupart des écrits des membres de l'école de Francfort prennent la forme de critiques de la philosophie empirico-analytique en général et du principe de l'unité de la science en particulier. Voir par exemple, Theodor ADORNO, « Sociology and Empirical Research », dans Theodor ADORNO et al., *The Positivist Dispute in German Sociology*, London, Heinemann, p. 68-86 ; voir aussi Jurgen HABERMAS, « The Analytical Theory of Science and Dialectics », dans *ibid.*, p. 131-162 ; Max HORKHEIMER, « Traditional and Critical Theory », dans *Critical Theory*, New York, Seabury Press, 1972, p. 188-243 ; voir aussi sa *Critique of Instrumental Reason*, New York, Seabury Press, 1974.
13. C'est la position de Jurgen Habermas ; elle n'est pas nécessairement partagée par les autres théoriciens critiques, particulièrement au niveau de ses implications pour une théorie générale de la connaissance. Voir Jurgen HABERMAS, *Knowledge and Human Interests*, Boston, Beacon Press, 1968.

Les membres de la société se plient à ces normes dans la mesure où ils les trouvent légitimes; ne plus reconnaître de légitimité à une règle, c'est aussi refuser de s'y soumettre. Les normes, donc, contrôlent le comportement manifeste des membres de la société à travers leur conscience. Si les normes donnent forme au comportement social, on peut dire que ce comportement a une base normative.

Pour la philosophie empirico-analytique de la science, affirmer que le comportement social a une base normative n'entraîne pas le rejet du principe de l'unité de la méthode, ni une dérivation de sa position de neutralité, puisqu'elle accorde simplement à ces normes le statut de faits. En fait, on peut dire la même chose des valeurs dans la mesure où elles sont une composante importante des normes. Elles sont considérées comme des parties objectives de la réalité pour lesquelles on peut, grâce à la méthode scientifique, à un niveau scientifiquement acceptable de probabilité, inférer qu'elles sont les déterminants du comportement dans une relation causale. Donc, le principe de l'unité de la méthode ne viole pas le principe de cette dualité faits–valeurs puisque l'application de la méthode scientifique permet de distinguer les valeurs comme valeurs, des valeurs comme faits.

Cette défense du principe de l'unité de la méthode, au regard de la thèse de neutralité, peut être détruite par un examen plus approfondi de la nature et de la constitution de ces normes sociales.

3 LA RECHERCHE ET L'IDÉOLOGIE

Si les normes sont essentiellement des moyens de sélectionner ce qui est admissible dans le possible et de rejeter ce qui n'y a pas place, elles ne sont que l'effet d'une structure sous-jacente qui les conditionne. Par exemple, dans le mode de production capitaliste, la structure des relations sociales de production dans laquelle la plus-value est appropriée privément par les détenteurs des moyens de production est essentiellement une structure de pouvoir de classe, c'est-à-dire que c'est une structure faisant la promotion de la réalisation des intérêts de la classe capitaliste; la classe capitaliste domine, grâce à la propriété des moyens de production, non seulement sur le plan des relations économiques, mais aussi sur celui des relations politiques et idéologiques. Les normes ne sont que des effets idéologiques particuliers d'une structure de relations économiques de production.

Dans une formation sociale à dominance capitaliste, les normes favorisent les intérêts de la classe capitaliste ; les comportements qu'elles préconisent ou inhibent sont consistants avec la domination de la classe capitaliste. Le pouvoir de la classe capitaliste s'exerce donc sur tous les plans des relations sociales et, quoique cette structure soit objective, elle n'est pas neutre à l'égard des relations de classes.

L'analyse des objets sociaux qui accorde un statut de neutralité à ces objets n'est pas neutre non plus[14]. En examinant ce qui existe et en éliminant ce qui devrait exister, cette analyse s'aligne sur les valeurs de la classe dominante et sa vision théorique se trouve déterminée par les structures de la classe dominante[15]. L'analyse de ce qui devrait être est rejetée puisque ce qui devrait être fait partie de ce qui est dans la perspective des structures de la classe dominante. Mais cet axiome idéologique n'élimine pas ce qui devrait être objet de l'analyse. Cette portion de la réalité est dissimulée derrière la correspondance idéologique entre ce qui est et ce qui devrait être.

Une analyse qui ignore cette unité de ce qui est et de ce qui devrait être oublie aussi la relation conflictuelle que ces possibles créent avec d'autres possibles, avec d'autres formes potentielles de relations sociales. Dans sa logique intrinsèque, elle appuie le statu quo et s'oppose au changement social structurel.

Ce rapide survol de la prétention de la philosophie empirico-analytique de la science à la neutralité a permis de signaler plusieurs niveaux où l'on peut concevoir la présence de certaines valeurs. On en a fait le constat au niveau des prémisses préscientifique, à divers niveaux de la logique interne de la méthode scientifique, y compris au niveau du paradigme ou de la problématique théorique, et au niveau de la preuve. Nous avons aussi démontré que les valeurs particulières d'une époque interviennent dans l'analyse sociale à travers le principe de l'unité de la méthode.

---

14. Le féminisme, dans à peu près toutes ses variantes, met en doute l'objectivité et la neutralité des sciences sociales et avance la thèse selon laquelle les sciences sociales sont marquées par le parti pris du patriarcat qui continue à justifier, par des moyens plutôt idéologiques que scientifiques, la place sociale subalterne accordée aux femmes à travers l'histoire de l'Occident. Voir en particulier, Valerie Bryson, *Feminist Political Theory*, London, MacMillan Press, 1992.
15. Voir George LUKACS, *History and Class Consciousness*, London, Merlin Press, 1968, p. 110-148.

Que la science elle-même ne puisse être neutre dans sa logique nous ramène au fait que la réalité (et sa structure) ne peut pas être conçue comme neutre. Elle est déterminée par les rapports sociaux, par les contradictions et la lutte, et mue par les intérêts de classe où faits et valeurs forment une seule entité.

Bibliographie annotée

BRECHT, Arnold, *Political Theory: The Foundations of Twentieth Century Political Thought*, Princeton, Princeton University Press, 1959.

Ce livre traite de la notion empirico-analytique de science. Il s'arrête à une description de la méthode associée à la science empirico-analytique et examine où se situent plusieurs écoles contemporaines à l'intérieur de cette tradition par rapport à un certain nombre d'enjeux, incluant celui du relativisme scientifique.

FEYERABEND, Paul, *Against Method*, London, Atlantic Highlands Humanities Press, 1975.

Développant une critique de diverses écoles de méthodologie incluant le rationalisme critique, Feyerabend développe une argumentation contre la prééminence actuelle de la méthode scientifique en tant que mode d'acquisition de connaissances. Il soutient que, bien que les éléments irrationnels de la méthode scientifique soient indispensables au progrès scientifique, ils ne sont pas inclus dans les règles méthodologiques scientifiques telles que celles prescrites par Popper. Pour Feyerabend, seul un « anarchisme théorique » dont la seule assertion normative est son désir de ne pas être conventionnel peut prétendre avoir une quelconque fonction heuristique. Malgré l'attitude extrêmement critique de l'auteur envers le rationalisme critique, il se contient à l'intérieur de sa rationalité en ne s'arrêtant pas aux termes et aux implications de la rationalité technique.

FOUCAULT, Michel, *Surveiller et punir*, Paris, Gallimard, 1975.

Avec la thèse selon laquelle le savoir est intégralement lié au pouvoir et le pouvoir au savoir, Foucault rejette le postulat de neutralité de la science. Dans son analyse des rapports sociaux du pouvoir, l'auteur cherche à démontrer comment, d'un côté, le savoir provenant des sciences sociales et de la psychanalyse est destiné à servir un appareil social du pouvoir ayant comme effet la discipline et comment, de l'autre côté, le comportement discipliné s'offre à la science comme standard sur lequel la science construit ses énoncés généraux. Ce sont ces mêmes énoncés, constate Foucault, qui réclament un statut de vérité neutre mais qui ne sont qu'imprégnés du pouvoir.

FRAISE, Geneviève, *La différence des sexes*, Paris, Presses universitaires de France, 1996.

L'auteur examine la pensée philosophique de l'Occident, depuis l'antiquité jusqu'à nos jours en vue de montrer comment la philosophie depuis Aristote jusqu'à Hegel est abordée d'un point de vue masculin même dans l'universalité de ses principes et de sa logique, et ainsi opère une dévalorisation des principes féminins – voire, les femmes elles-mêmes. L'ouvrage remet en cause, ainsi, non seulement l'objectivité des sciences sociales mais celle de la philosophie même.

HABERMAS, Jurgen, *Connaissance et intérêt* (Traduction de Gérard Clemençon), Paris, Gallimard, 1976.

Par la critique et la synthèse reconstitutive de plusieurs traditions épistémologiques parmi les plus importantes (Kant, Hegel, Marx, les positivistes, les pragmatistes, Freud), Habermas développe sa théorie des trois types d'intérêts cognitifs ou de « constitution de la connaissance » : technique, pratique et émancipatoire ; chacun est développé comme un médium de rationalités distinctes : instrumentale, pratique et critique, respectivement.

HORKHEIMER, Max, « Théorie traditionnelle et théorie critique », dans *Théorie critique*, Paris, Payot, 1978, p. 15-90.

Cet auteur fait un lien entre l'émergence de la « théorie traditionnelle », inspirée de la manipulation technique de la nature, et le mode de production capitaliste. Il soutient que les découvertes technologiques de cette période sont inséparablement liées à cette fonction de la poursuite de la science. Cependant, réclamant une validité absolue et cherchant une justification a-historique, cette conception de la connaissance devient une idéologie. Horkheimer propose une théorie critique ou une critique de l'idéologie qui serait capable de s'auto-suffire dans la justification de sa pertinence historique.

KUHN, T.S., *The Structure of Scientific Revolutions*, Chicago, University of Chicago Press, 1962.

Fondant sa thèse sur un exposé historique des découvertes scientifiques, Kuhn élabore une théorie de la croissance du savoir en termes de cycles récurrents d'émergence et de destruction de paradigmes. Ces changements de paradigmes illustrent la nature révolutionnaire du progrès scientifique et correspondent aux changements de visions dominantes du monde. Le processus de renversement d'un paradigme est mis en branle par l'accumulation de problèmes que les limites du paradigme dominant ne permettent pas de résoudre. Des essais répétés pour surmonter ces difficultés finissent par produire des découvertes scientifiques et, en conséquence, par proposer un nouveau paradigme. Contrairement à Popper, Kuhn n'interprète pas ce processus en termes de logique de la découverte, mais dans une optique de compréhension psychologique de la recherche scientifique.

NICHOLSON, Linda J. (dir.), *Feminist-Postmodernism*, New York, Routledge, 1990.

Quelques articles dans ce recueil constatent que le postulat de la neutralité de la science est faux. Ce postulat retranche de l'analyse scientifique les rapports de forces dans la société et, par le fait même, contribue à la perpétuation des rapports sociaux de subordination de la femme.

POPPER, Karl, *La logique de la découverte scientifique*, Paris, Payot, 1973.

Popper développe une critique de l'induction et de la vérification en démontrant l'impossibilité logique de généraliser une théorie construite par induction et aussi en démontrant la probabilité nulle de découvrir une théorie pouvant réclamer une « valeur de vérité » par vérification. Il propose un rationalisme critique comme solution aux problèmes inhérents à l'enquête scientifique. Il explore les avantages de la déduction, de la falsification et de la corroboration par consensus, qui caractérisent le rationalisme critique.

POPPER, Karl, *La société ouverte et ses ennemis*, Tomes 1 et 2 (Traduction de J. Bernard et P. Monod), Paris, Éditions du Seuil, 1979.

Popper utilise son rationalisme critique pour juger les plus importantes théories de l'histoire et de la société : celles de Platon, de Hegel et de Marx. Il découvre que toutes ces théories sont remplies de dogmes et ne peuvent donc être sujettes à la falsification utilisée par la méthode scientifique. En conséquence, il conclut que ces théories appartiennent à un champ d'enquête autre que celui de la science.

RADNITZKY, Gerard, *Contemporary Schools of Metascience 1 : Anglo-Saxon Schools of Metascience*, Göteborg (Suède), Akademiförlaget, 1968.

Il s'agit ici d'une présentation des enjeux existant au sein de plusieurs écoles de philosophie de la science, par exemple, le positivisme logique et le rationalisme critique.

RUDNER, Richard, *Philosophy of Social Sciences*, Englewood Cliffs, Prentice-Hall, 1966.

On trouvera dans ce texte une récapitulation de la signification de plusieurs concepts importants de la science empirico-analytique.

RYAN, Alan, *The Philosophy of the Social Sciences*, New York, MacMillan Press, 1970.

Cet auteur analyse la logique du principe de l'unité de la méthode dans les sciences naturelles et sociales pour déterminer si ce principe peut être défendu. Une comparaison de la logique de l'explication dans les sciences naturelles et dans les sciences sociales le porte à en rejeter la validité.

21

L'évaluation
de la recherche
par sondage

Benoît GAUTHIER

*A deviation from the ideal may still be leagues ahead of no
effort to achieve an ideal.*

Robert C. SORENSEN

Ce livre présente des préceptes relatifs à l'acquisition de la connaissance
sur un mode scientifique. Il morcelle nécessairement la matière en unités
de savoir relativement étroites pour pouvoir organiser la présentation sous
forme de chapitres constituant des unités d'apprentissage d'une longueur
raisonnable. Cette contrainte limite cependant la portée de la discussion.

Le présent chapitre articule une vision plus large de la recherche
sociale appliquée. Il intègre les enseignements de plusieurs chapitres sous
la forme d'un cadre d'évaluation pour la recherche par sondage. Nous avons
limité le sujet à la recherche par sondage pour présenter un message cohérent. Par ailleurs, nous avons retenu ce type de recherche sociale à cause de
son importance dans la pratique de recherche sociale contemporaine.

Le cadre d'évaluation repose sur quatre principes fondamentaux :
rigueur, neutralité, équilibre et transparence, d'où découlent un ensemble
de critères d'évaluation. Il n'offre pas de recette toute faite pour l'attribution

de notes à la qualité des travaux de recherche par sondage et n'expose pas non plus l'état des connaissances telles que révélées par les meilleures pratiques en la matière[1] ; il fournit plutôt au chercheur une structure qui lui permettra de tirer le meilleur parti qui soit de son jugement professionnel.

1 L'ÉVALUATION DE LA RECHERCHE

L'évaluation de la recherche par sondage a toujours été davantage un art qu'une science. Chaque chercheur a recours à ses propres critères et met l'accent sur certains aspects de la recherche plutôt que d'autres. Pour reprendre les mots de Cohen et Shirley[2] :

> *Applied research professionals in the social scientific field are continually challenged by the difficulty involved in defining appropriate criteria for establishing and measuring the quality of their research. This lack of clarity regarding the definition of quality in social scientific applied research – along with the specific criteria by which quality is determined and measured – has resulted in considerable confusion regarding the appropriate objectives, scope, methodological guidelines and external applications for the discipline.*

Pareille confusion se manifeste lorsqu'un auteur se prononce sur le poids des conclusions de diverses recherches dans la confirmation ou l'infirmation de sa position. Les commanditaires de recherches en sont aussi la proie lorsqu'ils doivent évaluer les résultats d'une enquête qu'ils ont commandée ou qu'ils doivent utiliser, parmi d'autres sources d'information, pour étayer une décision. Elle se produit également quand le chercheur veut vérifier que son rapport de recherche renferme bien tous les éléments de preuve nécessaires.

L'examen des conclusions tirées de la recherche n'est toutefois jamais aussi approfondi que lorsqu'une recherche par sondage est utilisée dans un contexte judiciaire. Les parties ont alors toutes les raisons voulues pour accepter ou rejeter l'information offerte en preuve ; elles ont toutes tendance à ne faire ressortir que les éléments qui renforcent leur position.

---

1. KAASE et DIAMOND en présentent les conditions dans Max KAASE, *Quality Criteria for Survey Research*, Berlin, Akademie Verlag, 1999 et Shari Seidman Diamond, « Reference Guide on Survey Research », dans Federal Judicial Center, *Reference Manual on Scientific Evidence, Second Edition*, 2000.
2. Michael COHEN et David SHIRLEY, « Intersubjectivity in Applied Social Scientific Research : Toward a Working Definition of Quality », *WAPOR regional seminar on Quality Criteria in Survey Research*, 25 au 27 juin 1998, Cadenabbia, Italie.

Cependant, les tribunaux et les organismes quasi judiciaires doivent pouvoir s'appuyer sur une évaluation de la recherche par sondage pour décider du poids à attribuer à ses conclusions.

Le cadre d'évaluation présenté ici ne permet pas de déterminer si la recherche par sondage est la bonne approche pour l'étude de tel ou tel sujet. Il faudrait, pour poser ce jugement, examiner la pertinence de l'unité d'analyse et la cohérence avec laquelle la recherche en cause utilise cette unité d'analyse[3]. Ce serait aller au-delà des objectifs du présent travail.

 LES CRITÈRES D'UNE RECHERCHE DE QUALITÉ

La première question fondamentale est celle des critères qui définissent une recherche de qualité. Pour Kaase[4] :

> *A quality evaluation methodology for surveys [...] would require an overall approach. In practice, surveys comprise numerous steps integrated in a defined programme. The quality of results is an outcome of the overall process. [...] The first requirement is a concept for the overall description of a survey type. The term procedural model is proposed for this concept. A procedural model consists of various components or dimensions of the overall process. With regard to quality standards, it seems useful to distinguish the following six components: the master sample (coverage), missing data (nonresponse), interview mode (mode effects), data collection and processing (error possibilities/error avoidance), time requirement (rapidity), documentation (transparency).*

À notre avis, cette segmentation du travail d'enquête confond les *étapes* du processus avec les *valeurs fondamentales de la qualité*. Nous proposons de séparer ces deux concepts. Il y a, selon nous, quatre critères essentiels en vue de poser un jugement sur un travail particulier de recherche par sondage. Les voici :

- *La rigueur* : l'étude applique-t-elle systématiquement les méthodes de la recherche par sondage reconnues comme les meilleures ? La rigueur est, bien entendu, relative à la situation en cause. Certaines situations exigent de faire certains choix méthodologiques alors que d'autres nécessiteront une approche différente. Par son essence,

---

3. Voir le chapitre 16 du présent livre et Varun GROVER, *A Tutorial on Survey Research : From Constructs to Theory*, <http://dmsweb.badm.sc.edu/grover/survey/MIS-SUVY.html>, en date du 16 juin 2003.
4. *Op. cit.*, p. 240.

la rigueur est ici le critère le plus technique ; néanmoins, les règles précises d'une évaluation sont susceptibles d'évoluer au fil du temps à mesure que se préciseront les connaissances touchant les meilleures pratiques de sondage[5]. Il en va notamment ainsi des approches innovatrices comme celle de la recherche par sondage sur Internet[6].

- *La neutralité* : l'étude observe-t-elle les phénomènes en cause sans fausser les observations ? La recherche vise à donner un reflet fidèle de la réalité ; par conséquent, pour être solide, la recherche doit respecter certaines mesures propres à garantir la neutralité de ses résultats, de sorte que la réalité qui surgira des observations ait toutes les chances d'être représentative.

- *L'équilibre* : l'étude utilise-t-elle suffisamment de ressources pour démontrer adéquatement sa thèse, sans toutefois tomber dans la surabondance ? L'équilibre exige une utilisation à la fois suffisante et parcimonieuse des ressources. Il réside dans la position qu'on adopte pour atteindre les objectifs souhaités avec un minimum de ressources, d'effort, de souci, etc. Le *Petit Larousse* définit entre autres l'équilibre en tant que « juste combinaison de forces, d'éléments ; répartition harmonieuse » et donne, pour « équilibrer », cette définition : « mettre en équilibre, stabiliser ». L'équilibre entre aussi en jeu lorsqu'il faut adapter la recherche à l'auditoire, aux objectifs de l'étude et à son contexte[7].

---

5. Citons, par exemple, Hirschi et Selvin : « Ainsi, la méthodologie, ce n'est pas la vérité révélée et éternelle. C'est un corps vivant d'idées, qui change avec le temps. Nombreuses sont les méthodes, et ce qui est correct et valable aujourd'hui peut être incorrect et inacceptable demain. » (Travis HIRSCHI et Hanan C. SELVIN, *Recherches en délinquances, principes de l'analyse quantitative*, Paris, Mouton, 1975).
6. À cet égard, Couper écrit : « tried and tested motivating tools used in mail surveys (e.g., advance letters, personalized signatures, letterhead, incentives, etc.) cannot be implemented in the same way in Web surveys, and functional equivalents are yet to be developed and tested. There is at present little experimental literature on what works and what does not, in terms of increasing response rates to Web surveys. Many of the techniques developed and tested over time to increase response rates in mail surveys may not work the same way in fully electronic Web surveys. Finding electronic equivalents of response-stimulating efforts is work that remains to be done. » (Mick P. COUPER, « Web Surveys, A Review of Issues and Approaches », *Public Opinion Quarterly*, vol. 64, hiver 2000, p. 473).
7. « […] because of the diverse range of constituencies for whom social scientific applied research is designed and implemented, researchers are often compelled to adjust their objectives, methodology and style of presentation to conform to the needs, expectations, and methodological and evaluative criteria of different audiences. […] In designing and implementing a particular research program, the applied social scientific researcher must continually balance the client's self-defined needs and objectives with the actual allocation of resources (financial, human, archival, time, etc.) toward the research process.

- *La transparence* : l'étude fournit-elle tous les renseignements nécessaires à une évaluation éclairée ? La science repose sur la notion de
reproductibilité : lorsqu'une même observation est obtenue à répétition, la conclusion qu'on en tire acquiert plus de force que des
conclusions qui proviendraient d'observations idiosyncratiques. La
reproductibilité nécessite le partage du savoir ou l'intersubjectivité[8]. L'exigence correspondante, qui est fondamentale, réside dans
la divulgation complète de tous les éléments méthodologiques
pouvant influer sur la qualité des observations et la robustesse
des conclusions[9]. Cette « transparence » est de même nature que
celle que les citoyens et les médias réclament des politiciens en ce
qui concerne leurs prises de décisions. La transparence constitue
aussi un principe de base en matière de gestion, selon l'Ordre des
administrateurs agréés du Québec[10]. Il s'agit sans doute du précepte

---

By definition, the quality of each research study is determined, in large part, by the researcher's ability to creatively manage this tension between objectives and available resources in a way that most effectively serves the needs of the client. » (COHEN et SHIRLEY, *op. cit.*, p. 1 et 2).

8. « In saying that science is intersubjective, we mean that two scientists with different subjective orientations would arrive at the same conclusion if each conducted the same experiment. […] If the earlier researchers had reported the design and execution of their studies in precise and specific details, however, and you were to replicate the study exactly, you should arrive at the same finding. This is what is meant by the intersubjectivity of science. » (Earl BABBIE, *Survey Research Methods*, Belmont, Ca., Wadsworth Publishing Company, 2e édition, 1990, p. 16 et 17). Voir aussi le chapitre 20 du présent livre.

9. « Basic criteria for measuring the social scientific integrity of the research include the following : transparency of the research methodology (in design, implementation and presentation). » (COHEN et SHIRLEY, *op. cit.*, p. 7).

10.   2.2-1 : « Transparence » : Qualité de ce qui laisse paraître la réalité tout entière, sans qu'elle ne soit altérée ou biaisée. Il n'est d'autre principe plus vertueux que la trans-parence de l'acte administratif par l'administrateur qui exerce un pouvoir au nom de celui qui origine le pouvoir. Celui qui est investi d'un pouvoir doit rendre compte de ses actes à son auteur.

   2.2-2 : Essentiellement, on peut déterminer que l'administrateur doit rendre compte de son administration ; que ce soit au mandant ou à une personne ou un groupe désigné par celui-ci, par exemple : à un conseil d'administration, à un comité de surveillance ou à un vérificateur.

   2.2-3 : Dans la mesure où le mandant le permet et qu'il n'en subit aucun préjudice, l'administrateur doit également agir de façon transparente envers les tiers ou les préposés pouvant être affectés par ses actes.

   2.2-4 : Ainsi, la transparence implique de rendre l'information accessible aux tiers, incluant les membres de son organisation afin d'assurer la saine gestion.

   2.2-5 : L'administrateur doit divulguer à son mandant tous ses intérêts propres, financiers ou personnels, de même que ceux de sa famille immédiate (telle que définie au paragraphe 4.4.13-5), qui puisse affecter son travail ou ses fonctions.

(Ordre des administrateurs agréés du Québec, *Guide de l'administrateur agréé, Principes et normes de saine gestion*, Publications CCH/FM, mises à jour régulières).

le plus fondamental, sans lequel les autres critères n'ont aucun sens du point de vue de la communication des résultats de la recherche[11].

D'autres critères ont été employés pour évaluer la recherche par sondage mais ils sont, à notre avis, subsumés sous les quatre proposés ci-dessus. Mentionnons, entre autres :

- le respect des normes professionnelles et de la déontologie[12] ;
- la représentativité de l'échantillon[13] ;
- la validité des définitions opérationnelles des concepts[14] ;
- la logique de la méthode[15] ;
- la taille suffisante de l'échantillon[16] ;
- l'application contrôlée du stimulus que l'étude représente pour le répondant[17] ;
- la disponibilité des personnes faisant partie de l'échantillon[18] ;
- l'aptitude à réagir des individus (compréhension et information)[19] ;
- l'absence de biais dans les questions[20] ;
- la communication impartiale de l'information de la part du répondant[21] ;

---

11. « A common theme running through all my remarks is that, as professionals, survey researchers have the obligation to provide as much information as possible about the work they do-to their clients, to respondents and others whose interests may be affected by the research, and, especially but not only when the research is in the public domain, to the general public. From a practical point of view, private interests, including the researcher's, the client's, and even of the respondents, will always place limits on this principle of openness. Nonetheless, I have no doubt that over the long run, and often even in the short run, the quality of the work we do is enhanced by being as open as possible. » (Irving CRESPI, « Ethical considerations when establishing survey standards », dans *International Journal of Public Opinion Research*, printemps 1998, vol. 10, p. 75 et suivantes.)

12. William N. HEBERT, « Cross-Examining Survey Experts », dans *Civil Litigation Reporter*, novembre 1999.

13. Paul C. STERN, *Evaluating Social Science Research*, New York, Oxford University Press, 1979, p. 32 et 77 ; Ruth M. CORBIN, A. KELLY GILL et R. SCOTT JOLIFFE, *Trial by survey : Survey Evidence and the Law*, Toronto, Carswell, 2000, p. 16.

14. STERN, *op. cit.*, p. 77 ; Corbin *et al.*, *op. cit.*, p. 16.

15. BABBIE, *op. cit.*, p. 41.

16. CORBIN, *op. cit.*, p. 16.

17. STERN, *op. cit.*, p. 80.

18. Voir le chapitre 16 de ce livre.

19. Voir le chapitre 16 de ce livre.

20. CORBIN, *op. cit.*, p. 16.

21. *Ibid.* ; voir aussi le chapitre 16 de ce livre.

- l'enregistrement fidèle de l'information offerte par les répondants[22] ;
- la divulgation des directives données aux interviewers[23] ;
- l'emploi de principes statistiques reconnus[24] ;
- l'objectivité du processus[25] ;
- l'adhésion à un modèle procédural touchant la qualité[26].

3 LES COMPOSANTES DE BASE DE LA RECHERCHE PAR SONDAGE

Le cadre d'évaluation s'organise autour des six composantes de base de la recherche par sondage. Les voici, brièvement décrites :

- *Le questionnaire* : la mise au point des stimulus verbaux ou visuels destinés à obtenir des réponses de la part des répondants ; il s'agit évidemment de l'instrument de base de la recherche par sondage.

- *L'échantillonnage* : la sélection d'un sous-ensemble de la population des sujets formant la cible de l'étude.

- *La collecte des données* : l'application du questionnaire aux éléments de l'échantillon.

- *La gestion des données* : le transfert dans un média électronique des réponses fournies par les participants ainsi que la mise en forme des données et la création de nouvelles données ; ces opérations comprennent le choix des éléments de pondération.

- *L'analyse des données* : l'exploitation des données afin de répondre aux questions à l'étude ; cela comprend le recours à la statistique de même, éventuellement, que l'utilisation de plans plus élaborés que les simples plans d'une recherche descriptive fondée sur un seul sondage.

- *Le rapport* : la présentation du processus de la recherche et de ses résultats, habituellement sous forme d'un rapport écrit ou d'un document graphique.

---

22. *Ibid.* ; voir aussi le chapitre 16 de ce livre.
23. *Ibid.*
24. *Ibid.*
25. *Ibid.*
26. KAASE, *op. cit.*, p. 240.

4 COMBINAISON DES PRINCIPES ET DES COMPOSANTES DE BASE

Le présent cadre d'évaluation suppose qu'une « bonne » recherche par sondage témoigne des quatre principes de qualité à l'intérieur de chacune des six composantes de base. Il a la particularité de conjuguer les six composantes de base aux quatre principes de l'évaluation afin de produire une matrice de 24 zones (voir le tableau 1) qui doivent entrer en ligne de compte dans une étude sur la recherche par sondage[27].

Chaque zone renferme des critères d'évaluation précis. Nous allons maintenant analyser en quoi consistent les critères de ce cadre de travail. Les sections suivantes décrivent et justifient les critères qui sont résumés dans le tableau 1. La sélection de la plupart des critères reflète quant à leur importance un vaste consensus parmi les chercheurs ; l'auteur propose des critères additionnels qui méritent selon lui l'attention lorsqu'il s'agit d'évaluer la recherche par sondage.

4.1. Le [q]uestionnaire

La qualité d'un questionnaire est une notion qui porte à controverse[28] malgré l'accord qui règne sur la nécessité d'un questionnaire de qualité[29].

---

27. Cette classification croisée des fonctions ou des phases avec les principes reflète celle dont se sert l'Ordre des administrateurs agréés du Québec pour établir ses normes d'une saine gestion : en l'occurrence, l'Ordre applique six principes (transparence, continuité, efficience, équilibre, équité, abnégation) à cinq fonctions de gestion (planification, organisation, orientation, contrôle, coordination) en vue de former la base des normes de gestion. L'idée d'une classification croisée des phases et des principes a été empruntée à cette source. Voir Bernard Breault, *Exercer la saine gestion, Théorie appliquée à l'audit de saine gestion*, Farnham (Québec), Publications CCH, 2ᵉ édition, 1999.

28. La notion de qualité a été longuement développée, mais la façon dont les organisations conceptualisent la qualité varie énormément. En qualifiant leur concept de « profil de la qualité », des organisations comme U.S. Survey of Income and Program Participation et National Center for Education montrent qu'aucun élément de la qualité n'est en soi péremptoire. Le concept de Statistique Canada dans ses « Lignes directrices touchant la qualité » comprend la documentation et la diffusion. Le document « Quality Measurement » du U.S. Bureau of Labour Statistics renferme un chapitre intitulé « Conceptualization ». Le Bureau suédois de la statistique parle aussi de « contenu, temps et disponibilité », outre l'aspect traditionnel de « fiabilité ». Eurostat a jugé utile d'inscrire « comparabilité, cohérence et intégralité » parmi les principaux éléments. (Hans Akkerboom et Håkan L. Lindström, « The Development of Quality Concepts for Questionnaire Testing and Evaluation », *WAPOR regional seminar on Quality Criteria in Survey Research*, 25 au 27 juin 1998, Cadenabbia, Italie.)

29. « As a rule, neither sampling methods, interviewer organization nor analytical methods differentiate poor quality surveys from high quality survey research ; the determining

Nous allons appliquer nos quatre principes à la conception du questionnaire. Même si les combinaisons ne produisent pas nécessairement tous les critères que d'autres auteurs ont établis, elles donnent lieu à un ensemble cohérent de critères qui englobent les préoccupations majeures des spécialistes.

- *[R]igueur du [q]uestionnaire*   combinaison Rq

  Rq1   *La validité de contenu*[30]

  La validité de contenu « *depends on the extent to which an empirical measurement reflects a specific domain of content* »[31]. Un questionnaire conçu de manière rigoureuse démontre une validité de contenu ; dans son rapport de recherche, l'auteur pourra se prononcer sur la validité de contenu.

  Rq2   *Les prétests*[32]

  Les prétests comprennent diverses activités faisant suite à la mise au point initiale du questionnaire et précédant son utilisation aux fins de la collecte définitive des données. Effectués avec soin, les prétests permettent d'établir les difficultés de compréhension de certaines questions, le déroulement du questionnaire, la durée de l'entrevue, les directives, etc.

---

factor, and thus the decisive criterion for distinguishing quality, is the study concept and questionnaire development. » (Thomas Petersen, « Three aspects of quality in survey research : indirect questions, field experiments and the need for researchers to test questionnaires themselves », *WAPOR regional seminar on Quality Criteria in Survey Research*, 25 au 27 juin 1998, Cadenabbia, Italie.)

30. « One must first ensure that the questionnaire domains and elements established for the survey or poll fully and adequately cover the topics of interest. Ideally, multiple rather than single indicators or questions should be included for all key constructs. » (American Association for Public Opinion Research, *Best Practices for Survey and Public Opinion Research*, http ://www.aapor.org/pdfs/best_pra.pdf, en date de 2003.06.16.)

31. Edward G. CARMINES et Richard A. ZELLER, *Reliability and validity assessment*, Sage University Papers on Quantitative Applications in the Social Sciences, Beverly Hills, Sage Publications, 1979, p. 20.

32. « Structured questionnaires should be pretested among eligible respondents prior to the start of the main field period to establish the clarity, flow, and appropriateness of questions. » Council of American Survey Research Organizations, *Guidelines for Survey Research Quality*, http ://www.casro.org/guidelines.cfm, en date de 2003.06.16. « All questions should be pretested to ensure that questions are understood by respondents, can be properly administered by interviewers, and do not adversely affect survey cooperation. » (AAPOR, *op. cit.*). « Texts on survey research generally recommend pretests as a way to increase the likelihood that questions are clear and unambiguous. » (DIAMOND, *op. cit.*, p. 248).

TABLEAU 1
Cadre d'évaluation d'un sondage

	Principes			
	[R]igueur	[N]eutralité	[É]quilibre	[T]ransparence
Composantes de base	application systématique des règles de l'art en matière de recherche par sondage	caractère de ce qui représente fidèlement la réalité	utilisation à la fois suffisante et parcimonieuse des ressources en vue d'étayer la démonstration	qualité de ce qui laisse la réalité paraître entièrement et sans altération
[q]uestionnaire	• Validité de contenu • Prétests • Échelles de réponse	• Fiabilité • Absence de biais	• Minimisation du fardeau de réponse	• Objectif de la recherche • Commanditaire • Reproduction intégrale du questionnaire
[é]chantil-lonnage	• Respect des règles de l'échantillonnage aléatoire • Justification d'un échantillonnage non aléatoire	• Population ciblée et population rejointe ; mode de filtrage • Cadre d'échantillonnage • Disposition de l'échantillon ; taux de réponse ; taux de refus ; mode de substitution • Marge d'erreur de l'échantillonnage	• Adéquation de la nature de l'échantillon avec les fins de la recherche • Taille de l'échantillon	• Définition de la population • Méthode d'échantillonnage • Taille de l'échantillon • Taux de réponse
[c]ollecte des données	• Formation des interviewers • Contrôle de la qualité, supervision • Processus de rappel	• Validité de critère (corroboration) • Non-contamination • Double insu	• Justification du type d'enquête • Consentement éclairé vs. client camouflé • Évitement de la stigmatisation • Confidentialité des données	• Mode de collecte des données • Identification du collecteur • Dates, lieux et périodes de la collecte • Événements sociaux significatifs ayant eu lieu au cours de la collecte

TABLEAU 1 (*suite*)
Cadre d'évaluation d'un sondage

	Principes			
	[R]igueur	[N]eutralité	[É]quilibre	[T]ransparence
[G]estion des données	• Bonne exécution des calculs et ajustements • Codage rigoureux des réponses	• Critères de pondération utilisés • Sources des données de population • Assurance que les ajustements ne favorisent pas indûment les hypothèses ou les intérêts du chercheur	• Évitement des excès de pondération • Effet des ajustements apportés	• Mode de calcul des poids • Variance de pondération (effet de plan) • Calculs et ajustements apportés
[A]nalyse des données	• Bonne utilisation technique des outils statistiques • Pour les questions ayant un lien de causalité, description adéquate du modèle de cause à effet	• Risque de contestation des résultats et des interprétations • Cohérence des conclusions et des résultats	• Adéquation des méthodes avec les fins de la recherche • Adéquation du plan de recherche avec les fins de la recherche	• Tailles brute et pondérée des échantillons dans les tableaux • Description des méthodes d'analyse utilisées
[R]apport	• Divulgation des faiblesses de l'étude et des biais possibles	• Présentation distincte des résultats objectifs et de leur interprétation • Désintéressement du chercheur	• Degré d'appui aux conclusions découlant des résultats de l'étude • Réserves éventuelles sur les validités interne et externe des résultats	• Caractère compréhensible de la présentation • Divulgation de tous les éléments d'information requis par les 24 cellules pour juger de la valeur des résultats

Rq3   *Les échelles de réponse*

Le questionnaire comporte évidemment des questions mais aussi diverses échelles de réponse. La mesure avec laquelle ces échelles permettent de saisir les nuances d'opinion ou d'attitude, ainsi que leur absence de biais sont d'importantes caractéristiques d'une recherche rigoureuse.

- *[N]eutralité du [q]uestionnaire*   combinaison Nq

Nq1   *La fiabilité*[33]

« *Fundamentally, reliability concerns the extent to which an experiment, test, or any measuring procedure yields the same results on repeated trials. This tendency toward consistency found in repeated measurements of the same phenomenon is referred as reliability. The more consistent the results given by repeated measurements, the higher the reliability of the measuring procedure; conversely the less consistent the results, the lower the reliability [...]* »[34]. Un questionnaire a un effet neutre si ses mesures reflètent avec stabilité le phénomène à l'étude.

Nq2   *L'absence de biais*[35]

Un questionnaire est neutre si le libellé des questions et des catégories de réponse de même que l'ordre des questions et des réponses ne prédéterminent pas, en partie ou en totalité, les réponses fournies par les participants de l'étude.

---

33. « Realistically however, existing (and preferably validated) scales should be adopted (or adapted) wherever possible in order to cultivate a cumulative tradition of research. » (GROVER, *op. cit.*). Kaye cite plusieurs grandes questions à poser en vue d'établir la qualité des analyses statistiques. L'une d'elles est la suivante : « Le processus de mesure est-il fiable ? » (David KAYE, « Reference Guide on Statistics », dans Federal Judicial Center, *Reference Manual on Scientific Evidence*, 2000, p. 341).
34. CARMINES et ZELLER, *op. cit.*, p. 11 et 12.
35. « The questions and questioning procedures are unbiased. The wording of the interview questions does not predetermine the answers to the research questions. The questioning and analytical procedures allow responses over the entire range relevant to the research objectives. » (CASRO, *op. cit.*) ; « Concepts should be clearly defined and questions unambiguously phrased. Question wording should be carefully examined for special sensitivity or bias. » (AAPOR, *op. cit.*) ; « According to Manual on Complex Litigation §21.493 at 102 (3d ed Federal Judicial Center 1995), there are seven topics you need to address to assess whether a survey was properly done, i.e. : Were the questions framed in a clear, precise, and nonleading manner ? » (HEBERT, *op. cit.*) ; « You might also need a survey expert to help you analyze the sequence of the questions in a questionnaire and whether the sequence is in itself leading and suggestive. » (HEBERT, *op. cit.*) ; « Although it seems obvious that questions on a survey should be clear and precise, phrasing questions to reach that goal is often difficult. Even questions that appear clear can convey unexpected meanings and ambiguities to potential respondents. » (DIAMOND, *op. cit.*, p. 248) ; « The mode of questioning can influence the form that an order effect takes. In mail surveys, respondents are more likely to select the first choice offered (a primacy

- *[É]quilibre du [q]uestionnaire*   combinaison Éq
  Éq1   *La minimisation du fardeau de réponse*[36]
  L'équilibre du questionnaire est atteint par la minimisation du fardeau de réponse. La tâche exigée des participants devrait être proportionnelle aux objectifs de l'étude et aux avantages que les participants et la société pourront tirer de la recherche.

- *[T]ransparence du [q]uestionnaire*   combinaison Tq
  Tq1   *L'objectif de la recherche*[37]
  Pour qu'un questionnaire soit transparent, il faut que les objectifs de la recherche soient énoncés de manière à pouvoir apprécier la valeur des indicateurs en fonction des intentions initiales de la mesure.

---

effect) ; in telephone surveys, respondents are more likely to choose the last choice offered (a recency effect). [...] To control for order effects, the order of the questions and the order of the response choices in a survey should be rotated. » (DIAMOND, *op. cit.*, p. 255).

36. « The purpose of interviewing must be limited to the finding out of information or observation of reactions relevant to the research problem at hand. » (Professional Marketing Research Society (1), *Rules of Conduct and Good Practice 2001*, section II, http:// www.pmrs-aprm.com/What/Code.pdf en date de 2003.06.16) ; « Overly long questionnaires should be avoided at all costs. » (PMRS, *op. cit.*, règle 2.13) ; « The types of information to be collected are driven by the information objectives of the research. » (CASRO, *op. cit.*) ; « The questions are relevant and appropriate to the research issues. Interview content focuses on the research objectives. » (CASRO, *op. cit.*) ; « The interview should recognize the value of the respondent's time and the respondent's right to privacy. Lengthy interviews can be a burden. Length of the interview should be weighed against the needs of the research objectives, with consideration to the burden on respondents, the quality of the responses obtained, and the availability of alternative methods of obtaining the data (split samples, other sources, etc.). » (CASRO, *op. cit.*) ; « [...] statisticians should collect only the data needed for the purpose of their inquiry. » (American Statistical Association, *Ethical Guidelines for Statistical Practice*, <http://www.amstat.org/profession/ethicalstatistics.html>, en date du 16 juin 2003).

37. « For each survey, a practitioner must provide to the client [...] information sufficient to replicate the study [...]. If applicable, the following information is required : [...] ; iii) the specific objectives of the study [...]. » (PMRS, *op. cit.*, règle 4.6) ; The purpose of *clearly stating the research objectives* is to have complete agreement between the professional research firm and the client [...]. » (CASRO, *op. cit.*) ; « The objectives of a high quality survey or poll should be specific, clear-cut and unambiguous. Such surveys are carried out solely to develop statistical information about the subject, not to produce predetermined results [...]. » (AAPOR, *op. cit.*) ; « The first step in ensuring quality in applied qualitative research is the process through which the research team assists the client in clarifying and articulating the scope and objectives of the research. » (COHEN et SHIRLEY, *op. cit.*, p. 7) ; « The report describing the results of a survey should include a statement describing the purpose or purposes of the survey. » (DIAMOND, *op. cit.*, p. 236) ; « The completeness of the survey report is one indicator of the trustworthiness of the survey and the professionalism of the expert who is presenting the results of the survey. A survey report generally should provide in detail 1. the purpose of the survey ; [...]. » (DIAMOND, *op. cit.*, p. 270-271) ; « Critical in demonstrating adherence to standards of

Tq2 *Le commanditaire*[38]

Le commanditaire de la recherche devrait être mentionné dans la partie du rapport portant sur la conception du questionnaire.

Tq3 *La reproduction intégrale du questionnaire*[39]

Pour être transparent, le rapport doit comprendre la reproduction intégrale du questionnaire. On sera ainsi mieux en mesure d'apprécier le libellé des questions et tout effet éventuel de l'ordre dans lequel elles sont posées. Dans le cas des enquêtes omnibus – où plusieurs clients commanditent certaines parties d'un questionnaire – le rapport doit faire état des sujets qui ont été abordés avant la section pertinente et mentionner la possibilité que les questions antérieures aient influencé les réponses suivantes.

■ 4.2. L'[é]chantillonnage

- *[R]igueur de l'[é]chantillonnage*   combinaison Ré

  Ré1 *Le respect des règles de l'échantillonnage aléatoire*[40]

  Seul l'échantillonnage aléatoire permet de faire au sujet de la population des énoncés factuels fondés sur les statistiques. Puisque la

---

excellence and validity in defining the universe, designing the sample, learning what people think and do, and reporting the findings are : (1) a clean and explicit statement of objectives ; [...]» (Robert C. SORENSEN, « Survey Research Execution in Trademark Litigation : Does Practice Make Perfection », *The Trademark Reporter*, vol. 73, p. 352).

38.   « For each survey, a practitioner must provide to the client [...] information sufficient to replicate the study [...]. If applicable, the following information is required :[...] ; ii) the name of the organization for which the study was conducted [...]. » (PMRS, *op. cit.*, règle 4.6) ; « Standard for Minimal Disclosure : Who sponsored the survey » (American Association for Public Opinion Research, *Code of Professional Ethics and Practices*, <http://www.aapor.org/pdfs/ethics.pdf>, en date de 2003.06.16, règle III.1).

39.   « For each survey, a practitioner must provide to the client [...] information sufficient to replicate the study [...]. If applicable, the following information is required : i) copy of the questionnaire [...]. » (PMRS, *op. cit.*, règle 4.6) ; « Standard for Minimal Disclosure : The exact wording of questions asked, including the text of any preceding instruction or explanation to the interviewer or respondents that might reasonably be expected to affect the response » (AAPOR, *Code of Professional Ethics and Practices, op. cit.*, règle III.2) ; « The completeness of the survey report is one indicator of the trustworthiness of the survey and the professionalism of the expert who is presenting the results of the survey. A survey report generally should provide in detail 5. the exact wording of the questions used, including a copy of each version of the actual questionnaire, interviewer instructions, and visual exhibits ; [...]. » (DIAMOND, *op. cit.*, p. 270-271).

40.   « Survey reporting guidelines : [...] Sample design, including method of selecting sample elements, qualifying / disqualifying criteria. Method of selection within household » (CASRO, *op. cit.*) ; «A survey's intent is not to describe the particular individuals who, by chance, are part of the sample, but rather to obtain a composite profile of the

plupart des travaux cherchent à produire une représentation rigoureuse du sujet à l'étude, l'échantillonnage aléatoire devrait être la norme et toute recherche rigoureuse devrait en respecter les principes.

Ré2   *La justification d'un échantillonnage non aléatoire*[41]

Il y a des situations où un échantillonnage aléatoire est impossible à réaliser mais où l'objet de l'étude est suffisamment important pour qu'on puisse s'écarter du principe ci-dessus. Dans pareil cas, le recours à un échantillonnage non aléatoire est acceptable mais doit être justifié.

---

population. In a bona fide survey, the sample is not selected haphazardly or only from persons who volunteer to participate. It is scientifically chosen so that each person in the population will have a measurable chance of selection. This way, the results can be reliably projected from the sample to the larger population with known levels of certainty/precision.» (AAPOR, *Best Practices for Survey and Public Opinion Research, op. cit.*); «Virtually all surveys taken seriously by social scientists, policy makers, and the informed media use some form of random or probability sampling, the methods of which are well grounded in statistical theory and the theory of probability.» (*idem*); «According to Manual on Complex Litigation §21.493 at 102 (3d ed Federal Judicial Center 1995), there are seven topics you need to address to assess whether a survey was properly done, i.e.: Did the expert select a representative sample of the universe to interview?» (HEBERT, *op. cit.*); «Probability sampling methods, in contrast, ideally are suited to avoid selection bias. Once the conceptual population is reduced to a tangible sampling frame, the units to be measured are selected by some kind of lottery that gives each unit in the sampling frame a known, nonzero probability of being chosen. Selection according to a table of random digits or the like leaves no room for selection bias.» (KAYE, *op. cit.*, p. 345); «The use of probability sampling techniques maximizes both the representativeness of the survey results and the ability to assess the accuracy of estimates obtained from the survey.» (DIAMOND, *op. cit.*, p. 242); «All opinion polls should be based on scientific and representative measurements of public opinion. Far too often the term opinion poll is misused to describe unscientific and unrepresentative measurements of public opinion. Representativeness means the obtaining of measurements which can be generalised to apply without any statistical bias to the whole population under consideration.» ESOMAR, *Guidelines to opinion pools*, http://www.esomar.org/main.php?a=2&p=76opolls.htm, en date du 16 juin 2003.

41. «[...] the suitability of a specific sampling method for the research purpose will always involve some judgment [...].» (CASRO, *op. cit.*); «If a non-representative sample is to be used, possible implications and effects of the sampling method should be discussed.» (CASRO, *op. cit.*); «Survey reporting guidelines: [...] Implications and limitations of non-representative sampling methods, if used.» (*idem*); «The irrelevance of performance standards to professional ethics is obvious with respect to surveys conducted in countries, or parts of countries, with limited or inadequate survey resources or with life style characteristics that, for example, may make for low completion rates. Under conditions that prevail in such cases, it may prove to be very costly (even perhaps impossible) to implement satisfactorily a probability sample in conformity with state-of-the-art standards that would apply in the USA or Western Europe. Insistence on conformity to performance standards in such cases could result in cancelling a study, whereas some flexibility in the application of such standards might make it possible to conduct a survey whose results might still be usable. For this reason, even though I unequivocally advocate the theoretical superiority of probability sampling, I also assume that its standards should be adjustable to meet the realities of specific times and places.» (CRESPI, *op. cit.*).

- *[N]eutralité de l'[é]chantillonnage*   combinaison Né

  Né1   *Population ciblée et population rejointe; mode de filtrage*[42]

  Si dans le cadre d'un litige « *the survey's universe must fit the facts of the case* »[43], il est évident que cette obligation tient aussi à l'extérieur des tribunaux. La population qui est ciblée en théorie doit correspondre à l'objet de l'étude[44]. La population rejointe doit, à son tour, cadrer avec la population théorique visée. Le cas échéant,

---

42. « For each survey, a practitioner must provide to the client [...] information sufficient to replicate the study [...]. If applicable, the following information is required: v) the universe covered (intended and actual) [...]. » (PMRS, *op. cit.*, règle 4.6); « A universe which is relevant to the problem being studied, [is a] vital requirement of high recherche de qualité. » (CASRO, *op. cit.*); « Survey reporting guidelines: [...] Definition of the universe which the survey is intended to represent [...] Respondent qualification requirements. » (CASRO, *op. cit.*); « Standard for Minimal Disclosure: A definition of the population under study. » (AAPOR, *op. cit.*, règle III.3); « Standard for Minimal Disclosure: information on eligibility criteria and screening procedures. » (*idem*, règle III.5); « According to Manual on Complex Litigation §21.493 at 102 (3d ed Federal Judicial Center 1995), there are seven topics you need to address to assess whether a survey was properly done, i.e.: Was the survey universe properly determined? » (HEBERT, *op. cit.*); « The target population consists of all elements (i.e., objects, individuals, or other social units) whose characteristics or perceptions the survey is intended to represent. [...] The definition of the relevant population is crucial because there may be systematic differences in the responses of members of the population and nonmembers.[...] The universe must be defined carefully. [...] The survey report should contain a description of the target population, a description of the survey population actually sampled, a discussion of the difference between the two populations, and an evaluation of the likely consequences of that difference. » (DIAMOND, *op. cit.*, p. 239-240); « In a carefully executed survey, each potential respondent is questioned or measured on the attributes that determine his or her eligibility to participate in the survey. [...] The criteria for determining whether to include a potential respondent in the survey should be objective and clearly conveyed, preferably using written instructions addressed to those who administer the screening questions. These instructions and the completed screening questionnaire should be made available to the court and the opposing party along with the interview form for each respondent. » (*idem*, p. 247-248); « The completeness of the survey report is one indicator of the trustworthiness of the survey and the professionalism of the expert who is presenting the results of the survey. A survey report generally should provide in detail [...] 3. a description of the sample design, including the method of selecting respondents, the method of interview, the number of callbacks, respondent eligibility or screening criteria, and other pertinent information; [...]. » (*idem*, p. 270-271); « If a survey is to be relevant, care must be taken in defining the universe — the population about whose behavior generalization will be made from survey results, which is, therefore, the group from whom individuals are selected for interview. » (SORENSEN, *op. cit.*, p. 353).

43. HEBERT, *op. cit.*

44. « To use a common example, in litigation involving plaintiff's claims that defendant's deceptive advertising destroyed the market for plaintiff's product, the universe consists of those consumers who intend to buy from the plaintiff or defendant in the future. The consumer who belongs to this universe should be the (1) potential purchaser; (2) potential decision maker; and (3) person to whom the advertising is addressed. » (HEBERT, *op. cit.*).

le filtrage effectué sur le terrain doit produire une correspondance empirique exacte entre les personnes sélectionnées aux fins de l'étude et les individus dont le comportement ou les attitudes ont de l'importance pour l'objet de l'étude.

Né2 *Le cadre d'échantillonnage*[45]

Le cadre d'échantillonnage est la liste[46] d'où l'échantillon est tiré. La qualité du cadre d'échantillonnage est un facteur important de la neutralité du processus d'échantillonnage, étant donné qu'un cadre incomplet, mal ciblé ou faussé de quelque façon que ce soit réduirait l'aptitude à appliquer des résultats à la population cible.

Né3 *Disposition de l'échantillon ;*
      taux de réponse ; taux de refus ; mode de substitution[47]

La neutralité de l'échantillon peut être évaluée en partie par les résultats obtenus lorsqu'on tente de rejoindre des unités d'échantillonnage. Le taux de réponse et le taux de refus sont des indicateurs clés de la neutralité. Il importe d'évaluer attentivement le

---

45. « [...] a sample which adequately represents that universe, [is a] vital requirement of high recherche de qualité. » (CASRO, *op. cit.*) ; « The source of the sample (lists, on-line groups or services, randomly generated phone numbers, mall intercepts, etc.) should be revealed and the adequacy of the source given the study purpose should be discussed. » (*idem*) ; « Survey reporting guidelines : [...] Definition of the sampling frame, i.e., sampling points actually used and the procedures used in selecting sampling points. If lists used, source and name of list. » (*idem*) ; « Standard for Minimal Disclosure : a description of the sampling frame used to identify this population. » (AAPOR, *Code of Professional Ethics and Practices, op. cit.*, règle III.3) ; « Critical elements in an exemplary survey are : (a) to ensure that the right population is indeed being sampled (to address the questions of interest) ; and (b) to locate (or « cover ») all members of the population being studied so they have a chance to be sampled. The quality of the list of such members (the « sampling frame ») whether it is up-to-date and complete is probably the dominant feature for ensuring adequate coverage of the desired population to be surveyed. » (AAPOR, *Best Practices for Survey and Public Opinion Research, op. cit.*) ; « At the minimum, any IS survey research should describe and justify the sample frame. Estimation of possible frame error bias (or lack thereof) by a comparison estimation of the probability of the target population being included in or excluded from the sample frame is desirable. » (GROVER, *op. cit.*).

46. Parfois il s'agit de la liste des grappes des unités d'échantillonnage définitives.

47. « For each survey, a practitioner must provide to the client [...] information sufficient to replicate the study [...]. If applicable, the following information is required : vii) the contact record based on the last attempt to obtain an interview with the exception of mall surveys and quota samples where it is not appropriate [...]. » (PMRS, *op. cit.*, règle 4.6) ; « Callback and replacement procedures, if used, should be described. » (CASRO, *op. cit.*) ; « The final disposition of the sample should be described in detail [...]. » (*idem*) ; « A low cooperation or response rate does more damage in rendering a survey's results questionable than a small sample, because there may be no valid way scientifically of inferring the characteristics of the population represented by the nonrespondents. »

mode de substitution de l'échantillon afin de déceler tout risque de biais qui découlerait du rejet d'unités d'échantillonnage initiales et de l'ajout de nouvelles unités.

Né4 *La marge d'erreur due à l'échantillonnage*[48]

La neutralité de l'échantillon est représentée en partie par l'ampleur de la marge d'erreur due à l'échantillonnage. Une marge d'erreur trop forte peut indiquer un manque de neutralité de l'échantillon.

(AAPOR, *Best Practices for Survey and Public Opinion Research, op. cit.*) ; « When objects like receipts (for an audit) or vegetation (for a study of the ecology of a region) are sampled, all can be examined. Human beings are more troublesome. Some may refuse to respond, and the survey should report the nonresponse rate. A large nonresponse rate warns of bias, but it does not necessarily demonstrate bias. » (KAYE, *op. cit.*, p. 345) ; DIAMOND (*op. cit.*, p. 245) rapporte une interprétation particulièrement contraignante des taux de réponse : « One suggested formula for quantifying a tolerable level of nonresponse in a probability sample is based on the guidelines for statistical surveys issued by the former U.S. Office of Statistical Standards. According to these guidelines, response rates of 90 % or more are reliable and generally can be treated as random samples of the overall population. Response rates between 75 % and 90 % usually yield reliable results, but the researcher should conduct some check on the representativeness of the sample. Potential bias should receive greater scrutiny when the response rate drops below 75 %. If the response rate drops below 50 %, the survey should be regarded with significant caution as a basis for precise quantitative statements about the population from which the sample was drawn. » ; « The completeness of the survey report is one indicator of the trustworthiness of the survey and the professionalism of the expert who is presenting the results of the survey. A survey report generally should provide in detail 4. a description of the results of sample implementation, including (a) the number of potential respondents contacted, (b) the number not reached, (c) the number of refusals, (d) the number of incomplete interviews or terminations, (e) the number of noneligibles, and (f) the number of completed interviews ; […]. » (DIAMOND, *op. cit.*, p. 270-271) ; « Regardless of how the sample is drawn, it is good practice to disclose in easily comprehensible form how the sampling procedure has been implemented in the field. This includes the – albeit costly – best practice of providing a precise nonresponse account (number and description of contacts, reasons for nonresponse, etc.) as well as detailed information on the conduct of interviews (number of necessary contacts, date and time of day, difficulties in accessing target individuals, etc.). » (KAASE, *op. cit.*, p. 183) ; « When people increasingly refuse access to interviewers, costs rise accordingly and a decreasing interview completion rate poses a fundamental question of validity : what would hose people not interviewed have said about their attitudes and perceptions if they had been interviewed, and would their answers have differed significantly from those of people who were interviewed ? » (SORENSEN, *op. cit.*, p. 362).

48. « Survey reporting guidelines : […] If statements are made regarding the overall sampling error of the survey, it should be stated that total survey error includes both sampling error and response error. » (CASRO, *op. cit.*) ; « Standard for Minimal Disclosure : A discussion of the precision of the findings, including, if appropriate, estimates of sampling error » (AAPOR, *op. cit.*, règle III.6) ; « Sampling errors should be included for all statistics presented, rather than only the statistics themselves. » (AAPOR, Best Practices for Survey and Public Opinion Research, *op. cit.*) ; « The completeness of the survey report is one

- *[É]quilibre de l'[é]chantillonnage*   combinaison Éé

Éé1   *L'adéquation de la nature de l'échantillon avec les fins de la recherche*[49]

Un échantillon est équilibré si la nature du mode d'échantillonnage concorde avec l'objectif de la recherche. Ainsi, les études descriptives devraient mettre en relief la représentativité de l'échantillon alors que les études comparatives ou corrélationnelles devraient se concentrer sur l'aptitude à comparer des groupes de façon valide (voir ci-dessous les notions de validité interne et externe).

Éé2   *La taille de l'échantillon*[50]

Toutes choses étant égales par ailleurs, la taille de l'échantillon détermine l'aptitude de l'étude à faire ressortir, des sous-groupes qui le composent, des différences statistiquement significatives, et elle est l'un des déterminants de l'exactitude statistique des estimations produites. Par conséquent, l'échantillon doit être assez vaste pour soutenir les prétentions de l'étude mais non pas trop pour provoquer des erreurs de type I (ou le rejet erroné de l'hypothèse nulle). Chaque étude contribue aussi à l'ensemble de l'effort social représenté par la recherche par sondage ; par conséquent un sondage ne doit pas recueillir de données auprès d'un nombre de répondants sensiblement plus vaste qu'il n'est nécessaire.

---

indicator of the trustworthiness of the survey and the professionalism of the expert who is presenting the results of the survey. A survey report generally should provide in detail 7. estimates of the sampling error, where appropriate (i.e., in probability samples) ; […]. » (DIAMOND, *op. cit.*, p. 270-271).

49. « Basic criteria for measuring the social scientific integrity of the research include the following : […] the scale, balance and consistency of the research sample » (COHEN et SHIRLEY, *op. cit.*, p. 7).

50. « The sample size should also be specified, and there should be some discussion of its appropriateness, considering the purpose of the study. » (CASRO, *op. cit.*) ; « The sample must be large enough to allow the expert to extrapolate his or her findings to the universe. Experts will testify that, in general, the larger the sample size, the more reliable the survey results. On the other hand, a survey with a sample size of 5000 could have useless results if it uses improper questions or picks the wrong universe. » (HEBERT, *op. cit.*).

- *[T]ransparence de l'[é]chantillonnage*   combinaison Té

  Té1   *La définition de la population*[51]

  La transparence de l'échantillon exige qu'une définition claire et nette de la population soit fournie au rapport. Cette exigence en matière de transparence s'impose également si l'on veut évaluer la population ciblée et la population rejointe (voir Né – neutralité de l'échantillonnage).

  Té2   *La méthode d'échantillonnage*[52]

  La méthode d'échantillonnage doit être exposée dans le rapport pour qu'il y ait transparence de l'échantillonnage. La chose est également nécessaire pour pouvoir juger de la pertinence du mode d'échantillonnage (voir Éé – équilibre de l'échantillonnage).

---

51. « For each survey, a practitioner must provide to the client [...] information sufficient to replicate the study [...]. If applicable, the following information is required : v) the universe covered (intended and actual) [...].» (PMRS, *Code of Professional Ethics and Practices, op. cit.,* règle 4.6) ; « The completeness of the survey report is one indicator of the trustworthiness of the survey and the professionalism of the expert who is presenting the results of the survey. A survey report generally should provide in detail [...] 2. a definition of the target population and a description of the population that was actually sampled ; [...].» (Diamond, *op. cit.,* p. 270-271) ; « The Client is entitled to the following information about any marketing research project to which he has subscribed : [...] (2) Sample – a description of the intended and actual universe covered [...].» (ESOMAR, *op. cit.*).

52. « For each survey, a practitioner must provide to the client [...] information sufficient to replicate the study [...]. If applicable, the following information is required : v) [...] details of the sampling method and selection procedures ; [...] viii) the method of recruitment when prior recruitment of respondents is undertaken [...].» (PMRS, *op. cit.,* règle 4.6) ; « The following guidelines are [...] aimed at insuring that sample design and management are disclosed in sufficient detail to allow clear judgments of a sample's adequacy for the stated research purpose.» (CASRO, *op. cit.*) ; « The description of the sampling plan should include the criteria by which a given sample element (i.e., an individual consumer, household, business, etc.) is selected to be in the sample.» (*idem*) ; « Standard for Minimal Disclosure : A description of the sample selection procedure, giving a clear indication of the method by which the respondents were selected by the researcher, or whether the respondents were entirely self-selected.» (AAPOR, *Code of Professional Ethics and Practices, op. cit.,* règle III.4) ; « The completeness of the survey report is one indicator of the trustworthiness of the survey and the professionalism of the expert who is presenting the results of the survey. A survey report generally should provide in detail [...] 3. a description of the sample design, including the method of selecting respondents, the method of interview, the number of callbacks, respondent eligibility or screening criteria, and other pertinent information ; [...].» (DIAMOND, *op. cit.,* p. 270-271) ; « The Client is entitled to the following information about any marketing research project to which he has subscribed : [...] (2) Sample – [...] the size, nature and geographical distribution of the sample (both planned and achieved) ; and where relevant, the extent to which any of the data collected were obtained from only part of the sample – [...].» (ESOMAR, *op. cit.*) ; « Regardless of how the sample is drawn, it is good practice to disclose in easily comprehensible form how the sampling procedure has been implemented in the field.» (KAASE, *op. cit.,* 183).

Té3   *La taille de l'échantillon*[53]

La taille de l'échantillon final, avant pondération, doit être indiquée dans le rapport. Il convient aussi d'indiquer clairement la taille de sous-échantillons importants ayant servi à l'analyse.

Té4   *Le taux de réponse*[54]

Le taux de réponse sert lui-même d'indicateur de la neutralité de l'échantillon. Par souci de transparence, il importe de signaler clairement la valeur du taux de réponse dans tout rapport sur l'étude, et ce taux doit être calculé selon une formule établie[55].

---

53. « For each survey, a practitioner must provide to the client […] information sufficient to replicate the study […]. If applicable, the following information is required : vi) the size and nature of the sample […]. » (PMRS, *op. cit.*, règle 4.6) ; « The sample size should also be specified […]. » (CASRO, *op. cit.*) ; « Survey reporting guidelines : […] Sample size. » (*idem*) ; « Standard for Minimal Disclosure : Size of samples » (AAPOR, *Code of Professional Ethics and Practices, op. cit.*, règle D.5) ; « The completeness of the survey report is one indicator of the trustworthiness of the survey and the professionalism of the expert who is presenting the results of the survey. A survey report generally should provide in detail 4. a description of the results of sample implementation, including (a) the number of potential respondents contacted, (b) the number not reached, (c) the number of refusals, (d) the number of incomplete interviews or terminations, (e) the number of noneligibles, and (f) the number of completed interviews ; […]. » (DIAMOND, *op. cit.*, p. 270-271) ; « The Client is entitled to the following information about any marketing research project to which he has subscribed : […] (2) Sample – […] - the size, nature and geographical distribution of the sample (both planned and achieved) ; and where relevant, the extent to which any of the data collected were obtained from only part of the sample – […]. » (ESOMAR, *op. cit.*).

54. « For each survey, a practitioner must provide to the client […] information sufficient to replicate the study […]. If applicable, the following information is required : […] xi) a statement of response rates, how they were calculated, and a discussion of possible bias due to non-response […]. » (PMRS, *op. cit.*, règle 4.6) ; « The final disposition of the sample should be described in detail, as should any completion rate or incidence rate calculations. » (CASRO, *op. cit.*) ; « Standard for Minimal Disclosure : if applicable, completion rates » (AAPOR, *Code of Professional Ethics and Practices, op. cit.*, règle D.5) ; « The completeness of the survey report is one indicator of the trustworthiness of the survey and the professionalism of the expert who is presenting the results of the survey. A survey report generally should provide in detail 4. a description of the results of sample implementation, including (a) the number of potential respondents contacted, (b) the number not reached, (c) the number of refusals, (d) the number of incomplete interviews or terminations, (e) the number of noneligibles, and (f) the number of completed interviews ; […]. » (DIAMOND, *op. cit.*, p. 270-271) ; « The Client is entitled to the following information about any marketing research project to which he has subscribed : […] (2) Sample – […] where technically relevant, a statement of response rates and a discussion of any possible bias due to non-response. » (ESOMAR, *op. cit.*) ; « Regardless of how the sample is drawn, it is good practice to disclose in easily comprehensible form how the sampling procedure has been implemented in the field. This includes the – albeit costly – best practice of providing a precise nonresponse account (number and description of contacts, reasons for nonresponse, etc.) as well as detailed information on the conduct of interviews (number of necessary contacts, date and time of day, difficulties in accessing target individuals, etc.). » (KAASE, *op. cit.*, p. 183).

55. Il existe plusieurs façons de mesurer le taux de réponse. Les organismes professionnels proposent diverses formules courantes. L'essentiel est de mentionner quelle formule on a utilisée et de respecter les règles de cette formule.

▥ 4.3. La [c]ollecte des données

- *[R]igueur de la [c]ollecte des données*   combinaison Rc
  Rc1   *La formation des interviewers*[56]

  Tout en reconnaissant l'importance des interviewers pour la réalisation d'un sondage, Kaase[57] minimise l'importance de l'uniformité dans ce domaine : « *[...] the recruiting and training of interviewers deserve particular attention from the quality point of view. [...] Although the literature fully recognises the key role of the interviewer in the survey process [...], no scientifically grounded quality*

---

56. « For each survey, a practitioner must provide to the client [...] information sufficient to replicate the study [...]. If applicable, the following information is required : ix) the method of field briefing sessions [...]. » (PMRS, *op. cit.*, règle 4.6) ; « properly trained interviewer is one who has been instructed in general interviewing techniques and who has been briefed on the particular project. » (CASRO, *op. cit.*) ; « Train interviewers carefully on interviewing techniques and the subject matter of the survey. » (AAPOR, *Best Practices for Survey and Public Opinion Research, op. cit.*) ; « According to Manual on Complex Litigation §21.493 at 102 (3d ed Federal Judicial Center 1995), there are seven topics you need to address to assess whether a survey was properly done, i.e. : Did the interviewers use sound interview procedures and did they lack knowledge of the purpose of the survey ? » (HEBERT, *op. cit.*) ; « Interviewers should be trained in delivering probes to maintain a professional and neutral relationship with the respondent (as they should during the rest of the interview), which minimizes any sense of passing judgment on the content of the answers offered. Moreover, interviewers should be given explicit instructions on when to probe, so that probes are administered consistently. » (DIAMOND, *op. cit.*, p. 254) ; « Properly trained interviewers receive detailed written instructions on everything they are to say to respondents, any stimulus materials they are to use in the survey, and how they are to complete the interview form. These instructions should be made available to the opposing party and to the trier of fact. [...] Interviewers require training to ensure that they are able to follow directions in administering the survey questions. [...] The more complicated the survey instrument is, the more training and experience the interviewers require. » (DIAMOND, *op. cit.*, p. 264-265) ; « The completeness of the survey report is one indicator of the trustworthiness of the survey and the professionalism of the expert who is presenting the results of the survey. A survey report generally should provide in detail 5. the exact wording of the questions used, including a copy of each version of the actual questionnaire, interviewer instructions, and visual exhibits ; [...]. » (*idem*, p. 270-271) ; « The completeness of the survey report is one indicator of the trustworthiness of the survey and the professionalism of the expert who is presenting the results of the survey. A survey report generally should provide in detail 9. copies of interviewer instructions, validation results, and code books [...]. » (*idem*, p. 270-271) ; « Interviewers, being human beings, require careful, programmed instructions for respondent selection and interview procedures. » (SORENSEN, *op. cit.*, p. 359)
57. KAASE, *op. cit.*, p. 195-196.

criteria can be identified that go beyond those mentioned in point 7[58] *of the AAPOR code.* » Nous estimons quant à nous que pour une collecte des données rigoureuse, la formation de l'interviewer doit être en corrélation avec la complexité de la tâche et que la preuve de la nature et de l'étendue de la formation de l'interviewer doit être un indicateur de qualité.

Rc2   *Contrôle de la qualité, supervision*[59]

Pour que la collecte des données soit rigoureuse, il faut des mécanismes de contrôle. La portée et la qualité de ces mécanismes déterminent la solidité du processus – comme le fait pour ainsi dire la norme ISO-9000. Si toutes les méthodes de collecte des données exigent un contrôle de la qualité, l'interview téléphonique est perçue, elle, comme le moyen d'obtenir des données « *under better controlled conditions* »[60]. Cette assertion pourrait bientôt être révisée compte tenu du recours au mode d'entrevue assistée par ordinateur, aux bases de données partagées via Internet et aux communications peu coûteuses sur large bande, tous ces moyens tendant à favoriser les bases de données centralisées auxquelles on peut avoir accès pour une interview téléphonique à partir de son domicile.

---

58. « Good interviewer techniques should be stressed, such as how to make initial contacts, how to deal with reluctant respondents, how to conduct interviews in a professional manner, and how to avoid influencing or biasing responses. »

59. « The practitioner must automatically verify or monitor a minimum of 10 % of each interviewer's completed interviews unless it is specifically made clear that this practice will not be followed. » (PMRS, *op. cit.*, règle 4.5) ; « For each survey, a practitioner must provide to the client [...] information sufficient to replicate the study [...]. If applicable, the following information is required : [...] xv) an adequate description of verification or monitoring procedures and results of the same [...]. » (*idem*, règle 4.6) ; « Standard industry practice requires that the data collection agency validate 15 % of the interviews, using validation questions supplied by the researcher. » (CASRO, *op. cit.*) ; « Controlling the quality of fieldwork is done by observing/monitoring, verifying and/ or redoing a small sample of the interviews. » (AAPOR, *Best Practices for Survey and Public Opinion Research, op. cit.*) ; « Judging the adequacy of data collection may involve examining the process by which measurements are recorded and preserved. » (KAYE, *op. cit.*, p. 342) ; « Three methods are used to ensure that the survey instrument was implemented in an unbiased fashion and according to instructions. The first, monitoring the interviews as they occur, is done most easily when telephone surveys are used. [...] Second, validation of interviews occurs when respondents in a sample are recontacted to ask whether the initial interviews took place and to determine whether the respondents were qualified to participate in the survey. [...] A third way to verify that the interviews were conducted properly is to compare the work done by each individual interviewer. » (DIAMOND, *op. cit.*, p. 267).

60. KAASE, *op. cit.*, p. 157.

Rc3   *Le processus de rappel*[61]

Essentiel à l'atteinte d'un taux de réponse élevé, le processus de rappel permet d'entrer en communication avec des répondants potentiels à divers moments, selon leur convenance.

- *[N]eutralité de la [c]ollecte des données*   combinaison Nc

Nc1   *La validité de critère (corroboration)*[62]

Selon Bohrnstedt[63], « *Criterion-related validity is defined as the correlation between a measure and some criterion variable of interest* ». Une démonstration fondée sur une seule étude n'est pas aussi robuste qu'une autre qui repose aussi sur des travaux antérieurs. En particulier, lorsque les données recueillies au cours d'une étude peuvent être corroborées par d'autres données tenues pour être représentatives de la réalité à l'étude, la preuve de la neutralité de la collecte des données se trouve renforcée.

Nc2   *La non-contamination*

Durand et Blais[64] définissent de la façon suivante la non-contamination : « L'interviewer et le questionnaire, l'observateur et la grille d'observation ne font pas partie de la vie quotidienne. Leur simple présence peut provoquer des effets précis qui sont tout à fait distincts de ceux que nous voulons mesurer. C'est ce qui s'appelle l'effet de contamination de l'instrument. Ce qui est alors observé

---

61. « Callback and replacement procedures, if used, should be described. » (CASRO, *op. cit.*) ; « Survey reporting guidelines : [...] number of callbacks » (*idem*) ; « The completeness of the survey report is one indicator of the trustworthiness of the survey and the professionalism of the expert who is presenting the results of the survey. A survey report generally should provide in detail [...] 3. a description of the sample design, including the method of selecting respondents, the method of interview, the number of callbacks, respondent eligibility or screening criteria, and other pertinent information; [...]. » (DIAMOND, *op. cit.*, p. 270-271) ; « The probability sample defeats itself if, in each household, one or more of the following things happens : [...] (3) insufficient effort is made to call back and identify – or otherwise statistically compensate for – a respondent in an assigned household. » (SORENSEN, *op. cit.*, p. 356).
62. « Criterion-related validity or predictive validity check must also be performed, and refers to the ability of the scale to predict (or at least relate to) one or more external variables. » (GROVER, *op. cit.*) ; KAYE (*op. cit.*, p. 342) énumère des questions clés pour établir la qualité des analyses statistiques, dont la suivante : « Is the measurement process valid ? ». Kaye poursuit : « Reliability is necessary, but not sufficient to ensure accuracy. In addition, to reliability, validity is needed. [...] When an independent and highly accurate way of measuring the variable of interest is available, it may be used to validate the measuring system in question. »
63. George W. BOHRNSTEDT, « Measurement », dans Peter H. ROSSI, James D. WRIGHT et Andy B. ANDERSON, *Handbook of survey research*, New York, Academic Press, 1983, p. 97.
64. Dans ce livre, au chapitre 8.

est différent de ce qui se serait produit sans la présence de l'instrument – l'instrument ayant incité les sujets de l'étude à modifier leur comportement. » Un instrument ou un protocole de recherche qui contamine a donc pour effet de modifier la réalité de telle sorte que le principe de neutralité de la collecte des données n'est pas respecté.

Nc3   *Le double insu*[65]

Une collecte est dite à double insu quand ni les interviewers ni les répondants ne sont au courant de l'intérêt (voire de l'identité) du commanditaire de l'étude – et que, par conséquent, ils ne peuvent, consciemment ou non, adapter leur comportement en fonction de ce qu'ils croient être les réponses attendues. Ce critère de neutralité de la collecte des données porte à controverse. Bien que de nombreuses sources estiment le double insu obligatoire, il faut tenir compte de ses effets sur l'aptitude des interviewers à mener une entrevue intelligente et de la possibilité d'obtenir un refus de la part du répondant si le commanditaire lui est inconnu. Par ailleurs, il est parfois difficile de garantir le double insu car certaines questions ou précisions peuvent révéler l'identité du commanditaire. L'auteur se range parmi les chercheurs qui se montrent sceptiques à l'égard de ce critère qu'il inscrit néanmoins dans son cadre d'évaluation à cause de la fréquence avec laquelle la documentation en fait mention.

---

65.   « The survey should be double-blind. The people who implement the survey should have no involvement in its design and the interviewers and their supervisors should not know the purpose of the survey. If they know who is sponsoring the survey, or what the survey is supposed to test, it is possible that they will unconsciously or consciously skew the results by the way they ask and record the questions. For the same reasons, the survey expert should not implement the survey, other than to ensure the accuracy of the data collection and to analyze the data. » (HEBERT, *op. cit.*) ; « [...] any potential bias is minimized by having interviewers and respondents blind to the purpose and sponsorship of the survey and by excluding attorneys from any part in conducting interviews and tabulating results. » (DIAMOND, *op. cit.*, p. 238) ; « To ensure objectivity in the administration of the survey, it is standard interview practice to conduct double-blind research whenever possible : both the interviewer and the respondent are blind to the sponsor of the survey and its purpose. [...] Nonetheless, in some surveys (e.g., some government surveys), disclosure of the survey's sponsor to respondents (and thus to interviewers) is required. Such surveys call for an evaluation of the likely biases introduced by interviewer or respondent awareness of the survey's sponsorship. In evaluating the consequences of sponsorship awareness, it is important to consider (1) whether the sponsor has views and expectations that are apparent and (2) whether awareness is confined to the interviewers or involves the respondents. » (*idem*, p. 266) ; « The law and my professional judgment both come down in favor of the interviewers in the field being told absolutely nothing about the purpose of the interview, the identity of the client, or the fact that their interviews may be used in litigation. » (Sorensen, *op. cit.*, p. 361).

- *[É]quilibre de la [c]ollecte des données*   combinaison Éc

  Éc1   *La justification du type d'enquête*

  Le type d'enquête doit concorder avec les objectifs de l'étude. Les sondages peuvent s'effectuer de diverses façons (en personne, au téléphone, par la poste, sur la Toile, etc.) et leur forme peut varier (sondages uniques, chronologiques, corrélationnels, avec groupe-témoin, etc.). Il est important que le type d'enquête réalisé apporte à l'analyse le soutien approprié.

  Éc2   *Consentement éclairé vs. client mystère*[66]

  Pour que la collecte des données soit équilibrée, il faut au préa-lable que les individus acceptent d'y participer en sachant quelle sera leur tâche et en étant raisonnablement rassurés quant à l'utilisation qui sera faite des renseignements qu'ils s'apprêtent à donner. Il existe une opposition entre cette exigence d'ordre éthique et l'effet que peut avoir la divulgation de l'information touchant le commanditaire ou l'objet de l'étude. La collecte des données doit faire preuve à cet égard d'un équilibre adéquat.

---

66. « You will always be told the name of the person contacting you, the research company's name and the nature of the survey » (Council for Marketing and Opinion Research, *Respondent Bill of Rights*, http://www.cmor.org/what_is_research_rights.htm, en date de 2003.06.16). L'énoncé le plus important est le dernier selon lequel le participant doit comprendre la nature du sondage auquel il s'apprête à participer ; « Upon request inter-viewers will provide the Respondent with the name, address, and phone number of the head office of the organization on whose behalf the interviewer is conducting the survey research as well as the CSRC registration number and toll free telephone number. » (Conseil canadien de la recherche par sondage, *Declaration of principles*, http://www.csrc.ca/CSRC/whoweare/principles.php, en date de 2003.06.16) ; « IRBs should consider, in other words, the impact of informed consent procedures on the data collec-tion objectives of the research. In the normal survey which presents minimal risk, detailed information about the objectives of the survey and the questions to be asked is apt to bias respondent participation without safeguarding respondent rights. In these surveys, the usual practice of a short introduction about the purpose of the study, the sponsor and the topics to be covered is sufficient. This statement should include the instruction that responses will be held in confidence and that questions the respondent does not want to answer can be skipped. More detailed methods of informing respondents may be considered when survey participation does pose substantial risk. The key here is to provide necessary information for informed choice without dramatic increases in nonresponse or response error, which can render survey efforts useless. » (AAPOR, *Statement to Institutional Review Boards*) ; « [...] statisticians should [...] inform each potential respondent about the general nature and sponsorship of the inquiry and the intended uses of the data. » (ASA, *op. cit.*) ; « We at the American Statistical Association recommend strongly that everyone cooperate with surveys, if those who sponsor them can : [...] provide you with information so that you can make an informed decision about whether or not to participate. » (American Statistical Association, *Surveys and Privacy*) ; « The screening segmentation questions must not reveal to the respondent the purpose of the survey or seem to convey some impression about the interview's concern » (SORENSEN, *op. cit.*, p. 357).

Éc3 *L'évitement de la stigmatisation*[67]

Une collecte des données équilibrée pèche par prudence quant aux conséquences que pourrait avoir sur les participants le fait de prendre part à une étude. Il convient en particulier de s'en inquiéter dans les cas où les participants seraient amenés à déclarer un comportement illégal ou socialement inacceptable.

Éc4 *La confidentialité des données*[68]

À moins d'indication contraire, le chercheur et le participant sont liés par un contrat implicite selon lequel les réponses de ce dernier ne serviront qu'aux seules fins de la recherche et sans que ces réponses ne puissent être attribuées au participant. La collecte des données équilibrée doit honorer ce contrat.

---

67. « No procedure or technique shall be used in which the respondent is put in such a position that he or she cannot exercise the right to withdraw or refuse to answer at any stage during or after the interview. » (PMRS, *op. cit.*, règle 2.3) ; « Questions or procedures that might put respondents « at risk, » by asking confidential, disturbing, or threatening information should only be included where directly necessary to the research issues, and techniques should be used to minimize discomfort, concerns about security, apprehension, and/or misreporting. » (CASRO, *op. cit.*) ; « We shall strive to avoid the use of practices or methods that may harm, humiliate, or seriously mislead survey respondents. » (AAPOR, *Code of Professional Ethics and Practices, op. cit.*, règle D.1) ; « Survey participation can, however, put respondents at significant risk when, for example, the inquiry concerns stigmatizing or illegal activity and inadequate attention is paid to ensuring respondent anonymity and the confidentiality of responses. » (AAPOR, *Statement to Institutional Review Boards*), ce document discute en détail des possibles effets de stigmatisation. « To some degree, there is an element of self-interest in our obligations to respondents. For example, if we do not respect the privacy and confidentiality of what respondents tell us, eventually we will lose the public's cooperation. Beyond self-interest, this obligation also rests on the proposition that we do not have the right to trick anyone into acting against his or her self-interest. » (CRESPI, *op. cit.*).

68. « Confidentiality of respondent data will be maintained. Individual respondents' data will not be provided to clients or other third parties without the permission of the respondent. » (Conseil canadien de la recherche par sondage, *op. cit.*) ; « The identity of individual respondents must not be revealed by the practitioner to the client or anyone other than persons belonging to the organization of the practitioner concerned […]. » (PMRS, *op. cit.*, règle 2.5), des exceptions sont énumérées ; « At every stage in the design, development, execution, and reporting of the research, procedures should insure the confidentiality and security of data provided by respondents, or by clients. » (CASRO, *op. cit.*) ; « Unless the respondent waives confidentiality for specified uses, we shall hold as privileged and confidential all information that might identify a respondent with his or her responses. We shall also not disclose or use the names of respondents for non-research purposes unless the respondents grant us permission to do so. » (AAPOR, *Code of Professional Ethics and Practices, op. cit.*, règle D.2) ; « Exemplary survey research practice requires that one literally do « whatever is possible » to protect the privacy of research participants and to keep collected information they provide confidential or anonymous. » (AAPOR, *Best Practices for Survey and Public Opinion Research*) ; « […] statisticians should […] establish their intentions, where pertinent, to protect the confidentiality of

- *[T]ransparence de la [c]ollecte des données*   combinaison Tc

  Tc1   *Le mode de collecte des données*[69]

  Pour la transparence de la phase de l'étude portant sur la collecte des données, il faut que le rapport fasse clairement état du mode de collecte des données qui a été employé.

  Tc2   *L'identification du collecteur des données*[70]

  Il se peut que l'évaluation de la recherche soit fondée en partie sur la réputation de l'entité chargée de recueillir les données. C'est pourquoi l'identité du collecteur des données doit être divulguée dans la partie du rapport touchant la collecte des données.

  Tc3   *Dates, lieux et périodes de la collecte des données*[71]

  Les exigences minimales en matière de rapport comprennent la mention du moment et du lieu de la collecte des données ainsi que, éventuellement, des étapes de cette collecte. Cette information contextuelle est importante afin d'établir la représentativité des données et leur possibilité de généralisation.

---

information collected from respondents, strive to ensure that these intentions realistically reflect their ability to do so, and clearly state pledges of confidentiality and their limitations to the respondents ; ensure that the means are adequate to protect confidentiality to the extent pledged or intended, that processing and use of data conform with the pledges made, that appropriate care is taken with directly identifying information (using such steps as destroying this type of information or removing it from the file when it is no longer needed for the inquiry), that appropriate techniques are applied to control statistical disclosure ; ensure that, whenever data are transferred to other persons or organizations, this transfer conforms with the established confidentiality pledges, and require written assurance from the recipients of the data that the measures employed to protect confidentiality will be at least equal to those originally pledged. » (ASA, *Ethical Guidelines for Statistical Practice, op. cit.*).

69. « For each survey, a practitioner must provide to the client [...] information sufficient to replicate the study [...]. If applicable, the following information is required : [...] xii) the method by which the information was collected (e.g., mall, intercept, telephone) [...]. » (PMRS, *op. cit.*, règle 4.6).

70. « For each survey, a practitioner must provide to the client [...] information sufficient to replicate the study [...]. If applicable, the following information is required : [...] ii) [...] name of the organization conducting it, including sub-contractors [...]. » (PMRS, *op. cit.*, règle 4.6) ; « Standard for Minimal Disclosure : Who sponsored the survey, and who conducted it. » (AAPOR, *Code of Professional Ethics and Practices, op. cit.*, règle III.1.).

71. « For each survey, a practitioner must provide to the client [...] information sufficient to replicate the study [...]. If applicable, the following information is required : [...] iv) the dates on or between which the fieldwork was done and the time periods of interviewing [...]. » (PMRS, *op. cit.*, règle 4.6) ; « Survey reporting guidelines : [...] Where interviewing was conducted (localities, or national if national). Dates interviewing conducted. » (CASRO, *op. cit.*) ; « Standard for Minimal Disclosure : Method, location, and dates of data collection. » (AAPOR, *Code of Professional Ethics and Practices, op. cit.*, règle III.8).

Tc4   *Événements sociaux significatifs ayant eu lieu
lors de la collecte des données*

Les études par sondage sont normalement censées être généralisables au-delà de la période au cours de laquelle la collecte des données a eu lieu. Il importe pour cela qu'au moment de la collecte, aucun événement social significatif[72] ne se soit produit qui puisse influer profondément sur les réponses recueillies. Pour plus de transparence, il convient de signaler dans le rapport l'existence (ou l'absence) d'événements de cette nature.

4.4. La [g]estion des données

* *[R]igueur de la [g]estion des données*   combinaison Rg

  Rg1   *La bonne exécution des calculs et ajustements*[73]

  La gestion des données de sondage oblige souvent à effectuer des calculs et à ajuster les données[74]. Ces calculs et ajustements doivent être exécutés selon les meilleures méthodes alors en vigueur.

---

72. Nous parlons ici d'un événement social, mais des événements d'autre nature (politique, économique, technologique, etc.) peuvent aussi influencer les résultats de la collecte des données.
73. « Cleaning specifications should be written for all information collected, including information collected by computer assisted interviewing systems and on-line or interactive interviews. » (CASRO, *op. cit.*) ; « Special codes should be provided for missing items, indicating why the data are not included. And, ideally, the « filling in » or imputation of these missing data items (based on rigorous and well validated statistical methods) should be undertaken to reduce any biases arising from their absence. » (AAPOR, *Best Practices for Survey and Public Opinion Research, op. cit.* Roch).
74. On trouve souvent dans la documentation l'expression « data editing » (mise en forme des données). Voir, entre autres, John G. KOVAR, « Canada : National Report », Work Session on Statistical Data Editing, Conference of European Statisticians, Statistical Commission and Economic Commission for Europe, Prague, 14 au 17 octobre 1997 ; Svein NORDBOTTEN, *Evaluating Efficiency of Statistical Data Editing : General Framework*, Geneva, United Nations Statistical Commission, 2000 ; Olivia BLUM, « Evaluation of data-editing using administrative records », Work Session on Statistical Data Editing, Conference of European Statisticians, Statistical Commission and Economic Commission for Europe, Prague, 14 au 17 octobre 1997 ; Patricia WHITRIDGE et Julie BERNIER, « The impact of editing on data quality », UC/ECE Work Session on Statistical Data Editing, Conference of European Statisticians, Statistical Commission and Economic Commission for Europe, Rome, 2 au 4 juin 1999 ; K-BASE, « The knowledge base on statistical data editing », http://www3.sympatico.ca/guylaine.theoret/k-base/ en date de 2003.06.16.

Rg2   *La rigueur dans le codage des réponses*[75]

Le codage est la délicate opération qualitative qui consiste à grouper les réponses aux questions ouvertes dans les catégories pertinentes. Pour un codage rigoureux, les catégories doivent refléter les données initiales avec exactitude (mais non intégralement, par définition) et le protocole employé doit être clair. Faire effectuer le codage du même matériel par deux personnes différentes est un moyen d'en garantir la rigueur.

- *[N]eutralité de la [g]estion des données*   combinaison Ng

  Ng1   *Les critères de pondération utilisés*[76]

  La recherche par sondage nécessite souvent le recours à une pondération *a posteriori* afin de compenser une stratification *a priori* ou des taux de participation inégaux. La détermination des variables sur lesquelles doit porter cette pondération constitue un aspect de la neutralité de la gestion des données puisque les poids ont pour but de mieux rapprocher les données de l'échantillon de la réalité de la population.

---

75. « Coders should not individually and independently set codes. A senior person should review codes. » (CASRO, *op. cit.*) ; « Because the interviews might result in ambiguous responses, the expert should be able to show that he or she had a written system for categorizing responses. The expert should be able to show that he or she can rationally account for the ambiguous responses in the survey results, and how ; or that he or she threw out these responses, and why ; and how these responses affected the survey results. » (HEBERT, *op. cit.*) ; « Coding of answers to open-ended questions requires a detailed set of instructions so that decision standards are clear and responses can be scored consistently and accurately. Two trained coders should independently score the same responses to check for the level of consistency in classifying responses. » (DIAMOND, *op. cit.*, p. 268) ; « The completeness of the survey report is one indicator of the trustworthiness of the survey and the professionalism of the expert who is presenting the results of the survey. A survey report generally should provide in detail 6. a description of any special scoring (e.g., grouping of verbatim responses into broader categories) ; [...]. » (*idem*, p. 270-271).

76. « For each survey, a practitioner must provide to the client [...] information sufficient to replicate the study [...]. If applicable, the following information is required : [...] vi) [...] details of any weighting methods used [...]. » (PMRS, *op. cit.*, règle 4.6) ; « If the sampling procedure requires that the resulting sample be weighted, the objectives of the weighting [...] should be specified. » (CASRO, *op. cit.*) ; « Standard for Minimal Disclosure : description of any weighting or estimating procedures used. » (AAPOR, *Code of Professional Ethics and Practices, op. cit.*, règle III.6).

Ng2 *Les sources des données de population*[77]

Parallèlement, une recherche de qualité utilise pour le calcul des poids une source de données sur la population qui soit de qualité. Il est cependant admis que des données à la fois récentes et de qualité ne vont pas toujours de pair et que le chercheur doit parfois choisir entre des données anciennes mais solides (p. ex., des données de recensement) et des données récentes mais plus fragiles (p. ex., des projections tirées des données de recensement).

Ng3 *L'assurance que les ajustements ne favorisent pas indûment les hypothèses ou les intérêts du chercheur*[78]

Les divers ajustements découlant, entre autres, du contrôle et de la pondération ne doivent pas favoriser indûment les préférences du chercheur ou du commanditaire de l'étude ; même s'ils peuvent sembler logiques, les ajustements excessifs qui viennent étayer la thèse du chercheur ou du commanditaire ne respecteraient pas le principe de neutralité de la gestion des données.

* *[É]quilibre de la [g]estion des données*   combinaison Ég

Ég1 *L'évitement des excès de pondération*

La pondération des données est une pratique normale de la recherche par sondage. Toutefois, pour une gestion équilibrée des données, il y a lieu d'écarter une pondération excessive[79] qui accorderait aux réponses de certains individus une valeur de beaucoup supérieure à celles d'autres individus. Il vaut mieux parfois exclure de la pondération certaines variables dans le but de réduire la variance due à la pondération, même au prix d'une représentation un peu moins fine de la population.

---

77. « For each survey, a practitioner must provide to the client [...] information sufficient to replicate the study [...]. If applicable, the following information is required : [...] xiv) list of sources of secondary research [...]. » (PMRS, *op. cit.*, règle 4.6) ; « The practitioner should provide to the client in the report, or in a supporting document, in addition to the items listed in 4.6, the following information : [...] ii) an assessment of the reliability of the sources used in secondary research [...]. » (*idem*, règle 4.15) ; « If the sampling procedure requires that the resulting sample be weighted, [...] the sources of the weights should be specified. » (CASRO, *op. cit.*).

78. « If data are weighted, weights should be fairly and consistently applied. [...] Editing should be done before data are to be entered and should remove all illegible, incomplete and inconsistent interviewer errors. If correct responses are not obvious from the questionnaire, then responses should be coded as no answer or the questionnaires should either not be used or returned to data collection. » (CASRO, *op. cit.*).

79. À ce que nous sachions, il n'existe pas de seuil objectif au-delà duquel la pondération serait excessive. La décision doit se prendre au cas par cas.

Ég2   *L'effet des ajustements apportés*

L'effet général des ajustements, de l'édition et de la pondération ne doit pas être assez puissant pour dénaturer les données recueillies.

- *[T]ransparence de la [g]estion des données*   combinaison Tg

Tg1   *Le mode de calcul des poids*[80]

Le rapport doit faire état du protocole employé pour calculer les facteurs de pondération.

Tg2   *La variance de pondération*[81]

La variance de pondération affecte la qualité de l'échantillon. Un échantillon aléatoire simple parfait n'a pas besoin d'être pondéré et il constitue la base de calcul des calculs statistiques. La variance de pondération donne une indication de l'ampleur de l'effet de plan dont il faudra tenir compte dans les statistiques de l'étude[82].

Tg3   *Les calculs et ajustements*[83]

Pour une gestion des données transparente, il faut que les calculs effectués et les ajustements apportés soient décrits de manière suffisamment détaillée pour que l'évaluateur puisse être persuadé de leur nécessité et de leur bonne exécution.

80. « The Client is entitled to the following information about any marketing research project to which he has subscribed : […] (2) Sample – […] and any weighting methods used – where technically relevant, a statement of response rates and a discussion of any possible bias due to non-response. » (ESOMAR, *op. cit.*).
81. « The effect of the weighting on sampling error should be disclosed. » (CASRO, *op. cit.*).
82. Bruce D. SPENCER, « Un effet de plan de sondage approximatif pour une pondération inégale en cas de corrélation possible entre les mesures et les probabilités de sélection », dans *Techniques d'enquête*, décembre 2000, vol. 26, n° 2, p. 137-138.
83. « Force cleaning, which is done by having the computer change all answers meeting certain criteria, should only be used when changes are logical. It is advisable to make the client aware that force cleaning is being used and the specifications under which data are being changed. […] Survey reporting guidelines : […] If an index or some other constructed variable is used, show the method of calculation. » (CASRO, *op. cit.*).

▓ 4.5. L'[a]nalyse des données

- *[R]igueur de l'[a]nalyse des données*   combinaison Ra

  Ra1   *La bonne utilisation technique des outils statistiques*[84]

  L'une des conditions d'une analyse des données rigoureuse réside évidemment dans la bonne utilisation des outils statistiques et dans le fait qu'il n'y a pas eu rupture trop grave de leurs postulats.

  Ra2   *Pour les questions traitant d'un lien de causalité, description adéquate du modèle de cause à effet*[85]

  Lorsque l'étude veut montrer l'existence d'un lien de causalité, la recherche doit mettre au point un modèle de cause à effet qui identifie les principales influences exercées sur la variable dépendante. L'analyse des données doit dans toute la mesure du possible être conçue de manière à neutraliser les hypothèses concurrentes.

- *[N]eutralité de l'[a]nalyse des données*   combinaison Na

  Na1   *Le risque de contestation des résultats et des interprétations*[86]

  Une analyse des données qui est neutre permet de tirer les mêmes conclusions que celles que les analystes les plus éclairés obtiendraient des mêmes données. Il s'agit de ne pas s'écarter de façon excessive de l'information fournie par les données.

---

84. « According to Manual on Complex Litigation §21.493 at 102 (3d ed Federal Judicial Center 1995), there are seven topics you need to address to assess whether a survey was properly done, i.e. : Was the data analyzed in accordance with accepted statistical principles ? » (HEBERT, *op. cit.*) ; « Basic criteria for measuring the social scientific integrity of the research include the following : [...] conformity of quantitative data to standard disciplinary measurements for statistical margin of error. » (COHEN et SHIRLEY, *op. cit.*, p. 7) ; KAYE (*op. cit.*) et RUBINFELD (*op. cit.*) fournissent des lignes directrices touchant les outils statistiques qui conviennent à différentes situations.

85. KAYE (*op. cit.*, p. 348) énumère des questions clés en vue d'établir la qualité des analyses statistiques, dont, s'il s'agit d'étayer une relation de cause à effet, les suivantes : « What are the independent and dependent variables ? » et « What are the confounding variables ? » ; « Ideally, a multiple regression analysis builds on a theory that describes the variables to be included in the study. [...] Failure to develop the proper theory, failure to choose the appropriate variables, and failure to choose the correct form of the model can bias substantially the statistical results, that is, create a systematic tendency for an estimate of a model parameter to be too high or too low. » (Daniel L. RUBINFELD, « Reference Guide on Multiple Regression » in Federal Judicial Center, *Reference Manual on Scientific Evidence*, 2000, p. 423, http://www.daubertexpert.com/link1.htm en date du 16 juin 2003).

86. « Members must not provide or allow interpretations of the research which are inconsistent with the data without protest » (PMRS, *op. cit.*, règle 1.1ii).

Na2   *La cohérence des conclusions et des résultats*[87]

Une analyse des données qui est neutre offre des conclusions et des interprétations qui sont clairement conformes aux résultats découlant de l'étude.

* *[É]quilibre de l'[a]nalyse des données*   combinaison Éa
  Éa1   *L'adéquation des méthodes avec les fins de la recherche*[88]

Les méthodes d'analyse des données doivent concorder avec les objectifs de la recherche. En général, les études descriptives équilibrées se fondent sur des statistiques descriptives tandis que les études causales équilibrées se fondent sur l'analyse bivariée, voire multivariée.

Éa2   *L'adéquation du plan de recherche avec les fins de la recherche*[89]

Il doit exister un équilibre entre l'objectif de la recherche et le plan de recherche. De façon générale, si les fins sont descriptives la recherche doit l'être aussi (et ne nécessitera pas, par exemple, de groupe témoin) tandis que si les fins sont comparatives le plan de recherche devra comporter des moyens de comparaison (p. ex., données chronologiques, groupes témoins, approches corrélationnelles).

---

87.   « We shall not knowingly make interpretations of research results, nor shall we be tacitly permit interpretations that are inconsistent with the data available. » (AAPOR, *Code of Professional Ethics and Practices, op. cit.,* règle I.3) ; « [...] great care should be taken to be sure that the conclusions and the findings presented are consistent. » (AAPOR, *Best Practices for Survey and Public Opinion Research, op. cit.*).

88.   « Members must recommend those techniques and methodologies which are appropriate to the objectives of the research, avoiding those which they believe may give misleading results. » (PMRS, *op. cit.,* règle 1.1i) ; « A wide variety of methods are available to collect primary research data. The professional research organization selects the method that provides the most effective means of reliably and validly achieving the study's information objectives. » (CASRO, *op. cit.*) ; « We shall recommend and employ only those tools and methods of analysis which, in our professional judgement, are well suited to the research problem at hand. » (AAPOR, *Code of Professional Ethics and Practices, op. cit.,* règle I.1) ; « The following questions should be considered in evaluating the admissibility of statistical evidence. These considerations are motivated by two concerns : [...] (2) Are the methodological choices that the expert made reasonable, or are they arbitrary and unjustified ? » (RUBINFELD, *op. cit.,* p. 441).

89.   « The structure of the questions is suitable for the statistical techniques that will be used in the analysis of the data. » (CASRO, *op. cit.*) ; « Controlled experiments are, far and away, the best vehicle for establishing a causal relationship. » (KAYE, *op. cit.,* p. 347) ; « [...] we must be guided by a commitment to serving the client's interests as if we were the client her- or himself. Thus, we are obligated to develop and implement survey designs that will meet client objectives at a reasonable cost. [...] In other words, I maintain that professional ethics require us to make clear to clients the implications of adopting a particular course of action but not necessarily to insist upon a rigid conformity to performance standards. » (CRESPI, *op. cit.*).

- *[T]ransparence de l'[a]nalyse des données*   combinaison Ta

  Ta1   *Les tailles brute et pondérée des échantillons dans les tableaux*[90]

  En théorie et, dans une grande mesure, dans la pratique de la recherche par sondage, il existe un consensus sur la nécessité d'indiquer la taille brute (non pondérée) des échantillons de tous les sous-groupes qui figurent dans le rapport. Plusieurs sources sont aussi d'avis qu'il faut indiquer la taille pondérée des échantillons, ce qui ne nous semble pas être une exigence absolue pour autant que les statistiques déductives sont calculées au moyen des fréquences brutes.

  Ta2   *La description des méthodes d'analyse utilisées*[91]

  Une analyse des données transparente se traduit par une description claire des procédés employés, de manière à faciliter la reproductibilité.

---

90. « For each survey, a practitioner must provide to the client [...] information sufficient to replicate the study [...]. If applicable, the following information is required : [...] x) weighted and unweighted bases for all conventional tables, clearly distinguished between the two [...]. » (PMRS, *op. cit.*, règle 4.6) ; « All tables should clearly indicate the response base, whether it is total respondents, respondents meeting certain criteria, or any other base, such as total units or households. [...[Weighted data should carry a notation to that effect. » (CASRO, *op. cit.*) ; « Usually, the small-base problem is obvious if the presentation is reasonably complete. An expert who says that 50 % of the people interviewed had a certain opinion also should reveal how many individuals were contacted and how many expressed an opinion. Then we know whether the 50 % is 2 out of 4 or 500 out of 1,000. » (KAYE, *op. cit.*, p. 355) ; « The completeness of the survey report is one indicator of the trustworthiness of the survey and the professionalism of the expert who is presenting the results of the survey. A survey report generally should provide in detail 8. statistical tables clearly labeled and identified as to source of data, including the number of raw cases forming the base for each table, row, or column ;[...]. » (DIAMOND, *op. cit.*, p. 270-271).

91. « For each survey, a practitioner must provide to the client [...] information sufficient to replicate the study [...]. If applicable, the following information is required : [...] xvi) the detail of any special statistical methods used in the analysis of the results [...]. » (PMRS, *op. cit.*, règle 4.6) ; « Survey reporting guidelines : [...] If special scoring, data adjustment or indexing methods are used, these should be described. [...] Survey reporting guidelines : [...] If statistical significance is noted, there should be an indication of the test used, significance level, and number of tails. » (CASRO, *op. cit.*) ; « The following questions should be considered in evaluating the admissibility of statistical evidence. These considerations are motivated by two concerns : (1) Has the expert provided sufficient information to replicate the multiple regression analysis ? » (RUBINFELD, *op. cit.*, p. 441) ; « Critical in demonstrating adherence to standards of excellence and validity in defining the universe, designing the sample, learning what people think and do, and reporting the findings are : [...] (2) full documentation of raw data (particularly the completed questionnaires) which embody methods and results ; and (3) step-by-step demonstration of how methods were used and how conclusions were reached. » (SORENSEN, *op. cit.*, p. 352).

▰ 4.6. Le [r]apport

- *[R]igueur du [r]apport*   combinaison Rr

  Rr1   *La divulgation des faiblesses de l'étude et des biais possibles*[92]

  Un rapport rigoureux exige de divulguer en toute franchise les faiblesses et les biais éventuels de l'étude. Cette divulgation donne au chercheur l'occasion de soupeser l'importance de ces restrictions et d'en exposer le contexte.

- *[N]eutralité du [r]apport*   combinaison Nr

  Nr1   *La présentation distincte des résultats objectifs et de leur interprétation*[93]

  Le rapport doit faire nettement la distinction entre l'énoncé des faits tels qu'ils découlent des données observées et leur interprétation en fonction des hypothèses ou des théories adoptées par le

---

92. « Survey reporting guidelines : [...] If the survey is a non-probability survey, it should be clearly stated that the results are not projectable to the entire universe. [...] In reports of qualitative research, a statement should be included to the effect that the research is based on a small, geographically limited sample and that, accordingly, the findings should be regarded as hypotheses subject to confirmation. The « tone » of the text reporting results should reflect this limitation. [...] In reports where a non-representative sample is used for the study, a statement should be included, either in the results or the technical appendix, discussing the implications and limitations of using a non-representative sample and the « tone » of the report should reflect these limitations. » (CASRO, op. cit.) ; « [...] statisticians should be prepared to document data sources used in an inquiry ; known inaccuracies in the data ; and steps taken to correct or to refine the data, statistical procedures applied to the data, and the assumptions required for their application. » (ASA, *Ethical Guidelines for Statistical Practice, op. cit.*).

93. « When reporting findings of a study in either written or oral form, the practitioner should make a clear distinction between the objective results and his or her own opinions and recommendations. » (PMRS, *op. cit.*, règle 4.14) ; « The practitioner should provide to the client in the report, or in a supporting document, in addition to the items listed in 4.6, the following information : i) a discussion of any aspects of the research which may bias the results ; ii) an assessment of the reliability of the sources used in secondary research [...]. » (PMRS, *op. cit.*, règle 4.15) ; « Findings and interpretations should be presented honestly and objectively, with full reporting of all relevant findings, including any that may seem contradictory or unfavorable. » (AAPOR, *Best Practices for Survey and Public Opinion Research, op. cit.*) ; « Conclusions should be carefully distinguished from the factual findings [...]. » (AAPOR, *Best Practices for Survey and Public Opinion Research, op. cit.*) ; « According to Manual on Complex Litigation §21.493 at 102 (3d ed Federal Judicial Center 1995), there are seven topics you need to address to assess whether a survey was properly done, i.e. : Was the data that was gathered accurately reported ? » (HEBERT, *op. cit.*) ; « When reporting on the results of a marketing research project the Researcher must make a clear distinction between the findings as such, the Researcher's interpretation of these and any recommendations based on them. » (ESOMAR, *op. cit.*).

chercheur. Il n'est pas nécessaire pour cela que les rapports de recherche consacrent une section à la description des observations et une autre à l'analyse de leurs incidences, mais le niveau de présentation doit être évident.

Nr2 *Le désintéressement du chercheur*[94]

Pour que transparaisse la neutralité du chercheur, le rapport doit faire état du degré de désintéressement de ce dernier. En particulier, l'absence d'un lien entre les résultats de l'étude et la rémunération peut être noté.

- *[É]quilibre du [r]apport*   combinaison Ér

  Ér1 *Le degré d'appui aux conclusions découlant*
  des résultats de l'étude[95]

  Un rapport équilibré fait ressortir la mesure avec laquelle l'étude vient étayer les conclusions qui en découlent. Entre autres, on ne peut offrir comme preuve de ses hypothèses une démonstration qui ne serait pas probante.

---

94. « The practitioner should make known any current involvement in the same general subject area before accepting a project. » (PMRS, *op. cit.*, règle 4.12) ; « For these reasons, statisticians should […] disclose any financial or other interests that may affect, or appear to affect, their professional statements. […] statisticians should inform a client or employer of all factors that may affect or conflict with their impartiality and accept no contingency fee arrangements. » (ASA, *Ethical Guidelines for Statistical Practice, op. cit.*) ; « According to Manual on Complex Litigation §21.493 at 102 (3d ed Federal Judicial Center 1995), there are seven topics you need to address to assess whether a survey was properly done, i.e. : Was the objectivity of the entire process assured ? » (HEBERT, *op. cit.*) ; « Ideally, experts who conduct research for litigants should proceed with the same objectivity as they would apply in other contexts. Thus, if experts testify or if their results are used in testimony by others, they should be free to do whatever analysis and have access to whatever data are required to address the problems the litigation poses in a professionally responsible fashion. » (KAYE, *op. cit.*, p. 337-338) ; « The validity and value of public opinion polls depend on three main considerations : i. the nature of the research techniques used and the efficiency with which they are applied, ii. the honesty and objectivity of the research organisation carrying out the study, iii. the way in which the findings are presented and the uses to which they are put. » (ESOMAR, *op. cit.*).

95. « Members must not present research results with greater confidence than the data warrant. » (PMRS, *op. cit.*, règle 1.1iii) ; « We shall not knowingly imply that interpretations should be accorded greater confidence than the data actually warrant. » (AAPOR, *Code of Professional Ethics and Practices, op. cit.*, règle I.4) ; « Researchers must not knowingly allow the dissemination of conclusions from a marketing research project which are not adequately supported by the data. They must always be prepared to make available the technical information necessary to assess the validity of any published findings. » (ESOMAR, *op. cit.*).

Ér2   *Les réserves éventuelles sur les validités interne
et externe des résultats*[96]

Le chercheur doit exprimer en toute franchise les réserves qui lui
semblent devoir être connues quant à la force de la démonstration
que permet la recherche et à la possibilité d'en généraliser les
conclusions.

- *[T]ransparence du [r]apport*   combinaison Tr

Tr1   *Le caractère compréhensible de la présentation*[97]

Pour être transparent, il faut que le rapport puisse être compris
par ceux à qui il s'adresse. L'emploi d'un jargon inutile fait obstacle
à la transparence pour un public non initié. Par contre, une présentation simplifiée à l'extrême peut priver les spécialistes de détails
importants.

Tr2   *La divulgation de tous les éléments d'information requis
par les 24 cellules pour juger de la valeur des résultats*[98]

Il existe une tension évidente entre, d'une part, l'efficacité et le
coût et, d'autre part, la transparence du compte rendu, de sorte
que certains commanditaires pourraient ne pas vouloir assumer le

---

96. « Instead, as responsible professionals, members must point out the relevant limitations
of the research. » (PMRS, *op. cit.*, règle 1.1iii) ; « The Client is entitled to the following
information about any marketing research project to which he has subscribed : [...] (2)
Sample – [...] and a discussion of any possible bias due to non-response. » (ESOMAR,
op. cit.) ; « All experiments are conducted with a sample of a certain population, at a
certain place, at a certain time, and with a limited number of treatments. With respect
to the sample studied, the experiment may be persuasive. It may have succeeded in
controlling all confounding variables and in finding an unequivocally large difference
between the treatment and control groups. If so, its 'internal validity' will not be disputed ;
in the sample studied, the treatment has an effect. But an issue of 'external validity'
remains. To extrapolate from the limiting conditions of an experiment always raises
questions. If juries react differently to competing instructions on the law of insanity in
cases of housebreaking and of incest, would the difference persist if the charge were
rape or murder ? Would the failure of ex-convicts to react to transitory payments after
release hold if conditions in the employment market were to change radically ? » (KAYE,
op. cit., p. 349) ; « However, association is not causation, and the causal inferences that
can be drawn from such analyses [observational studies] rest on a less secure foundation
than that provided by a controlled randomized experiment. » (KAYE, *op. cit.*, p. 351).
97. « In order to have quality, research findings must be prepared and presented to the client
in a manner that is both understandable and compelling. » (COHEN et SHIRLEY, *op. cit.*,
p. 8).
98. « Excellence in survey practice requires that survey methods be fully disclosed reported
in sufficient detail to permit replication by another researcher and that all data (subject
to appropriate safeguards to maintain privacy and confidentiality) be fully documented
and made available for independent examination.[...] Exemplary practice in survey

coût de la transparence. La chose n'est pas tellement préoccupante si la diffusion des résultats ne concerne que des particuliers et des organisations qui acceptent ce compromis. Toutefois, quand les résultats d'une étude doivent être diffusés à plus grande échelle, chercheur et commanditaire ont alors l'obligation de faire pencher la balance du côté de la transparence. Notre cadre de travail procure aux chercheurs et aux commanditaires une structure en vue de déterminer dans quelle mesure l'investissement dans la transparence sera rentable.

 ## 5 LA DÉONTOLOGIE

En se fondant sur la documentation traditionnelle en la matière, on peut s'étonner qu'il soit peu question ici de fiabilité, de validité et d'éthique. C'est que, à notre avis, le cadre de travail que nous proposons tient compte des préoccupations traditionnelles relatives à la qualité de la recherche et, jusqu'à un certain point, à son acceptabilité sociale ou à l'éthique ; en même temps, il va encore plus loin en offrant aux étudiants, aux chercheurs, aux vérificateurs et aux évaluateurs une orientation plus normative.

Bien que le présent modèle ne reprenne pas les codes d'éthique ou les règles de pratique tels que nous en offrent l'AAPOR et la PMRS, il procure à l'analyste un cadre de travail solide et valable en vue de garantir une recherche empreinte de rigueur et d'équilibre. Le chercheur peut également recourir à cette même méthode pour vérifier son propre travail.

---

research goes beyond such standards for « minimal disclosure, » promulgated by AAPOR and several other professional associations. » (AAPOR, *Best Practices for Survey and Public Opinion Research, op. cit.*) ; « At a minimum, both academic and commercial survey researchers are obliged to describe their research designs, and to present their results, as fully and openly as possible so that competent others can evaluate their projects. Unfortunately, there will be times when this obligation will conflict with the confidentiality of client interests, placing the researcher in a very difficult position. » (CRESPI, *op. cit.*) ; « To make it possible for the court and the opposing party to closely scrutinize the survey so that its relevance, objectivity, and representativeness can be evaluated, the party proposing to offer the survey as evidence should describe in detail the design and execution of the survey. » (DIAMOND, *op. cit.*, p. 232) ; « Whatever information may be given in the published report of the survey, the publisher and/or the research organisation involved must be prepared on request to supply the other information about the survey methods described in the Notes on the application of Rule 25 of the International Code. » (ESOMAR, *op. cit.*).

Notre cadre de travail ne constitue pas un code d'éthique. Une recherche inspirée des critères exposés dans ce texte et qui apporterait des faits probants d'une grande robustesse à l'égard de la question à l'étude pourrait néanmoins être jugée contraire à l'éthique sous d'autres aspects. Ainsi, le code d'éthique de l'AAPOR prévoit que si un chercheur constate l'apparition publique de graves distorsions de sa recherche, il doit « *publicly disclose what is required to correct these distortions, including, as appropriate, a statement to the public media, legislative body, regulatory agency, or other appropriate group, in or before which the distorted findings were presented* »[99] ; une infraction à cette règle ne transformerait pas une bonne recherche en une mauvaise recherche.

Cependant, en ce qui concerne les exigences Éq (Équilibre du questionnaire) et Éc (Équilibre de la collecte des données), lorsque la recherche a une portée publique, ses critères, s'ils sont judicieux, renferment normalement certains aspects qui font d'habitude partie des codes d'éthique, notamment en ce qui a trait au fardeau de la réponse, au consentement éclairé et au caractère confidentiel des renseignements recueillis.

Nous n'avons pas tenté d'intégrer à notre cadre de travail toutes les dispositions détaillées contenues dans les codes d'éthique. Nous avons plutôt repris les principaux thèmes qui constituent la base d'un comportement responsable en matière de recherche. Le débat n'est toutefois pas clos quant à savoir si une recherche peut être « solide » (c'est-à-dire passer le test d'un cadre d'évaluation) sans intégrer tous les aspects des codes d'éthique établis.

6 PEUT-ON ATTRIBUER UNE NOTE À UN PROJET DE RECHERCHE ?

Lors de présentations préliminaires de ce travail, la question de savoir si ce cadre permettait de dégager un système de notation de la recherche par sondage a souvent été soulevée. Telle recherche qui aurait satisfait à 95 % des critères pourrait-elle se voir attribuer un A alors que telle autre, qui aurait échoué à 20 % des critères, mériterait la note D ?

Pas du tout. Le cadre d'évaluation ne doit pas être utilisé de façon mathématique. Il est concevable qu'un projet de recherche portant sur l'assimilation linguistique réponde à tous les critères établis sauf un, celui

---

99. AAPOR, *Code of Professional Ethics and Practices, op. cit.*

de la représentativité de l'échantillon, de sorte qu'il serait disqualifié en tant que description crédible du phénomène social en cause. Que cette recherche obtienne une note de 95 % n'y changerait rien. Par contre, on peut imaginer qu'une étude relative aux effets du format, de la forme et de la couleur sur la marque d'un produit, qui ne satisferait pas non plus au même critère de représentativité de l'échantillon pourrait être jugée adéquate pour ses fins.

L'évaluation de la recherche par sondage exige d'appliquer son jugement professionnel à des situations particulières ; il se peut que la satisfaction de tel critère n'ait que peu d'importance dans un certain contexte mais qu'elle soit cruciale dans une autre situation. Le cadre de travail ci-dessus ne constitue pas une échelle de notation toute faite mais plutôt un protocole systématique pour contribuer au processus d'évaluation.

Conclusion

Kaase suggère que la qualité de la recherche se révèle par des résultats exacts et des méthodes appropriées[100]. Comme indicateur de la qualité d'une recherche, il est rare que les résultats exacts soient à la disposition de l'étudiant, du chercheur, du client, de l'évaluateur et de la société. C'est pourquoi notre cadre d'évaluation est surtout concentré sur le caractère approprié des méthodes utilisées pour la recherche. Il vise à offrir un ensemble organisé de critères en vue d'effectuer une évaluation exhaustive, équitable et constructive de la recherche par sondage. Sans être conçu comme une simple liste de vérification qui permettrait de réaliser une évaluation globale sans qu'il soit nécessaire de faire appel à son expérience et à son jugement, son objectif est de servir de guide au chercheur expérimenté et d'outil heuristique à ceux et celles qui débutent dans le métier.

---

100. « Survey research is a method for making generalisable statements about social facts with limited economic means. The core of this social science invention is constituted by two methods, *representative sampling* in conjunction with *standardised interviewing*. On this basis, the criteria for the quality of a survey are clear : the undistorted representation of a defined population by the sample, [and] the valid, reliable measurement of the parameters at issue by the interview. These are theoretical criteria that apply absolutely and always. The problem is to determine in any given case whether the criteria have been met, and if not why not. Two types of indicator estimate survey quality, the instrumental criteria, at it were : accurate results, [and] appropriate methods. » (KAASE, *op. cit.*, p. 238).

Collaborateurs
et collaboratrices

Benoît GAUTHIER a étudié la science politique à l'Université Laval et à l'Université Carleton, ainsi que l'administration publique à l'École nationale d'administration publique. Après avoir travaillé en évaluation de programmes à la Société canadienne d'hypothèques et de logement et à Communications Canada, il a agi à titre de vice-président principal des Associés de recherche Ekos avant de mettre sur pied le *Réseau Circum inc.*, un cabinet-conseil en développement organisationnel et en recherche sociale appliquée. Il se spécialise en recherche et en intervention stratégiques et organisationnelles, en recherche marketing, en évaluation des programmes, en recherche sociale appliquée et en analyse des politiques. Au fil des ans, son implication dans plus de 300 mandats de recherche et d'intervention lui ont conféré une expertise particulière dans les domaines de la technologie, de la gestion de la clientèle, des systèmes d'information de gestion, de la gestion des ressources humaines, des arts, de la culture et des droits d'auteur. Il a enseigné la méthodologie et l'évaluation des programmes à l'École nationale d'administration publique, à l'Université d'Ottawa et à l'Université du Québec en Outaouais. Outre quelque 30 000 pages de rapports produits sur une base privée, il a piloté la publication de chacune des quatre éditions de *Recherche sociale, de la problématique à la collecte des données*. Il est coauteur de *SAS, manuel d'introduction* et de *Quatre modèles simulés de la gouverne politique*. Il a écrit une *Méta-évaluation en affaires sociales : analyse de cent cas de recherches évaluatives* pour le Conseil québécois de la recherche sociale. Il a aussi contribué aux revues *Social Indicators Research, Revue canadienne d'évaluation de programme, Politique, Revue québécoise de science politique, Revue canadienne de science politique* et *Documentation et bibliothèques*.

Jean-Pierre BEAUD est professeur titulaire en science politique à l'Université du Québec à Montréal ; il détient un doctorat dans la même discipline de l'Université Laval. Il s'intéresse à la théorie politique, aux partis et aux forces politiques, à la sociologie politique, à l'histoire sociale des institutions et à la socio-politique des statistiques. Il a publié, entre autres, avec Jean-Guy Prévost, *L'ère du chiffre. Systèmes statistiques et traditions nationales* (2000).

Jean BERNATCHEZ est politologue et candidat au doctorat en administration et politique scolaires (Université Laval). Sa thèse porte sur les politiques publiques de l'organisation de la recherche universitaire au Québec. Il est agent de recherche et chargé de cours à l'École nationale d'administration publique et collabore à une importante recherche de l'Alliance for International Higher Education Policy Studies. Il s'intéresse à la sociologie des sciences et a publié dans le domaine de l'enseignement supérieur.

André BLAIS est professeur titulaire au Département de science politique de l'Université de Montréal. Son principal objet de recherche est le comportement électoral – la participation électorale, en particulier – mais il s'intéresse aussi aux finances publiques, au comportement bureaucratique, à l'opinion publique, aux relations linguistiques et à l'impact politique des médias. Il a publié plusieurs livres, dont le récent *To vote or not to vote ? The merits and limits of rational choice theory* (2000). Il est membre de l'équipe de recherche responsable des études électorales fédérales depuis de nombreuses années.

Danielle BOISVERT est bibliothécaire à l'Université du Québec en Outaouais. Elle détient une formation complémentaire en andragogie et en animation. Elle est l'auteure de plusieurs publications en recherche d'information dans les domaines de la psychologie, de l'éducation, dont une en préparation s'adressant aux étudiants de cycles supérieurs. Elle assume, depuis une vingtaine d'années, la formation des clientèles universitaires dans les domaines des sciences sociales, du travail social, de la psychologie et des soins infirmiers.

Jacques CHEVRIER a complété des études universitaires en psychologie à l'Université de Montréal. Il est professeur au Département des sciences de l'éducation de l'Université du Québec en Outaouais. Il s'intéresse à l'apprentissage en contexte scolaire et plus particulièrement aux stratégies d'apprentissage et aux styles d'apprentissage chez l'adulte, à l'apprentissage expérientiel et à l'apprentissage transformationnel, ainsi qu'à la construction de l'identité professionnelle des enseignants, thèmes pour lesquels il a contribué à la publication de livres et d'articles.

Jean CRÊTE est directeur du Centre d'analyse des politiques publiques et professeur de science politique à l'Université Laval. Ses publications antérieures – livres, articles dans des revues spécialisées ou chapitres dans des ouvrages collectifs – ont traité des comportements politiques, des politiques publiques, des méthodes de recherche et de la théorie politique. Il a été codirecteur de la *Canadian Journal of Political Science/Revue canadienne de science politique*, président de la Société québécoise de science politique, vice-président de la Fédération canadienne des sciences sociales, membre des conseils d'administration de l'Association canadienne de recherche appliquée, de la Canadian Political Science Association et de l'Association internationale de science politique.

Psychologue et éducateur de formation, **André DOLBEC** a obtenu son doctorat en systèmes de l'Université de Lancaster au Royaume-Uni. Il est professeur au Département des sciences de l'éducation de l'Université du Québec en Outaouais depuis 1976. Engagé dans des projets de recherche-action depuis plus de vingt ans, il s'intéresse au développement des leaders et des gestionnaires dans les milieux de l'éducation et de l'administration publique. Il a assumé les fonctions de secrétaire et de président de la Société canadienne pour l'étude de l'éducation (SCÉÉ) et il est actuellement président de l'Association canadienne des chercheurs en éducation.

Claire DURAND est professeure au Département de sociologie de l'Université de Montréal depuis 1993 – elle était auparavant directrice d'une firme de sondage. Elle détient un doctorat en psychologie organisationnelle. Ses recherches et son enseignement portent sur la méthodologie des sondages et sur l'analyse quantitative des données. Ses recherches actuelles traitent de la méthodologie des sondages électoraux, du travail des interviewers dans les firmes privées de sondages et de l'impact de la formation et de la gestion des interviewers sur la qualité des sondages.

Après avoir complété son MBA à l'Université York de Toronto, **Paul GEOFFRION** a travaillé dans le domaine du marketing pour la Banque Nationale où le dernier poste qu'il a occupé était celui de directeur du marketing. Depuis douze ans, Paul est conseiller en marketing, se spécialisant dans le domaine de la recherche qualitative. À cet égard, il a réalisé des centaines de projets à travers le Canada et les États-Unis.

François-Pierre GINGRAS est diplômé en sociologie des universités de Montréal, McGill et René-Descartes (Paris). Il enseigne depuis 1976 au Département de science politique de l'Université d'Ottawa. Ancien co-directeur de la *Revue canadienne de science politique*, il est aussi un des fondateurs de la revue virtuelle *Dialogues politiques* : revue plurielle de science politique. Il a publié de nombreuses études en sociologie politique et en sociologie de la religion, sur les mouvements nationalistes et les questions identitaires, ainsi que sur divers aspects de la politique canadienne et québécoise. Il est au Canada l'un des chefs de file de l'intégration des technologies électroniques dans l'enseignement de la science politique.

Gilles HOULE est professeur titulaire au Département de sociologie de l'Université de Montréal. Il a publié, entre autres, « La sociologie comme science du vivant : l'approche biographique », dans *Recherche qualitative. Enjeux épistémologiques et méthodologiques*. Il a dirigé « La sociologie, une question de méthodes ? » et codirigé « La construction des données », numéros de *Sociologie et Sociétés* et *L'analyse clinique dans les sciences humaines* (1993).

Réjean LANDRY est professeur titulaire au Département de management de l'Université Laval, titulaire de la Chaire FCRSS sur la dissémination et l'utilisation de la recherche et membre de la Société Royale du Canada, Académie des lettres et des sciences humaines. Il s'intéresse surtout aux politiques publiques, à l'innovation et au transfert de connaissances. En collaboration, il a publié *Agriculture intensive et écosystèmes régionaux : du diagnostic aux interventions* (2000), *La gestion publique sous le microscope* (1997), *Politiques et management publics : l'heure des remises en question* (1977), *La politique technologique au Québec* (1993), *Évaluation des politiques scientifiques et technologiques : expériences nationales* (1990) et *Introduction à l'analyse des politiques* (1980).

Anne LAPERRIÈRE est professeure au Département de sociologie de l'Université du Québec à Montréal et membre du Centre interuniversitaire de Montréal, Immigration et Métropoles. Elle enseigne et fait de la recherche dans les champs de la méthodologie qualitative, des relations ethniques et de l'éducation. Elle a participé, entre autres, à un ouvrage collectif de Jean Poupart *et al.* (1997) ayant pour but de faire le point sur la recherche qualitative (*Vol. 1. La recherche qualitative : enjeux épistémologiques et méthodologiques ; Vol. 2. Diversité des champs et des pratiques au Québec*). Ses recherches ont porté sur la construction sociale de l'identité culturelle et des relations interethniques chez les jeunes, puis sur les représentations de la citoyenneté et le vécu démocratique des jeunes à l'école.

Koula MELLOS est professeure titulaire au Département de science politique de l'Université d'Ottawa. Elle a publié de nombreux articles dans le
domaine de la philosophie politique. Parmi ses ouvrages marquants, on
retrouve : *Perspectives on Ecology* aux éditions Macmillan et aux Presses de
l'Université d'Ottawa, en codirection ; *Pluralisme et délibération, Rationalité,
communication et modernité, agir communicationnel et philosophie politique chez
Habermas*, ainsi que *L'idéologie et la reproduction du capital*.

Simon N. ROY est titulaire d'une maîtrise en relations industrielles de
l'Université Laval et d'un doctorat en sociologie de l'Université Paris X-
Nanterre. Il a mené des travaux de recherche sur les thèmes du travail autonome, du bénévolat, et du renouvellement professionnel dans le secteur
forestier. Depuis quelques années, il fait de la recherche appliquée en
évaluation de programme et dans plusieurs domaines socioéconomiques.

Paul SABOURIN enseigne la méthodologie qualitative au Département de
sociologie de l'Université de Montréal. Ces champs spécifiques de recherches
sont : l'usage de l'informatique qualitative dans la recherche sociale, les
études sociographiques de la mémoire sociale, de la pauvreté et de
l'économie.

Lorraine SAVOIE-ZAJC est professeure au Département des sciences de l'éducation de l'Université du Québec en Outaouais. Titulaire d'un Ph. D. en
éducation (technologie éducative) de l'Université d'Indiana, elle enseigne
la méthodologie de la recherche qualitative au niveau de la maîtrise et du
doctorat en éducation et elle a publié de nombreux textes traitant de dimensions méthodologiques liées à la recherche qualitative/interprétative.

Jean TURGEON détient un Ph. D. (science politique, 1989) de l'Université
Laval. Après avoir œuvré durant dix ans comme agent de recherche au
ministère de la Santé et des Services sociaux du Québec, il est devenu professeur à l'École nationale d'administration publique en 1991. Il est l'auteur
de plusieurs publications concernant l'analyse et l'évaluation des politiques
et programmes publics, particulièrement dans les secteurs de la santé et du
bien-être.

Table des matières détaillée

Avant-propos   xi

CHAPITRE 1   Introduction   1
       Benoît Gauthier
1. Qu'est-ce que la recherche sociale ?   3
   1.1. Qu'est-ce que le social ?   3
   1.2. Qu'est-ce que la recherche ?   4
2. Qui fait de la recherche sociale ?   5
3. Pourquoi faire de la recherche sociale ?   6
4. Qu'est-ce que la méthodologie ?   8
5. Modèle non linéaire de la recherche sociale   12
Conclusion   15
Bibliographie annotée   16

CHAPITRE 2   La sociologie de la connaissance   19
       François-Pierre Gingras
1. Les sources de connaissance   20
   1.1. La pratique, l'expérience et l'observation   21
   1.2. L'intuition   23
   1.3. Le raisonnement   24
   1.4. La tradition, l'autorité et la mode   28
2. La connaissance scientifique   30
   2.1. Qu'est-ce que la science ?   31
   2.2. Les contraintes de la recherche scientifique   33
   2.3. La pertinence de la recherche scientifique   35

3. Les objets des sciences sociales   37
     3.1. Phénomènes sociaux, phénomènes humains   38
     3.2. Deux grandes méthodologies   40
     3.3. Quelques pièges de la recherche sociale   42
Bibliographie annotée   45

Partie 1
L'établissement de l'objet de recherche   49

CHAPITRE 3   La spécification de la problématique   51
                      Jacques Chevrier
1. Qu'est-ce qu'un problème de recherche ?   52
2. La pertinence d'un problème de recherche   53
3. La problématisation selon une logique déductive   56
     3.1. Les étapes de la problématisation   56
     3.2. La présentation de la problématique   67
4. La problématisation selon une logique inductive   70
     4.1. Les étapes de la problématisation   70
     4.2. La présentation de la problématique   80
Bibliographie annotée   82

CHAPITRE 4   La recherche documentaire
                      et l'accès à l'information   85
                      Danielle Boisvert
1. Stratégie de recherche   87
2. Monographies et thèses   88
3. Périodiques   90
4. Bases de données et index de périodiques   91
5. Internet et la recherche d'information   93
     5.1. Critères d'évaluation de la qualitéde l'information sur un site
            Web   94
     5.2. Carnet d'adresses   95
     5.3. Courrier électronique et groupes de discussion   96
     5.4. Catalogues de bibliothèques   96
     5.5. Périodiques électroniques   96

5.6. Bases de données 97
5.7. Robots et répertoires 97
5.8. Méta-index et sites de compilation 98
6. Organisation de l'information repérée 99
Conclusion 100
Bibliographie annotée 100

CHAPITRE 5   La théorie et le sens de la recherche 103
              François-Pierre Gingras
1. Qu'est-ce que la théorie ? 104
   1.1. Ce qu'elle n'est pas 104
   1.2. Ce qu'elle est 106
2. La construction des théories 107
   2.1. La conceptualisation et les liens
        avec la problématique 108
   2.2. La formalisation 110
   2.3. Les divers niveaux de généralité des théories 112
3. L'acceptation ou le rejet des théories 113
   3.1. La confirmation et l'infirmation d'une théorie 113
   3.2. Le test d'hypothèse et la vraisemblance de la théorie 114
   3.3. L'interprétation des résultats
        et la diffusion des théories 118
4. Inspirée par la théorie, la recherche
   peut-elle être « neutre » ? 121
Bibliographie annotée 124

Partie 2
La structure de la recherche 127

CHAPITRE 6   La structure de la preuve 129
              Benoît Gauthier
1. Discussion générale 130
2. Questions de recherche et structures de preuve 131
3. L'étude de cas 133
4. La structure descriptive 133

5. Les structures comparatives   136
    5.1. Comparaison selon une caractéristique propre   141
    5.2. Comparaison dans le temps   143
    5.3. Comparaison de groupes créés au hasard   147
    5.4. Combinaisons de critères   150
6. Validité interne et validité externe   151
Conclusion   156
Bibliographie annotée   157

CHAPITRE 7   **L'étude de cas**   159
                     Simon N. Roy
1. Qu'est-ce que l'étude de cas ?   160
    1.1. Une définition provisoire   160
    1.2. Un peu d'histoire   163
    1.3. Les types d'études de cas   165
    1.4. Les critiques à l'égard des études de cas   166
    1.5. Les forces de l'étude de cas   167
2. Pistes de démarche   172
    2.1. La préparation du cadre théorique   173
    2.2. La sélection du ou des cas   175
    2.3. La préparation du terrain et la préenquête   176
    2.4. La collecte de données   177
    2.5. L'analyse   178
    2.6. La rédaction   180
    2.7. La participation d'acteurs externes aux travaux   182
Conclusion   183
Bibliographie annotée   184

CHAPITRE 8   **La mesure**   185
                     Claire Durand et André Blais
1. Du concept à l'indicateur   188
    1.1. L'objectif : la classification   189
    1.2. Le moyen : les instruments et les opérations   193
2. Les critères d'appréciation   195
    2.1. La fidélité   196
    2.2. La vérification empirique de la fidélité   200
    2.3. La validité   202
    2.4. La vérification empirique de la validité   204

3. La construction des indicateurs 206
    3.1. La logique 206
    3.2. Les étapes 206

Conclusion 207

Bibliographie annotée 208

CHAPITRE 9   **L'échantillonnage** 211
                   Jean-Pierre Beaud

1. Concepts généraux 217
2. Les échantillons non probabilistes 220
    2.1. Les échantillons « accidentels » 222
    2.2. Les échantillons de volontaires 223
    2.3. Les échantillons systématiques 225
    2.4. Les échantillons typiques et les échantillons
         en boule de neige 225
    2.5. Les échantillons par quotas 227
3. Les échantillons probabilistes 229
    3.1. L'échantillon aléatoire simple 230
    3.2. L'échantillon systématique 233
    3.3. L'échantillon aréolaire 234
    3.4. L'échantillon en grappes 235
    3.5. L'échantillon stratifié 236

Conclusion 237

Bibliographie annotée 241

CHAPITRE 10 **L'éthique en recherche sociale** 243
                  Jean Crête

1. Le choix d'un sujet de recherche et d'une problématique 246
2. Stratégie d'étude 248
    2.1. Le devis expérimental 249
    2.2. Les études descriptives 251
3. L'observation discrète 254
4. La publication 255
    4.1. La communauté scientifique 256
    4.2. Les participants 260

Conclusion 262

Bibliographie annotée 264

Partie 3
La formation de l'information 267

CHAPITRE 11 **L'observation directe** 269
             Anne Laperrière
1. Les définitions de l'observation directe 273
2. Les étapes et les instruments de l'observation directe 274
    2.1. L'entrée sur le terrain 274
    2.2. La collecte des données 281
    2.3. Les sources d'information autres que l'observation 287
3. La validité des données recueillies par observation directe 288
Bibliographie annotée 290

CHAPITRE 12 **L'entrevue semi-dirigée** 293
             Lorraine Savoie-Zajc
1. L'entrevue et l'entrevue semi-dirigée 294
    1.1. Quelques définitions 294
    1.2. Les postulats de l'entrevue semi-dirigée 297
    1.3. Les buts de l'entrevue semi-dirigée 298
2. La relation humaine et sociale mise en place
    lors de l'entrevue semi-dirigée 300
    2.1. Les rôles des interlocuteurs 301
    2.2. Les compétences nécessaires pour réaliser
          une entrevue semi-dirigée 302
3. La préparation de l'entrevue semi-dirigée 303
    3.1. Considérations d'ordre conceptuel 303
    3.2. Considérations d'ordre relationnel 306
    3.3. Considérations d'ordre matériel 306
4. La conduite de l'entrevue semi-dirigée 307
    4.1. L'ouverture 308
    4.2. L'entrevue proprement dite 308
    4.3. La clôture 311
5. La transcription des données en vue de leur analyse 311
6. Les forces et les limites de l'entrevue semi-dirigée 312
7. Et la rigueur... 313
Bibliographie annotée 315

CHAPITRE 13 **L'histoire de vie ou le récit de pratique** 317
Gilles Houle

1. Un matériau parfait? 319
2. Une technique ou une méthode? 322
3. Du vécu à la pratique comme objet de recherche 325

Conclusion 331

Bibliographie annotée 332

CHAPITRE 14 **Le groupe de discussion** 333
Paul Geoffrion

1. Évaluation du groupe de discussion 334
   1.1. Les avantages du groupe de discussion 334
   1.2. Les désavantages du groupe de discussion 336
   1.3. La validité des résultats du groupe de discussion 337
   1.4. Quand utiliser les groupes de discussion? 338
2. La planification des groupes de discussion 340
   2.1. Le nombre de groupes de discussion 340
   2.2. La structure du groupe 342
   2.3. Le lieu physique 343
   2.4. Le guide de discussion 344
3. L'animation 345
   3.1. Le rôle de l'animateur 345
   3.2. Les styles d'animation 347
   3.3. Les questions 347
   3.4. Les techniques d'animation 349
4. L'analyse 352
   4.1. Les niveaux d'analyse 352
   4.2. Une technique exhaustive d'analyse 355

Conclusion 355

Bibliographie annotée 356

CHAPITRE 15 **L'analyse de contenu** 357
Paul Sabourin

1. L'analyse de contenu: un élément central de la problématique
   méthodologique de la recherche sociale 357
   1.1. La place de l'activité symbolique dans la vie sociale 357
   1.2. De la nécessité de connaître les opérations d'analyse
        de contenu dans la recherche sociale 358

1.3. De la première méthode d'analyse
      de contenu à la multiplicité des approches
      méthodologiques contemporaines 359

2. Le domaine de l'analyse de contenu 359

3. La méthode d'analyse de contenu « classique » ou thématique
    située dans l'histoire de l'interprétation savante 361
    3.1. La démarche d'analyse de contenu thématique 363
    3.2. La définition des éléments et des opérations
          de l'analyse thématique 365
    3.3. Bilan de l'analyse thématique 366

4. Les trois grandes voies contemporaines du développement
    de l'analyse de discours dans la recherche sociale 367
    4.1. Analyse de contenu, linguistique et langage 369
    4.2. Exposé des étapes de l'analyse de discours et
          comparaisons de l'approche quantitative et qualitative ... 370
    4.3. L'analyse automatique du discours
          et ses développements 375
    4.4. L'analyse sémantique structurale des idéologies 378

Conclusion 384

Bibliographie annotée 384

CHAPITRE 16   **Le sondage** 387
              André Blais et Claire Durand

1. Portée et limites 388
    1.1. Les avantages 389
    1.2. Les conditions de validité 391

2. Le devis de recherche 399
    2.1. Le sondage ponctuel 400
    2.2. Le sondage de tendance 400
    2.3. Le sondage panel 402

3. Les modes d'administration 403
    3.1. L'entrevue par téléphone 405
    3.2. L'entrevue en face à face 407
    3.3. Le questionnaire postal 408
    3.4. Le questionnaire distribué 410
    3.5. Le questionnaire électronique 411

4. L'élaboration du questionnaire 412
    4.1. La sélection des concepts et indicateurs 412
    4.2. La formulation des questions 413
    4.3. La mise en forme du questionnaire 421
    4.4. Le prétest du questionnaire 423

5. L'administration du questionnaire 424

Conclusion 427

Bibliographie annotée 427

CHAPITRE 17 **Les données secondaires** 431
Jean Turgeon et Jean Bernatchez

1. Avantages et inconvénients de l'utilisation
   des données secondaires 433
   1.1. Avantages 434
   1.2. Inconvénients 436

2. Supports et sources de données secondaires 440
   2.1. Supports 440
   2.2. Sources 444

3. L'évaluation des données secondaires 451
   3.1. Quel était le but de la collecte primaire ? 451
   3.2. Qui était responsable de la collecte ? 451
   3.3. Quelle information a été recueillie ? 453
   3.4. Quand l'information a-t-elle été recueillie ? 453
   3.5. Comment a-t-on obtenu l'information ? 453
   3.6. L'information est-elle corroborée
        par d'autres sources ? 455

4. Problèmes et sources d'erreur dans l'utilisation
   des données secondaires 456
   4.1. L'opérationnalisation difficile des variables 456
   4.2. La comparabilité des données 457
   4.3. La comparabilité des échantillons 459
   4.4. La comparabilité des contextes 460
   4.5. L'insuffisance de la documentation 461

5. Questions éthiques 462

Conclusion 464

Bibliographie annotée 466

CHAPITRE 18 **La simulation sur ordinateur** 469
Réjean Landry

1. Les éléments de modélisation 470
   1.1. Le système réel 470
   1.2. Le modèle 472
   1.3. Les types de modèles 472
   1.4. Les étapes de la construction d'un modèle 475

2. Les éléments de simulation 482
    2.1. Pourquoi simuler un modèle ? 482
    2.2. Les critères de choix d'une méthodologie 484
    2.3. La méthodologie de la dynamique des systèmes 486
3. La validation d'un modèle de simulation 492
    3.1. Le degré de sensibilité du modèle 493
    3.2. La validation théorique 494
    3.3. La validation empirique 495
4. La préparation du devis expérimental 497
5. Les avantages et les désavantages de la simulation 498
    5.1. Les avantages de la simulation 498
    5.2. Les inconvénients de la simulation 499
Bibliographie annotée 500

Partie 4
La critique de la méthodologie 503

CHAPITRE 19 **La recherche-action** 505
                André Dolbec
1. L'évolution de la recherche-action à travers le temps 506
    1.1. La recherche-action et le changement social 507
    1.2. La recherche-action en éducation 509
    1.3. La recherche-action comme instrument
          de développement personnel et professionnel 511
    1.4. La recherche-action comme instrument
          de changement institutionnel et social 514
2. Un cadre de référence de la recherche-action 516
    2.1. Postulats relatifs à la nature des sciences sociales 517
    2.2. Postulats relatifs à la nature de la société 518
    2.3. Les quatre paradigmes 519
3. L'influence des paradigmes sur la recherche 520
4. La nature de la recherche-action 522
5. Caractéristiques de la recherche-action 528
6. Les méthodologies de recherche-action 529
Conclusion 535
Bibliographie annotée 536

CHAPITRE 20   Une science objective? 541
          Koula Mellos
1.   La logique de la neutralité de la science 542
     1.1.   L'observabilité 543
     1.2.   La reproductibilité 544
     1.3.   L'intersubjectivité 544
     1.4.   Ces trois aspects et la neutralité 545
2.   La thèse de la neutralité de la science 547
     2.1.   La vérité et la foi 547
     2.2.   La démonstration de la validité 548
     2.3.   La construction des hypothèses 550
     2.4.   L'unité de la méthode 552
3.   La recherche et l'idéologie 554
Bibliographie annotée 556

CHAPITRE 21   L'évaluation de la recherche par sondage .. 561
          Benoît Gauthier
1.   L'évaluation de la recherche 562
2.   Les critères d'une recherche de qualité 563
3.   Les composantes de base de la recherche par sondage 567
4.   Combinaison des principes et des composantes de base 568
     4.1.   Le [q]uestionnaire 568
     4.2.   L'[é]chantillonnage 575
     4.3.   La [c]ollecte des données 583
     4.4.   La [g]estion des données 590
     4.5.   L'[a]nalyse des données 594
     4.6.   Le [r]apport 597
5.   La déontologie 600
6.   Peut-on attribuer une note à un projet de recherche? 601
Conclusion 602

Collaborateurs et collaboratrices 603